献给我的父母，他们以自己的深爱给了我生命；
献给苏珊（Ｓｕｓａｎ）、汉娜（Ｈａｎｎａｈ）和埃琳娜（Ｅｌｅｎａ），
她们不仅给了我一切，同时也告诉了我其幸福愉悦的意义。

先声文丛

知 识 的 力 量，人 性 的 光 辉

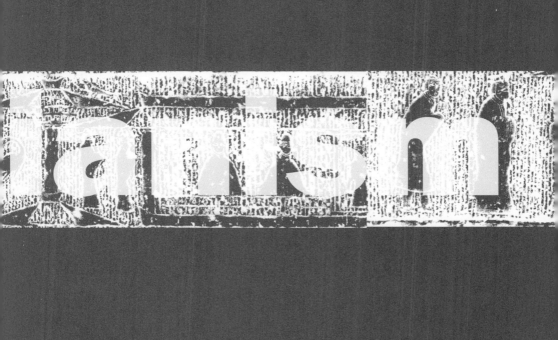

Manufacturing Confucianism
Chinese Traditions and Universal Civilization

Lionel M. Jensen

制造儒家

中国传统与全球文明

〔美〕詹启华 著 徐思源 译

目录

致　谢 ……………………………………（Ⅰ）
附　注 ……………………………………（Ⅷ）
中国历史纪年表 …………………………（Ⅸ）

导　言　"孔夫子"、孔子与现代想象 …………（1）

上　篇　制造"孔夫子"和"儒教"

第一章　耶稣会士、"孔夫子"与中国人 ………（47）
第二章　又一个轮回：耶稣会士及其著述
　　　　在中国和在欧洲 ……………………（121）
楔　子　"儒教"的意义及其使命：
　　　　对概念可靠性的思考 ………………（211）

下　篇　澄清"儒"的意义与虚构一个孔子

第三章　古代文献，现代叙述：
　　　　民族主义、复古主义与"儒"的再造 ……（233）
第四章　殊相即共相：胡适、"儒"以及
　　　　中国人对民族主义的超越 ……………（337）

目 录

结　语　世纪回眸："'天下大同'的本土主义"与
　　　　"求乐经济" ···（413）

参考书目 ···（446）
索　引 ···（497）

图　目

1. 《办公室里的孔夫子》，盖瑞·拉森（Gary Larson）作 …………… (8)
2. 《孔夫子》，出自李明神父（Louis le Comte）所著
   《中国近事报道》（*Nouveaux mémoires*） ………………… (15)
3. 《毛主席语录》（"红宝书"）与《论语》（"小红宝书"） ………… (20)
4. 《山海舆地全图》，利玛窦作 ……………………………………… (57)
5. 《基督教远征中国史》（*De Christiana expeditione apud Sinas*）
   一书书影，金尼阁编著 ………………………………………… (105)
6. 《论耶稣会与基督教入华》（"Della entrata della Compagnia di
   Giesù e Christianità nella Cina"）一文书影，利玛窦作 ……… (107)
7. "Cum Fu Çu, 或作 Confucius"（孔夫子），出自《中国哲人孔夫子》
   （*Confucius Sinarum Philosophus*） ………………………… (128)
8. "Lib. Tá Hiô"（《大学》），出自郭纳爵（Inácio da Costa）和
   殷铎泽（Prosper Intorcetta）译著《来自中国的智慧》
   （*Sapientia Sinica*） …………………………………………… (181)
9. 《中国的康熙皇帝》，木刻画，李明神父所著《中国近事报道》
   的卷首插画 ……………………………………………………… (186)
10. 《中华帝国年表》，出自柏应理（Philippe Couplet）等人
    编著的《中国哲人孔夫子》 …………………………………… (200)
11. 《前六位帝王和第一个王朝夏朝的世系表》 …………………… (202)
12. 《孔夫子行状》（*Confucii Vita*）一文书影，出自柏应理等人
    编著的《中国哲人孔夫子》 …………………………………… (205)
13. 《路易大帝诞生时的宇宙体系》（Le Système du monde au
    moment de La Naissance de Louis le Grand），木刻画，藏于
    法国巴黎国立图书馆版画馆 …………………………………… (207)

1

致　谢

本书主要内容发轫于笔者研究撰写博士论文之时,该文于1992年提交加州大学伯克利分校历史系。博士论文评审委员会和先期的读者提出的批评与建议非常宝贵,怎么估量都不为过。对论文的首批读者——罗伯特·贝拉(Robert Bellah)、唐·普赖斯(Don Price)、吉德炜(David Keightley[①]),特别是耐心指导我博士论文的导师魏斐德(Frederic Wakeman),笔者感激不尽。

大概几乎没有什么工作会像写作一样孤独,但因为有许多师友和学界同仁的鼓励,我却少有此感。其中需要着力介绍的是孟旦(Don Munro)和田浩(Hoyt Tillman),他们是我最坚定的支持者,总给我带来思想上的启迪,给予我适时的鼓励和中肯的批评。我希望呈现在大家面前的这本书没有辜负他们,并能反映出它确实从两人多年的指导中获益不少。对于孟旦给予的宽容以及学问上的帮助与支持,我谨报以最深的感谢。

孟德卫(David Mungello)看过本书的部分内容,他提供的帮助已远远超出了笔者对一般读者的期望。他对此书抱有兴趣并提出过详细而敏锐的批评,还一直很关心笔者个人的身体健康,对此我谨致以诚挚的谢意。

我的挚友苏源熙(Haun Saussy)热心为本书润色。本书终稿如果能有一得,一定程度上也是拜其天才的建议所赐。

我还想感谢在伯克利攻读博士学位时的几位导师:首先是杰勒

[①] 詹启华在"致谢"部分提到的人物,如有惯用中文名,译者将尽力译出,限于学力,恐有遗误;另有部分中国人姓名,难以查实,故保留汉语拼音,以免讹误,以示尊重,并祈见谅。——译者注

德·卡斯帕瑞（Gerard Caspary），另外还有马蒂·杰伊（Marty Jay）、杜维明、埃尔文·沙伊纳（Irwin Scheiner）和吉恩·伊尔斯切科（Gene Irschick）。当然，我最不应该忘记我的第一位研究生导师，也是我硕士论文的指导老师——华盛顿大学的乔治·哈奇（George C. Hatch Jr.）。正是在他的支持帮助下，我才得以一窥汉学的堂奥，竭尽所能地学习与中国传统思想史有关的知识。也正是他滋养了我研究汉学的热情，并对我严加训练。很多次我都和他在一起通宵达旦地讨论司马迁、孔子、"北宋五子"、苏轼、朱熹和王阳明，对此我将常铭感激。作为一名研究中国思想史的历史学者，乔治·哈奇虽然特立独行，但在指导学生从事研究方面无愧师范，和宋代的程伊川（程颐）不同，"他有人情"（译者按，此句与"万岁"一词均为詹启华所用拼音转写）。我衷心祝愿他"万岁"。

多年来，还有很多人对拙作提出过建议批评，对此我谨报以最真诚的感谢，一并申谢如下：白露（Tani Barlow）、白诗朗（John Berthrong）、迈克尔·贝斯（Michael Bess，一直源源不断地给我带来启发、指导和改变）、包弼德（Peter Bol）、白牧之（E. Bruce Brooks）、贾志扬（John Chaffee）、陈荣捷、苏珊·切尔尼亚克（Susan Cherniack）、布莱德·克劳夫（Brad Clough）、杜志豪（Ken DeWoskin）、伊沛霞（Pat Ebrey）、冯友兰、福克（Griff Foulk）、路易斯·戈麦斯（Luís Gomez）、约翰·亨德森（John Henderson）、何伟亚（Jim Hevia）、卡布·赫斯特（Cappy Hurst）、南恺时（Keith Knapp）、孔丽维（Livia Kohn）、薇薇安·寇巴（Vivienne Kouba）、马特·莱维（Matt Levey）、唐纳德·洛（Donald Lowe）、约翰·露西（John Lucy）、梅维恒（Victor Mair）、丸山真男（Masao Maruyama）、南希·普赖斯（Nancy Price）、瑞丽（Lisa Raphals）、罗思文（Henry Rosemont）、哈尔·罗斯（Hal Roth）、鲍勃·沙尔夫（Bob Sharf）、夏含夷（Ed Shaughnessy）、史景迁（Joanthan Spence）、玛里撒加·苏妲（Maryška Suda）、唐小兵、巴泽·提瑟（Buzzy Teiser）、斯蒂芬·托拜厄斯（Stephen Tobias）、王瑾、汤姆·威尔森（Tom Wilson）、司徒安（Angela Zito），特别还要提到的是张隆溪。

致　谢

　　我还受惠于亚洲、欧洲和美国的很多图书馆及其他机构。在旧日造访台北"中央图书馆"时，我受到了格外的关照。在位于昆明的云南省图书馆，我所获得的权限可以自由使用它馆藏的有关古代和中古哲学的图书，对于研究者来说，该馆堪称是块宝地。正是在该馆已退休的副馆长杨五美副教授的安排下，我才有机会一睹该馆令人惊叹的馆藏古籍。我的研究也因该馆历史文献部馆员王水乔和郭靖的专业协助而一帆风顺，他们帮助我查找了所需要的每一条书目，经常十分热情地将找到的书送到我的案头。十分感谢法国巴黎国立图书馆惠允我从该馆版画馆复制使用《路易大帝诞生时的宇宙体系》(Le Système du monde au moment de La Naissance de Louis le Grand)这幅木刻画。

　　在美国，在克利夫兰公共图书馆善本特藏室负责人爱丽丝·洛兰特(Alice Loranth)的安排下，该馆慨允我查用并影印约翰·格里斯伍德·怀特藏书(John Griswold White Collection)中的耶稣会文献。加州大学的班克洛夫特图书馆慷慨许我查用有关中国的早期著作。这里还要特别感谢密歇根大学哈兰·哈彻研究生图书馆(Harlan Hatcher Graduate Library)珍本特藏部慨允影印相关馆藏。加州大学东亚图书馆、密歇根大学亚洲图书馆、科罗拉多大学亚洲图书馆、华盛顿大学东亚图书馆以及宾夕法尼亚大学范·佩尔特(Van Pelt)亚洲图书馆，馆藏都极为丰富，使我受益颇多。我尤其应该感谢卡尔·卡勒(Karl Kahler)，他是宾夕法尼亚大学东亚方面的目录学家，很关注我的研究并为众多研究东亚的学者提供了不懈的帮助。

　　这些年来，各相关机构也给予了很大的支持。俄克拉荷马州立大学的文理学院于1989年为我撰著此文提供了暑期研究资助。加州大学伯克利分校的东亚研究所与中国研究中心，为我提供了办公室和专门的帮助。在马文·劳福林(Marvin D. Loflin)的支持下，科罗拉多大学丹佛分校的文理学院，通过暑期研究资助和新进教员发展奖等方式，为我的研究和文稿的最终修订出版提供了赞助。该校学术及学生事务副校长办公室，先前在乔治亚·莱西-劳里(Georgia Lesh-Laurie)主持期间，曾为我参加相关会议提供了旅费上的支持。

我还要感谢密苏里大学、科罗拉多大学丹佛分校和佛罗里达大学三校的历史系教员们，我有幸与其分享我的研究而获益良多。我在科罗拉多大学丹佛分校历史系的同事们，是任何一名历史研究者所能祈求到的最好的，我很荣幸能有机会与他们合作共事，在这里特别要提到的有弗雷德里克·艾伦（Frederick Allen）、米歇尔·迪塞（Michael Ducey）、马克·福斯特（Mark Foster）、汤姆·诺埃尔（Tom Noel）、迈拉·里奇（Myra Rich）和吉姆·伍尔夫（Jim Wolf）。

宾夕法尼亚大学的亚洲与中东研究部，在我修改本书的最后那段时间为我提供了非常温馨的住处。我的同行们，梅维恒和夏南悉（Nancy Shatzman Steinhardt），还为我举办了一场讨论热烈的系内论坛，使我有机会阐述自己的想法。

受邀在哥伦比亚大学举办的"新儒家研究"研讨会上发表论文，激励了我继续思考本书所探讨的有关"传统的发明"的问题；说到这儿，我还要感谢我的好友康拉德·希诺考尔（Conrad Schirokauer）和安·玛莉·萨托（Anne Marie Satoh），他们是该研讨会的主席和会议报告人。会后的有关讨论，我则受惠于康拉德、安、玛利·加里诺（Marie Guarino）、鲍勃·海姆斯（Bob Hymes）、张格物（Murray Rubinstein）、亚瑟·蒂得曼（Arthur Tiedeman）、雅勒·维希弗格（Jaret Weisfogel）和狄百瑞（Ted de Bary）。

科罗拉多大学和宾夕法尼亚大学的研究生经常会就一些想法与我沟通，有一些想法对我很有启发，他们是理查德·伯登（Richard Burden）、罗伯特·费舍尔（Robert Fisher）、阿里·莱文（Ari Levine）、萨拉·戴维斯（Sara Davis）、布赖恩·雷伊（Brian Ray）和罗莎琳·布莱德福特（Rosalind Bradford）。很高兴看到他们学术精进、个人成长，也很高兴回想起他们（特别是理查德）如何毫无保留地投入到自己的工作中。艾丽莎·霍兰（Elisa Holland）是我最优秀的本科学生，为准备庞杂的索引，她一直不知疲倦、不懈努力，所取得的杰出成果怎么称赞也不为过。在为此费心劳神的过程中，她还得到了理查德·伯登的得力协助。我对他们两位深怀感激，相信本书的读者们也会感谢他们。

致　谢

很多人都热心地帮助我，对他们的感激难以言表。尽管如此，我还是想借此机会一敞心扉，表达我对家人和朋友的谢意，因为他们为本书问世给予了无私的帮助，哪怕这种感谢总显得欠了那么几分。

在过去的四年里，本书编辑肯·威斯克（Ken Wissoker）一直耐心而又细心地关照本书的出版。他对本书一直抱有信心，很信任我的研究并且努力将它呈现在大家面前，他的这番信任令我感激得无以言表。本书问世还应该感谢两位热心的读者和他们的批评建议。我尤其要感谢本书的责任编辑莫拉·海（Maura High），其敏锐的洞察力和判断力使本书大为增色。宝拉·德拉戈斯（Paula Dragosh）在本书的编辑上尽心尽责，使原本枯燥乏味的编辑校对工作变成了一件乐事。

过去十六年来，我与学界同仁结下了深厚的情谊，与他们就整个中国思想史和社会史进行了热络的学术交流，我想借机感谢一下约翰·尤厄（John Ewell）和奈德·戴维斯（Ned Davis），他们总是乐读拙著各章并给出建议、指点和需要补充的其他观点。他们的情谊和指导一直都是照耀我前行的灯火。

我还对很多朋友亏欠许多，主要有：斯蒂芬·克拉克（Stephen J. Clarke），他和我一样为我总算完成了堪称"毕生志业"（Lebenswerk）一部分的这本书而兴奋不已；迈克尔·科鲁姆霍斯（Michael Krumholz）一直对我的学术研究抱有浓厚的兴趣，事实证明他是最敏锐的一位听众；哈尔（Hal）和丽莎·阿卡（Risa Aqua）就像是关怀我的长者，又像是才艺卓绝的高人，还是在道义上不停给我谆谆教导的好心人，一直给我以鼓舞和启发；约翰（John）和丽塔·伽斯巴洛（Rita Gasbarro）为我的女儿们提供了家一般的温暖，也为我能够富有成效地讨论16世纪意大利耶稣会士的生平与著述提供了环境；谈到我的朋友及与他们的友谊和学术交流，就不得不提到蒂莫西·瑞特（Timothy Ritter），正是由于他风趣、富有建设性而又非常诚恳的批评，才使我在过去四年内能够在认识上保持清醒。

我还得感谢我在俄克拉荷马州立大学的同事和朋友们。布鲁斯特·菲兹（Brewster Fitz）和卡罗尔·莫代尔（Carol Moder）是我女儿埃琳娜(Elena)的教父教母,他们总是有无穷的智慧并且妙语连珠。如果没有他们在关键时刻的帮助,这本书可能还要费上许多时日才能完成。

罗伯特·迈尔(Robert Mayer)和伊丽莎白·威廉姆斯(Elizabeth Williams)两人都是我的同事,是我另一个女儿汉娜(Hannah)的教父教母,在过去的九年里,他们对我和我的家庭给予了无微不至的关怀:他们在精神上给我们以指导,为我们加油打气,坚定地站在我们身边支持我们,帮我们照看孩子,与我们共同进退,还对我们提出了批评指导和意见建议。我十分珍惜和怀念这些年来我们两家在一起共同成长的点点滴滴。

我的朋友马克·费彻曼(Marc Fitzerman)和爱丽丝·布鲁(Alice Blue)是我个人修养上的良师益友,他们在精神道义上鞭策我,使我能够始终专注于那些真正重要的事。当年吕西安(Lucien)和邦妮·米勒(Bonnie Miller)还在中国西南地区旅行时就已成了我灵魂上的知己,有时候他们会提出许多触及心灵的问题,但这丝毫不影响他们对我孩子的爱,他们也总是一再提醒我,生活乃是一门艺术,虽然天下熙熙攘攘,但真正值得追求和维护的也就只有极为重要的一小部分。

要想恰如其分地反映和肯定塔米·摩尔(Tami Moore)对本书作出的贡献可能需要花费很大的篇幅,因为她帮助我整理了本书的参考书目,一遍又一遍地听我唠叨书中的每个观点,并且就如何更好地表达这些观点给出了许多很好的建议。她热爱学习,热爱生活,许多年来还一直同我的家人分享在这两方面的心得,为此我谨向她致以诚挚的谢意。

最后,我还要感谢我的家人。其实,对那些在某种程度上已成为你自身一部分的事物表达感情,反而更难言述;而赞扬那些将自己无私奉献给你的人也总有一点不自然。家庭就其本质而言,乃是给予而非追求相应的回报。但还是请允许我先谢谢我的妻子布鲁姆一家(Blums),他们多少年来从没放弃鼓励我并一直保持乐观。就我身边的家人而言,我的姐姐安妮·玛丽(Anne Marie)对我的学术事业表现出了他人不可比拟的热情。而对我攻读研究生和从事早期科研工作的那十六年而言,我的父母米勒德(Millard)和格洛丽亚(Gloria)一直都

致　谢

倾尽全力,给予我最多;他们将我的事业视为己出,逐渐爱上它并投身其中。但我最想感谢的是他们给了我生命并使之充满了爱,感谢他们使我得以顺心遂愿选择这条道路。

但我感觉,对我而言,最大的奖赏、最珍贵并且毫无疑问比其他一切都重要的,是我妻子苏珊·布鲁姆(Susan Blum)和女儿汉娜(Hannah Neora)、埃琳娜(Elena Oriana)的爱,这远比生活本身更为美妙。爱妻苏珊是研究中国的人类学家,多少年来她都毫无保留地把自己的时间和精力花在我的身上,帮助我编辑、校订、反思和将观点理论化,她还经常同我一起讨论,督促我继续我的研究,最重要的是她还给了我很多很好的建议。恰当来说,是她和我一起成就了本书,这方面的例子不胜枚举。她将自己的勇气、敏锐、心气和力量与我一同分享,而且无怨无悔。

宝贝女儿汉娜和埃琳娜是我们俩世界的中心,她们常常不经意间给我一个吻、一个拥抱、一声欢笑、一句柔语,使我精神焕发,为我注入活力。事实上,正是她们在生活中的快乐提醒了我,在创造美好生活的过程中,快乐扮演着非常重要的角色。她们和她们的妈妈比太阳的光芒更能让我精神焕发。上述所言也许有点矫情、拙劣,却是为了表达内心的感激之情;这种感激是如此之深,以至于我情难自禁地写下了上面的话。而我对她们的爱和感谢之情,毋宁说是一种祝福才更为恰当。可以说,正是由于深怀这一祝福之心,我愿将拙著献给她们,是她们的爱才使我有了生命,也使我的生命有了意义。

附　注

除某些引用的章节外，本书全篇使用了汉语拼音系统。中国作者的姓名及其著作名称中有用威氏拼音法(Wade-Giles)注写的情况未予修改，但在参考书目中给出了对应的汉语拼音形式。本书中经常出现的以罗马字母形式出现的中文语词，在附录中给出了中文书写形式和相应的解释。有些中文传统经籍是结集出版的，本书在引用这些文献时基本还会在页码之外另注上它是出自哪一卷。而一些年代较为古老的文献在集成丛书重新印刷时，往往会一页分上下两栏，故本书在引用这些文献时将以".1"".2"这样的方式指明它是在某一页的上栏还是下栏。在注释部分前的缩略语注解里，可以找到本书常用文献和丛书的完整书目信息。所有年份都被转换成了公历并标注上了"公元前"和"公元"。除特别注明以外，文中的英译部分均由笔者完成。

中国历史纪年表①

朝代与大致年限

夏（传说中的）	前 1953—前 1576
商	前 1576—前 1046
周	前 1046—前 771
春秋	前 771—前 479
战国	前 479—前 221
秦	前 221—前 208
秦汉之交	前 208—前 202
西汉	前 202—公元 9
新	9—23
东汉	25—220
三国	220—280
西晋	265—316
南北朝	317—589
隋	581—618
唐	618—906
五代	906—960
宋	960—1279
北宋	960—1127
南宋	1127—1279
金	1115—1234

① 詹启华所列的这个年表与我们通用的中国历代纪元表有不少差别。——译者注

元(蒙古人统治) 1279—1368
明 1368—1644
清(满族人统治) 1644—1911
中华民国 1912—1949
中华人民共和国 1949—

黑体标出的乃是中国古代史上的主要朝代

导 言
"孔夫子"、孔子与现代想象

卡尔德隆（Calderón）曾将荣耀比作幻梦，并借塞希斯盂多（Segismundo）之口追问：真实的东西究竟在何处？我对这个问题的回应则是，那些泽被后世的人从未笃定地认为自己的生命价值会随着历史延续到未来。实际情况不只是如此；而且有时候他们惠及后人的那些所作所为，其本身甚至没有他们在后人眼中重新形成的形象来得重要，哪怕这种形象已受到了扭曲。但这并不意味着过去的神话传说仅仅是种虚构，因为当记载着"事件"的传奇故事已经映入人们的脑海时，这些"事件"就不可避免地发生了。不过，正如莎士比亚在《克里奥兰纳斯》（*Coriolanus*）中所写的那样，应该提醒参与到历史中的每一个人，"我们的善恶优劣，实取决于此时此世给出的评判"。因为旁观的人代有更替，崇尚的理想不断变化，而荣耀福泽则如过眼云烟。说到底，就人类所能确定者而言，笃守某种信念看似最微不足道却也至为崇高。①

　　　　　　　　　　——魏斐德（Frederic Wakeman Jr.）

---

① 引文出自 Wakeman, "Localism and Loyalism during the Qing Conquest of Jiangnan: The Tragedy of Jiangyin", in *Telling Chinese History: A Selection of Essays*, University of California Press, 2009, pp. 207-208。感谢上海大学历史系副教授、宗教与社会研究中心肖清和博士向译者提供此则引文的相关信息，他还为本书做了许多核校工作，一些很好的修改意见已被吸收进来，为免繁缛，下文不再一一列举，在此一并申谢。——译者注

导　言　"孔夫子"、孔子与现代想象

大约四百多年前,效忠于西班牙国王菲利普二世(1556—1598年在位)的一批水手,与天主教会中一个新生的修会——耶稣会——的几名传教士,一起搭乘葡萄牙战船经海路来到了中国的南方海岸。从那时起,我们就一直处在这次航程的后续影响中。需要特别提到的是,迄至16世纪70年代,葡萄牙人的船已经在这条航线上航行了近三十年,他们每年都会为了奢侈品贸易两次来到中国的南方港口——广州。因此,传教士们在1579年踏上中国大地乃是顺理成章的事。几年后,当这些传教士们像本土宗教教职人员那样(更准确地说,是像四处化缘的和尚那样)深入到中国各地时,当他们在中国本土的背景下开始对话时,他们踏上中国大地的历史意义才开始显现出来。正是由于有这场发生在离欧洲世界极其遥远的地方的不同文化之间的对话,基督宗教(Christianity①)才会想当然地认为中国风格与众不同,与此相应,那种独一无二的中国学说的名称及其创立者的尊号,也都应该用拉丁文翻译成欧洲当时的伦理学所用的语言。

在欧洲进行航海扩张之前,中国与西欧彼此隔绝。然而,在耶稣会士和中国接触后的四百年里,东方与西方已经因贸易和交流而联结在一起;更重要的是,它们已在想象中结合在了一起。今天的中国和西方依然像过去一样亲密,它们已进入了对方的词汇:中国人对西方的认知正与日俱增,不仅包括西方的科技,也包括它的文化;而西方人对中国的政治、经济和人口概况也如数家珍。双方的文化词汇不经意间已经得到了扩充。对于身处西方的我们来说,"儒教"(Confucianism②)这个

---

①　因"基督教"一词特指基督新教,故本书将"Christianity"译成"基督宗教",以统称建立在耶稣生活和教诲上的宗教,包括天主教、基督新教等各宗派,国内学界有多名学者亦使用这一译法。——译者注

②　"Confucianism"也被译成"儒家""儒学"等,但原书作者意在指出这个词是西方人制造出来的概念,故本书不拟将其译为"儒家"或"儒学";也有学者用"孔子主义"来翻译"Confucianism",虽然能够突出这个概念是西方人制造出来的,但到底略显生硬。考虑到詹启华意在突出西方人本来是用"Confucianism"这个词与西方宗教进行比较,故译者倾向于将它译为"儒教"以突出其中的宗教性。需要注意的是,中文本有"儒教"一词,意在强调儒家教化,与詹启华笔下的"Confucianism"(儒教)略有差别。故本译文中除引用中文原始文献及特别注明的其他必要情况外,加了引号的"儒教"一词均指向对译"Confucianism"一词;与此类似,加了引号的"孔夫子"一词均指向对译"Confucius"一词。特此提出,不另赘述。——译者注

词颇为耳熟能详,它是那些从中国回到欧洲的耶稣会士们译介过来的一种中国本土的传统文化形态。事实上,自17世纪晚期以来,正是藉由"孔夫子"(Confucius①)和"儒教"这两个概念,中国和西方已在想象中联结在了一起。

对于我们当中关注中国宗教的任何一个人来说,"儒教"显然都占据着显赫的地位。最清楚的例子莫过于那些只是偶尔逛逛当地书店的人,就连他们也会在"东方宗教"或者"东方思想/玄学(Mysticism)"的书架上找到与"儒教"有关的书。在西方,"儒教"长久以来一直都被视为中国人最根本的"文化精神"(ethos②),是他们的"公民宗教"(civil religion)、"官方信仰"(official cult③)和"思想传统"(intellectual tradition)。无疑,对西方来说,"儒教"这个词是中国文化的纲领性概念,它有着非常丰富的意旨,以至于很难将它和它所代表的"中国"区别开来——尤其是那个似乎在家族、乡土与祖先之间一直保持谐和无碍的"中国"。

而在"儒教"这个词的独特性之中也寓有普遍性,比如,就在这个词(按照耶稣会士的用法)被用来表述"中国"究竟意味着什么时,它也被拖进了17世纪一场关于真理、上帝及其"表述"(representation)的论辩中,这场论辩后来一直塑造着西方在文化方面的"自我形象"(self-image)。不唯如此,在19世纪,正是"儒教"与西方思想联系在一起的历史,使得中国人奋力想要确定自己的文化、历史和身份认同,而这个任务则落在了一些知识分子身上,恰恰是这些知识分子找到了一个可以将拥有不同文化背景的人们凝聚成一个崭新的民族国家的本土概念。

---

① "Confucius"这个词一般也译作"孔子",考虑到原书作者将"Confucius"一词与"Kongzi"(孔子)区别使用,意在突出这个概念是西方人创造的,故本书将以"孔夫子"译之。值得一提的是,有些学者为了强调"Confucius"是西方人所造,而将它译为"孔修斯",失于生硬,姑不采纳。——译者注

② 意指风俗习惯,广义上包括社会的一切规范、惯例、典章、制度等,也指一种时代精神、人格特质,前辈学人也曾译为"意索",兼备音义,本文依据语境或有不同译法。——译者注

③ "cult"本来主要是指某种崇拜仪式或膜拜团体,往往译成"崇拜"或"膜拜",但原书作者似乎没有在严格的宗教学或人类学意义上使用这个词,而是用于表达"因信仰而结合在一起"的意思,下文也有类似的例子,故此处译作"信仰"。——译者注

导　言　"孔夫子"、孔子与现代想象

至于用"儒教"这个词来指称中国本土的一种传统时,则又超出了它在中国本土的特定意义。在中国当地,信奉这个传统或以其为志业的那些人(抑或是两方面兼于一身的那些人)——也就是我们所熟知的"儒"——充任于中国日益膨胀的各级官僚机构,成了为皇帝服务的臣子。而这些人的信仰同样以"儒"为名,还是中国的"三教"之一。19世纪,西方为世界宗教营建了一个分门别类的"万神殿",作为"三教"之一,"儒"的教义也和"道""佛"一起出现在这个"万神殿"中,它们也有了各自的专称:1801年出现了"Boudhism"(佛教)一词,1839年出现了"Tauism"(道教)一词,而1862年则出现了"Confucianism"(儒教)一词。在这三教中,只有"Confucianism"①(儒教)一词是完全拉丁化的,其他两个词则是对中国本土旧有的名号进行"盎格鲁化"和"拉丁化"后的一种混合。给予"儒教"的这一独特的语言形式,正是17世纪的欧洲厌弃道教、佛教却拥抱"儒教"的残存痕迹。因为"三教"之中,只有"儒教"才被全然整合进了西方的"自觉意识"(self-consciousness)里。

无论把"儒教"看成是一种"宗教""哲学""社会伦理",还是一种"道德秩序",都显然比其在中国本土的传统意义要丰富得多;它是一种生活方式,反映了西方人如何理解或者想要如何理解他们自身。在长达四个世纪的时间里,在经历过环境的种种变迁之后,"儒教"这个词显然已经包纳了西方的文化自觉;特别是现在,随着"新时代哲学"(New Age philosophy)的崛起和亚洲在世界市场中扮演越来越重要的角色,这一点变得更加突出。

无论"儒教"是被看作一种用于发现自我的当代策略,还是用于理解亚洲经济"奇迹"的一种工具,它都是中西方之间的关系经历了几个世纪发展后的结果。就此而言,对于解释中西方之间如何发展出早期那种紧密的文化联系,又为何能发展出这种联系来说,"儒教"都是一种有效、适时的工具。

---

① 当詹启华原文从语言学角度或从西方人发明创造新词的角度用到"Confucianism""Confucius"等词时,译者将像此处一样以直接列出詹启华所用西文的方式来处理。——译者注

本书的导言部分将从对"Confucianism"(儒教)一词作较全面的考察开始：它是如何被制造出来的，西方人和中国人是如何卷入这场造词运动的，这个词的发明又带来了哪些影响？这里面存在一个前提，即"Confucianism"这个词在很大程度上是西方人发明的，他们想当然地认为"儒家""儒教"①"儒学"以及"儒者"这些概念结合在一起构成了一个复杂的体系，"Confucianism"一词恰恰可以代表这个体系的内在含义。同时，他们还认为，正是那位中国古代的哲人——"孔夫子"(对于中国人来说，就是孔子)，缔造了这个复杂的体系，而这个体系也以"孔夫子"的形象为核心。

我认为，我们不应该用一一对应的方式去处理这些概念，不应该将"Confucianism"(儒教)这个词等同于"儒"，甚至应该意识到我们眼中的"孔夫子"并不是古代中国人心中的孔子。相反，我认为"孔夫子"之所以呈现出眼前那些为人熟知的特征，乃是不断精心制造的结果，在这一过程中，欧洲的知识分子扮演了主角。我们的"孔夫子"是几个世纪来假以众手塑造出的成果，其中既包括教会，也包括世俗社会，既有西方人，也有中国人。

很大程度上讲，"孔夫子"是西方人创造出来的；但在20世纪的中国，他却激励了人们对本土偶像孔子进行重新创造，孔子被吸收进中国知识分子所掌握的丰富的神话材料之中，其对他们通过建构历史来努力开创一个民族国家意义上的、崭新的"中国"来说至为关键。而这一创造还带有中西方联手呈献的味道，这恰是本书关注的主要内容：孔子的历史形象引起了西方人对"孔夫子"的推崇，也为欧洲在"表述"问题上的科学和神学之争贡献了全新的形式，那么，16世纪的中国人是如何处理手头鲜活的原始素材以求符合孔子历史形象的呢？20世纪的中国人将孔子改头换面成了一名宗教人物并且声称这合乎史实，那么，19世纪输入的西方概念术语——"民族主义"(nationalism)、"进化论"

---

① 这个"儒教"译自原书中的拼音转译，系指中国旧有的"儒教"一词，着重于强调儒家的教化，与"Confucianism"一词有别。——译者注

导　言　"孔夫子"、孔子与现代想象

(evolution)和"文化精神"——又是如何为他们进行这种本土想象提供了维度的呢？

读者切不可据此以为，找到了"孔夫子"在西方的源头就意味着他是一个冒牌货。后现代主义批判对普遍接受的观点大兴摧枯拉朽之事，本书并非只是为了逢迎这一批判而要打破这个文化偶像，或是尝试把他拉下神坛。本书也从未暗示过，不存在本土偶像却只有舶来的英雄；或者说，本书也并非是在攻击西方文化的霸权。我讲述"孔夫子"和"儒教"，其实是在怀着恭敬之心描述那种追求"天下大同"的精神或力量，这无疑是文艺复兴时期形成的现代精神，但自17世纪以来早已在西方被人遗忘，却在20世纪的中国重见天日。这是一段传奇，是风起云涌的那两个不同世纪的传奇，是文化转型的那两个不同时代的传奇。在此之中，倾向于理性和宽容的那些虔诚的群体，在他们所处的本土境遇里找到了与"绝对者"(the absolute)有关的带有预言性的暗示。

当20世纪步入尾声时，对"孔夫子"(孔子，前551？—前479？)的想象，以及对由对他的记忆所激发的那种宗教或哲学——"儒教"——的想象，似乎在数量和变得日益显著方面都有所发展。在西方世界，"孔夫子"几乎随处可见，更准确地说，几乎到处都有与其相关的外在表现：在教你如何同远东文明做生意的录像带里；在应用软件、航空杂志、T恤、卡通、公共电视节目播放的纪录片、菜单、旅游杂志和酸奶盒上；在晚近试图将儒教描绘成一种新的世界性宗教的种种努力中；在互联网(the World Wide Web)上，在持续升温的围绕中国宗教、中国思想、比较哲学和亚洲经济取得奇迹的本土文化根源所进行的学术探讨里，无不如此。有关"孔夫子"的这些想象规模浩大、种类繁多，足以匹敌公元前136年的中国；正是在这一年，拉开了皇家祭孔的大幕，此时遵从孔子教诲而为皇帝效力的儒士早已不可胜数。①

"孔夫子"在当代广为流行，其例既见于那幅滑稽的作品《办公室里的孔夫子》(图1)——它刻画了一位总在喋喋不休些陈词滥调的圣人，

---

① 是年为西汉建元五年，汉武帝于这一年置"五经"博士，大力尊崇儒术。——译者注

图1 《办公室里的孔夫子》,盖瑞·拉森(Gary Larson)作

在这幅出自"远方"系列(Far Side)的漫画里,盖瑞·拉森(Gary Larson)刻画了一种流行的看法,即把"孔夫子"视为一位总在唠叨一些陈词滥调的聪明人。① 该图的翻印得到了加利福尼亚州《旧金山纪事报》(Chronicle Features, San Francisco, California)的许可,并保留一切权利。

---

① 该图中黑板上写的是:"道路可能会分岔,所以请小心驾驶""别让床虱咬到你""看起来一定会下雨"。"远方"系列是盖瑞·拉森绘制的一系列单幅漫画,因对社会现象夸张、超现实的幽默讽刺而为人熟知,广泛见于各类书刊中。——译者注

导　言　"孔夫子"、孔子与现代想象

也见于共济会成员(Freemason①)对"孔夫子"的高度尊重中——在共济会会所(Scottish Rites temples)的内墙上可以看到"孔夫子"与琐罗亚斯德、摩尼(Mani②)等东方贤哲的雕像放置在一起。此外,还有一些例子,比如名为"谷夫子曰"(*Cornfucius Say*)的饶舌集③,以及《孔夫子如何要求加薪提职?》(*How Would Confucius Ask for a Raise*?)这类自助手册④。可以说,"孔夫子"是我们现代尚未完全消化的大量文化产品之一,这类文化产品自 17 世纪以来一直在不断增加;因为从那时起,欧洲的知识分子们就借用了"孔夫子"的形象和他代表的中国传统,这在身处中国南方的那些耶稣会传教士们的书信、译著和文章里有所展露。

正是拜这群传教士所赐,才将"孔夫子"描述成了伟人,将"儒教"描述成了宗教,两者交织在一起的传奇也才真正开始,这是因为这位伟人和这种宗教都是这群传教士在中国人中布道时创造出来的。毫无疑问,"他(译者按,即'孔夫子')是被制造出来的",最早是由 16 世纪晚期一小群怀着恭敬之心的"调适主义者"(accommodationist)给创制出

---

①　共济会成立初期属于一种秘密结社,允许持有各种宗教信仰的成年男子加入,后发起了启蒙运动,一般认为伏尔泰、孟德斯鸠、歌德、华盛顿、富兰克林、马克·吐温等人都是其成员。共济会的思想明显继承了"诺斯替教派"(Gnosticism)的思想,强调"理性"和"道德"可以帮助人修正自身的缺陷,完善自己,直至进入神的领域。——译者注

②　摩尼(Mani),公元 3 世纪中叶的波斯人,据信他创立了源自古波斯祆教的宗教——摩尼教,该教旧译明教、牟尼教等。——译者注

③　Homer and Jethro, *Homer and Jethro's "Cornfucius Say" Joke Book: A Collection of Corntemporary Wit'n Wisdom* (Battle Creek, Mich. : [Kellogg's Company, 1964])。此外,马萨诸塞州剑桥市的"历史题材产品有限公司"(Historical Products, Inc., of Cambridge, Mass.)还生产了印有名人肖像的 T 恤衫,产品目录里就包括印有"孔夫子"的 T 恤衫。吉德炜(David Keightley)为我提供了与"荷马-叶忒罗"(译者按,Homer & Jethro,该组合是美国20 世纪40 年代至 60 年代乡村音乐的代表,取名于古代西方的两位智者,即荷马和叶忒罗)这个组合有关的参考资料,在此谨表谢意。

④　Carol Osborn, *How Would Confucius Ask for a Raise? 100 Enlightened Solutions for Tough Business Problems* (New York : Morrow, 1994)。非常感谢理查德·伯登(Richard Burden)为我提供了这一参考资料。

来的①,这群人是住在中国南方山野的耶稣会神父,他们正是从中国人将孔子奉若文化伟人的做法中受到特别启发。在1583年抵达中国之后,耶稣会的神父们很快就用拉丁文、意大利文、葡萄牙文和中文撰写了大量著述,借鉴了在中国已经流传了千年之久的有关孔子的各种文献与传说,来证实让他们心有戚戚的道德圣人——"孔夫子"——所言非虚。

耶稣会神父们的"孔夫子"起初总是与"孔子"成对出现。事实上,"Confucius"是通过拉丁化的方法发明出的一个词,用以对应中文里的"孔夫子";而中文里的"孔夫子"是对中国圣人孔子的尊称,它非常少见,只见于祀奉圣人及其从祀的某些地方祠庙的神位上②。因此,对于这些16世纪的耶稣会士来说,"Confucius"和"孔夫子"就是对应的一组象征,其与罗马神祇雅努斯(Janus)最为相像,雅努斯就因自己的两副面孔朝向相反的方向,而成为守卫一切门户、通道和象征万事开端的神。

耶稣会士后来有所谓"基督教远征"(Christiana expeditio)之说,而耶稣会士与中国人对"孔夫子"的建构在这一远征之初即已成型,并且还成为神父们进入中国生活的门钥;而在神父们融入中国生活的过程中,对"孔夫子"的建构却扬弃了教会眼中能将这些神父称为"基督勇兵"(soldiers of Christ)的许多质素。此外,"Confucius"或"孔夫子"还标志着另一个事物的粗胚,当时的这些传教士们根本无法预见它,但我们却对它非常熟悉,那便是"汉学"(sinology)。一开始,中国的"孔子"和外来的"孔夫子"就已在中国本土背景下,在制造"孔夫子"的那些人的脑海里

---

① "调适"(accommodationism)这个术语是在沙勿略(Francis Xavier, 1506—1552)的支持下,由耶稣会士提出的一种系统的护教策略,目的是让中国人皈依天主教。在范礼安(Alessandro Valignano, 1539—1606)的指导下,"调适"成了劝化改宗的解决方案,它要求严丝合缝地扎根进想劝化的目标人群的语言和风俗中去。See Johannes Bettray, S. V. D., *Die Akkommodations-methode des P. Matteo Ricci S. I. in China* (Analecta Gregoriane, vol. LXXVI \ [Rome: Aedes Universitatis Gregorianae, 1955]), pp. 235-327; D. E. Mungello, *Curious Land: Jesuit Accommodation and the Origins of Sinology* (Honolulu: University of Hawai'i Press, 1989), pp. 13-19, 44-73, 247-399.

② 至于此类带有宗教性术语的例子,另可参见 Henri Doré, *Recherches sur les superstitions en Chine*, vol. 13 (Shanghai: Imprimerie de la Mission Catholique, 1918) 以及 Herbert A. Giles, *Chinese Biographical Dictionary* (Shanghai: Kelly and Walsh, 1918)。

结合在了一起;自此以后,"孔夫子"在很短的时间内成了举世闻名的人物。也正是这个晚近出现的、独一无二的拉丁化称谓"Confucius",因启蒙运动的精神而传遍全球,并借各式各样热火朝天的商贸交流而以偶像的身份一直影响到今天的我们。

制造"孔夫子"这个偶像

在整个17世纪,中国教区的神父们把许多中国文献翻译成了拉丁文,用来论证中国的本土信仰里有尚未成熟的一神论。在作出这番努力的过程中,他们向自己的上级和资助人提供了与中国风俗、信仰有关的详尽材料。回头来看看他们的故乡,欧洲受过教育的世俗阶层当时正因一系列发现——制图法、天文学、数学以及语言学——中蕴藏的理性激情而感到兴奋不已,无不焦急地等待着传教士①的书信集和日记早日出版。耶稣会士们的"孔夫子"在这些观察家、业余爱好者和科学家中找到了非常友好的环境,他的著作在这里大受欢迎,因为人们认为其中含有和西方道德规范极为协调一致的智慧。

此后,西方人还根据经验观察从地理、语言和文化等诸多方面描绘过整个世界的面貌,而其中最重要的莫过于从宗教的角度描绘这个世界。当其伊始,欧洲皇家学会(Royal Society)的成员们在把"孔夫子"具象化时,已全然不顾他的另一个自我——"孔子",这使得本来成对的象征顷刻间一分为二。"孔夫子"作为一种象征所具有的影响力,来自欧洲人的一种假定:"孔夫子"乃是中国这个"他者"的形象化代表。因此,当记载传教士在中国生活详情的耶稣会士书信集在16世纪最后十年出版时,"孔夫子"的声望不论是在某个领域,还是某几个相关领域,不论是在教会里,还是世俗社会上,都已传播开来。

---

① 如果要用代词的话,这里需要使用阳性的代词,因为所有的耶稣会传教士和"儒"都是男人。

作为偶像,"孔夫子"为欧洲两个不同的群体所用,作用也不相同:对于生活在中国人当中并且越来越同情中国人的那一小群耶稣会士而言,他们觉得孔子令人尊敬,而"孔夫子"就是孔子;对于那些受过教育的欧洲人,也就是当时最受人尊重的知识分子而言,"孔夫子"因其有拉丁语名号而被视为一种象征,象征着蛮貊里的高贵,或是"自然"(natural)中的内在理性。

直到 18 世纪晚期,随着欧洲获得了一种"启蒙了的"文化上的自我意识,"孔夫子"才作为一位圣人在当时的西方文化中牢固地确立了自己的地位,而追随他的中国信徒则被称为"Confucians"(儒教徒),这个词可以引起一整套联想:恭敬、彬彬有礼、睿智、正直、理智而不盲目地遵从古训,尊重有学问的人和家长制的权威。对于那些怀疑君主政体并对宗教战争感到绝望的欧洲人来说,这些品质和具有这些品质的人都是迫切需要的。

"孔夫子"以及通过转喻的方式在这个象征里表达出的中国,出现在启蒙时期很多名人的著作中:伏尔泰(Voltaire)、卢梭(Rousseau)、孟德斯鸠(Montesquieu)、孔德(Comte)、魁奈(Quesnay)、丰特奈尔(Fontenelle)、狄德罗(Diderot)、莱布尼茨(Leibniz)、伍尔夫(Wolff)、马勒伯朗士(Malebranche)、培尔(Bayle),甚至包括笛福(Defoe)。也许是在 1758 年,"孔夫子"才迎来了自己最重要的时刻,就在这一年,第欧根尼·拉尔修(Diogenes Laertius)所著《哲学家列传》(*The Lives of the Philosophers*)的法文版在阿姆斯特丹出版了,其中有 90 页是在讲解"孔夫子"的教诲。① 作为中国风物的象征,"孔夫子"对当时刚刚显露的政治、社会和神学批判至关重要,正是这些批判才导致了大批作品问世,其中就有培尔的《历史与批判辞典》(*Dictionnaire historique et critique*,1697—1702),伏尔泰的《风俗论》(*Essai sur les moeurs et l'esprit des na-*

---

① *Les Vies des plus illustres philosophes de l'antiquité, avec leurs dogmes, leurs systèmes, leur morale, et leurs sentences les plus remarquables*;traduites du grec de Diogene Laerce(Amsterdam:J. H. Schneider, 1758).

导　言　"孔夫子"、孔子与现代想象

tions，1756）和《哲学辞典》（*Dictionnaire philosophique*，1757），孟德斯鸠的《波斯人信札》（*Lettres Persanes*，1721）和《论法的精神》（*De l'esprit des lois*，1748），以及魁奈的《中国的专制制度》（*Le Despotisme de la Chine*，1767）。① 在"古"（anciens）"今"（modernes）之争的这一特殊时刻，中国古代的形象帮助塑造"现代"的"自我形象"（self-image），我所说的"现代"系指"我们西方人"的"现代"。

　　在当时的欧洲，"孔夫子"声名远播，他的形象也随处可见，这是因为"孔夫子"就像资本一样，他的价值并不为其表现出来的样态所制约。在这种情况下，"孔夫子"显然是一种制成品，是某些价值观的象征，而其最有价值的那部分内容就是他的异质性，因此，任何个人或者群体都可以借用"孔夫子"来表达自己的价值观。对伏尔泰来说，"孔夫子"象征了一种真正的、与欧洲有别的道德理性；对孟德斯鸠而言，"孔夫子"则象征着专制统治。在象征方面的这种多样性，反映了当时的欧洲正在为民族国家诞生之初的个体、社会和神圣性问题而激烈论辩。

　　经济全球化在16世纪晚期与17世纪初期的发展，使欧洲和中国之间的距离比以往任何时候都要近，而"孔夫子"广为人知恰与这一时期的经济发展密不可分。16世纪末，经济全球化初见端倪，在经济上将中国与欧洲、美洲联系在一起，也将中国与新大陆上的其他地方，比如像波托西（Potosí）等藏有银矿的地方联系在一起。迄至

---

① 这些名人了解到的与中国有关的内容，实际上少有根据"客观事实"（fact）作出的合理推测，更多的是基于迅速膨胀的和中国有关的信息所进行的师心自造。尽管如此，伏尔泰似乎确实拥有一个法文抄本，其中录有中国战国时期（前439—前221）的思想论争。他又发挥自己的想象力，从这些材料里总结出了所谓的"中国教理问答"（Chinese Catechism），见于伏氏所著的《哲学辞典》中。据说，孟德斯鸠还与一个中国移民黄嘉略（Arcadio Huang）过从甚密，这位中国移民在法国翻译了许多中文书籍并为它们编目，他甚至还编纂了第一部汉法词典（孟德斯鸠撰写《论法的精神》的草稿时，还访谈过黄嘉略）。以上内容乃是根据1990年4月13日同史景迁（Jonathan Spence）的一次私人交谈，另可参见 Jonathan Spence, "Claims and Counter-Claims: The Kangxi Emperor and the Europeans (1661—1722)", in *The Chinese Rites Controversy: Its History and Meaning*, ed. D. E. Mungello（Nettetal: Steyler Verlag, 1994), pp. 15-28。

17世纪初,全世界开采出来的贵金属大约有50%都流向了中国。伴随着香料、贵金属和奢侈品贸易,一种贩卖概念的市场也得到了发展,这个市场带来了很多中国的人物画并旋即风靡欧洲,其中就有《孔夫子》①。

正是这一时期,一些思想观念与物质商品同时开始流动,它们将中国和欧洲联结在一起;其中,"孔夫子"恰是一个异常突出而又意义深远的"人工产物"。他的名字和形象频繁出现在信函、回忆录、论文、游记和史说中,这似乎表明,他就像新大陆的钱币一样被带到了一个充满了各种新思想又在不断扩张的市场,将罗马和巴黎、伦敦、柏林、布拉格联结在了一起,也将罗马与设在果阿(Goa)、广州、澳门、北京的传教前哨联结在了一起。根据鲁保禄(Paul Rule,译者按,又常译作"保罗·玉尔")的研究,第一幅"孔夫子"的雕版肖像画于1687年问世,并且"为17世纪晚期和18世纪初的无数作品所抄袭",其中就包括法国耶稣会士、御用数学家李明(Louis le Comte)撰写的那部广为人知的回忆录(参见图2)②。对我们而言,这次概念层面的交往所带来的最主要的思想影响在于,在肇庆教堂传教的那些耶稣会士们创造出来的一体两面的"孔夫子/孔子",完全变成了"孔夫子":我们将他视为导师、道德楷模、圣人、政治哲学家,最重要的是将他看作中国"公民宗教"的创始人。

---

① "大约有百分之五十"的估测来自 Frederic Wakeman Jr., *The Great Enterprise: The Manchu Reconstruction of Imperial Order in Seventeenth-Century China* (Berkeley: University of California Press, 1985), vol. 1, pp. 5-6。而香料、贵金属在惠及中国的全球经济中如何流通等相关问题,则可参见 William Atwell, "Notes on Silver, Foreign Trade, and the Late Ming Economy", *Ch'ing-shih wen-t'i* (December 1977): 1-33。至于16世纪时东方香料的运输和中国在推动世界经济发展中的作用等相关问题,参见 Pierre Chaunu, "Manille et Macao, face à la conjuncture des XVI et XVII siècles", *Annales: économies, sociétés, civilizations* 17: 555-580; 以及 Fernand Braudel, *The Mediterranean and the Mediterranean World in the Age of Phillip II*, vol. 1, trans. Sian Reynolds (New York: Harper and Row, 1972), pp. 462-510。

② See Paul A. Rule, *K'ung-tzu or Confucius? The Jesuit Interpretation of Confucianism* (Sydney: Allen and Unwin Australia, 1986), p. 73; 以及 Louis le Comte, S. J., *Nouveaux mémoires sur l'état présent de la Chine*, vol. 1 (Paris: Jean Anisson, 1697), p. 337。

导　言　"孔夫子"、孔子与现代想象

图2　《孔夫子》,出自李明神父(Louis le Comte)所著《中国近事报道》(Nouveaux mémoires)

木版画,引自李明"神父"所著《中国近事报道》(Nouveaux mémoires sur l'état présent de la Chine, vol. 1, Paris, 1697)。在其面世后的一个世纪里,这幅画被翻印了数百次,它是欧洲人所绘"孔夫子"画像中最为流行的一幅。感谢加州大学伯克利分校班克洛夫特图书馆(Bancroft Library, University of California, Berkeley)惠允复制。

学者和大众在这一点上颇为类似,他们常常认为这些不同的角色与中国本土的孔子形象吻合无差;他们都确信自己知道"孔夫子"是谁。不过,尽管有一系列被认为是能够代表孔子的具体形象,但脱离了本土文化背景的这位"孔夫子",到底只是西方的想象虚构。被我们赋予无上威权的"孔夫子"与"儒教",是有域外渊源的思想产物,制造它们的目的是为了清楚地揭示中国文化的内在特质。但就孔子本身而言,仍是鲜为人知。这对反讽恰恰说明了与"孔夫子"、孔子有关的在象征方面的差异性为何如此之多。

"Confucius"("孔夫子")和孔子其实更像是某种转喻用语而非活生生的人,前者广为人知,乃是"Confucianism"一词的原形("Confucianism,儒教"其实是我们西方人自己的传统),而后者则是令人崇敬的儒家道统的至圣先师。同所有先知、殉道者和英雄一样,"孔夫子"和孔子被赋予了太多太多的内容,数量之多足以令人瞠目结舌;同时"孔夫子"和孔子也被视为其名义下制造出来的那些传统所留下的遗迹。事实上,不管是在中国还是西方,就制造此类传统而言,在功能上都表现出了惊人的相似;至于说到中国,几千年来,孔子在中国一直都是人们进行发明创造时普遍关注的焦点。

孔子在本土的回归:商贸交流与偶像崇拜

"孔夫子"广受欢迎的传奇,一方面透露了和我们西方人的文化史有关的许多内容,另一方面也转而急剧影响了今天的中国人:"孔夫子"这一表述的本土根源——孔子——已在中国重获显赫地位,与西方想象出来的"孔夫子"不相上下。在当今中国,传统再次引发了热潮。比如,在一些公益广告中,孔子被引用来告诫"赌博有害";他的身影时常出现在一些以"汉民族文化"①为主题的电视纪录片中;他被视

---

① "汉民族文化"系据詹启华原文所注拼音直接转写。——译者注

作古代文化精髓的杰出代表。就这一点来说,"文明"(civilization)和"文化"(culture)这两个词不绝于耳、随处可见,甚至还能在一些街道的标牌上和一些工作场所里看到,如"文明卫生路""文明卫生单位",等等。"文明"和"文化"这两个词都包含着同样一层言外之意:中华传统具有无与伦比的优越性。至于孔子,正日益成为这一传统喜闻乐见的代表人物。

中国人正处在高速发展和急剧推进现代化的阵痛中,他们从本土文化传统中借用了孔子,并且将他们的孔子视为"孔夫子"重新诠释了一番。整个民族重新评价孔子,将他视为全球范围内影响深远的伟人,这是最近出现的情况;其代表便是徐远和所著的《儒学与东方文化》一书,徐氏在书中强调,东亚的经济奇迹是伴随着他所谓的"复兴儒学的道路"出现的①。热捧传统文化特别是"儒教"的学术和普及读物,正在中国日益增多。与此同时,许多出版社(最知名的莫过于上海古籍出版社)不是用政府推行的简体字而是用传统的繁体字,重印了许多孔子时代的古典文献,这一势头也在稳步增长。当前,"东亚发展模式"(East Asian Development Model)在全球范围内大行其道,这又使得人们对"儒教"的兴趣还会持续下去。

20世纪70年代末"批林批孔"运动逐渐结束,孔子和他的教诲就开始一直处于稳步复苏之中②。现在,推崇孔子在政治上并无不当,这与1973年至1978年间整个国家的意识形态情况截然不同,当时对孔子这位文化始祖进了大量公开批判。自从山东大学历史系在1978年秋天倡议重新评价孔子和儒家思想以来,政治大气候已经毫无疑问地

---

① 徐远和:《儒学与东方文化》,北京:人民出版社,1994年,页47—58。

② 这场运动结束的时间并不长,正如雷金庆(Kam Louie)在研究当代批评孔子的历史时指出的那样,1979年,也就是在"四人帮"倒台后的第三年,批判孔子的论辩仍然见诸笔端,一些公开反对孔子的抗议也是此起彼伏。1989年,在一次私下的谈话里,苏珊·布鲁姆(Susan Blum)向我谈到,直到1982年,仍然能在南京街头听到"批林批孔"的余音。See Kam Louie, *Critiques of Confucius in Contemporary China* (New York: St. Martin's Press, 1980), pp. 97-136;另可参见吉林大学历史系编:《一切反动派都是尊孔派》,北京:人民出版社,1974年。

有利于孔子了。

很多人认为,一年一度举行的孔子诞辰庆典可以追溯到汉代(公元前202—公元220)。而这样的庆典仪式现在也重新恢复了以前的盛况和排场,刚好与中国境内外旅游业新一轮的"大跃进"(Great Leap Forward)步调一致。1980年,孔子研究中心在曲阜成立;三年后,更名为"孔子研究所"。就在同一时期,中国政府也批准出版了蔡尚思的《孔子思想体系》(1982)①和钟肇鹏的《孔子研究》(1983)②。

北京的新世界出版社也紧跟孔子卷土重来的势头,在1984年出版了一部题目颇为引人入胜的回忆录——《孔府内宅轶事:孔子后裔的回忆》,该书由柯兰与孔子的第七十七世孙女孔德懋合著而成。同年,该书的英译本问世,题为"*In the Mansion of Confucius' Descendants*"(译者按,直译为"在孔夫子后裔的府宅内"),自称揭示了"和孔氏宗族嫡支——也就是孔子的直系后裔——所居府宅有关的各种传说、故事、典礼及私密"③。

1984年9月22日,举行了庆祝孔子诞辰2535年的盛大庆典,获邀的三千名海内外嘉宾参加了这次典礼,观礼的民众也挤满了孔庙的里里外外④。在此次庆典上,孔子的塑像被重新安放在大殿内,这成了最具标志性的一件大事,而在当年"文化大革命"最高潮的时候,红卫兵

---

① 詹启华原文所注书名拼音转写过来乃是《孔子思想的系统》,并无出处,似有误。——译者注
② 1986年3月,与该书同名的学术刊物《孔子研究》在曲阜创刊。
③ "Publisher's Note", in Kong Demao and Ke Lan, *In the Mansion of Confucius' Descendants* (Beijing: New World Press, 1984), p. iii.
④ Yu Ronggen, "Studies on Confucius in Our Country in Recent Years", in Etiemble, *Confucius (Maitre K'ong)* (Paris: Gallimard, 1986), pp. 285-291. 汉代以来,对孔子表示尊崇的春秋大祭都会在中国农历的二月和八月举行。1727年,雍正皇帝下了一道谕旨,要求在春秋两季的庆典外,全国须另在农历八月二十七日这一天庆祝孔子的诞辰。在中国台湾地区,这一年一度的庆典一直延续下来,并且依然非常隆重而热闹,这一天也被定为"教师节"。至于纪念孔子的庆典史,参见John K. Shryock, *The Origin and Development of the State Cult of Confucius* (New York: Century, 1932). 另请参见Onogawa Hidemi and Shimada Kenji, eds., *Shingai kakumei no kenkyū* (Tokyo: Chikuma shobō, 1978), pp. 3-35. 据估计,在曲阜参加庆贺孔子诞辰2535年庆典活动的人数达到了五万。

导　言　"孔夫子"、孔子与现代想象

们破坏了曲阜的一些古代建筑,还打碎了孔子的塑像。孔子重新赢得地位还有个最显明的例证,那便是在1985年6月还成立了另一个孔子研究所,它位于以前皇家祭祀孔子的孔庙内,就在北京紫禁城的东南方。

孔子曾经为人们所弃,现在又再次被当作圣人,像神话里的英雄一样受到人们欢迎、荣归故里。在山东省曲阜市(据称这里是孔子故里却尚存争议①,是古代官方举行崇祀孔子仪式的地方),店家们不无骄傲地夸示"三孔"牌啤酒"山东中部销量第一",而在该市市中心还矗立着这一地方名酒的三座酒瓶模型,每座足有二十英尺高②。另有一种在名称上与"孔子"有关的酒在世界范围内广受欢迎,那就是曲阜酒厂用高粱、小麦、大麦和豌豆酿造的"孔府家酒",而今它在美国由加州南艾尔蒙地的康威尔进出口有限公司负责经销③。

1984年的北京街头,虽然有些书贩仍在卖力兜售用红色封套装帧的口袋本《论语》,却已买不到被人尊称为"红宝书"的《毛主席语录》了。曲阜县文物管理委员会在当地印行的这版《论语》显然是"红宝书"的仿制品,它包括通行本《论语》完整的二十章,并且是用简体字印刷的(参见图3)。这一版《论语》与第一版《毛主席语录》之间的相似程度令人讶异——也许正是因为如此,才导致了这一版《论语》很快就

---

① 之所以说"尚存争议",是因为还有很多地方也声称自己才是孔氏家族的宗乡。1990年秋天,我和魏斐德有过一次私下交谈;从中得知,在中国大陆学者晚近的一次聚会上,就有人即席提出疑议,质疑曲阜到底是不是孔子故里。比如,哲学家李泽厚就认为,孔子祖籍实在苏州附近某处;而自唐代(618—907)以来,还有种说法认为,孔子一系有一支在甘肃省内离敦煌不远的地方。艾伯华(Wolfram Eberhard)已经证实,公元634年,孔门世系的二十九支内有一支被正式认定为孔子的后裔;按这次册封所说,尽管孔门世系都发源于鲁地,但这支孔氏早在唐代以前就已经是敦煌的望族了。似乎可以说,汉代以前他们就已经居住在中国西部了。参见Wolfram Eberhard, "The Leading Families of Ancient Tunhuang", in *Settlement and Social Change in Asia* (Hong Kong: Hong Kong University Press, 1967), pp. 102-129。

② 感谢迈克尔·林德布洛姆(Michael Lindblom)向我提供了这些和山东中部地区的啤酒以及大众文化相关的资料。"三孔"系指孔府、孔林和孔庙。

③ 非常感谢苏源熙向我介绍了孔府家酒。

图3　《毛主席语录》（"红宝书"）与《论语》（"小红宝书"）

在这张照片里，可以同时看到举世皆知且引起争议的"红宝书"（《毛主席语录》，*Quotations from Chairman Mao Zedong*，即《毛泽东选集》中名言警句的选编本）以及1984年出版的"小红宝书"——《论语》，后者曾在曲阜和北京面世过很短一段时间。这个版本的《论语》在形制和颜色两方面都仿照了《毛主席语录》（该照系笔者所摄）。

14　不见于市并为用绿色封套装帧的第二版所替代。北京有一位餐厅老板甚至还把自己的餐厅定名为"孔膳堂"，在解释为什么要选这个名字时，他会略带诡辩地反问道："还有比它更好的吗？"孔子简直就是一笔上好的生意，我们当然不会忘记中国邮政行业的例子：比如，1990年就曾发行过一套印有孔子画像的纪念邮票，其中有一张邮票的面值是一元六角——这刚好是1990年寄一张明信片到西方国家所需的邮资——描绘的是孔子端坐在装满卷策的车舆上，在四名弟子陪同下周游列国的情形。这是当时中国繁荣的写照，也是将这种成功与孔子联

导 言 "孔夫子"、孔子与现代想象

系在一起的那种流行做法的生动写照,在这个有趣的例子里,孔子却被画得略微发福甚至是很胖。

"儒教"和"新儒家"(Neo-Confucianism)在宗教哲学层面的问题较为复杂,但中国与西方对这些问题以及"孔夫子"的学术兴趣却在稳步增长,这一点同孔子在大众文化中复苏的现象比起来,给人留下了更为深刻的印象。随着盖瑞·拉森漫画中的"孔夫子"和北京那位餐厅老板眼里的"孔夫子"逐渐赢得普遍认同,付出的代价便是"孔夫子"的意指越来越不为人所知;而此时,中国思想史和中国哲学这两个领域的学术诉求都已开始力争使"孔夫子"和"儒教"获得一种适用于全球的重要意义,其基础便是"儒教"哲学具有非同一般的实用性,足以应对当代许多学术或社会问题。因为许多东亚学者的努力,在哲学和宗教层面为"儒教"谋求崭新的普世地位获得了成功,这些学者其实是在以另一种方式重现耶稣会士们的"诠释偏好"(interpretive predilection),同时也是在不断翻版时下大众对"孔夫子"的偶像崇拜。

"孔夫子""儒教"与学术政见

20世纪80年代和90年代,亚洲的许多政治家和学者已经开始利用"孔夫子"所代表的意象及其教诲,来中和经济的快速扩张给精神、文化带来的影响。一些人从本质上讲就非常崇拜"儒教",将它视为亚洲本地的基本价值观,还将"孔夫子"塑造成了亚洲特有的那种宗教精神的象征符号,这些人中最为突出的代表莫过于新加坡前总理李光耀。①

---

① 至于所谓的"高速发展"(hypergrowth)及对这种说法在界定某些亚洲国家或地区经济高速扩张时的作用所进行的相关分析,请参见 Edward K. Y. Chen, *Hypergrowth in Asian Economies: A Comparative Study of Hong Kong, Japan, Korea, Singapore, and Taiwan* (New York: Macmillan, 1979)。另请参见 Chalmers Johnson, *MITI and the Japanese Miracle* (Stanford: Stanford University Press, 1982),该书作者指出,"亚洲四小龙"(中国台湾、新加坡、中国香港、韩国)的政治经济模式代表了工业化国家或地区的一种新形式,也就是他所谓的实现"资本主义发展"的国家或地区的一种新形式。亚洲经济发展中的核心价值,在当下的学(转下页)

在上世纪晚期,人们普遍认为,西方家庭乃至亚洲家庭的完整性必将走向破碎,即便个人主义可以聊作慰藉,却再也不能疗救人与人之间日益疏远的事实。于是,前文提到的那些学者们便纷纷提倡与家庭有关的儒家价值观,比如道德自律、恕道(reciprocity)、相互尊重以及"仁"(benevolence),他们认为这些价值观能为"道德虚无"的状况提供出路。他们深信"儒教"是亚洲人固有的精神气质,同时也是支撑亚洲称雄世界经济市场的精神动力。就此而言,"儒教"决不只是一种知识或者哲学,它更像是一种活泼泼的生活方式,一种与韦伯笔下的新教相类似的变革动力,虽然它没有新教所谓的"彼世",却存在对超验的向往。

东亚学者断言,亚洲的"高速发展"与其笃信儒家文化有一种必然的渊源关系①。他们认为,中国香港、新加坡、中国台湾和韩国(也就是所谓的"四小龙")在经济上的成功标识了另一种可供选择的发展模式;在这一发展模式中,有种"属于古代的"文化强调重视家庭、尊重教育、服从权威和保持虔诚的信仰,这可以抵消在西方世界相当普遍的由现代化带来的有害影响。韦伯曾经提到,"儒教"追求的是要适应"此世"而不是把"此世"变为"彼世";步从韦伯的论调,也许可以说,正是

(接上页)术界和新闻报道中已是老生常谈,这个议题在下面一书中则有比较充分的讨论,即Tai Hung-chao, ed., *Confucianism and Economic Development*: *An Oriental Alternative* (Washington, D. C.: Washington Institute Press, 1989)。至于以儒家为基础的现代化是否具有相对合理性的问题,李光耀曾有过一番表述,原话见于下面这则新闻报道中,即 Fareed Zakaria, "Culture is Destiny: A Conversation with Lee Kuan Yew", *Foreign Affairs* 73, no. 2 (March/April 1994):109-126。

① 近年来,用这种方式来诠释"儒教"的观点越来越多。因为杜维明、刘述先和李泽厚的关系,这种观点大量刊登在香港的政治文化月刊《九十年代》上。举例来说,这种诠释方式可参见 Tu Wei-ming, "A Confucian Perspective on the Rise of Industrial East Asia", *Bulletin of the American Academy of Arts and Sciences* 42, no. 1 (October 1988):32-50; Tu Wei-ming, "The Rise of Industrial East Asia: The Role of Confucian Values", *Copenhagen Papers in East and Southeast Asian Studies* (April 1989):81-97;杜维明:《"文化中国"初探》,《九十年代》,第245期(1990年6月),页60—61;以及 Ezra Vogel, *The Four Little Dragons*: *The Spread of Industrialization in East Asia* (Cambridge, Mass.: Harvard University Press, 1992)。

导　言　"孔夫子"、孔子与现代想象

因为"儒教"的缘故,"亚洲四小龙"才表现出了一种积极进取的企业精神和不知疲倦的工作准则。因此,亚洲传统依据自己的主张孕育出了自己的现代性,而那些"中国特质"(Chineseness①)则为崭新的"环太平洋时代"(age of the Pacific Rim)提供了典范模式。

杜维明是创造性地将"儒教"重新阐释为一种宗教的急先锋。他认为"儒教"正在经历"第三波"革新。杜氏声称,"儒教"传统的当代形态(我则称之为"后现代儒教"),应该被人们当作一种全新的世界宗教来对待,应该与伊斯兰教、犹太教及基督宗教平起平坐,因为它们在当代同样都面临着回归正统之势:

> [这一]立场将……儒教想象成一种具有宗教性的哲学传统。按照这一构想,儒教是一种生活方式,它要求信奉儒教的人对自己的职责有种本体意义上的执着,他们应该做到"既精且博",这一点都不下于其他属灵传统对其信徒提出的要求,比如犹太教、基督教、伊斯兰教、佛教或者印度教。②

奇怪的是,"后现代儒教"所具有的这种普世视野,乃是植根于地方性传统中那些特殊的、带有本体色彩的固有品质;就此而言,不管是西方还是东亚,都特别着力强调家庭是生产劳作中永恒的伦理单位。按照较为自由的观念去重新理解,"儒"被等同为"新儒学"(new Confucian learning),它正在经历重生,而其拥趸则相信,这种重生与孔子所开创的历经千年的传统一脉相承。而当代将"儒"作为宗教来践行的人们则认为,一种较为人性的现代化需要回归"儒教"最基本的美德,

---

①　下文除按学界通行译法将该词译为"中国性"外,也会像此处一样采用照顾文意的处理方式,将它译为"中国特质"等。——译者注
②　Tu Wei-ming, "Hsiung Shih-li's Quest for Authentic Existence", in *The Limits of Change: Essays on Conservative Alternatives in Republican China*, ed. Charlotte Furth (Cambridge, Mass.: Harvard University Press, 1992).

他们也开始忙于开创儒家传统的全新时代①。

儒家的复苏是以其作为亚洲家庭伦理和工作伦理的方式实现的,但如果认为正是这种复苏带来了东亚不可思议的经济增长,那么这一断言就更像是带有某种臆想性而不是基于确凿的事实。持这种观点的学术著作虽然与美国流行的对"孔夫子"的理解有很大不同,但其中制造加工的痕迹并不见得要少一些,并且应该被视为某种学术野心的产物,而这种野心恰恰笼罩着这些著作使其呈现得像是种种杜撰。

在西方学术圈里,另一个显然受到过制造"孔夫子"和"儒教"风潮影响的研究热点便是对"新儒家"(Neo-Confucianism)的研究,其研究题域基本是由狄百瑞(Wm. Theodore de Bary)一手划定的。学界在这方面的努力目标一直是要言之凿凿地确立起儒家传统生生不息的活力;按照现在的界定,所谓的儒家传统乃是思想上嫡传的圣门独脉,它上接孔子、中经宋代理学和明代心学的传人,一直传到今天。诚如狄百瑞所言,自12世纪到18世纪,融合了佛教与本土儒家传统的"新儒家"在文化上一直是股支配性的力量,它将这七个世纪内社会、思想、科技和政治领域发生的深刻变革都纳入了自己的体系;尽管如此,依然可以说它在根本上保持了同"孔夫子"开创的知识传统的一致性,因为"孔夫子"一直都强调"为己"乃是学者的理想。

在研究朱熹(1130—1200)时,狄百瑞提出,"新儒家"强调的"自得"乃是人所共有的具有启发性的直觉本能在后天的显现,他认为这种直觉本能既是个人的,也是自由的。在他最近的一部论文集里,狄百瑞为援用现代西方术语作了辩护,他认为这些术语恰好对应了自己在中国本土文献中发现的内容:

> 儒家思想中的"个体"问题,是我多年前无意间涉足的学术领

---

① 拥护这种观点的人特别注意自别于甚至是非常反对像康有为那样将"儒"的概念演绎成"国教",而清政府在其统治的最后岁月里恰恰尝试过在国家层面推行康有为的这一理念(参见第三章)。参见《听李泽厚、刘述先谈〈河殇〉》,《九十年代》,第227期(1988年12月),页88—91。

域。那时,我其实正在研究其他方面的问题,诸如一些历史的和政治的问题;但结果是,只有通过研究新儒家眼中的"己",才能恰如其分地处理那些历史、政治方面的问题。在这种情况下,我发现自己使用"个人主义"(individualism)或者"自由主义"(liberalism)这些词,并不是因为我有把西方价值观强加给中国思想的任何倾向,而是因为两者之间的某些相似性根本无法忽略,这甚至同我之前的一些假设和先入之见截然相反。①

当然,狄百瑞并不仅仅满足于为中国思想提供一个令人满意的描述。他还致力于同已经逝去的"新儒家"的世界建立起某种联系,那个世界的文化富有活力、具有创新精神、生生不息,甚至到处都有西方人奉如圭臬的价值观念。已经洞悉"自得"精义的"理学"信徒,与西方崇尚自由的个体之间具有某种相似性,这一点让人印象殊深。"四海之内皆兄弟"一语似乎于此处显得非常贴切。因为就像古典学者朱熹径以"存体应用、执古御今"自任一样,狄百瑞也受到了古代楷模人文主义光辉的感染,将自己的全副身心投入到了恢复其荣光的目标中去:

> 今天,就像先前的儒家一样,要想拥有上述知识和理解力,没有哪一个民族可以仅仅依赖自己的传统。在当时的条件下,虽然儒家已无力维系而且更不可能扩充"道",但是,他们至少明白有必要展开讨论和对话,因为二者是"弘道"的根本所在。今天,有利于我们延伸和扩展这一话语的时机已经来临:我们和历史对话,和其他的文化对话,甚至和未来的几代人进行对话。他们虽然不能替自己发言,但是他们的命运就掌握在我们的手中。②

---

① Wm. Theodore de Bary, *Learning for One's Self: Essays on the Individual in Neo-Confucian Thought* (New York: Columbia University Press, 1991), p. xii.
② Wm. Theodore de Bary, *The Trouble with Confucianism* (Cambridge, Mass.: Harvard University Press, 1991), p. 112. (译者按,译文参见《儒家的困境》,黄水婴译,北京:北京大学出版社,2009年,页128。)

狄百瑞的这些主张告诉我们，中古时期中国人的信仰一直都有其实用性，而在20世纪早些时候一度被认为已经死去的那种传统也依然保持了不竭的生命力；可以说，这些主张很有启发性，因为它们证实了士大夫的"儒"所具有的生命力。不过，这些解释也透露了许多与诠释者的倾向有关的内容。所有的阐释和翻译都会有某些意图，对"儒"或者"儒教"的解释也丝毫不例外。① 那么，狄百瑞指出朱熹的思想在当代仍然具有适用性，在这个意义上说，乃是狄百瑞自己而非朱熹的建构。虽然这一诠释建构能使理学和朱熹摆脱20世纪早期中国民族主义者对其大加贬抑的境地，但它的贡献并不应该被简单地视为要回归这一传统，哪怕它声称非常赞成这一传统。

虽然我们永远都无法完全恢复纯粹的"理学"原理，但"新儒家"的进路仍然具有非凡的意义，因为它论证了"理学"在当代仍然具有适用性。三十多年过去了，狄百瑞制造那个强调个人主义、人道、自由的"新儒家传统"的做法依然聚讼纷纭，也许恰恰是因为这一做法常常自称无可争议，似乎还特别强调自己拥有无上的权威或真理。②

但即使是尽力避免宣称自己拥有权威和真理的那些学者也发现要做到这一点其实很难。在《通过孔子而思》(Thinking through Confucius③) 一

---

① 至于学者如何处理欧洲、非洲和印度的传统及其创造，可以参见 Eric Hobsbawm and Terrence Ranger, eds., The Invention of Tradition (Cambridge: Cambridge University Press, 1983)。

② 另请参考狄百瑞最近针对余国藩(Anthony Yu)的批评而为"儒教"作出的辩护。1993年3月，在洛杉矶举办的亚洲研究协会第四十五次会议的一次分组讨论上，余国藩特别提出批评，指责儒教应对专制统治、性别歧视负有责任。狄百瑞的意见及卜爱莲(Irene Bloom)、张灏、魏斐德、余英时、余国藩的评论已整理出版，参见"A Roundtable Discussion of *The Trouble with Confucianism* by Wm. Theodore de Bary", *China Review International 1*, no. 1 (Spring 1994): pp. 11-47。

③ 该书至少已有两个译本，且有不同的译名：一为蒋戈为、李志林所译，名为《孔子哲学思微》(南京：江苏人民出版社，1996年)，一为何金俐所译，名为《通过孔子而思》(北京：北京大学出版社，2005年)。陈来等学者曾讨论过该书的不同译名，多以为各有所长。姑取后译，一是因为该书中提到辩证思维是西方思维的特点，其包含的"对话"之意就是"通过……而思"，作者以其为书名显然有他的用意；二是因为后译较新，更正了一些错误并补充了一些漏译。——译者注

书中,郝大维(David Hall)和安乐哲(Roger Ames)通过比较哲学里"实验性对话"(experimental dialogue)的方式,刻画了"孔夫子"另一种引人入胜的形象。① 尽管两位作者说得很清楚,他们努力的目标是阐明孔子的思想,这需要在不同的文化语境和时代间转译许多概念,但他们并没有意识到自己的努力其实只是些编造罢了。不过,郝大维与安乐哲的这本书还是非常重要的反驳,不仅反驳了狄百瑞、陈荣捷等早先对儒家文献进行当代诠释和转译的学者,也对盎格鲁-欧洲的哲学传统提出了反驳。

"通过孔夫子而思"的结果首先就是对孔子思想中的重要观点有了某种理解,其次便是把孔子"拥有"的这些观点运用到改造我们西方人思维方式的基础——西方哲学前提——上去。在表述他们这种比较诠释的优点时,郝大维与安乐哲写道:

> 我们相信,我们"跨文化时代误植"的实践将会使孔子思想获得更为真实的诠释。原因如下:当前西方对孔子的理解,大部分都是未曾意识到最初将孔子思想介绍到西方的那些翻译已经窜入很多哲学和神学假定的结果。这些假定与主流盎格鲁-欧洲古典传统是有关联的。实际上,我们意在说明的就是,这些假定已经严重歪曲了孔子的思想。因此,我们"通过孔子而思",必须从一开始就对那些现在已经成为理解孔子思想先定前提的诠释范畴不"思"。②

两位作者的目标是在转译中做到语言和概念的精准;所以,他们才会认为,解释的时候有可能会重新发现"真正的"孔子。当安乐哲与郝大维

---

① See David L. Hall and Roger T. Ames, *Thinking through Confucius* (Albany: State University of New York Press, 1987),在该书的1—25页,两位作者已将自己置身于先前那些解释及进路的背景中。

② Hall and Ames, *Thinking through Confucius*, pp.7-8,着重号系笔者所加,另请参见该书页29—43。(译者按,此处引文的译文参考了何金俐所译《通过孔子而思》页9,并略有改动。)

认为自己对孔子的解释比前人更为真切时,他们实际上也拜倒在盎格鲁-欧洲哲学有关"可通约性(Commensurability)"的范式面前;其实,被他们两人给予高度评价的理查德·罗蒂(Richard Rorty)却曾洋洋洒洒地写了很多文章反对这一范式①。郝大维与安乐哲进行的这次思想试验,其结果就是把"孔夫子"的哲学影响力抬高到了世界级的位置,这也呼应了杜威在道德上对当代西方哲学提出的非难——如果哲学从它所寄身的公共生活那里脱离出来,它就没有了任何意义。

如果从"精英文化"和"草根文化"这两个范畴来仔细回顾一下依靠想象建构出来的"孔夫子"(孔子)和"儒教"(儒),那么,哪些是拼凑出来的,哪些是虚构出来的,就会一目了然了。毫无疑问,"孔夫子"并不是盖瑞·拉森在漫画中创造出来的那个形象——一个总在唠叨些陈词滥调的"老不休"。战国时期(前479—前221)的孔子同样不会像地中海东岸的男人那样长着黝黑的皮肤、套着长长的白袍(其中,尤以把孔子想象成穿着白袍的男人最不可能,因为那就意味着孔子正在服丧),也不会戴着古埃及的统治者所使用的帽子——但在共济会(Freemason)里那幅富于东方主义风格的肖像画中,"孔夫子"恰是这副模样。前面提到的那位开"孔膳堂"的北京老板和众多从祀孔庙的"中国文化伟人",对孔子的形象自有观感;和他们的观感相比,也许前面提到的那两种形象所表现出的"孔夫子"对我们来说,更明显像是一种创造。

我们完全有理由把这些形象看成是将"孔夫子"商品化来制造的

---

① See Richard Rorty, *Philosophy and the Mirror of Nature* (Princeton: Princeton University Press, 1979), pp. 315-356; and Rorty, *Contingency, Irony, Solidarity* (Cambridge: Cambridge University Press, 1989). 似乎郝大维与安乐哲这两位作者很愿意响应罗蒂关于扬弃知识论的号召,转而投向诠释学;因为知识论中有太多严格的规则,比如"可通约性"和"典范真理"(paradigmatic truth)等等,但诠释学却致力于创造对话而不是强加什么规则。如果遵循这一推论的话,就不会存在"大写的哲学"(译者按,按照罗蒂的看法,追问概念本质和基础的西方传统哲学就是所谓的"大写的哲学"),也不会存在"永恒独一真理"这样的有神论概念。从这一点来看,这些概念正是老朽的盎格鲁-欧洲哲学传统留下的遗产。然而正如我们能从郝大维和安乐哲身上看到的,人们很难放弃对真理的强烈渴望。针对当代哲学实践那种不正常的断裂,还有另一个类似的批评,参见 Alasdair MacIntyre, *After Virtue: A Study in Moral Theory*, 2d ed. with postscript (Notre Dame, Ind.: University of Notre Dame Press, 1984)。

例证;也有理由相信,后现代时期的"儒教"、狄百瑞的"新儒家"以及郝大维和安乐哲对"孔夫子"的反思,虽然其程度尚不至此,但相比而言也是五十步笑百步。在他们之中,不论谁宣称自己如何延续了朱熹传承下的传统,也不论谁声称自己提供了与"孔夫子"思想有关的一套理解,其臆造的成分并不见得会少一些。这些诠解中的每一个都富有隐喻性,都信誓旦旦地声称自己拥有内在一致性和延续性,似乎这样就可以在当代博得一片赞同。

可以说,不论这些非常不同的文化现象具有草根性还是精英性,它们都是创造出来的,通过将它们并列措置,我的意图是想指出它们在功能上其实非常相似。此外,它们也总是让人想起某种可塑性,而早在中国古代孔子自身就已表现出了这种可塑性。众所周知,孔子懿范博得了众多追随者,这些人名号为"儒";通观整个中国历史,孔子与"儒"之声名都经历了几乎完全相似的戏剧化的大起大落,这在先秦(前579—前221)直至唐代(618—906)的中国文献里历历可见。

"儒":历史记载的情形及其在象征意义上的可塑性

对早先遵从儒家传统的人来说,孔子是圣人,是合乎名教的生活应该效仿的典范。在追忆孔子、伯夷、伊尹的美德时,孟子对孔子品行的赞美不偏不倚,合乎中道:"皆古圣人也,吾未能有行焉;乃所愿,则学孔子也。……自有生民以来,未有孔子也。"① 不过,孔子和"儒"受到后来追随者们推崇的程度,几乎与他们被同时代的其他人奚落和嘲笑的程度不差分毫。事实上,其他一些文献传统将"儒"和孔子想象成了伪君子、肤浅的思想家、说谎者和只知道谄媚的帮凶,"儒"和孔子的形象也藉此得到了广泛传播。这些说法都见于观点与他们相左的其他学派

---

① 《孟子注疏》,《十三经注疏》本,上海:上海古籍出版社,1990年重印本,卷十三,页56.2,57.1。

的文献中,比如道家、墨家、法家、杂家,还有纵横家等各个学派;不管这些形象是否与《论语》中记载的"儒"及孔子的形象保持一致,它们都表达出了自己的好恶。① 与儒家观点对立的那些学派经常提到孔子和"儒",显然,战国晚期,孔子和"儒"已成为过分拘泥形式和墨守传统的代名词。

当称孔子和"儒"是种代名词时,我的意思是,孔子和"儒"是一种隐喻性的表达,它体现了许多不同的特征和某种不容置疑的权威,这一点在道家学派的著作《庄子》的一段话里得到了清晰的验证,在将孔子和"儒"的形象固定化方面,这段话相当具有代表性:

> 夫水行莫如用舟,而陆行莫如用车。以舟之可行于水也,而求推之于陆,则没世不行寻常。古今非水陆与?周、鲁非舟车与?今蕲行周于鲁,是犹推舟于陆也,劳而无功,身必有殃。②

有感于儒家在葬礼上强调礼仪甚至达到了病态的程度,《庄子》设想了一个"盗墓"的场景,作为一种隐喻,用来批评儒家对古代的着魔,下面就是那段令人难忘的寓言:

> 儒以《诗》《礼》发冢,大儒胪传曰:"东方作矣,事之若何?"小儒曰:"未解裙襦,口中有珠。"曰:"……接其鬓,压其顪,儒以金椎控其颐,徐别其颊,无伤口中珠!"③

---

① 孔子常常出现在其他学派的文献中,也许正如章炳麟所深信的那样,其原因之一乃是因为墨子和庄子一开始都是儒家学派的信徒,师从同一位老师,但后来都脱离了儒家。参见本书第三章。

② 《庄子集解》,《诸子集成》本,卷三,北京:中华书局,1990年,页91。另请参见 A. C. Graham, *Chuang-tzu: The Inner Chapters* (London: George Allen and Unwin, 1981), pp. 192-193;以及 Burton Watson, trans., *The Complete Works of Chuang Tzu* (New York: Columbia University Press, 1968), pp. 159-160。

③ 《庄子集解》,页177;另请参见 Watson, trans., *Complete Works of Chuang Tzu*, pp. 296-297。

导　言　"孔夫子"、孔子与现代想象

这些隐喻既能诋毁孔子和"儒",也能为他们作宣传,使他们成为名人;正是拜这些隐喻所赐,孔子和"儒"才立刻为其推崇者和对手所熟知。

　　和其他任何一种隐喻一样,这个隐喻的效果完全取决于读者对孔子和"儒"的熟悉程度——这显然也是《庄子》的作者所怀的假定。孔子和"儒"在这些文献里经常出现,从这一点显然可以看到孔子和"儒"非常知名,哪怕对其重要意义的认识尚未达成统一。善于辞令的儒门弟子同儒家辩难的其他思想流派都使用了这种隐喻的方式,致使孔子得到了广泛宣传;与此同时,以孔子为中心的一系列传说也一代一代地流传了下来,并且依据讲述者和听众的记忆记录整理出了一个广为流传的文本。汉代以前,大部分与孔子有关的传说被证明是可信的而被人收集起来,其中包括孔子神秘降世、其父(叔梁纥)英勇无畏、其母不辞辛劳、其父母结合并不合礼、他还有个残疾的兄长及其后来周游列国的种种传奇。事实上,与孔子有关的这一"传说群"(legend cycle)的诸多片段都可见于早期大量的文献中,比如《墨子》《吕氏春秋》《孟子》《晏子春秋》《论语》《淮南子》《庄子》,等等;而《史记》里那篇史上第一部孔子的官方传记则非常权威地将这些片段汇编在了一起①。

　　举例来说,《墨子》一书驳斥了当时许多主要学派的论辩,其中它就用了整整一章的篇幅来讨论儒家,名曰《非儒》。儒家对礼仪的执着在自己的文献里被称颂为是"信而好古"的表现,但在《墨子》里则被视为是自私自利的表现;如同前引《庄子》一节那样,《墨子》一书也宣称,儒家坚持厚葬与"三年之期"的真实出发点并不是要保存古礼,而是为了敛财。在《非儒》一篇的结尾,"孔某"登场的频率越来越高,通常都和孔子的传说有关,我们也能从儒家的叙述传统中听到这些传说。在这些场景里,"孔某"是故事的主人公,他与《论语》叙事传统中孔子那单纯的形象一样,都是那个时代出现的同一种类型的创造。通过比较

---

　　① 至于收集孔子传说的历史意义以及其中虚构的成分,另请参见 Lionel M. Jensen, "Wise Man of the Wilds: Fatherlessness, Fertility, and the Mythic Exemplar, Kongzi", *Early China* 20 (1995): 407-437。

同一个故事的两种不同叙述,我们可以看到孔子在符号学意义上乃是某种隐喻,同时可以隐约瞥见其在象征意义上或多或少具有我们后现代主义文化来说早已司空见惯的那种可塑性。

《论语》第十五章第一节描述了孔子年轻的弟子们在追随他从祖国——鲁国——出亡周游途中险些丧生的经历,在这段非常著名的记述中,儒家的叙事传统如是说道:

> 在陈绝粮,从者病,莫能兴。子路愠见曰:"君子亦有穷乎?"子曰:"君子固穷,小人穷斯滥矣。"①

现在不妨将它与《墨子》里一段非常相似的记载作个比较,就会发现,《墨子》对儒者穷困的描写使用了相同的原始素材,但经过整理却产生了完全不同的效果:

> 孔某穷于蔡、陈之间,藜羹不糁。十日,子路为享豚,孔某不问肉之所由来而食;号人衣以酤酒,孔某不问酒之所由来而饮。哀公迎孔某,席不端弗坐,割不正弗食。子路进请曰:"何其与陈、蔡反也?"孔某曰:"来,吾语女:曩与女为苟生,今与女为苟义。"夫饥约,则不辞妄取以活身;赢饱,伪行以自饰。污邪诈伪,孰大于此?②

---

① 《论语注疏》,《十三经注疏》本,卷十,页 136. 1, 137. 2;Pound, *Confucius: The Unwobbling Pivot, The Great Digest, and The Analects* (New York: New Directions, 1969), p. 263; Arthur Waley, *The Analects of Confucius* (New York: Vintage Books, 1938), p. 193; James Legge, *The Chinese Classics*, vol. 1 (reprint; Hong Kong: Chinese University Press, 1971), p. 294; and D. C. Lau, *Confucius: The Analects* (New York: Penguin Classics, 1962), p. 132。

② 参见《墨子间诂》,《诸子集成》本,卷四,页 187,关于孔子及其弟子的这段穷困潦倒的岁月,《庄子》里的某些章节还有一些与之稍有差别的记述(译者按,因繁体字转写简体的原因,孙诒让所著《墨子閒诂》一书今有《墨子间诂》和《墨子闲诂》两名,学人已有辨析,今取詹启华所用《墨子间诂》一名)。

《墨子》里的这段引文使用了相同的故事素材,突出强调了一种讲究权变的"情境伦理"(situational ethic),同时还嘲讽了儒家,认为坚持僵化的伦理原则就会变得"死要面子"。在这段记述里,两个原本独立的小故事被整合到一起,这种重述带来的效果就是突出了儒家的虚伪和奸诈。《墨子》的《非儒》篇大约成书于公元前375年,比推算出的孔子卒年至少要晚了一个世纪。因此,它的叙事原本应该非常准确地重复《论语》里的记载,只是事实并非如此,这一点很值得玩味。作为一种叙述策略,《墨子》使用"孔某"一词似乎证明,与孔子有关的故事还有很多,至少,对同一个故事还有多种表现方式。

事实上,尽管《论语》和后出的《孔子家语》《孔丛子》一类传记著作中满是记在孔子名下的种种言论,但这些著作里的内容其实都产自非常庞杂的民间传说。换言之,在中国本土文献里,孔子的形象其实并不单一,并非只是追随他的那些受过古典教育的人们——也就是通常所说的"儒"——的先师,只不过汉代的经师们却一厢情愿地笃信这一形象,我们也因循惯例认为孔子形象确乎如此。事实上,一直到唐代,孔子都是人们叙述发明时会经常用到的,情形几乎与隋炀帝(569—618)在17世纪的中国小说里一直担当历史传奇的主角如出一辙。① 就像阿瑟·韦利(Arthur Waley)指出的那样,也正是因为这个原因,孔子还成了一些具有讽刺意味的甚至是有点下流的民谣的主人公,这类民谣还有一些依然保存在敦煌石窟里。② 而在对唐朝及其学者的研究中,麦大维(David McMullen)注意到,直至公元9世纪中叶,孔子都是宫廷娱乐中"官员们常常插科打诨"的主要对象③。此外,在一些宗派

---

① See Robert E. Hegel, *The Novel in Seventeenth-Century China* (New York: Columbia University Press, 1981), pp. 67-103. 就这点来说,没人能经受住诱惑而不想探究这个问题:是否正因为孔子在历史叙述中无处不在,才激起了19世纪晚期和20世纪早期的中国知识分子们(特别是那些五四运动的闯将们)将孔子如此宽泛地等同于"传统"。

② Arthur Waley, *Ballads and Stories from Tun-Huang* (London: George Allen and Unwin, 1960), pp. 89-96.

③ See David McMullen, *State and Scholars in T'ang China* (Cambridge: Cambridge University Press, 1988), p. 34.

门户之别不那么严的非常戏剧化的例子里,孔子和他最疼爱的弟子颜回,甚至还成了菩萨混到了民俗佛教里,也就是拥有了另一个富有慈悲心的亦佛亦凡夫的形象。

正如我们从这些例子和许多其他例子中看到的那样,"孔子"的名号也许是反复出现,但它指称的那个个体还是内在稳定或者说是前后一致的;而"孔子"也像"孔夫子"一样,其历史不过只是种与众不同的创造和本土制造的产物罢了。

为书名里的一个词作点澄清:"Manufacture"(制造)的含义

有一个问题我一直故意拖延,未予回答,那就是为什么要用"manufacture"(制造)一词?我很关心概念上的创造,为此,我们已经很仔细地讨论过一些这样的例子,以前的和现在的例子都有;但对于描述概念创造的过程来说,为什么是"manufacture"(制造)这个词较为精当,其中有很多原因。

"Manufacture"(制造)一词的传统解释是"手工制作"(made by hand)。这个词来自拉丁语中的"manufactus",其字面意思乃是"手制的"(handmade)。而如果风俗、习惯、传说的流布以及讲述它们的那种权力的传承,即是所谓的"传统",那么"手制的"(handmade)一词则比较适合来形容"传统"。由此可以说,"manufacture"(制造)一词因其还有"众手制作"(manyhandedness)之意,凝聚了人们反复书写"传统"的努力,而"传统"又是由关于礼俗、文本及如何加以运用的"地方性知识"组成的"层累传统",这让我们想到了"儒教"。

18世纪时,随着人们越来越多地把工业生产定义为"manufacture"(制造),"manufacture"(制造)一词在西方得到了非常广泛的使用。但这个词第一次问世其实是16世纪最后几十年里的事,那时,它被用来指称"匠人手工制作的产品",即假以人手固化形成的某种"形象",而非一种自然存在。① 也就是在大约十几年后,远在亚欧大陆另一端的中国地方官们,却已在考虑是否同意澳门的耶稣会神父在中国南部建立第一个教团。

在文化发展史上"manufacture"(制造)一词就像是个清晰的时代标记,举例而言,在它将我界定为一名生活在工业文明的诠释者时,它实际是确定了我与文本之间的关系,而这里的文本乃指我所选择研究的那些作品与人。对于这些文本而言,我只是个迟到的新人,而我的处境与之前耶稣会士们研究孔子以及孔子研究周代时的情形相差无几。

不过,我之所以会使用"manufacture"(制造)一词,除了因为它在文化史上的地位以及它还包含"众手制作"(handmadeness)的意思外,还因为该词本身所具有的"双重性"(doubleness)使其格外适合揭示从文本中建构"意义群"(communities of sense)的全过程。"manufacture"(制造)一词早先的意思其实正介于人工制品与天然物品之间。就其本身而言,所谓"人工制品"的意思就是并非"神创的"。这种人工制品尽管并非天然,但与自然本性相比,其真实性毫不逊色。和很多语词一样,"manufacture"(制造)的意义正来自于同它相关的那些联想所产生的含糊性中;来自于"天然的"(natural)和"人工的"(artificial)这两个词之间那种并不容易把握的区分。在随后的每一章里,我们将会清楚地看到,"儒教"与"儒"这两个概念最为突出的特征就是都具有某种含糊性,正是这种含糊性才给发明这两个概念预留了空间。

"Manufacture"(制造)一词的意思本身就具有含糊性,一是强调它是"制作出来的"(made),一是强调它是"捏造出来的"(made up),这都不免让人想起了"fiction"(编造)一词的含糊性:"fiction"(编造)一词来自拉丁文"fingere",意思是"加工"(fashion)、"创制"(fabricate)、

---

① *The Compact Edition of the Oxford English Dictionary*(Oxford:Oxford University Press,1971), p. 1721. 天主教辩教学者尼古拉斯·山德斯神父(Nicholas Sander,1530—1581)在他1567年所著《论形象》(*Treatise on Image*)中写道,"然而所谓的'形象'更像是某种制造,也就是说,更像是匠人手工制作的产品,而不是凭其自身就能存在的事物",这也正是此处所引"manufacture"(制造)一词最早的用法。

"编排"(form)。① 然而,即便如此极力地强调"fiction"(编造)一词带有"创作"之意,也不能否认它有"伪造"(false)的意思,因为"fingere"一词同时也是"false"的词根。在一般理解中,"编造"就是某种捏造;同样地,"制造出来的"(manufactured)就是"虚构出来的"(made up)。孔子有句著名的话叫"述而不作"(《论语》第7章第1节),翻译成英语就是"[I] receive but do not invent"(译者按,直译为中文乃是"我只接受却不加以创造");当孔子在这句话的特定语境中暗示说"信而好古"胜过"创作一些新东西"时,我们现在所用言辞带有的含糊性也就显而易见了。也许,"制作"(madeness)一词总带有"伪造"(false)一词所具有的贬义。当然,"manufacture"(制造)一词也带有"故意作伪"或"刻意虚构"的意思,这源于种种"创制"都是人工的结果并在这个意义上都是非自然的,要看清此间曲折并非难事。随着"manufacture"(制造)一词越来越多地与使用了机械动力、流水线作业、劳动分工甚至是机器人的现代工业相挂钩,这个词所带有的那种"非自然"的意味更能引起共鸣,对我们而言,这一点显而易见。

本书中出现的"manufacture"(制造)一词通常意味着"从原始素材进行创制",也就是"从文化进行创制"——这里所谓的"原始素材"或"文化",就是那些我们接受为"范畴"用以解释世界与日常生活的事物,我们必须赋予世界和日常生活一定的形式,以使其与我们接受继承的事物保持一致。这种结合的产物就是本书所谓的"manufacture"(制造)。当我使用"manufactured"(制造出来的)一词时,系指"创造出来的""发明出来的"或是"编造出来的",每一个义项都可以对应汉字里的"作"字,②至少我的本意是用它们来指代"作"字。把"作"字释为

---

① Oxford English Dictionary, p. 991. 另请参见 Raymond Williams, *Keywords: A Vocabulary of Culture and Society*, rev. ed. (New York: Oxford University Press, 1985), pp. 134-135。

② 参见许慎:《说文解字》,北京:中华书局,1963 年;段玉裁:《说文解字注》,台北,1984年,重印本;周法高:《金文诂林》,香港:香港中文大学出版社,1974—1975 年, nos. 1079, 1620;另请参见 Bernhard Karlgren, *Grammatica Serica Recensa* (reprint; Stockholm: Museum of Far Eastern Antiquities, 1972), pp. 212-213, no. 8061;以及 Axel Schuessler, *A Dictionary of Early Zhou Chinese* (Honolulu: University of Hawai'i Press, 1987), pp. 874-875。

"invent"（创造）自然符合本书的题旨，并且这种解释也没有背离许慎给出的传统释义："作，起也"。此外，在周代铭文和《诗经》的某些篇章里，"作"的意思还包括"制作""开启""建造""萌发"等等，这些无疑是"作"字最原始、最根本的意思。这样看来，"invent"（创造）可算是"作"字的一个释义。正是通过这样或那样的创造，孔子本人才广为人知；考虑到这一点，我们有必要在翻译的过程中保留那些义项中的异同之处。笔者以为，"manufacture"（制造）一词恰好能够实现这个目的，因为从语言学的角度来看，它具有无与伦比的优势，而我使用"manufacture"（制造）一词还考虑到了其所包含的"fiction"（编造）之意，也就是一种"构建意义的努力"。

需要指出的是，我并没有像前人那样审视"编造"（fictiveness）有何问题。举例来说，顾颉刚（1893—1980）就曾在 70 年前追随前辈学人崔述①（1740—1816）开创的道路，进而发现，中国古史其实是经后代学者错综复杂的反复"层累"才形成的。② 把"编造"（fiction）和"不可信"联系在一起，在顾颉刚那里已有苗头，在我们的时代则是司空见惯，事实上，想要完全避免这一点却非常困难；而且，我仍要坚持通过强调"manufacture"（制造）一词还意味着"富有建设性地编造"，以使其中的"含糊性"变得更为突出。"儒教"和"儒"都是较为含糊的术语，而当我说它们是制造出来的事物时，我其实正在利用"manufacture"（制造）所具有的含糊性——这种含糊性早就存在于《论语》对"作"字的使用

---

① 崔述，字武承，号东壁，直隶大名人，乾隆举人，清朝著名的辨伪学者，著作由门人陈履和汇刻为《东壁遗书》，内有《考信录》，主要包括《考古提要》《夏考信录》《商考信录》《丰镐考信录》《洙泗考信录》《孟子事实录》等，除考经辨史类著作外，另有《无闻集》《知非集》《小草集》等文集。20 世纪初，胡适撰写《科学的考古家崔述》，倡导新文化运动，引起著名学者钱玄同、顾颉刚等人热烈反响，并将其著作重新编校出版。——译者注

② 顾颉刚：《古史辨》，卷一，香港：太平书局，1962 年，重印本，特别是页 51—70；Arthur W. Hummell, *The Autobiography of a Chinese Historian* (Leiden: E. J. Brill, 1931), pp. 92-133; and Lawrence Schneider, *Ku Chieh-Kang and China's New History: Nationalism and the Quest for Alternative Traditions* (Berkeley: University of California Press, 1971), pp. 18-52. 另请参见张心澂对"伪书"诸多不同含义作出的著名分析，《伪书通考》，卷一，台北：鼎文书局，1973 年，页 16—17。

中——因为只有在"制造了什么"和"如何制造它"的具体语境中,语词的确切含义才能得到厘定。但笔者的意思并不是说不存在意义、不存在真实的世界、不存在真实的过去。要知道,概念并不会无限代换下去;总会存在概念的界限,只有在这些界限里,意义才有可能被构建出来,反之,意义就会彻底消失。在作品与人之间存在对话,或许,就像我们很快会看到的那样,在文本与阐释它的衮衮诸公之间同样也存在对话,正是这种对话绘制了意义的界限。

而当我在本书书名中使用"manufacture"(制造)一词的动名词形式"manufacturing"时,我的本意是想强调,制造概念的过程是带有本质性的也是富有连续性的,正是借助这一过程,"儒"和"儒教"才会被创造出来并且被反复再造。可能会有人试着提出批评,认为用"制造"一词来进行描述只是对既死传统的另一种反思而已,那么笔者使用"manufacturing"(制造)一词的动名词形式正是想强调"制造"是一个动态的过程,使其免遭此批评。从这个角度说,"manufacturing"(制造)一词采用动名词形式也意味着,大家借助"儒教"这个概念来理解中国的努力从未停歇。尽管"儒教"已是有三百年历史的老传统了,但它仍然以我们前面讨论过的那些方式凭借"再发明"而在今天生生不息,事实确乎如此;即便如此,还是有人会提到,"儒教"在早些时候曾有过一段虽不显著但却不能否认的"失败"经历,它并没有得到当时的王朝批准而成为中国人的社会伦理规范。

然而,鼓吹"儒教"失败,其实反而无意间透露了对传统知之甚少。不仅如此,这种言论还说明,我们距离自己想要清楚展现的那个时代已经非常遥远了。事实上,关于"儒教"破产的论调在西方和中国学者中流传颇广,哪怕他们中有些人是在维护"儒教"而有些人则是在攻讦它。这种鼓吹"儒教"失败的悲观论调同样也折射出,学界一直在不遗余力地"抹黑""儒"和封建王朝,把它们看作是迈向现代性之路的腐朽障碍,这种批评乃是拥护"新文化"的爱国学生于1915年开衅提出;而在1919年5月4日,天安门广场爆发了反对《凡尔赛和约》中一系列不平等条款的抗议活动,在这场抗议活动中,批评"儒"和封建王朝的腐朽落后再次成为最突出的焦点。只要一提起"五四运动",总能让人想起,这场运动点名批评"儒"和孔子是"没落的文化象征""逝去时代的突出代表",认为它们毫无用处却仍然死而不僵;在追求启蒙光辉而要推翻传统的这一代看来,"儒"和封建王朝正是他们要打倒的对象,这种诉求在下面这句口号里达到了顶点:"破坏孔家店"(译者按,其实更为人熟知的口号是"打倒孔家店",因作者原引如此,故仍从其旧)。这种批评实际上将"儒"、孔子和中国历代王朝画上等号,这为那一代人的"离经叛道"提供了非常有效的框架;但对我们而言,现在已无任何理由来附和这种非常随意的解释了。

在述及这一传统早期表现形式时,我们曾选用过"Confucian"(儒家)一词,这当然不是出于保守。通观整部中国历史,总是有人不断发明"儒"的内涵,"儒"所代表的那个群体也在不断变动之中,而晚近以来,"儒教"与"新儒家"的转变也是层出不穷,这都清楚地表明,传统乃是不断再创造的过程。从这个意义上说,把整个再创造过程的某一时段——比方说,把"儒"在 19 世纪末叶的学术实践——看成是整个过程的象征,那就只会造成误解。一方面,我非常怀疑将"儒教"与"新儒家"最具代表性的价值视为在解释上的虚构,这一怀疑与安乐哲、郝大维的观点颇为相似;另一方面,我又不赞同那种认为"儒教"在 20 世纪早期"已然破产"的看法,不赞同包括这一看法在内的其他流传较广的观点。

总之,通过使用"manufacture"(制造)和"manufacturing"(制造)这两个词,我算是找到了贴切的术语。虽然就本质而言,"manufacture"(制造)和"manufacturing"(制造)这两个词仍然是现代西方词汇,但还是可以用来描述文化的生产过程,不是描述我们这个时代而是前代的文化加工;不过,就功能而言,前代的文化加工与我们这个时代的情形如出一辙。笔者的本意是想将"manufacture"(制造)一词作为一种隐喻,用来喻拟"评注"和"诠释"的过程。使用"manufacture"(制造)一词,本来是想描述在中国本土传统——"儒"——内部存在的那种生生不息的进行意义再创造的过程,这远远早于机器在工业上的大范围使用;如果"manufacture"(制造)一词能担当此任,那么笔者还想在"过去"与"现在"、"本土"与"外来"共同拥有一个隐喻性的、相似的文化背景基础上,将它们分别结合起来。

本书的论证将分两部分展开,在这一过程中,将会看到我们用"manufacture"(制造)一词为喻还是贴切的。上篇"制造'孔夫子'和'儒教'"分析了外国人对中国人身份认同的制造加工,下篇"澄清'儒'的意义与虚构一个孔子"则检讨了中国本土传统对国族身份认同的制造加工。对于这两部分而言,编织制造所用的纱线都抽自"儒"。我主要探讨了两个特殊的历史阶段,在这两个阶段,"孔夫子"(孔子)及其所代表的传统都得到了重新解释,被赋予重要的意义,而且还"被迫"迎合那个时代特殊的需要与期望,在这两个时代,这些特殊的需要与期望在那群解释者中相当流行,而"孔夫子"(孔子)及其所代表的传统也被鼎新革故了一番。至于这两个时代,其一是在16世纪,耶稣会士遇上了中国人,遇上了中国人所秉持的传统,他们以为这一传统就是所谓的"儒教",而且自此以后的西方人也都用"儒教"来看待这一传统;其二是在20世纪早期,因着与西方的交流接触,中国人也遇到了认同自己身份的问题,在这一时期,"整理国故"的诸多努力促使中国人开始批判地反思"儒"的含义,这或多或少都可视为中国版的"儒教"了。

本书的第一章和第二章,也就是"耶稣会士、'孔夫子'与中国人"和"又一个轮回:耶稣会士及其著述在中国和在欧洲",检视了"儒教"这个概念诞生的想象根源。对这一问题的追索实际上是在用历史的眼光批判和分析西方人发明出来的三个概念——"Confucius"(孔夫子)、"Confucian"(儒家)和"Confucianism"(儒教),在耶稣会士活跃于中国的一个半世纪里,他们撰述了大量文献,其中包括书信、用中文写成的教义问答集、回忆录、中国传教史、"四书"译注以及关于中国文化的简编读本《中国哲人孔夫子》(*Confucius Sinarum Philosophus*),而刚才提到的那三个概念正见于这些文献。本书的第一章和第二章正是把"实在"(reality)与"表述"(representation①)的问题置于耶稣会士与中国相遇的特殊语境中来考察。这两章以16、17世纪中欧文化的交汇为例,考察了中西本土思想范畴到一种崭新的环境下是否适用的问题。

耶稣会士的实验结果,便是通过使用"儒"的复古思潮中那套属于中国本土的语言向中国人成功介绍了基督宗教的一神论,并且创造出了所谓的"儒教"。对于儒家传统而言,诠释经典和编撰文本至关重要,耶稣会士的创造在说明向全世界传播福音与维护本宗派之间存在本质张力的同时,恰恰就揭示了诠释经典与编撰文本之间存在相同的内在机理。本书开篇已经指出,我们现在所用的一些概念都受惠于早期耶稣会士的努力,正是因为这些概念,我们才能分辨出对于制造一种传统来说哪些过程才至为关键。

在本书的下篇,我评估了中国本土文化对"儒"进行的反思以回答这两个问题:一是在"儒"的传统里中国人如何表述自己;二是在这种表述方式里,中国人又是如何重申耶稣会士们已经提出的那个观点,即在转喻的意义上,"儒"和"中国性"是可以等同起来的。我在第三章"古代文献,现代表述:民族主义、复古主义与'儒'的再造"里则提出,只是到20世纪初,随着西方的经济扩张和中国在政治、文化权威方面的衰落,耶稣会士曾用以建立自己身份认同的那套士大夫对"儒"的标准界定,才被推想出的社会宗教演化史替代,"儒"在这种历史当中扮演的角色正类似于基督宗教的神职人员。

与司马迁(前145—前89)及刘歆(公元前50—公元23)给出的标准解释不同,也与将"儒"视为"从者"——一批以孔子为"宗师"的"从者"——的标准解释不同,章炳麟(章太炎,1868—1936)令人叹为观止的"小学"研究杰作提出了一个假想,解释了孔子以前的"儒"到底是什么意思,并将"儒"的意义与中国在青铜时代的神权世袭统治联系在了一起。第三章的大部分内容和整个第四章将着力介绍20世纪对"儒"

---

① 在哲学上来讨论这两个范畴,可以译作"实在"与"表述",但人类学还常把它们译作"世界本体"和"文化本体"。——译者注

作出的两种重要解释——一是章炳麟的观点,一是胡适(1891—1962)的观点——而我们的重心则会放在 1900 年至 1934 年之间的特定历史条件上,学者们在建构"儒"的发展史时所产生的一系列分歧正源于此。在这两章里,我同样关心这个问题:章、胡二人将与"儒"的古代史有关的各种材料整合在一起并给出了新的解释,为什么在中国人和我们西方人眼里,他们的成果都拥有大师级的地位呢?事实上,他们对"儒"的解释是如此有说服力,以至于后来的大多数解释几乎都以章、胡二人的理解为根本前提,难脱其窠臼。

　　本书的第四章题为"殊相即共相:胡适、'儒'以及中国人对民族主义的超越"。这一章将说明,学者之所以接受胡适和章炳麟编造出来的解释,很大程度上与这一原因密不可分,即胡、章二人系统地梳理了中西文明史并且提出它们是人类统一的精神、物质进化过程的两个不同阶段。章炳麟勉力要做的是厘清"儒"的多重含义,并将这些含义作为关键节点用于讲述"古今之变";而我在第四章要论证的是,章氏的这些努力如何为胡适提供了基本素材,使其整合出了一个有关全球文化发展演化的带有世界主义的观点,即过去世界各地的文化都盼望弥赛亚式的救世主而现在则都走向了世俗化。胡适的这一观点竟与 16 世纪、17 世纪耶稣会士们有关"普世合一"(ecumenical)的观点不谋而合,耶稣会士们就认为自己在中国找到了非常有力的证据,足以证明整个世界的灵性都在上帝那里达到了统一。

　　正如我们将要看到的那样,胡适用基督宗教系脱胎于法利赛人(希伯来文作 Perushim,英文为 Pharisee)所组成的犹太教团这样一段历史来解读"儒"的具体演化,并转而用孔子的训导系脱胎于商代残留宗教礼俗的观点来解释基督教的早期历史,这种解释方式正是胡适观点里最引人注目的地方。耶稣会士们也曾提出基督宗教与"儒"非常一致,但除了自己的信仰以外他们几乎没有给出任何证据。本书的上篇会就耶稣会士对"儒"的建构提出"实在"与"表述"的问题,反讽的是,此后胡适还会从中国人自己的观点出发,带我们再回到这个问题上;他坚持认为,对于制造"儒"的具体过程而言,要对它进行言之有理的诠释,只有基督宗教才能提供最合适的象征资源。

本书认为西方人和中国人对"儒"的想象其实密不可分,因此,本书的结尾部分将会指出,促成一次次"制造"(比如17世纪耶稣会士和20世纪中国人的所作所为)的那种推力正在卷土重来;同时还将反思当代对于把胡适的努力变为现实所怀的期待,而胡适恰恰致力于在文明发展共享模式的基础上建立东西方的根本认同。

如果说笔者的兴趣在于追问"儒"的含义到底是什么,那么就应该从最早出现这个词的文献开始研究,在这个意义上说,本书研究的时代顺序似乎有点奇怪。但从前面的讨论中可以很明显地看到,笔者并不志于澄清"儒"的真实意义究竟会是什么,这在很大程度上是因为要"确证"这个词的含义几乎不可能。笔者真正的兴趣是"儒"和"儒教"这两个词对我们来说究竟意味着什么,因此笔者关心的是对这两个被制造出来的概念进行一番历史性的、合理的推测。既然"儒"和"儒教"从来都不是某个单义的实在,笔者在本书中竭力要说明的乃是,耶稣会士和某些20世纪的中国知识分子因这两个概念可以非常令人惊讶地进行互换而据此进行了多种多样的解释建构,这些建构到底是如何提供了一种统一的描述,将"儒"描述为一种世俗化的宗教——要知道这种描述至今仍在持续影响着我们对"儒"的理解。

本书给出的解释只是一种解释而已,我丝毫没有要为自己观点辩护,把它尊为唯一真理的意思。而我在下文中对前代文献作出的解读,也很像伽达默尔(Hans-Georg Gadamer)对诠释学的理解那样,都是"视域性"(horizonal)的①。我显然从先前对这些文本的解读中获益匪浅,这在我对它们的解释中一览无遗。如果我的解读与被普遍接受的解释有什么出入,或是违反了传统的解释,这并不意味着我对它们有任何贬损的意思。相反,通过把这些解释整合进我所希望实现的一种拥有更宽视野的理解中,我恰恰吸收和消化了它们。因此,尽管我很希望自己

---

① See Hans-Georg Gadamer, *Truth and Method*, trans. Garret Barden and William G. Doerpel (New York: Seabury Press, 1975), pp. 345-447.

的工作完全具有独创性,但实际上,我的一些发现也只有在"视域"这样的语境中才有意义,这个"视域"就是早先对这些文本的解读所构成的种种解释。从这一点来看,在我之前的多个世纪里,已经有了许多解释,它们就像刮去原文重刻的碑铭,而我的工作只不过是在上面刻下的最新一笔罢了。

  因此,本书既不是对"儒教"的辩护,也不是对它的攻击。确切地说,几个世纪以来一直都有创造的冲动,要在"儒教"及其在中国本土的对应用法——"儒"——这两个概念的框架内不断发挥演绎,而本书或许更像是对这些冲动的辩护。虽然也许有人会觉得本书一反传统,甚至还有点故意挑战传统、哗众取宠的味道,但本书所采用的研究方法却保证了拙著依然因袭常规,甚至还非常传统。更准确地说,我的目标是想把研究中国的历史学家们置于一场对话中,尤其是把那些像我一样的思想史学家和哲学家们"纳入彀中";而这场对话将仔细考量我们对自身诠释传统的深深自信以及我们暗含的这样一种信念,即中国文化有其内在一致的连续性,其实,也正是因为我们的缘故,这种连续性才会在"儒教"与中华帝国长达两千多年的联姻中变得杳渺难寻。简而言之,我想沿着两条截然不同但却彼此交织的线索进行概念上的追索和清算:一条线索便是那些追求概念之间一致性的诠释者们所展开的想象;另一条线索便是本土文化,不论诠释者们是外国人还是中国人,他们都是从本土文化出发来琢磨自己那一套叙述的。最重要的是,通过这样的方式来推进本书的研究,在帮助我们了解自己这一点,将会使我们所失甚少而所获颇丰。

上　篇
制造"孔夫子"和"儒教"

真理与创造相互转化。①

——詹巴蒂斯塔·维科(Giambattista Vico)

凡是你受自祖传的遗产,只有努力运用才能据为己有。②

——歌德(《浮士德》)

---

① 拉丁原文为"Verum et factum convertuntur",直译为"真理与事实相互转化",又有"真与确相互转化""真理就是创造"等译法。此处,詹启华所附英文为"The true and the made are convertible",与拉丁原文有细微差别,但考虑到下文詹氏还将援用这句话提出自己的分析,故按英文译出。——译者注

② 译文引自歌德:《浮士德》,董问樵译,上海:复旦大学出版社,1983年重排版,页36—37。

第一章
耶稣会士、"孔夫子"与中国人

"他(库克)是一个神。"但在另一方面,"认知"(recognition)可谓是一种"再认识"(recognition):事件被嵌入到先验的范畴,而历史就存在于现时的行为之中。库克船长的从天而降是一个真正史无前例的事件,夏威夷人从未见过,但是通过将存在的独特性包容于概念的熟识性,人们把他们的现在嵌入到过去之中。

　　　　　　　　　　　　——马歇尔·萨林斯(Marshall Sahlins)[①]

　　远在古代,他们(译者按,指中国人)就已切实遵从自然法则行事,一如在我们国家的情形一样;一千五百年来,这个民族的人们几乎没有倒向任何偶像崇拜,他们所崇拜的并非是埃及人、希腊人和罗马人崇拜的邪恶神怪,而是诸多有德者,立有善功良行。事实上,在最古老且最具权威的"儒"(Literati)家典籍里,除了天、地和主宰天地的"天帝"外,他们不崇拜任何神。当我们详加审视这些典籍时,就会发现几乎没有与理性之光相悖之处,倒是有很多相合之处。

　　　　　　　　　　　　　　　　——利玛窦(Matteo Ricci)

---

　　① 马歇尔·萨林斯,著名的历史人类学家、经济人类学家,他强调"历史也是一种文化",着力探讨不同文化对历史的理解,对西方传统的世界观、历史观进行了深刻的反省。译文引自氏著《历史之岛》,蓝达居、张宏明、黄向春、刘永华译,刘永华、赵丙祥校,上海:上海人民出版社,2003年,页188,并略作修改。——译者注

第一章 耶稣会士、"孔夫子"与中国人

1583年9月,当意大利耶稣会士罗明坚(Michele Ruggieri,1543—1607)和利玛窦(Matteo Ricci,1552—1610)建起中国近世以来第一座天主教教堂时,孔子(或称仲尼、孔丘)辞世已逾两千多年;不过,"孔夫子"马上就要诞生了。马歇尔·萨林斯在其著作中将库克船长(Cook)被夏威夷土著视为神之化身的过程描述为:通过当下的反思性转译,将陌生的事物糅进自己的前理解中,而"孔夫子"呱呱坠地的方式就类似于萨林斯对库克船长所作的分析。库克船长无疑只是一个人,他并不是神,然而在一开始,夏威夷的土著人就没有把他和英国皇家海军的其他随行人员理解为"人"。萨林斯说,如果他们不是"人",那么他们就是"神";因此,库克本来只是一名普通人,却被奉若神明,夏威夷的土著们认为他就是掌管他们丰产的罗诺神(Lono)①。

对于16世纪的中国人来说,他们的孔子亦人亦神,或者说是位圣人;他是整个国家崇祀的对象,又是一位古代先哲,是他开创了广受尊崇的文教传统;他还是备受礼遇的那个学者群体(也就是"儒"/"儒家")的象征标志,而这些学者的代表正是供职于皇朝官僚政治各个层级的官员们。但是,在刚刚踏上中国大地的西方传教士看来,他更像是一名先知、圣人或圣徒(santo)。

在耶稣会士手中,中国本土的孔子从一种生疏的象征体系里获得了重生,他像英雄一样被改造成了易于理解的"孔夫子";所以,耶稣会士中才有了这样一种说法,认为"孔夫子"在灵性方面是他们的同行者,他曾在中国人中独自传播一神论的古老福音,只是现在已被人遗忘。正像意大利的神父们对他的想象,这位中国圣人和他关于独一神(上帝②)的说教,都已预示着他们这些神父们将要踏上中国大地;也是基于这一前提,他们才着手复兴其所谓的"孔夫子"的"正学"。正是以

---

① See Marshall Sahlins, *Islands of History*, Chicago: University of Chicago Press, 1985.

② "上帝"本出儒家经典,《尚书》《诗经》等经书中就屡见不鲜,但很多现代中国人以之为基督宗教物什,全然忘记了中国经典中的"上帝",令人扼腕。詹启华此处所用之"上帝"乃指儒家经典中的"上帝",原意是突出西方人认为中国经典中的"上帝"就是基督宗教里的God。——译者注

这种方式,罗明坚、利玛窦以及一代又一代高举调适主义大旗的神父们,通过一种与神性之间的永恒联结来解释孔子,对他进行"再认识"(re-cognize),将其认作"孔夫子"(Confucius);同时,他们也捏造了自己的身份,认为自己就是"儒",是在中国本土捍卫圣人所倡"先儒"学说的卫道士。

"孔夫子"的提出,不只是萨林斯所描述的那种"认知调整",也不仅仅是一种翻译。它更像是一种象征,是早期耶稣会士在适应中国的过程中所制造出来一种象征。通过这一创造,第一批来到中国的传教士们战胜了晚期中华帝国给他们造成的文化隔阂;更为不可思议的是,在和中国人一起生活的十年里,他们已经能在中国人面前把自己装点成为中国本土文化传统——"儒"——的正统传人。以"正学"及其先师"孔夫子"的名义,利玛窦、罗明坚和其他一些传教士化身为中国的"复古主义者"(fundamentalist①),而他们宣扬的是一种"亦儒亦耶的神学"。反过来,中国人也接受了这些神父,把他们看作"儒",甚至还在一些例子里称他们为"圣人门下"。

时至今日,"孔夫子"(Confucius)一词及其派生词"儒家"(Confucian)一直都是中国、"中国性"(Chineseness)及其传统的重要象征。曾几何时,"孔夫子"被视为耶稣会士留给我们的遗产,然而,学者却已经没有能力也不愿意去厘定"到底是谁,又是在哪部文献里首先用到过这个词"②。"孔夫子"的形象无疑是耶稣会士们的杰作,但它之所以有这么大的影响力,并不只是因为它是来华耶稣会士在中国创造出的形象,更多的是因为在欧洲还有一场连带而来的再造"孔夫子"的运动。我们现在看到的"孔夫子",其实正是这两次创造的产物。虽然应该承

---

① 该词常译为"原教旨主义者"或"基要主义者",但都有相对明确的意指,为示区别用此处所译。——译者注

② 尽管鲁保禄认为"'孔夫子'(Confucius)在某种意义上只是耶稣会士创造出来的产物……并用罗马文字把它介绍给了欧洲",但他仍然没有考证"孔夫子"一词的始作俑者究竟是谁,也没有考证到底是哪部文献首先使用了这个词。See Paul Rule, *K'ung-tzu or Confucius? The Jesuit Interpretation of Confucianism* (Sydney: Allen and Unwin Australia, 1980), p. ix.

第一章 耶稣会士、"孔夫子"与中国人

认耶稣会士在创造"孔夫子"时所发挥的重要作用,但我们在这么做的同时也有一种倾向,即隐没了创造"孔夫子"及对它进行再创造的其他历史条件,甚至因而忽略了这个词在彼此隔膜的两个"文本团体"(textual communities①)中所发挥的不同功能。本章将探讨"孔夫子"的两种形象融合在一起的问题,而这将从考证"孔夫子"一词的创造开始。

要准确勘定是谁,又是在什么时候首先使用了"孔夫子"这个词,并不是笔者的研究目标,这主要是因为"Confucius"(孔夫子)一词首现于世尚无可考的历史证据。于是,耶稣会士在华传教策略的典型架构反而成了我所关心的问题。益言之,我想要研究的是这样一个问题:作为外国人,他们何以可能建构出一个本土化的参照体系并借此理解自己与中国人?其次,在华耶稣会士在劝化中国人的过程中创造出了一个概念——"孔夫子",这一概念在欧洲被人们放置于另一个并行不悖、带有普世性的参照体系中来接受和解释,由此诞生了一大批头顶中国风尚光环的偶像,这与神父们的初衷多少有点出入,而我恰恰对这一概念在欧洲被接受和解释的方式抱有浓厚的兴趣。

在刚才提到的那两个研究兴趣中,随处可见"孔夫子"这个概念的虚构性,详察这一点无疑会为我们打开一扇天窗,帮助我们更好地了解创造这个概念的那群在华耶稣会士们的生活,也能帮助我们了解远在欧洲的另一个群体的情况,后者正是在一种非常不同的文化环境下来重新理解"孔夫子"的。在本书的第二章,笔者还会仔细评价耶稣会士在中国和欧洲之间进行拟同的意义,具体方法是分析传教士笔下的"Confusius"(最早来华的耶稣会士如是拼写)与在欧洲大陆广受推崇的"Confucius"(我们更熟悉这种拼写)这两个词在意义上的差别。

不过,本章的焦点将会集中到在华传教团体身上。这个团体是诞生"孔夫子"(Confusius)的文化母体;但在创造"孔夫子"传奇的所有主角里,它仍然是人们了解得最少的,仅仅被描述成是历史上一些特定群体之间的中介而已。其实,第一批来华耶稣会士是由知识分子组成的

---

① 另译作"文本群""文本社区",下文詹启华还就该术语另有详论。——译者注

"自我建构型"团体,在将中国人的经典文献翻译成自己的信仰语言时,他们也转变了自己从而进入了中国本土的那套身份参照体系——正是在这漫长征途中,他们获得了自己在当地的身份认同。他们所从事的翻译工作实际上是在商定自己在中国大地上的身份,尽管这一过程非常复杂,但他们却得到了中国人的帮助;不仅如此,当地的中国文化还为他们提供了异常多样的象征资源,供其尽情徜徉、恣意享用,他们也很快就将这种文化变成了自己的文化。

通过研究身处中国人包围之中的这一小群外来的在华耶稣会士及其有关中国人的"参与表述"(engaged representation[①]),我们可以重构出他们创制传统的过程,同时了解到各个团体是如何创造属于本团体的文本群的,所有这一切都紧密相关又可以相互解释。那些非常虔诚的神父在努力使自己变为"中国人"时摸索铺设了一条路径,四个多世纪来的诠释者们一直都沿着它跋涉关山深入中国,就让我们从回溯这条路径开始我们的研究。

"文化荒原"与耶稣会士的想象所及

> 一位迷路的旅行者,倒不该问:"我在哪里?"他真正想知道的是:"别的地方在哪里?"虽然他仍能掌控自己的身体,却迷失了方向。
> ——艾尔弗雷德·诺思·怀特海(Alfred North Whitehead)[②]

罗明坚、利玛窦以及随其而来的传教士们,分别于 1579 年和 1582

[①] 该词出自斯蒂芬·葛林布莱的著作,参见 Stephen Greenblatt, *Marvelous Possessions: The Wonder of the New World* (Chicago: University of Chicago Press, 1991)。这个词恰当地描述了在华耶稣会士在译注中国经典文献方面的种种努力。

[②] 艾尔弗雷德·诺思·怀特海,英国著名的数学家、哲学家,"过程哲学"的创始人,引文出自其奠基性著作《过程与实在:宇宙论研究》,此处参考了杨富斌译本(北京:中国城市出版社,2003 年,页 311)。——译者注

第一章 耶稣会士、"孔夫子"与中国人

年来到了中国南方。对他们来说,在 16 世纪最后 25 年里抵达中国南方不仅充满了困难和危险,也势必让他们有一种茫然无所之感。当此之时,意大利神父们口中的"Cina"(中国),虽然并非是在地图上"名不见经传"的国度,但对他们而言却着实是片荒原,既是充满幻想的欧洲梦可以驰骋的地方,也是能让冒险家和绘制地图的制图师们燃起激情的所在。罗明坚和利玛窦等自愿为即将建立的中国教会服务的神父们,所选择的是一种类似于国境勘探的工作,倾注了满腔热情来步量和测度中国这片"文化荒原"与自己所属文明之间的界线。从里斯本(Lisbon)到果阿(Goa)再到澳门,最多只需要一年的时间,但途中常有许多危险会引发海难。欧洲文明在中国南海岸凸出来的一块地方有个非常小的前哨,那就是澳门;为了抵达那里,耶稣会的神父们在前往中国的途中花了很长时间来学习,期间一直都默默无闻①。如果要往北深入考察广袤的"荒原",澳门真的是一个非常适合的地方。但对耶稣会士们来说,澳门仍然很陌生,哪怕澳门的城镇公共建设主要是欧洲风格也无法消弭它的异质性和陌生感。

对于罗明坚和利玛窦来说,澳门的环境一定让他们有种强烈的不安定感,因为还有一些居民同他们一起住在澳门这个多种语言并存的地方,但与这些居民不同的是,罗明坚和利玛窦两人并不能很快就回到自己的故乡。对他们来说,澳门只是漫漫长路上的一站,是通往更伟大的事业所必经的一个小站,而这项事业只存在于想象之中,成败尚未可知。几乎什么都要靠他们自己。罗明坚和利玛窦对自己在中国文化中

---

① 罗明坚、利玛窦、巴范济(Francesco Pasio)以及另外十名传教士于 1578 年 3 月 29 日离开里斯本,1578 年 9 月 13 日抵达果阿。澳门这个城市的人口有五千多,其中有九百人是葡萄牙人,要从果阿到澳门只需要再花上六个月的时间,但大多数得到指示留在印度教区服务的神父们都仍待在果阿学习或布道,或者是一边学习一边布道。同时,他们也满怀期望,期待着被派遣到东亚去,但这取决于教区教务视察员的意见,因为他拥有在中国、日本和菲律宾的任命权(虽然视察员在这些事务上拥有权力,但也要与耶稣会果阿省进行协商,他们都要听从远在罗马的耶稣会总会的命令)。在抵达果阿几个月后,罗明坚和巴范济被派往远东教区,他们被送到了澳门,而利玛窦仍然留在印度,听候印度区长鲁依斯(Ruiz Vicente)调遣;直到 1582 年,他才接到耶稣会东印度省视察员的命令,要求他去帮助罗明坚。

扎下根来倾注了满腔热情,这一点使他们迥异于在果阿的其他传教士们,也迥异于在印度教区传教的先行者们;这是因为在果阿的其他传教士与早期在印度教区传教的先行者们往往会自觉抵制本土化的种种倾向,更愿意在当地信徒的协助下用自己的母语布道①。

  因此,从很多方面来说,罗明坚与利玛窦这两名传教士体验到的应该是一种"文化错置"(cultural dislocation)。他们在澳门与世隔绝,几乎没人能听到他们的音讯。更重要的是,在罗马城的大道上,他们可以毫不费力地布道,但现在却苦于没有那样的语言条件。为了表达自己,他们只有通过"书写"来证实自己的存在了。从他们留下的许多札记来看,他们两人非常忙碌,就像是忙于疯狂地"自我铭刻"(self-inscription)一样。在来华的最初几年里,他们只用了很短的时间就写下了大量书信和一部天主教教义问答集,并绘制了一幅世界地图。

  在1581年到1586年这段时间内,他们用中文、拉丁文还有葡萄牙文进行写作②,内容无所不包,似乎对一切都充满着好奇。在罗明坚抵达澳门的三年后,也就是在1581年10月的一封书信里,另一名同为早期来华传教士的戈麦斯神父(Pero Gomes)如是汇报道:"罗明坚神父和我到这里来已经有一段时间了,我们正在编纂一部有关世界起始的简短历史,我们将把它当作基督宗教信奉的一种学说来使用,同时我们还会以对话录的形式把它译成中文。"③同年,罗明坚完成了一部教义问

---

  ① 虽然这么说,但笔者无意给人留下这样的印象,即被派往中国教区的神父只有罗明坚与利玛窦两人。截止到1583年,日本、菲律宾及中国的澳门和肇庆等都已有了很多耶稣会士,他们中有很多人都按委任命令在东亚多个教区轮番供职。正是因为巴范济、卡布拉尔(Francisco Cabral,澳门耶稣会学院的院长)、孟三德(Duarte de Sande,早期中国教区的实际领导者)、佩德罗·戈麦斯(Pero Gomes)与麦安东(Antonio d'Almeida),利玛窦才会在中国传教事业刚起步的那几年里与罗明坚并肩作战。而罗明坚神父和利玛窦神父的地位之所以显得非比寻常,主要是因为他们非常成功地为耶稣会赢得了进入中国的许可(这是因为他们掌握了中文),这又保证了他们能一直留在中国。

  ② 至于外来观察者体验到的"错置"所带来的"文化冲击"(culture shock)和"文本生产"(textual productivity)究竟有何重要意义,参见 Roy Wagner, *The Invention of Culture*, rev. and exp. ed. (Chicago: University of Chicago Press, 1981), pp. 1-70。

  ③ 参见佩德罗·戈麦斯(Pedro Gomez,又作 Pero Gomes)于1581年10月25日致耶稣会会长阿夸维瓦(Claudio Acquaviva)的信,收于 Josef F. Schütte, S. J., *Monumenta Historica Japoniae*, vol. 1 (Rome: 1975), p. 117。

第一章　耶稣会士、"孔夫子"与中国人

答集和一部记述圣徒行实的著作,这两部著作都是在一位无名中国教徒的帮助下用中文写成的①。他们花了整整三年的时间学写汉字。到1585年时,罗明坚已经成了一名不错的书法家,还有意识地模仿唐诗风格写了不少诗歌。他还着手编纂了葡汉双语字典,并且完成了其中的大部分工作,这部字典最终问世时篇幅竟有378页之多②。这些年里,罗明坚广泛涉猎眼前的各个文化领域,把许多中文术语记下来并加以解释,其中就包括"天"、阴历里的二十四节气以及天干地支纪历法。他还测定了明王朝"南北两京一十三省"的地理位置,甚至为用中文标识制作地球仪做了准备工作③。

热情地拥抱中国本土的学问,这一点同样也能在利玛窦和罗明坚早期从中国寄出的信札里看到。这些早期书信都喜欢不厌其烦地记下每天发生的各种细节:尽其所能地记下他们看到的中国习俗;详述他们在中国建造教堂的计划怎样才算稳妥;按年代详细记录神父们的学术活动,特别是他们在语言学习方面的进展;并且还会汇报自己会见当地中国官员的情况,正是因为得到了中国官员的许可,他们才能进入中国。而经常会提到的正是前述几类中的最后一个方面,即他们会见当地中国官员的情况,这恰恰给信札的读者们留下这样的印象:耶稣会士们为了打开一个缺口付出了非凡的努力,他们的目标是为自己以及可预见的后继者们创造一个相对独立的地理、政治环境。通过撰写这些重要的书信,他们建构了一个可以参照的框架,将赫然出现在他们面前的中国放置在了与已知世界的对比联系中。

---

① See Louis Pfister, S. J., *Notices biographiques et bibliographiques sur les jésuites de l'ancienne mission de Chine*, *1552-1773*, vol.1 of 2 vols. (Shanghai: La Maison Catholique, 1932), p.20.

② 德礼贤(Pasquale d'Elia)将其命名为"*Vocabularium Lusitano-Sinicae*",参见 Matteo Ricci, *Fonti Ricciane* (*Storia dell' Introduzione del Christianesimo in Cina*), ed. Pasquale M. d'Elia, S.J., 3 vols. (Rome: Libreria dello Stato, 1942-1949), vol.2, p.32, n.I (hereafter cited as d'Elia, *FR*)。

③ 关于罗明坚神父早期活动的这些记述出自 Albert Chan, S. J., "Michele Ruggieri, S. J. (1543—1607) and His Chinese Poems", *Monumenta Serica* 41 (1993): 129-176。(译者按,也有说法认为中国古代的历法其实是太阳历与月亮历混用的结果,而二十四节气其实与太阳历更吻合,与此处所谓"阴历里的二十四节气"说有别。)

也许,这些耶稣会士的神父们就像怀特海笔下那位迷途的旅行者,正在寻找"别的地方"。

1584年秋,当罗明坚、利玛窦写的第一批信札由葡萄牙战船送达一直等待在那里的耶稣会审查员手中时,第一批来华传教士们已经在肇庆县(位于广州城西九十里处的西江南岸)附近获得了一小块土地,而罗明坚也正忙于为编纂中国地图集绘制一幅又一幅的地图①。与此同时,与罗明坚同行的利玛窦则在完善他的第一幅"世界地图"(mappamondo,参见图4),事实证明,对于中国人来说,这幅地图简直就是前所未见的新奇之物。所谓的"mapamondo"在16世纪的欧洲有较为固定的样式,习惯将中国置于地图的东边,中间是耶路撒冷,而欧洲则在西边。可以说,"mapamondo"绘制的乃是已知文明延伸所及的新疆域,特别是明确标识了其与未知世界及蛮貊之地的边界,这一切都以制图师们心中的古代文明的中心——耶路撒冷——为参照。

然而,利玛窦的世界地图还有些不同之处。当利玛窦在中国创作这幅地图时,他其实是想描绘出自己与已经离开的那个文明之间的关系,但他的画法却极不寻常。事实上,利玛窦在中国创作的地图打破了欧洲绘制世界地图的传统,他创作的这幅地图似乎说明他正倾向于一种中国本土化的视角,或是反映了他所经受的"文化错置"的程度。就利玛窦的地图而言,欧洲被置于"远"西。也许利玛窦在无意识的状态下顺从了中国文化中占统治地位的一种观念——"中"——而把中国画在了地图的中央附近;而所谓的"圣地"——巴勒斯坦——则被画在了偏西的一块扇形区域上,也就是连接亚细亚与利未亚北部的那片地峡地区上②。

---

① 与罗明坚所绘中国地图集有关的问题,参见 Eugenio lo Sardo, "The Earliest European Atlas of Ming China: An Unpublished Work by Michele Ruggieri", *Actes du Vie Colloque International de Sinologie* (Paris, 1994),其称,地图计有三十六幅,均由罗明坚绘制。

② 利玛窦所绘地图的中文名称是《山海舆地全图》。该图可见于冯慕冈:《月令广义》,卷一,页60。1584年11月,利玛窦向阿夸维瓦汇报称,在教会非常重要的一名恩人——王泮——的催促下,他已经按欧洲的绘图式样绘制了一幅世界地图。参见 Pietro Tacchi Venturi, S. J. *Le Opere Storiche del P. Matteo Ricci*, S. J., 2 vols. (Macerata: F. Giorgetti, 1911-1913),(转下页)

第一章 耶稣会士、"孔夫子"与中国人

图 4 《山海舆地全图》,利玛窦作

利玛窦所绘制的这幅著名的世界地图是在中国人的帮助下完成于 1602 年前后。利玛窦打破了传统,不再把耶路撒冷放在地图的正中央,而是把中国放到了这里。此外,该图对海洋的描述让人想起明代丛书里的许多木刻画而非欧洲学者在地图里的相关记述。

(接上页) vol. 2, p. 51(下文引用时略作"Tacchi Venturi, *OS*")。至于最初绘制这幅世界地图(*mappamondo*)及此后人尽皆知的历史,参见 Pasquale M. d'Elia, S. J. *Il Mappamondo Cinese del P. Matteo Ricci S. J.* (*Terza Edizione*, *Pechino*, 1602) *Conservato presso la Biblioteca Vaticana*. (Rome: Vatican, 1938)。(译者按,冯应京,号慕冈,安徽泗州人,明万历二十年进士,累官至湖广监察御史,万历三十五年卒,后赠太常少卿,谥"恭节";王泮时为肇庆知府,正是在他的协助下,利玛窦等人才在肇庆建起了第一座教堂;"亚细亚"与"利未亚"即亚洲和非洲,均系利玛窦所绘地图使用的原名。)

由于利玛窦所绘第一版世界地图在中国人中大为流行,以至成了耶稣会士博闻广识的知名标志;在随后五十多年里,后来的那些传教士们都在反复修改、复制这幅世界地图,出现了大量不同的版本。耶稣会士绘制这幅世界地图起初显然并不是为了帮助自己劝化中国人(说到这一点不得不提的是,第一版世界地图刚完成后不久就被人偷出了耶稣会士在肇庆的会所,只是在此之后耶稣会士们才为前来打听的中国人印制了多幅木刻地图),而是提供一个直观的、有文献可征的信证来证明天主的影响远被四表,同时根植于他们生来就已熟知的那门技艺——欧洲制图法——所限定的领域及自己试图掌握的那门语言(译者按,即中文),从身心两个方面来建构他们这些从欧洲来的人。这一目的在一开始就非常明确。也因此,利玛窦绘制的这幅世界地图与后来那些经过修订并加上许多评注的版本并不一样。

这种建构因耶稣会士准备一部拉丁文"教义问答集"(catechism)的努力而士气大振并得到增强。这部"教义问答集"初稿完成于1581年,题为《有关神圣事理的简明实解》(*Vera et brevis divinarum rerum expositio*)①。这部著作是将内容和体裁都加以异质化的尝试,它如此特殊,以至于很难归类。前七篇是由一名欧洲神父和"异教徒哲学家"的对话组成,随后还依次有"十诫"、信经、基督训道选摘和圣事等内容。和前面提到的那幅世界地图一样,创作这部教义问答集的初衷也是为了参照耶稣会士们对中国人这个"他者"的当下体验来形塑他们自己。既然这部教义问答集用的是拉丁文,那么它的预期读者显然不是中国人,而按照耶稣会士自己的说法,这本书甚至都不能算作名副其实的解释和辩护天主教信理(*doctrina*)的教义问答集②。

---

① 这部教义问答集首次面世时,与罗明坚翻译的《大学》一起编入了波西维诺(Antonio Possevino)的《历史、科学、救世研究丛书选编》(*Bibliotecha selecta qua agitur de ratione studiorum in historia, in disciplinis, in salute omnium procuranda*, Rome, 1593)第9册。参见"Verum brevis divinarum rerum expositio" in Tacchi Venturi, *OS*, vol. 2, pp. 498-540(下文引用时略作 Ruggieri, *VDRE*)。

② 至于这种体裁的特殊性及其重要意义,参见 Rule, *K'ung-tzu of Confucius*? p. 7。

第一章　耶稣会士、"孔夫子"与中国人

虽然这部教义问答集称不上是完美无缺,但它的确可算是一部发挥了非常重要作用的范本,用中文写成的第二版《有关神圣事理的简明实解》就脱胎于它;显然,它对于耶稣会士克服文化隔阂的价值,要远远大于它对那些潜在的会加入天主教的中国人的价值。在抵达未知国度之初,罗明坚和利玛窦用拉丁文撰写这部教义问答,不止能够重申那些教义,还能用他们心爱的教会语言来长养和赞美自己信仰中的核心信条。这样一来,在四处无援的境地下,为着"天主"对他们的期望,这些耶稣会士们就通过宣称自己的信仰而在灵性方面得以坚振。

耶稣会士们一边勾画着已知文明的轮廓,将自己置于这个不断扩张着的文明之中,一边又不停磨砺自己的智慧以求触摸到中国人的灵魂。他们曾经绘制过中国地图,现在也进入了中国,但耶稣会士要想更深刻地理解中国,还需要更多的帮助——要知道,虽然王泮(1539—1600?)和郭子章(1543—1618)①这两名身处南方的中国官员对他们较为友好,出让了一块土地给他们建教堂,但耶稣会士们真的还需要得到更多的帮助。正如耶稣会士提倡的调适的传教策略所宣称的那样,要深入16世纪中国人的"文化视域"(cultural horizon)中,需要他们在两种截然不同的文化体验中提取共同点,以便确定它们之间的分疏脉络。本质上讲,这两种不同文化之间的分疏脉络,并非见于"儒"这个传统而是在这个传统中被人为制造出来的,更准确地说,是在利玛窦称之为"la legge de' letterati"(文士会)的传统中制造出来的;利玛窦还将该传统的创始人称为"Confutius"(孔夫子),他就像是在文化方面给予支持的守护神一样,因其指代的孔子在中国本土享有不可动摇的权威,才使耶稣会士们得以将自己介绍给中

---

① 疑詹启华此处有误,允许利玛窦等人在肇庆外建教堂的乃是王泮与郭应聘。郭应聘,字君宾,福建莆田人,嘉靖二十九年进士,《明史》有传。郭子章,字相奎,号青螺,江西人,隆庆五年进士。郭应聘与郭子章显系两人。——译者注

国人①。耶稣会士们在进行类比拟同的时候,似乎是选择了"儒"并将该文化传统的创始人为己所用,但这并非出于必然;在很大程度上,这都是耶稣会士在来华之初认同佛教僧院生活的意外结果,神父们在适应中国的过程中的确采用过佛教僧侣的身份。

"调适"(accommodation)这个词看起来简单,事实上却异常复杂,甚至还有点变幻莫测;在"调适"的过程中,隶属印度教区的传教士们改头换面,实际上放弃了自己作为欧洲神职人员的身份,其目的是"成为中国人"(罗明坚语)。在这种大胆的尝试中包含着对耶稣会士那种内涵丰富的自我表述的理解,包含着对中国文化以及"儒"这种本土传统的理解。这其实是一段充满着偶然与误解的传奇,在这段传奇里,来自两个不同世界的人们——中国人与耶稣会士——变得几无分别,一方变得越来越像另一方。

耶稣会士的"调适":建立一个本土化的团体

"调适主义"其实是20世纪的耶稣会士们发明出来的一个术语,用来指称16世纪在华传播福音的手段,在约翰内斯·贝特雷(Johannes

---

① 在利玛窦所作的耶稣会在华传教史中,题为 *Della entrata della Compagnia di Giesù e Christianità nella Cina*《论耶稣会与基督教入华》或为 *Storia dell' Introduzione del Christianesimo in Cina*(《天主教中国开教史》;译者按,有此两名与编纂有关,下文另有分注),"儒"通常被利玛窦记述为"la legge de' letterati"(文士会)。而在金尼阁的拉丁译本里,我们找到的词乃是"*literatorum secta*"或"*secta literatii*"(文士派)及"*secta Confutii*"(孔夫子教派),特别是第三种表述在利玛窦撰文中只字未见,这一点极为引人注意。参见 Nicolá Trigault and Matteo Ricci, *De Christiana expeditione apud Sinas ab Societate Iesu Suscepta*, *es Matthaei Ricci commentarus Libri*(Augsburg, 1615), pp. 84, 105(下文引用时略作"Trigault and Ricci, *DECAS*")。德礼贤称,利玛窦在用"legge"这个词时,其宗教意味远胜于法律意义;就字面意义而言,该词意为"law"(法则),但我将它译为"order"(会),因为这似乎才是利玛窦真正的意思。("文士会"与"文士派"的译法,得到了北京大学哲学系宗教学系教授吴飞先生的指点,在此特为申谢。——译者注)

第一章 耶稣会士、"孔夫子"与中国人

Bettray)和孟德卫(D. E. Mungello)的著作里,这一术语已经得到了非常彻底的审视①。与概述他们的讨论相比,我更愿意从文化、神学和文学这三个方面来分析调适主义,以便说明第一批来华传教士们如何将自己建构成了一个本土化的团体。不过,读者应该认识到,两种文化之间的种种差异自有其启发的意义;还应该认识到,当两种文化接合在一起时,个人体验、先天逻辑以及认知上的借用都会被当事人本能地熔铸在一起,就像链条一样环环相扣,进而将两种文化之间的差异视为这一链条上相互联结的环节。

广义而言,"调适主义"系指耶稣会使用的一种特殊的传教策略,用利玛窦的话来说,这一策略的目的在于"进入中国"(entrata nella Cina),使中国人加入天主教会。要达成这两个目的中的任何一个,都绝非手到擒来。早在利玛窦、罗明坚在肇庆建立教堂以前,他们的先行者就已经发现,要进入中国是非常困难的,最多只能到达葡萄牙转口贸易的中心——澳门,而且一次也只能待上三个月②。沙勿略(Francis Xavier, 1506—1552)将自己完全奉献给了耶稣会,花费了三年的时间用问答的方式向日本人传教,劝其皈依"神圣信仰"(*Santa Fede*),此后开始努力寻找通往中国的关津,他确信"日本人的所有宗教制度与仪

---

① See Johannes Bettray S. V. M ., *Die Akkommodationsmethode des P. Matteo Ricci S. J. in China* (Rome: Aedes Universitatis Gregorianae, 1955), pp. 235-321; and D. E. Mungello, *Curious Land: Jesuit Accommodationism and the Origins of Sinology* (Honolulu: University of Hawai'i Press, 1989), pp.44-73, 247-299.

② 和传教团里的每一位传教士一样,罗明坚也很清楚,为了安安稳稳地寓居于中国边地,传教团遭遇到了极端的困难,这在耶稣会权威人士认可出版的罗明坚信札的第一篇里就表露无遗。罗明坚从容冷静地谈到,他已经获得了中国地方官(总督)的许可,可以在中国建立住所,他如是言道:"毫无疑问,范礼安神父对天主的仁慈最为感激涕零,因为在如此困难的境地下,天主赐给我们恩典和怜悯。而先前一直认为要进入如此庞大的王国几乎是不可能的,在值得我们尊敬的沙勿略神父尝试进入中国后的四十年里一直都是如此,直到现在,我们才达成这一目标。我们将希望寄托在天主身上,希望它能永远保佑我们。"参见 Tacchi Venturi, *OS*, vol. 2, p. 417;以及 M. Howard Rienstra, trans ., *Jesuit Letters from China, 1583-1584* (Minneapolis: University of Minnesota Press, 1986), p. 18。

轨都源于中国"①。然而,在将基督宗教的教义传遍全亚洲的事业取得新的进展以前,沙勿略就孤独地死在了距广东海岸 20 里格②的上川岛,至死还在等待坐船前往中国觐见中国皇帝。尽管如此,他依然成功设计了一个让中国和日本皈依天主的计划;他深信,在像中国这样精密组织的皇权体系内,只要皇帝一声令下,全体臣民都会绝对服从,只要皇帝倾心,整个国家都会毫不犹豫地拥抱基督宗教③。

借由耶稣会东印度区视察员范礼安神父(Alessandro Valignano, 1539—1606)从政策层面提出的意见和指导,沙勿略的"调适"计划才得到了穿着当地衣饰、使用当地语言的传教士们的响应,直至被他们所采用,哪怕远在果阿总部的那些经验丰富的传教士们对此还有不小的反对之声④。更早一点的那代耶稣会士对"调适"的策略并不习惯,但对于这一策略所针对的对象——中国人——而言,"调适"并不新奇。

---

① 这其实是利玛窦的话,摘自他对早年耶稣会士试图进入中国大陆的回忆。在原著里,完整的句子如下:"因为可敬的沙勿略神父了解到日本的律法(译者按,特指宗教)和仪礼都源自中国,于是他想,如果能先让中国皈依基督宗教,那么不仅会福佑于这样一个如此伟大而尊贵的国家,用同样的方法也将轻而易举地使日本皈依基督宗教。"除此而外,沙勿略还认为中文是日文在语言学上的根源,这样说来,沙勿略总体的传教策略乃是要求神父们获得当地语言的能力。参见 d'Elia, *FR*, vol. 1, p. 137。

② 里格(league),长度单位,是陆地及海洋的古老的测量单位,1 里格约等于 3.18 海里,航海时通常取 3 海里,约合 4.8 公里。——译者注

③ 早在 1552 年,沙勿略就写道:"我希望今年能去中国,甚至劝中国皇帝皈依天主。在中国这种类型的国家里,只要播种下了福音的种子,它就会蔓延至远至广。此外,如果中国人接受了基督宗教的信仰,那么日本人也就会放弃中国人先前教给他们的那些信条。"参见 H. J. Coleridge, ed., *The Life and Letters of St. Francis Xavier*. vol. 2 of 2 vols. (London: Burns and Oates, 1902), pp. 347-348。显然,沙勿略的传教计划在耶稣会士中是一种共识,比如利玛窦就对沙勿略的这一计划确信无疑,并在其札记的第二部分里提到过这一传教计划,当然,他是以这样的方式来说的:"如果他所宣扬的神圣信仰(译者按,特指天主教)如此良善、符合理性,那么为什么被视为最有智慧的东方王国——中华帝国,至今尚未接受它呢?"参见 d'Elia, *FR*, vol. 1, pp. 136-137。

④ 关于范礼安及其将耶稣会士与当地知识阶层联系在一起的那种毅然决然的调适主张,可以参见 Pfister, *Notices biographiques et bibliographique*, vol. 1, pp. 13-14; d'Elia, *FR*, vol. 1, pp. 139-147; George H. Dunne, S. J., *Generation of Giants: The Story of the Jesuits in China in the Last Decades of the Ming Dynasty* (Notre Dame, Ind.: University of Notre Dame Press, 1962), pp. 17-20;以及 J. M. Braga, "The Panegyric of Alexander Valignano, S. J." *Monumenta Nipponica* 5, no. 2 (1942): 523-535。

第一章 耶稣会士、"孔夫子"与中国人

为了在中国扎下根来,耶稣会士们采取了和先前很多外来文化一样的策略,即所谓的"中国化"(sinification①),而最近的一次就发生在蒙古人身上。

"中国化"与"濡化的途径"

事实上,"调适"是"中国化"的一种形式,是转变为中国人的一种形式;而在首要意义上,我们应将它视为一种文化现象,也就是耶稣会士接受了中国的"异质性"(foreignness),并且通过用心学习中国的语言、风俗和习惯来适应它。不过,更准确地说,"调适"彻头彻尾地更像是文化同化的一种形式,而非"中国化"的一种形式;如果得不到中国人的认可,"调适"也不可能最终完成,因为中国人的认可非常重要。回顾那段历史就会发现,调适主义者付出的努力最引人注目的内容,莫过于它成功地为这些耶稣会的神父们创造了一种中国式的本土身份认同——神父们按照中国人的方式行事,并因此被认为是中国人。

就此而言,较之于"中国化","濡化"(enculturation)才是描述这一进程更为贴切的术语②。在"濡化"的进程中,我们会发现它有两个截然不同的阶段:开始阶段是从1583年至1595年,在这一阶段,耶稣会士们通过披上佛教僧人的外衣,为自己在中国赢得了一席之地;接下来的一个阶段要更长一点,这一阶段的突出标志乃是,耶稣会士为自己选择了第二个身份——"儒",并就儒家学说的真谛同中国学者展开了教义学说上的讨论争辩。显然,耶稣会士如此大胆的传教计划取得了成功,但这需要他们做出非常重要的改变,即削弱自己的欧洲文化气质以

41

---

① 该词也译作"汉化",如用于蒙元则以"汉化"的译法相对妥帖,但考虑到下文主要讨论中西之间的文化交流,姑取"中国化"一词对译。——译者注
② 至于"濡化"一词在描述耶稣会的调适主义以及中国人在"后利玛窦-罗明坚时代"同化基督宗教方面的重要性,可参见 D. E. Mungello, *The Forgotten Christians of Hangzhou* (Honolulu: University of Hawai'i Press, 1994), pp. 1-5。

及作为一名基督宗教信徒的优越感,这种优越感恰与中国人的包容大度截然相反。

　　与更早一点乃至同时代的大多数传教士显然不同,耶稣会士们尽量根据实际放弃了那种认为自己带来的福音无比优越的念头。同时,他们也放弃了下面这种不切实际的期望:当天主在尘世的信使传播福音时,哪怕他们只会说天主偏爱的那些文化所用的语言,并不会说自己希望劝化的那些人所用的语言,处于福音照耀下的外邦人也会步从福音的指引立即改宗。不过,先于他们在果阿和澳门劝人改宗的前辈们却坚持要充分利用塞巴斯蒂安国王(King Sebastian)的保教权(Padroado)①,限定他们只能向葡萄牙居民传教布道,同时强调只能依靠翻译人员去劝化那些有可能皈依的人。与此形成鲜明对照的是,由范礼安挑选的耶稣会神父们,却非常有原则地开始在文化方面谨慎地效仿起了中国人。他们在劝中国人改宗的名义下进行文化适应的意图非常值得注意,因为就在此刻,那些在澳门传教总部的教会同工们却还在致力于将中国人"葡萄牙化",坚持要这些皈依天主的中国人冠以葡萄牙姓名、着葡萄牙服饰以及行葡萄牙风俗。② 在范礼安的极力主张下,中国教区实际上已经从澳门的耶稣会团体和权威那里获得了自治。该教区也因此在两方面意义上成了边区前哨:一方面,相对于中国而言,它是外来的;另一方面,相对于范围更大的在亚洲进行传教的群体来说,它在理论和实践上都显得有点特殊。中国传教团的做法其实是非常新颖

---

　　① 由于耶稣会在亚洲的政策并不明确,中国教区的范围常被夸大。罗马天主教会借助葡萄牙的舰船前往马六甲海峡、日本和中国,这都归功于罗马教皇与葡萄牙王室早年达成的一份协议。直到1622年,葡萄牙国王才正式将"保教权"授给了不同的天主教修会。就体制而言,保教权是在亚洲的宗教威权,其以果阿为中心;也正是通过保教权,梵蒂冈天主教会让渡了自己的传教权。尽管处于葡萄牙王室的保护之下,耶稣会士仍然不停地秘密谋取在"日本-中国教区"的垄断地位,之所以这么做是因为他们在1655年已经与罗马教廷(而不是葡萄牙人)达成了协议。见 Donald F. Lach and Edwin J. Van Kley, *Asia in the Making of Europe.* Vol. 3, bk. 1 (Chicago: University of Chicago Press, 1993), pp. 168-200。

　　② 有关将中国信徒"葡萄牙化"的问题,参见 Dunne, *Generation of Giants*, pp. 16-20。至于明确要求将中国教区同在澳门的耶稣会团体分开的例子,参见范礼安于1582年写给耶稣会会长阿夸维瓦神父的信,收于 Tacchi Venturi, *OS*, vol. 2, p. 111, n. 2。

第一章 耶稣会士、"孔夫子"与中国人

独特的一次实验,尽管在耶稣会内部只得到了极少数人的支持,但罗明坚和利玛窦却以他们可敬的沙勿略神父为楷模,改头换面,穿上了佛教僧人(用葡萄牙语来说就是"bonzes")的服饰,剃光了头发,还用中国本土的称呼("和尚")自称①。

虽然罗明坚和利玛窦在给教会长上的报告以及给友人的书信里,反复强调过罗马天主教的神职人员与佛教僧侣之间的相似性;但他们在现实中使用佛教僧人身份的举动,其实还需配合以传教策略上的重大改变以及思想观念上的巨大飞跃。然而,保存在耶稣会士书信集里以及早期酝酿要与中国人接触时出版的书信都表明,当时的神父们几乎没有因为这种改变而感到任何窘迫。我们注意到,甚至其中还存在一种宗教般的狂热,这种狂热并不只是希望效仿当地的风俗习惯,而是希望"变成"中国人。

也就是在兴建肇庆教堂前不久的 1583 年 2 月 3 日,罗明坚给范礼安写了一封信。在这封信里,罗明坚详细叙述了他在 1582 年 12 月与王泮的一次重要会面,这位王泮正是当时的肇庆知府,又是耶稣会士的支持者。当时,王泮已经答应给传教士们一块地,并在肇庆为他们提供了住所来满足他们的要求。当时就有人建议,耶稣会成员应该穿着常见的佛教僧人的服饰。依照罗明坚神父的说法,王泮"希望我们穿上他们中国神父(fathers②)的服饰,这和我们的稍许不同,不过,我们现在

① 耶稣会传教士穿着佛教僧人服饰的做法肇始于沙勿略时期的日本;不过,中国教区的神父们将其付诸实践似乎却已是 1583 年的事了。尽管如此,由于罗明坚十分赞同这一做法并且极力支持利玛窦,哪怕当时的耶稣会成员在这个问题上分成了不同派别并对这一做法很不情愿,但不管怎样,他们最后还是接受了这一做法。从 1593 年于马尼拉印行的一部教义问答集《天主正教真传实录》中,我们了解到:在菲律宾的耶稣会士同样也扮成了和尚的样子,似乎意味着这是教会上级批准的一项政策。关于耶稣会士变身为和尚的问题,参见 Daniello Bartoli, S. J., *Dell'Istoria della Compagnia di Gésù: La Cina* (Rome, 1663), vol. 4 of 4 vols., chap. 15。利玛窦自己发明了"osciani"一词来称呼佛教僧人,在耶稣会调适策略的第一阶段,当提及佛教僧人和自己时,利玛窦常常用这个词来替代"bonze"。见 d'Elia, *FR*, vol. 1, p. 125, n. 3。

② 实指佛教僧人,詹启华原文用"fathers"一词来对译罗明坚所用称呼,如系忠实原文则可以想见罗明坚当时有拟同的考虑在,恐怕也是为了免招耶稣会内部的非议。——译者注

确实还是穿上了他们的服饰;简而言之,我们已经变成了中国人,这样我们就能让中国人变为基督徒了"①。

利玛窦对这段经历的转述与罗明坚的说法并不完全一致。我们从利玛窦那里了解到,罗明坚自己似乎更加渴望穿着佛教僧人的服饰,不必非要王泮给他什么建议。在一封于1583年2月13日从澳门寄出的信件里,利玛窦提到王泮的"建议"就有点不同,似乎王泮只是在肯定罗明坚的提议,利玛窦的原话是这么说的:"当神父们跟他(即王泮)说起他们想要成为中国君主的臣民,甚至准备改变自己的装束时……王泮说他会给他们一些在北京的中国神职人员的服饰,这也许是能够赠送的最为尊贵的礼物了。"②

什么才是传教士和中国人的共同点?针对这个问题当时就有很多不同的观点,显然,要"变成中国人"不止有一种方法,至少与研究"传播基督福音最有效方法"的理论一样多。在中国南方布道的前十五年里,产生了两种调适的理论,各以罗明坚和利玛窦为其代表。不管是哪种调适理论都要求耶稣会士重塑自己,前一种是将自己重塑为佛教徒,而后一种则是要将自己重塑为"儒"。

佛教之桥

早些时候,耶稣会士对佛教徒在中国比比皆是的现象印象殊深。利玛窦观察到,中国佛教宗派繁多(有天台宗、禅宗、华严宗,还有净土宗),由此,他在自己撰写的中国传教史里总结到,仅就中国的佛教僧

---

① Tacchi Venturi, *OS*, vol. 2, p. 416. 文中着重号系笔者所加。
② 继承下来的观念就像是三棱镜,借此耶稣会士对中国文化作出了自己的解读,而"君主的臣民"一语正这种解读最为贴切的象征。见 Tacchi Venturi, *OS*, vol. 2, p. 33. 虽然利玛窦在这里暗示了耶稣会士是自愿改变服饰的,但在其他地方他还提到,他们是在王泮的建议下,于1583年底剃去了头发和胡须。见 d'Elia, *FR*, vol. 1, p. 337, n. 1.

第一章 耶稣会士、"孔夫子"与中国人

人而言,数量当以百万计。① 如果目标是在中国民众中布道,那么明智的做法也许就是变成佛教净土宗的僧人并以此身份来传教;特别是在万历朝(1573—1619)晚期尤为如此,因为万历时期在民众中流行的佛教各宗派都在经历一次复兴。天台宗的僧团制度则提供了另一种调适的可能性,就耶稣会士而言,他们大可以利用两者在神学上的相似性:耶稣会士崇拜无所不在的全知的天主,而天台宗的观念认为万象皆是"一念"显现。正是因为有这些相同之处,即便是较为谨慎多疑的利玛窦也在一开始就认为变身为佛教僧人是合适的,哪怕这与两种宗教的本质属性并不契合。事实上,在1584年11月写信给朱利奥·福利嘉蒂(Giulio Fuligatti)时,利玛窦就已将穿着佛教僧人的服饰当作成为中国人的指标,并为自己在各地受到尊重而激动不已,他报告说:"我已经变成了一个中国人。在我们的衣着、书籍、行动举止,以及外在的各个方面,我们都已经将自己变成了中国人。"②

在接受佛教僧人(osciani)身份的时候,神父们并不是在仿效中国人,而是"变成了中国人",至少在装束上不再是基督宗教的神职人员了,因为他们换下了天主教的法衣,穿上了佛教僧人的粗袍。在向福利嘉蒂描述宗教服饰上的这种改变时,利玛窦在外部形象和内心的宗教委身之间作出了一种区分,如果这种区分不是一种虚伪的话,至少在利玛窦看来也是无关痛痒的;而利玛窦和他的同伴们在衣着等外在方面将自己变成中国人,这意味着,他们似乎并不相信宗教法服能够强化他们作为天主教神职人员的身份认同。可以说,接受一种不同的身份认同也就要求这些神父们按另一种生活方式(in alio esse)改头换面。罗明坚和利玛窦就这种形象上的改变提供了见证,清楚地说明,他们这么做并非只是从一种神职人员的世界步入另一个世界。更确切地说,他

---

① 见 d'Elia, *FR*, vol. 1, p. 126,利玛窦在这里说佛教僧人的总数有"两三百万人"。
② 文中着重号系笔者所加。Tacchi Venturi, *OS*, vol. 2, p. 72. 对于自己和其他神父毫不费力地从耶稣会神职人员摇身一变为佛教僧人,并且自始至终都没有背离基督宗教的修行传统,利玛窦感到大为惊讶。见 d'Elia, *FR*, vol. 1, pp. 124-125, 336-337. 同样应该注意的是,当利玛窦将佛教僧人视为中国人的代表时,他的这一解释带有一种转喻的性质。

们想象认为佛教僧团的生活方式正是自己变成中国人的一个媒介。我们不能把耶稣会士这一做法的重要性估计得过高,特别是因为这样一个基本事实:像利玛窦这样的人完全清楚,传教事业的终点是与天主的相遇,而不是荣归故里。对他们而言,中国才是此刻的"故乡"。

这些西方人相信,在自己进行语言和穿着方面的濡化时,中国人也会逆向濡化;他们所面临的挑战就是要在中国人中间找到自我。耶稣会士是可以在自己心里行圣礼,但圣礼只有真的去做了、实实在在地举行了才有意义。事实上,举行宗教仪式和行圣礼是相互补充强化的,有一种唇亡齿寒的联系。但是,在连过教会生活所必需的法服都显然阙如的地方,行圣礼还有什么意义呢?更进一步说,耶稣会士们在外表方面较为激进的改变又是如何影响到他们内心意向的呢?耶稣会士与中国神职人员在外表上的根本差异以及中西宗教习俗之间的根本差别意味着,在华耶稣会士的特征和他们行圣礼一样,都不会与欧洲故土的情况有丝毫的相同之处。

这样一来,身处中国人中间的来华耶稣会士们必须做点折中让步。但在脱下了标识其先前身份的宗教服饰而又没有什么明确的依据来举行天主教仪式时,这些耶稣会士可谓孤立无援。他们其实就像身在田野的人类学家一样,也是"文化冲击"(culture shock)的牺牲品,而这种冲击只有通过"拟同"基础上的发明才能克服。① 这也就是为什么耶稣会士会认为佛教僧人的特点就等同于中国性,因为他们在佛教僧团生活中看到了一种结构上的相似,并在此基础上将自己投射进了中国人的生活中。因此,佛教就充当了耶稣会士第一次将自己塑造成中国人时的工具,也因此减轻了他们与中国人相遇时所受的文化冲击。

对这些神父来说,开始时先选择隐修的佛教作为濡化的模式还是情有可原的,因为总体而言,这在大方向上还是站得住脚的。如果确如

---

① 在生产"表述"异域文化的文本时存在"文化冲击",有关这种"文化冲击"的重要影响,参见 Wagner, *The Invention of Culture*, pp. 1-70。

第一章 耶稣会士、"孔夫子"与中国人

罗明坚所回忆的,王泮当时确实要耶稣会士穿成佛教僧人那样,那么这一建议也应该是较为明智的,因为他们穿成和尚那样不太可能招致官府的反对和对他们是某种"异端"的猜忌,而官府的反对和猜忌则会给修会及支持它的中国人带来麻烦。事实上,耶稣会士也很清楚换上另一种陌生装束的风险,这一点在利玛窦札记里的一段警告中表露无遗:"为了让一种新宗教在出现的时候不至于在中国人当中引起什么猜疑,神父们在公共场合露面时,都没有公开谈起宗教的内容。"①罗明坚和他的同伴都很谨慎,他还向上级汇报说,他和利玛窦还没有给别人施洗过。他是这么说的:"截至目前,我们还没有采取行动使他们成为基督信徒,以便不给魔鬼留下毁灭这棵新苗的任何机会。"②而且,虽然已经在中国建起了一座小教堂,但耶稣会士的信件却对弥撒只字不提,给人留下的印象是这座小教堂更像明代晚期数量急剧增长的书院。③ 这一印象也在后来的书信里得到了印证,利玛窦在这些信里写道,"不准备再开更多的教堂,取而代之的是要建一些讲道所,我们则会在另一个小的礼拜堂里私下做弥撒"④。

一旦他们被视为佛教徒,这一调适策略就会带来一连串的好处,比如利玛窦在下面这段话里就提到,早先来拜访他们的人还带来了一些供品,中国人的确已经把他们当成了佛教僧人:"很多人为祭台添了一些跟熏香差不多的香,另外还救济了神父们一些食品和祭台前点灯用的灯油。"⑤16 世纪晚期,佛教宗派的数量已经非常庞大了,而根据一些学者的研究,当时这些宗派的数量还在进一步上升;因此,(哪怕是在多疑的官府看来)不管是出现了一个新的佛教宗派,还是从这些越来越

---

① D'Elia, *FR*, vol. 1, p. 192.

② 参见罗明坚 1584 年 5 月 30 日的信件,收于 Tacchi Venturi, *OS*, vol. 2, p. 423。

③ 关于这种巧合,可以参考谢和耐的论述,参见 Jacques Gernet, *China and the Christian Impact*, trans. by Janet Lloyd (Cambridge: Cambridge University Press, 1985), pp. 16-17。

④ 参见 Tacchi Venturi, *OS*, vol. 2, p. 211。

⑤ Nicolá Trigault and Matteo Ricci, *Histoire de l'expédition chrétienne au royaume de la Chine* (Paris: Desclée de Brouwer, 1978), p. 26. 谢和耐也引用过这部分内容,参见 Gernet, *China and the Christian Impact*, p. 74。

45　难区分开来的佛教宗派中又产生了一个支派,都不会有什么危害。①总的来说,虔诚的中国人非常尊重神父们,还给他们带来了灯油这种极有代表性的供品(灯油为佛教所特有②),似乎并没有将"已经成为中国人的"耶稣会士和中国和尚区别开来。

　　再说,当时的中国人就能把这两种隐修的团体区分开来吗?佛教僧人与大多数中国人并不相像,并且他们的地位只是象征意义上的且相对边缘,这一点非常清楚地体现在他们主持葬礼时所发挥的宗教社会功能上。从人种上来说,耶稣会士显然与中国人不同,也与佛教僧人有别,但这并不妨碍中国人将他们视为从天竺远道而来的虔诚的游方僧人——因为他们像僧人一样生活、削发、着长袍、坚持独身,而且中国人也知道他们是从印度来的。这也正是日本人如何看待沙勿略及其同行耶稣会士的,他们也注意到了两者之间相同的特点与一致性。③ 在中国,神父们和佛教僧人一样特殊,也一样处于边缘的地位;所以,对于旁观的中国人来说,几乎不用这些神父们在概念上做什么发明就能很好地了解他们。与此同时,因为这些西来的"僧人们"都穿着不合身的大袍子、系着麻绳腰带、剃光了头发,还带着他们独有的圣像用于祭拜,这就在组织形态上表现出了与佛教僧团生活的惊人相似。不妨再借用一下萨林斯的概念,可以说,中国人已经将这些耶稣会士"再认知"(recognize)为佛教僧人了。

　　知府王泮和中华帝国晚期的很多官员一样偏爱佛教,中国人将耶稣会士"再认知"为佛教僧人无疑也受到了这一因素的影响。其实,在早先和罗明坚以及巴范济(Francesco Pasio)神父的一次会面中,王泮就

---

　　① 参见 Chün-fang Yü, *The Renewal of Buddhism in China: Chu Hung and the Late Ming Synthesis* (New York: Columbia University Press, 1981), pp. 1-8, 31-100, 223-231;以及 Judith Berling, *The Syncretic Religion of Lin Chao-en* (New York: Columbia University Press, 1980), pp. 33-61。

　　② 詹启华此说并不确切,道教也会在仪式中用到灯油。——译者注

　　③ Henri de Lubac, *La Rencontre du bouddhisme et de l'Occident* (Paris: Aubier, 1952), pp. 68-70, n.167; and Donald F. Lach, *Asia in the Making of Europe*, vol. 1, bk. 2 (Chicago: University of Chicago Press, 1965), pp. 674-688。

第一章 耶稣会士、"孔夫子"与中国人

捐了一两银子救济教会。王泮还称神父们为佛教僧人,显然他认为这就给了神父们一种特权,而神父们也当受此惠。在罗明坚、巴范济和王泮交往的一年里,耶稣会士们得到了一个住处,并在一个新地方建起了一座小教堂。

为了庆贺教堂的落成并向它的兴建人表达敬意,王泮送给罗明坚两块描金的匾额和一首诗。其中一块匾额上书"仙花寺",另一块则书"西来净土"。① 实际上,这里已经间接提到了华严宗与净土宗这两个宗派的宗旨。同其他施主一样,王泮也认为耶稣会的这座教堂就是一个僧院,而罗明坚和利玛窦就是僧院的方丈。通过这种方式,中国人自己就已经将这些外国人解释成了熟悉的人。对于王泮来说,将这些外国神职人员和佛教僧人等同起来尤为合适;因此,他为传教士提供协助并非是为官一方的职责使然,更多的是出于自己的信仰,他相信这么做可以积德,将来能得到救苦拔难,观音菩萨会送他往生"净土"(净土宗由此得名)。不管是精英还是平民,中国人总是本能地将耶稣会士视为佛教僧人,正是这一点激发了他们的慷慨,因为他们相信在赞助这些僧侣的时候,已经种下了福田,将来会有好报。

此外,还有一些人也慷慨地赞助神父们,只不过罗明坚对他们语焉不详,只是称其为"中国朋友"。其实,如果没有这些中国人的慷慨解囊,耶稣会传教团的这座小教堂是不可能建起来的。在1584年1月25日写给上级的书信里,罗明坚就说得很清楚,要建成教会的这座小教堂还存在许多困难,而这些困难也因为在澳门的葡萄牙当局拒绝提供购买建材所需的资金而雪上加霜——这是神父们与资助他们的葡萄牙人关系糟糕的又一例证②。罗明坚进而又补充说道,正是由于中国

---

① D'Elia, *FR*, vol. 1, plate 12, opposite p. 200.
② 参见罗明坚于1584年1月25日写给阿夸维瓦的信,收于Tacchi Venturi, *OS*, vol. 2, p. 423。这篇书信在收入1586年版的耶稣会士书信集时被删改了,因而也就见不到任何此类细节。在取而代之的书信中,罗明坚说,中国人中"有些人借给我一百斯库多"(译者按,"斯库多"系19世纪以前的意大利银币单位),这也就意味着神父们将来还要还上这笔钱;而总督则给过罗明坚一份特许状,允许他教导这些中国人。

朋友捐助了一百两银子支付了剩余款项,这才顺利渡过难关。他没有提到的是,这笔援助的目的很清楚,就是为了建成小教堂,而神父们的住处就在原先答应给他们的那块土地上。

这当然是对传教士的极大承认,也确实体现了中国人包容耶稣会士的程度。当地人愿意为传教士的事业提供帮助,罗明坚对此极为感激;但对梵蒂冈当局来说,这不啻是一种诅咒。罗明坚一定深知这一点,因为尽管很感激中国人的奉献,但他仍然坚持说这笔援助只是为了用来建成耶稣会士的住所。从中可以得到这样一种印象:罗明坚不希望说,尚未皈依的中国人捐资援建了天主的居所(译者按,系指教堂);而梵蒂冈也不愿意承认异教徒在教会发展中起到过的任何作用。结果,其他一些重要的细节在汇报教会初建时的账目的那些信件里被避而不谈,或是在耶稣会士书信集出版前就被教会当局删裁了:比如,耶稣会士已不再是耶稣会士,而变成了佛教僧人;又比如,正是由于这些尚未皈依天主的中国人的热心帮助,天主的居所才能拔地而起。尽管这些事对于耶稣会的传教事业在当地能取得成功显得至关重要,但故意省略不提到后来还是成了聚讼所在,因为教会当局逐渐意识到,传教士在华"濡化"的实际情况与耶稣会士在书信里的汇报存在出入。

这些在中国被视为佛教徒的神父们,也评论过两者之间某些外在的、显而易见的相似之处:表面上看,佛教也有一个"三位一体式"的概念(即誓奉佛、僧、法);有天堂和地狱的观念;有寺院和供崇奉的雕像;有清规来管理僧团生活;有布施;有祈祷和冥思;也立誓独身和守贫。作为稍早一点来华的宗教文化,佛教东传入华后遍布整个中国,到了晚明已拥有广泛的吸引力,它为耶稣会士将来的成功指明了方向。具体来说,正是因为佛教的适应如此彻底,它才会传播得如此广泛,甚至还似乎成了中国的一种本土宗教——特别是对神父们

第一章 耶稣会士、"孔夫子"与中国人

来说,更是如此。①

不过,耶稣会士还是马上认识到,佛教并不是中国本土的宗教,这一点非常重要。1595 年,耶稣会士们正式拥抱了"儒",而在此后的几十年里,他们总是不厌其烦地强调佛教在本质上是一种外来宗教。同样,神父们后来也注意到赞助他们的那些很有地位的中国人并没有公开赞同佛教;佛教没有太高的社会地位,而且为很多中国人所轻视。尤其是从当时盛行的净土宗的许多表现来看,耶稣会士们认为,佛教已经通过一大堆让人眼花缭乱的偶像侵蚀了中国古老的一神信仰②。利玛窦在其著《天主教中国开教史》(Storia③)第一部快结尾的地方,似乎因为中国大地上有数不清的偶像而感到非常吃惊:

> 全中国各地偶像的数目赫然之多简直无法置信。这种偶像不仅在庙里供奉,一座庙里可能就有几千尊偶像,而且几乎家家户户都有。在私人家里,按照当地的习惯,偶像被放置在一定的地方。

---

① 戴密微(Paul Demiéville)还用另一种方式阐述过这种相似性。他注意到,耶稣会士所讲的内容,特别是他们强调的欧洲科学中的实验方法,其实也暗含在中国人的认识论从形而上学到经验实证("考证")的范式转换中。在耶稣会士介绍科学技术与中国人将其付诸应用之间还隔了一段时间,这就好比是,在佛教进入中国与宋代理学、道学对它的借用之间也隔了很长的时间一样。参见 Paul Demiéville,"La Pénétration du Bouddhisme dans la tradition philosophique chinoise",*Cahiers d'histoire mondiale* 3 (1956—1957): 36。

② 在他著名的教义问答集《天主实义》里,利玛窦竭力反对佛教造像的泛滥,认为这是有害的。参见利玛窦:《天主实义》,收于《天学初函》,李之藻编,六册本第一册(重印本;台北:学生书局,1965 年),页 557—559(下文引用时略作利玛窦:《天主实义》)。

③ 从 1608 年起,利玛窦开始用意大利文把以前在中国写成的日记整理汇编,在他去世前已基本完成。金尼阁将利氏原稿增删译为拉丁文出版,即《基督教远征中国史》(*De Christiana expeditione apud Sinas ab Societate Iesu Suscepta, es Matthaei Ricci commentarus libri*,该书另有译名为《基督教进入中国史》,中译本《利玛窦中国札记》即译自该书的英译本 *China in the Sixteen Century: The Journals of Matthew Ricci: 1583-1610*,汾屠立则将原稿连同利氏书信一起出版,名为《利玛窦神父历史著作集》(*Le Opere storiche del P. Matteo Ricci, S. J.*),德礼贤在此基础上增加了注释并出版,名为《利玛窦全集:天主教中国开教史》(*Fonti Ricciane: Storia dell'Introduzione del Christianesimo in Cina*)。由于詹启华全书所引"*Storia*"乃据德礼贤所编《利玛窦全集:天主教中国开教史》,而文中又多与利玛窦联用,故在文中仅以《天主教中国开教史》对译,以免"基督教"一词在当代大陆学术界狭义指称基督教新教而带来歧义,同时也不再译出"利玛窦全集",以免利玛窦仍在世即有"全集"出版之嫌。——译者注

在公共广场上、在乡村、在船上以及公众建筑的各个角落,这种到处都有的可厌恶的形象是第一件引人瞩目的东西。①

从马可波罗(Marco Polo)《百万》(*Il Milione*,后来以 *Travels* 闻名②)一书的零星描述开始,对中国宗教最常见的批评就是"偶像崇拜"(idolatry),它所指称的风俗习惯与祖先崇拜、风水(geomancy)、炼丹(alchemy)以及念诵"阿弥陀佛"还是有点区别的③。从人们推测的马可波罗最后一次来华的时间开始计算,直至耶稣会士到达中国时的近三百年里,外国人的解释工具已经相当精微深奥了,"偶像崇拜"这个词一般也已弃而不用了。对于耶稣会士来说,"idolatry"、"idol worship"和"sect of the idols"(译者按,三词皆是"偶像崇拜"之意)这三个词都是严格用于佛教的,只是偶尔地会用于道教,但都是指某种与天主教相矛盾的异端。不只与天主教相悖的那些异端教义学说让利玛窦感到不安,他还公开指责佛教徒(*Sciechia*,利玛窦用于称呼佛教徒的词汇之一)、方丈、侍者不能持守僧团应该"戒色"的戒律④。

耶稣会士们也可能已经察觉到,佛教并不是一个完全的"他者"。首先,佛教的僧团制度"就与天主教在印欧、近东地区起源时的情形一样"⑤。此外,佛教在中国宗教中占有一席之地,突出的一个原因就是它强调教义的纯粹性,强调中国本土的一些宗教风俗必须被取代,这与耶

---

① D'Elia, *FR*, vol. 1, p. 131. (译者按,译文参考了利玛窦、金尼阁:《利玛窦中国札记》,何高济、王遵仲、李申译,何兆武校,北京:中华书局,1983 年 3 月第 1 版,2005 年 5 月第 5 印,页 113,与詹启华所引原文在字面意义上略有不同,下文另引该中译本时,略作《利玛窦中国札记》,页某某"。)

② 即《马可波罗行纪》(又名《东方见闻录》),由于马可波罗在狱中向人讲起在中国的见闻时常常说"百万这个,百万那个……",故其得名"百万先生",狱友整理出来的行纪也因此得名,后改称他名。——译者注

③ 参见 Marco Polo, *The Travels*, trans. Ronald Latham (New York:Penguin Books, 1958), pp. 213-239,特别是其对泉州地方宗教风俗的相关记述。

④ 至于利玛窦反对耶稣会士穿上和尚的行头,以及他曾经提到过佛教僧人常常放纵自己进行同性性行为的例子,参见 d'Elia, *FR*, vol. 1, pp. 335-339。

⑤ 出自苏源熙(Haun Saussy)1994 年 4 月 2 日致笔者的信。

第一章 耶稣会士、"孔夫子"与中国人

稣会士在为基督宗教摇旗呐喊时的一些观点非常相像。某种意义上说,通过将自己"装扮"成佛教徒,神父们同其他宗教派别就不再有什么天壤之别,这当中就包括了(也许更重要的是包括了)方济各会的会士们,他们在中国乡村传教时也将自己"装扮"成了和尚。可以说,"转而称自己传播的是儒学,其实在许多层面上就已和那些有些许相同之处的'他者'(比如佛教徒、方济各会的会士)分道扬镳了,所凭借的途径正是认同另一个群体,从历史上看这个群体才是一个更令人信服的'他者'"①。

最终说来,对于在华耶稣会士而言,他们文化同化的真正标志是脱下了僧人隐居时穿着的粗陋衣饰,换上了"文人学士"的峨冠博带②。1595年春季过后,耶稣会士就穿上了儒服,并开始使用政府赐给读书人的头衔——"秀才",甚至还用"儒"和"道人"(men of the Way)自称③。通过这种方式,他们再次变身,成功地将自己的身份从佛僧转变成了"儒"。耶稣会拥抱儒家文化是调适主义的一个范例,探究其中的奥妙并不意味着我们认为耶稣会士的选择是"适当的",而是为了表明这样一个结论:传教士们已经坚实地踏上了中国大地,而他们的这一选择也已影响到了随后几个世纪的学者们。他们这种带有策略性的观点逐渐为人接受,而从这一观点来看,正统的儒家传统和他们日益流利掌握的中国官话,为耶稣会士们通往当权者提供了唯一一条可行的道路。也许这正是范礼安所继承发扬的沙勿略留下的遗产;不过,耶稣会士们,

---

① 出自苏源熙(Haun Saussy)1994年4月2日致笔者的信。
② 参见利玛窦在1595年8月29日写给爱德华多·桑德(Edoardo de Sande)的信,信中他对自己穿上儒服颇感得意,该信收于Tacchi Venturi, *OS*, vol. 2, p. 136-137,转引自Jonathan D Spence, *The Memory Palace of Matteo Ricci* (New York: Viking, 1984), p. 115。
③ 关于耶稣会士在"转"而穿上儒服后自称为"儒"的问题,参见李之藻《天学初函》,第一册(重印本,台北:学生书局,1965年,页84—85。下文引用时略作李之藻:《天学初函》)。1594年秋,也就是范礼安和郭居静(Lazzaro Cattaneo)在耶稣会澳门驻地会晤后不久,同意神父们改换服饰的正式决定才得以宣布,这并没有利玛窦希望的那么快。1594年11月,范礼安神父指示利玛窦的上级孟三德说,耶稣会传教团的教士们应该立即蓄发,不要再将自己装扮成"和尚"(bonsos)的样子了。相反,他们应该采用"秀才"(letrados)的名号。关于导致耶稣会士改穿儒服的具体细节以及范礼安给孟三德的指示,参见d'Elia, *FR*, vol. 1, pp. 336, n. 1。至于耶稣会士自称"秀才"的问题,参见d'Elia, *FR*, vol. 1, p. 338。

特别是利玛窦很清楚,如果没有中国朝廷高官的许可,传教事业不可能成功,如果有可能的话,还是得到皇帝(emperor①)本人的许可为最佳。

当然,耶稣会士还遇到过其他麻烦,比如,在1592年7月的一个晚上,韶州当地的一些青年人就袭击了传教团,逼得传教士们仓皇逃离住地,利玛窦的一条腿也在此次事件里受了重伤②。身在罗马的耶稣会士的上级们对此也有所耳闻,不过,这些麻烦与他们"变成"佛教徒并无特别的联系。

综上言之,这些麻烦困难也许足以让他们考虑采用其他传教策略。不过,最重要的是,神父们似乎并没有在佛教里获得发言权;更确切地说,在用"佛教徒"来诠释耶稣会士的"自我概念"(self-conception)时,根本就是驴唇不对马嘴。随着时间的推移,随着在学习中文和精选出来的中国文献方面坚持不懈的努力,利玛窦和他的同伴们被一种强大

---

① "皇帝"一词更贴切、更符合字面意思的翻译是"Supreme Lord"。似乎有一个倾向是习用"emperor"来翻译"皇帝",我之所以在这里加上注释,是因为从18世纪开始就有提议将这两个词等同起来,但我还是想尽量避免陷入此类讨论。在中文里,"皇"的意思是"煊赫的"或者是"至高的"(译者按,"皇"字常见义乃"大"),而"帝"的意思是"君主"或者是"天神",既然如此,就没有理由认为在中国人的意识里,皇帝会和我们的"emperor"一样。林蔚(Arthur Waldron)对长城进行过"非神话化"(demythification)的研究,据其研究,虽然长城所具有的意象是西方传教士和旅行家的发明,但它作为在中国北方崇山峻岭之间绵延三千里而又固若金汤的防御性城墙的形象则又"回环"(loop back)进入了中国人的意识里,使中国人形成了对于长城的印象,并在今天成了中国人的文化象征和爱国情怀的集中表达。因此,如果做一个类比的话,"emperor"这个词也已经通过一种相似的"馈环"(feedback loop)进入了中国人的概念语言里,中国人自己很容易就赋予它"皇帝"的意思。通过这个类比,我们也许应该认为代代相承的用"emperor"来翻译"皇帝"的做法也是恰当的。通篇我都将用"emperor"这个词来翻译"皇帝",以免因为"Supreme Lord"一词也有"天主"之意而造成混淆。晚近有一些研究仔细考量过更符合"皇帝"一词字面意义的词到底有哪些意思,也考量过翻译的可行性及语言流行的历史,参见 B. J. Mansvelt Beck, "The True Emperor of China", in *Leyden Studies in Sinology*, ed. W. L. Idema, (Leiden: E. J. Brill, 1981), pp. 23-33,该文发表在为庆祝莱顿大学汉学研究中心成立五十周年而举行的会议(1980年12月8日至12日)上;以及 James L. Hevia, "A Multitude of Lords: Qing Court Ritual and the Macartney Embassy of 1793", *Late Imperial China* 10, no. 2 (December 1989): 72-105。另请参见 Arthur Waldron, *The Great Wall of China: From History to Myth* (Cambridge: Cambridge University Press, 1990), pp. 1-10, 194-226。

② 关于这次袭击事件及其后果,参见 Spence, *The Memory Palace of Matteo Ricci*, pp. 57-58。

的力量吸引到了第二种调适主义策略上来,这个策略就是变成士大夫。在这第二次变身的过程中,耶稣会士化身为"儒",似乎他们也获得了自己的发言权。

转变为"儒"

正如伟大的发明家或是科学方面重大发现的全部历史所揭示的那样,从事发明总是要用试错法反复试验。从这一意义上来看待"发明",我们可以解释说,在华耶稣会士在中国本土的第一次实验正是将自己装扮成为佛僧。这样来看,我们就不会偏离利玛窦对耶稣会士变身为佛教徒所持的真实观感,因为他就认为这么做其实是一个错误①。根据利玛窦自己的记述,早在1592年,传教士们就已经有意识地同变身为佛僧的做法拉开距离,他们选择坐轿子出行,而不是像他们刚来中国的前十年那样步行上街。身在罗马的他们的上级,也就是他们的总会长阿夸维瓦(Claudio Acquaviva,卒于1615年)也许质疑过他们改换公众形象的做法,利玛窦向他解释了为什么这种改变势在必行:"在这个国度,(我们)急需这种声望,如果没有它,我们的传教事业将在这群不信教的人当中毫无进展;因为在中国,外番和教职人员的声名是如此的卑微,所以我们需要这样或类似的其他手段来表明,我们和中国当地那些遭人轻视的教职人员并不一样"②。但对于将传教士当成"和尚"的很多中国人来说,这些像和尚一样的僧侣们乘坐轿子穿行于韶州街巷之间,实在让人无法理解;或许更糟糕的

---

① D'Elia, *FR*, vol. 1, pp. 335-337.
② 参见利玛窦于1592年11月15日写给阿夸维瓦的信,收于Tacchi Venturi, *OS*, vol. 2, p. 104。同一封信有另一个译本,见于Spence, *Memory Palace*, p. 115。这里需要注意的是,就像利玛窦在大多数场合提起佛教僧人一样,他称这些佛僧是"教职人员"(priest)。这个称法和耶稣会士最早一批书信里的用法是一致的,在这些书信里,佛教僧侣就被定性为"教职人员"。奇怪的是,从来都没有用这个词来指称"儒"。

是,这恰恰证明了僧团生活已经难以挽回地走向了堕落。

我们只能推断说,也许利玛窦信里的措辞已经让他的上级感到有点困惑不解了。他在信里坦承,传教士们劝化中国人皈依天主教的努力受到了自己身为教职人员的羁绊,但却因为他们在公开场合表现得像是有身份的人而又大获便利,而所谓的"有身份的人"的一个习惯就是出入乘轿。变成一名士绅,或者说是变成一名有身份的人,就要放弃自己的教职人员身份,同时寄希望于这一举动能让耶稣会士们证明自己并不是"中国当地那些遭人轻视的教职人员"。尽管神父们很期待这么做会带来丰厚的回报,然而这仅是一次赌博,实际上它却让耶稣会士的教职人员身份变得更加模糊而不是更加清楚。

在这封信写成到寄达的三年里,利玛窦和他的同伴们已经完成了这一转变,而且也换了装束,按照早些时候来华的葡萄牙人的习惯,利玛窦称这套装束为"mandarinum"(儒服),而在教会 1773 年停止这一做法以前,在华耶稣会士一直都是这么穿的。利氏所著《天主教中国开教史》(可能写于 1608 年)在描述中国的主要教派时尤为偏爱儒,他在手稿里总是反复提到,耶稣会士现在效仿中国人的生活,乃是试图理解那种属于"文人学士"的传统,只有它才"属于中国人"。

随后的几代调适主义者们,从金尼阁(Nicolá Trigault, 1577—1628)开始,都一再肯定利玛窦对中国三种主要宗教教派——儒、道、释——的界定,并且一再强调中国本土的"儒"具有无可辩驳的悠久传统、正统性且合乎礼俗。本着这一精神,金尼阁在利玛窦文后加注道:"儒才属于中国本土,也是这个王国里最为古老的(Literatorum secta Sinarum est propria, & in hic regno antiquissima)。"①利玛窦和罗明坚用一

---

① Trigault and Ricci, *DECAS*, p. 101. 这里的拉丁文"propria"应该理解成"belong to"(属于)。当然,其中暗含的意思是说,其他派别并不为中国人所独有,也就意味着它们都不是中国土生土长的教派。因此,我认为"propria"一词某种程度上是在强调"儒"的本土性。那么,这个词就不应该在加莱格尔(Gallagher)等译者翻译时所用的"proper"一词意义上来理解。(译者按,"proper"一词另有许多义项,而"belong to"的意义相对单一,但詹启华原文用"is indigenous to"来对译"propria",诚如该注所言,是因为他认为金尼阁原意是强调"儒"的本土性。)

第一章 耶稣会士、"孔夫子"与中国人

种简而化之的方法将佛教僧团的生活等同于"中国性",而金尼阁的拉丁文本也用了同一种简化的方法:"儒"才是真正的中国人,他们将自己的聪明才智奉献给了经典研究,他们也有自己的学术团体和教育制度,突出强调这些特点不免让人想起耶稣会士的情况与此相似。这些类比赏心悦目,从中可以清楚地看到将自己有意投射到别人身上的一套机理;任何一名遵守当地习俗的外来者,都会通过重新命名的方式来战胜"他者"带来的陌生感,此时这套机理就会发挥它的作用。正如博岱(Henri Baudet)注意到的那样,在欧洲人和其他地方的人接触时,"欧洲人所描述出的其他地方人的形象,主要不是他们真实形象的刻画,或者根本就没有这样的白描;相反,只是将他们自己的思乡情结和窘困情绪投射出来……他们描述出来的其他地方人的形象其实只是欧洲人对自己、对自己的历史所作的评价"①。

在确定"儒"是中国最重要的宗教性团体的过程中,耶稣会士也展现了自己最好的形象,但其展示这一形象时乃处于这样一种环境中:周遭鲜活的文化产品都是中国的。耶稣会士将自己身边的某些方面视为儒家文化与耶稣会文化相同无别的表征,正是这些方面确证了他们所作的简化表述就其本质而言堪称"符合事实"。利玛窦和他的同伴们已经远离了一个世界(译者按,系指欧洲世界),在这个世界里,授予学位总是伴随着宗教性的典礼,而校历中也总是穿插进一些基督宗教的宗教节日和圣徒纪念日。所以,在他看来,中国官方举行的祭孔大典象征着皇权,翰林院则代表了学术的权威,眼前的这个新世界(译者按,即指中国)在熔铸"神圣"与"世俗"方面显得如此亲切。

罗明坚感到(但在更大程度上是利玛窦感到),这些儒者的外在特征特别是其所受学术训练的性质和程度,可以让耶稣会士们安心地将自己等同为"儒";而罗明坚和利玛窦应该已经享受到了这种自我投射所带来的慰藉,因为在某种意义上说,他们其实一直都在享受这一慰

---

① Henry Baudet, *Paradise on Earth: Some Thoughts on European Images of Non-European Man*, trans. Elizabeth Wentholt (New Haven: Yale University Press, 1965), p. vii.

藉。事实上,利玛窦还提到,儒士们热忱地怀有一种共同的理想,整体上都精通文学(证据就是他们都成功地通过了科举考试),而在文化和政治方面所发挥的巨大影响力与其人数所占比例之少极不相称。由于这些原因,利玛窦说"儒"是一种"会"(legge①)。"legge"这个词同样也用于指称"耶稣会"(Society of Jesus),这意味着早期来华的耶稣会士们是通过与他们最为了解的东西(也就是他们自己的修会)进行类比来理解"儒"的。在利玛窦为其教义问答集《天主实义》所作的拉丁文概要里,他称耶稣会为"我会"(nostram Legem);同样地,《天主教中国开教史》一书也是从头到尾地使用了"我会"(nostri leggi)一词。既然在华耶稣会士忘我学习的语言乃是儒家士大夫们所用的官话,那么耶稣会士和中国人在观念上的联结就注定要按儒家的金科玉律来熔铸了。利玛窦、罗明坚以及东印度省区的视察员范礼安,都将"儒"与耶稣会之间的表面相似视为本质相似的外在表征,并且也都认为儒家学说型塑了中华帝国的语言、法律、风俗和文学,一如基督宗教在欧洲发挥的影响。

1592年以后,耶稣会士在中国的生活圈日益确定,他们的整个生活都浸淫在士大夫文化里,而这些士大夫都有一个正式的称号——"儒"。有鉴于此,完全有理由认为这种文化的特征会影响耶稣会士的所有认知。这样一来,利玛窦及其同伴将自己视为"儒"似乎就不是什么偶然;在他看来,他们正"和这个国家的贵族、高官以及最杰出的学者们友好交往"②。正如他们自己承认的那样,耶稣会士们说着"这个国家的本土语言(也就是'官话')",致力于"研究他们的习俗和法律",并

---

① 詹启华原文补充说,此处的"legge"即为"law",但其在前文的脚注里提到,"legge"应该翻译成"order",因为这才符合利玛窦本意(参见本书页60注①),考虑到该段重在强调利玛窦等人通过将"儒"与耶稣会作类比,故仍取"order"来对译"legge",中译乃是"会"。——译者注

② D'Elia, *FR*, vol. 1, p. 6. (译者按,译文参考了《利玛窦中国札记》,页3。)另请参见 Nicolá Trigault and Matteo Ricci, *China in the Sixteenth Century: The Journals of Matthew Ricci, 1583-1610*, trans. Louis Gallagher, S. J. (New York: Random House, 1953), p.5(下文引用时略作 Gallagher, *Journals*)。

第一章 耶稣会士、"孔夫子"与中国人

且倾其全力"夜以继日地攻读他们的文献"①。当他们以"儒"的身份如是行之时,他们发现"儒"这个词无处不在,恰恰说明了有一条线索编织起了整个中国文化,而这条线索也将神父们和"儒"绑缚在了一起。

不仅如此,耶稣会的神父们还强调中国其实只有一种语言,借此他们致力于生产一个形象单一而非多元的中国。虽然这个创造与其周遭的现实大相抵牾,但却代表了他们在有意识地融入其所立足的本土社会的过程中构想出了一个全新的"实在"——"儒"②;这也标志着耶稣会士已经达到了一个新的高度,不再停留于熟练使用各地方言进行日常交流的水平,哪怕这一点曾对他们成功赢得佛教僧侣的身份至关重要:

> 甚至在中国的各个省份,口语也大不相同,以致他们的话很少有共同之点。除了不同省份的各种方言,也就是乡音之外,还有一种整个帝国通用的口语,被称为官话,是民用和法庭用的官方语言。这种国语的产生可能是由于这一事实,即所有的行政长官都不是他们所管辖的那个省份的人(我们下面就要解释),为了使他们不必需学会那个省份的方言,就使用了这种通用的语言来处理政府的事务。③

在这段话里,利玛窦所言乃是一位晚明官员的观点,这位官员对"中国

---

① D'Elia, *FR*, vol. 1, p. 6.(译者按,译文参考了《利玛窦中国札记》,页 3。)这里提到的"文献"(libri)并不是泛指任何书籍,乃是指朱熹(1130—1200)编选的"四书"(《中庸》《大学》《论语》《孟子》),利玛窦称之为"quatro libri"或"Tetrabiblio"。"四书"与"五经"(*cinqua doctrina*,《易经》《尚书》《诗经》《春秋》《礼》)有别,从汉代起人们就认为"五经"都是孔子亲自编撰的。对这些受人尊崇的经典的进一步解释,参见本页 90 注②。

② 耶稣会士的调适主义策略常因其学习当地语言而在无形中为人所诟病,因此,在其塑造只属于他们的中国本土典范("孔夫子")时,注定要借用中国官史传记中久已被神化的伟人——孔子。早在 1579 年到达中国南海岸以前,耶稣会士们可能就已熟悉笼罩在孔子身上的神话传说了,因为在他们的第一本教义问答集《天主实录》里已经用到了"Confusius"(孔夫子)一词。

③ D'Elia, *FR*, vol. 1, pp. 37-38.(译者按,译文参考了《利玛窦中国札记》,页 30。)另请参见 Gallagher, *Journals*, pp. 28-29。

性"采用了文化主义者的一贯界定,即将"中国性"等同于17世纪早期日渐增多的中国精英们所表现出来的特征。这种单一的形象对于传教士在传教方面获得支持至为关键,而对后来迷恋《中文之钥》(*Clavis Sinica*①)一书的世俗和教会人士来说,甚至是对从事现代汉学研究的人来说,它则更为重要。但就此处而言,对耶稣会士来说,采取中国人的立场来转述这位中国官员对"中国性"的界定,意味着他们承认自己就是这位官员所处团体的一员,或是申明自己渴望成为这个团体的一员。这个团体由一种文化严格圈定,即排斥佛教的隐修生活,当耶稣会士们用"秀才"这个名号自称时,就在一定意义上认可了这个团体。

对于被吸引到东林书院的中国文化保守主义者来说(耶稣会士曾通过使他们中的一些人皈依天主教而与该书院有过微弱的联系),佛教的异质性被视为一种瘟疫,它削弱了中国文化的原始活力。耶稣会士强烈主张恢复传统,这使人常常想起东林书院里的顾宪成(1550—1612),顾氏也针对政治制度提出过一些复古论调的批评。这就产生了一个学术上的争议点:耶稣会士与东林党人都对佛教怀有厌恶,这是源于他们之间过从甚密,抑或是两相独自出现的情况?包括裴化行神父在内的一些人,就将它解释成是这两个群体在思想上发生直接联系的结果,而且都谈到了在巴笃里(Daniello Bartoli)1663年撰就的耶稣会士史中的一处评论:"文人学士们在无锡成立了一个非常有名的书

---

① 《中文之钥》(*Clavis Sinica*)一书正是"掌握中文的钥匙",一些欧洲学者(在这里指的就是米勒,Andreas Müller)希望借助该书快速掌握中文,以便解开普世语言的奥秘。整个17世纪,欧洲人满脑子都充斥着"简化论"(reductionism),似乎将它视为获取知识的基本手段。传到欧洲的那些与中国有关的新知识既新奇又炫惑,但却被欧洲人通过简化论的理解方式化为己用。举例来说,欧洲人认为,中文文字的表意特征是中文较为简单的证据,如果掌握了中文,那么它的表意特征就能让欧洲人重надать亚当时代。翻译和破解中文文字是当时的一种智力活动,见于那些对中国特别着迷的人当中。这些活动中让人颇感兴趣的便是用到了辩证的范畴,即"特殊"对"一般","具体"对"抽象"——中国就很"特殊"而"具体",这就使得欧洲人需要通过推理演绎的方法来确定它的"一般"性。无论是米勒为《中文之钥》一书付出的努力,还是莱布尼茨(Leibniz)研究中国古老的术数与其正在尝试的二进制算法之间的神秘联系,抑或是白晋(Bouvet)调和"七十子本《圣经》"的编年与《易经》的纪年,中国都像是某种证据,为欧洲人的概念创新提供了支持。利玛窦的调适主义就带有这种17世纪的思想风尚。See Mungello, *Curious Land*, pp. 188-226.

第一章 耶稣会士、"孔夫子"与中国人

院,他们常常聚在一起讨论伦理纲常,或者是那些治理百姓最合适有效的方法……我们的(李)凉庵、(徐)保禄和(杨)弥额尔进士[即著名的天主教信徒李之藻(卒于 1630 年)、徐光启(1562—1633)和杨廷筠(1557—1627)],都曾主持过这样的讲议活动。神父们很赞赏这个书院,因为其信仰从中获益颇丰。"①

但是有更多的证据与巴笃里的说法相左。也就是说,跟刚才的结论不同,似乎耶稣会士的反佛态度并非缘于东林党,而是缘于神父们自觉借用中国本土强烈的厌佛情绪,这种厌佛情绪肇始于南宋时期(1127—1279)兴起的排外主义。在借用这种情绪时,耶稣会士使他们"自我建构"的身份——他们是中国本土的一个"文本团体"(textual community)——变得清晰起来,同时也清楚展现了儒家复古主义理想正对他们产生越来越大的影响。

随着耶稣会士在中国的传教时间越来越长,他们越来越敏锐地感觉到儒家传统在中国的地位极为突出,据说这是因为神父们发现当他们和那些有影响的中国人交往时,穿着佛教僧人的装束并不受欢迎。有意识地迎合上层人士而不是底层老百姓,在利玛窦对"他们第二次化身为'儒'时,中国人有哪些回应"的回忆里写得明明白白(参见《天主教中国开教史》):

> 我们的朋友对我们很合意,因为我们能看到他们用很多更为尊崇的礼节来对待我们,这是和尚们所不能获得的殊荣。由于佛教的和尚和我们这些神父在品行上有很大的不同,所以我们第一次受到了区别的对待,不同于那些向偶像献祭品的佛教僧侣;但即

---

① See Bartoli, *Dell'Istoria della Compagnia*, vol. 4, p. 74. 此段引文出自卜恩礼(Heinrich Busch)的译文,参见 Heinrich Busch, "The Tung-lin Academy and Its Political and Philosophical Significance", *Monumenta Serica* 14 (1949-1955): 156. 另请参见 Henri Bernard, *Le Père Mathieu Ricci et la société chinoise de son temps* (1552-1610), vol. 2 of 2 vols. (Tianjin: Hautes Études, 1937), p. 173, 以及 Dunne, *Generation of Giants*, pp. 372-373.

便如此,老百姓还将我们同和尚混为一谈。①

在晚期帝制中国"神道设教"的体制内,接近政治权力对于耶稣会士取得成功来说必不可少。因为以皇帝这个家长为中心的政治体制掌握在士大夫手里,所以赢得"老百姓"的认可也就没有什么太大的意义。

朝廷的认可给了耶稣会士身份地位,这极大地促进了他们与士大夫的交游,也因此增加了士大夫们皈依天主教的可能性,视察员范礼安神父就觉得耶稣会士应该穿游于这些士大夫之间。此外,由于利玛窦与其后继者们一直在持之以恒地采用一种为基督宗教所熟悉的方式来从头"再解释"经典文献,其社会影响也就显得极为深远,而这种"再解释"的做法在他们进行"濡化"的学徒阶段,也就是在他们将自己打扮成佛教僧人时,就已经开始了。要想建构另一种语境使得经典文献的意思可以像耶稣会士所解释的那样,那么倚借政治权力就显得不可或缺,但归根结底,只有皇帝才能唤醒这种权力。耶稣会士对中国士林的倚赖,以及将自己的教义"上达天听"的渴望,在 17 世纪日益显露;正如我在本书第二章将会谈到的那样,这同他们在欧洲与欧洲各君主国之间的关系相差无几。

通过这些方式也因为这些原因,耶稣会的神父们变成了"儒"。对于利玛窦来说,无论是在书籍里还是在游历中,"儒"这个词一定都是随处可见;对他而言,"儒"这个词似乎呈现出一种多面的特征。对于 16 世纪的中国人和这些会说中文的外国人而言,使用"儒"这个词起码可以追溯到孔子。然而,这个词所表达的意思实际上却远胜于孔子时代,俨然成了一个兼有多种意义的非常突出的象征符号,大概可以和以下任何一个或者全部义项发生关联:(1) 与正统合法性有关的各种仪式及皇家典礼,比如"封""禅"大礼;(2) 科举考试的考生;(3) 私人书

---

① D'Elia, *FR*, vol. 1, p. 338, 引自 Rule, *K'ung-tzu or Confucius*? p. 19(译者按,虽然差别较大,但译文仍参考了《利玛窦中国札记》,页 276)。请注意这里将传统中国人的阶层宽泛地划分为"做官的人"(即引文中提到的神父们的朋友)和"老百姓",还提到了这样一个事实,即大多数中国人仍然将耶稣会士看成和尚。

第一章 耶稣会士、"孔夫子"与中国人

院成员;(4)士大夫(包括京城的、省城的和地方上的);(5)就像所谓的"结社"那样,因学术、静修或是敬神而自发成立的各种地方性团体;(6)附庸风雅、渴慕儒风的士绅,包括那些名落孙山的考生、地主和商人;(7)祭祖仪式以及因这些仪式再现了传统的等级结构而出现并享有某种特殊地位的"中心地点"(central place)①;(8)翰林院及官方学说的正统性;以及(9)"家国罗曼史"(the State Family Romance)②。"儒"这个词所指涉的上述各个方面,也许被视为一种"地层结构"更加适合,对于观者而言,那些越接近"地表"的意义层次越容易被研究。因此,即使是对于中国人来说,也不是所有这些意思在任何一个时候都是适用的,这取决于他们当时的时代流行什么。在晚明时期,"儒"这

---

① 此处的"中心地点"(central place)一词或许借自德国地理学家瓦尔特·克里司徒勒(Walter Christaller,1893—1969)在其著作《地图的中心说》中提出的"中心地理论",该理论试图用系统性概念和数学计算总结人类聚落的形成与分布规律,后常被用于经济地理学、文化地理学等对城镇中心、文化中心形成过程与规律的研究。詹启华此处或许是借这个概念指出,由于祭祖仪式重现了等级结构,使得某些地方、某个家族围绕该等级结构确立的权威而形成了当地或该家族的若干"中心地"。——译者注

② "家国罗曼史"是汉代的一种意识形态,它将国家与家庭相类比,从而构想出一种自我调节的国家。"五伦"(君臣、夫妇、父子、兄弟、朋友)与"三纲"(君为臣纲,夫为妻纲,父为子纲)构成了将君主统治定义为父子关系的概念基础,而皇帝则被描述成是家长。支持这种喻说的主要思想文献是《礼记》中的《大学》篇和董仲舒的《春秋繁露》。虽然中国人的国家在运作时从未像家庭一样,但在意识形态层面形成的如此复杂的体系的确成了一种遗产,是汉代统治者(刘家)留下的遗产,一直影响着中国人。"家庭罗曼史"(family romance)的概念系由弗洛伊德(Sigmund Freud)在对儿童神经官能症的研究中提出,这一概念是说,当心理分析师试图刻画那些遭冷落或虐待的孩子们的家庭生活时,这些孩子们会对父母之爱有某种臆述。几乎无一例外,这些受到亲生父母虐待的孩子们都会想象出与现有生活极为不同的一种生活,他们的真实生活和那种"罗曼史"好像彼此接续,但却相互矛盾。中国的"家国罗曼史"是在一种接连不断的不和谐的环境中,以一种类似方式被构造出来的;通过一种虚构,国家将自己表述成是自我调节的家庭,而地方上的宗亲以及不安分的属国则是反对这个国家的在野家庭(特别是汉代的东方"七雄";译者按,"七雄"一般专指战国七雄,汉代多用"七国"一词)。弗洛伊德的理论形成于19世纪末,并以未署名文章的形式发表于奥托·兰克(Otto Rank)的书里,参见 Otto Rank, *The Myth of the Birth of the Hero and Other Writings*, trans. F. Robbins and Smith Ely Jelliffe(New York: Vintage Books, 1964)。弗洛伊德的这篇文章后又重印,收录于 *The Freud Reader*, ed. Peter Gay(New York: Norton, 1990), pp. 297-300。(译者按,以"家庭罗曼史"的理论架构研究"国"与"家"之间互喻,史学界大有其人,比如林·亨特在其《法国大革命时期的家庭罗曼史》一书中就阐述过当时法国盛行的这一政治理念,即视统治者为父、视国为家;本书所译"家国罗曼史"乃是为了忠实于詹启华所用"the State Family Romance"一语。)

个词也许可以直接和前述第(2)至第(4)项,以及第(6)(8)两项联系在一起。鉴于耶稣会士通常用"litteratorum secta"(文士派)来解释"儒",这就是说神父们挪用了中国当时较受欢迎的定义。

然而,利玛窦和他的同伴们并没有将"儒"的这么多含义作为自己早些时候躬行的参考标准;相反,他们(也许也不是故意的)只是非常简单地将"儒"的这些意义简化为单一的象征符号,并用同样的方法将中国方言里的南腔北调简化为单一的语言——"官话"。在耶稣会士眼中,"儒"的历史并没有经历过什么不同的阶段,他们用一种比喻的方式将"儒"整体视为一种转喻。因此,即使知道了"儒"这个词有那么多不同的意思,耶稣会士也会用自己理解天主存在的方式来解读这些意思:将它们视为"儒"的单一本质在不同方面的显现。照此方式,对这个独特的"非佛"但却"亦儒亦耶"的教团来说,就有一种全新的再合适不过的神学初露真容。

神学:在华耶稣会士的文本团体

就其另一个意义而言,调适主义在神学方面可以被理解成是这样一种努力:耶稣会士认为自己与中国人分享着共同的宗教基础,他们想通过调适主义使这一基础变得更为清楚明白。罗明坚更倾向于调和"耶—佛"而不是"耶—儒",他称这种共同的宗教基础是"基督宗教的先兆"①。这一共同的宗教基础正是耶稣会士构建文本团体的舞台,他们构建的这个文本团体以一种折中的方式接受了双重滋养,一方面来自耶稣会士所信奉的基督宗教,另一方面则来自中国人的宗教习俗,而这个团体又是如此独特以至于只有称其是"小型膜拜团体"(cult)才显得合适(这在下一章将变得特别明显)。

---

① Michele Ruggieri, "Archivum Romanum Societatis Jesu", Jap. Sin. 101, II, p. 310v., in Rule, *K'ung-tzu or Confucius*? p. 10.

第一章 耶稣会士、"孔夫子"与中国人

布莱恩·斯托克(Brian Stock)使用"文本团体"(textual community)一词是为了描画 11 世纪欧洲的异教徒和宗教改革团体。这些团体"将文本用作两途,即规定团体成员的内部言行并为他们提供一种团结以对抗团体外的世界"①。而我用这个词是为了刻画那些"微型团体"(microsociety),它们围绕某份特定的文献或者多部文献而组织起来,并因这些文献获得了自己的正当性,其成员对这些文献广泛而重要的意义有着共同的理解和看法;这些文献可以使团体行为组织化或是对其作出规定,并由此产生团体的团结;可以为成员个人的生活划定范围尺度;可以用来裁量不同的观点,求得真理;还可以为改革当时的信仰习俗打下基础。这些文本团体之所以能形成,有一个动力恰恰来自宗教方面,因而它们也常常类似于我们所熟知的"小型膜拜团体"。个体之所以会组织形成某个文本团体,通常是因为突如其来的社会动乱或他们故意抛弃社会习俗的举动使他们感觉或是体验到了许多不适应。

在古礼日崩的时代出现此类文本团体,是很稀松平常的事。在没有任何中介的情况下践行古礼,古礼也不能独存;因此,想要通过"法古"来为当时的行为实践提供支撑,只有通过文本进行复杂的调整变化才能更进一步。换句话说,声称自己承袭了某个特定传统中理想楷模的法脉,需要的不是践行古礼而是援用文本。其实,援用文本"就是"在践行古礼;当这些文本团体在超凡卓越的先人以身垂范的基础上,用文本来复制他们的生活时,"文本"也就成了"人"。本质而言,这些团体都具有边缘性,这一点使他们格外团结。他们将这些文本奉为金科玉律,并以此滋养整个团体的团结,而这些文本蕴含的真理及效用则常常见于理想楷模的生平之中。最后要说的是,文本团体并不只是文本的接受者,他们也是文本的生产者。此类团体的共同生活是通过不断给出关于经典的标准诠释才得以保证的,而此种诠释对于捍卫其

---

① Brian Stock, *The Implications of Literacy: Written Language and Models of Interpretation in the Eleventh and Twelfth Centuries* (Princeton: Princeton University Press, 1983), p. 90. 此处引用还将在本书多次出现。

主张并使其青史留名而言均为必不可少。

在耶稣会士就文化方面进行调适以适应中国性的过程中,他们极为符合这里所说的"文本团体"模式。耶稣会士们创造出了一种"混合神学",它使耶稣会士自视为被其他宗教包围的一个中国本土的宗教团体。他们认为,"孔夫子"早已向中国人谕告了他有关一神论的教导,这是早先来华的"真"福音,重新发掘它正是耶稣会传道团现在的任务。天主无处不在,这一点毋庸置疑,只是要找到他在中国人中显现的具体证据。而所有的证据似乎都在指出,天主就存在于"儒"之中,或者说,正如我们随后将要看到的那样,存在于真正的"儒"当中,即利玛窦所说的"真儒"(i veri letterati)当中。

由于耶稣会的神父们在与儒士们的辩论中找到了双方在概念上的相似之处,于是就认为"自然理性之光"(il lume naturale)照耀下的中国人的"自然神学"与耶稣会士自己的"启示神学"是相互兼容的;他们还相信,中国人当中存有的神圣之光预示着他们后来必将拥抱基督宗教。至于耶稣会士在这中间感觉到的任何一点差别也只是这一独特的神圣之光的不同作用而已。

对耶稣会士来说,在中国人与他们自己的信仰之间重新找到相同点,意味着他们要再次到中国人中去布道,而这一次将有天主的子民与他们并肩战斗——他们相信,中国人中的"儒"正是天主的子民。不过,他们的这种"布道"采取了文字与口头并重的方式,因为神父们常常提到,发音的问题一直困扰着他们,这和他们在罗马神学院研习《修辞学》(ars rhetorica)时的情形相似。通过读中国人的书、着中国人的服饰,利玛窦及随行的传教士们已经认为自己具有了中国人的身份——"儒",他们也因此开始传布一种基督宗教化的儒家教义,以当时流行的复古主义精神鼓吹恢复孔子正学。在这么做的时候,他们怀有极大的热忱,就好像一个刚刚皈依"儒"的人在狂热地抨击中国的其他教派一样。即便在佛教中找到了一些与基督宗教在结构上的相似性(比如佛教中也有类似于基督宗教"三位一体"的概念),即便这对耶稣会士第一次尝试成为中国人显得至关重要,但现在也都被看成是撒旦的行为。

第一章 耶稣会士、"孔夫子"与中国人

利玛窦批判伊斯兰教,称其所坚持的乃是错误的"三位一体"观念,因袭这种立场,他对中国除了"儒"以外的另两个主要教派也给出了自己的分析,从中可以窥知神父们为何如此热衷于宣称自己乃是"儒"。在提到佛教和道教时,利玛窦说道:"两个教派的每一派都以自己的方式塑造了神的三位一体,从而看来似乎是谬说的始祖或谎言之父还没有放下他冒充神圣的野心。"①因此可以说,由于都信奉"儒",继承衣钵的儒家传人和耶稣会士们终于相遇会合。也正是由于这个原因,耶稣会士们的传教策略才有可能开花结果,即便不是在政治上也至少可以在概念层面有所收获。

神学上的兼容还有另一种维度,只不过它是内在于某一文化而不是跨文化的。利玛窦所提倡的护教学给人的印象就像是早期教父传统的镜像;在早期教会时代,那些在异教徒中布道的圣徒们创造了一种传统,采取了一种简化论的进路,即寻找形式和内容上的相似之处。米兰主教安波罗修(Ambrose,卒于397年)也有过类似的做法,他曾在自己职权范围内批准同意了在殉道者墓前举行那些流行的但却带有异端色彩的纪念仪式,使这些活动成了纪念圣徒的崇拜仪式。主教特许举行这些仪式的结果便是,安波罗修成了这些崇拜仪式的司祭,最终与这些崇拜仪式有机地结合在一起了。也就是说,教会借用了异教徒的宗教习俗和这些活动需要主礼人的具体做法②。

正如保禄在对雅典人的讲道中提到的那样,这种进路的目的在于将异教徒的自然宗教融入到福音中。来华传教士的第一部教义问答集《天主实录》和利玛窦所撰的第二部教义问答集《天主实义》,都是护教学著作,撰写它们就是为了调和自然神学与启示神学,其依据便是约

---

① 原文系"Ambedue queste sette finsero il suo ternario, acciochè si vegga chiaro esser il padre della bugia auotre di tutte queste, il quale non ha anco lasciato la superba pretensione di voler essere simile al suo Creatore."参见 d'Elia, *FR*, vol. 1, p. 128。(译者按,译文引自《利玛窦中国札记》,页111。)

② Peter Brown, *The Cult of the Saints: Its Rise and Function in Latin Christianity* (Chicago: University of Chicago Press, 1981), pp. 26-29, 36-41。

翰·亨利·纽曼(John Henry Newman)后来所称的"传统宗教的神圣性"(the divinity of Traditionary Religion)①。利玛窦强调,中国人信奉的自然神学以基督宗教的教义为主要特征,这种自然神学正体现在"孔夫子"和"儒"那里;而利玛窦强调这一点恰与圣徒时代的传教实践完全一致。尽管难以从皈依者的情况来评判利玛窦成功与否,但这一进路为利玛窦赢得了更广泛的支持者却断无可疑。

就像早些时候摇身一变穿上佛教僧人的服饰一样,通过翻译儒家的经典文献,耶稣会的神父们认为自己已经在中国人的信仰中发现了彼此存在亲缘关系的脉络。利玛窦回忆说:"最近这些年里,在良师的帮助下,我不只翻译了'四书',还翻译了'六经'。我注意到,这些文献里的许多段落都赞同我们所信仰的教义,比如天主独一无二、灵魂不灭、天堂荣福,等等。"②而这种神学上的互补又为中国人的经典文献所证实。

---

① Cardinal John Henry Newman, *The Arians of the Fourth Century* (Westminster, Md.: Christian Classics, 1968), pp. 50-56.

② 参见利玛窦于1595年4月11日写给阿夸维瓦的信,收于 Tacchi Venturi, *OS*, vol. 2, p. 207. 利玛窦在这封信里提到,"四书"和"六经"是在帝制时代中国知识分子中间常常可以见到的古代诗文,之所以要提到这一点是为了向阿夸维瓦会长展示他对中国知识博学的程度。"六经"乃指《易经》(《周易》)、《尚书》(《书经》)、《诗经》(《毛诗》)、《春秋》《礼(经)》(很有可能是《仪礼》)和《乐》(据说该经的一些片段见于《乐记》和《乐志》)。"六经"其实是"六艺"(乐、礼、射、御、数、书)残留的痕迹,而在战国时代,"六艺"又特与儒家有着某种关联。一般认为,这些文献都传自孔子之手,他是《春秋》《易》和《诗》的编著者。汉武帝统治时期(前141—前87)才将这些文献尊为经典,此时,《乐经》已不存于世(也许根本就不存在)。也就是说,只剩下"五经"存世。所以到公元前136年正式认可这些经典传统时,皇帝宣命儒家学者为《易》《诗》《书》《礼》和《春秋》博士。公元175年,汉朝日衰,在石碑上刻下了这些经典的权威版本,残碑至今犹存。

迄至唐代(公元7世纪),更常见的是"九经"之说,就是在原来的"五经"之外另加上了对《春秋》的注释——《谷梁传》《公羊传》和《左传》——以及从《礼》中摘选的《周礼》(《周官》)和《礼记》。

而在宋代(12世纪),官方认定的"经"的数量已经增加到了十三部(《十三经》),其中包括了汉代以前的语源学著作《尔雅》《孝经》《论语》和《孟子》。最后这两部战国时代的文献——《论语》和《孟子》——与《礼记》中选出的《大学》和《中庸》两篇,在1189年被朱熹选入《四子》,之后即以"四书"名世。朱熹编纂《四子》是为了给私人书院里的学生们充当研习经典的指导用书,打算用这些著作里的教导作为正确学习"五经"的入门。大约是在朱熹去世后的一个世纪,《四子》就已经变成了"四书",而对于那些为了取得文职而参加乡试、会试的考生们来说,它已经成了练习时必备的大纲。直到1905年,"四书"都一直是科举考试里最核心的经典文献。

第一章 耶稣会士、"孔夫子"与中国人

范礼安力促神父们与中国的儒者结盟,很大程度上不是出于神学上彼此兼容的考量,而是因为他已经先入为主地认为,儒士们享有受人尊敬的社会地位和文化影响。然而,这些中国的儒者和来华的其他传教士以及那些皈依天主教的人,都没能对利玛窦发展出这一观点有过多少助益:"儒"是"孔夫子"最原原本本的教导,是中国文明的文化主干,是打开中国一神教古老宝藏的"钥匙"(key)①;相反,他们都为利氏坚持的这一观点所影响。正是借助于"孔夫子"的一个文本——《论语》,利玛窦论证了自己的这一信念:

> 其本职惟以天主之命司造化之事,无柄世之专权。故仲尼曰:"敬鬼神而远之。"彼福禄免罪,非鬼神所能,由天主耳。②

耶稣会士认为这种神学上的相似性有经验依据,并在一个多世纪内的大多数传教地区内都显得是那么地无可争辩,同时,它还为传教士们的事业特别是他们在中国的著书立说提供了至关重要的支撑。

耶稣会士们深信天主必然存在,他们进行"调适"的做法正因这种炽热的信仰而成为可能,同时也使这种信仰更为炽热。耶稣会士们相信,一切文化都是天主的某种呈现,这使他们推论说中国人也信仰"天主"。和这种信念如出一辙,耶稣会士们还相信所有文化之间的一切差异本质上都能被简化还原为一神论,这既是"调适主义"的开端又是它的顶点。

如果说由启示而来的这种观点在逻辑上恒真无误,那么,利玛窦的中文教义问答集《天主实义》就是它落在文字上的具体表述,因为正是在这部著作里,利玛窦竭力尝试为耶稣会士们那种一元化的整体神学观念建立逻辑基础。有了这个基础作保证,神父们才得以反复宣扬基督宗教的基本信条——原罪、基督是救世主、十诫、"教皇无误论"、灵魂不朽,等等。将多种现象归结为单一原因的这种简化论式的基本理

---

① 此处所说的"钥匙"出自《中文之钥》(*Clavis Sinica*)一书;参见本书页82 注①。
② 利玛窦:《天主实义》,页468。

解方式,在《天主实义》比比皆是的"西士"(西方学者)与"中士"(中国学者,或者说是异教徒学者)之间的论辩往复中表现得再清楚不过了。下面这段文字正出自这些论辩,在这段文字里,"西士"径直将世间各种各样的差异化归为有神论意义上的统一,文曰:

> 物之私根原,固不一也;物之公本主,则无二焉。何者?物之公本主乃众物之所从出,备有众物德性,德性圆满,超然无以尚之。①

就利玛窦所处的时代而言,这段话里的本体论前提乃是得到科学论证支持的不容怀疑的信仰;不过,对于利玛窦这位身在中国人当中的传教士来说,真正的问题其实是"这些没有受过基督宗教教导但却是潜在基督徒的中国人,是否谈起过他们也知道基督宗教里的天主居于九天之上"。在利玛窦看来,这并不是什么问题,因为没有谁比"孔夫子"还要更清楚地谈过自己知道"上帝"的存在。

如果我们相信利玛窦在他那部教义问答集的序言里为数不多的几处带有自白性的评论,就会发现利玛窦似乎很有把握,他觉得自己已经找到了中国人信仰独一神的证据。他认定,或者更准确地说应该是想象到,早在他于1578年离开里斯本去果阿以前,中国人就已经有了一套自然神学。他对这一点直言不讳:

> 窦也,从幼出乡,广游天下,视此厉毒,无陬不及,意中国尧舜之氓,周公仲尼之徒,天理天学,必不能移而染焉。②

利玛窦在中国的布道,对于揭示隐藏在中国人古老文化中的"天主实义"来说非常必要。无论是智巧也好,直率也罢,利玛窦这名外来者的叙事策略是,将他的信仰表白直接置于中国古代神话般的历史之中,中

---

① 利玛窦:《天主实义》,页392。
② 同上书,页367。

第一章 耶稣会士、"孔夫子"与中国人

国的文化认同正形成于这段历史,在这个过程中,圣王垂范、施仁爱、明制度,并传诸周公,下及孔子。

利玛窦神父将一种独特的、生生不息的中国学说实体化,事实上已将其等同于基督宗教的教义,这令人非常吃惊,因为利玛窦此举是在周遭都是中国人的情况下完成的。这个做法中有一种错位的文化上的自大,但其目的并非要使欧洲读者自愧弗如,这与几十年后伏尔泰对中国的偏好很不一样,伏尔泰对中国人的治国艺术大加称颂,为的正是在这方面对欧洲提出批评①。另一方面,利玛窦似乎还相信凭借上溯到备受中国人尊崇的古代传统,自己就可以对中国人提出批评。在上段引文里,利玛窦的意思是中国曾经拥有纯粹的基督宗教信仰,不论这仅仅是一种修辞,还是利玛窦真的相信中国人凭一己之力保存了"天理天学"并因此在世界各族中显得独一无二,重要的是,在利玛窦的表述里,中国已经就灵性层面的问题向他作出了回答。在利玛窦看来,中国是信仰"昊天"全能的这种无玷信仰的最后一个庇护所,中国的存在,本身就证实了他自己的信仰;另一方面,中国也曾经是真理大行其道的国度,只是由于时间和异教,这里的真理变得晦暗不明——无论是出于哪种考虑,中国都需要他②。利玛窦采

---

① See Voltaire, *Dictionnaire philosophique portatif* (Amsterdam: M. M. Rey, 1765), and *Essai sur les moeurs et l'esprit des nations et sur les principaux faits de l'histoire depuis Charlemagne jusqu'a LouisXIII* (Lausanne: J. H. Pott, 1780), pp. 13-31.

② 毫无疑问,派往印度教区的每一位传教士在忠诚度上相差无几,他们都受到了救世热情的感召,对其事业的正当性确信无疑;然而,一些像卡布拉尔(Francisco Cabral)这样的传教士,尽管也非常热心,但若要期待他们能在"尧舜之氓"中发现天主,则其远不能望利玛窦之项背。在肇庆的教堂建好后,卡布拉尔参访了肇庆,他在给阿夸维瓦的回复中报告了此访的有关情况(参见卡布拉尔神父于1584年12月8日在澳门写给阿夸维瓦的书信,收于 Tacchi Venturi, *OS*, vol. 2, pp. 52-53),在这封信里他表达了一种对中国获得拯救的前景完全不同的理解,他说:"只是还需要您向天父祈祷,替肇庆的教团向我们的天主多多求情,对于服侍天主和拯救数以万计的灵魂来说,这个教团是如此重要,因为如果没有那些传教士为这些灵魂指引救赎之道,那么他们将会悲惨地堕入死亡。"这封信出版于1586年的耶稣会书信集里,虽然该书信集名义上专注于汇报在日本的传教活动,但也有在华耶稣会传教士所写的八封书信。卡布拉尔此信的英译本与其他七封信的英译本均可见于 Rienstra, *Jesuit Letters*, pp. 25-28。

用了一种非常聪明的方式道出了中国文化中隐藏着基督宗教里有关拯救的讯息,正是这种方式使他与许多同伴截然有别,也解释了调适主义之所以获得成功的原因。

因此,耶稣会士所持有的那种中国和基督宗教在神学上相互兼容的信念,就以喻拟的方式在他们不知不觉的情况下确立起来。这种信念就像是一种"前理解",指导着他们将自己在欧洲或是中国的种种体验整合在一起,也给他们在文本方面构建一套独特的、混杂的经典体系提供了支持。最为重要的是,在借助证据努力阐明这种神学上的兼容性时,利玛窦等人则以他们在中国本土采用的新的身份,重塑了那种"神圣信仰"的经典体系。

建构在华耶稣会士的经典体系

虽然为了阐明这个问题,我已经在调适主义的逻辑和文本这两个维度之间作了区分,但这两个维度却是相互支持、互为补充的,这与基督宗教里的《圣经》经文同使徒传统之间相互加强和补充的情况大致相同:一方面,人们通过反复重现使徒时代的传统习俗来了解基督宗教的信条;另一方面,则通过诉诸《圣经》经文的权威来论证信条的正确无误①。调适主义的第三层意义落实在文献层面,指的是耶稣会士们建构经典体系的努力,在这一过程中,中国的文献同"他者"(即西方)的文献发生了千丝万缕的联系,被编选整合进一个系统,这对研究者而言弥足珍贵。

这一经典体系来源庞杂,集合了中西方许多启人心智的文献;如果说耶稣会士奉行调适主义是一种使徒传统的话,那么这一经典体系就是经文方面的补充。在这里,我用"使徒"(apostle)一词来描述这些耶

---

① Jaroslav Pelikan, *The Vindication of Tradition* (New Haven: Yale University Press, 1984), pp. 23-32.

第一章 耶稣会士、"孔夫子"与中国人

稣会的调适主义者们,并不只是一个比喻。柏应理神父(Philippe Couplet,1622—1693)就曾将那些先他而在印度教区的耶稣会士及在他准备《中国哲人孔夫子》(*Confucius Sinarum Philosophus*)一书过程中给予帮助的耶稣会士们,称作"列国万邦的使徒"(*apostolum gentium*)①。他们最为钟情的中国文献是《论语》《中庸》《大学》和《孟子》,换句话说,就是"四书"。这些著作是传教士们翻译的第一批中文书籍,尽管他们也粗熟"五经",但"四书"一直是他们研习课程的中心内容。《中庸》和《大学》被认为极富启发意义:在1588年到1687年之间,传教士们为这两本书创作的节译本和完整译本就达6部之多。然而,耶稣会的神父们却是按一种特殊的方式来研读和组织这些文本的,这种方式显然与首次将这些文献编在一起的朱熹所传下的研习次第大相径庭。在研读"四书"时,利玛窦及同行的神父们并没有遵从朱熹的指导——"以《大学》为先,次《论语》,次《孟子》,次《中庸》"②,而是先读《论语》,再读《大学》,最后是《中庸》和《孟子》。

与20世纪中国的思想史家、西方哲学家没有什么不同,耶稣会士们对在《大学》和《中庸》中发现"天人合一"(sociocosmic harmony)的"神视"(mystical vision③)景象感到极为振奋。和其他一些"异教徒"——比如柏拉图、亚里士多德、欧几里得、爱比克泰德(Epictetus④)、卢克莱修(Lucretius⑤)以及托勒密——的著作一样,"四书"也受到了相同程度的尊重;而在将很多传注编纂成一套经典体系的过程中,"四书"也占有一席之地,而与《圣经》《新约》、圣奥古斯丁的《上帝之城》(*City of God*)、

---

① See Philippe Couplet et al., *Confucius Sinarum Philosophus*, *sive Scientia Sinensis* (Paris: Horthemels, 1687), pp. lx-lxiii (下文引用时略作"Couplet, *CSP*")。
② 朱熹:《朱子语类》,重印本,京都:中文出版社,1970年,页397:1。
③ "神视"(mystical vision)是基督宗教神秘生活中的一方面,一般是指人在祈祷或默想时,没有刻意想什么景象,却在内心深处突然浮现某种意象或知觉。——译者注
④ 爱比克泰德系古希腊斯多葛派哲学家,他的学生阿利安(Arrian)记下了他的谈话并整理成了《爱比克泰德谈话录》(又译作《金玉良言》)一书。——译者注
⑤ 卢克莱修系罗马哲学家、诗人,著有哲学长诗《物性论》(*De Rerum Natura*)。——译者注

圣托马斯·阿奎那的《神学大全》(*Summa Theologica*)以及圣依纳爵·罗耀拉(St. Ignatius of Loyola)的《神操》(*Spiritual Exercises*)这些备受珍视的经典并称①。

在利玛窦的支持下,在徐光启、李之藻及其他人的帮助下,在华耶稣会士将自己珍视的众多西方文献介绍给了中国人。1595年的《交友论》也许是利玛窦最喜爱的一部书,它其实是将许多人论友谊的言论翻译过来的译本,利玛窦将它们牢记在脑海里。十年后的《二十五言》则向中国人介绍了爱比克泰德,所倚借的方式就是编选爱比克泰德的著述。不久之后,紧接爱比克泰德的智慧来华的还有普拉努得斯(Planudes②)整理的《伊索寓言》(*Aesop*),其中文译本名为《畸人十篇》。最后,克拉维乌斯(Clavius③)修订编纂的欧几里得所著 *Elements* 一书,则被利玛窦和徐光启翻译成了《几何原本》。

通过将自己珍视的文献翻译成中文,似乎"这些耶稣会的传教士们已经使西方的知识适应中国的文化背景了"④,孟德卫如是说。然而,从传教士们创造出来的那套经典来看,也许将孟德卫的描述倒过来说更贴切,即耶稣会士们已经使中国的知识适应西方的文化背景了。不过,建构这套经典背后的调适主义诉求值得进行更为细致的研究,因为这些诉求使得神父们的所作所为并不止建构一套经典这么简单。耶稣会士们按照对此感兴趣的读者能够理解的方式,将中国人经典传统

---

① 现已查明,《天主实义》《交友论》和《畸人十篇》曾参考了很多书籍,此处所列只是从中随意挑选出的几部著作,不过也已经能够反映出它们对利玛窦的思想曾经产生过各种各样的影响。《畸人十篇》和《交友论》同样收于李之藻所编《天学初函》的"上编",分别见于《天学初函》,页93—297和页299—323。

② 普拉努得斯,希腊正教会学者、编纂家和论辩家,他曾经发现了托勒密的《地理学》手稿,并整理了《伊索寓言》,还将许多拉丁古典著作、文学作品和阿拉伯文数学著作译为希腊文。——译者注

③ 克拉维乌斯,德国天文学家,1555年加入耶稣会,1565年开始在耶稣会主办的罗马学院讲演,利玛窦来罗马学院学习期间曾师从他学习天算。克拉维乌斯反对哥白尼信条,但同时又是儒略历确立以来第一位修改历法的天文学家,克拉维乌斯提出的修改提案经教皇格里高利八世确立而成"格里高利历",通行于世。——译者注

④ Mungello, *Curious Land*, p. 16.

第一章 耶稣会士、"孔夫子"与中国人

里的那些文献介绍给了西方,并在这一过程中建构了折中主义意味尤为浓厚的一套经典。这确立了他们在文化上的混杂性,也是他们在一个全新的"本土"进行过独特"自我建构"(self-constitution)的文献证据。

耶稣会士们制造了一种新的对话模式,赋予某些中国文献崇高的地位,而不是"调适"西方知识,使其适应中国文化。在这种对话模式下,中国文献里的一些章节与构成耶稣会士已有理解的那些文献章节一一对应了起来,比如,利玛窦在解释《易经》里的一个段落时这样来解释"仁":"夫仁之说,可约而以二言穷之,曰'爱天主,为天主无以尚;而为天主者,爱人如己也'"①。至于从中国及西方文献中摘引的段落,也都经过了耶稣会士运思的预先筛选。举例为证,《玛窦福音》22:34—40、《玛尔谷福音》12:28—34 以及《路加福音》10:25—28,都被用来注解中国人身上最为重要的美德。

与谢和耐(Jacques Gernet)所认为的不同,这种引用的方式当然不是什么玩世不恭的诡辩。神父们将自己原先就有的经典与中国人的经典捆绑在了一起,没有什么做法比这更能体现他们的尊敬。耶稣会士们有一个预设,认为两者在神学上具有兼容性,我们对此已相当熟悉,而这种做法背后的诠释学所揭示的还远不止这一点。事实上,17 世纪在欧洲出版的第一批中国文献的译本已经说明,神父们的母语和他们后来学会的语言混合在一起,这一点也见于那些经得起反复推敲的手稿中(第二章将更为详细地讨论这一点)。

对于耶稣会士来说,所有人都生自天主并被赋予了灵魂,所以每个人先天就认识天主;这一认识也会通过祷告、礼拜以及合乎道德的生活而得到滋养培育。《论语》《中庸》《易经·系辞传》《春秋》和《大学》的

---

① 利玛窦:《天主实义》,页 582。对于当时参加科举考试的士子来说,"仁"的含义由一条原则而得以发明,这原则即是出自朱熹《仁说》开篇的两句话:"天地以生物为心者也,而人物之生,又各得夫天地之心以为心者也",参见朱熹:《仁说》,收于《朱子文集》,四部丛刊初编本,卷七,上海:商务出版社,n.d.,页 1244。

作者"孔夫子"①就曾揭示过对天主的这种理解,并且指出在按这种理解进行广泛的社会教化的过程中,对天主那合乎礼节而又虔诚的崇拜又是多么重要。在《天主实义》一书分部展开的神学辩论中,孔子就因其持显而易见的一神论而倍受激赏。《天主实义》中的"西士"如是说道:"吾国天主即华言上帝……吾天主乃古经书所称上帝也。《中庸》引孔子,曰'郊社之礼以事上帝也。'"②耶稣会士巧妙地接连引用中国经典文献,说明这些外国人具有非常突出的汉语能力和中国文学素养;这些来自西方的"学者们"指出,古老的一神论就包含在中国的那些经典里,并为持有这些经典的"儒"尽心守护着。下文我们还会谈到,利玛窦对"时儒"是否有能力掌管这些经典缺乏信心,于是他将自己献于这项事业并进一步确证了自己起初的设想,即认为自己从事的事业是在完成"主的事工"。

传教士们的第二次变身是将自己变身为"儒",我在稍前一点的地方谈论过这个问题,但有些方面并没有涉及,现在很有必要加以注意。在他们转变为"儒"和利玛窦研究中国典籍之间,有一个非常明显的、甚至可能是自觉的同步关系。也就是说,耶稣会士在文献方面的研究,与他们在适应中国本土文化过程中当时所处的主要阶段是并行发展的。在利玛窦的指导下,耶稣会士共同的生活内容乃是忙于研究和注释中国典籍,尤以"四书"为重中之重,因为他们认为"四书"记下了"孔夫子"的圣言,哪怕这个时候他们仍然是佛僧打扮。我们可以确定的是,从1592年利玛窦首次将"四书"用作语言教材开始,"四书"都一直被奉为经典。从1591年到1594年的这段时间里,利玛窦一直忙于将"四书"译成拉丁文并附上注释,同时他也开始用"四书"向那些刚来中

---

① 一如当时很多中国人所相信的那样,耶稣会士中间也存在一个共识,即认为"孔夫子"是"九经"和"四书"的编著者。此外,更晚一点的周敦颐(1017—1073)、张载(1020—1077)等儒家思想家们的一些形而上学的、宇宙论的观念,也被认为是源自孔子。举例来说,利玛窦就认为孔子曾经提到过"太极",这一误解也传到了后来的调适主义者那里。参见利玛窦:《天主实义》,页413—414,以及 Couplet, CSP, pp. xxxv-xxxvii。关于"孔夫子"著述"四书"的问题,参见 d'Elia, FR, vol. 1, p. 42。

② 利玛窦:《天主实义》,页415。

第一章　耶稣会士、"孔夫子"与中国人

国教会的新人教授中文①。

这个方法非常有效,因为不管是朱熹还是张居正(1525—1582),中国人的注释都是用容易理解的中文写成的;这样一来,神父们能够在书面和口语两个方面得到指导来学习中文。不过这种训练所取得的最终效果远不止让他们掌握了初级中文那么简单,因为神父们在读这些文献时已经将它们当作了天主明白显现的证据②。他们致力于复原业已迷失的真理,而耕耘于文事正诠释了他们的信仰。

利玛窦在信件里谈到,在中国的这群耶稣会士与文献保持着亲密的关系。这一点很容易理解,因为利玛窦的这些信件还特别提到,正是随着他对中国典籍研习的进一步深入,他才放弃了佛教僧人的身份。1592年秋,他向耶稣会总会长阿夸维瓦汇报说,传教士们正在努力使自己与"和尚"区别开来。从此时起直至其后一个世纪即将结束之时,耶稣会士们都将自己完全献给了"四书"的注释、翻译工作,《天主实义》首稿即完成于这期间的1596年10月。利玛窦研究中国典籍始于1595年,在当年11月4日写给阿夸维瓦的另一封信里,他汇报说:"我已经记下了和我们的信仰协调一致的一些词汇短语",此处提到的即是《诗经》《尚书》《易经》和《礼记》里的特定章节,利玛窦在这些地方发现了原始的一神论信仰。

这些段落随后被用于创作一部新的作品——《天主实义》,利玛窦的本意是想让人们将这部著作视为中国经典诠释传统里的又一贡献,而不仅仅是将它当作一部教义问答集。在该书的第二篇"解释世人错认天主"里,作为利玛窦的"另一个自我"(doppelgänger),"西士"如是评论道:

---

① 参见 d'Elia, *FR*, vol. 2, p. 33 and n. 5。按照这个巧妙的诱导思路,利玛窦用他自己手写的"四书"双语译本向那些新来的传教士们介绍了他们要学习的语言(译者按,即中文),所以这些新来的传教士们能在畅晓中文的同时也掌握孔子的学说。此外,利玛窦还在同时致力于编纂一部"汉-葡词典","四书"正是这种努力的一部分,也是其开端。

② 利玛窦将"四书"用作语言学习的入门书,这大概就是顾立雅(Herrlee G. Creel)所鼓吹的"用诱导的方法教授中文"的第一个例子。See Herrlee G. Creel, *Literary Chinese by the Inductive Method* (Chicago: University of Chicago Press, 1939)。

>《礼》云:"五者备当,上帝其飨",又云:"天子亲耕,粢盛秬鬯,以事上帝"。《汤誓》曰:"夏氏有罪,予畏上帝,不敢不正",又曰:"惟皇上帝,降衷于下;民若有恒,性克绥厥猷惟后"。《金縢》(引者按,此为《尚书》中的一篇)周公曰:"乃命于帝庭,敷佑四方。"……历观古书而知上帝与天主特异以名也。①

利玛窦信笔疾书,引用了中国古人证明天主存在的一连串证据,这时他已"皈依"儒了,将自己当成了儒家经典的卫道士。正是借助《天主实义》这部经典的问世及其在随后几代耶稣会传教士中的传播,一个"文本团体"就此形成,并在利玛窦去世后还持续存在了近一个世纪。耶稣会士们假定,"自然理性之光"包含着潜在的一神论,一切现象都可以在"自然理性之光"的投射下加以理解,而他们注释中文经典的原则正是十分清楚地以此为前提。

更准确地说,这种假定是一种前理解,虽然它对耶稣会士们来说并不容易被察觉到,但对我们来说却是一目了然,它清楚地体现在耶稣会士为了表明自己已经适应了"他者"而生产的那些文本的"编造效果"里。显然,他们此举乃是一种创造;因为从我们的立场来说,儒家学说和神父们信仰的基督宗教之间并不存在这种宗教上的相似性。对我们来说,还有一点也是显而易见的,神父们可能也感觉到了,那就是,在诠释时也面临彼此之间的差异。这种差异划定了相互区隔的界限,在他们自我建构的"思想/精神层面"的共同体中比比皆是,同时也反映出一种日渐趋紧的张力:一方面他们不得不适应当地,另一方面梵蒂冈却坚持主张基督宗教的圣书在异国他乡也应该不容置疑地拥有至高无上的权威。来华传教士在谈到"儒"及自己对"孔夫子"的崇拜是否有宗教特点时,总是模棱两可,刚才所言的那种张力在这一点上表现得最为

---

① 利玛窦:《天主实义》,页 416—417(译者按,此处实仅引自页 416)。另请参见 Douglas Lancashire and Peter Hu Kuo-chen, S. J., trans., *The True Meaning of the Lord of Heaven* (St. Louis, Mo.: Institute of Jesuit Sources, 1985), p. 125(下文引用时略作 Lancashire and Hu, *TMLH*)。

明显;虽然他们对中国的描述引来了激烈辩驳,但从许多方面来看,也正是他们眼中的中国一直在为西方研究中国提供基础。

调适主义表述中的策略与各种声音

在强调耶稣会士和中国人之间有相似之处的全部说法中,不可避免地会出现一些差异,如果不是在具体表述与事实之间存在差异,就是在耶稣会士们的各自解释中有一些差异,而所谓神学上存在相似性的说法正来自于他们的解释。当耶稣会士们描述中国本土的宗教习俗时,或者当他们试图评估中国三种主要的传统尤其是自己最为钟情的"儒"在宗教意义上的特征时,刚才提到的那种解释上的差异表现得最为突出。

例如,利玛窦所著《天主教中国开教史》被金尼阁(Nicolá Trigault)翻译成了拉丁文,名为《基督教远征中国史》(*De Christiana expeditione apud Sinas ab Societate Iesu Suscepta, es Matthaei Ricci commentarus libri*①),于1615年出版。在该书第一卷的开篇,我们读到一段申述,就其赞美"孔夫子"而言,在早期神父中间是很常见的,但令人倍感兴趣的是它未曾言明的内容:

> 中国哲学家之中最有名的叫作"孔夫子"。这位博学的伟大人物诞生于基督纪元前五百五十一年,享年七十余岁,他既以著作

---

① 利玛窦去世后,在他的研究著述里发现了一些文稿,是受耶稣会上级所命撰写装订的手稿,名为"Della entrata della Compagnia di Giesù e Christianità nella Cina"(直译过来即为"论耶稣会与基督教入华"),也以"*Storia dell'Introduzione del Christianesimo in Cina*"名世(译者按,此系德礼贤后编,可译为《天主教中国开教史》,前文已另详注)。在耶稣会的监督下,这部手稿借金尼阁的生花妙笔而被编译为拉丁文,并于1615年出版。至于利玛窦死后编成这部著作的个中曲折,参见 Mungello, *Curious Land*, pp. 46-48。至于金尼阁本是否可靠的问题,参见 Rule, *K'ung-tzu or Confucius*?, pp. 47-48。将利玛窦的《天主教中国开教史》和冠以金尼阁、利玛窦两人之名的《基督教远征中国史》的第一卷粗略比较一下,就可以看出编者的曲解会带来多大的影响。不妨比较一下 d'Elia, *FR*, vol. 1, pp. 115-117 和 Trigault and Ricci, *DECAS*, pp. 105-108。

和授徒也以自己的身教来激励他的人民追求道德。……就是统治者在过去的时代里也给予他以一个人的最高敬意。然而,他却从未像神那样受到宗教式的崇拜。他们感激地承认他们都受益于他遗留下来的学说,甚至经过了这么漫长的时间直到今天,他的后裔仍受到大家高度的尊敬。①

这种解读的实际效果就是将"孔夫子"和"中国性"(Chineseness)等同起来了,随着耶稣会士在中国人中生活的时间越长,这种情况在他们的解释中也变得越来越普遍;而对于英伦和法兰西风情"移染华风"所需的概念基础来说,将"孔夫子"和"中国性"等同起来同样也必不可少。其中还暗含了这样一层意思,即将"中国"简化为"孔夫子"和他所创立的"儒",这在《基督教远征中国史》第五章靠后的部分体现得非常清楚,讲述者利玛窦和译者金尼阁称:"儒教是中国所固有的,并且是国内最古老的一种。中国人以儒教治国,有着大量的文献,远比其他教派更为著名"②。我们也许应该像前面那样考虑这个问题:如此重要的简化工作纯粹是耶稣会士的编造,还是他们只是将自己看到的却并不了解的内容较为贴切地表达了出来,而这些内容其实又是中国人早先的编造?

换言之,为什么利玛窦不应该将"孔夫子"视为中国文化的关键隐喻呢?利玛窦的这一观点可以得到很多支持:比如,朝廷有崇祀孔子的仪式;孔子所立的传统有很多信徒,整个国家的学术教育都是针对他们的并据此授予他们相应的称号;而他也被认为是中国所有经典的编著者。对于中国人来说,孔子已然如此尊贵,他已经成了整个国家顶礼膜拜的偶像,他的学说在文人学士中俯拾皆是;这就使得耶稣会士们必须

---

① Trigault and Ricci, *DECAS*, pp. 105, 108. See also Nicolá Trigault and Matteo Ricci, *Histoire de l'expédition chrétienne au royaume de la Chine* (Lille: Pierre de Hache, 1617), p. 88. 笔者的英译步从了加莱格尔的译文,参见 Gallagher, *Journals*, p. 30。(译者按,译文参见利玛窦:《利玛窦中国札记》,页31—32,略有改动。)

② Trigault and Ricci, *DECAS*, p. 101; Gallagher, *Journals*, p. 94。(译者按,译文引自利玛窦:《利玛窦中国札记》,页100—101。)

第一章　耶稣会士、"孔夫子"与中国人

通过将自己的神圣信仰(它也是欧洲风俗制度的精神支柱)与之相类比的方式,来接受孔子所奠定的传统。

但在记述崇拜"孔夫子"的习俗时,早期来华传教士的做法非常明确,那就是抬高自然神学的地位,将它视为"真宗教"的种子。在这一记述里,观察和想象微妙地交织在一起;不过,虽然利玛窦的某些观察结论是准确的,但却丝毫没有减少这种记述的编造色彩。利玛窦所言反映出,他对当时中国文化中许多可以观察到的现象已大致熟悉且已亲眼看见或是有所耳闻,其中包括:司马迁在《史记·孔子世家》中为孔子所撰的年表,国家一年一度举行的祭孔大典,孔姓人家在编订家谱时普遍将孔子说成是自己的祖先,祭孔仪式非常盛行,以及在书院里还有一些对其日常安排而言极为重要的地方性崇拜仪式①。此外,尽管利玛窦的观察如此敏锐、阅读如此广博,他也极力否认纪念孔子的仪式里含有什么宗教的意味。考虑到利玛窦坚持强调整个国家对孔子的崇拜乃是世俗性的,他的理解在精确程度上似乎不及他在阅读方面的表现。就像谢和耐等晚近的一些学者所支持的,有一种观点一针见血地指出,利玛窦故意解释得不那么准确,是因为他相信这有利于达成自己的目标②。

利玛窦的这一点"失察"并没有妨碍他将"孔夫子"这个带有转喻性质的概念阐述清楚,也正是在这个概念中,利玛窦制造出来的"中国哲人"及其后继者代表了整个中国。利玛窦在讨论中国的主要教派时所言甚多,并在声称"中国人以儒教治国"③和"整个中国都在儒士统治之下"④时,很有说服力地将中国的文化精神、帝制统治与其中的教派融为

---

① 利玛窦对1599年3月在北京和1600年3月在南京举行的祭孔活动有过观察评论,德礼贤据此引为这方面的明确例证。参见 d'Elia, *FR*, vol. 2, p. 70, n. 5. 。至于书院里的仪礼流程,参见 Lionel M. Jensen, "Popular Cults and Confucian Paideia in Medieval China",该文发表于1988年11月19日在美国伊利诺伊大学厄巴纳-香槟分校(University of Illinois, Champaign-Urbana)举办的"中国的宗教与社会(公元750年至1300年)"研讨会上。

② See Gernet, *China and the Christian Impact*, esp. pp. 15-57.

③ Trigault, *DECAS*, p. 101; Gallagher, *Journals*, p. 94. (译者按,译文引自利玛窦:《利玛窦中国札记》,页100—101。)

④ D'Elia, *FR*, vol. 1, p. 67.

一体。通过这种象征性的简化处理,利玛窦在中国一系列可见的外在表现形式中确定了"孔夫子"的实质,认定他就是中国上古自然宗教的唯一象征;借此,他将"可见的"(必然会出现的国家、官僚制和宗教教派的象征体系)与"不可见的"(久已作古的"孔夫子")熔铸在了一起。

于是,借助这种精巧的"局部/整体"的关系架构,"儒"、中国及中国皇帝都被看作是"孔夫子"的应化,他们在观念上可以等同起来,用一个来代表其他。只要人们对于转喻心存热望,那么这种简化在象征层面的可靠性就丝毫也不容怀疑①。正是教会对这一简化策略的不断丰富和补充,从内部强化了耶稣会士们作出的解释,哪怕这些解释中还有很多不一致的地方;同时,这种简化的策略还使得对中国真实状况的权威看法以另一种面貌示人,就像前文提到的他们对"孔夫子"受到世俗尊崇的情况给出的记述也以另一面貌示人一样。

耶稣会士不愿意承认中国对孔子的崇拜带有宗教性的内容,乃是出于两方面的考虑:一是政治立场上的考量,二是用比喻进行阐释的需要。为什么神父们要在否定中国对孔子的崇拜带有宗教性的前提下来解读这些异教徒的风俗习惯呢?要理解这一点并不困难,因为如果神父们在那个时候卷进了这种祭礼仪式,那就意味着他们叛教,意味着他们将被交到宗教裁判所手中接受责罚。即便中国人有非常灿烂的文明,只要承认"孔夫子"像神一样受到祭拜,哪怕只是承认他像祖先一样受到祭拜,也会给中国人打上"非基督教徒"的烙印。从教会权威的视角来看,中国日常生活中非常容易注意到的一些景象,比如祭祖、典礼上的献祭、葬礼、风水和术数,都不能被简单地调和进调适主义的框架;因此,与中国人生活有关的文本就经过了一些改动,并被加以消化吸收,用于创造性地将"孔夫子"(Confutius)和"中国"(Cina)等同起来。不过,在利玛窦提出自己对中国的观感时,还没有这些改动。相反,这些改动是在利玛窦逝后作为补遗增添在原述后面的,此时远离教

---

① Kenneth Burke, *A Grammar of Motives* (Berkeley: University of California Press, 1969), p. 503.

第一章 耶稣会士、"孔夫子"与中国人

廷的中国传教团与教会权威之间的嫌隙已有所弥合。

将金尼阁的拉丁译本和利玛窦的意大利文原文手稿作一比较就会发现,强调全国和地方性崇拜中的世俗特质,乃是金尼阁在其译本中添加上去的(参见图5)。与金尼阁的译文形成鲜明对照,利玛窦原文在记录以下

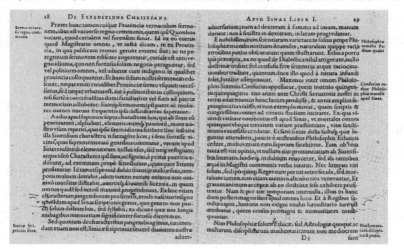

图5 《基督教远征中国史》
(*De Christiana expeditione apud Sinas*)一书书影,金尼阁编著

金尼阁和利玛窦所著《基督教远征中国史》(*De Christiana expeditione apud Sinas*)一书的第28—29页。应梵蒂冈要求,该拉丁译本于1615年在奥格斯堡(Augsburg)出版,是利玛窦撰述中国教区创建史的第一个译本。这一段提到了"孔夫子"(Confutius),但这段译文却省略了利玛窦意大利文原手稿里的一部分(见图6),在被省略的那部分里,还提到了孔子和崇拜他的仪式中的宗教意味。感谢伯克利加州大学班克洛夫特图书馆惠允使用此图。

除此而外,根据古老的法则,在文人学士荟萃的各大城市和学院里,都为孔夫子建有最华美的庙宇,里面有他的塑像、名讳和尊号;每逢朔望和每年四个特殊的日子,文人们都要向他祭祀,焚香并供奉宰杀的牲畜。即使是这样,他们并不承认他有任何的神性,也丝毫无求于他。所以,这并不能被称为是一种真正的祭祀。①

---

① D'Elia, *FR*, vol. 1, p. 40, n. 3.(译者按,译文参考了利玛窦:《利玛窦中国札记》,页659,并因其与詹启华英译略有差别,作了些许改动。)

内容时却是直言不讳:"在文人学士荟萃的各大城市和学院里",崇拜"孔夫子"(利玛窦称他为"Confutio")的庆典总会用到牲畜作祭品、也会焚香。

金尼阁的"翻译"省略了原文里的这整整一段,但却接受了利玛窦用来掩盖这种风俗习惯所具有的宗教性的那些权宜说法——"文人们都要向他(孔夫子,Confutio)祭祀,焚香并供奉宰杀的牲畜。即使是这样,他们并不承认他有任何的神性,也丝毫无求于他",并曲为利用,用它来全面肯定这种崇拜仪式的世俗性。

所以,真相大白,利玛窦从来没有对中国的崇拜仪式作出什么并不如实的描述。至少,他没有用前文引述的那种方式来歪曲中国的崇拜仪式,因为他并不是这段值得怀疑的文字的"作者"。而利玛窦的上级在看到没有经过任何折中处理的利玛窦所著传教史的原文后,无疑会感到惶惑,因为孔子在"非基督教徒"(译者按,即中国人)中表现出来的对大众的影响力正带有某种宗教性。对于天主教会的权威们来说,《天主教中国开教史》的原文使他们感到格外不安——因此,直至1911年汾屠立神父(Father Pietro Tacchi Venturi)出版《利玛窦神父历史著作集》(Opere Storiche)第一卷以前,梵蒂冈以外的世界都看不到利玛窦的原文。

此外,从金尼阁的译本中摘出的那段将中国的崇拜仪式清楚地解读为世俗性的文字,其实早已在利玛窦的原文手稿里被划掉了。意大利原文手稿里有四行文字被划掉了①,其中就有关于用动物向"孔夫子"献祭的描述(图6)。这到底是利玛窦划掉的,还是金尼阁所为?不管怎样,这种描述的策略非常清楚,就像金尼阁在他的翻译中勉力达到的那样,一方面要维持已故同工(译者按,即利玛窦)对中国祭祀孔子的描述,另一方面又要顺从更高的教会权威。因此,(就像这里的情况一样)当被普遍接受的文献总让人顾忌它有某种不确定性,或者是原以为会忠实于底稿的文献实际却经过了层层加工,再想将有关异国他

---

① 图6及图注均清楚指出用线划掉的文字实为六行,詹启华此处或有误。——译者注

第一章　耶稣会士、"孔夫子"与中国人

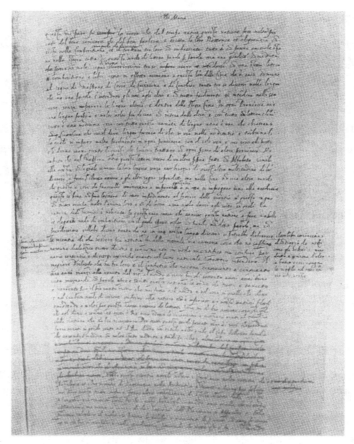

图6 《论耶稣会与基督教入华》（"Della entrata della Compagnia di Giesù e Christianità nella Cina"）一文书影，利玛窦作

收于利玛窦手稿的页30。请注意，第36至41行已经被删掉了。被删掉的这段内容是："除此而外，根据古老的法则，在文人学士荟萃的各大城市和学院里，都为孔夫子建有最华美的庙宇，里面有他的塑像、名讳和尊号；每逢朔望和每年四个特殊的日子，文人们都要向他祭祀，焚香并供奉宰杀的牲畜。即使是这样，他们并不承认他有任何的神性，也丝毫无求于他。所以，这并不能被称为是一种真正的祭祀。"（引自 Matteo Ricci, *Fonti Ricciane*, ed. Pasquale d'Elia, vol. 1, fig. 3, facing p. 40。感谢爱德华·L.戴维斯与夏威夷大学图书馆馈赠并惠允使用此图。）

乡的描述及其本意解析清楚就变得格外困难了。

利玛窦及其后继者都很清楚前面提到的在解释方面存在的风险，也很清楚负责监察的上级不希望基督宗教的真理向异教徒的礼仪让步并因此受到危害。正是在这种情况下，他们在自己观察到的事实和对它们的判断之间保持着一种微妙的平衡，既不左也不右。不论后来耶稣会士的解释与利玛窦的说法有多少一致之处，17、18世纪宗教观念上的扰动（比如，"礼仪之争"）使得耶稣会士在描述中国人的方式和内容方面出现了一些微妙的变化。诚然，在耶稣会内部，在印度教区，神父们都在维护教会的团结；然而，换来这种团结并没有以牺牲创造力为代价。他们对中国的解释并非铁板一块。

传教士们之所以会对自己试图理解的那个陌生世界有如此多样的回应，并不完全是因为梵蒂冈摇摆不定的态度，哪怕罗马教廷曾经施以高压（这一点世人皆知，也从未被人轻视）①。然而，正如我在下一章将要指出的那样，由传教士组成的这个文本团体显得非常独特，他们在解释上达成了共识，这需要耶稣会的种种表述更成体系。这个团体因为不断补充进新的传教士而发展壮大，并且像依然在使用的那种可以刮去原文重新刻写的碑铭一样，不断对自己发明的概念作出更容易为人理解的表述，既很好地保存了自己创造出的那些概念，也维护了他们的团体。

举例来说，利玛窦借用的"legge de' letterati"（文士会）一语又被翻译者金尼阁再次借用，只不过金尼阁用的是"Literatorum"（文人）这个

---

① 利玛窦经常流露出对教会权威人士的不满，不仅因为他们会审查耶稣会士的书信，还因为他们会对传教团出版书籍横加干涉。让利玛窦感到特别困扰的是，即使是出版他自己用中文撰写的书籍，也要获得梵蒂冈的许可。在向自己的朋友高德（Girolamo Costa）提起《交友论》（1595年杀青）一书时，利玛窦就抱怨说："我还不能出版它，因为不管要出版什么书，我都必须从教会的很多人那里获得许可，而我却无能为力……可是这些人不在中国，也读不了中文，却坚持要下审查判决。"参见利玛窦于1599年8月14日写给高德的信，收于 Tacchi Venturi, *OS*, vol. 2, p. 250, translated by Dunne in *Generation of Giants*, p. 44. 另请参见利玛窦于1606年8月5日写给阿夸维瓦的信，收于 Tacchi Venturi, *OS*, vol. 2, p. 302，在这封信里也有这种不无腹诽的相似论调。

第一章 耶稣会士、"孔夫子"与中国人

词和"Literatorum Secta"(文士派)这个短语①。其实是金尼阁的那个修订本而不是利玛窦报告的原本,才是教会权威人士高效编定并呈给的版本,也是呈现在对此感兴趣的欧洲读者面前的版本。显然,金尼阁在"翻译"原始底本时对利玛窦调适主义中潜在的异端性更为敏感;所以,金尼阁在解释选出来的某些段落时,不管是放宽还是收紧尺度,都是为了让资历更深的那位教会同工(译者按,即利玛窦)的表述显得无可指摘。通过将"儒"界定为一个"派"(secta)而不是"会"(legge),金尼阁的选择乃是要强调这群人具有某种与教派相似的特征;这么做的结果,一方面是将他们与教派特性更为浓厚的佛教和道教置于同等地位,但另一方面却削弱了他们在利玛窦所称的"legge de'letterati"(文士会)一词中表现出来的与众不同。不过,同时还应该看到,金尼阁坚持使用"literatorum secta"(文士派)这个拉丁词而不是"legge de'letterati"(文士会)这个词来对应"儒",实际上是试图将"儒"这种传统从一种纯粹的宗教意义上解放出来。这类编辑修改有可能会被看作是人为审查的结果——金尼阁也确曾因篡改而饱受指责——但我更愿意提醒大家,没有必要将这种修订视为对《天主教中国开教史》的歪曲。相反,金尼阁的编辑加工应该被理解成是对利玛窦原稿的进一步阐发,他的加工保存了原稿的中心思想,同时也掩盖了耶稣会士在适应中国人及其风俗习惯方面到底走了多远。

首先,金尼阁一边畅谈"儒"所具有的教派性,一边又将"孔夫子"打造成纯正中国文化的泛化符号(对利玛窦而言,"孔夫子"确乎如此),但他只是将先行者间接表达的内容明白说出来罢了。其次,即便金尼阁受迫修改了利玛窦的手稿②,他也是将饱受质疑的章节用一种

---

① D'Elia, *FR*, vol. 1, p. 120; and Trigault and Ricci, *DECAS*, p. 105.
② 甚至连利玛窦所著《天主教中国开教史》的目录也被重新编辑过,最值得注意的是对该书第一卷第十章标题的修改,利玛窦所用是"有关在中国带有宗教性的各种教派"(Di varie sette che nella Cina sono intorno alla religione)一题,而金尼阁用的却是"中国人中各种假宗教的派别"(Variae apud Sinas falsae Religionis Sectae)。笔者认为,这是金尼阁在受迫状态下作出的反应。

可以逃避责罚的方式改头换面，因此才能使耶稣会的调适主义传统保持完整。考虑到"孔夫子"和"儒教"在后来那些调适主义者的编著里（比如《中国哲人孔夫子》）占有中心地位，可以说，金尼阁不只是挽救了利玛窦著述的大部分文字，也挽救了利玛窦种种努力里的全部精神，也许他才是调适主义在17世纪得以持续发展的唯一推手。

因此，与其说利玛窦从自己对中国的观察中剔除了宗教方面的内容，不如说他给了宗教一个全新的定义：强调宗教是支配中国人社会政治生活的伦理体系；与此同时，他也没有忘记提到中国对孔子的崇拜无处不在。可是，利玛窦能从"儒"中提取的一向只有那种概念上的相似，而这种相似正是在宗教性上的相似。利玛窦认为儒士们组成的是一种"会"，他自己所在的修会也被称为"会"。此外，他也同意将"孔夫子"称为"圣人"，还转而用这个词来描述基督宗教里的圣徒。对于早期耶稣会士来说，"孔夫子"的作用不只是给他们提供了一个必要的庇护。他们将自己与"孔夫子"置于一种非常特别的关系中，并在这种关系中将"孔夫子"想象成了一位圣人，一位将"四书"这样闪烁着智慧光芒的文献馈赠给我们的圣人①。因为这个原因，耶稣会士们的共同生活就是在利玛窦的指导下，全身心地研习和注释"四书"；他们认为，"四书"记录了"孔夫子"所遗经文，其中包含了天主显现的明证。

这些学术努力充满了内在的热情，它使神父们走得更远，远不只是认为自己和"儒"相似；事实上，正如我们已经看到的，他们"已经变成了儒"。正是因为耶稣会士变成了儒，而不是让中国人受洗②，我们才有

---

① See d'Elia, *FR*, vol. 1, pp. 42-44.
② 此处注释的目的在于扭转我们对耶稣会士和中国人之间接触的一般看法。其实是耶稣会士们经"调适"而适应了中国的本土文化，这也决定了他们努力编写教义问答集和劝人归信究竟会走多远。此外，既然连一些最知名的皈依者都没有承认自己受洗入教，那么，耶稣会士在劝人归信方面是否取得成功仍有待讨论，徐光启和杨廷筠（1557—1627）正是其中的两个例子。利玛窦在1605年出版了《二十五言》，徐光启给该书所作的序言里有许多含糊的说法都暗示自己已经皈依了天主教，但却没有提到受洗一节。同样，这些皈依者（转下页）

可能进一步理解"孔夫子",理解"孔夫子"的主张对这个传教士群体产生的影响。"儒"是中国土生土长的物什,通过这个在16世纪后期带有某种隐喻性质的渠道,同时借助中国本土一些非常重要的概念,耶稣会士们变成了中国人;与此同时,在他们自己的家乡,耶稣会士则被视为居中解释"中国"的中介,而中国的真正意义则将现于"儒教"(Confucianism)之中。

一种联合的创造:"孔夫子"

正如我们已经看到的那样,为了顺利完成"越洋"转换,耶稣会士不得不大量循鉴中国人的文化成果以便创造出和这个异域世界相容的"自我概念"。最重要的是,这种创造必须得到中国人慷慨而又包容的支持。正像利玛窦和他的上级范礼安认识到的那样,这一切都需要掌握语言。然而,和其他许多人的意见相反,特别是和他的上级意见不同,利玛窦还认识到,即使花上十年的时间勤奋学习使用这种语言,也不能保证耶稣会士能从自己已知的世界通向那个未知的中国人的世界。在中国人中进行活动面临的更大问题是:是否掌握了足够多的概念资源而不是语言;并且不管是想掌握概念资源还是语言,都离不开中国人的好心帮助,不管他是硕学鸿儒还是一介白丁。耶稣会士的事业在本质上具有这种联合的特点,这在他们将自己的"神圣信仰"通过教义问答集传播给中国人的最早努力中表现得非常清楚。

(接上页)去世以后,在他们的文集和年表传记里也都没有留下与这一仪式有关的任何记录。这并不是说这些人没有受过洗礼,因为利玛窦那里还是有些证言证实了此事及其发生的时间。虽然如此,与这个最程式化的仪式相关的证言尚无统一的说法,这说明耶稣会士信以为实的讯息至少还存在多样理解的空间。参见徐光启:《徐光启集》,第二册,北京:中华书局,1963年,页550—551;梁家勉编:《徐光启年谱》(上海,1981年),另请参见利玛窦:《二十五言》,收于李之藻:《天学初函》,页326—329。

耶稣会士矢志在中国人中间传教,为此还准备了两部教义问答集,罗明坚所编的《天主实录》是其中的第一部。这部初级指导手册于1584年编成,它也是第一部用中文写成并用木版印刷术在中国出版的西方著作。其实早在1579年至1581年期间,罗明坚就已经用拉丁文准备了一份初稿,这也许是因为和大多数初学者一样,他还没有信心或足够的能力用刚刚开始学习的语言来写作;而按照某些记录的说法,这其实是因为当时他的中文还学得很蹩脚①。这部名为《有关神圣事理的简明实解》(Vera et brevis divinarum rerum expositio)的初稿写成时,传教活动还仅限于果阿和澳门,后在澳门和广州作了改动并于果阿出版,而非是在肇庆出版的。

有关这部教义问答集问世的具体情形有一种说法较为恰当:它用拉丁文撰写并在印度印行,但却是为了在中国使用,这也使它成了转型期的标志。拉丁文底稿和在利玛窦的帮助下完成的后出中文版本,象征着传教团起初开始同化工作时还带有某种试验的性质。这部既有拉丁文又有中文版本的教义问答集,是两种文化首次接触时在中国诞生的第一部文献,因此它就像是划定的一个范围或者说是设定的某种背景,在此之中,应该可以见到"孔夫子"现身的较早证据②。

虽然利玛窦说,《有关神圣事理的简明实解》一书的编排只是"异

---

① 罗明坚的中文学得不是很好,但问题并不出在他身上,至少利玛窦和范礼安都是这么认为的。1579年,范礼安命令罗明坚开始学习中文,与此同时,还在耶稣会澳门驻地的后方为他安排了住处,并请当地"翻译"中的一名小骨干来"教"他。显然,他们中没有人会说葡萄牙语;而他们会不会用"官话"甚至会不会写字也不是很清楚。参见安东尼·蒙瑟特瑞神父(Antonio Monserrat)于1579年10月26日在果阿写给耶稣会总会长麦古里(Everard Mercurian)的年信,收于 Documenta Indica, ed. Josef Wicki, S. J., vol. 11 (Rome: Institutum Historicum S. J., 1970), p. 641。罗明坚学习中文的方式实在难以置信,关于这个问题可参见罗明坚于1583年写给阿夸维瓦的信,收于 Tacchi Venturi, OS, vol. 2, p. 411,另请参见 d'Elia, FR, vol. 1, pp. xcix, 155。

② 1584年11月的最后一个星期,这部中文版的教义问答集在布道团驻地首印就印了1200本。根据德礼贤的说法,这之后很快又印了3000本,有一些输入了交趾支那(今越南)。尽管如此,在耶稣会的权威人士看来,第一部教义问答集《天主实录》还比较低劣;所以才有利玛窦奉命编纂第二部教义问答集。有关文献问世的先后顺序,详见 d'Elia, FR, vol. 1, pp. 194-195, n. 3, and p. 197, n. 2。另请参见 Gernet, China and the Christian Impact, p. 8。

第一章 耶稣会士、"孔夫子"与中国人

教徒与来自欧洲的神父之间的一段对话"①,这两位主人公似乎也没有任何理由借用中国圣人的威名,然而这本书却有两处提到了"孔夫子"(Confusius)——它显然是耶稣会士最早用拉丁文人名来称呼孔子的第一部文献材料。然而利玛窦的简述并不准确,因为按照罗明坚的构思,这部教义问答集是一名异教徒哲学家(Ethnicus Philosophus,这意味着他是一名"非基督徒")和一位天主教司铎(Sacerdos Christianus)之间的对话。在16世纪某些群体看来,异教徒的哲学专指希腊人的哲学,特别是柏拉图和亚里士多德的哲学。我认为这里的"异教徒"(ethnic)应该理解成"非基督徒的他者";直到19世纪,歌德和黑格尔都还在用这个词,他们将基督宗教以外的宗教视为"异教徒的宗教"。如此说来,"异教"(ethnicus)一词可以用来描述各种各样的宗教,包括希腊人、伊特鲁里亚人,甚至是中国人的宗教。显然,这部教义问答集提到的"异教徒哲学家"是一名非基督教徒,但至少要把它的七章通读完,才会发现这个词实际上就是指中国人。此类民族上的或是身份上的混淆,又或者是两者兼有的混淆,在这部教义问答集的首部中文版中历历可见,就在该书中文版序言的结尾处,罗明坚加上了这样一笔:"国僧书",意思是"系由一名来自印度的僧人所写"②。

在该书第七章,罗明坚用对话提出了两条"神法"(divine law)——"信从唯一的天主"和"己所不欲勿施于人"③。而对话的两位主人公有一位是本土的,另一位则是外来的,他们在这里就古代圣人是否已经以一种不可思议的方式知晓了这两条法则展开了辩论:

> 异教徒哲学家:"我认为,后面那个观点就是传自我们孔夫子(Confusius)书里的观点;至于前面那个观点,我真的不敢相信

---

① 原文是"Dialogo di un gentile et un padre di Europa",收于Tacchi Venturi, *OS*, vol. 2, p. 51。
② Ruggieri, *VDRE*, pp. 498-502。
③ 詹启华此处提到两条神法:一为"信从唯一的天主",即后文所谓"爱天主";一为"己所不欲勿施于人",与后文所谓"爱人如己"意思相近,但却是从两个方面分别讲,略有细微差别。——译者注

他曾经提到过。"(Ethnicus Philosophus: Illud posterius caput ego Confusij nostri libris traditum recognosco; prius vero nequaquam ab eo expositum fuisse miror)

天主教司铎:"实际上,我们国家的人认为,第一个观点能够凭借自然理性之光认识到;但至于你们的**孔夫子**(Confusius)是否[已]认识到了这一点,我就不是那么完全确定了。"(Sacerdos Christianus: Hoc prius etiem caput naturae lumine cognosci posse nostrates sapientes asserunt; an vero a vestro Confusio agnitum non omnino mecum statuo;笔者按,强调部分系笔者所加。)

这段交谈,特别是不无逢迎地将基督宗教的古训归功于"孔夫子",正是多方合作的产物。当罗明坚于1578年来到澳门时,他就已经构思过这个写作计划;但直到1581年,在佩德罗·戈麦斯神父的帮助下,他才开始埋首创作这部拉丁文的对话录。最后,在1583年至1584年期间,他又和利玛窦将该对话润色了一番,在福建一名秀才的帮助下将它翻译成了中文,这名秀才当时正在准备乡试,后由卡布拉尔施洗而成为信徒,教名"保禄"①。

虽然我们倾向于将罗明坚视为"Confusius"(孔夫子)的创造者,认为这个词是故意发明出来的,意在归化中国人,但更有可能的情况是:这个词在很大程度上是偶然出现的,甚至可以说是意外诞生的,它并不是有意识的创造冲动所引发的。按照罗明坚自己的供述,他的中文口语和听力都很不好②。考虑到这一点,当罗明坚选用拉丁词来转译自己听到的发音时,也许和其他所有词相比,"Confusius"(孔夫子)这个

---

① 与这位名叫"保禄"的皈依者有关的情况及他在创作这部中文版教义问答集时的作用,均载于卡布拉尔给阿夸维瓦的一封信里,该信标明的日期是1584年12月8日,收于Tacchi Venturi, *OS*, vol. 2, pp. 52-53。

② 在新近发现的罗明坚著作中另有一首诗,他在这首诗里哀叹自己对"唐话"(即指中文)所习不精,哀叹自己并不具备在中国人中布道的能力。See Chan, "Michele Ruggieri, S. J.", p. 153。

第一章 耶稣会士、"孔夫子"与中国人

词最接近他听到的发音——他曾延请过一些中国人来帮助自己学习中文,也许他正是在这些中国人所操的方言中听到了这个词的发音。几乎没有任何证据能证明住在耶稣会澳门驻地的中国人精通神父们所谓的"中国官话"(mandarino)或者是比刚有读写能力的人好多少①。因此,我不由得想知道这样一个问题:罗明坚手下的几位天主教神父或是读过《肋未纪》(19:18)的任何一个人都对"爱人如己"非常熟悉,但罗明坚又是如何知道在"我们孔夫子书里"有一句和"爱人如己"相似的箴言的呢? 就此而言,也许有人会认为这名异教徒哲学家是在暗示《论语》第十二篇第二章,但我认为此时的罗明坚并不了解他笔下的"孔夫子"。

这是因为在 1579 年至 1581 年间,罗明坚还不可能精通《论语》,不可能已经精通到单凭自己的力量就将《论语》中的一段话和《圣经》中的一段话作类比的程度,我们大概也能从范礼安和利玛窦的证词中确定这一点。根据利玛窦较为可信的说法,我们了解到,住在澳门的其他耶稣会士没有人能阅读中文文献或是用当地方言交谈;而据与他同行的那些神父的说法,为罗明坚准备的那些"翻译人员"就其发挥的作用而言基本等同于文盲。然而,即便是这些文化水平很成问题的中国人,也很可能了解《论语》第十二篇头几章的内容,因为这些内容恰恰是通过死记硬背就能掌握的基本教导,并已成为中华帝国晚期中国人人生信条的组成部分。不过,现在我们知道,罗明坚在中文方面的造诣要胜于他的会友告诉我们的那种水平;事实上,到 1585 年时,他所掌握的中文能力就足以写一些入门级的中文诗了,其中一首就有这样一个短语:"读四书"②。

但是拉丁文本早在 1581 年就已经完成了,罗明坚当时必定要懂一

---

① 利玛窦认为,这些人并"不认识中国字"也不太懂多少葡萄牙语。See d' Elia, *FR*, vol. 1, pp. 154-155.

② 这首题为"偶怀"的诗,其原文可见于 Chan, "Michele Ruggieri, S. J.", p. 142。全诗为"朝读四书暮诗编,优游那觉岁时迁。来吾寺内施灵药,服了须臾病即痊。"(译者按,詹启华将"偶怀"注为"Yu man",不知何来。)

点中文、葡萄牙语或者夹杂两种语言的混合语才能同他的翻译、仆佣交谈。我认为,不管这些人是赞同还是怀疑,他们中一定有人向罗明坚介绍了孔子有关"仁""恕"的著名教导。耶稣会士还新用了一个中文词——"天主"——来指代"God",从这个词诞生的背景来看,联合创造出来的这个词似乎还很合适。用"天主"这个中文名称来指称基督徒口中的"God",其实是一个皈依天主教的中国人的天才发明;据利玛窦所述,这个中国人名唤"Cin Nicò",1583年秋天受托留下来照看肇庆教堂,他在饰花香案上立了一个牌位,上刻"天主"二字①。在"Cin"看来,是这位"天主"庇护传教团驻所免遭劫难,即便举行仪式时不能像往常一样由神父主礼,它也理应受人取悦。所以,"Cin"才制作了在中国祭拜仪式中不可或缺的特有用品,并为耶稣会士的神奉上了供品。

由于耶稣会士还没有为他们的神找到一个中文称呼,"Cin"的发明立刻就被罗明坚借用,并用到了"十诫"的中文翻译里②。而用中文来翻译"十诫",完整的名称原是"祖传天主十诫"。在这个翻译里显然有一个混合的语言符号,它刻画了身处中国人之中的耶稣会士们的"自我概念"。可以说,正是基于中国古已有之的祭祖里的那些宗教性仪式所包含的逻辑,"Cin"才向天主供奉了祭品,而神父们将"十诫"表述成是"祖传"的,恰好与此逻辑相吻合;结果是,"天主"虽为独一神,对它却有两种理解。

现在让我们回到前面提到的那部教义问答集,据我推测,和利玛窦

---

① 这个人真正的中文名字仍然有待考证,因为我们还不能根据利玛窦口中的"Cin Nicò"推断出相应的中文。鉴于他的形象只是见于耶稣会士的记载,所以我在他的名字上加了引号。

② 1583年12月,该译本在教团印行问世,也是出现那个极富灵感的中文新词("天主")的第一部文献。从此时起,"Cin"提出的"天主"一词一直是全体基督徒所认信的独一神的中文名称,唯一的例外是洪秀全(1813—1864)领导下的太平天国里的那些基督徒。事实上,在随后一些年里,耶稣会士似乎还致力于将"天主"和"上帝"等同起来,一个是追随他们新近皈依天主教的信徒"Cin"的天才发明,一个是古汉语里的语汇。举例来说,在《天主实义》里,利玛窦就声称"吾国天主即华言上帝","吾天主乃古经书所称上帝也"。参见d'Elia, FR, vol. 1, plate 9, opposite p. 194, and pp. 185-186。至于利玛窦将"天主"和"上帝"等同起来的有关情况,参见利玛窦:《天主实义》,页415。

第一章 耶稣会士、"孔夫子"与中国人

将许多真实的谈话写入后出的那部教义问答集《天主实义》一样,罗明坚笔下的异教徒哲学家和天主教司铎之间的交谈也像书中记载的那样实有其事。在弗朗西斯科·皮雷斯(Francisco Pirez)神父的回忆录《予所忆及的我们的会长梅古里昂诺于 1579 年派遣戈麦斯(Pero Gómez)神父(赴日本担任一所学院的院长)》(*Pontos do que me alembrar o anno de 79 o Nosso Pe Geral Everado ao Pe Pero Gomez*①)里有一段关于罗明坚早年在澳门学习中文的简短记述,我们从这段记述中了解到,当时有一名中国信徒较早皈信了天主教,也可以肯定这名信徒在 1579 年曾帮助罗明坚准备了一部中文的教义问答集。要推测这个人就是"异教徒哲学家"的原型,也并非不合情理。在《有关神圣事理的简明实解》一书中,那位天主教司铎解释了第二条"神法"(Divine Law),结果只得到了那位潜在信徒的这番答复:"我认为,后面那个观点就是传自我们孔夫子(Confusius)书里的观点"。而该书在承认两者在一些原则上相似以外,更进了一步,给"孔夫子"(Confusius)以更大的尊重。

通过罗列更多的证据来证明"异教徒哲学家"和"基督徒"有相近的特征,罗明坚借参加论辩的"天主教司铎"之口提出,"孔夫子"也知道独一神的存在——这是最根本的原则,自然理性之光会照亮与这一原则有关的知识。指出这一点让异教徒哲学家吃惊不小,作为与罗明坚对话的人,他做出了这样的回答:"至于前面那个观点,我真的不敢相信他曾经提到过"。在这里,我们可以看到保禄书信中的《罗马书》对罗明坚的表述所产生的影响,因为《罗马书》恰恰提到了这两则训诫,一是基督徒应该彼此相爱,一是应该在外邦人中传讲天主的存在。不仅如此,书中的"孔夫子"还被刻画成是一位通晓这些究极真理的中国古圣,尤为重要的是他还拥有"自然理性之光",或许我们能从这个

---

① 此处及下文几处葡萄牙文、西班牙文、意大利文书名与引文特别是引自 *FR*(*Fonti Ricciane*)的几处引文的翻译得到了比利时鲁汶大学杜鼎克博士(Adrian Dudink)、译者在北京大学哲学系的同学林经纬先生等的大力支持,在此一并申谢,文责仍由译者承担。据杜鼎克博士介绍,詹启华此处引用书名有省略或疏误,文题中的"79"乃指 1579 年,Everado 即梅古里昂诺(Everardo Mercurian)。——译者注

形象中窥见利玛窦为了护教所展开的想象。

虽然罗明坚是这部教义问答集的主要"作者",但就这段非常重要的对话而言,他其实只是将自己一直沉默不语的伙伴——利玛窦——的构思形诸文字而已。于是,我们才从一些文献上看到了造出来的拉丁语词"Confusius"(孔夫子),这不免让人想到了耶稣会士为"God"创造的中文名字——"天主":这两个发明都是始于中国人的推动,并在概念层面为神父们所借用,以表述呈现在自己面前的中国本土的宗教文化。在耶稣会士看来,中文里有"天主"这样一个词,正向他们揭示了中国人确已隐约知晓独一神的存在。不过,对"Cin"来说,与其说"天主"一词是个发明,不如说它是种象征意义上的交流,正是在这种交流中,他将一位全新的神整合进了自己早已形成的对神灵崇拜和供奉当地保护神的理解之中。

似乎罗明坚希望和另一个灵魂进行沟通,所以他才会向眼前这个未知的世界大声疾呼自己所熟悉的"神法",而这个世界也向他传回了一声应答。罗伊·瓦格纳(Roy Wagner)认为,在文化相遇时不可避免地会出现某种"联合的创造":外来者"为人们(译者按,即本地人)发明了'一种文化',而他们(译者按,即本地人)又为他发明了'文化'"①。在"Cin Nicò"创造出"天主"和罗明坚创造出"Confusius"(孔夫子)这两个例子里,文本都保存下了此类"联合创造"时的重要瞬间。可见,如果中国人和耶稣会士双方没有互动、对等的建构,光想通过翻译来描绘当地情形是不可能的。他们双方都参与了发明"天主"和"Confusius"(孔夫子),但这并不意味着他们之间的联系是清晰的或是直接的;仅仅意味着,中国人和耶稣会士对"他者"的各种表述就像是一个棱镜,双方都是通过这个棱镜来了解自身的。耶稣会士和中国人的文化,就像是部分重合、部分分开的两个圆圈,将它们连接在一起的交点则是发明出来的那些概念,比如"la legge de' letterati"(儒)、"naturae lumine"(自然理性之光)和"天主",最重要的则莫过于"Confucius"(孔夫子)。

---

① Roy Wagner, *The Invention of Culture*, p.11. 着重号系原文所有。

第一章 耶稣会士、"孔夫子"与中国人

因而,要想确定是谁发明了"孔夫子",困难程度已大大增加,原因不只是因为已经中国化的神父和我们之间隔有数百年之遥。诚然,一如我们所见,就像中国历代王朝的史书一样,教会的事工也都记载在卷帙浩繁的各种著作里:比如写给长上、朋友和同事的信札;用各种不同语言翻译和解释的中国经书;传教士们的回忆录;教会在中国的出版物;以及受托编撰的(辉格式的①)基督教传教史。在这种情况下,也许这些文献中最早提到"Confusius"(孔夫子)的那部,能够告诉我们耶稣会士在中国到底经历了什么,并为我们理解它指明方向。但问题不在于缺少材料;事实上,文献档案浩如烟海,就像雪地上的辙迹经过反复碾压一样,很多后出的著作已经隐没了早期著作的贡献。没有人有把握按自己的足迹重走回头路,只能沿着别人的道路往回走。问题恰恰出在这个观念上:我们总是假定耶稣会士更像我们,而不是他们身边中国人;其实,只有文本才能判定这个假定是否正确。

这样说来,我们也必须清楚这一点:文本并不比语境更重要,就像书面文字并不能否定口述一样。文本保存在教会档案里,语境则是制作这些档案的社会、思想和文化环境,对于达成理解而言,它们对彼此来说都至关重要。与其说它们之间有一种孰轻孰重的关系,不如说它们之间有一种互补的关系;就耶稣会士的例子而言,这种重要的互补关系恰恰表明,在华传道团更像是中国人而不是更像我们,这与我们的直觉刚好相反。我们将在下一章里看到,在华耶稣会士创作的那些文本,记载了他们中间产生的一种观念,即将自己视为中国本土的一群诠释者。对在华耶稣会士来说,这些文本究竟意味着什么?在这些传教士身处中国进行本土化的自我建构后的数十年里,身处欧洲的教会和世俗权威人士又是如何接受这些文本的呢?这两个问题确实比较麻烦,我们现在就来处理。

---

① "辉格式历史"(Whiggish history)是指19世纪初期一些辉格党历史学家的史学方法,他们把历史用作论证自己观点的工具,用现在来解释历史;1931年,英国历史学家巴特菲尔德(H. Butterfield)出版了《历史的辉格解释》,充实和拓展了"辉格式历史"的概念。——译者注

第二章

又一个轮回：耶稣会士及其著述在中国和在欧洲

即今儒家,①岂徒获罪天主,抑深背孔孟之训也。或问:"天主教于儒者异同若何?"曰:"按上文即知之矣。"吴淞徐文定公曰:"天主教绝佛补儒。"武塘塞奄钱相国亦曰:"足为吾儒补正。"

——孟儒望神父(Father Joao Monteiro)

阐明某个问题的方式可以多种多样,有时甚至还是反其道行之。比如,美洲印第安人或中国人的"圣人"都被看作是真理的代言人——这里所谓的真理,乃是一种"自然而然的"真理,对于外来的殖民者来说,必须通过与圣经编年史的对勘倒推才能揭示这种真理,但它也就被殖民者们误解误用了。如果用磁针来打比方,那么美洲的印第安或者是中国就像是阳极,是一个完全不同的世外桃源,与那个堕落的、"不再信仰正统宗教的"欧洲截然相对。正是在这里,我们才能找到隐藏起来的真理的另一种形式;而诸种文明也由此获得了玄妙的意义并构成了对上帝的丰富的象征性表现(相比而言,上帝在西方世界则一直是若隐若现)。由此也产生了对那种真理——它兴起于东方,又模糊不明,西方世界一直认为自己能够把握它,但它在西方世界的种种镜像却已褪尽了光泽——的思乡情愁,并很快变成了一种哲学上的思考。

——米歇尔·德塞都(Michel de Certeau)

---

① 詹启华此处引用脱"亦视释道为刺谬。乃有名儒,反复信从佛老"一句,将孟儒望只批评少数"名儒"的意思给扩大化了,参见孟儒望:《天学略义》。——译者注

第二章　又一个轮回：耶稣会士及其著述在中国和在欧洲

本书的导论和第一章已经介绍了这个"亦耶亦华"的小团体，还介绍了他们以"孔夫子"的名义在自然神学和启示神学之间所作的调和。本章将更为详细地描述这个群体，当然，本章还会更为详细地描述这个群体把自己译介到中国，以及他们把经过筛选的一些启人心智的中文文献译介给拉丁世界的具体情形。因为笔者相信，要了解耶稣会士在自身传统的基础上进行"自我建构"（self-constitution）的程度，需要评估他们入乡随俗地进行创造的能力。

本章一开始将进一步分析"孔夫子"以及中国人所说的"孔子"（有人认为，"孔子"就是"孔夫子"）。随后，本章将以一种历史的眼光重新描述耶稣会士，考量作出其他解释选择的可能性：比如"将耶稣会士视为传教士"，"将中国人视为潜在的会皈依'神圣信仰'的人"等，其实都可以有其他解释。随着我们能更好地理解早期在华耶稣会士，我们将会发现，虽说梵蒂冈是中国教区的宗主，但它毕竟远在他邦；在梵蒂冈和由已经中国化的神父们所组成的中国教会之间还是存在一个重要的差别，毋宁说是一个重要的分歧。

从这一分歧出发，本章的焦点也会发生转移，即从关注耶稣会士在中国所进行的创造，转移到关注在中国之外对这一创造的接受上来，因为我们将会讨论这样一个问题：耶稣会士从中文文献中挑选一部分出来，特别是从那些典籍中挑选一部分出来进行翻译并出版，从理论上说，会对17世纪晚期的欧洲科学界产生哪些影响？而欧洲人之所以会将这些中国文献——特别是"孔夫子"及其学派的著述以及《易经》这部经典——视为用中文这种"真实符号"写成的文献、视为未假他手的中国本土对"真理"的认识体验，而加以热情拥抱，实与其知识背景密不可分。但这一知识背景其实只是起了次要的作用，其内部也有相互分歧的地方，下文的目标就是要重新凸显该知识背景的这两个特点。因此，本章将着力探讨这样一个问题："孔夫子"作为17世纪文明的普遍象征，作为"真实客观的"所谓"中国性"的转喻，它的重要意义究竟何在。为此，本章将检视"儒教"的制造及其意义，并将在分析这一建构的功效方面形成一些结论。

耶稣会士在中国实际所做的工作是一回事,而身处罗马的教会当局了解到并且信以为真的情况又是另一回事,其实这两者之间还是有些差异的,但以往的研究并没有注意到这一点;造成这一状况的原因是因为有一种倾向认为,在那个特定的历史阶段,传教士在中欧两类特定群体之间架起信息沟通渠道乃是受某种利益驱使。就此而言,早期的耶稣会传教士通常被刻画成是殖民主义的代理人、急先锋;为了劝人皈信,他们有意篡改中国本土文献的含义;他们想尽一切办法将一些极具颠覆性的外来教义塞进中国人的思想观念中,这些都是他们为人诟病的罪名。本书的第一章已经表明,我们必须抛弃这种习以为常的印象,我们应该把耶稣会士视为一个混杂的群体。

按近期文化研究领域一些著作的描述,殖民地当地的"后殖民"时期运动,尤其抗拒殖民者对当地人的一系列定性叙述。"混杂性"(hybridity)一词正是这些著作中用到的一个概念①,而我们用这个词来讨论耶稣会士和他们为了变成中国人而付出的努力,实际上是一种刻意的"倒转"(inversion)。像这样将现在的通行做法反其道而行,是为了帮助我们确定耶稣会士的身份,毕竟他们这个群体在进行"自我建构"时周遭都是中国人。正是基于当时的历史条件,耶稣会士们才会给自己创造了一个身份,强调自己才是孔子的真信徒;只要认识到这一点,我们就再也不会认为梵蒂冈和那些在各地宣教的传教士们是"绑在一起"的了,因而也会对通行的看法——把耶稣会士视为教会当局的代理人,或者是对中国人进行精神奴役的殖民者——提出质疑。益言之,认识到在华耶稣会士兼有中国人特质,可以淡化"外国人/当地人""欧洲人/中国人"以及"白种人/黄种人"这些范畴所形成的尖锐对比。在民族主义再次大行其道的今天,这些对比就像是本能一样自觉;但对于

---

① 至于对"混杂性"(hybridity)一词的传统理解,参见 Vicente L. Rafael, *Introduction to Contracting Colonialism: Translation and Christian Conversation in Tagalog Society under Early Spanish Rule* (Ithaca, N.Y.: Cornell University Press, 1988);以及 Tejaswini Niranjana, *Siting Translation: History, Post-Structuralism, and the Colonial Context* (Berkeley: University of California Press, 1922), pp. 43-46。

第二章 又一个轮回:耶稣会士及其著述在中国和在欧洲

16世纪的人们来说,这些对比并非不言自明。

耶稣会士们可谓是虔诚尽心的发明家,是他们创造出了一种所谓的中国本土的传统,他们用中文称呼这种传统为"先儒",用意大利语称它为"*i veri letterati*",用葡萄牙语称它为"*homes letrados*"①。而他们口中的这一传统的创始人便是"孔子"或者说是"孔夫子",他因一大堆拉丁化或欧化的名字而知名:"Confusius""Confutius""Confutio""Confuzo""Cumfuceio",当然还有"Confucius"。耶稣会士创造出来的这一形象源自其在中国的原型,他有千万个侧面,但在果阿的耶稣会长上甚至是在罗马的耶稣会当局对此毫不知晓,其实只不过是因为他被隐藏起来了:耶稣会的神父们为了适应中国,对中国本土的孔子形象进行了非常曲折隐微的处理,而"孔夫子"的奥秘正隐藏其中。这都是因为梵蒂冈只把传教士视为中介,想当然地认为,这些翻译者用自己的母语从中国翻译来的书信、回忆录、民族志、历史、经典都忠实于原文,表达准确无误。然而耶稣会士翻译出来的那些内容,其意义并非相当明确,因为翻译从来就不是简单照搬,而是要按照另一种表达习惯在一番筛选后重新表述出来。忠实于原来的文本也许只是理想目标,但如果有人在某个方面达成了这一目标,那么他(她)也必然付出了其他方面的代价。

从教会当局的立场来看,拉丁文里的"Confutius"和中文里的"孔夫子"是一样的;而在另一方面,将两者等而视之也从未被质疑过,并为由讲中文的传教士组成的那个教会的权威所承认接受。对这些教会人士的"想当然"哪怕只是进行一番最粗略的研究也会发现,用来表示"孔夫子"的这些词根本就不是同一回事,它们只是某种转化留下的标记:中文里的"孔夫子"是在华耶稣会士的偶像,而"Confucius"(孔夫子)则是捏造出来的、欧洲人在理性和礼文方面的榜样。在华耶稣会士声称自己是古代圣贤的正统信徒,只是尚未为人所知,正是在这样的

---

① 詹启华原书中还有一些地方出现了"*i veri letterati*"和"*homes letrados*",但自己给出的译解同这里的"*xianru*"(先儒)并不一致,比如下文詹氏以"the true literati"(真儒)来译"*i veri letterati*",以"*ru*"(儒)来解"*homes letrados*",故本译在处理这两个西文词组时也将随文会意,不固定采用某种译法。——译者注

背景下,他们抬出了一个充满象征意味的名号——"孔夫子"(Confucius)。我们知道,耶稣会士在中国有一段"华化"的经历,为了弄清楚"孔夫子"(Confucius)这个名号是如何诞生的,也为了弄清楚后来那些对中国抱有好感的人是如何通过"孔夫子"(Confucius)来了解中国的,我们现在就要重新考量一下他们的这段经历中最为我们所熟知的一个影响——将"Confucius"视同中文里的"孔夫子"——也就是重新考量一下,"Confucius"这个词与中文里的"孔夫子"是否真的等价。

"Confucius"、孔夫子与同化了的外来户

三百多年来,西方的学者、传教士和旅行家们一直在使用"Confucian"(儒家、儒教徒)这个词,他们都认为"将中文里的'孔夫子'或者'孔圣'用拉丁化的方式翻译过来,就是'Confucius'(孔夫子),而'Confucian'(儒家、儒教徒)这个词就是由'Confucius'(孔夫子)衍生而来"①。这个界定并不清晰,它只是假定"Confucius"一词乃是语音转写并在此基础上强调它能准确表达原有意思罢了。正是因为这个学术意义上的假定有一定影响,并已用了几个世纪,大家也都习以为常,所以几乎没有什么人对"Confucius"就是指"孔夫子"提出过质疑。不过,就断定"Confucius"是中文里的"孔夫子"而言,即便有如此假定,即便已沿用日久、习以为常,也都只是毫无说服力的安常习故罢了,从来都没有什么证据给予支撑。

---

① Tu Wei-ming, "The Confucian Tradition in Chinese History", in *Heritage of China: Contemporary Perspectives on Chinese Civilization*, ed. Paul S. Ropp (Berkeley: University of California Press, 1990), p. 112. 显然,这一信条并非杜维明的专利,早在一个多世纪以前就有人提出了。在《关于远东问题的参照词汇表》(*Glossary of Reference on Subjects Connected with the Far East*, London: Curzon Books, 1878, p. 57)一书里,翟理斯(Herbert Giles)就对"Confucius"一词作出了如下解释:"'Confucius''Confutzee'和'Quangfoutchee'的意思都是指'孔圣人'。耶稣会士将中文里'孔夫子'三字的发音拉丁化,就成了现在看到的词形。"由此,我们在早期汉学家的著作里看到了,将那拉丁化的拼写形式等同于中文里的"孔夫子"的学术假定终于大功告成。

第二章 又一个轮回:耶稣会士及其著述在中国和在欧洲

**图7 "Cum Fu Çu,或作 Confucius"(孔夫子),
出自《中国哲人孔夫子》(*Confucius Sinarum Philosophus*)**

此系西方第一幅"Confucius"(孔夫子)肖像,由一位佚名木刻画工创作,见于柏应理等编著的《中国哲人孔夫子》(巴黎,1687)。在这幅画里,"孔夫子"就像是茫茫书海里岿然不动的坐标,而他的形象则带有混杂性的特点。绘制这幅木刻画,受到了明代流行的《圣迹之图》的启发①,同时也参考了耶稣会士根据《论语》和《礼记》想象出的孔子形象。其实,法国画工绘制这幅木刻画有着确定的主题,那就是表现和反映"君权天授";随着"孔夫子"的形象被纳入艺术构思,他的许多特征也变得更为西化了。日后与"孔夫子"有关的所有图解,也都以这一形象为蓝本。蒙密歇根大学特藏室惠允使用此图。

---

① 又称《圣迹图》,主要依据《史记·孔子世家》以及《论语》《孟子》等记述的史实编述绘制,不同的历史时期又有不同版本,流行于世的计有木刻本、彩绘本、石刻本、珂罗本、影印本等多种。——译者注

提出"Confucius"就是"孔夫子",并非近来才有的论调,文献中早有记载,最著名的莫过于经过多次扩编的"调适主义"(accommodationism)巨著——1687年完成的《中国哲人孔夫子,或称中国人的智慧》(*Confucius Sinarum Philosophus, sive Scientia Sinensis*①)。该书的下篇是《孔夫子行状》(*Confucii Vita*),其首页的背面便是"孔夫子"的一幅木刻画,该画由法国画工创作,并有一个标题,上书文字如下(参见图7):

CUM FU ÇU sive CONFUCIUS, qui et honoris gratia CHUM NHIJ dicitur, Philosophorum sinesium Princeps; oriundus fuit ex oppias KIO FEU Provinciae XAN TUM. ["CUM FU ÇU",或作"CONFUCIUS"(孔夫子),亦被尊称为"CHUM NHIJ"(仲尼),他是中国哲学家的领军人物,生于山东省曲阜市。]②

恰恰从这些文字中可以清楚地看到,它毫不含糊地将"Confucius"等同于"孔夫子"。

当然,"Confucius"作为"Kong Fuzi"(孔夫子)一词的拉丁化转写,似乎非常自然而贴切,仅仅是读出这两个词的发音就可以证明这一点。从19世纪开始,鲍狄埃(M. G. Pauthier)等欧洲学者都一致认为,是耶稣会士们创造了"Confucius"(孔夫子)这一新词:"[对于]孔夫子(KHOUNG-FOU-TSEU),欧洲的传教士们在把他的名字拉丁化时,称其为'Confucius',这么做是为了让他能够名动欧洲,同时也能广受尊

---

① 该书出版时的完整标题乃是"*Confucius Sinarum Philosophus, sive Scientia Sinensis latine exposita studio et opera Prosperi Intorcetta, Christiani Herdtrich, Francisci Rougemont, Philippi Couplet, Patrum Societatis Jesu*"(《耶稣会神父殷铎泽、恩理格、鲁日满以及柏应理研著"中国哲人孔夫子",或称"用拉丁文解释中国人的智慧"》)。该书由丹尼尔·艾赫德迈尔(Daniel Horthemels)于1687年在路易十三统治时期出版。它是众人努力的结晶,至少有27名传教士参与其中,最后由柏应理(Philippe Couplet, 1623—1693)总其成。柏应理系印度教区代表,在《中国哲人孔夫子》出版前一年,他曾在巴黎单独出版了《中华帝国年表(公元前2952年—公元1683年)》(*Tabula Chronologica Monarchiae Sinicae* [2952 B. C.-1683]),后将它附于《中国哲人孔夫子》后充作附录。

② Couplet, *CSP*, p. 116.

第二章 又一个轮回:耶稣会士及其著述在中国和在欧洲

崇。"①在鲍狄埃提出这一说法的十年后,再无必要从语源学上来证明这一点,因为大家都很清楚,是我们发明了"Confucius"(孔夫子):"孔夫子,也就是我们所称的'Confucius',生于公元前551年。"②

鲍狄埃对"Confucius"这个称谓问世的具体情境了然于胸,但大多数有关中国历史的教科书和今天的许多论著却对此一无所知;即便如此,它们也都注意到了,中文里的"孔夫子"一词正是西方习用的"Confucius"所竭力模拟的名号。当我们再次回顾本书的导言时,就会发现,西方惯用的"Confucius"一词已经为人们广泛使用,其流行程度令人叹为观止。可以说,将"Confucius"等同于"孔夫子"的做法轻而易举地就已顺理成章,似乎没有什么理由说它有何不妥。不过,表面上可以相互等同的背后,其实还暗含着更深层次的假定:那就是在耶稣会士为孔圣人寻找拉丁称谓时,"孔夫子"正是中文里常见的用来称呼圣人的名号。益言之,有关"孔夫子"是中文里常见称呼的假定其实还有进一步追问的空间,借此能使我们更加接近耶稣会士在中国提出的那套表述与后来欧洲对其在中国译述的接受之间存在的非常重要的差别。

我们原以为"孔夫子"这个特定的称谓是中文里常见的说法,但实情并非如此,这个词似乎从来都没有流行过。事实上,"孔夫子"这一称谓与东周至汉代(约公元前650年至公元200年)期间习用的称法并不一致,"儒"这个群体也从未用过"孔夫子"这个词,而耶稣会士恰恰如此渴望自己能够成为"儒"③。举例来说,现存的《论语》(也就是我们所熟知

---

① See M. G. Pauthier, *Confucius et Mencius*: *Les Quatres Livres de philosophie morale et politique de la Chine* (Paris: Charpentier, 1841), p. vi.

② See *Pensées morales de Confucius*, 2d ed. (Paris: Victor Lecouo, 1851), p. 1. 该书似乎只是《中国哲人孔夫子》(*Confucius Sinarum Philosophus*)一书的法文节译本,后者影响深远,给我们留下了很深的印象。

③ 然而,《大汉和辞典》(*Dai kanwa jiten*)和《中文大辞典》都认为"孔夫子"是春秋时期流行的称谓;不过,它们却没有引用任何文献来证明这种说法,只是在编写"孔夫子"这一词条时提出,"夫子"是春秋时期用来指称年长的有学识的人的称谓,正因为此,孔子的学生们都称他为"夫子"。See Morohashi Tetsuji, *Daikanwa jiten*, vol. 3 of 12 vols. (reprint of 1977 Daishukan shoten edition;台北:学生书局,1984年), p. 3088;以及《中文大辞典》,卷三,重印本,台北:"中国文化大学",1977年,页3744—3745。

的 Analects)由来源不同的许多篇章组成,但孔子出场时通常由一个非常简单的词引出,这个词就是"子曰"。在某些场合下,也会用其他一些名字来称呼孔子,但在我们信以为最早的文献的各个篇章里,只有"子"这个词才是最常用的,它的字面意思是"长子"(eldest son)①。

至于"夫子"这个词,则是汉代以前的文献里比较常见的尊称,它在《论语》里出现得较有规律:一共出现了37处,有12处是在《论语》较早成书的前半部。除了5处以外,"夫子"一词都是用来称呼仲尼(这是孔子的一个名字),但所有的"夫子"之前都没有加上至圣先师的姓——"孔"②。假设某个词的使用频率可以视为一个重要指标,能够反映语言表达的特点,那么就《论语》而言,"孔子"一词出现了68次,似乎说明它比"夫子"一词更为常用③。同样应该注意到的是,"夫子"一词多数见于《论语》的后半部分。就"孔子"和"夫子"在《论语》后十章里出现的情形而言,似乎有越来越多的证据表明,这两个词大概是后来增加进去的,时间大约是在公元前4世纪至公元前3世纪之间④。

---

① 《说文》等辞书均无此释义,未知詹启华从何得来。一般来说,"子"的字面意思乃指"子女",并无"长"义在。——译者注

② 在《论语》的以下章节中可以见到"夫子"一词:1.10,1.10,1.10,4.5,5.12,5.12,6.26,7.4,7.14,7.14,9.6,9.10,11.25,11.25,11.25,12.8,12.22,14.6,14.14,14.14,14.26,14.26,14.30,14.38,16.1,17.4,17.4,17.7,18.6,18.7,18.7,19.18,19.22,19.23,19.23,19.25,19.25。在前十章,孔子的弟子们在一起谈论孔子时会用到"夫子"一词。而后十章里常见的情况则是,当孔子在场或者直接称呼孔子时会用到"夫子"一词,只有一处是出现在第三者口中。很有趣的是,就使用"夫子"一词来说,子贡用得最为频繁,不管是向他人提到孔子还是直接与孔子交谈,他都经常使用"夫子"这个词。

③ 在《论语》的以下章节可以见到"孔子"一词:2.19,2.21,3.1,3.19,6.2,7.18,7.30,7.30,8.20,9.2,10.1,11.6,12.11,12.11,12.17,12.17,12.18,12.18,12.19,12.19,13.15,13.15,13.18,13.18,14.6,14.20,14.22,14.22,14.22,14.26,14.26,14.34,14.34,15.1,15.1,16.1,16.1,16.1,16.1,16.2,16.3,16.4,16.5,16.6,16.7,16.7,16.9,16.10,16.11,17.1,17.1,17.1,17.1,17.1,17.6,17.7,17.20,17.20,18.1,18.3,18.3,18.4,18.5,18.5,18.6,20.2。

④ 崔述的《论语余说》对《论语》进行了非常重要的重构,该文还是裁定《论语》各篇真伪的权威标准,就《论语》而言,各篇的真伪问题恰恰聚讼纷纭。参见崔述:《论语余说》,收于《崔东璧遗书》,顾颉刚编,六册本第五册,上海:亚东图书馆,1936年,特别是见页24—35。从崔述开始,学者们已经接受了把《论语》分为两部分的做法,一部分较为原始古老,(转下页)

第二章 又一个轮回：耶稣会士及其著述在中国和在欧洲

同样，在战国时代其他诸子的文献里，"孔夫子"这个词也是前所未见；在随后像汉代的董仲舒（前195—前105）、郑玄（127—200）这样博学而忠实的儒家学者对经典所作的注释里也丝毫见不到"孔夫子"这个词的任何踪影。在《庄子》《韩非子》《晏子春秋》等汉代以前的文献里，我们的确会发现，有时候是会用到"夫子"这个词，它的意思常常是"彬彬有礼的人"或者是"先生"；但同样是在这些文献里，另有很多称谓指称孔子这位圣人，比如"仲尼""孔子"和"孔丘"，却根本没见到"孔夫子"一词。当然，也许人们有充分的理由反驳说，《庄子》《韩非子》和《晏子春秋》都不是儒家文献；不过，就连《孔丛子》和《孔子家

（接上页）另一部分则被增改过；当然，正像罗伯特·伊诺（Robert Eno）在其著作《儒家对"天"的建构：垄断仪礼权威的哲学与努力》（*The Confucian Creation of Heaven. Philosophy and the Defense of Ritual Mastery*，Albany：State University of New York Press，1990，pp. 80-81）中提到的那样，也有声音认为，将《论语》视为两部分的通行看法是有问题的。尽管如此，崔述的看法还是被顾立雅（H. G. Creel）、木村英一（Kimura Eiichi）及刘殿爵（D. C. Lau）等人接连反复重申，更近一点的例子则是欧迪安（Diane Obenchain）。不过现在，基于《论语》已经经过了层层增改的这样一种推测，我们从编年史的角度对它进行了条分缕析的清晰研究，确定了《论语》二十篇中每一篇的成书时期并按正确的时序为它们重新排序，较之以前更显非比寻常。白牧之（E. Bruce Brooks）和白妙子（A. Taeko Brooks）则重排了整部《论语》并指出，在孔子去世后的两个多世纪里，《论语》实际上经过了一个带有重写性质的编纂过程。按照他们的重构，《论语》一书正确的顺序和时序应该如下：第四章（公元前479年）、第五章（公元前473年）、第六章（公元前460年）、第七章（公元前450年）、第八章（公元前435年）、第九章（公元前405年）、第十章（公元前380年）、第三章（公元前356年）、第十一章（公元前337年）、第十二章（公元前323年）、第十三章（公元前321年）、第二章（公元前317年）、第十四章（公元前310年）、第十五章（公元前308年）、第一章（公元前301年）、第十六章（公元前284年）、第十七章（公元前272年）、第十八章（公元前265年）、第十九章（公元前252年）和第二十章（公元前249年）。See Kimura Eiichi. *Kōshi to Rongo*, pt. 2, chap. 3 (Tokyo：Sobunsha, 1971), pt. 2, chap. 3; H. G. Creel, *Confucius and the Chinese Way* (New York：Harper Torchbooks, 1960), pp. 291-294; D. C. Lau, trans., *Confucius: The Analects*. (New York：Penguin Classics, 1979), pp. 220-233; Diane Burdette Obenchain, "Ministers of the Moral Order：Innovations of the Early Chou Kings, the Duke of Chou, Chung-ni, and Ju", Ph. D. diss., Harvard University, 1984, pp. 18-19; and E. Bruce Brooks and A. Taeko Brooks, *The Original Analects* (New York：Columbia University Press, 1997), Appendix 1.

语》这些类似于家谱的伪书,虽然毫不掩饰地对孔子大加推崇,但却没有使用"孔夫子"这个名称的任何证据①。不管是儒家还是反对儒家的古代文献都没有使用"孔夫子"这个名称的任何实例,所以,皇家祭孔大典从来没有用过"孔夫子"一词,丝毫不值得大惊小怪。与此相对,在这些仪式里,人们倒是尊崇他为"先师""宗师"或"先圣"(宋代以后,这个词用得越来越多)。

如果"孔夫子"一词是"Confucius"的本土原型,那么它一定是个后出的尊称。有些学者很赞同这种观点:"'孔夫子'这个名字或称号乃是用于指称公元前6世纪的一位伟大导师,它在16世纪耶稣会士来华时为他们所知"②;但是,遗憾的是,他们没有提供任何证据。接下来的问题是,如果不是在前面提到的那些文献里,那么,利玛窦乃至郭纳爵(Inácio da Costa,1603—1666)、殷铎泽(Prosper Intorcetta,1625—1696)和许多其他追随"利玛窦规矩"的耶稣会的翻译家们,又是在哪里找到了"孔夫子"这个词,并由此制造了"Confucius"一词的呢?如果有能让我们满意的答案,它只可能是藏在耶稣会士们用到的其他中文文献里以及他们自己撰写的著作里。对前三批调适主义者来说,他们非常珍视中国当地的一些原始文献,当我们遍检这些文献时就会发现,刚才提到的那个问题不是更容易回答而是更难了。事实上,只要回顾一下耶稣会士读过的中文文献和他们在中国撰写的那些著述就会发现,"孔夫子"和"Confucius"都是这些神父的创造。

德礼贤在利玛窦所著《天主教中国开教史》(*Storia*)中的注释与《中国哲人孔夫子》一书译文前的文献研究综述都说得非常清楚,前三批在华耶稣会士非常看重两部著作:一是永乐年间(1403—1425)集合宋代哲学成就编纂的《性理大全》,一是万历皇帝的大学士张居正

---

① 《孔丛子》,重印本,上海:上海古籍出版社,1990年;《孔子家语》,重印本,上海:上海古籍出版社,1990年。
② Obenchain, "Ministers of the Moral Order", p. 18.

第二章 又一个轮回:耶稣会士及其著述在中国和在欧洲

(1525—1582)校订"四书"的著作《四书直解》①。《性理大全》更像是一部折中主义的文选,选编了宋元两代121部涉及许多不同主题的儒家文献,只是这些差异在《性理大全》的书名上一点也看不出来②。当然,对于所有参加科举考试的士子来说,这本书和《四书大全》《五经大全》一样都是必读书目,都是朝廷指定的必修课,这种情况一直延续到20世纪。

考虑到耶稣会士与中国的地方官(他们都是进士)过从甚密,同时也和徐光启、李之藻(徐光启供职于翰林院,李之藻供职于工部)等在整个中国都相当有分量的知识界代表保持着密切的关系,他们必然会因此研习《性理大全》中收录的中文文献;对于耶稣会士来说,要想证明自己的学识,研习这些著作就显得至关重要。柏应理(Philippe Couplet)与《中国哲人孔夫子》的其他作者一样,都对《性理大全》一书及其作者抱有浓厚的兴趣,因为事实证明,这部著作对耶稣会士长达一个世纪的注释与翻译工作来说,显得非常重要③。由于《性理大全》第38卷回顾了儒家传统的发展历程,所以它最有可能使用"孔夫子"一词来尊称圣人。该卷起篇就专门讨论了"道统",但按照它的说法,"儒"的谱系并非是从"孔夫子"开始,而是从"孔子"开始;紧接着"道统"的这部分内容题为"圣贤丛论",它将"儒"的创始人奉为圣人,但用的称呼仍然是"孔子"。众所周知,《性理大全》的序跋题记满是歌功颂德之辞;

---

① Couplet, *CSP*, pp. xxxvii-xxxviii, xliii, cxiv. 早在二十年前,加百列·玛伽赫兹(Gabriel de Magalhaes)的《中国历史》(*Historia de la China*)一书就对该书及其作者大加赞赏,而在《中国哲人孔夫子》出版后的一个世纪里,许多耶稣会士也出版了他们的著作,对该书及其作者的赞誉也是再三出现。See Gabriel Magaillans (de Magalhaes), *Nouvelle relation de la Chine*, trans. Benous (Paris: C. Barbin, 1688), pp. 102, 265-266; J. M. A. de Moyriac de Mailla, *Histoire général de la Chine, ou annales de cet empire*, vol. 10 of 13 vols. (Paris: L'Abbé Grosier, 1777-1785), p. 336; and J. H. de Prémare, *Notitia Linguae Sinicae* (Malacca, Malaysia: Anglo-Chinese College, 1831).

② 《性理大全》系掌翰林院事胡广(1370—1418)主持编纂,在永乐皇帝朱棣的急切要求下,该书于1415年10月编纂完成。

③ 该书题目的音译写法为"Sim li ta çiven",参见 Couplet, "Proëmialis Declaratio", *CSP*, p. xiii.

即便如此,在提到"儒"的创始人时,它用到的称谓一直都是"孔子""先圣"或者"先师"①。无论《性理大全》对耶稣会士长达一个世纪的翻译工作来说有多么重要,它的字里行间都没有使用"孔夫子"这一尊称的任何痕迹。

似乎《四书直解》②也可能是"孔夫子"这一称谓的来源,因为当利玛窦着手撰写《四书》拉丁文译解本时,正是从《四书直解》开始的。自1591年开始,迄至1594年,利玛窦一直都致力于用拉丁文翻译《四书》并加上注释;在这段时间内,他还用这一译本给那些新来中国的传教士讲授中文③。自此以后,被派往东方传教团的"基督勇兵"们都是通过利玛窦的这一译本来学习中文的,正是这一译本构成了《中国哲人孔夫子》一书的主体④。也正是在这个意义上可以说,《四书》是耶稣会士们研究过的最为重要的中文文献了。

尽管张居正的《四书直解》可能是传教士们学习的入门书籍,但它也没有一处使用过"孔夫子"这一尊称;相反,《四书直解》在注释《论语》和《孟子》时,选择的乃是"孔子"一词。就此而言,"孔夫子"一词在明代(1368—1644)文集里不见踪影,也不见于张居正的注释充作附录的那些文献,这是始终如一的。事实上,在任何一部标准的《论语》通行版里,都找不到"孔夫子"一词。不管是在朱熹的《论语集注》里(张居正对《论语》的解读正是基于该书),还是在皇侃(卒于545年)编订的现存最早的《论语》校订本《论语集解义疏》里,我们都看不到"孔

---

① 参见胡广编:《性理大全》,重印本,台北:商务印书馆,1974年,卷三十八,页1b,13a-b。
② 该书系由万历皇帝朱翊钧(1573—1619年在位)的老师张居正校订而成,实际上是修订了朱熹的《四书集注》,目的是为了便于指导年轻的万历皇帝研习儒家经典。据说,该书大受耶稣会士欢迎,因为它非常简明,没有宋代那些抽象思辨的注释。
③ 据德礼贤所言,在1591年12月至1593年11月期间,利玛窦还用他自己手写的《四书》译本教过石方西神父(Francesco de Petris)中文。德礼贤还提到,利玛窦注《四书》完成于1594年11月15日;同时,德氏还指出,利玛窦称这一译注本为"意译本"其实并非确言。See d'Elia, *FR*, vol. 2, p. 33, n. 5.
④ D'Elia, *FR*, vol. 2, p. 33, n. 5.

第二章 又一个轮回：耶稣会士及其著述在中国和在欧洲

夫子"一词①。此外，不管是在"二十四史"的哪一代正史里，"孔夫子"一词也从来没有出现过。其实，"孔夫子"一词正透露了耶稣会士在本质上的"他者性"（otherness），也标识了耶稣会士与自有文化之间的千里之遥；而他们似乎正是通过将"孔夫子"（Kong Fuzi）这个词作为其进行拉丁化处理（译者按，即制造出"Confucius"等词）的中国原型，展现了他们自己的文化。

在承认"孔夫子"一词实际上标识出了文化上的距离时，我们发现了一个很有趣的情况：在耶稣会士进入中国以前，中国使用"孔夫子"一词的唯一证据似乎出自一段碑文，它记录了元代的铁穆耳（Temür, 1265—1307）为起用第二个年号所举行的一次国家大典的情况。在这次改年号时，成宗皇帝接到大臣们给他的奏表，将他尊称为"至圣文宣王孔夫子之嫡孙"②。在记录国家祭孔仪式的碑记里，可能从来也没有出现过如此"竭尽称颂之能事"的敬语，或者说从来也没有付出过如此巨大的努力，以谋求那种强有力的统绪。换言之，"孔夫子"是非常少见的一个中文词汇，最恰当的做法是将它看作耶稣会士或蒙古人等外来者所用的称呼，他们渴望宣称自己拥有合法性，这种决心不容任何挑战③。

据我推测，耶稣会士当时感到不得不给孔子一种无与伦比的尊崇；正因为此，他们才使用了至高无上的敬语"孔夫子"来称呼孔子。如果

---

① 参见朱熹：《论语集注》，收于《四书集注》，重印本，台北：学海出版社，1984 年，页 53—193；皇侃：《论语集解义疏》，两卷，重印本，台北：广文书局，1968 年。

② 铁穆耳于 1294 年登基，即元成宗，号"元贞"；两年后，改元"大德"。参见《中文大辞典》，第三册，第 3744 页。除了此处引自《中文大辞典》的内容外，遍检《元史》里成宗一朝历年记载，给孔子上的祝文及祭孔仪式，都没有发现使用"孔夫子"一词的其他证据。参见《元史》，重印本，北京：中华书局，1976 年。

③ 在蒙古人和耶稣会士这些外来者之间还有另一种联系很有启发性：他们都对"四书"非常着迷，但这种联系完全是种巧合。蒙古人在统治初期，禁止科举考试长达三十年，后终于在 1315 年下诏恢复；在诏书里，蒙古人首次规定，研习"四书"是朝廷取士的主要学术标准。此外，也正是此时，这四部著作才被冠以"四书"之名；而在这之前，它们则是从 1189 年开始被称为"四子"——需要提到的是，朱熹就认为这四部书是自己研习经典的指导书（译者按，朱熹曾称《四子》，《六经》之阶梯"）。

没有这个充满敬意的称谓形式,耶稣会士在"四书"等中文文献里见到的孔子就与另外一些大师——比如管子、老子、庄子、曾子、荀子、韩非子,还有很多其他人——没有什么区别了,而在早期来华的耶稣会士眼中,这些大师并不是那么正统,因而受到的敬重也较少。更需要提到的是,儒家还有许多著名人物也被称为"某子"并受到广泛尊重,比如,张子(张载,1020—1077)、周子(周敦颐,1017—1073)、程子(程氏兄弟:程伊川[1033—1077];程明道[1032—1085])和最广为人知的朱子(朱熹)。但利玛窦及其后继者很不喜欢他们,认为他们都是些"伪儒"(false literati),而"孔夫子"这一名号则可以将孔子这位圣人和他们区别开来,并将孔子高高置于他们之上。

可以说,"孔夫子"在中文里是个并不常见的称谓,甚至还是相当罕见的一个称谓;它被认为是"Confucius"在中文里的对应词,但其实也只是耶稣会士的编造罢了。这些早期来华的耶稣会神父们只是些外来者,他们并不熟悉中国当地的语境。其实,在中国,圣人的名望遍及各种文献,这些文献里并没有"孔夫子"一词,但正是耶稣会神父研究过的中文文献里没有"孔夫子"这个词恰恰成了他们发明这个词的一个条件。因此,"孔夫子"这个中文尊称表现的乃是耶稣会士的"本土性"(nativeness),而不是中国人的"本土性";同时它也反映了传教士们同化的程度,梵蒂冈教廷对这种同化持一种日益怀疑的态度,但欧洲的世俗学者们却对此高度评价。

"Confucius"(孔夫子):拼写、歧义与差别

在罗明坚和利玛窦建立教团以前,"Confucius"这个词还没有见于任何文献,然而到利玛窦去世时,也就是到1610年时,情况已非如此。这也就是为什么四个世纪以来人们一直以为是利玛窦用了拉丁化的姓名"Confucius"来翻译"孔夫子"。由于他一开始的拼写方法成了该词发生其他各种变形的基础,所以我们也许应该将利玛窦视

第二章 又一个轮回：耶稣会士及其著述在中国和在欧洲

为"Confucius"一词的主要发明人。然而，以这个形式出现的拉丁姓名并不只是出现在利玛窦神父的书信、译作、教义问答集或是回忆录里；我们知道，在罗明坚第一部拉丁文教义问答集里也有"Confusius"这个词。回顾一下耶稣会来华扎根前出版的有关中国的著作就会发现，在罗明坚和利玛窦出版教义问答集以前，"Confucius"这个词从未出现过；同时还会发现，以在中国当地的耶稣会士们发明的概念为中心，欧洲人的认知范围达到了一定的广度，两者之间存在一种极其显著的联系。

最早在欧洲出版的有关中国的出版物有两部，一部是 1569 年出版的加斯帕尔·达·克鲁斯（Gaspar da Cruz）所著《中国志》（*Tractado em que se muito por esteso as cousas da China*），该书基于个人经历讲述了葡萄牙人的发现；另一部则是 1577 年出版的贝尔纳尔迪诺·德·埃斯卡兰特（Bernardino de Escalante）所著《葡萄牙人到东方各王国及省份远航及有关中华帝国的消息》（*Discurso de la navigacion que los Portugueses hazen à los reinos y provincias del oriente，y de la noticia q se tiene de las grandezas del reino de la China*），该书综合了欧洲人掌握的有关中国的全部知识。这两部书在利玛窦从罗马的耶稣会学院毕业前就已经出版了。虽然"mandarim"（中国官话）与"bonzo"（和尚）这两个词是到 1583 年以后才在耶稣会传教团有关其经历的记载中变得更加显著，但却早已出现在这两部书里，这似乎意味着它们已经整合进了欧洲人的意识之中；尽管如此，这两部书都没有用"Confutio""Confuzo""Cumfuceio"或者类似的其他什么词提到过任何人①。

---

① Gaspar da Cruz, *Tractado de la China*, in South China in the Sixteenth Century: Being the Narratives of Galeote Pereira, Fr. Gaspar da Cruz, O. P., Fr. Martin de Rada, O. E. S. A. (*1550-1575*), ed. C. R. Boxer (London: Hakluyt Society, 1953); Carlos Sanz, ed ., B. Escalante: Primera historia de China (reprint; Madrid: Libreria General Victoriano Suarez, 1958)."Confuzo"和"Cumfuceio"分别是"Confucius"一词的意大利文和葡萄牙文拼写，在 17 世纪早期的传教士书信和其他文献中屡见不鲜。

十年后,也就是在 1585 年,当罗明坚和利玛窦开始用他们刚写好的《天主实录》来劝化中国人时,西班牙奥斯定会的胡安·冈萨雷斯·德·门多萨神父(Juan González de Mendoza, 1545—1618)就已经出版了《依据中国典籍以及造访过中国的传教士和其他人士的记叙而写成的关于中华大帝国最负盛名的情事、礼仪和习俗的历史》(*Historia de la cosas mas notables, ritos y costumbres del gran reino de la China*)①。门多萨的记载有很大一部分来自先前尚未出版的一些传教士的记述。要知道早在 1577 年,一些奥斯定会士和方济各会士就已经来到了中国,这比罗明坚和利玛窦被送到澳门还要整整早上两年。就是在门多萨的这本书里,"Kong Fuzi""Confucio""Confutio"或者是"Confuzo"(孔夫子)这类词显然也是难觅踪影;同样地,也找不到"letrados"(文士)或是"mandarines"(中国官吏)这样的词,而这两个词在早期正等同于"儒"。然而,这些词在路易斯·古兹曼(Luis de Guzman)1601 年写就的《耶稣会传教史》(*Historia de las Missiones de la Compagñia de Jesus*)和庞迪我(Diego de Pantoja, 1571—1618)于 1605 年完成的《一些耶稣会士进入中国的纪实》(*Relacion de la entrada de algunos padres de lacampagnia de Iesus en la China*)②里却比比皆是③。职是之故,也许我们可以推断说,当耶稣会在肇庆城南建起教堂时,"Confucius"这个词还没有进入欧洲人的意识。

---

① Juan González de Mendoza, *Historia de la cosas mas notables, ritos y costumbres del gran reino de la China* (Valencia, 1596). 这一版只是初版的重印本,在 1585 年到 1600 年之间一共用西班牙语出版了 11 版,这只是其中的一版而已。后出的那些版本就像初版一样,没有任何痕迹提到过"Confucius"(译者按,此译名出自张铠所著《16 世纪欧洲人的中国观——门多萨及其〈中华大帝国史〉》一文,门多萨此书有何高济所译中译本,简称《中华大帝国史》,北京:中华书局,2004 年)。

② 此书全名为《一些耶稣会士进入中国的纪实及他们在这一国度看到的特殊情况及该国固有的引人注目的事物》,参见张铠:《庞迪我与中国》,郑州:大象出版社,2009 年,页 414。感谢肖清和博士向我提供相关情况。——译者注

③ Luis de Guzman, *Historia de las Missiones que han hecho los religiosos de la Compañia de Iesvs: para predicar el sancto evangelio en la India oriental, y en les reynos de la China y Japon*, 2 vols. (Alcalá de Henares: Buida de I. Gracian, 1601); and Diego de Pantoja, *Relacion de la entrada de algunos padres de la campagnia de Iesus en la China* (Valencia: Juan Chrysostomos Garris, 1606).

第二章 又一个轮回:耶稣会士及其著述在中国和在欧洲

对于研究来华传教团的现代耶稣会学者而言,上述现象也就意味着,利玛窦与"Confucius"这个词的发明有着莫大干系。做出这一推断完全是水到渠成、顺理成章,因为就连裴化行和德礼贤这两位神父也断言利玛窦是将孔圣人的名讳拉丁化的第一人①。他们作出上述论证的基础在于有关中国传教史的记载要完全确凿可信,也就是利玛窦撰写的《论耶稣会与基督教入华》(*Della entrata della Compagnia di Giesù e Christianità nella Cina*;译者按,此即金尼阁、德礼贤等人编著所依底本)要完全可信,利玛窦的上级在1608年时就曾要求他务必确保这一点。然而不管是谁,都必须非常谨慎地区别"孔夫子"这个词的意大利文形式与拉丁文形式。"孔夫子"这个词一开始是以意大利文的形式出现的,而不是以拉丁文;在它问世的第一本书里,它出现在对中国人的科学和文艺的介绍之中。"利玛窦神父"(在其著作里,利氏自始至终都以此自称)记述说:

> 他们中最伟大的哲学家是"孔夫子"(Confutio),他于主(基督)降临世间的前551年出生,他寿享七十余年,过着非常美好的生活,一直用自己的言辞、作品和著述教导这些人。(Il magiore filosofo che ha tra loro è il Confutio, che nacque cinquecento e cinquanta uno anni inanzi alla venuta del Signore al mondo, e visse più di settenta anni assai buona vita, insegnano con parole, opre, e scritti questa natione.)②

---

① D'Elia, *FR*, vol. 1, p. 39, n. 1。"'夫子',即'受人尊敬的老师',以及中文里的'孔''孔子',是由利玛窦首先用意大利语拼写成了'Confutio'或'Confuzo'。其中,'孔'是姓,'丘'是名,'仲尼'是字。"其实,裴化行神父在他的著作《利玛窦神父及其同时代的中国社会(1552—1610)》(*Le Père Mathieu Ricci et la Société Chinoise de son temps* [1552-1610], vol. 1 of 2 vols., Tianjin: Hautes Études, 1937)里早就提出了相同的观点,这比德礼贤要早五年。耶稣会士首次提出利玛窦同发明"Confucius"(孔夫子)及尊崇他的"secta de' letterati"(文人学士的教派)这两个概念有着干系,见于《中国哲人孔夫子》的《初论》篇。See Couplet, *CSP*, p. lxvii.

② 此段论述出自利玛窦所著《天主教中国开教史》第一部第五章。See d'Elia, *FR*, vol. 1, p. 39.

利玛窦所用的"Confutio"并不是我们所用的"Confucius",由于在现存文集中,利玛窦大多数情况下使用的正是这个意大利文的"孔夫子"(Confutio),所以认为他是拉丁文"孔夫子"(Confucius)创造者的想法并不是无懈可击。更重要的是,这段话里只字未提意大利文"Confutio"(孔夫子)在中文里有一个对应的词,也没有提到这个词系由音译直接转写。相反,我们只是看到,它将"孔夫子"(il Confutio)径直立为偶像,称其为"他们当中最伟大的哲学家"。

利玛窦似乎知道用"孔夫子"这个中文词来称呼孔子乃是一种无中生有的编造。在《天主实义》里,他一直都坚持将耶稣会士发明的中文词语"孔夫子"与中国人对圣人的称呼区别开来:就一方面而言,耶稣会士创造出来的中文词语"孔夫子",成了欧洲读者顶礼膜拜的"Confucius"的词源;而另一方面,"孔子"和"仲尼"才是中国人最耳熟能详的对那位圣人的称呼。

这一点很容易就可以从《天主实义》的一段引文里得到证明。在这部教义问答集快结束的地方,"中士"根据孟子教导的"不孝有三,无后为大"①,对他的西方辩友提出了质疑,要求他解释为什么耶稣会士坚守独身合乎德性。这种质疑引起了"西士"的反驳,他引用了"孔子"(而不是"孔夫子")的很多说法,同时还辩称许多值得怀疑的话并非这位圣人所言,而是出自"孟氏"②之口。他如是言道:

> 贵邦以孔子为大圣,《学》《庸》《论语》,孔子论孝之语极详,

---

① 《孟子注疏》,收于《十三经注疏》,卷十三,重印本,上海:上海古籍出版社,1990年,页138.1。See also D. C. Lau, trans., *Mencius* (New York: Penguin Classics, 1970), p. 127; James Legge, trans., The Book of Mencius, in *The Chinese Classics*, vol. 2 of 5 vols (reprint; Hong Kong: Hong Kong University Press, 1971), p. 313; and W. A. C. H. Dobson, trans., *Mencius* (Toronto: University of Toronto Press, 1963), p. 140.

② 詹启华此处原文系为"followers of Mengzi",直译当作"孟子的门徒",但所引《天主实义》英译本里的"followers of Mengzi"正对应《天主实义》原文里的"孟氏",故此处以"孟氏"一词译之,实则"孟子的门徒"与"孟氏"有很大区别,后者仅指孟子。又,詹启华下段所引《天主实义》英译本以"the followers of Mengzi"和"Kongzi"翻译中文本里的"孟氏""孔氏",即指孟子、孔子,显然该英译本前后不一,恐有不妥之处。——译者注

第二章 又一个轮回:耶稣会士及其著述在中国和在欧洲

何独其大不孝之戒,群弟子及其孙不传而至孟氏始著乎?孔子以伯夷、叔齐为古之贤人,以比干为殷三仁之一。既称三子曰仁、曰贤,必信其德皆全而无缺矣,然三人咸无后也,则孟氏以为不孝,孔氏以为仁,且不相戾乎?①

对于刚开始接受基督宗教教义的"中国人"来说,他们只会认为"圣人"是指孔子;而在耶稣会士当中,特别是对远在梵蒂冈的他们的上级来说,拉丁文里的"Confutius"(孔夫子)才是其眼中的圣人。

事实上,当利玛窦将《天主实义》的第一批印本寄给阿夸维瓦时,他还附带寄上了一份用拉丁文撰写的详细的分章提要,在这份提要里出现了"孔夫子"一词的属格——"Confutii",这非常特别②。具体来说,在列举《天主实义》第二章观点时,利玛窦企图说服读者,正像"孔夫子"(Confutius)理解的那样,"太极"(Supernal Ridgepole)具有最基本的神圣性:

在这一章里,这个欧洲人说明了"孔夫子的"(Confutii)某种地

---

① 利玛窦:《天主实义》,页 616—617;Lancashire and Hu, *TMLH*, pp. 429-431。利玛窦的这段话对孟子的观点提出了质疑,认为孟子的说法并不可信;应该说,利玛窦的质疑是成立的。在《孟子》里更早一点提到不孝行径的地方(4B. 30。译者按,"4B. 30"即指《孟子·离娄下》第 30 节,文曰:"世俗所谓不孝者五:惰其四支,不顾父母之养,一不孝也;博奕好饮酒,不顾父母之养,二不孝也;好货财,私妻子,不顾父母之养,三不孝也;从耳目之欲,以为父母戮,四不孝也;好勇斗狠,以危父母,五不孝也。"),孟子列举了"五不孝"而不是"不孝有三",而且"无后"并不在这"五不孝"之列。

② 在这部教义问答集里,利玛窦在西方学者和中国学者之间设计了一出子虚乌有的对话,正是由于采取了这样一种方式,所以身在罗马的那些耶稣会长上无从知晓这些神父们在接受中国本土信仰方面到底走了多远。1603 年出版的第一版中文《天主实义》前附上了拉丁文提要作为序言,该提要逐条概括,并在一个观点后加上了另一个反对的观点。1604 年,利玛窦在这一版《天主实义》后附上了一个手写的概要并将它寄给了在罗马的上级。文中,利玛窦以近乎教法条文式的口吻详细展开了《天主实义》里比比皆是的论辩,不厌其烦地强调中国人的信仰、习惯和观点已被服服帖帖地彻底驳倒。如果说这部教义问答集里有很多看起来不是很妥当的推崇异教信仰的段落,那么得到后记强化印证的序言则打消了这种疑惑。参见翻印的 Biblioteca Casanatense Manuscript 2136, in Lancashire and Hu, *TMLH*, pp. 460-472。

位,这位"孔夫子"特别具有权威性和神圣性,在基督降生五百年前就已经相当活跃并且撰述了许多非常好的著作;这个欧洲人还解释说,"太极"一词在一些注释里已被曲解而它应该被理解成是"原始质料"(prime matter),并允将就此问题给出解释。(Europaeus interpratur hic quondam locum Confutii, qui maxime est apud eos autoritatis et sanctitatis, qui quingentos ante Christum natum annos floruit, et multa optime scripsit, et usurpatum est hoc nomen Taikiei in quibusdam commentariis, et ait intelligendum esse de material prima de qua pollicetur se alibi acturum.)①

利玛窦在他的论证里概要指出,天主一直驻于中国人之中;同时,他还向自己的上级介绍了一位名唤"Confutius"(孔夫子)的人,并按教会当局的表达方式将"孔夫子"的一生与主基督作了比较,当然,在这么做时还特别突出了"孔夫子"的声望。这里的"Confutii"一词是利玛窦在写给耶稣会长上的很多书信和报告里第一次提到"孔夫子",很显然,它与"Confucius"一词并不完全一样,仅仅只是拉丁语里表示属格的单数名词。"Confutius"一词的与格形式是"Confutio",如果说将"孔夫子"之名拉丁化后得到的正是"Confutius"这个词,或许恰与利玛窦日记里经常出现的意大利文"Confutio"有着内在一致性;但这却和我们之前的推测有点出入,因为我们之前认为,将"孔夫子"拉丁化后得到的乃是"Confucius"一词。在神父们日常使用的意大利语里出现的是"Confutio"一词,根据其所用语言的内在逻辑,他们采用的拉丁化形式应是"Confutius";其实,直到1689年,"Confucius"一词才取代了其他所有的拼写形式。

大概过了一段时间(大约有一个世纪),"Confucius"(孔夫子)这个变体词才成为标准写法。"孔夫子"的名字不管是采用拉丁文形式,还

---

① 作为附录,完整的拉丁文提要收入 Lancashire and Hu, *TMLH*, pp. 460-472,鲁保禄(Paul Rule)对我的翻译进行了修改,谨致谢意。

第二章 又一个轮回:耶稣会士及其著述在中国和在欧洲

是意大利文形式,非常普遍的情况是很少在"c""t"和"z"之间作出区分。这要归因于几方面的因素,其中重要的一条便是"孔夫子"这个称呼本身就是一个新词。耶稣会传教团的成员来自许多地方,都在使用各国不同的语言。他们中的每一个人,都会按照听到的那些中文词汇的发音,再造一些专属的"中文词汇"。也正因为此,在耶稣会士将中文译成拉丁文和自己母语时,产生了许多非常不同的拼写方法。具体来说,在音译"孔子"时,中文里的"子"在欧洲语言里就有很多种发音方法——意大利文、德文以及教会拉丁文里的"ci""ti""ts"和"ch"都可以发出"ts"的音,而这个"ts"的原始发音非常接近中文里"子"的发音。结果,由于这些基本上较为接近的发音是如此多样,自然也就会产生很多种拼写方法;之所以会这样还有个更可能的原因,那就是有很多神父在尽力模拟中国南方方言的发音,而在中国南方方言的发音里,"孔子"(Kongzi)的发音听起来很像是"Kongji"①。

导致拼写方面难以达成一致的第三个障碍便是,阿迈托·路西塔诺(Amato Lusitano,1511—1568)将某些中文词汇译成葡萄牙文的那些特定译法已为大家普遍接受。基于这种情况,拉丁语发音在直接引进中文词汇时很有可能还采用了"路西塔诺化"的语词。马可·波罗(Marco Polo)的音译也存在同样的情况,但他的译法一直到16世纪都仍然用在托勒密绘制的世界地图上,这幅地图虽然广受推崇却已过时。第四个障碍则是,大量中文词汇在拼写转译时非常混乱,因为它们先是"通过葡萄牙语这个中介进入了欧洲",随后又"经筛选而流入了欧洲的其他语言里,当然其主要渠道乃是通过翻译"②。

在这方面需要考虑的最后一个,也可能是最重要的一个因素,便是拉丁语的语言霸权在16世纪趋向衰落。16世纪晚期,欧洲各国语言日渐独立,意大利和葡萄牙这两个国家(很多神父正来自意、葡两国)

---

① 感谢唐·普赖斯(Don Price)提醒我要在语言学上注意这一点。
② Donald F. Lach, *Asia in the Making of Europe*. vol. 2 of 2 vols., bk. 3 (Chicago: University of Chicago Press, 1977), p. 5.

更是最早宣称本国的语言适于学术研究①。各国语言地位的上升也得到了耶稣会士的支持。教会拉丁文与不断发展变化的混合了汉语的意大利语或葡萄牙语之间的距离貌似还比较大，而这其实正是调适策略取得成功的舞台。

可以说，在来华传教士刊印著作的最初二十年里，"孔夫子"的拼写方法从"Confusius"变为"Confutius"，再变为"Confucius"，其间没有什么规范可言。葡萄牙语顺理成章地成为第一拨来华的传教士们所通用的语言，在这种语言里，耶稣会士笔下的圣人乃是"Cumfucio"或"Cumfuceio"②；至于拉丁文，则会用"Confucius""Confutius""Confusii""Confusio""Confucio""Confucii""Confucium"来指称这位圣人，具体形式会依据"格"的需要而变化；在意大利文里，是用"Confutio"来指称"孔夫子"，不过"Confuzo"一词也会经常用到③。尽管在拼写上有这些细微差别，但不管耶稣会的传教士们在谈到"孔夫子"时用到哪个名字，他们都非常清楚这个词指的就是"孔夫子"。

不过，和利玛窦在《天主教中国开教史》中使用的意大利文"il Confutio"一样，拉丁文里的"Confutius"也显得非常独特。前面曾经提到过，利玛窦的那部教义问答集满是论辩，他为这部教义问答集撰写了一篇拉丁文提要，而"Confutius"这个词的意涉从来就没有超出这篇提要的语境，其意义也清楚地是与基督宗教的神学相挂钩。"孔子"和"孔夫子"这两个词都有各自的拉丁化形式，但毫无疑问，阿夸维瓦或

---

① Lucien Febvre and Henri-Jean Martin, *The Coming of the Book*：*The Impact of Printing*, *1450-1800* (London：New Left Books, 1976), pp. 321-332.

② 多明我会的教士闵明我神父(Domingo Fernandez Navarette)在1669年9月29日写给何大化(Antonio de Gouvea)的书信中说道："孔夫子的派别允许……"(En order al Cumfucio permittiremos…)。而在回信中，何大化则提到了"孔夫子"(Cumfuceio)和"孔夫子的仪礼"(ritos do Cumfucio)。See C. R. Boxer, *A Propósitio dum livrinho xilográfico dos Jesuitás de Pequisu (Sécuo XVIII)* (Macau：Imprensa Nacional, 1942), pp. 1b, 5b, 6b.

③ 在现代意大利文里，"confuse"一词的意思是"混乱、混淆"(confusion)，人们不禁要问这样一个问题：用发音相似的"Confuzo"来指称"孔子"是不是也透露出这样的信息，即传教士们在理解这个词时也充满了困惑，而这种困惑正缘自它有很多种发音。今天的大学生在写"Confusionism"和"Confusious"这两个词时，也会经常出现搅在一起的类似情况。

第二章 又一个轮回:耶稣会士及其著述在中国和在欧洲

是身在罗马的任何一位耶稣会长上都对这两个词的拉丁形式所对应的中文词一无所知,因为他们的认识只限于那篇拉丁文提要,他们相信这篇提要忠实于原始的中文文献。在这一意义上可以说,"Confutius"一词已经在认识论意义上牢牢占据了独特的位置,其地位与中国本土是否有和它相对应的词并无干系。

"Confutio""Confutius"又或者是"Confucio"这些词在中文里都没有对应的词,它们就像"中国柑橘"(mandarin)、"和尚"(bonze)、"广州"(Cantao 或是 Canton)等许多其他中文词汇一样,在 16 世纪时经由一些派生形式收入了欧洲的词典。这些词还有一个共同点,那就是它们都非常重要:对于商人、传教士或者是探险家来说,它们要么非常有价值,要么就耳熟能详,就刚才提到的这三个词而言,它们分别指称了一种中国的特产、正式的称呼和可供船只补给的港口①。它们都是当时令人惊奇的发现,或者更准确地说,它们都是不断膨胀的西方词典里令人迷恋的物什,而其吸引力正来自它们相对独立的那种异质性。

对"孔夫子"的崇拜迷恋正是利玛窦和金尼阁留下的遗产,他们为传教士如何用一种欧洲的方式表达自己在中国的体验探索出了一条特别的路径;他们很清楚,对耶稣会的诸位长上甚至是包括教宗来说,与"儒"进行调适,其在神学思想与实践上的影响需要严肃思考和对待。作为布道团的领导者,利玛窦在与当地人合作方面展现了自己取得的成功,他只有通过在自己的所见所行与所信之间保持一种微妙的平衡,既不左也不右,才得以保全整个调适主义策略;当然,他也很留心那些比他级别更高的负责监察的教会长上,因为他们并不希望基督宗教的真理因异教徒的礼仪而遭受什么风险。利玛窦等人在中国当地有一套表述,他们在这套表述和提供给罗马教会的那种表述之间撑开了一条狭窄的缝隙;对于第一代来华耶稣会士来说,这条缝隙已经足够宽了,足以让他们按照自

---

① 参见 Edgar C. Knowlton,"Words of Chinese, Japanese, and Korean Origin in the Romance Languages", Ph. D. diss., Stanford University, 1959, p. 53,这篇论文的作者在文中有个估计,提出大概有多至 65 个的中国词汇成了拉丁语系中常用词汇的一部分,其中大多数又是音译过来的葡萄牙文。

己眼中有学识的中国人这种"他者"的形象,为自己重新打造一个身份,同时也没有招致身在罗马的长上对他们进行审查和指责。可以说,对中国圣人及其嫡传弟子的双重表述都是建构出来的,从中可以发展出两种截然不同的参照体系,但这一点从一开始就因为轻而易举地将"孔夫子"(Kong Fuzi)和"Confucius"画上等号而隐而不彰。

第一批来华传教士的建树不只是为孔子创造了拉丁化的名字。耶稣会士的发明其实是从使用一个完全中国化的名字开始的,不过,这个名字在带有鲜明儒家特征的文献里居然找不到先例,在不胜枚举的后人注解中也找不到依据,须知这些注解是笃信孔子的人所作,他们念兹在兹的正是解释"先师"的言辞。应该说,"孔夫子"这个中文词和"Confucius"一样,都是耶稣会士的发明;这两个词虽出同源,互为印证,但当时尚未向梵蒂冈当局和盘托出,部分原因在于:传教学研究在言及中国本土文化时,所用的乃是"Confusius"(孔夫子)、"天主""La Legge de'letterati"(儒)等词,而"孔夫子"这个中文词与"Confucius"只是出现在相关的补充文本里①。

"拉丁/汉文"双语版《四书》和《天主实录》等耶稣会士著作,都是在中国当地的意义体系里得以不断创造和流布。在构成这个体系的诸多象征符号里,罗明坚的"Confusius"(孔夫子)只是其中非常重要的一个。和所有其他词一样,这个词不仅见于耶稣会士的著作,也见于耶稣会士的思想潮流和言辞里,并且有着非常突出的意义。不过,即使"孔夫子"(Confusius 或 Confutio)和"儒"(La Legge de'Letterati)原本都是耶稣会士在中国当地的想象性建构,一旦它们被在罗马和果阿试图理解中国教会实践的教会当局接受时,也就获得了一段意义更为开阔的历

---

① 关于这一点,翁贝托·艾柯(Umberto Eco)曾经说过,语言建构了"一种'文化'世界,它在本体论意义上既不现实,也无可能;其存在形态和某种文化秩序联系在一起,它是某一社会借以思考、讲述,并在讲述的同时,通过其他思想去解释其思想'意旨'的方式"。See Umberto Eco, *A Theory of Semiotics* (Bloomington: University of Indiana Press, 1969), p. 61.(译者按,译文引自乌蒙勃托·艾柯:《符号学理论》,卢德平译,北京:中国人民大学出版社,1990年,页70。)

史。就其所共有的这个可替代的概念而言,在意义上仍有区别;下文,我将通过更加细致地分析耶稣会士在华形成的"微型团体"(microsociety),及其声称自己乃是中国本土传统的这样一种明确而又特别的主张,来考察那个概念在意义上存在区别的原因及其造成的影响。只有当我们更好地理解了在华耶稣会士所处的语境,"'Confucius'(孔夫子)对17世纪的欧洲人和今天的我们而言,究竟有什么认识论意义"的问题才会变得一清二楚。

耶稣会士的圣人、"Confucius"(孔夫子)与本土身份

> 名字虽然似乎只是外在和表面之物内容,却含有大量的印象和魔力。
>
> ——弗兰西斯·培根(Francis Bacon)

其实,"Confucius"(孔夫子)不只是拉丁化的词,它的意义也不只是停留在文字上。利玛窦把"孔子"念作"Confucius"(孔夫子),把追随他的"儒"认作"literati"(文人学士),这已不只是在给他们进行分类了;更准确地说,他是在将孔子和"儒"纳入可以认知的范围,这个可以认知的范围因神圣事物的显现而得到强化。由于"儒"被利玛窦认作"文人学士"组成的修会,它就被塑造成为利玛窦所珍爱的耶稣会的同胞兄弟,在此过程中,"儒"实际上也成了一个教派,就实质而言它是在象征的意义上被人"施洗赐名"了①。对利玛窦等人而言,毫无疑问,儒耶两派在本质上是可以互相转换的。李之藻曾将涉基督宗教的作品编纂结集,名为《天学初函》,他在其中一篇序言里就确认,利玛窦"后遇

---

① 我将"取名"(name)说成是"施洗赐名"(christen),是受伯纳德·麦克格雷恩(Bernard McGrane)的启发,他对西班牙人给"新世界"的"他者"命名有过类似分析,参见 Bernard McGrane, *Beyond Anthropology: Society and the Other* (New York: Columbia University Press, 1989), pp. 19-20。

瞿太素氏（笔者按，即瞿汝夔，活跃于1595—1623年①，利氏施洗的第一位中国信徒），乃辨非僧，然后蓄发称儒"②。

正如我们在第一章讨论耶稣会士将自己的身份转变为"儒"时所注意到的那样，利玛窦与继其而来的很多神父都始终如一地表现出同"儒"之间的惊人一致。诚然，利玛窦在其所述传教史的某些片段似乎也认为，这些"儒"在本质上就是耶稣会士的镜像。为了支持自己的观点，利玛窦引用了一些真实不虚又不无发明想象的论据，最显而易见的莫过于儒家哲学，它在儒家书院里比比皆是，还体现在儒家的道统里（被用来类比于从圣依纳爵·罗耀拉到跟随他的那些"基督勇兵"的克里斯玛式传承），体现在"儒"对"天"的信仰里，以及"儒"为中国百姓提供的道德训诫中。

在利玛窦开始编撰《天主教中国开教史》的第二年所写的一封信里，他有一段话似乎提到了另一个贴切的比拟："虽然这些文人学士并没有明确谈到与超自然有关的事情，但在道德上他们几乎与我们完全一致。"③利玛窦断言："儒教徒肯定会变为天主教徒，因为他们学说的本质没有包含任何与天主教的信仰相矛盾的东西，天主教的信仰对他们也没有任何阻碍，相反，它对于中国人达到他们书本中明确定为目标的大同社会的宁静和和平肯定有莫大的帮助。"④而像瞿汝夔这样的皈依天主教的中国儒士们，也认为利玛窦及其同伴几乎和他们完全一致。在给利玛窦的《交友论》所作的"序"里，瞿汝夔就

---

① 据考证，瞿汝夔的生卒年为1549—1612年，参见黄一农：《两头蛇：明末清初的第一代天主教徒》，上海：上海古籍出版社，2006年，页39，"图表2.1 瞿景淳家族世系图"。詹启华此处的活跃期划定为1595—1623年，似有误，不知所指为何。——译者注
② 李之藻：《天学初函》，页85。
③ 参见利玛窦于1609年2月15日写给副省长巴范济的信，收于Tacchi Venturi, OS, vol. 2, p. 387；以及鲁保禄的引文，后者收于Paul A. Rule, K'ung-tzu or Confucius? The Jesuit Interpretation of Confucianism（Sydney：Allen and Unwin Australia, 1986），p. 31。
④ D'Elia, FR, vol. 1, p. 120. 另请参见史景迁（Jonathan Spence）在The Memory Palace of Matteo Ricci（New York：Viking/Penguin, 1984, p. 210）中的英译。（译者按，此处汉译摘自史景迁：《利玛窦的记忆之宫：当西方遇到东方》，陈恒、梅义征译，上海：世纪出版集团，2005年，页219。）

第二章 又一个轮回:耶稣会士及其著述在中国和在欧洲

说:"利公(利玛窦)诵圣谟,遵王度,受冠带,祠春秋,申敬事天之旨,以裨正学"①。

从上面带有跨文化性质的证据中可以看到,利玛窦及同行的那些支持调适主义的人在高度文明的中国人中似乎有这样一种感受:借用天文体系里一个比较重要的概念来说,这种感受就是所谓的"天球谐乐"(The Harmony of the Spheres)②。也正是从这种感受出发,利玛窦等人才成了联系"他者世界"的中间人。正像李贽(1527—1602)和后来的戴震(1723—1777)这些中国人看耶稣会士那般,利玛窦等人自己也认为,是结构或功能方面某些相同的特质将神父和"儒"联系在一起。戴震就认为,西方天文学的很多模型都合乎经验、井然有序、前后一贯,这都是背后一种更为精致的道德智慧的具体展现。中国人很重视这种更为高尚的道德情感,这转而推动他们投入精力检讨自己的文化③;与此相应,因为"儒"的具体实践"符合自然理性之光和天主教真理"④,利玛窦则开始更为全面地研究中国人的宗教。

按照耶稣会士建构出来的说法,"孔夫子"的著述言及中国人的自然神学,借此,他为这种神学提供了见证;同时,他也提出了这种自然神学与耶稣会士独有的启示神学实现统一的可能前景。耶稣会士们并没有将这种相似性看作巧合。事实上,对耶稣会士们来说,即使是最微不足道的相似之处(哪怕是用相似来打个比方)也不会是种偶然,因为这些相似之处都可视为那套神圣符号的外在表征,也正是借助这些设计

---

① 瞿汝夔:《大西域利公友论序》,收于李之藻:《天学初函》,"理编",页295—296。(译者按,在该序原文里,"诵圣谟,遵王度,受冠带,祠春秋"前并无"利公"二字,詹启华翻译后将前文"利公"两字加于此处,且"申敬事天之旨,以裨正学"一句前另有"躬守身之行,以践真修"一语,为詹启华删去。)

② "天球谐乐"的概念始自古希腊毕达哥拉斯学派,它认为天体与音乐一样都呈现出一种"数的和谐",这一观念也影响了包括后来的开普勒在内的许多天文学家。——译者注

③ Nathan Sivin, "Copernicus in China", *Studia Copernicana* 6 (1973): 63-122.

④ "[T]utti conformi al lume naturale et alla verità catholica." See d'Elia, *FR*, vol. 1, p. 120.

好的表征,才使天主得以向其臣民显现,这恰恰印证了"孔夫子"正是以前的一位基督徒,是耶稣会士们的同道。耶稣会士们相信,"根据《圣经》自身的权威,……有关宗教(religion①)的全部知识都来自天主,这些知识并不限于《圣经》已经告诉我们的那些"②。

遍览利玛窦《天主教中国开教史》一书,"孔夫子"差不多就像基督宗教早期教父一样,被称颂为较早向中国人宣扬一神论的先知,而他有关一神论的学说却随着在臭名昭著的"秦火"中惨遭焚毁的典籍一同消失了③。实际上,利玛窦曾说过,官方加给孔子的荣衔——"圣人"——用意大利文来翻译,最好是翻译成"santo"(圣徒)而不是"sapientissimo"(圣贤)④,这显然让龙华民(Niccolò Longobardo, 1565—1655)感到惊恐。其实,将这两个词等同起来并非偶然;利玛窦也曾同样用中文里的"圣人"一词向中国的慕道者们介绍基督宗教里的圣徒。

中文里的"圣人"一词理解成以下两个意思都可以,既可以理解为"圣贤"(wise person/holy person),也可以理解成"圣徒"(sage/saint);但在17世纪的意大利文里,"santo"和"sapientissimo"这两个词在意思上则差得较远。举例而言,像亚里士多德这样备受耶稣会士赞誉的异教徒哲学家虽然被视为"sapientissimo"(圣贤),但"santo"(圣徒)一词则专用于奥古斯丁、哲罗姆等早期教会里的"神视者"(visionary)。因此,这里要讨论的不是词汇本身,也不是哪种表述才贴切;我想说的是,正是通过将"孔夫子"视作"santo"(圣徒),才将他堂而皇之地安排进

---

① "宗教"(religion)一词本是单数,指真正纯正的信仰,一度专指基督宗教,后逐渐演变为可用复数的词汇。此处或指基督宗教的信仰。——译者注

② 这段简明的话出自约翰·亨利·纽曼枢机主教(John Henry Newman),引自 Jaroslav Pelikan, *The Vindication of Tradition* (New Haven: Yale University Press, 1984), p. 33.

③ 这是李之藻在他为1607年出版的《天主实义》所作的序言中提出的观点。参见李之藻:《天学初函》,页9—12。

④ 利玛窦使用"santo"这个词,到了20世纪还在耶稣会士当中继续引起关注。德礼贤在利玛窦原文第一次出现"santo"的地方还加上了两页的说明性注释。参见龙华民对利玛窦在意大利文中首次使用"santo"(圣徒)一词的回应——利玛窦最早劝化的中国人中有一位名叫瞿太素,利玛窦在1596年5月18日给他写了一封信并将信翻译成了意大利文,龙华民对这封信曾有评论,收于 d'Elia, FR, vol. 1, pp. 118-119, n. 7。

第二章 又一个轮回：耶稣会士及其著述在中国和在欧洲

了基督宗教的先圣祠。在利玛窦和同是耶稣会士并翻译利氏著作的金尼阁看来，被称作"孔夫子"的这个人：

> 以他的著述和对话，教导所有人去热心追求美德。在中国人中，他因其神圣的生命而被认为是超越了所有的凡人，超越了世界各国许许多多道德卓著的人。我们应该说，他可与我们国内的任何一位异教徒哲学家相媲美，事实上他还比很多异教徒哲学家高明。不止中国的文人学士无法质疑他的任何主张，任何人也都无法质疑他的主张；同样，根据我们共奉的导师（译者按，即指耶稣）的训言，他的这些主张也是令人信服的。不止是文人学士们，就连帝王们也很尊崇他，向前追溯多少个世纪也一直都是如此。然而，对他的尊崇是通过一些世俗的而不是属神的礼仪来表达的；他们也都承认，他们借此在内心表达了对从他那里接受来的学说的一种感激。①

那么，除了"santo"以外，还有什么称号更适合这个人的呢？他一定是位"santo"（圣徒）。

金尼阁认为，有必要强调这一点：用于崇祀"孔夫子"那"神圣生命"的乃是一种"世俗的"而不是"属神的"礼仪。这多少能够告诉我们"孔夫子"在耶稣会团体中处于怎样的地位。同样，记住这一点也很重要：上述所言都出自金尼阁之口，并非译自常见的记载着这位圣人生平

---

① 拉丁原文为"…quàm scriptis & congressibus omnes ad virtutis stadium incitaret. Ex qua viuendi ratione consecutus est apud Sinas, ut mortals omnes, quotquot ubique terrarium virtute praestiterut, vitae sanctimonia excessisse credatur. Et fanè si eius dicta factaq; quae leguntur attenderis, paucis è nostratibus Philosophis Ethnicis cedere, multos etiã eum superare fatebimur. Eam ob rem tanta est viri opinion, ut nullum eius pronunciatum ab Sinensibus literatis, hodieq; in dubium reuocetur, se dab omnibus aequè in Magistri communis verba iuratur. Nec literati viri solùm, sed ipsi quoque Reges eu per tot retro secula, mortalium tamen, non etiam Numinis alicuius ritu venerantur, & gratum animum acceptae ab eo doctrinae sese exhibere profitentur."Trigault and Ricci, *DE-CAS*, pp. 28-29.（译者按，虽然文字差别较大，此处译文仍然参考了《利玛窦中国札记》，页31—32。）

的中文传记;因此,这些话在梵蒂冈的监察官听来一定很刺耳。所以,在读这些记述时,人们有理由完全相信,耶稣会士和当时的中国人一样,都把"孔夫子"视为圣人,同样也对从他那里接受来的学说心存感激。就此而言,不管是神父们主张不能将"孔夫子"归入"今儒",还是利玛窦强烈坚持将"儒"(letterati)与"真儒"(i veri letterati)区别开,也都不难理解。

耶稣会士们真诚地相信自己和"孔夫子"有着共同之处,因为就耶稣会士的切身体会来说,"孔夫子"的所有言行都引起了他们深深的共鸣,其中包括:强调犹如同胞兄弟一般的永恒友爱,强调仪式在陶铸有意义的生活中的作用,强调为了天下大同要选贤任能,强调学习是在道德上"自我形塑"(self-fashion)的基本方法。神父们与"孔夫子"的联系是如此紧密,以至于当他们埋首于他的著作并试图在日用常行中恢复他的教导时,他们似乎成了孔子的弟子而不是他的同道教友;与此同时,他们对"Confutius"和"Confutio"(孔夫子)的使用,则为自己围绕心中的这位圣人以及因他而聚集在一起的那些调适主义者,划出了一个志同道合的小圈子。

从《天主教中国开教史》开始,在调适主义者的所有记载里,"孔夫子"(Confutio)就占据了一个截然不同的重要地位,这一点迥异于中国另外两个主要教派的创始人。在利玛窦那部介绍性的著作里,他专辟第十章来讨论中国人的不同教派,包括儒、佛、道这三个不同的教派①。因为观点上有相似之处,"儒"受耶稣会士尊崇的程度远高于其他两派,尽管其他两派也得到了准确的描述,但却被耶稣会士斥责为魔鬼的创造。

在这三种传统里,只有孔子创立的传统是用意大利文来命名的;其他两种传统只是被简单地音译过来,故意形成了一种反差。佛教要么被称为"*leggi di Sciechia*(释迦,Shakyamuni)",要么被称为"legge degli Fatochei";而道教名物则有"*Tausu*"(道士)一称,或是"setta è di

---

① D'Elia, *FR*, vol. 1, pp. 108-132, esp. pp. 115-131.

第二章 又一个轮回：耶稣会士及其著述在中国和在欧洲

Lauzu"（道教，老子之教）。事实上，从第一次提到"Confutio"（孔夫子）及其教派开始，就没有尝试用音译的方法或是耗费精力来解释这个中国人的名字应该如何正确发音，好像这个词的发音已是人尽皆知。根据德礼贤的说法，"孔夫子"三个字的发音还是有大致可以对应的意大利语的。"孔"的意大利语翻版乃是"Ccom"，而"夫子"的拼写方法却有些变化："Fuze""Fuzu"或是"Fucu"。此外，孔子名"丘"，"丘"字被表为"Cchieu"；其字"仲尼"则被注音成"Cionni"，这里所说的"字"（style name）是仪礼中会用到的名字，由家里起赐，一般在朋友之间会用到它①。到利玛窦著书时，并没有用这些对应的意大利语，这意味着"Confutio"或"Confuzo"已经作为原生的意大利文形式被吸收进了耶稣会士的语言里。这便是我在"导言"里提到的后来西方人借用"Confucianism"（儒教）一词其背后有着内因的最早证据。

劳瑞纳（Donald Lach）证实了耶稣会士眼中的"孔夫子"（Confucius）在认识论层面并没有造成什么障碍，他就曾说道："亚洲诸神的名号（Shaka，释迦，即佛陀；Ganesha，甘尼夏，即印度的象头神；Confucius，孔夫子）……一段时间以后都用到了欧洲的著作里，并且未加任何解释"②。可以说，这时耶稣会士们是透过"孔夫子"（Confucius）这块镜片来理解中国的；反之，中国也透过这块镜片来理解他们。在华神父们倍加珍护的这些发明，很快就成了"我们"（译者按，指在华耶稣会上）和"他们"（译者按，指中国的"儒"）所用文辞判然两分的根本所在，而耶稣会传教团与生俱来的那些鲜明特质也在此中变得尤为突出。

遵经的文本团体

神父们按"儒"的形象来塑造自己，但他们也承认，耶稣会士掌握

---

① See D'Elia, *FR*, vol. 1, p. 39, n. 1.
② D'Elia, *FR*, vol. 1, p. 533.

的知识与儒家学说存在差异:"他们中最为人重视的知识是道德知识,但因为他们对辩证法一无所知,[就此而言]他们所言所书均无逻辑可言;相反,只是一些不同的格言和论断杂乱堆砌在一起,不过,他们却能凭理性之光很好地加以理解"①,然而这都只是为了强调他们对自己与儒家之间的相似之处洞若观火。和耶稣会里的所有调适主义者一样,利玛窦除了注意到自己与儒的不同,还一直在寻找两者在结构上的相似性,同时也特别留心相似的程度。

在坚持不懈地寻找儒与耶稣会士之间的相似关系时,利玛窦似乎并没有意识到,他在努力揭示两者结构一致时所用的语言着实令人叹为观止,这些言辞为洞悉中国文化和语言的隐微之处所必需,但并非仅限于此,它更是进行概念发明所必需的原材料。而在向中国人宣扬基督教神学的普世性时,他的护教策略则让外来信仰与本土信仰之间的差别变得模糊不清,这一点是公认的,不管是当代的中国学者还是当时他所在修会的其他成员都持此观。在1604年写给耶稣会会长的信里,利玛窦为中国人信仰"太极"辩护,称其有益于而不是有碍于一神论。他这么做,使我们能瞥见耶稣会士是如何(用亚里士多德的方式)来重新评价中国本土概念的:

> 他们声称这[太极]不是一种精神物,它没有理智。虽然某些人声称它是物质的理性,但他们没有把理智理解为某种实质性的和有理智的东西。这种理智更为接近建立在推理基础上的理性,而不是推理理性。……所以,我们更加认为该书(译者按,即《天主实义》)不是攻击他们之所说,而是使之更为与上帝的观念相吻合,以便使我们显得不是追随中国人的观念,而是按照我们的观点来诠释中国作家的著作。……他们最终理解到了"太极"是第一物质本原,既深奥又无限。我们一致认为,应该说这就是上帝,而

---

① D'Elia, *FR*, vol. 1, p. 39.

第二章 又一个轮回:耶稣会士及其著述在中国和在欧洲

不是任何其他。①

和后来的天主教及新教传教士不同,利玛窦并不认为中国与基督宗教之间存在差异有何不妥;相反,他认为两者是互补的,并在哲学层面假想当时的"儒"和他自己的信仰进行了一场对话。关于这种对话的构想是否合理的问题,在《天主实义》一书中得到了澄清,最重要的是,这部书象征着耶稣会士从天主教神父转变成了"儒"。对利玛窦来说,他作为一名教学者采用问答方式来教学是成功的,这与他的一种能力直接相关,那就是他在书中成功再现了 16 世纪"儒"的种种"惯习"(habitus②)。《天主实义》正是成功实现跨文化的明证,和以前的著作不同(比如一开始用拉丁文拟稿的《天主实录》),它是面向中国读者用中文写成的并且非常流行——1603 年至 1966 年间,涌现了许多版本,反复印行③。利玛窦坦言,《天主实义》带来的影响及其与徐光启合著的《交友论》的广泛流行,"为他们赢得了德才兼备的学者的好名声"④。

---

① 引文摘自利玛窦于 1604 年写给阿夸维瓦的一封信,同时寄出的还有他为《天主实义》中的论点所作的拉丁文概要与说明。D'Elia, FR, vol. 2, pp. 296-298, n. 2. 该引文也被谢和耐翻译和引用过,见于氏著 China and the Christian Impact, trans. Janet Lloyd(Cambridge: Cambridge University Press, 1985), p. 27. 在翻译中,谢和耐形成了自己的总体看法,但故意曲解信札的字面意思则使他能把问题的焦点集中在利玛窦的动机上。(译者按,谢和耐在引用这段文字前提到利玛窦征引中国文献的目的"归根结底是为了用它们来指称一些与其本意不同的内容",参见谢和耐:《中国与基督教——中西文化的首次撞击》,耿昇译,上海:上海古籍出版社,2003 年,页 13,该段中文译文亦摘自耿译本,页 13—14。)

② 这个词借自皮埃尔·布迪厄(Pierre Bourdieu),详论见于氏著 Outline of a Theory of Practice, trans. Richard Nice(Cambridge: Cambridge University Press, 1977), pp. 72-86. "惯习"(habitus)是由社会再生产中的无意识结构构成,而再生产的那些"思想和表达的体系,正是有条理的即席创作中的那些无意识发明的基础"(见前引书第 79 页,着重号系原文所有)。"惯习"(habitus)并不只是"生而知之"或"学而知之"得来的某个群体的自我概念,它是实践世界的缩影,一个人秉有这种"惯习"会不自觉地表现在自己的姿态、衣着、言语甚至是倾向里。

③ 有关重印这部教义问答集的历史,参见 Lancashire and Hu, TMLH, pp. 16-21。

④ 参见利玛窦于 1598 年写给高斯塔神父(Girolama Costa)的信函,收于 Tacchi Venturi, OS, vol. 2, p. 243,邓恩(George H. Dunne, S. J.)曾有过翻译,参见氏著 Generation of Giants: The Story of the Jesuits in China in the Last Decades of the Ming Dynasty(Notre Dame, Ind.: University of Notre Dame Press, 1966), p. 44. 在利玛窦的信札里,《交友论》一直被他称作"Amicitia"(译者按,该词系拉丁文,意为"友谊")。

可以说,利玛窦在这部教义问答集里讨论的对话,正是他寻找双方共同前提的证据。他试图表明,中国原本就有一神教,"儒"正是神在中国的仆人;他提出这一观点所用的方法并非传教士们惯常使用的手段,但对中国的文人学士们来说却是再熟悉不过的了。利玛窦并没有采用罗明坚在《天主实录》里的做法,没有按照一般的解释惯例来写作,即没有让第三方叙述者用一种无所不知的口吻将基督宗教的一个个要点娓娓道来;相反,他引入了经院哲学的那套修辞,用辩论的方式来阐述观点。就此而言,《天主实义》里的讨论摆脱了《天主实录》所用的"简明实解"(expositio)的体裁。事实上,利玛窦早在1603年就准备好了这部教义问答集的拉丁文译本,在他口中,这部译本被称为"De Deo verax Disputatio"(《有关天主的确切讨论》)①)。另一方面,对于中国人来说,书中辩论所用的论证方式正是他们觉得亲切又珍贵的惯有方式;因此,它被看成是"说"(persuasion),而"说"是战国时代常见的论述文体,也是中国古代纵横术的基础。

在这部教义问答集里,利玛窦利用了论述形式上的相似,为土生土长的中国人理解基督宗教的基本概念——天堂与地狱、天主、赏善罚恶、人魂不灭、天主创制万物——提供了逻辑上的证明。据说,中国古老的自然宗教的真理此时已经晦暗不明了,而当"西士"在与他对话的传统的"中士"那里逐步唤醒对这种真理的重新认知时,上述那些基督宗教的概念也都被从中国本土文化中激发出来。在这部教义问答集第七章的结尾处有一段对话,没有什么能比它更好地诠释了利玛窦的修辞策略。

这一章题为"论人性本善而述天主门士正学",本身就是对中国本土语汇进行的不可思议的发明创造。"门士正学"这个说法很讨巧,也很含糊不清:它既可以指使徒流传下的基督的教导,也可以指孔门弟子

---

① 利玛窦翻译了《天主实义》的中文序言并撰写了拉丁文概要,他还为译文和拉丁文概要另写了序,此处所引正出自此序的拉丁文手稿。在北京出版的第一版原稿藏于罗马的卡萨纳滕斯图书馆(Casanatense),并有影印,影印稿见于 Lancashire and Hu, *TMLH*, p. 459。

第二章 又一个轮回:耶稣会士及其著述在中国和在欧洲

从孔子那里传承下来的关于"天主"的真实教导,因为"门士"一词通常用于指称圣人的信徒。经由论辩对手的一些提示,书中的儒家学者终于意识到当时(流行)的"佛、道、儒"三教合一的信仰是个严重的错误,并大声疾呼:"噫嘻!寇者残人,深夜而起,吾侪自救,犹弗醒也。闻先生之语,若霹雳焉,动吾眠而使之觉"①。

在这段话里,"寇者"是指日益增多的赞成"三函教"那种宗教折中主义的人。正是他们,特别是其中一些"今儒"的拥趸们,肆意挥霍"正教"的遗产,将历史上那些迥然不同的中外传统杂糅在一起,最终消除了正统与异端之间本该存在的差别。"今儒"们用一种狡诈的手段,不无狂妄地宣称自己继承了孔子的"学统",借此挤占了"正道"应有的地位。

恰恰是"西士"而不是"中士",展示了自己精通儒家的哲学语汇,他还斥责"三函教"是异端,同时还明白无误地阐述了"正道"。"夫吾天主所授工夫,"他说,"匪佛老空无寂寞之教,乃悉以诚实引心于仁道之妙。"②尽管神父们和中国人之间的一些不同可以用来强调他们在根本上的相似,但这里的情况则是,两者之间的不同也可用来将本土信仰中正确的内容从错误的内容中区别出来。

在有关天主所授工夫的这段讨论里,似乎在概念上总是显得比较奇怪,这恰恰说明耶稣会士经"本地化"而成为儒家信徒还是有一定限度的。利玛窦也像信奉儒家正统的人一样有着捍卫孔子"正道"的内在冲动,这既体现在书中使用了宋儒用语,也体现在利玛窦对朱熹和宋代的其他人在形而上学的层面上也用这些词来绍述古代的儒家传统颇为反感,从这一点来看,利玛窦显然没有意识到其间存在自相矛盾之处。具体而言,我们在利玛窦的这段讨论中看到的尽是宋明时期对儒家传统进行哲学建构的专门用语,更清楚一点地说,尽是些"理学"用语:"仁道""工夫""心""诚实"。同样,在他对"时儒"的指责里,这位

---

① Lancashire and Hu, *TMLH*, p. 602.
② Ibid., p. 591.

学者也在不停地重复理学批判佛教和道教的陈词滥调。尽管如此,这些理学概念也被同时用作诠释正统的工具和捍卫正统的武器,以免受到当时那些儒家流派的影响,这些流派影响了时人对"理学"道德术语的理解。

我怀疑,利玛窦很有可能不知道这些理论术语的原始出处在哪,因为在耶稣会士们自己学习"官话"时,这些词就已为他们所知并成了学习的一部分,因为它们早被吸收进了耶稣会士用作教材的那些书(比如"四书")的注释里。在利玛窦的观念里(前文已有述及),显然有一种因为误解而将与"儒"有关的若干历史片段混为一谈的情况,这一点留下了丰富的想象空间,人们很容易从中得出这样一种观感:在宋代被视为宇宙原则的"太极"乃是一个古代用语,因为它就是孔子提到的那个最根本的原则。利玛窦读过经朱熹编辑加工的文集——"四书",并且认为它是"孔夫子"的作品;而他在批评朱熹无神论的同时,却也调遣"理学"的理论先锋为自己所用,对佛教和道教这类"异端"大加挞伐①。在用教义上正确的"古儒"来取代"时儒"(也就是"理学"之儒)的过程中,利玛窦往当时儒家的主流观念中塞进了在华耶稣会士的私货,但利玛窦与同行的耶稣会士的"秀才们"根本无法进入儒家观念的主流,只能处于边缘的地位②。

耶稣会士们为当时的中国人扼腕痛惜,痛惜这些中国人离开了正道,认为只有自己才是"正道"的传播者,但其实他们才处于微末的地

---

① 参见利玛窦:《天主实义》,特别是页597—602。

② 当然,作为中国地方社会的一个阶层,"秀才"在晚明社会俯拾皆是,并且常常卷入各种地方暴动,这些暴动有的是因为对经济状况不满,有的则是由宗教动乱引起。根据魏斐德(Frederic Wakeman)的说法,在中国江南,秀才"在长江三角洲各城镇形成了新兴的引人注目的阶层,他们艳丽浮夸的衣着举止,被当时人们视为性异常或社会异常现象"(译者按,此处引文摘自魏著《洪业——清朝开国史》,陈苏镇、薄小莹等译,阎步克等校,南京:江苏人民出版社,1995年,页81—82)。利玛窦也注意到了同样的现象,他在《天主教中国开教史》的第一卷里对此深表厌恶,但似乎不清楚这些人中有很多是秀才。See Frederic Wakeman Jr., *The Great Enterprise: The Manchu Reconstruction of Imperial Order in Seventeenth-Century China*, vol. 1 of 2 vols. (Berkeley: University of California Press, 1985), pp. 94-95; and d'Elia, *FR*, vol. 1, p. 98.

第二章 又一个轮回:耶稣会士及其著述在中国和在欧洲

位,这便是他们的现实境遇。针对念诵佛经是否有益的问题,"西士"用中国人耳熟能详的一连串比喻加以回答,听起来很像是儒家中兴功臣朱熹的口吻,他答道:

> 一家止有一长,二之则罪;一国惟得一君,二之则罪;乾坤亦特由一主,二之岂非宇宙间重大罪犯乎?儒者欲罢二氏教于中国,而今乃建二宗之寺观,拜其像。①

神父们化身为"儒"必然会有种种体现,这只是其中一个例子。这种转变揭示了他们对中国本土一些说法的赞同,已经达到了很可观的程度,因为"一家止有一长"的说法就像是"天无二日"这句中国政治格言的标准翻版。

以"西士"和"中士"为掩护,利玛窦提出了一个富有竞争意味的主张,声称自己才继承了"孔夫子"的衣钵,其正统性来自早期的儒家传统,也就是其所谓的被佛教和道教这两种超自然的迷信腐化前的那种儒家传统。将"后儒"或者"今儒"斥为离经叛道之徒,指责他们已经很难与和尚、道士区别开来,这种论调见于耶稣会士的著作;正像我们看到的那样,这些著作明确排斥宋儒和明儒特有的在形而上学层面对儒家经典进行的那些不无臆测的解释,但当利玛窦撰述这些著作之时,这些解释却恰恰是翰林们遵奉的金科玉律。

《天主实义》通篇,"西士"和"中士"都在谈论"先儒""古之儒""古儒"以及"前世之儒"。通过借用这种"解释语码"(interpretive code),利玛窦和同行的神父们将正统区别于异端;正是在辩论"万物一体"是否适当时,第一次出现了"先儒"这个词:

> 墨翟兼爱人,而先儒辩之为非。今劝仁土泥,而时儒顺之为是,异哉!天主之为天地及其万物,万有繁然,或同宗异类,或同类

---

① 利玛窦:《天主实义》,页592。

异体,或同体异用。今欲强之为一体,逆造物者之旨矣。①

这里说到的"先儒"与"时儒"的差别并非指年代上的差别,而是指学说上的差别;至于被中华帝国晚期的儒者们视为哲学差异的那些内容,则被利玛窦当作辨别正统或异端神学的标志。对当时的儒者进行批判,指斥他们是"伪儒"或满口谎言,实际上是在以儒家正统自居对他们提出批评。利玛窦坚称,"时儒"与佛僧、道士几无差别,儒家学说从古至今的传承也并非纯而又纯;这种观点后来被吸收进了顾炎武(1613—1682)的《日知录》,最显著的是被吸收进了戴震的《孟子字义疏证》。

利玛窦评论说:"[文人学士中]目前最普遍信奉的学说,据我看似乎是来自大约五个世纪以前开始流传的那种崇拜偶像的教派(即佛教)。"②在过去的五百年间,儒释道三教已变得混淆不清,这让利玛窦笔下的"中士"感到非常痛心:"间有儒门之人,任其私智,附会二氏(引者按,即佛教和道教),如丐子就乞余饭,弥紊正学"③。通过文学化的巧妙构思,利玛窦借"中士"之口清楚地道出了"正""邪"之间的真正差别。

当时流行的儒学上承"程朱""陆王"两派,利玛窦毫不犹豫地对此提出了批评,因为它在哲学上有这样一个一元论前提:"整个宇宙是由一种共同的物质所构成的,宇宙的创造者,与天地、人兽、草木以及四种元素共为一体"④。对于利玛窦来说,这一前提在逻辑上有个令人头疼的推论,即"人还可以变得和上帝一样,因为他有着与上帝同一的物质"⑤;这样一种异端邪说必须被驳倒,"不仅要根据理性,更要根据他们古人的论证加以驳斥,因为他们的古人已经很清楚地宣扬了一种非

---

① 利玛窦:《天主实义》,页487。
② 此处译文参考了《利玛窦中国札记》,页101。——译者注
③ 利玛窦:《天主实义》,页624(译者按,詹启华此处引用,在"附会二氏"与"如丐子就乞余饭"间脱"以论来世"一句)。
④ D'Elia, FR, vol. 1, p. 116.(译者按,译文参考了《利玛窦中国札记》,页102。)
⑤ Ibid.

第二章 又一个轮回:耶稣会士及其著述在中国和在欧洲

常不同的学说"①。

基于儒家传统的自足性和原生特点为其作辩护的做法,类似于16世纪新教改革家的尚古论调,他们总是回到《圣经》无误来提出自己的主张。这些改革家们提出的原质主义观点认为,《圣经》没有内在矛盾且完全可以理解,因此,根本没有必要加以注释或诠解,而其中最著名的一位学者就是弗拉西乌斯(Matthias Flacius Illyricus)②。同样地,利玛窦也力劝他的同胞们努力研习中国的经典,这里的经典系指没有因朱熹等"后儒"的注释而变得窒碍难懂的经典,因为他们的注释恰恰破坏了这些备受尊崇的经典文献的原意。

相反,对于中国人来说,"先儒"和"后儒"的区别只是年代上的差别,当然不是利玛窦眼中两者在观念意识上存在的差别。利玛窦却坚持将"儒"分为两类,即"古儒"与"今儒",或者说是"真儒"与"伪儒"③,所谓"今儒之谬攻古书,不可胜言焉,急乎文,缓乎意"④。利玛窦的这一做法正是11世纪宋代学术批判方式的一个变种,宋代的学术批判方式早已成了学者们围绕"古文"和"时文"展开激烈争辩的标准模式(这些争辩都只是形式上的,并没有什么实质内容),并且成了所有训练有素的学者们所惯用的手段。可以说,虽然在华耶稣会士强调回到信仰基础与原则的本能反应,是他们在与新教改革家的神学论争中学到的,而他们坚持回到未经注释改饰的中国经典的做法,更是证明他们已经成功完成了"转变"。

一开始很难想象在传教士和"儒"之间怎么会出现如此明显的亲缘关系。表面上看,他们之间的确有一些相似之处,耶稣会士自己在与中国人相遇的早期就曾对此作过评论,前一章也曾讨论过这个问题。

---

① D'Elia, *FR*, vol. 1, p. 116. 因为窜改的原因,此处引文另有一个差别不小的翻译,参见 Gallagher, *Journals*, p. 95。

② See Matthias Flacius Illyricus, *Clavis Scripturae Sacrae* [1567] (new edition, Jena: Johannis Ludovici Neuenhans, 1674).

③ D'Elia, *FR*, vol. 1, pp. 115-116.

④ 利玛窦:《天主实义》,页551。

但在利玛窦的《天主实义》里还有一次认识上的飞跃，不再只是强调耶稣会士与"儒"在职责、教育和组织上的相似之处，还声称自己合乎正统地掌握了"道"。实际上，当耶稣会士抨击"今儒"崇拜偶像的行为时，当他们致力于完全恢复由"孔夫子"开创的传统时，他们正是在宣称自己持有"道统"。利玛窦曾经是一名闯入中国文化的"他者"，但他早已成了一名合格的诠释者；当他在《天主实义》这部教义问答集的另一段引文里借"中士"之口将"麦粒"（正道）从"秕糠"（异端）中分出来时，他其实就以诠释者的身份表明了自己的观点：

> 然则人之道，人犹未晓，况于他道？而或从释氏，或由老氏，或师孔氏，而折断天下之心于三道也乎？又有好事者另立门户，载以新说，不久而三教之歧必至于三千教而不止矣。虽自曰："正道！正道！"而天下之道日益乖乱。①

可以说，在谈到这些内容时，利玛窦更像是加入到了中国学者就"儒"的革新改良所进行的辩论，而不是一名通过重新解释"孔夫子"来寻找皈依者的传教士。当然，他也很积极地从事于后者，但同时他更敏锐地意识到，如果没有对话，想要劝化人们皈依毫无可能。因此，从利玛窦神父名下最知名的改宗者徐光启那里了解到这一点不足为奇：在晚明的宗派论争中，《天主实义》与耶稣会士的其他中文著作都是非常有效的工具，因为它们能够"补儒易佛"②。

反对佛教、赞成复兴儒家学说的这类立场可以万历年间东林党和

---

① 利玛窦：《天主实义》，页425。随着该教义问答集的不断深入，"中士"不再是"西士"论辩时的陪衬，就像他在这段引文里的表现一样，他也开始斥责和他一样的那些中国人的习惯做法，变成了基督宗教教义学说热心的支持者。

② 徐宗泽：《明清间耶稣会士译著提要》，台北：中华书局，1958年，页309。徐光启：《泰西水法序》，收于《徐光启集》，北京：中华书局，1963年，页61。这句话在耶稣会士中是如此流行，以至成了他们的"成语"。事实上，这个"成语"在《中国哲人孔夫子》一书中还有一个拉丁音译的副本，那就是"Pu ju; çive fe"。See Couplet, *CSP*, p. xiii. 这个说法的另一个版本乃是"亲儒排佛"。

第二章　又一个轮回：耶稣会士及其著述在中国和在欧洲

复社的革新运动为代表。神父们及由他们施洗的那些新近皈依的中国信徒们，都和这些团体推行革新改良的复古运动有着联系。然而，正如我们在上一章看到的那样，这种联系是偶然的。顾宪成和高攀龙（1562—1626）在无锡开东林书院，意在防范大明帝国政治社会生活中地位最高的那些阶层的堕落；但在这么做时，他们却提倡回归朱熹理学中的"实学"，而朱熹的理学恰为利玛窦所反感并且被贴上了"无神论者"的标签。因此，顺应晚明的复古潮流，耶稣会士采用了中国人的那套"自我形象"，这一点很不寻常，就这个问题我们可以从当时中国人对他们的反应中了解到更多。

中国人对耶稣会士"判教"的"接受"情况

耶稣会士在中国当地的"自我界定"（self-definition）极为独特，这一点至为明显，因为他们对"先儒"的界定就有别于当时在中国人中间流行的观点，就像他们坚持使用"孔夫子"一词也和中国人大不相同一样。"先儒"一词在中国本土早有先声，但只是零星地出现在元明两朝以前的中文文献里，而且几乎专用于祭祀孔子弟子的国家祀典里。杜预（222—284）为《春秋》作注并撰写了序文，在这篇序文里，他批评了与他同代的其他人的注释，他说："先儒所传，皆不其然"①。此处，杜预在古今之间作了一个意义重要的区分，不免使人想起耶稣会士对"先儒"的界定。同样地，孔颖达（574—648）在几个世纪后对"先儒"和"后贤"作出的对比也会让人想起耶稣会士的这个界定②。此后若干年，"先儒"和"今儒"这两个词通常被用来指称"古代"与"今时"在行为方式上的差异，而"先儒"这个词也逐渐丧失了它的特定含义。

---

① 杜预：《序》，《春秋经传集解》，卷一，重印本，台北：中华书局，1965年，页2a。
② 《春秋左传正义》，收于《十三经注疏》，卷七，重印本，上海：上海古籍出版社，1990年，页9.2—10.1。

迄至明代,"先儒"一词已经变得更像是一种描述性的而不是某种规范化的表达,它在仪式典礼中被当作祷文的呼语,而在孔庙内依次排放灵位时它又被当成某种特定的称号①。在后一个例子里,"先儒"一词几乎很难同"先贤"一词区别开来,而"先贤"专门用来称呼孔子门下受人尊敬的十个弟子,其中就包括颜回和曾点。所谓的儒家弟子左丘明被认为是《左传》的作者,根据他的说法,"先儒"被赋予的使命乃是要传播孔子的教导。

事实上,"先儒"一词是朝廷祭祀时加于"经师"的称号。根据《明史·礼志》的说法,嘉靖(治在1522—1566)九年,"先儒"的称号加诸儒家信徒,上起左丘明,下至15世纪的胡居仁(1434—1484)②。使用这一称号在崇祯(治在1628—1644)年间里的1642年发生了变化,而利玛窦撰写《天主实义》这部教义问答集其实也正在此时。当然,孔子既不名为"先儒",也不在"先贤"之列。孔子通常被称为"先圣",以此为名的祭台位于"孔庙"最重要的地方,奉祀"先儒"和"先贤"的祭台则在其两侧。因此,尽管"先儒"这个词对于晚明受过教育的中国人来说再熟悉不过,但它的意思并非耶稣会士们希望的那样。"先儒"一词的重要意义仅仅限于仪式性的功能,即在朝廷祭祀时用来指称杰出的儒者,而且很少与"后儒""今儒"两词同时出现,后面这两个词是日常使用的白话,用来指称当时的学者。

耶稣会士有双重身份,既是中国当地的学者又是外来的传教士。他们视"先儒"为可以效法的中国本土楷模,这本身多少也反映出,相对于教会的权威,神父们对在华的现实处境某种微妙的考量。我们知道,耶稣会士将孔子称为"孔夫子",借此他们将这位圣人在由中国哲学家和官员组成的圣贤祠中奉为至高无上的地位;我们还知道,他们用中文称孔子为"圣人",并坚持将"圣人"这个词翻译成"santo"(圣徒)。

---

① 根据祀奉的是"先贤"还是"先儒",孔庙建筑的内部还要讲究位次,关于这个问题,参见 Thomas A. Wilson, *The Genealogy of the Way: The Construction and Uses of Confucianism in Late Imperial China* (Stanford: Stanford University Press, 1995), pp. 254-259。

② Shryock, *Origin and Development of the State Cult of Confucius*, pp. 187-195.

第二章 又一个轮回:耶稣会士及其著述在中国和在欧洲

但中国人尊称本国的这位圣人还用到了"先圣"一词,该词在中华大地的每座祠庙里都能见到,耶稣会士们却故意弃而不用。无论耶稣会士多么好地融入了中国的生活,他们在描述自己在中国的经历并对其意义作出诠释时,都必须能在身处果阿和罗马的上级面前自圆其说。那么,既然只有基督徒能被称为"最初的圣徒"(primo santo),孔子又怎么能获得这个称号呢?我猜想,当时要用"primo santo"(最初的圣徒)这个意大利语词来对译"先圣"已无可能,因此耶稣会士们最后才会选用"先儒"这个中文词来指称他们心中那位完美而理想的导师及其古老的伦理道德学说。

耶稣会士的这个选择对于当时追随他们的中国人来讲是说得通的,但在利玛窦对儒家传统的最新发展(特别是朱熹的著作)提出的批判中,耶稣会士们所用的"先儒"这一概念即便在晚明文化崇尚"复古"的氛围中也显得卓尔不群,甚至还自成一派。对神父们尤其是利玛窦而言,仅是诉诸"自然理性之光"来反驳佛教徒、道教徒和"时儒"的教义学说还不够。为此,利玛窦不得不用另一种方式来摒斥这些教义学说,那就是与他热心接纳的那种传统的文化精神完全保持一致。利玛窦也以这种方式就自己的身份作出了断言,宣示自己是一名已经同化了的诠释者,这也激起了当时王启元等中国士大夫的本能回应:"天主之教,首先辟佛,然后得入其门;次亦辟老,亦辟后儒;尚未及孔子者,彼方欲交于荐绅,使其教伸于中国,特隐忍而未发耳"①。另一位名叫曾时的中国学者也有力地质疑了耶稣会士以儒家代言人自居的合法性,其言曰:

> 诚不知其何解也。抑谓其教与儒合乎,则《天主实义》一书,已议孔圣太极之说为非,子思"率性"之言未妥,孟氏"不孝有三"之语为迂,朱子郊社之注不通,程子形体主宰情性之解为妄。凡此

---

① 王启元:《清署经谈》,此段引文亦为陈受颐引用,参见陈受颐:《三百年前的建立孔教论》,载《"中研院"历史语言研究所集刊》,第六本第二卷,1936年,页136—162。

数则,可谓其合儒乎?①

这段带有激辩意味的引文出自《圣朝破邪集》,它于 1639 年出版,是一部"反耶稣会"的小册子,但名声不佳。这段引文证实了这一点:耶稣会士不无发明地声称他们这个小团体是中国本土的经学流派,这个想法其实还是有生命力的。而批判基督宗教的这些人所用的语言则表明,耶稣会士已经和他们在拥有共同文化——"儒"——的基础上,形成了一种由诠释和攻辩组成的交流。从另一个相反的角度看,反过来说,这段引文也印证了这一点:在《天主实义》一书中,利玛窦在基督宗教和"儒"之间确立了双方都可以接受的前提。作品收入《圣朝破邪集》这部小册子的撰著者们,似乎因为耶稣会士自称保存了孔子的教导而格外觉得受到了冒犯;他们指出,耶稣会的神父们为捍卫自己所谓的"正学"而提出的论证中存在逻辑矛盾或不一致的地方。对神父们的指责句句可见,这在下面陈侯光的这段话里表现得非常清楚:

> 孔子言事人而修庸行,彼则言事帝而存幻想。孔子言知生而行素位,彼则言如死而邀冥福。孔子揭太极作主宰,实至尊而至贵;彼则判太极属依赖,谓最卑而最贱。……其以亲之鞠育为小也,则无父之罪甚于墨……独托事天事上帝之名目,以行其谬说。呜呼!大西借儒为援,而操戈入室。……乃崇其学者,半为贵人、为慧人。愚贱如小子,设起而昌言排之,则唾而骂者众矣。②

---

① Gernet, *China and the Christian Impact*, pp. 54-55.(译者按,该段引文的中译文摘自谢和耐:《中国与基督教——中西文化的首次撞击》,耿昇译,页 39;曾时原文与詹启华的引文略有出入,今从中文原本补齐。)

② 陈侯光:《辨学刍言》,收于《圣朝破邪集》,重印本,香港:建道神学院,1996 年,页 244。我的英译本则参照了谢和耐的引文,并作了不少修改。See Gernet, *China and the Christian Impact*, p. 53. 在这段引文里,陈侯光实际上是在批评利玛窦对"太极"的解释:利玛窦只是指出了"太极"并非"自立",因此不能等同于天主。至于耶稣会士有关"太极"神性的讨论,参见利玛窦:《天主实义》,页 406—407。

第二章 又一个轮回:耶稣会士及其著述在中国和在欧洲

由于陈侯光在这里指出了调适主义的解释中所存在的问题,所以他很清楚地说明了这一点,即耶稣会士们完全有能力将自己包装为中国文化根底的忠实捍卫者;更重要的是,他还表明,他所在的那个地区的确已有中国人被外来者的教义所劝化。这段文字出现在福建省的东南地区也许并非巧合,因为在 17 世纪最初的几十年里,提倡调适主义的基督宗教在这一地区的传播经历了可观的增长。信仰的成功传播在很大程度上要归功于像艾儒略(Giulio Aleni, 1582—1649)这样继利玛窦来华的传教士们的努力,不管是就某地还是全国范围而言,他们都引起了官员的注意并得到了支持;此外,以血亲为基础的祖先崇拜是充斥中国宗教生活的重要部分,而他们也以折中的方式妥善处理了基督宗教神学对祖先崇拜的批判。

《破邪集》不无悲叹地控诉道,中国各个阶层的人们都已对耶稣会神父所用圣水的疗效、所操拉丁语的神异以及"天主"的"全在"和"全能"感到惊奇不已。他们对圣母和圣子的画像以及基督宗教里的各类画像制品尤为着迷,最能吸引他们的还是十字架,比如,艾儒略就曾允许皈依天主教的中国信徒用十字架为葬礼引路,据说这样就能使祈祷的力量经由十字架传递到祖坟那里①。中国社会里对基督宗教提出批评的那些当地人已经清楚地认识到基督宗教对中国人生活的影响日渐广泛,并从几个方面对此作了评估:欧洲传来的书籍和天主教堂在整个国家日渐增多,而根据黄贞的统计,当时已有"万数之人"皈依了天主教②。

---

① 接触天主教能带来如此神奇的效验,此类现象在早期来华的传教士那里经常可以见到,李九标在他编辑的《口铎日抄》里也对此作过描述。许理和(Erik Zürcher)曾在自己的文章里对艾儒略鼓励这种做法进行过讨论,参见 Erik Zürcher, "Giulio Alenis et ses relations avec le milieu des lettres chinois au XVIIe siècle", in *Venezia e l'Oriente*, ed. L. Lanciotti (Florence: Leo Olchki, 1987), pp. 105-135。中国人对圣水、基督宗教的画像以及传教士其他带有神秘性的物品入痴入迷,在整部《破邪集》里都有详尽的记载。

② 黄贞:《请颜壮其先生辟天主教书》(这是他在 1638 年给颜茂猷的一封信),收于《破邪集》,页 152。

事实上，整部《破邪集》都充斥着对"天主教"①在士民之间大肆传播的愤怒："中结朝士，下惑愚民"②；"处处流毒，行且亿万世受殃。……而近日缙绅大老、士君子入其邪说，为刊刻天主教书，为撰演天主教序文"③。可以说，即便这些充满愤怒的反应尚不足以证明耶稣会士已经成了中国人，它也显然证明了耶稣会士的外来信仰已经糅合了中国本土信仰风俗的许多方面，因为这些反应提出的批评与其批评的对象已处于共同的文化语言背景下，而所用的方式也与耶稣会士一样是在辩论中强调对方修辞失当、言辞无力。考虑到对基督宗教提出批评的这些人在提到耶稣会士时都会毫无例外地使用"蛮"这个词，可见他们还在《破邪集》中在努力夸大夷夏之别。

这些充满焦虑的士大夫们不得不将这种教义当作"邪"来"破"，并通过"辨学""辨教"，将它与中国本土的学说区别开来；但在这个过程中却可以看到，一个入乡随俗的基督宗教已经被嫁接到了中国本土信仰风俗中最根本的部分上，并以一种融合的方式同儒家传统教导的某些教义结合在了一起。另一段不无偏见但却很有说服力的话，恰恰解释了利玛窦如何发明出了一种与中国本土传统相谐的基督宗教教义，在这段话里，黄问道指责利玛窦欺诈虚伪，他持如下观点：

> 语言不相通，音韵不相叶，恐其旨与吾儒大相刺谬，于是延中国之文人学士，授《五经》而占毕焉。遗其扁，剽其廓，遂阳著其说，似与吾儒尧、舜、周、孔之学无大差讹，实阴肆其教，排佛斥老抑儒，驾其说于尧、舜、周、孔之上。④

---

① 此处"天主教"加引号，是为了突出它是对应詹启华原文里的"*tianzhu jiao*"而非"Catholics"。詹启华在两者之间其实作了区分，"*tianzhu jiao*"一词乃指当时批评基督宗教的中国人所用的"天主教"这个中文词，詹氏实在暗示该中文词与西文里的"Catholics"有别。——译者注

② 《攘夷报国公揭》(这是一封写给蒋德璟的匿名信)，收于《破邪集》，页291。

③ 黄贞：《请颜壮其先生辟天主教书》，收于《破邪集》，页152。

④ 黄问道：《辟邪解》，收于《破邪集》，页267(译者按，詹启华此段引文的英译本有多处错误)。

第二章 又一个轮回：耶稣会士及其著述在中国和在欧洲

黄问道可以诋毁利玛窦的动机，却不能否定这样一个事实：在非常有才能的中国学者的帮助下，耶稣会士们已经制造了一个中国化的基督宗教，依照某些中国人的说法，这种宗教很难同"儒"区别开来。尽管耶稣会士在华期间一直以"秀才"和"儒"自居，但黄问道等人从未如此称呼过耶稣会士，像这样在用语上夸大自己与耶稣会士的区别，恰恰反映了在他们当中一直都有夺回儒家学说本土诠释权的强烈渴望。不仅如此，在他们看来，耶稣会士们都可归为"蛮"和"野蛮"；同时，他们还通过使用一系列当地的新词新义，比如"吾儒""吾儒圣"等，有意识地乞灵于本土传统，试图借此重申自己才拥有正统合法的本色，并且坚信它并不属于耶稣会士。

那些激昂的措辞每每都会突出"中外之别"，让人印象最为深刻的便是"学脉"一词，乃指中国正统的思想传统①。"学脉"一词与"血脉"同音，通过比拟于人体，将严格遵循传统学说比作根本无法予夺的血统。另一方面，"血脉"这个极富象征意味的词在使用上似乎远远超出了人体的范畴，小到每个中国人，大到整个集权国家，都可以用这个词，比如晚明时期就经常用"血脉"一词来比喻维持整个帝国的水运航道②。

正是通过这种方式，耶稣会士之"儒"与中国之"儒"的细微差别被人为夸大了。与此同时，这些反教人士还试图在"或受国恩，或叨圣养"③的名义下，向官府构陷揭发这些外国人，希望官府能制裁他们。在耶稣会士看来，中国当地的教义学说已经与外来的教义学说自然而然地纠缠在了一起，更重要的是，一些中国人也持此观；在这种情况下，上书朝廷恳请官府"严夷夏之防"乃是孤注一掷的做法。这只说明了一点：在中华大地上，一种传统的语汇和另一种传统的语汇已经毫无区别地混杂在了一起；由于耶稣会士依据中国本土的古代学术权威振振

---

① 黄贞：《请颜壮其先生辟天主教书》，收于《破邪集》，页150、152。
② 至于用"血脉"一词来比喻连接起帝国中心和乡野的水运航道的问题，参见Wakeman, *The Great Enterprise*, vol. 1, pp. 1-31。
③ 参见《攘夷报国公揭》，收于《破邪集》，页292。——译者注

有词地提出是他们保存了"正学",似乎只有官府的力量才能对抗这种权威,借此将耶稣会士们那些自大的歪理邪说一扫而光。但这种权威并非官府力量所及,它只寓于研习和传播经典的学术团体之中。也正是通过研习和传播经典,在华耶稣会士团体才得以不断建构,并且越来越深入地将自己译介到了中国人的生活之中,接着又于1660年之后反过来将自己回传译介给了欧洲,下文还将讨论这个问题。

权威与"文本使徒"

当《天主实义》里那位虚构出来的西方学者将"上帝"(这是中国古代经典里提到带有神性的存在者时所用的词)和"天主"(这是在华耶稣会士称呼"God"的中文新词)等同起来时,他实际上已将古代中国界定为一个一神教流行的国度。利玛窦认为,这种虚构能够"按照我们的想法从头至尾勾勒文人学士中流行的主要教派——孔夫子的教派,同时按我们的倾向解释他的著作中仍然不甚明了的内容"①。正是在古代著作不甚明了的内容中,神父们找到了将自己界定为"先儒"守卫的必要根据,但这里仍然存在一些问题:如果不是通过朱熹和宋代的其他儒学大师,他们又是如何获得"正道"的呢?他们又是依据什么权威而将自己说成是正统的捍卫者的呢?既然他们对传统的解读有违寻常,且与朝廷认可的儒家学说观点大相径庭,那么神父们又是如何免于迫害的呢?这是不是因为耶稣会士以复古为己任的主张被认为是可笑的,甚不足观?又或者是他们能免于朝廷的责难恰恰说明,儒家学说与国家管理之间曾经存在的那种紧密联系已经断裂?

当然,耶稣会士之所以会提出自己自成一派,有一个原因便是,随着万历晚期政纲衰败,当时的思想界呈现出了多元状况,文化上也面临重新检讨。具体而言,到了17世纪的头十年时,随着新思想权威组成

---

① D'Elia, *FR*, vol. 2, p. 296.

第二章 又一个轮回:耶稣会士及其著述在中国和在欧洲

的团体不断发展,就连程朱一系的经典学说也在某些方面受到了当时正统的怀疑。因此,耶稣会士声称自己掌握了孔子传下的"正道",远不是什么非同小可的惊天大事。从另一方面来看,他们对声称自己乃是中国本土的信仰信心满满,这又是耶稣会特定历史的反映,因为为了适应 16 世纪中叶的天主教改革,罗马公教也出现了很多新的改革派,而耶稣会正是其间产生的一个修会①。合而观之,耶稣会士的那个变得与众不同的"儒"所拥有的权威性,可以从相互补充的两个方面来理解,一方面是中国人对"儒"的理解,一方面是天主教会对"儒"的理解。这两个方面都为耶稣会士组成的文本团体提供了支持,也从该团体得到了支持。

举例而言,对《天主实义》这部教义问答集的批评性回应来得有点晚,这似乎说明该书的思想并非像它看起来那样可笑或是充满异端性,而是已被广泛接受了。尽管如此,正如我们注意到的那样,当中国士人对耶稣会士的解释提出质疑时,所有批评都直接指向这个问题:耶稣会士为"先儒"辩护、反对包括宋明"后儒"在内的所有其他流派,究竟是否符合正统?

利玛窦发明的"先儒"一词,通过诉诸经典依据而从中国传统的说法里得到了印证,但另一方面,它又要求对当时的一些诠释所涉及的权威经典重新进行解释。当然,利玛窦之所以特别赞成"先儒"而反对"时儒",根本原因在于他认为前者受到了神启。在保存下来的与中国古代信仰风俗有关的文本里都藏有自然理性之光,借此可以看到"God"(天主),正是它赋予了利玛窦裁决异端与正统的权威。所以,利玛窦就顺从隐藏在中国人经典里的这种权威,将多种文本与传统放在一起并加以对照,使它们与自己提出的那套复古的设想在方方面面都

---

① 包括耶稣会和嘉布遣会(Capuchin)在内的这些新的天主教修会,孕育于天主教会进行制度改革的内在愿望。改革的必要性及范围,在 1537 年颁行的《论对〈应革新的教会〉之建议》(*Consilium de Emendanda Ecclesia*)中已体现得淋漓尽致。从那时起,旧的修会受到了压制而像耶稣会这样的新修会则得以形成。这些新的修会彼此间相互竞争,而在它们努力争取世人理解并最终得到承认的过程中,则又激起了旧统治集团的愤恨。

显得若合符契。

　　但在中国本土背景下,即便"天主"这个新词典出有据,它也不足以支持利玛窦想要强调的观点。耶稣会想以一个学派的身份在中国立足,关键是要拥有中国当地的那种权威性,要掌握中国人论辩的原理准则。有一种天才的诠释学观点认为,历史常常会侵蚀记忆,尽管这都出于偶然而不是必然;与此默然相契,利玛窦在将古代著作奉为权威加以引用时就提出,中国古人的一神论在传续的过程中之所以会出现中断是因为"有数传不尽者,又或有面语而未悉录于册者,或已录而后失者,或后顽史不信因削去之者"①。利玛窦认为,在这种传承谱系中显然有一个中断,他和他的教义问答集就是在这个档口切入的,并且声称只有自己才继承了"先儒"所遗传统的衣钵。

　　在写给程幼博(1541—1616)的信函里,利玛窦的一些想法很有启发性。在信中,他清楚地解释了支持他为"古儒"传统的合法性进行辩护的背后所含的信念,其文如下:

> 百步之远,声不相闻,而寓书以通,即两人者暌居几万里之外,且相问答讨论如对坐焉;百世之后人未生,吾未能知其何人,而以此文也令万世之后可达己意,如同世而在百世之前。先正已没,后人因其遗书,犹闻其法言,视其丰容,知其时之治乱,于生彼时者无异也。……圣教之业,百家之工,六艺之巧,无书,何令今至盛若是与?②

　　在这段文字中最为重要的是,利玛窦告诉我们,在重建历史上那些概

---

①　利玛窦:《天主实义》,页551。
②　利玛窦:《述文赠幼博程子》,收于《涉园墨萃》,陶湘辑,卷二,北京,1929年,页1a—2b。英文译文参见 J. J. L. Duyvendak, "Review of Pasquale d'Elia, *Le Origini Dell'Arte Christiana Cinese*(1583—1640)", *T'oung Pao* 35 (1940): pp. 394-398。我在这里参照的便是戴闻达(J. J. L. Duyvendak)的译法并作了些修正。(译者按,此段中文引文另参朱维铮主编:《利玛窦中文著译集》,上海:复旦大学出版社,2001年,页268。)

第二章 又一个轮回:耶稣会士及其著述在中国和在欧洲

念时,他所依据的乃是对某种传承的信赖,具体来说,也就是依据利玛窦所谓的"述文"(transmission by script)。所谓"述文",即利玛窦相信,文本有一个灵性的生命,也就是说文字实际上承载了前代的精神,在某种意义上,这恰是施莱尔马赫(Schleiermacher)圣经诠释学的先声。

利玛窦声称,他基于文本精神作出的具体解读合乎规范;也许可以说,他这么做时已经预见到了此后的圣经诠释方法,但其实他只是在仿效自己看到的身边其他人的做法而已。在耶稣会士将孔子比作"圣徒"时,他们乞灵于"述文",这其实是中国本土的一种诠释方法,即认为文字作品传达了作者的意志,正如孟子在谈及解读《诗经》时的古今思想交汇所说的那样:"说诗者不以文害辞,不以辞害志。以意逆志,是为得之"①。扬雄在对《易经·系辞传》的注释里有一段话,本质上讲,同利玛窦"述文"一说极为相似,其言曰:

> 弥纶天下之事,记久明远,著古昔之㖧㖧,传千里之忞忞者,莫如书。故言,心声也;书,心画也。②

利玛窦这位批判者对"理学"提出的批评让"理学"拥趸们寝食难安;但颇为讽刺的是,恰恰是程颐而不是孟子或扬雄,比利玛窦先提出这个观点,程颐相信,在语言记录和古来精神之间存在一种不可思议的联系:

> 得于辞,不达其意者有矣;未有不得于辞而能通其意者也。至微者理也,至著者象也。体用一源,显微无间。观会通以行其典

---

① 《孟子注疏》,收于《十三经注疏》,卷十三,重印本,页165.2。See also D. C. Lau, trans., *Mencius*, p. 142.

② 扬雄:《法言》,收于《丛书集成》,卷四,重印本,台北:艺文书局,1967年,页14;另引用于 James J. Y. Liu, *Language-Paradox-Poetics: A Chinese Perspective* (Princeton: Princeton University Press, 1988), pp. 28-29.

礼,则辞无所不备。故善学者,求言必自近。易于近者,非知言者也。予所传者辞也,由辞以得其意,则在乎人焉。①

这段话里有层意思同利玛窦的"述文"说相仿,即认为,文本处于什么年代是次要的,至于古代文本与当代读者之间的隔膜将因后者的"求言"之意而得以弥合。可以说,扬雄和利玛窦都认识到先贤的学说完全是通过文本流传下来的,而不是通过某个使徒团体传播开来。反过来说,似乎文本本身就是一种使徒传统。

借用某个文本或一些文本,也就意味着要对这些作品进行合乎作者原意的解读。上文所引利玛窦、孟子、扬雄和程伊川的段落都肯定了读者在发明作者原意方面的作用。事实上,孟子和扬雄都强调,文本承载意义不会因时间而中断,这其实是在强调"读者/后继者"能够主动获知原作者的意图。就此而言,在解读文本时,读者对文本的发明是天经地义的,但这种发明隐含在一种不无继承的"接受美学"里;这基本概括了读者与文本之间互动的情形,甚至那些急切渴望了解中国本土文献的"外来"读者也是如此。

在解释耶稣会士是如何成功将他们的教义传播给中国人时,利玛窦曾经说道,"按我们的倾向解释他(按,即孔夫子)的著作中仍然不甚明了的内容"。对于任何文本来说,含混性都是不可避免的,尤其是像《论语》本身就充满了许多模棱两可的说法,而利玛窦的这番话正可解读成耶稣会士努力理解文本含混性的自白。其实,利玛窦所谓"按我们的倾向解释仍然不甚明了的内容"与孔子自己有关真知出于"自得"的忠告没有太大出入:"温故而知新,可以为师矣"②。在这种情况下,当一个人判断文本中哪些内容真实可靠时,他会诉诸对该文本的解读,坚持这种解读又会将该人置于解读的"先在视域"(preexistent

---

① 程伊川:《易传序》,收于《二程集》,卷一,重印本,台北:汉京文化事业有限公司,1983 年,页 582—583。
② 《论语注疏》,收于《十三经注疏》,卷十一,页 16.2。See also Waley, *Analects*, p. 90.

第二章 又一个轮回:耶稣会士及其著述在中国和在欧洲

horizon)中①。我认为,这就是利玛窦所说"通过把孔夫子拉拢到我们这边,我们已经获益颇多"的意思,当诠释中国的视域在历史层面不断扩展时,他们通过拉拢"孔夫子"收获了自己在这一视域中带有权威性的、合乎正统的地位。

虽然这种权威以经典文本和"孔夫子"这个象征为外衣,但归根到底它只是出于耶稣会士之手,也体现了身处中国人之中的耶稣会教团的自身需求与价值观念。通过乞灵于孔子和"先儒"并引用那些经过精挑细选的文本,这种权威赢得了至高无上的地位,它对于在中国人当中勉力维持的耶稣会教团来说至关重要。同样,这种权威也是处境化生存的必需,它将早期来华传教士和他们自己带来的文本绑定在一起,将他们与中国人绑定在一起,将他们彼此绑定在一起,并在随后几代来华的耶稣会士中间代代相传。不过,在这种诠释权威传承的过程中,来华传教团的人员构成及其所从事事业的性质都发生了变化,特别是他们所从事的事业,在日渐与17世纪的欧洲思想界形成共鸣时,性质已悄然改变。

耶稣会士的译介:从中国的派别到欧洲的学者

在利玛窦的教义问答集于1603年出版后的若干年,耶稣会士们对于需要在中国本土树立权威的自觉性日渐淡漠,哪怕这种权威性曾经维系着他们与中国人及其经典传统的关系,因为他们不再是一个初来乍到且面临着共同危机的传教团。到了1610年,在中国人的慷慨帮助下,利玛窦及其耶稣会同仁已经从韶州来到了北京,一路建立了很多教堂,而他们自己不论在精神层面还是在政治层面也都发生了转变。他

---

① Hans-Georg Gadamer, "Hermeneutics as Practical Philosophy", in *After Philosophy: End or Transformation*? ed. Kenneth Baynes, James Bohman, and Thomas McCarthy (Cambridge, Mass.: MIT Press, 1987), pp. 325-338.

们对儒家传统的原始特征及其作为一种宣扬一神论的学说的解释,可谓言之有据而具有一定的权威,这种权威得到了中国人的认可,并为继之而来的四代传教士一直保持,在这些传教士中甚至还有些人接受了中国朝廷的任命而为中国皇帝服务。

中国人也许已经接受了耶稣会士和他们的主张,但那些坚持"非调适主义"观点的神父们和罗马教廷的长上们却非如此;他们驳斥耶稣会士的这种方法,说它并无依据,最重要的是,他们认为耶稣会士得出的结论根本站不住脚。这些反对者们强烈质疑调适主义策略,甚至否定了利玛窦对古代中国文献的看法和他对中国原本就有一神论的证明。

利玛窦刚于1610年逝世,传教团和欧洲教会当局就围绕他的调适主义建构——特别是他认为基督宗教和孔子"正学"具有相似性的观点——展开了争论,这场争论一直持续到了17世纪末。龙华民(Niccolò Longobardo)在利玛窦之后接任耶稣会中国教区负责人,他就反对他的前任利玛窦用中国当地的名词来称呼基督宗教里的"God";利玛窦还曾提出,只有通过研习"四书""五经"才能发现中国古老的一神论思想,并对累积形成的有关这些经典的注释有意视而不见,龙华民对此则均抱以反对①。

至少在整个17世纪,耶稣会内部的这种争论并没有妨碍调适主义;而且似乎是一种回报,耶稣会里衷心信服利玛窦策略的那些神父们,不论是在欧洲还是中国,都得到了皇室的赏识:比如南怀仁(Ferdinand Verbiest, 1623—1688)就是中国天文机构钦天监的监正并与康熙皇帝(1654—1722)关系密切;拉雪兹神父(Père François de La Chaise,卒于1709年)也是一位调适主义者,他则是法王路易十四的虔

---

① Niccolò Longobardo, *Traité sur quelques points de la religion des chinois* (Paris: J. Josse, 1701). 事实上,龙华民的这本小册子大约是在1623年至1625年之间完成的,它是用拉丁文写的,原标题为"*De Confucio ejusque doctrina tractatus*"(《论"孔夫子"及其学说》)。不过,即使是像龙华民这样反对调适主义的人,在17世纪最初的几十年里也赞成用"Confucius"(孔夫子)一词来指代孔子。

第二章 又一个轮回:耶稣会士及其著述在中国和在欧洲

悔神父。这些调适主义神父与教会里的对手针锋相对,努力辩护自己解释的合法性,坚持认为自己的解释是有根据的,并致力于用他们的语言能力,将自己和自己在中国得来不易的种种理解反过来翻译介绍给了欧洲。他们将自己身处中国人当中私下创作的东西告诉了只能听他们转述的欧洲读者们。这一切都是通过一系列工作完成的,其中包括翻译"四书"(有拉丁文本,也有"中文/拉丁文"双语本)、从语源学角度反复斟酌如何用中文来表达"God"、撰写"孔夫子"的传记、忠实再现《易经》各卦①和能够代表中国本土文化的其他内容并加以解释。

虽然神父们的本意是,通过把儒家与基督宗教在神学上互补的文本依据摆在欧洲人面前,以此来证明沙勿略和范礼安最早进行的尝试,但他们却激怒了梵蒂冈,因为他们的工作带来了意想不到的后果,那便是解决了困扰17世纪科学界的认识论问题。对于这些赞成调适主义的耶稣会士来说,他们披露自己研究中国的成果,并没有如其所愿的地赢得耶稣会长上的认可,但却引起了普鲁士选帝侯腓特烈·威廉

---

① "卦"是周代卜筮中用到的图案符号,是较早以前人们用蓍草来占卜的传统传至周朝时保留下来的痕迹,具体而言,"卦"被保存在《周易》一书中。据说,在更久远的古代,人们会挑选长度不同的六根蓍草,根据这些蓍草形成的图案,对某件事进行预测。当这些蓍草最终形成某个复杂的图案时,占卜者才会道出其中的吉凶。一卦有六爻,"卦辞"说明了每一卦的主题;爻或为阴(一条中间断开的线段)或为阳(一条连续的线段),每一爻都有独特的含义,这些含义就记录在"爻辞"里。每个卦都有一个卦名,通常是一些意象的名称,而这些意象也许就出现在占卜者占卜的时候。按照传统的说法,人们普遍认为,六爻卦的卦象是由八个三爻卦(这八个三爻卦是备受尊崇的圣王伏羲留给中国人的)中的任意两个组合而来,用这种方法一共产生了六十四个卦象。(最近出土的先秦文献则驳倒了这个传统的假设,在这些文献里,意象都是通过六爻卦而不是三爻卦来表现的。)六十四卦的卦爻辞表现了该卦的核心内容。《易经》就是这部分核心内容,"十翼"则是围绕这些卦爻辞而产生的各种注解。章炳麟和胡适都是根据《周易》来重构"儒"在古代的含义,和他们一样,耶稣会士也是以这种方式来理解这个文本的。

随着欧洲人在17世纪晚期不断深入研究中国语言的早期历史,六爻卦被看成是由伏羲发明的古代中国人书写所使用的象形字,但很快就被耶稣会士里的"索隐派"(Figurist)和白晋(Joachim Bouvet),特别是莱布尼茨(Leibniz)在其《论中国人的自然神学》(*Discourse on the Natural Theology of the Chinese*)中看作是二进制运算的构成要素。六爻卦本是古人用以预测命运祸福的,欧洲人对研究它怀有冲动,恰与章炳麟、胡适在20世纪的诠释主张极为相似,章、胡二人就期望通过研究六爻卦来发现"儒"这个汉字的最初含义(参见本书第三章)。

(Friedrich Wilhelm, 1688—1740)、法王路易十四(Louis XIV, 1638—1715)等世俗君主的关注,同样也引起了包括莱布尼茨和牛顿在内的很多科学家的注意。

因此,即便不是出自有意,利玛窦的追随者们为调适主义所作的辩护也带来了一个重要的影响,那便是他们赢得了双重权威:既在中国当地又在世界范围内,既在神学也在民族志学上赢得了权威地位。他们"在中国当地""在神学上"享有权威,是指他们掌握了为中国的一小群人举行教会礼仪制定规范的权力;而他们"在世界范围内""在民族志学上"享有权威,是指他们建立了一种对于科学来说极富价值的知识生产形式,民族志学的学术权威也认为这种知识生产形式能够成立;而这些民族志学的学者们,不论是在法国、德国、意大利还是英格兰,都被有目的地拉拢到哲学家和科学家一边,与他们一道分享一个严整规范的知识信息系统①。

耶稣会教团成功转变为中国人,对他们从强调禁欲苦行的新生修会转变为受到信赖的皇室顾问和受到尊崇的精通中国一流学问的专家来说,至关重要。他们是欧洲与中国的"中间人",他们掌握了有关那个未知世界(译者按,乃指中国)的可靠知识,而他们了解和深入理解中国,一方面是因为欧洲私人图书馆的市场在不断扩大,同时也有政治策略和经济上的考量。具体来说,他们了解和深入理解中国的一个原因乃是,欧洲的政治家和统治者们对此很感兴趣——《威斯特伐利亚和约》(*The Peace of Westphalia*, 1645)②签订后形成了新兴的民族国家,对这些传教士们寄予厚望,期待他们能在政治和经济等方面为这些民族国家作出贡献——但与他们在政治、经济方面的贡献相比,更为重要

---

① I. Bernard Cohen, *Revolution in Science* (Cambridge, Mass.: Harvard University Press, Belknap Press, 1985), pp. 82-84.

② 《威斯特伐利亚和约》是欧洲大陆经过"三十年战争"后签订的一系列和约,一方是西班牙、奥地利、神圣罗马帝国及其境内的巴伐利亚公国,另一方是法兰西、瑞典和神圣罗马帝国境内的勃兰登堡、萨克森公国等诸侯国。1648年10月24日签订的《西荷和约》正式确认了《威斯特伐利亚和约》,并象征"三十年战争"结束,研究政治学的学者一般将该条约的签订视为民族国家的开始。——译者注

第二章 又一个轮回:耶稣会士及其著述在中国和在欧洲

的贡献是他们翻译了很多文本,为当时研究中文采用符号形式来表达事物本质的学者们提供了许多素材和依据。也正是在后一个意义上,"孔夫子"和"儒教"才赢得了几个世纪的普世价值。耶稣会士的翻译具有权威性,他们的作用就是传递"中国智慧",有鉴于此,可以说,他们以一种迂回的方式使自己汇入了欧洲自我意识的洪流之中;这也正是为什么我们对"儒教"(Confucianism)的绍述,兼采了彼此相异但却密不可分的两个方面。

从在华耶稣会士在中国境内进行翻译到欧洲人接受他们生产的文本,其间尚有一段过程,本章余下的部分将对此作一勾勒。在这部分讨论里,罗马教廷将不那么突出,并不是因为它不重要——事实上,在17世纪中叶,罗马教廷以前所未有的程度卷入了耶稣会的种种活动之中——而是因为当时另有很多权贵为发挥耶稣会士的才能提供了各种赞助,比如愿意为他们的旅行和出版著述提供经济援助,等等。接下来的论述,旨在引起大家注意这个问题:在把"孔夫子"介绍给欧洲时,又有哪些附带的性质特点?特别是,在华耶稣会教团的独特之处(比如,他们在中国的经历,他们所从事的翻译事业,以及他们将经观察获得的知识同神学调和起来的做法)怎么会与欧洲的情况如此合拍?要知道,当时的欧洲正处于现代化前夜并且在进行科学革命,文化领域内的各种观点立场也正处于激烈竞争之中。

翻译事业

通观秉持调适主义的神父们在17世纪的中国所作的全部努力,都是在手把手地传授文本与传统里所含的中国当地的知识学问。充其量,这也只能算是一种"学徒制",但正是因为它,新近加入来华传教团与其前辈同仁一起翻译和注释的那些传教士们,才能在学习中文的过程中熟悉这些载有天主神秘真理的经典。为了翻译和注释而学习语

114

言,某种程度上已成了耶稣会士的"通过仪式"(rite of passage①);事实上,这是在生产知识时将传教先驱与其后继者结合起来的主要仪式。举例来说,早在利玛窦于 1582 年抵达澳门前,罗明坚就已经开始准备撰写《天主实录》和尝试翻译《大学》了,但到这两项工作的冲刺阶段,利玛窦都给予了支持和帮助。1588 年,利玛窦已经完成了"四书"拉丁文译本的草稿;也正是在这一年,他被召回罗马。五年后,利玛窦完成了"四书"的拉丁文译本,他自己谦虚地称这个译本只是粗通文意而已;事实上,正是在准备这个意译本的过程中,他已学习掌握了中文。我认为,正是由于罗明坚早些时候在同样的文本上花过功夫,利玛窦在这方面的努力才不会那么费劲。

耶稣会士及其助手在中国并非孤军奋战,一些当地人会向他们提供这样或那样的信息,而一些受人尊敬的士大夫也为他们助力不少;就此而言,他们与早在 14 个世纪以前创造出许多中文佛教词汇的翻译团队相仿②。此后派往东方教会的"基督勇兵"们,在其抵达目的地后也都加入了这样的翻译团队。他们都是通过研究利玛窦的"四书"拉丁意译本才熟悉中文的;也正如德礼贤在其为利玛窦传教史所作的注译中指出的那样,利玛窦的这个拉丁意译本还是《中国哲人孔夫子》一书的主体③。在 1593 年至 1687 年间,从中国发回的耶稣会出版物的数量不停增长,而在知识传播过程中存在的那个前文所谓的"学徒制"也日显真容。

殷铎泽(Prosper Intorcetta)协助郭纳爵(Inácio da Costa)编撰了《来自中国的智慧》(*Sapientia Sinica*,1662)一书,这其实是袭自利玛窦

---

① "通过仪式"(rite of passage)是一个人类学术语,最早由法国人类学家范根纳普(Arnold Van Gennep)在其《通过仪式》(*Rites of Passage*)一书中提出,后经英国人类学家维克多·特纳(Victor Turner)等人不断发展,一般用来指称那些因为地点、状态、年龄等的变化而举行的仪式。——译者注

② 参见芮沃寿(Arthur Wright)对翻译团队将佛教术语中国化的有关讨论,特别是他对"格义"的分析,均见于氏著 *Buddhism in Chinese History* (Stanford: Stanford University Press, 1958), pp. 33-39。(译者按,该书已有中译本《中国历史中的佛教》,常蕾译,北京:北京大学出版社,2009 年。)

③ See d'Elia, *FR*, vol. 2, p. 33, n. 5.

第二章　又一个轮回：耶稣会士及其著述在中国和在欧洲

的一个《大学》译本,只不过另加上了一篇简短的"孔夫子"传记和《论语》中的前五章①。这本书是欧洲第一部真正意义上的"拉丁-中文"双语译本:《大学》里的汉字及其读音转写也都一目了然(参见图8)。

图8 "Lib. Tá Hiô"(《大学》),出自郭纳爵(Inácio da Costa)和殷铎泽(Prosper Intorcetta)译著《来自中国的智慧》(*Sapientia Sinica*)

这是郭纳爵和殷铎泽所译《大学》的首页。这部题为"Sapientia Sinica"(《来自中国的智慧》)的作品,是欧洲现存此类翻译的开山之作。将汉字与拉丁文糅合在一起,说明神父们并没有在拉丁文和中文之间作过任何区分。蒙孟德卫(D. E. Mungello)惠允使用此图。

---

① 殷铎泽和郭纳爵的这个"拉丁-中文"双语译本只见于梵蒂冈。有关《来自中国的智慧》一书,另请参见 D. E. Mungello, *Curious Land: Jesuit Accommodation and the Origins of Sinology* (Honolulu: University of Hawai'i Press, 1989), pp. 250-251,以及 Knud Lundbaek, "The First Translation from a Confucian Classic in Europe", *China Mission Studies Bulletin* 1 (1979): 2。

由于显得比较奇怪,这个文本的特点也就特别突出:它将中文杂入拉丁文、将拉丁文也杂入中文,且在译文和耶稣会的注释间几乎未作任何区分。以其第一段为例,在这个译本里,汉字对应的拉丁文翻译被加上了下划线,这表明有很大一部分是后来插补进去的。

将拉丁文和中文糅合在一起,可以看作是在华耶稣会教团构成混杂在文本上留下的痕迹。对很多欧洲读者来说,在字面上将拉丁文和中文混杂在一起有着很不寻常的意义,因为17世纪的欧洲有种流行观念认为,不管中文是象形的还是表意的,它都是由"真实符号"(real character)①构成的自然语言。欧洲的语言是建构出来的表达系统,不适于描述自然世界;与之形成鲜明对照的是,中文则被认为是自然而然地映射了支配着宇宙的那些固定法则。中文还被看作是一度遗失了的亚当的语言,人们相信它能将其指代的内容具体化;因此,耶稣会士转译这些"真实符号"深受激赏,这是因为它让翻译者和读者一道更加亲近"天主"做工的"大能之手"。

神父们认为,就像数学一样,中文这套语言符号以一种合乎自然的方式描绘了整个宇宙,耶稣会士在《来自中国的智慧》之后出版的每一部作品都为这一观点增添了佐证。比如,几年后,殷铎泽出版了另一部中文经典《中庸》最早也是最原始的拉丁文译本。该译本由果阿和广州的传教点在1667年和1669年刊行,题为《中国的政治道德学》(*Sinarum Scientia Politico-Moralis*),内容包括经过扩充的《孔夫子行状》(*Confutti Vita*)②。

---

① 按詹氏后文所述,此处"真实符号"(real character)系由英国人约翰·威尔金斯(John Wilkins)提出。具体来说,威尔金斯在《论真实符号与哲学语言》(An Essay towards a Real Character and Philosophical Language)一文里,将万事万物分为40大类,其下再细化为属种和各个小类,并在其间确立各种逻辑和语义关系,从而用表示事物或概念的真实符号建构起一种全新的非字母体系的哲学语言系统,这成为现代机器翻译原理的先声。——译者注

② 该作品分部在广州和地处果阿的传教团总部出版。至于殷铎泽《中国的政治道德学》(*Sinarum Scientia Politico-Moralis*)一书问世的相关问题,参见 Mungello, Curious Land, pp. 250-252; and D. E. Mungello, "The Seventeenth-Century Translation Project of the Confucian Four Books", in *East Meets West*, ed. Charles E. Ronan, S. J., and Bonnie B. C. Oh (Chicago: Loyola University Press, 1988), pp. 257-260。根据周振鹤的说法,该书乃是于1667年先在广州印刷了一半,另一半则于两年后在果阿印刷。——译者注

第二章 又一个轮回:耶稣会士及其著述在中国和在欧洲

殷铎泽后出的这部作品也是集体努力的结果,它受益于郭纳爵、何大化(Antonio de Gouvea, 1592—1677)、鲁日满(François de Rougemont, 1624—1676)、恩理格(Christian Herdtrich, 1625—1684)和柏应理等人的编撰意见,据说正是他们一道编撰了《中国哲人孔夫子》一书①。通过面对面的传播形成了一种未曾间断的传统,显而易见,它有充分的文本证据,而其中体现的那种权威也是一目了然,就像我们从孟德卫那里了解到的那样:

> 在《中国的政治道德学》一书中列出了十七位撰稿人,不仅与该书是集体创作结晶的性质相符,而且还支撑了这个观点,即《来自中国的智慧》《中国的政治道德学》和1687年出版的《中国哲人孔夫子》都是内在联系而又不断推进的翻译事业的组成部分。这种内在联系体现在郭纳爵等人的名字经常出现,比如,他是《来自中国的智慧》一书的主要作者;过了二十年,当《中国哲人孔夫子》在巴黎出版时,有四个人以作者的身份名列扉页之上:殷铎泽、恩理格、鲁日满和柏应理。这四个人的大名也在《中国的政治道德学》列出的十七位撰稿人中。②

这让我们想起了本书的第一章,耶稣会士们以"孔夫子"的名义建立了一套经典体系并形成了权威的解释,它们后来都被添加进了晚近编译出来的《大学》和《中庸》等文本中。这些文本与相关解释,乃至中国人的语言,都以私相传授的方式传给了后几代追随者;正是这一过程确保了耶稣会的团结,也让他们发明的概念得以存续下去。耶稣会士在中国大地上的所作所为,正是导致其"涵化"(acculturation)的原因,这种"涵化"给我们留下了深刻的印象;回过头来看欧洲的情形,耶稣会士将自己塑造为致力于复兴儒家的派别并借此大获成功,这为他们赢得了尊敬,人们

---

① 该书的编者实为殷铎泽、恩理格、鲁日满和柏应理。——译者注
② Mungello, "Seventeenth-Century Translation Project", p. 259.

将他们视为专家,更准确地说,是将他们视为一批民族志学者。

影 响

调适主义者的翻译事业带有小团体的特点,这自然是因为神父们都在自身信仰允许的范围内加入了某些虔诚的小教派。利玛窦和许多早期来华的其他耶稣会传教士都曾是罗马"玛利亚兄弟会"(Marian sodality, cult of Virgin)的成员。和利玛窦一起学习中文的第一位神父——石方西(Francesco de Petris),就是"玛利亚兄弟会"的狂热信徒,利玛窦的上司阿夸维瓦也是其中一员而且还热情鼓励在修会内成立此类团体。结果,就像史景迁注意到的那样,"那些有过这种共同经历的教士们之间形成的这种牢固的纽带关系也被带到了中国,并在他们面对共同的希望和危险时进一步增强了他们之间的联系"①。也正是此类联系,将石方西和利玛窦这两名奉读中国古典文本的读者捆绑在一起,这也许还是他们为自己建构出的"孔夫子"进行辩护时激情满怀的共同源头。

正是"孔夫子"将这些传教士联系在了一起,其借传教士心中那位楷模之名(译者按,即"孔子")而形成发展,似比原名更适合他们这个小团体使用,并且成了开始认识另一个民族的起点;以至于不管是赞成还是反对调适主义的耶稣会士,他们的解释都同意这个结论:"孔夫子"与中国文明的内涵相同。"礼仪之争"和"圣号论争"让耶稣会士卷入了持续不断的内部争论中,也让他们和方济各会、多明我会的高级教士们产生了冲突,在这个问题上他们甚至还与教廷当局的意见相左,但这丝毫都不影响人们将"孔夫子"视为中国风物的代

---

① 史景迁在氏著《利玛窦的记忆之宫》中讨论过"玛利亚兄弟会"在耶稣会士中普遍流行的问题,参见 Spence, *Memory Palace*, p. 242, pp. 238-250。(译者按,此处汉译参考了史景迁:《利玛窦的记忆之宫:当西方遇到东方》,陈恒、梅义征译,上海:世纪出版集团,2005年,页332,并有改动。)

第二章 又一个轮回:耶稣会士及其著述在中国和在欧洲

名词。即便是龙华民,在论述中国人的宗教生活时,曾系统反驳了利玛窦将"天主"一词作为"God"一词中文名称的做法,也没有质疑"孔夫子"的重要性;事实上,他也认为中国人宗教生活的基础乃是"孔夫子及其学说"①。

在耶稣会士当中,这种还原主义的简化做法最终走向了"索隐主义"(figurism),这是一种"原科学"(protoscientific)性质的诠释学,它创造性地保留了利玛窦首倡的观点,即中国古老的文化握有理解天主计划的钥匙。白晋(Joachim Bouvet,1656—1730)和傅圣泽(Jean-François Foucquet,1665—1741)等索隐派人士就认为,中国最古老的著作——《易经》和《尚书》——包含着基督宗教的痕迹,不同的是它们用一种象征的方式表达了基督宗教的教义;这些索隐派人士甚至还断言,此类文本中那些难以理解的象征符号还预示了基督的显现。在调适主义发展稍后的这个阶段,他们认为,是这个文本(具体来说,就是《易经》)而不是"孔夫子"这位先知的言辞,包含了神启智慧。不仅如此,索隐派对古代的追索还与中国17世纪晚期那些从事"考证"的学者的观点完全一致,因为他们受到了后者的启发,后者就坚信,只有通过《易经》才能真实可靠地完成对"古(代)"的重建。

此外,是当权者要求索隐派对难懂的象形文字进行解读,注定了他们会维护和装点皇帝在政治上的权威,这标志着耶稣会士已经把当时中华帝国的怀柔政策内在化了,这一政策在17世纪中叶笼络了与他们同时代的大多数中国知识分子。皇权与耶稣会士注释经典之间有着密切的关系,这在李明神父(Louis le Comte,1655—1728)所著《中国近事报道》(*Nouveaux mémoires sur l'état présent de la Chine*)的卷首插画中显露无遗,该书在卷首画上了康熙皇帝(治在1662—1722)的肖像。这就是《中文之钥》(*Clavis Sinica*)一书忠于君主的活生生的翻版,说明了李明等耶稣会士已经为清朝的统治文化所同化,默认和接受了"君权神授"的观念;同时也清楚地说明,得到王室津贴支持并因此受益的这

---

① Niccolò Longobardo, *De Confucio ejusque doctrina tractatus*.

118

图9 《中国的康熙皇帝》,木刻画,李明神父所著《中国近事报道》(*Nouveaux mémoires sur l'état présent de la Chine*, vol. 1, Paris, 1696)的卷首插画

皇帝的肖像取代"孔夫子"的画像成为当仁不让的中国象征,这反映了耶稣会士中的"索隐主义"已然适应了中华帝国当时的怀柔政策。1699年,这幅肖像画被复制用于莱布尼茨《中国近事》(*Novissima Sinica*)一书的第二版。感谢伯克利加州大学班克洛夫特图书馆(Bancroft Library, University of California, Berkeley)惠赠此图。

些稍后来到中国的神父们,都是为其"雇主"路易十四服务的雇员①。但最重要的是,李明这本书卷首插画里的那个欧洲化的康熙形象,后来还被复制用于莱布尼茨《中国近事》(*Novissima Sinica*, 1699)一书的第二版,它标志着调适主义又成功地转译回了欧洲。

外国人对在中国当地发明的接受

> 这种永久的谬误恰恰就是"生活"。②
> ——马赛尔·普鲁斯特(Marcel Proust)

发明意义、建构经典体系并确立权威乃是最基本的方法,正是这些方法才使得战国以来人们能够围绕儒家的特征进行反复的再创造,它们也为在华耶稣会传教团的存续提供了支持;而在17世纪的最后几十年里,这些最基本的方法依然有其价值,它们为罗伯特·马克莱(Robert Markley)所谓的欧洲"表述危机"(a crisis of representation③)提供了解决之道。耶稣会士翻译了很多中文文本,并在1662年至17世纪结束期间陆续出版。着手这些翻译,本意是为了发掘在中国人中潜藏的基督宗教;但事与愿违,这些翻译却被当时的欧洲用来调和棘手的矛盾,也就是当欧洲人试图让科学成为神学附庸时出现的那些

---

① 就"索隐主义"发生转变的各个方面进行的考量,参见 Mungello, *Curious Land*, pp. 300-328;以及 Rule, *K'ung-tzu or Confucius?* pp. 150-182。

② 引文出自普鲁斯特:《追忆似水年华》,詹启华此处所引仅为原句的主语从句,意思并不完整,原句为"这种永久的谬误恰恰就是'生活',其千变万化的形式不仅表现在听觉世界和视觉世界,还表现在社交世界、感情世界和历史世界,等等。"译文参考了普鲁斯特:《追忆似水年华》,李恒基、徐继增、桂裕芳、袁树仁、潘丽珍、许渊冲等译,南京:译林出版社,2001年。——译者注

③ Robert Markley, *Fallen Languages: The Crisis of Representation in Newtonian England, 1660-1740* (Ithaca: Cornell University Press, 1993). 斯蒂芬·图尔明(Stephen Toulmin)在自己的书里也谈过类似的情况,描述过17世纪的科学在认识论上面临的矛盾,参见氏著 *Cosmopolis: The Hidden Agenda of Modernity* (Chicago: University of Chicago Press, 1991)。

矛盾。随着这些文本中的思想被简化为"孔夫子"这个象征,耶稣会士和他们创造出来的"孔夫子"这个象征也不再限于某个特定的意义,而是具有了普遍的意义,这一转变实际上还受到了《中国哲人孔夫子》一书出版的影响。

第一批中文经典选译本于17世纪现身欧洲,自那时起,被耶稣会士视为古老一神教的象征而倍加珍爱的"孔夫子",就成了欧洲大陆知识分子进行理论思考的替身。此时,"孔夫子"已不再只是中国的"素王"了,同时也是欧洲贤明的无冕之王。他的重要影响并不限于教会读者,因为他的知名度更广甚至已经达到了家喻户晓的程度,证据便是中国教会那些非常专业的翻译诠释著作很快就被重印,这些著作中有很多被从拉丁文译成了欧洲各国的语言,并重新出版、广为流传。

梵蒂冈和中国教会更关心的是为耶稣会士的著作赢得更广泛的读者群。从派遣传教士远征中国开始,教会当局就通过一丝不苟地挑选和出版耶稣会士从前方发回的信函,尽心维护教会的公共形象。这些所谓的"书信集"被认为是很有价值的,因为它可以吸引虔诚的年轻人投身传教事业,从而为教会作出贡献。从罗马教廷的立场来看,公开这些一手书信材料的危险非同寻常,因为这些材料虽然能够清楚地证明传教士为着天主的事业而在异教徒中虔诚献身,但也可能使很多奇思异想公之于众。让中国教区的那些传教士们感到极为沮丧的是,他们的书信被不厌其烦地加以编辑甚至是删订,而且这种情况还时常发生,但这也恰恰证明了耶稣会士的文本流传颇广[①]。

举例来说,《中国的政治道德学》(*Sinarum scientia politico-moralis*,《中庸》)就被莫基瑟德·泰弗诺(Melchisedec Thévenot)翻译成了法文,题为"*La Science des Chinois*"(《中国人的学问》),并于1672年再版,收入了广受欢迎的《旅行奇谭》(*Relations de divers voyages curieux*)

---

① 至于这些"书信集"的态度立场及其功能,参见 Lach, *Asia in the Making of Europe*, vol. 1, bks. 1, 2。

第二章　又一个轮回:耶稣会士及其著述在中国和在欧洲

这部四卷本游记文集里①。人们对《中国的政治道德学》和《中国人的学问》这两部作品的理解接受有所不同,反映了它们在描述个体经历的方式上发生了转变;具体来说,前者那种通过经典化的、神学化的象征来表述个体经历的方式让位于后者那种"原民族志学的"、写实的方式。在 17 世纪晚期,某种类似于民族志学的知识学问逐渐赢得主流地位,这成了范围更广的"认识论转向"的一部分——从以信仰和领悟为可靠知识的基础转变为以实验和观察为基础②,正因为此,游记文学在当时逐渐盛行。在这种思想背景下,耶稣会士及其撰述的与中国有关的文本都被引用为科学依据,为神的造物之间存在"普遍性"(universality)提供了证明。在华耶稣会传教团在中国当地"自我建构"的形象(前文已述),在很大程度上已为大家忽视,哪怕他们的著作此时正被广为研读。吊诡的是,耶稣会士所拥有的权威性源自他们曾"身在中国人当中",而原本应是他们想要转达的那些思想内容则已超越了特定的个别意义而具有了普遍性。

当《中国哲人孔夫子》在 1687 年问世时,教会外的读者为之欢欣鼓舞、精神一振,哪怕它在概念上驳杂无比,在用拉丁文对译中文词汇方面也显得生涩。这部作品很快就被删节翻译成了法语,题为"*La Morale de Confucius, Philosphe de la Chine*"(《中国哲学家孔夫子的道德箴言》),并于次年在阿姆斯特丹出版。法文精简版的英译本——"*The Morals of Confucius, a Chinese Philosopher*"(《中国哲学家孔夫子的道德箴言》),则于 1691 年在伦敦出版。这两本书都被重印过,和第一版一样,都是用羊皮纸印刷的带封皮的口袋书。两本书的篇幅都不到 125

---

① Melchisedec Thévenot, *Relations de divers voyages curieux*, vol. 4 of 4 vols. (Paris, 1696), pp. 1-24. 这部以"*La Science des Chinois*"(《中国人的学问》)为名的《中庸》译本,前面有一篇序言,后面还有一篇简短的"孔夫子"传记。至于《来自中国的智慧》(*Sapientia Sinica*)一书的命运,参见 Louis Pfister, *Notices biographiques et bibliographiques sur les Jésuites de l'ancienne mission de Chine, 1552-1773*, vol. 1 of 2 vols. (Shanghai: Maison Catholique, 1932), p. 328。至于《来自中国的智慧》和《中国的政治道德学》之间的区别,参见 Lundbaek,"The First Translation from a Confucian Classic", pp. 2-4.

② 至于这一"范式转变"(paradigm shift),参见 Cohen, *Revolution in Science*, pp. 79-81。

页,但都包括了《大学》《中庸》和《论语》的简译本,一篇较短的"孔夫子"传记,一篇编者序和一篇题为"古代中国及其哲学"的导言①。在《中国哲人孔夫子》的重要篇章被精简出版时,英国皇家学会(Royal Society)的《哲学学报》(*Philosophus Transactions*)也被删节和再版,并译成了各国语言。似乎可以说,就像使用不同语言的欧洲科学共同体之所以得以存续,全赖英国皇家学会那些简明扼要的书卷能够快速流通一样,受过教育的一般人也通过消息见闻借网络流通的方式结合在了一起。当时的科学界和普罗大众都在删节那些在实证观察的基础上形成的著作,由此我们可以看出,《中国哲人孔夫子》一书的导论对"孔夫子"重要性的认识恰恰将雅俗两种文化交织在一起。

这些经过删节的流行的小册子其实就摘自耶稣会士的翻译和注释。只要瞥一眼这些小册子或是附在耶稣会士译著前面的那些序言就会发现,它们的读者群并非是学术界。这些作品之所以问世,本意是要作为了解中国人道德生活的入门指南,具体来说,"孔夫子"一直因其对伦理道德的深刻理解而受人称颂,借助他的智慧就可以解读中国人的道德生活。这些书鼓励读者们深入掂量"孔夫子"的训导并留心它们与自己生活的关联,而不是以屈尊俯就的态度把它作为异教徒中令人称奇的朴素智慧来赏玩。

这些书不仅满足了欧洲人对中国的好奇,甚至还进一步激发了这种好奇,它们就像是一本本指南,又像是藏有很多灵感的宝藏,只要人们需要就可以随时求助于它。然而,当英文里出现"Confucius"(孔夫子)一词时显然带有一层政治意味,正是在发生"光荣革命"(Glorious Revolution)和"英吉利共和国"(Commonwealth)覆灭后不久,"孔夫子"之名很快就传遍英国而广为人知。"这场内战的突出特征是审查制度的崩溃,它造成了社会的分裂,出现了为不同派系集团谋求利益的各种

---

① 对该书内容的勾勒,系根据伯克利加州大学班克洛夫特图书馆所藏常见版本。英译本序言似乎就是摘自《中国哲人孔夫子》里的《初论》(Proëmialis Declaratio)篇。

第二章 又一个轮回:耶稣会士及其著述在中国和在欧洲

杂音,随后"①,英国社会中就有一部分人想为当时的现状找到一个可以效仿的强调理性的楷模,特别是一个提倡宽容的榜样。就这样,因为"孔夫子"及其训诫代表了一种博爱的美德,恰恰切中党派纷争带来的苦难,而为查理二世的复辟提供了支持。在国家共同体初生阶段,统治者常常面临许多挑战,具体来说,就是语言、文化和宗教上的多元化对于凝聚新生的国家构成了挑战;此时,一种已经为经验观察所证实的说法——中国人的生活乃是因"孔夫子"才得以凝聚——无疑就为这些新兴共同体构画未来带来了启发。

"孔夫子"的贡献远不止是提出了一套政治愿景,强调要在理性的基础上维护稳定和公共秩序;事实上,"孔夫子"和以"孔夫子"为学术顶峰的那套书面语言,在一些自然哲学家和科学家看来,正代表了由"真实符号"组成的普遍适用的一套系统,它完全可以比拟于数学。这个系统直接映射了自然或宇宙,中间未经任何转手,至于它到底有多大的效力则取决于柏应理和他的同伴们在《中国哲人孔夫子》一书中为此提供了多少文献依据。

《中国哲人孔夫子》与科学施展的诱惑

耶稣会士致力最深的学术成果乃是《中国哲人孔夫子》(或称《中国人的智慧》)一书。该书与牛顿在同一年也即1687年出版的《自然哲学的数学原理》(*Principia*)一样,也试图在天主属意的秩序与外在显现的系统之间建立一一对应的关系。该书是一百年来阐明中国古老一神教传统的那些翻译和注释的集大成者,同时我们还会发现,该书所用的"Confucian"(儒家)一词是首次出现在文献中。早些时候的那些传教士的个人学术成果大同小异,不是集中在历史学和地理学,就是集中

---

① Markley, *Fallen Languages*, p. 72. See also Christopher Hill, *Some Intellectual Consequences of the English Revolution* (Madison: University of Wisconsin Press, 1980).

在制图学或是语言和语法方面的研究；但《中国哲人孔夫子》一书则完全不同，它是带有注解的一部无所不包的译著。这部著作的大部分花销由法王路易十四（1661—1715 年在位）赞助，因此，它的版式才会如此精致超群——共有 412 页的对开页（folio page），并且配有插图，其中就有一整页（full-page）画着"孔夫子"的标准肖像——而在大部分章节前还印有"鸢尾花饰"（fleur-de-lis①）的图案。至于该书的内容，则包括将基督宗教的历史与中国史进行详细比较的年表、张居正所著《四书直解》的不完整译本、一篇详尽无遗的带有批判性的导言，以及一篇"孔夫子"的传记。

不过，与翻译相比更重要的是《中国哲人孔夫子》中的《初论》（Proëmialis Declaratio）篇，它用 113 页的篇幅向读者介绍了中国的经典、从上古至当时的悠久历史、主要的宗教派别、"上帝"和"天"的语源、对"理"和"太极"的分析，以及中国人的宗教习俗。但《初论》篇的意义远不止此。它为当时围绕自然哲学展开的讨论提供了极具原创性的重要贡献；而从中文翻译成拉丁文的那些内容，也为《中国哲人孔夫子》一书在这部分提出自己的观点提供了经验性的证据。

《中国哲人孔夫子》中的《诸教简述》（brevis notitia sectae）一节介绍了中国的主要教派，但它在行文架构和语气上基本照搬了利玛窦在《天主教中国开教史》里对"三教"（tre leggi diverse，三个不同教派）的记述②。利玛窦的记述就像是一种"田野记录"（fieldnotes），只是把三种宗教传统的信条与实践拙劣地堆砌在耶稣会面前；而《中国哲人孔夫子》的编者则把从利玛窦那里继承下来的说法重新整合，让它的修辞表达更能迎合欧洲世俗读者的口味。这一节的标题让我们想起了中世纪修辞法里的"概述法"（oratio brevis），这是语源学里的一种惯用手法，通过概括出简单的表述来追溯某个词的词源。而在这里，

---

① 该图案由特定的三瓣鸢尾花构成，是法国王室的象征。——译者注
② 至于"概述法"（oratio brevis），参见 Quintilian, Institutio oratoria, vol. 3 (Cambridge, Mass.: Loeb, 1959), X. vi. 1。

第二章 又一个轮回:耶稣会士及其著述在中国和在欧洲

柏应理和他的同伴们则希望《诸教简述》一节能像"概述法"那样解释清楚来龙去脉,从而为他们由三种不同的教派来总结中国人的宗教提供辩护。

这些后加入中国传教团的神父们按照当时的欧洲人能够理解的方式,重新整理了自己的语源学研究和相关表述,尽管他们在这么做的时候作了些必要的修正,却仍然大体继承了利玛窦在那部纲领性的文献——《天主教中国开教史》——中对中国各教派所作的区分。毫无疑问,《中国哲人孔夫子》一书的编著者们进行记述的概念基础乃是由利玛窦奠定的,因为他们沿用了利玛窦对中国各个宗教派别的划分,并且还采用了诸如"*Sinicas vero litteres*"(中国真正的文人学士)这样的专有名词,这简直就是利玛窦所用意大利词"*i veri letterati*"(真儒)的拉丁文形式①。在对"儒"大加赞赏后,《中国哲人孔夫子》的编著者们紧接着就尖锐地批判了佛教、道教和"今儒"(*Neoterici Interpretes*,利玛窦及早期耶稣会士称之为"*i letterati*")的教义学说。在对他们的批判里,我们会发现编著者们用了6页的篇幅提出了一个很有趣的类比,那就是把中国的"今儒"比作欧洲那些"无神论的基督徒"(atheist Christians);这印证了我们早些时候提出的猜想,那便是,耶稣会士在中国人中间复制再现了自己所熟悉的经验范畴。在"儒"里还有一类完全是耶稣会士们"制造"出来的,那就是书中所谓的"*Modernii interpretes*"(新时代的诠释者们),"制造"的目的是用来描述当时像他们那样支持"孔夫子"遗教的儒者们。

在《中国哲人孔夫子》里,紧接着《初论》的是一篇简短的有关"孔夫子"的传记,题为"孔夫子行状:中国哲学家之王"。其后,便依次是《大学》《中庸》和《论语》的译文;此外,这本书在最后还列出了一份从尧开始的中国帝王年表,让人印象殊深。这部作品简直就是一个奇迹,它甚至对今天的读者仍有影响,值得惊奇的不只是其编著者学识

---

① 在有些地方,著者们还整段引用了《天主教中国开教史》中的段落,只是略加修改,常常不过是对其进行强调而已。See Couplet, *CSP*, pp. lxi, c.

渊博,还在于它全面刻画了"孔夫子"这位带有超凡魅力的伦理学专家,以及那些在道德上已然觉醒的追随"孔夫子"的中国人。事实上,这本书里的素材多得令人眼花缭乱,以至于读者往往会把目光集中在"孔夫子"传记前那幅令人难忘的木刻画上(图7),从中寻求帮助以理解整本书,因为似乎在这幅一笔一画的勾描里就已包含了《中国哲人孔夫子》的编著者们告诉我们的大量极其重要的文化、历史和宗教意义。

值得注意的是,耶稣会士将异质文化中与当时各式各样的流派、风俗习惯、文献和诠释有关的大量内容整合进了一个体系,认为这些都是那位带有神话色彩的圣哲留下的遗产。这种带有换喻性质的简化论化繁为简,将多个义项简化为一个义项,使得《中国哲人孔夫子》对欧洲的新兴国家来说有着极为重要的政治意义,因为这些国家当时正致力于阐明和论证就一个国家共同体而言到底有哪些诉求是最基本的、最不容挑战的,并将这些诉求强制推行开来。实际上,在人们的印象里,"孔夫子"就是中国,一如路易十四就是法兰西,或者威廉三世(1689—1702年在位)就是英格兰一样。神父们没有预见到人们对他们的著作会有这样一种诠释,但他们的确认为,中国可以被简化为"孔夫子",同时也提出了至少有两个理由能证明这一点。

首先,他们认为,中国之所以可以被简化为"孔夫子",是因为"孔夫子"创作了体现中国古代文化的文学集成——"经"(libri classici),他也藉此受到了人们自古以来的尊崇。虽然"孔夫子"被利玛窦和金尼阁描述为中国人当中像柏拉图或亚里士多德一样的"异教徒哲学家"(ethnic philosopher),描述为一种思想体系的生动典范①,《中国哲

---

① 其实并不是利玛窦而是他的后继者金尼阁,通过翻译第一次将柏拉图和"孔夫子"比在一起,言辞中还不无赞叹(20世纪时的冯友兰在他的《中国哲学史》里对此有详细说明),其文曰:"他那克己恭俭的生活方式导致他的同胞们坚持认为,他在神性方面超过了过去任何一个时代、世上各个地区在道德方面极为突出的任何人。"对他的赞歌并没有结束:"事实上,假使我们用挑剔的眼光检视历史记载下的他的言行,我们就不得不承认他毫不逊色于异教徒哲学家,甚至比他们中的大多数人还要出众。"See Gallagher, *Journals*, p. 30. 另请参见冯友兰:《中国哲学史》,北京:太平洋图书公司,1968年,第4章。

第二章 又一个轮回:耶稣会士及其著述在中国和在欧洲

人孔夫子》的编著者们却把"孔夫子"比作德尔菲神庙里的先知①;又因为"孔夫子"在中国人中享有的权威远远高于先知在古代希腊人中享有的权威,所以在这些编著者们看来,"孔夫子"的地位还要高于德尔菲神庙里的先知。而这种比较的背后犹有深意:弥尔顿曾在《基督诞生之晨》(On the Morning of Christ's Nativity)一诗中写道,所有异教徒的神明都匍匐在基督面前;柏应理和他同伴们相信,中国人和他们的本土宗教最终会像弥尔顿诗中描写的那样拜服于基督宗教的福音②。其实,他们还认为,"孔夫子"的教导恰恰适合作为皈依基督宗教的很好预备。

其次,早期调适主义者曾经断言,"孔夫子"的教导(也就是"儒教")是对中国上古时期有关"上帝"(Xan ti)信仰的提炼,在这个问题上,《中国哲人孔夫子》的编著者们又再次作了进一步的发挥,只不过这些编著者们现在会说"孔夫子"的教导是对"中国人的宗教"(Religio Sinensium)的提炼③。利玛窦曾经为宗教风俗贴上了不同民族的标签,但这些编著者们却超越了这一基本划分,因为他们就曾指出"上帝"(Xan ti)、"Deus"(陡斯)、"Elohim"(埃洛希姆)和"Jehovah"(耶和华)④在语言上存在一种强有力的亲缘关系。这些编著者们的立场态度,因在神学上趋向于"合一"(ecumenism)而让人印象深刻,也正是由于持这样一种立场,他们才坚称,刚才提到的那些词在语源学上都有相同的来源。恰恰是这种"合一"的立场,对正在努力创造"普遍语言"(characteristica universalis)的莱布尼茨尤具吸引力,因为他的种种努力

---

① "就像上古之时,人们会对德尔菲的阿波罗神谕倾注如此大的信心或者说是赋予其如此大的威权一样,中国人也对他们的'孔夫子'倾注了同样的信心、赋予了同样的威权。" Couplet, *CSP*, p. xiii.

② John Milton, "On the Morning of Christ's Nativity", in *The Norton Anthology of Poetry*, ed. Arthur M. Eastman et al. (New York: Norton, 1970), pp. 299-304.

③ Couplet, *CSP*, p. xcix.

④ "上帝""Deus""Elohim"和"Jehovah"都是基督宗教对独一神的翻译:"上帝"出自中国古代的经典;"Deus"是拉丁译法;"Elohim"是希伯来文《旧约》某些章节对至上独一神的称呼;"Jehovah"源自希伯来语"Yahweh(雅威)",是《旧约》中犹太教神名的基督化读法。——译者注

正因神父们的见证才显得有根有据而非空中楼阁。

《中国哲人孔夫子》的编著者们指出,神学与当时的政治有时难以完全区别开来,他们还提醒我们,中国的君主政体已经存在了 4000 多年,其中有 1700 年的时间一直是按照"孔夫子"的教导来治民理政的①。按照这些神父的说法,他们的这一观点因为有徐保禄(徐光启)而得到证实,因为徐光启曾经坦言,基督宗教"填补了先师孔夫子的教导和文人学士的哲学中所缺少的内容,真正赶走了邪恶的迷信和对魔鬼的崇拜,并用一种激进的方式将其彻底消灭"②。但由此也可以看到,即便是在中国,神学上的"合一"仍然有所保留。至于欧洲,在经历了 16 世纪一系列的宗教战争后陷入了动荡,在这片土地上,像神父们那样借由徐光启的论述为全民信仰某种单一的宗教或意识形态提供合理的辩护,则对构建一种理想的政治发挥了极大作用。神父们关于神学互补合一的论述,所产生的最大影响乃是支撑了新兴国家构建国家共同体的政治主张,而非帮助知识分子寻找到所谓的"普遍语言";但不管是从政治还是科学的角度来解读《中国哲人孔夫子》,都说明了该书具有普遍意义。

耶稣会士在这本书里再次重申,他们的教义和以他们的"孔夫子"为代表的那种学说在本质上是相互兼容的。不过,在他们的元老利玛窦去世七十多年后,耶稣会士的发明已完全超出了利玛窦所能想到的任何一种可能。利玛窦借助"自然理性之光"的概念提出,中国的自然神学与天主教神学是相互兼容的。而柏应理和他的同伴们除了强调这一点外,还走得更远;这些《中国哲人孔夫子》的编著者们就借德尔菲神谕提出,从一方到另一方的进化势所必然。这就使中国的自然神学和耶稣会士的启示宗教之间的相互作用,固化为一种运思过程,即将前

---

① Couplet, *CSP*, p. c.
② 拉丁原文为"Supplet illa et perficit quod Magistro nostro Confucio, nostraeque literatorum Philosophiae deest; nefarias verò superstitions cultumque daemonum tollit ac radicitùs extirpat." Couplet, *CSP*, p. xiii. 虽然柏应理来到中国时,徐光启已不在人世,但徐光启的孙女已经皈依天主教,她和柏应理维持了一段良好而又持久的友谊,并为他的翻译事业提供了帮助。

第二章　又一个轮回:耶稣会士及其著述在中国和在欧洲

者转化为后者的过程。

很快,在牛顿和休谟等学者撰写的与异教徒的宗教及世界史编年有关的大量著作里,都能看到刚才提到的那种运思过程;恰恰是在这个时候,欧洲哲学围绕古今展开的论争正如火如荼①。也许有点讽刺,就像利玛窦最早发明的"legge de' letterati"(儒)等概念使他自己转变为"他者"一样,17世纪晚期那些调适主义者的解释则汇入了欧洲思想的洪流,使自己实现了观念上的回归,也就是从中国式的"自我"转变为欧洲式的"自我"。

对于17世纪晚期耶稣会的调适主义者们来说,"孔夫子"的概念已经有了一个完全不同的意义。或者至少可以说,这是我们能从《中国哲人孔夫子》一书造成的影响中作出的推断。对罗明坚和利玛窦来说,中国曾经是令人迷茫的一片荒原;但对于此时的调试主义者们来说,中国已非如此。耶稣会传教团先后从澳门来到南昌,从南京来到北京,在这个过程中,他们不仅描绘了中国内地的风土人情,还对一些地方留下了深刻的印象。

此时的来华传教团不再是担负着打入中国社会的使命、身处穷乡僻壤、面临共同危险的小团体。这一代神父和柏应理一样都生活在大城市里,不论在欧洲还是中国皆为如此。和一个世纪前的前辈们相比,他们更受认可;进一步来说,在被视为有学问的人方面,他们也更为成功。事实上,他们被整合进了一个致力于交换信息、多语共存、形式上的联合群体;而借由通信、私人交游,以及新近成立的在伦敦和巴黎的科学协会和学会编撰的许多专业期刊和报告,这个联合群体还把许多

---

① 从文献的角度来说,诺埃尔·亚历山大(Noel Alexandre)神父在1700年发表的《论中国仪式与希腊、罗马偶像崇拜的一致性》(*Conformité des cérémonies chinoises avec l'idolatrie grècque et romaine*)一书也许正是非常重要的一环,正是它将《中国哲人孔夫子》编著者的贡献与争相描述"他者"的启蒙新风尚联系在一起。Noel Alexandre, *Conformité des cérémonies chinoises avec l'idolatrie grècque et romaine* (Cologne: Les hautiers de C. l'Egmondt, 1700). 另请参见 Isaac Newton, *The Chronology of the Ancient Kingdoms Amended* (London, 1728),以及 David Hume, *The Natural History of Religion* [1757], edited with a introduction by H. E. Root (Stanford: Stanford University Press, 1957)。

实证科学家、自然哲学家和数学家拉了进来。

耶稣会士的著作在17世纪晚期受到广泛讨论,其作者则像柏应理一样备受称赞。举例来说,在《中国哲人孔夫子》问世以前,莱布尼茨就已经知道它要出版,并从与耶稣会士但以理·丕皮布洛奇(Daniel Papebroch)的通信中了解到了该书的一些内容。这些耶稣会士的作品,其灵感依然来自利玛窦的垂范;但也恰恰由于事业上的成功,他们再也不能像利玛窦这位前辈那样,完全融入中国人的生活。尽管如此,他们依然被欧洲多个宫廷和新兴的科学团体视为专家,一批在中国人当中工作并且成功跨越了此间的亲身经验和自身信仰之间鸿沟的专家。

在指出柏应理及其同伴很少融入中国人的日常生活时,我无意指摘他们的信仰或是献身精神;我只是想指出,耶稣会士所处的历史境遇,至少是那些《中国哲人孔夫子》的编著者们所处的历史境遇,已和利玛窦撰写传教团第一部历史时的情况完全不同了。在稍后这些耶稣会士的生活中还有一个特征能说明他们在历史境遇方面与前人的差异,那就是,他们的流动性比较而言显得更强。像石方西、郭居静(Cattaneo)、利玛窦那些在16世纪得到教会任命的来华传教士们,一直留在中国度完余生,他们在这里学习语言、劝化当地人、把他们那套带有混杂性的经典从中文译为拉丁文,从当地方言转译成"官话"。而柏应理和他的同伴们在传教生涯中却常常收到很多不同任命,但最重要的是,他们中的每个人几乎都在派到东方很长一段时间后回到了欧洲。

似乎可以说利玛窦和他的同伴们从事的乃是费力的基础工作,这项工作使中国和流传下来的备受推崇的中国经典以及"儒"都变得容易理解;与利玛窦及其同伴不同,柏应理这代传教士是后继者,他们将利玛窦等人的理解视为已知真理径直取用,借此创造了一种系统化的所谓的"中国人的智慧"。就此而言,他们是在整理来华传教团从利玛窦时代开始就已生产出来的所有知识,从事的乃是一项截然不同的事业。不过,和利玛窦一样,在实际操作时他们也采用了一种换喻式的理解,以他们口中的"孔夫子"为"干",系统修剪了中国精英生活中的"枝

第二章 又一个轮回:耶稣会士及其著述在中国和在欧洲

枝叶叶",也就是以"孔夫子"的"干"来理解中国的帝王世家、书籍、士人以及许多思想观念。这些调适主义者既是传教士,又是掌握很多知识的专家;虽然对耶稣会士这个文本团体而言,翻译的工作仍然非常重要,但它越来越没有信仰的色彩,相反却更富学究气。这种情况在欧洲显得尤为如此,在这片大陆上,科学和基督宗教联合建构了这个世界内在统一的图景,同时也再次肯定了圣经编年史的准确无误。

事实上,《中国哲人孔夫子》的大多数编著者都回到了欧洲,而此时此地的欧洲,思想新潮正风起云涌;我们似乎可以说,正是因为《中国哲人孔夫子》在这个时候出版,才使调适主义者的小团体得以重建。当时对传回欧洲的印度教省所创造的知识成果有许多论述①,欧洲知识界则在讨论将所有"异族"的历史同圣经连绵不断的编年史对应起来,参加讨论的就有牛顿、伊萨克森(Isaacson)、斯卡利格(Scaliger)和弗雷烈(Freret)等人——我认为,恰恰是《中国哲人孔夫子》一书,将这两方面熔铸在了一起。而诞生于中国的耶稣会著作和欧洲知识界"自然神学"(physicotheology)的最新发展已然结合在了一起,这也许可以用那份大总其成的"中华帝国年表"来说明。

柏应理的《中华帝国年表》(*Tabula Chronologica Monarchiae Sinicae*)完成于 1686 年,并作为《中国哲人孔夫子》的附录再版;虽然它比 18 世纪前三十年那些伟大的基督教年代学家的作品要早,却是步从罗士林(Reuchlin)的《论犹太神秘主义的艺术》(*De Arte cabalistica*)和伊萨克森的《土星历书:历史年表》(*Saturni Ephemerides: Tabula Historicochronologica*)②。"中华帝国年表"(图10)由两栏组成,这样一来,中文记录里所有重要的历史时刻都能和基督宗教编年史上的重大事件对应起来,目的

---

① 当时,中国教会隶属印度教省管辖。——译者注
② 对这两部著作之间关系的讨论与分析,参见 D. E. Mungello, "A Study of the Prefaces to Ph. Couplet's *Tabula Chronologica Monarchiae Sinicae*", in *Philippe Couplet, S. J. (1623-1693): The Man Who Brought China to Europe*, ed. Jerome Heyndrickx, C. I. C. M., Monumenta Serica Monograph Series, vol. 22 (Nettetal: Steyler Verlag, 1990), pp. 183-199.

127

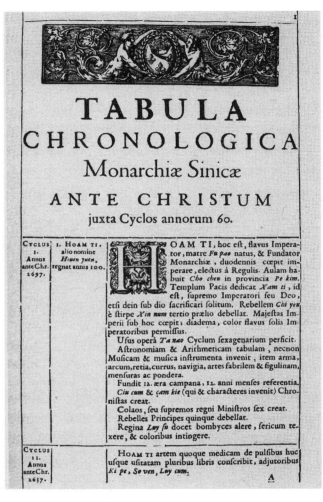

图 10　《中华帝国年表》，出自柏应理（Philippe Couplet）等人编著的 《中国哲人孔夫子》（*Confucius Sinarum Philosophus*, 1687）

两栏竖列将与中国历史有关的叙述对应于《圣经》和基督宗教里的编年。该年表受到了优西比乌（Eusebius of Caesarea，约生于公元260年，约卒于公元340年）所作《编年圣典》（*Chronological Canon*）的启发，而且与斯卡利格、弗雷烈、牛顿等人在其他著作里就年表进行的新的科学尝试也是一致的。蒙密歇根大学特藏室惠允使用此图。

第二章 又一个轮回：耶稣会士及其著述在中国和在欧洲

就在于"将形而上的历史时序形象化,同时也为进一步研究打下伏笔"①。不过,从这种格式编排上推断出基督宗教与中国历史之间相互关联,却还需要对基督宗教编年史作进一步的研究。

正是以这样一种方式,这份年表按照《圣经》"七十子译本"的编年,将降伏了中国文化核心区域(即中原地区)滔天洪水的"禹",认定为是与诺亚(Noah)同时代的人。之所以这么做是因为耶稣会士们很早就发现,如果将人们普遍接受的有关伏羲、舜和禹这些中国的"文化偶像"(culture hero)活跃于哪个年代的说法与《圣经》"武加大译本"对应比照,就会存在冲突:按照"武加大译本"来测算,伏羲的统治始于公元前2952 年,大洪水发生在公元前2349 年。如果中国人的编年是正确的,那么这些人都身在诺亚之前。"武加大译本"依据底本的乃是希伯来文《圣经》,与其不同,"七十子译本"依据的则是希腊文《圣经》,正因如此才产生了另一版本的《圣经》纪年,使得中国的这些英雄们都在大洪水之后②。正是借助这份经过修正的年表,调适主义的追随者们为中国宗教与基督宗教在神学上的相容提供了非常有说服力的分类依据。

不仅如此,柏应理和他的同伴们还按照他们自己描绘的"基督徒"的血统家系——"从亚当开始,经诺亚、亚伯拉罕和巴比伦之囚,并经耶稣基督传至今日"③,努力重构了从黄帝开始直至"孔夫子"的中国帝王世系(既包括直系,也包括旁系,图11)。在《中国哲人孔夫子》里,耶稣会士们显然坚信,这种相似性并非偶然,相反带有神圣的意味,这与利玛窦作品里的看法同样明确;但两者之间还是有一点区别:按照《中国哲人孔夫子》编著者的看法,这种相似性并非他们妙手偶得,而是可以用科学方法加以证实的。由此而言,他们站到了欧洲科学家们一边,

---

① Kenneth J. Knoespel, "Milton and the Hermeneutics of Time: Seventeenth-Century Chronologies and the Science of History", *Studies in the Literary Imagination*, no. 22 (1989): 20.

② Mungello, "A Study of the Prefaces to Ph. Couplet's *Tabula Chronologica Monarchiae Sinicae*", pp. 192-194; and Van Kley, "Europe's 'Discovery' of China and the Writing of World History", *American Historical Review* 76, (1971): 360.

③ McGrane, *Beyond Anthropology*, p. 59.

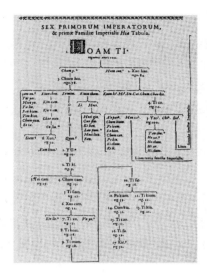 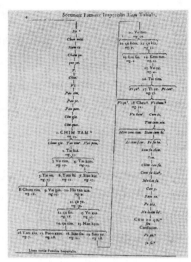

图 11 《前六位帝王和第一个王朝夏朝的世系表》

摘自"中华帝国三代家系表"(Tabula Genealogica Trium Familiarum Imperialium Monarchiae Sinicae),收于柏应理等人编著的《中国哲人孔夫子》(*Confucius Sinarum Philosophus*,1687)。这份世系表说明,"孔夫子(Cum Fu çu 或作 Confucius)"是商王朝的后裔(参见第二页右侧下部)。值得注意的是,中国古代的其他人物都没有拉丁文名号。蒙密歇根大学特藏室惠允使用此图。

正致力于让这个世界变得易于理解又不失人们一贯赋予它的神性。

"Confucian"(儒家)一名及其普遍意义

如何可靠地描述自然世界?这个问题曾让 17 世纪的教会外知识分子们殚精竭虑,而对帝王世系和年表进行符号化的分类研究,则顺理成章地被看作是在尝试回答这个问题①。时人以为,人类使用的是一

---

① 下文对 17 世纪"自然神学"面临的认识论危机所作的分析,源自 Markley, *Fallen Languages*, pp. 2-17, 63-75, 87-93, 99-101。

第二章 又一个轮回：耶稣会士及其著述在中国和在欧洲

种堕落的语言，它和神的造物之间存在断裂，不能恰如其分地表达后者；这使人们感到困惑不已，也使人们试图通过语言学、实证科学、数学和自然哲学的相关研究，发明一套全新的符号形式来表述神的造物，同时避免犯下"傲慢"（hubris）之罪。

牛顿的"微积分"、贝克（Cave Beck）的"普遍语言"（universal character）、莱布尼茨的"普遍语言体系"（universal system of characters）以及约翰·威尔金斯（John Wilkins）的"真实符号"（real character），只是说法不同而已，之所以发明这些不同的说辞，都是为了说明自己的实证科学研究是在虔诚地推演神的事工。因此，当中文文献被看作是代表了自然的符号形式时，耶稣会士对它们的翻译和注释就同样有了神圣的意义，一如莱布尼茨和牛顿采取的处理方式一样。此外，欧洲的科学家们认为，真实符号、微积分或"普遍语言"，都能从万事万物的本性中推演出来，它们都直接表达了神的意旨；而耶稣会士将中国人的"真实符号"翻译过来（译者按，此处当指耶稣会士将中文翻译成欧洲语言），本身就为这一观点的合理性提供了依据。

借助通信和私人交游，中国教区的神父们卷进了欧洲科学团体不断扩张的信息网络中，为寻找能够表达神造之物内在美并且能够分析一般语言的"元语言"（metalanguage）助力不少；不过，虽然这个目标发自内心，但理智一点来看，它却充满了堂吉诃德式的臆想。在努力实现这个目标时，有些欧洲人就认为，中国人的整个体系与自然同性同构，并对其进行了详细的解释；耶稣会士则给它指定了一个名字，他们称其为"Confucian"（儒家）。

在发明"Confucian"（儒家）这个与"Confucius"（孔夫子）有关的词汇时，信奉调适主义的《中国哲人孔夫子》的编著者们已经超越了利玛窦的想象，因为利玛窦虽然暗示过但却从未明确把"中国"简化成"孔夫子"。利玛窦暗含的简化论主张被柏应理和他的同伴们放大，导致出现了"Confucian"（儒家）这个新词。在呈给路易十四的书信里，他们声称："被称作'孔夫子'的那个人乃是中国君主的苗裔，他是最为睿智

129

的道德哲学家、政治家和演说家。"①在另外一些地方,柏应理和其他共同执笔人则依据传承世系给出了论证,证明他们提到的那位道德哲学家代有传人,一直到他们编著此书时仍是如此:"迄至今年,也就是1687年为止,(孔夫子的)世系一直繁衍不息,中无间断"②。而在《孔夫子行状》(Confucii Vita)的结尾,神父们概述了中国自汉朝以来的历代世系,还特别提到了千余年来历代皇室加诸"孔夫子"的褒奖。不过,和"太阳王"路易十四对自己的看法显然不同,神父们还报告说,虽然"孔夫子"是中国宗教的象征符号,但围绕他的礼仪却完全是世俗性质的——"(civiles sunt honores ac ritus illi Confuciani)向他表达的敬意和那些儒家的礼仪都是文明开化的"③,也正是在这个地方,《中国哲人孔夫子》的编著者们首次提出了"Confucian"(儒家)这个新词(图12)。这句话的下面还有段类似表述:"他证实那些儒家的礼仪确实是政治性的",这再次肯定了向"孔夫子"表达敬意的礼仪是世俗性的。这些都证实了对"孔夫子"的崇敬并非偶像崇拜性质,因此它完全可以比拟于法王路易十四的臣民们对他那种近似崇拜的谄媚。所以,柏应理和他的同伴们才会在总述《孔夫子行状》的段落里特别提到路易十四,也就是"路易大帝"(Magni Ludovici),为的就是向他们的君主和赞助人表达敬意,具体方法便是,将中国人心中不朽的象征与法国人及其启蒙文化鲜活的代表故意作一类比。

在提出这一类比的人看来,孔圣人和太阳王这两个代表性的象征也因此都有了对方的一些特点;对于其他人特别是后来那些认为这一类比再贴切不过的一小撮"中国风"的拥趸们来说,同样也是如此。"孔夫子"是代表智慧、善政和文明的东方典范,耶稣会士们自封为他的全权使者,而他们从另一个世界回到欧洲的目的就是把这些馈赠献于自己君主阶前。反观欧洲,"孔夫子"在其木刻画中身着只有波旁

---

① "Epistola", in Couplet, *CSP*.
② 参见柏应理等编著的《中国哲人孔夫子》在页107背面所附"孔夫子"木版肖像画的文字说明。See Couplet, *CSP*, p. cxvii.
③ "Philosophorum Sinensium Principis Confucii Vita", in Couplet, *CSP*, p. cxxii.

130

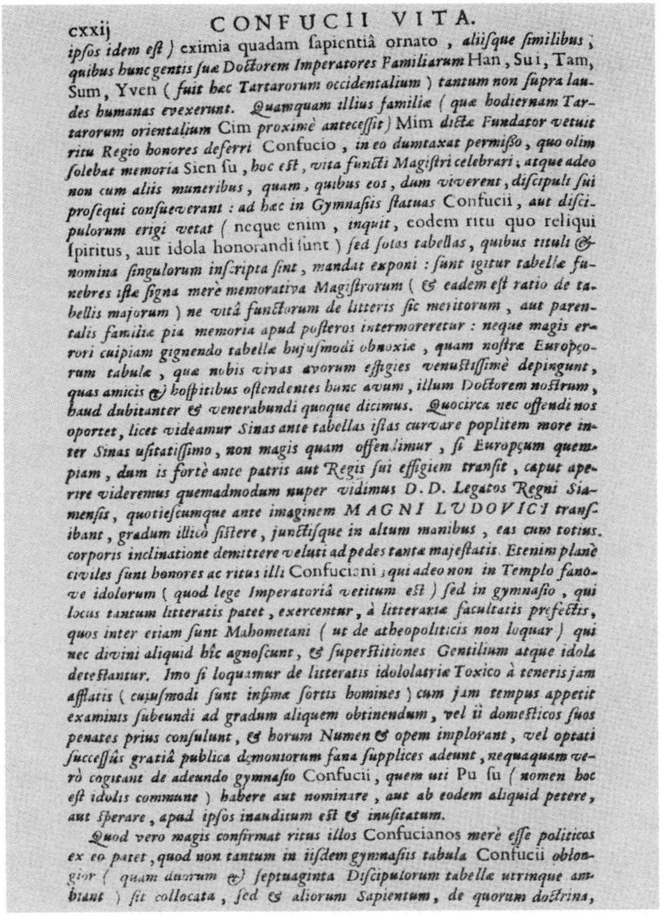

cxxij CONFUCII VITA.

ipſos idem eſt) eximia quadam ſapientiâ ornato , aliiſque ſimilibus ; quibus hunc gentis ſuæ Doctorem Imperatores Familiarum Han , Sui , Tam, Sum , Yven (fuit hæc Tartarorum occidentalium) tantum non ſupra laudes humanas evexerunt. Quamquam illius familiæ (quæ hodiernam Tartarorum orientalium Cim proximè anteceſſit) Mim dictæ Fundator vetuit ritu Regio honores deferri Confucio , in eo dumtaxat permiſſo , quo olim ſolebat memoria Sien ſu , hoc eſt , vita functi Magiſtri celebrari ; atque adeo non cum aliis muneribus , quam , quibus eos , dum viverent , diſcipuli ſui proſequi conſueverant : ad hæc in Gymnaſiis ſtatuas Confucii , aut diſcipulorum erigi vetat (neque enim , inquit , eodem ritu quo reliqui ſpiritus , aut idola honorandi ſunt) ſed ſolas tabellas , quibus tituli & nomina ſingulorum inſcripta ſint , mandat exponi : ſunt igitur tabellæ funebres iſtæ ſigna merè memorativa Magiſtrorum (& eadem eſt ratio de tabellis majorum) ne vitâ functorum de litteris ſic meritorum , aut parentalis familiæ pia memoria apud poſteros intermoreretur : neque magis errori cuipiam gignendo tabellæ hujuſmodi obnoxiæ , quam noſtræ Europæorum tabulæ , quæ nobis vivas avorum effigies venuſtiſſimè depingunt , quas amicis & hoſpitibus oſtendentes hunc avum , illum Doctorem noſtrum , haud dubitanter & venerabundi quoque dicimus. Quocirca nec offendi nos oportet , licet videamur Sinas ante tabellas iſtas curvare poplitem more inter Sinas uſitatiſſimo , non magis quam offendimur , ſi Europæum quempiam , dum is fortè ante patris aut Regis ſui effigiem tranſit , caput aperire videremus quemadmodum nuper vidimus D. D. Legatos Regni Siamenſis , quotieſcumque ante imaginem MAGNI LUDOVICI tranſibant , gradum illicò ſiſtere , junctiſque in altum manibus , eas cum totius corporis inclinatione demittere veluti ad pedes tantæ majeſtatis. Etenim planè civiles ſunt honores ac ritus illi Confuciani ; qui adeo non in Templo fanove idolorum (quod lege Imperatoriâ vetitum eſt) ſed in gymnaſio , qui locus tantum litteratis patet , exercentur , à litterariæ facultatis præfectis , quos inter etiam ſunt Mahometani (ut de atheopoliticis non loquar) qui nec divini aliquid hîc agnoſcunt , & ſuperſtitiones Gentilium atque idola deteſtantur. Imo ſi loquamur de litteratis idololatriæ Toxico à teneris jam afflatis (cujuſmodi ſunt infimæ ſortis homines) cum jam tempus appetit examinis ſubeundi ad gradum aliquem obtinendum , vel ii domeſticos ſuos penates prius conſulunt , & horum Numen & opem implorant , vel optati ſucceſſûs gratiâ publica dæmoniorum fana ſupplices adeunt , nequaquam verò cogitant de adeundo gymnaſio Confucii , quem uti Pu ſu (nomen hoc eſt idolis commune) habere aut nominare , aut ab eodem aliquid petere , aut ſperare , apud ipſos inauditum eſt & inuſitatum.

Quod vero magis confirmat ritus illos Confucianos merè eſſe politicos ex eo patet , quod non tantum in iiſdem gymnaſiis tabula Confucii oblongior (quam duorum & ſeptuaginta Diſcipulorum tabellæ utrinque ambiant) ſit collocata , ſed & aliorum Sapientum , de quorum doctrina,

图 12　《孔夫子行状》(Confucii Vita)一文书影，出自柏应理等人编著的《中国哲人孔夫子》(*Confucius Sinarum Philosophus*，巴黎，1687，p. 122)

文中突出强调的“civiles sunt honores ac ritus illi Confuciani”(向他表达的敬意和那些儒家的礼仪都是文明开化的)和“vero magis confirmat ritus illos Confucianos merè esse politicos”(他证实那些儒家的礼仪确实是政治性的)这两句话正是耶稣会士首次使用“Confucian”(儒家)这个新词的书面证据。蒙密歇根大学特藏室惠允使用此图。

王朝的君主们才能使用的标志性装饰,而在喻义上,他又象征着"中国性",这不由让人想起路易十四的那句名言——"朕即国家"(L'etat c'est moi)。

将"孔夫子"的木刻画(图7)与对路易十四的描画(图13)作一比较就会发现,其实,这两幅图在描绘圣王和星象时,所用的观念和手法都很相似,而"孔夫子"和路易十四在这两幅图里都是作为宇宙的象征示人的。文艺复兴后期比较流行一种象征画法,它将皇权和宇宙诸天的秩序对应一致,而"孔夫子"的肖像画用的正是这一画法。毫无疑问,这幅气势磅礴的画像在为"孔夫子"构图时严格参照了对一致性的要求,具体手法乃是把"孔夫子"安排在拱道里,拱道右侧的柱子上写有两字——"天下",左侧的柱子上则标有帝王对"孔夫子"的尊称——"先师"。这两个词相互对称,分别整齐地排列在"仲""尼"这两个字的下方("仲尼"正是孔子的字)。这样一来,似乎"孔夫子"生来就属于全人类并且代表了一种学术传统留下的遗产。

木刻画里的"孔夫子",头顶满是琳琅秘籍;他的头饰也比较特别,是层层云彩和太阳,这与占星学描写路易十四出生时的意象非常相似。而"孔夫子"的头部本身就包含了几重诸天,是一个微缩的宇宙。冠帽上方的太阳熠熠生辉,似乎说明这位圣人的价值有如利玛窦所言,是"自然理性之光"的代表;而冠帽向两边凸出的两个十字架,则很像《中国哲人孔夫子》一书中章与章之间印着的百合花饰。他手中垂下一条带子,上面悬挂的是一件镶有珠宝的饰品,这让人想到了王冠;其实,它就是一顶倒过来的王冠,这让我们想起汉代的说法——孔子是"素王"(an uncrown king,无冕之王)。此外,"孔夫子"还手擎玉圭,这是封建王朝拥有禄位的象征,他的姿势正是仿自《论语》第十章第五节所写:"上如揖,下如授。"①

---

① 《论语注疏》,页 86.1。See also Arthur Waley, *The Analects of Confucius* (New York: Vintage, 1938), p. 149.

第二章 又一个轮回:耶稣会士及其著述在中国和在欧洲

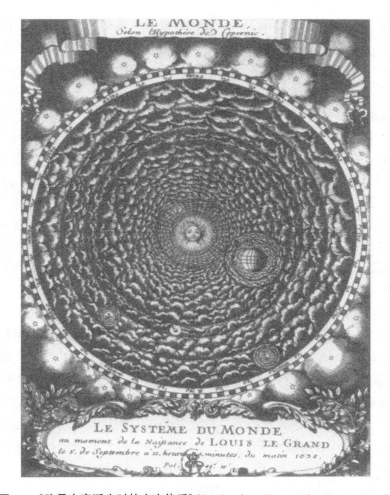

图 13 《路易大帝诞生时的宇宙体系》(Le Système du monde au moment de La Naissance de Louis le Grand),木刻画,藏于法国巴黎国立图书馆版画馆

它描绘了君主制与星象学相互交织在一起景象,它还说明,17 世纪晚期皇家肖像画的绘画技巧也曾用到了那幅"孔夫子"的木刻画里(参见图7)。

虽然绘制"孔夫子"肖像的法国画工并不知道他抄描的中国字有什么意义,不知道为什么要画上写有孔子弟子名字的牌位,也不知道书架上汗牛充栋的书籍的名称究竟是什么意思,但这幅肖像画却依然告诉我们，耶稣会士对那位圣人所开创的传统的理解到底达到了怎样的深度。在《中国哲人孔夫子》出版后的那个世纪里，这幅图引来了无数仿制；不过，对我们来说，神父们特别赞同孔子的教导，这已在将他的形象具体化了的木刻画里留下了一些可见的痕迹。孔夫子左右两侧的书架上藏有经籍，一共是十部。我们可以看到，图示右侧的书籍自上而下依次是《礼记》(Li Ki)、《易经》(Ye Kim)、《系辞》(hi cu)、《诗经》(Xi Kim)和《孟子》(mem cu)；而其左侧则是《书经》(Xu Kim)、《春秋》(chun cieu)、《大学》(ta hio)、《中庸》(chum yum)和《论语》(Lun yu)。

那些被中国人公奉为"经"的著作都用了大写字母——比如，"Ye Kim"(《易经》)、"Xi Kim"(《诗经》)、"Li Ki"(《礼记》)和"Xu Kim"(《书经》)；而"四书"却用了小写字母，只有《论语》是个例外，给它注音时兼用了大写和小写字母。此外，传为孔子所作"五经"之一的《春秋》也用了小写字母，或许这间接说明，对于耶稣会士而言，《论语》已经取代了《春秋》而占据了"经"的地位。所有的标题都用拉丁字母注音，并按由左及右的顺序书写，但相应的汉字则按中文习惯自右往左书写。《论语》仍是例外，在用拉丁字母给它注音后，其拉丁文标题和中文标题都是从左往右书写的。仿佛耶稣会士对孔子和"孔夫子"的独有理解正借画工之手传播开来。当衍生出很多其他词汇的"Confucius"(孔夫子)及其肖像画成了普遍共有的财富时，人们心中也留下了这样的印象，即来华耶稣会士与"儒"的影响不断扩散有着密不可分的联系。

创造一个词并由它衍生出很多词，乃是一种极大的诱惑。利玛窦抵制住了这种诱惑，因为他知道这不仅仅是变换词形的问题。在中国生活了27年后，他很清楚，孔子所开创的传统几乎就是有教养、有特权和有权位者们的宗教信仰；同时也正是因为这个原因，这种传统从未间断，但尚未遍及四野，这与其故乡意大利的基督宗教形同一路。可以说，在利玛窦看来，"儒"有点类似于一种膜拜团体，或者就是一个教派，哪怕它合乎理性、推崇一神论又极有影响。《中国哲人孔夫子》的编著者们却直言不讳地说"儒"是个教派(sect)，不过却同时将它界定

第二章 又一个轮回：耶稣会士及其著述在中国和在欧洲

为中国人的宗教(religion)，这已经突破了利玛窦的观点。而把"儒"界定为"儒家"(Confucian)的宗教，则会将"儒"同利玛窦自己信仰的宗教置于平等的地位上。即使利玛窦能够接受这个观点，即赞成基督宗教和"儒教"(Confucianism)在世界宗教的视野下可以看作完全相同的部分，但想要他明白宣称这一点却有如登天之难。也许正是出于威尔弗雷德·坎特韦尔·史密斯(Wilfred Cantwell Smith)所解释的那些原因，利玛窦才会认为用"Confucian"(儒家)这个词并不恰当，甚至有点亵渎神明①。

至于利玛窦为什么没有将"Confucius"(孔夫子)这个词变形为"Confucian"(儒家)而留待其调适主义的后继者们去完成，还有一个决定性的也是最有可能的原因。也许利玛窦就认为，将"儒"称作"Confucian"，意味着颠倒了文化精神与其原型之间的固有关系。孔子是某种文化精神鲜活的化身，但并不等同于它。对于耶稣会士们组成的文本团体而言，作为其灵感来源的"Confucius"(孔夫子)同样代表了某种文化精神，同样也不等同于它。这种文化精神之所以显得内涵丰富，是因为它让我们深深地回忆起了其原型值得仿效的生活。孔子，就像"孔夫子"一样，本身就是特定的一套道德及实践观点的化身，也体现了"儒"和早期耶稣会士的文本策略为他们所宝贵和珍视。

不论是将孔子等同于"儒"，还是将"Confucius"(孔夫子)等同于"Confucian"(儒家)，抑或是将它们作下对调，都弱化了这位圣人的榜样力量。这位圣人的追随者们正是受先师的一生感召，将之视为自己要竭力仿效的行为准则。而与孔子言行有关的记载则提供了堪称范式的叙事结构，他的追随者们正据此来塑造自己。孔子那典范的一生与

---

① 史密斯提出，"Judaism"(犹太教)、"Christianity"(基督宗教)、"Islam"(伊斯兰教)、"Daoism"(道教)、"Confucianism"(儒教)以及"Buddhism"(佛教)等词汇只有在将"religion"(宗教)这个概念具体化了的19世纪才会出现；他还认为，只有当那些传承下来的现存信仰传统在存续问题上陷入危险时，才会采用这些抽象的词汇。See Wilfred Cantwell Smith, *The Meaning and End of Religion: A Revolutionary Approach to the Great Religious Traditions* (New York: Harper and Row, 1978), pp. 1-19, 51-79, 124-152, 193-202.

"儒"的文化精神之间一直存在张力,孔子在道德上的感召力以及"儒"竭力仿效他的意义恰恰来自这种张力。但是,如果说"儒"在本质上等同于孔子,那么只要他的追随者自称为"儒"就意味着他可以以孔子自居,他也就逃过了在道德上进行"自我形塑"所需的苦苦修炼,岂不太过轻松了。

作为耶稣会士灵感来源的"孔夫子"这个概念,其意义是通过带有私人性的专门渠道传播的,而一种书写传统正赖此传承;在中国当地的那个特定的群体对这种情况了然于胸,它也成了耶稣会士早期同化的痕迹保留至今。指示"孔子"的词形不断变化,中经"Confutio""Confucio""Confuzo""Confutius"和"Confusius",最终以"Confucius"一词定型;这一方面保存了在华耶稣会团体的记忆,另一方面也是种补充或对比,帮助我们勾勒出所谓现代的、科学的西方究竟为何。耶稣会士的概念发明是以双重身份进行的,他们既是中国当地的某一派学者,也是掌握了科学的欧洲人,正是借助这段发明史,我们现在才能在我们的"Confucianism"(儒教)一词里,理解宗教、伦理和科学之间那些并不确定的象征性联系。下面,我们将首先考量一下这方面的理解对于表述中国而言究竟有何影响,然后我们才会仔细考察复杂的中文语境——要知道,我们想当然地以为,中文里土生土长的"儒"字乃是与我们所谓的"Confucianism"(儒教)相对应的"他者";殊不知,复杂的中文语境早已使"儒"字在古代就有了宗教的意味。

楔 子

"儒教"的意义及其使命：对概念可靠性的思考

我还没有发现有哪一种对某一宗教之命名的提出要早于19世纪："Boudhism"（"佛教"，1801年）、"Hindooism"（"印度教"，1829年）、"Taouism"（"道教"，1839年）、"Zoroasterianism"（"琐罗亚斯特教""袄教"，1854年）、"Confucianism"（"儒教""孔教"，1862年）等。……这种向一个具体名称的转变并未发生在这样的情形中，即一个民族的宗教生活仍然保持着完整性并与其社会存在处于统一范围内。……我们则只是再一次地注意到，"'儒教'（'Confucianism'）是一种宗教吗"这一问题，是一个西方从来都不能够作出回答的问题，也是一个中国从来都不能够作出询问的问题。①

——坎特韦尔·史密斯（Cantwell Smith）

译文同样要有自己的生命，要按照自己的律动呼吸；它不能离开滋养的环境而独存。因此，翻译的过程是一段来回往复的航程，驶向文本海岸又离开，直到最终登临一片全新的土地……自迈出第一步开始，翻译就已经伴随着大量无法预知的一系列状况。

——玛西亚·芙克（Marcia Falk）

---

① 译文引自威尔弗雷德·坎特韦尔·史密斯：《宗教的意义与终结》，董江阳译，北京：中国人民大学出版社，2005年，页132—140。——译者注

楔子 "儒教"的意义及其使命:对概念可靠性的思考

概念与团体

就在利玛窦逝世后的那个世纪里,维科(Giambattista Vico,1668—1744)在其著作中对概念和语境的重要关联进行了论证;他强调,我们只能了解自己有能力创造的内容。他还强调,概念并非内在于事物的本性,而是由文化创造并传播的。即便概念有固定的意义,也允许变化;它们并非只是往古的陈迹,它们也会在形式上发生一些微妙的变化。维科认为"真理与创造相互转化",有人对这种观点进行了详细的解释,认为某些概念之所以会一直存在,是因为它们代表了价值观、期望值,也是对特定团体的观点的具体化①。近来,社会人类学家厄内斯特·盖尔纳(Ernest Gellner)有力地论证了这一点,他评论道:

> 当然,概念远远不是一个"纯粹的"概念:它包括为人共用的一套分类、评价方式以及社会的、天然的预期与限制,同时还将它们表达出来并给予充分的证明。正是概念才使合作与交流成为可能。它将行为与感受限定在一定的范围内,而自己则被潜在地赋予了无穷的多样性,并因此确立了某种"文化"。②

盖尔纳的上述观点已经很清楚地解释了"Confucius"(孔夫子)和"Confucianism"(儒教)这些概念为什么能延续至今。

和所有概念一样,"Confucius"(孔夫子)一词也间接表达了一系列特定的社会关系。在本书的第一章和第二章里,我具体描述了发明出

---

① 因为涂尔干(Durkheim)的缘故,我们已能很好地理解这一点,我在这里也正是引用了他的分析。See Durkheim, Émile. *Elementary Forms of the Religious Life*, trans. Joseph Ward Swain (New York: Free Press, 1965), pp. 121-140, 165-182, 217-236, 255-272, 462-496.

② Ernest Gellner, *Plough, Sword, and Book: The Structure of Human History* (Chicago: University of Chicago Press, 1988), p.55.

来的"Confucius"(孔夫子)一词与其衍生词"Confucianism"(儒教)如何为人所用,借此我解释了这两个词到底有何意义①。其后,我还指出,欧洲人发明的"Confucius"(孔夫子)与"Confucian"(儒家)这两个词都缘于耶稣会士渴望理解"他者"。因为传教士在文化领域的研究是出于宗教方面的激情,所以他们的理解也投射出了自己的宗教。在这个意义上来说,传教士们的诠释努力为他们的传教事业提供了正当性,也许这些诠释带有某些私心或是某种意识形态的意味。

尽管如此,耶稣会士在中国大地上完成自己的转化,将那些经过挑选的经典文献翻译并从中国带回欧洲,无疑都是意义非凡的大事。通常会有人谈到在翻译的过程中损失了什么,但很少有人认识到在这一过程中又收获了什么。举例来说,利玛窦对中国人的语言、科学、艺术、政治以及宗教的记述,都是对自己活生生的经历所作的"隐喻化表达"(metaphorization),这是一种"参照自己来描述他者的方式"②,给人留下了极为深刻的印象。利玛窦与继其而来的神父们,将在中国的耳闻目见翻译成了自己和身边人都能理解的一整套内容,甚至连他们的上级和远在地球另一侧的那些赞助人也能明了它的内涵。在这一过程中,利玛窦等人其实是重新使用了一套象征化的语言来表述自己感知到的事物。他们做不到的是,毋宁说,他们留待我们去完成的是,严格地反思他们(包括我们在内)持续制造中国文化的做法,并为揭示这一做法的意义找到门径。

因此,和许多囿于"Confucianism"(儒教)这一概念的学者相反,我认为,它并不只是一个"普普通通的西方词汇"③;正如我们已经提到的那样,"儒教"是个复杂的概念,它包含了很多意义;对于以基督宗教为中西方共

---

① Peter Winch, "Concepts and Actions", in *The Philosophy of History*, ed. Patrick Gardiner (Oxford: Oxford University Press, 1974), pp. 42-43.

② Roy Wagner, *The Invention of Culture*, rev. and exp. ed. (Chicago: University of Chicago Press, 1981), p. 30.

③ Tu Wei-ming, "The Confucian Tradition in Chinese History", in *Heritage of China: Contemporary Perspectives on Chinese Civilization*, ed. Paul S. Ropp (Berkeley: University of California Press, 1990), p. 112.

同信奉的宗教并在此基础上尝试调和中西两种文化的做法来说,"儒教"这个概念至关重要。"儒家"与"孔夫子"这两个概念不时还会引起后来那些耶稣会传教士们的共鸣,他们感到最为急切的是在概念层面划定另一种文化精神的范围,并通过文化人类学来证实天主全在的科学依据。

不过,既然已经知道了耶稣会士对"Confucian"(儒家)"儒"和"中国"的解读有哪些特征,我们又如何能够继续使用"Confucian"(儒家)这个词来描述中国文化里的各种制度体系呢(这里所谓的制度体系有可能是指传统、帝国、官制、文明或者家族)?罗明坚、利玛窦及其后继者以一种特定的类比方式,建构了"儒"(利玛窦所用乃是其母语意大利文里的"la legge de' letterati")与维系国家统治(包括皇帝与官僚机构的行为举措)之间的联系,从而为他们那带有意识形态意味的事业提供了支撑,正是它才使传教士们劝人皈依的种种辛劳显得很有意义。不过,耶稣会士对自己在中国人当中观察所得的相关记述,也就是他们的"隐喻化表达",就实质而言,的确是在理解方面进行的某些尝试。所以,即便利玛窦笔下的"儒"(La Legge de' Letterati)好像是有助于传播福音的原始自然宗教,并因其发挥这种作用而被视为一个无所不包的体系,但在中国当地它只是"在一定历史条件下寓有多种文化关系的一个独特体系"①。

随后那一代来华的耶稣会士与欧洲日益壮大的科学团体之间的联系更为密切,经他们重新诠释,"孔夫子""儒"乃至"中国官话"等概念都具备了重要的分类价值,使得它们在另一个极其不同的文化关系场域内显得意义非凡。一如我们已经了解到的,当这些概念刚在欧洲获得意义价值,"孔夫子"的肖像画就被到处窃用,"Confucianism"(儒教)这个词也出现在欧洲各国语言里,就连那些新兴的尚未稳定下来的欧洲国家也不例外。应该说,这些意想不到的结果全拜耶稣会士的调适主义所赐,是它将"Cina""Sinas"和"la Chine"(中国)直接带进了欧洲新思想纪元的视线内;也正是因为这个原因,我才认为,不管是把"儒"读作"Confucian"还是把"孔子"读作"Confucius",都会使耶稣会士从事调适主义的

---

① Tony Bennett, *Formalism and Marxism* (London: Methuen, 1979), p. 167.

历史焕发光彩,正是调适主义的实践创造出了这些词。

借用第一章里谈到过的马歇尔·萨林斯的观点,我认为,正是通过把"存在的独特性"(此处指中国文化,特别是"儒")植入"概念的熟识性"(此处指基督宗教),耶稣会士将西方的现时境遇同中国的过去历史结合在一起,也就使得他们可以将自己的现时境遇置于中国的历史之中;虽然这一做法为他们劝人皈依提供了正当性,但在一些中国人看来,它却曲解了晚明时期的中国文化①。另一方面,当时的欧洲学者正致力于将造物主创造万物的多样性与科学的统一性调和在一起,在此之中体现出了一种令人惊叹的对称和谐之美,通过将继承而来的观念范畴与全新的知识经验结合起来的一种类似于辩证法的方法,这些学者们也将"中国"和"孔夫子"植入了这种对称和谐之中。

与此同时,我们不应该忘记,不管是利玛窦在华期间,还是此后当中国人遇到传教士时也都使用了萨林斯所说的那种符号化的方法,也就是让前所未见的独特存在(即指耶稣会士)变为自己所熟悉的概念(即指"儒"和"佛")的一部分。这是早期耶稣会士从事翻译工作的背景——不同文化相遇时必然会在现实层面与概念上有调整适应,这种调整适应本身也是双向的——也正是在这个时候,耶稣会士翻译的忠实度才最高。反讽的是,正是极具创意而大胆的翻译催生了"Confucianism"(儒教)的概念,它既是系统化的教义又是一种宗教,这等于是提高了"儒"的地位,使其超过"佛""道"并成为唯一正统的本土信仰;

---

① Marshall Sahlins, *Islands of History* (Chicago: University of Chicago Press, 1985), p. 146. 利玛窦与中华帝国晚期的历史联系得如此紧密,也许恰恰证明他暗中巧妙地把中国文本当作基督教文本进行解读取得了成功。康熙年间编纂完成的官修明代史书——《明史》,在"列传第二百十四·外国"篇里有一段文字记载了利玛窦入华情事。其中有两段礼部的上表,引证了一系列不法行为,据此主张利玛窦不得"潜居两京(译者按,系指北京和南京)",这段记述对利玛窦充满敌意、颇多诋毁。非难利玛窦的人指控他"其说荒渺莫考"。但在礼部看来,利玛窦更应受到指控的罪行是他盅惑了中国士人,进献给皇帝的贡品也非常不合适——除天主和天主母(译者按,即天主教里的"圣母")图外,还有"神仙骨"。《百衲本二十四史》,卷四十一(《明史》),台北:商务印书馆,1967年,页17b—21a。另有一篇言辞不是那么激烈的简要传记,收于 L. Carrington Goodrich and Chaoying Fang, eds., *Dictionary of Ming Biography*, 1368—1644, vol. 2 of 2 vols. (New York: Columbia University Press, 1976), pp. 1137-1144。

楔子 "儒教"的意义及其使命:对概念可靠性的思考

但与此同时,"Confucianism"(儒教)的概念还使得在中国本土享有显赫地位的"儒"在世界范围内也显得卓尔不群,这使我们今天对"Confucianism"(儒教)及其各种表现形式都非常熟悉,以至于"Confucianism"(儒教)一词对我们而言甚至不再拥有确定的意义。

然而,"Confucianism"(儒教)一词之所以不再拥有确定的意义,其实并不只是因为大量的词都与"Confucian"(儒家的)这个形容词挂上了钩;相反,是因为我们承负的17世纪的思想遗产被分为两个部分,一半是翻译的成果,一半是分类研究的成果,这已使得今天和"Confucian"(儒家的)一词有关的表述也已变得意义不明。麦金泰尔(Alasdair MacIntyre)早已在另一个完全不同的语境里详细阐述了语言是如何形成内在矛盾的,这些矛盾将阻碍对知识经验进行有意义的解释,而当参与一场对话的双方是观点相反的哲学时,情况也是如此①。其实,恰恰是麦金泰尔提出的这种矛盾支撑了西方用以表述道德情操的那一整套语言,而我们今天对"Confucian"(儒家的)一词的使用似乎正是这方面极为贴切的例证。"Confucian"(儒家的)一词在使用时,方式多种多样并且看起来毫不相干,如有:儒家思想、儒家精神、儒家的人道主义、儒家教育、儒家学问、儒家的宗教性、儒家研究、儒家价值观、儒家伦理、儒家事业、儒家传统、儒家文化、儒家教导、儒家哲学、儒家教化、儒家性(Confucianity)②,等等。因此,这个词很快就变得空洞无物;可以

---

① Alasdair MacIntyre, *After Virtue: A Study in Moral Theory*, 2d ed. with postscript (Notre Dame, Ind.: University of Notre Dame Press, 1986), pp. 1-75.

② 这里列出的表述尚不完全,也非我独创,而是取自几位研究中国宗教、哲学和思想史的学者的著作。See Tu Wei-ming, *Confucian Ethics Today: The Singapore Challenge*, (Singapore: Federal Publications, 1984), and "The Rise of Industrial East Asia: The Role of Confucian Values", *Copenhagen Papers in East and Southeast Asian Studies* (April 1989): 81-97; Irene Eber, *Confucianism: The Dynamics of Tradition* (New York: Free Press [Macmillan], 1986); and Kwang-ching Liu, ed., *Orthodoxy in Late Imperial China* (Berkeley: University of California Press, 1990).(译者按,有学者认为,应该把"儒教"或"儒家"翻译成"Confucianity",而詹启华在本书中就曾以"Confucianity"来翻译康有为笔下的"孔教"。此处为与前列"儒家思想""儒家精神"等西方词相呼应,突出"Confucianity"一词的异质性及其与"Confucian"一词的关联,姑以"儒家性"来译"Confucianity"一词。)

说,它现在的这种困境可以看作是认识论上的困境,在此困境下,呈现在我们面前的语言并不适合表达它所意指的对象。而另一方面,西方不得不继续使用"Confucius"(孔夫子)和"Confucianism"(儒教)的尴尬境遇,也不只是表达策略和方式方法的问题那么简单。

多种"表述"的混合

与"表述"有关的任何讨论都会涉及一个关键的问题,那就是表述是否准确;至于什么才是准确的表述、怎样作出准确的表述,就不一定是完全说得清楚的了。这一点在"Confucianism"(儒教)这个例子上显得尤为如此,这是因为在过去三个世纪里,"儒教"一直被看成是历史上现成的事物,是由中国创造出来并将继续创造的。它不仅客观造成了语言文字表述的问题,还在我们和中国人面前呈现了不同的样态,这是因为我们双方对它的理解都以语言范畴为媒介,但产生影响的语言范畴又分属两种显然有别,而被我们称为"中国人的""西方人的"认知方式。这么说并不等于否认在语言之外有一个客观世界存在,此言只是想表明,对世界的所有了解,都是借助媒介本能地在概念层面进行建构的结果罢了。

与"儒教"有关的概念建构史告诉我们,确定其表达的准确意义之所以面临困难,不应该只由耶稣会士负责。希望准确表达"儒教"一词甚至包括中国人希望准确表达"儒"这个字的任何主张,本身都值得怀疑,因为"儒教"一词和"儒"这个字一样,都只是其背后那个"实在"的具体"意指"(siginification)而已。认识到这一点就能得出以下结论:必须完全抛弃概念,特别是当我们希望更为精确地描述中国文化与思想生活时,更应如此。但抛弃掉"儒教"这个概念再进行描述和解释则是非常极端的举动,主要是因为,如果这么做我们就有可能无法理解中国。因此,"Confucianism"(儒教)一词就在变形后的任意一种或所有词形里习用下来。

就此而言,当代诠释面临的挑战乃是,如何将以"儒"为象征的中国传统从耶稣会士后来简化出的隐喻象征——"Confucian"(儒家)——那里给松解开来。要知道,"儒"与"Confucian"(儒家)之间的区别并不只是在语义上。把它们松解开来似乎是极为困难的,因为研究中国的历史学家乐于把"Confucius"(孔夫子)和"Confucianism"(儒教)作为参考标准,他们想当然地认为后者仅仅只是用来指称先前早已存在的、为"儒"所普遍遵行的那套礼仪与信念的一个西方用词而已。这里有个实证主义的倾向,其中有这样一个内在逻辑,也许正是下面这个逻辑:"Confucian"(儒家)或"Confucianism"(儒教)或许是西方所造新词,但它们的确指涉了在中国与西方"伟大相遇"(Great Encounter)以前就已存在的某个实实在在的本体——一个集合了中国思想、社会、政治特征的本体,而对于研究中国文化的任何人甚至是中国人自己来说,这个本体似乎都是显而易见的。所以,这两个词虽然在中文里找不到严格的对应,但足以让外国人理解其所描述的内容。按照实证主义的逻辑,在与耶稣会士接触以前,中国早已存在,中国的君主制国体、思想体系、皇帝和官僚制度也早已存在;因此,"Confucian"(儒家)和"Confucianism"(儒教)完全可以毫无偏差地描述它。不过我认为,恰恰是强调"词"与"物"之间的关联不言自明,反而损害了我们对与中国有关的知识经验进行更忠实可靠的表达,而损害的正是我们的目标。

这里谈到的实证主义的解读存在的问题是,它有一个前提认为,"儒家"和"儒教"都是真实存在的"事实"(fact);但由于我们知道,涉及"Confucian"(儒家)和"Confucianism"(儒教)的那些内容都来自特定的文本和团体,因此,我们认定的这两个词所指涉的"实在",就其本质而言乃是布莱恩·斯托克(Brian Stock)所谓的"陈述"(relation)而已,并非"事件"(event)本身。研究文本的史学家没有质疑其客观真实性,它也不会成为汉学家表述中国本土知识经验的困扰。斯托克则有力地批评了实证主义在前提中夹有太多的当代历史:

实证主义传统的史学家认为,"事件"与"事实"联系在一起,而不是与"陈述"联系在一起——也就是说,"事件"与假定客观的"实在"联系在一起,并非与一个既有主观又有客观成分的综合体联系在一起。在这个意义上讲,一个文本,即使是专门论述某些事件的文本,其本身也不成为一个"事件":它只是从真实的或假想的事件中衍生而来罢了。实证主义的这一进路存在明显的问题:其认为客观发生的"事件",恰恰是在"历史"里获得了意义,而其意义还取决于"事件"的原始参与者、后来的史学家抑或至少是有可能涉及这个问题的诠释者们对"事件"的理解程度。换言之,它们都已经被主观化了。虽然它们并不像出于某个原因炮制出来的纯系虚构的文本那样主观,但它们与此类虚构的叙述之间的共同点,要多过与对外在世界作所谓"事件—结构"式分析之间的共同点。史学性更突出的著作会有种种怀疑,用很多文献进行枯燥的考证,自称要让读者忘记他们的历史观点并回到由纯粹事实构成的世界里,但我们不要上当。史学著作并没有探讨"实在",只是在处理诠释者对"实在"的陈述而已。①

斯托克批评的这种逻辑,本质上是一种"后此谬误"(*post hoc ergo propter hoc*,译者按,此谬误认为,"在此之后,即因是之故"),它使发明出来的那些与"儒教"有关的语汇笼罩了一层迷雾,导致就连很有判断力的知识分子也会把那些语汇视为"翻译的产物"。不过,如果说把一种语言里写过和说过的事物用另一种语言来表达才能称作"翻译"的话,那么,"Confucius"(孔夫子)一词及其衍生词都不能被当作是翻译的产物,即便是20世纪的中国学者也不例外。最重要的是,这些词都是解释性的建构,并不是对本土语言范畴的直接表述。17世纪的欧洲人对耶稣会传教士在晚明中国人中的知识经验有自己的解读,这些词

---

① Brian Stock, *Listening for the Text: On the Uses of the Past* (Baltimore: Johns Hopkins University Press, 1990), p. 80.

所表达的正是这种解读,它们曾被用作并且一直被视为是那个试图对宇宙世间作统一理解的分类体系的构件,而这一体系进行分类依据的便是语言、编年史、科学和信仰。

当然,对"Confucianism"(儒教)一词所代表的"实在"(reality)抱有执着,恰恰向我们透露了一些非常重要的信息,让我们对诠释的可靠性有了进一步的认识,因为正是认为耶稣会士在中国人中的努力和欧洲人将其归结为"Confucianism"(儒教)的做法都信实可靠,我们才能继续说我们已经确定了它的核心特征——孝敬长辈、尊重传统、热心公益、推己及人、爱护家庭、崇拜祖先和相信天人合一。然而,这些确定的文化特征更应该被看作是中国人的特点而不是"儒家"的特点。当然,并非只有"儒"(即中文里用于指称孔子所创传统的那个词)才会有上述特征;不过,因为耶稣会士偏好"儒",所以是"儒"而不是其他传统成了克利福德·格尔茨(Clifford Geertz)书中所谓的"关键象征"(critical symbol),中国人生活伦常中的所有特点也都归于该象征名下。"儒教"与儒家学说一样,也许从未在中国人的生活中拥有过这种象征意义上的权威性,在本节引言里坎特韦尔·史密斯已经很有力地指出了这一点,他对"儒教"作为一种宗教的地位提出了怀疑;尽管如此,在当代西方诠释者中,"儒教"仍然被视为一种"关键象征"而具有权威性。

17世纪的耶稣会士们所制造的"儒教"概念包含了精练的多重含义,在我们西方人今天使用该词时依然存在。该词虽似不在场却从未缺席,而其暗含之意则将"儒"置于所有其他传统之上,这一点更为麻烦。显然,使用"儒教"一词有很多风险;它承载了很多却传达得极少,它虽然简洁却又将以前的许多意义融合在一起,因此也避免了对中国文献进行意义丛出的现代解读。不过,欧洲在论及中国文化的概念时别无他求,只能如此孤注一掷,这持续影响和组织着我们的解释而使之系统化,就像作画时先构图再着色一样;同时,这还一直暗中影响着我们借用中国文化里的那个"他者",就像早期耶稣会士在表达上采用拟同策略对我们的影响一样。

耶稣会士的解释在我们对"孔夫子"的解读中一直存在,对于这个问题没有谁比顾立雅(Herrlee Creel)晚近出版的《孔子与中国之道》(*Confucius and the Chinese Way*)说得更清楚。顾立雅此书是发现"真孔子"的一次自觉尝试,他也欣然引用了耶稣会士对"孔夫子"的解释。也许是因为他曾随董作宾参与安阳殷墟的发掘,所以顾立雅把耶稣会士还原"孔夫子"的努力比作考古发掘。在该书题为"传说与实情"的导言里,顾立雅回顾了以孔子为中心的叙述象征所经历的漫长历史。在探寻"真孔子"方面,顾立雅的思想先驱正是耶稣会的神父们,他们的还原精神也深受顾氏激赏:

> 几乎总会有一些有辨识力的学者。一些在17和18世纪进入中国并成为学者甚至朝廷官员的耶稣会传教士,就有这种辨识力。他们拂去堆积如山的近代解释的灰尘并力图回到孔子自身。①

此外,顾立雅还认为,耶稣会士谴责"新儒家"(Neo-Confuciansim,译者按,即指宋明理学)中杂有佛道教观念的做法为17世纪晚期"汉学"在中国的复兴提供了灵感,其文曰:

> 似乎是可以说,当他(引者按,即利玛窦)和其他耶稣会士开始宣传这个观点时,它在中国学者中间还不是广泛地(假使是全部地)被持有的。耶稣会士的论点渐渐变得广为人知,并在中国知识分子圈中被广泛地争论。紧接着就有了这种主张,即宋明儒学并不是原初的儒学,而是很多内容上吸收自佛教的一种对儒学的歪曲,而这种主张也成为重要的"汉学学派"的一个基本原则。②

---

① Herrlee G. Creel, *Confucius and the Chinese Way* (New York: Harper Colophon, 1960), p. 5. (译者按,译文引自氏著《孔子与中国之道——现代欧美人士看孔子》,高专诚译,太原:山西人民出版社,1992年,页7.)

② Creel, *Confucius and the Chinese Way*, p. 259. (译者按,译文引自氏著《孔子与中国之道——现代欧美人士看孔子》,高专诚译,页366—367.)

顾立雅并没有发现耶稣会士对中国人思考自身思想史的影响有什么不同寻常的地方。事实上,从种种迹象看,耶稣会士还被当成了16世纪交流对话中的另一个小团体。他们对自己的定位特别像是"复古主义者",顾立雅很欣赏这种态度,因为它的目标是要还原那位"真孔子"。

翻译与分类研究

今天,我们已经从顾立雅的"真孔子"那里迈出了一大步;虽然我们的时代盛行怀疑论,但"孔夫子"仍自岿然不动。至于那些对使用"Confucius"(孔夫子)一词极为谨慎的西方学者,其实并没有意识到该词特有的与宗教相关的历史,他们还会在给出一些限定或是辩解的情况下援用"Confucian"(儒家)一词。裴玄德(Jordan Paper)近来翻译《傅子》时有一个最重要的发现,即"'Confucianism'(儒教)一词是最容易导致误解的译法;但因为这个词已在英文里根深蒂固,使用其他任何词都将会带来混乱"①。然而,"Confucianism"(儒教)一词"已在英文里根深蒂固"的现实才正是带来这么多混乱的原因。这个词植入我们的语言里,我们已经习惯了不言自明和不加批判的运用,这又进一步强化了那个错误的观念——"儒教"实际上代表了而不是建构了一个"实在",一个地地道道的、中国式的"实在"。

既然富有怀疑精神且在语言方面颇为敏锐的裴玄德有上述见解,我们最好还是应该注意到,"Confucianism"(儒教)只是一个糟糕的译法,虽然表达起来既不"达"也不"信",但仍然只能继续保留。也正是由于一直都有这样的误解认为"Confucianism"(儒教)一词翻译了中国当地原有的内容,这个词才会获得似是而非却不真实的所谓的明白意义,在让其变得无可指摘的同时,使该词一再出现和再造并消弭了其中

---

① Jordan D. Paper, *The Fu-tzu: A Post-Han Confucian Text* (Leiden: E. J. Brill, 1987), p. 6.

的内在矛盾。

144　　不过,恰如自索绪尔(Ferdinand de Saussure)以来的语言学家和人类学家已经说明的那样,不管是西方的还是中国的语言,从来都不是中立而无意向的。"能指"(signifier,又译作"意符")与"所指"(signified,又译作"意指")之间的关系,也就是"Confucianism"(儒教)与其所代表的意义之间的关系,乃是约定俗成的产物;而在约定俗成的过程中,言语的"声音结构"(sound pattern)与文字表达它们的具体方式都指示了事物的"概念"(concept)①。"儒教"一词在很大程度上就等同于中国,考虑到它在我们的认识论图景中是如此突出,因此很有必要给它一个清晰的定义。要实现这一目标,需要考察"儒教"充当媒介帮助我们了解中国的那段特别长的历史,借此将"儒教"当作一个概念客体来进行解释。

因此,我赞同裴玄德的看法:既然我们知道"儒教"一词在表意方面缺乏精确性,如果在追求精确的环境中使用这个词只会带来混乱。但"儒教"一词和"chinoiserie"(中国风)一词一样,确实也都包含了与中国有关的内容。一些诠释者的兴趣集中在民族志式的研究上,他们想用熟悉的语言去精确描述哪些是外来的,对他们而言,"儒教"一词没有让他们更加接近自己的目标。这是因为"儒教"这个词实际上是17世纪欧洲分类研究发展的产物,而不是16世纪耶稣会士翻译的结果。所以,不加批判地使用"儒教"这个词,会使学者甚至是现代读者囿于后来那批耶稣会士给出的解释里,在这些解释构成的封闭世界里,

---

①　这里的分析步从索绪尔的《普通语言学教程》(Course in General Linguistics),索绪尔在该书将语言描述为一种"力"(force),它能指示知识经验是因为将概念集合赋予了它。似乎世间万物的秩序与我们语言中的词汇规则是对应的;然而,在这种概念集合中,"能指"之间的关系并不独然取决于真实世界,而是由构成概念集合的其他"能指"在功能上的异同决定的。更近一点的埃米尔·本维尼斯特(Éimle Benveniste)修正了索绪尔有关"符号"(sign)万能的主张,他认为,只有"客体"与"语言符号"结合在一起才有可能实现交流。对于言说者而不是"中立的"观察者来说,一定要把"能指"与"所指"的结合看作是必需的。See Ferdinand de Saussure, *Cours de linguistique générale* (Paris: Payot, 1972), pp. 98-113, 155-184, and Émile Benveniste, *Problems in General Linguistics*, trans. Mary Elizabeth Meek (Coral Gables: University of Miami Press, 1971), pp. 43-48.

所能了解的全部内容也只是不断重复的"互文"(intertextuality)——即通过从中文翻译成意大利文,从意大利文翻译成拉丁文,从葡萄牙文翻译成拉丁文再翻译成法文,从法文翻译成英文,从拉丁文翻译成德文再翻译成英文等途径得到的词汇与文本。

  通常的解释认为,耶稣会士的文本创作实际上是其意识形态的反映,而他们努力的目标是要找到天主之道无所不在的绝对证据。因此,耶稣会士们并没有恰如其分地描述中国人及其风俗信仰,他们对自己在中国人中生活经历的记述必然也有所歪曲。不过,如果我们认为耶稣会士的记述只是"带有先见"(interested)而非"故意歪曲"(distorted),那么,他们的建构所带有的意识形态的特征,也不会使他们成为谢和耐等学者笔下玩世不恭的诡辩之士。

  考虑到利玛窦逝后我们西方人在华传教时所做的事情——围绕中国人的祖先崇拜和"God"一词的恰当译法展开了很长时间的争论,在清朝统治中国的最后那个世纪里对中国进行了疯狂的军事经济殖民——就会倾向于也很容易将耶稣会士视为文化帝国主义者。今天已再无未受侵染的文化了,这主要是由西方扩张所致。我们也许可以为这种变化感到悲哀并因耶稣会士充当了急先锋而投以鄙夷;但20世纪的历史学家们哀叹中国文化的淳朴性因欧洲人肆无忌惮的扩张而受到侵害,其实是搞错了对象。张光直(K. C. Chang)等研究古代中国的学者已经指出,中国文化的完整性受到损害,并非始于帝国主义对中国社会的冲击破坏,而是早在新石器时代就已开始[①]。

  如果不再纠缠于耶稣会士的解释怀有私意,而是就它的表述缺乏精确性展开批判,我们也许更倾向于承认,就意识形态而言,整个耶稣会士的文本创作所包含的中国思想特色并不少于西方特色,并且中国人也确实将神父们引为同道加以接纳。所有话语都铭刻了"意识形态":"它存在于语词之中,因为这些语词本身就代表了一些含义,能够

[①] Kwang-chih Chang, *Shang Civilization* (New Haven: Yale University Press, 1980), pp. 357-364.

调动人们以特定的方式从事实践或是理解自己所处的世界,要么遵从支配他们的那些形式,要么就对它们提出辩驳。"①所以,如果继续不切时宜地认为意识形态是种带有欺骗性质的虚假意识,就会使我们亲手断送千载难逢的机会——一个理解耶稣会士如何基于自己的立场制造中国文化的机会,一个尝试在我们的当代理解中再现中国文化如何制造自己的机会。

不过,既然我们知道,利玛窦及其同伴与耶稣会的"百科全书作者"(柏应理及其同伴)这两个群体所处语境的差异,因17世纪的欧洲在政治、神学和科学上面临的一系列危机而变得更加引人注目,那么我们所能做的便是将前者创造在华耶稣会士文本团体的努力从后者那里分离开来。17世纪的欧洲正忙于神学冲突和"表述危机",其间的概念资源对柏应理等人建构中国人的伦理学产生了决定性的影响;因此,接受在中国人中发现的那种伦理学和它的创始人"孔夫子",在思想观念上毫不费力。对17世纪的学者来说,经由耶稣会士的翻译传到欧洲的"孔夫子"与"儒教"并非能够证实天主存在的神迹,但却为不断扩大的能够证实自然哲学的内容又添可靠的新证。耶稣会士在中国人当中的种种努力,证明了"孔夫子"与"儒教"乃是"实际的事情"(matters of fact)②,因此,"孔夫子"与"儒教"这两个概念对17世纪的诉求——试图找到一种"普遍语言"、一种稳定的君权神授政体以及一门在神启基础上形成的具有道德确定性(堪与数学的确定性相媲美)的理性学问——具有非常独特的价值。简而言之,这一诉求针对的乃是"后威

---

① H. D. Harootunian, *Things Seen and Unseen: Discourse and Ideology in Tokugawa Nativism* (Chicago: University of Chicago Press, 1988), p. 4.

② 不再将经典象征和《圣经》隐喻作为叙述依据,转而信从经验和观察,是一种更为重要的文化转型(更露骨地说,是从神学跳转到人类学),它使耶稣会士对其在中国人中生活经历的记述成了很有价值的资料。"实际的事情"(matters of facts)是18世纪的英文作者常用的一种表达,它透露了作者的这一认识:对叙述精雕细琢与书写历史并无区别,它极其依赖当时在全球范围内进行的实证观察。See Robert Mayer, *History and the Early English Novel: Matters of Fact from Bacon to Defoe* (Cambridge: Cambridge University Press, 1997), esp. pp. 1-17. (译者按,18世纪的英国哲学家休谟在所著《人类理解研究》一书中指出,人类的理性思考有两种,一是追求"观念的联结"[relation of ideas],一是追寻"实际的事情"[matters of fact]。)

斯特伐利亚时代"初生民族国家所面临的显著差异和现实境遇中的种种冲突，其目标则是在总体上或是从根本上实现一致，也就是要找到一致的语言、法律、文化或是实行专制主义。

在这个意义上讲，"孔夫子"与"儒教"之所以如此引人注目，是因为它们非常适于解答欧洲当时无力解决但却面临的十分典型的现代多样性问题，即便像孟德斯鸠那样反其道行之，将这两个概念用于类比以支持欧洲现有的观念和制度，也同样说明了这一点。然而，对于将"孔夫子"和"儒教"称作"Confutio"和"la legge de' letterati"的利玛窦与同行的早期来华传教士而言，这两个词还未同科学有任何瓜葛。对他们来说，这些词的意义无疑只限于当地，并不属于全世界。他们的任务是在异国他乡寻找到"天主"，而他们在事实上已经转变为中国人恰恰证明了他们成功地完成了这一任务。

我们这些西方的汉学家继承下的遗产正是这两方面意义的混合。我们处于分裂之中：从感情上来说，我们与利玛窦及其调适主义结成了联盟；但从理智上说，我们又遵从启蒙运动留下的标准。这种分裂恰恰解释了为什么"Confucianism"（儒教）这个概念会被当作译词而一直令人惊奇地存在着。17世纪的科学界将"孔夫子"和"儒教"当作普遍适用的伦理学概念，并像使用所谓的"完美语言"（perfect language）一样加以使用，而我们在解释中用到的语言正借自这种使用。同时，我们的努力就其内在精神而言实际上更类似于最早的那批耶稣会传教士，因为在我们的努力中最憧憬的乃是按照中国人理解自己的方式来理解中国人。就像所有优秀的翻译者一样，我们汉学家希望跨越阻隔，进入中国人的世界，但担负这种期望的语言，却是经过一番条分缕析的研究后分类严整而又与人疏远的语言，并非翻译所用的那种亲切的带有诗意的语言。语言与期望背道而驰，但由于我们假定"Confucius"（孔夫子）和"Confucianism"（儒教）都是译自中国当地实际存在的实体，所以这种冲突对我们来说并不是那么明显。

当然，"孔夫子"和"儒教"其实并非译自中国当地实际存在的实体；利玛窦及其同伴通过转变成"儒"和翻译《四书》而达成的对中国人的理解,也没有出现在柏应理和印度教省的耶稣会士们合力编撰的《中国哲人孔夫子》一书中。一方是利玛窦与早期传教士,另一方是柏应理及其同伴,他们对同一个对象的反应表现出截然相反的态度:前者宽容,后者强制。不过,他们都陷入了一个共同的假定,即"孔夫子"和"儒教"都是中国人真真切切的体验中客观存在的事物。利玛窦和柏应理所代表的那两种态度,就像两种分离疏远的诠释文化,仍旧在我们继承下来的西方思想遗产中纠缠不清。

西方学者心怀希望,期待我们心中的好天使能发发善心,使得"儒教"这一概念的意义所采取的多种外在形式,仍然能够保留下利玛窦和追随他的调适主义者为其打上的思想印记。笔者认为,"儒教"作为一种概念的具体表达,其一直存在至今恰恰见证了西方学者的愿望并未落空。我们在"儒教"身上看到了我们最希望自己的哲学和社会机体能够展现出来的价值观念,也就是极其符合理性、在道德上一以贯之、有明确担当、追求真理而又不失神秘的一种价值观念。无独有偶,儒家文化精神中的这些特点,正是早期耶稣会传教士认为极为高尚的方面并在他们的译作和书信中大加尊崇,其中就包括仁(humaneness)、孝(filiality)、礼(rites)、道(way)、义(righteousness)和正学(true teaching)。

这就是耶稣会士的发明和我们继承下的遗产;不过,我们的"儒教"必定是这样一种"儒教",即在这个概念里,中国人对中国文化不时进行的发明和再发明才是诠释的关键。"耶稣会士/欧洲人"建构了一个"儒家中国",本书余下的部分将展示我们在这种建构中观察到的内容,也就是,耶稣会士和中国人如何最大程度地学会了对方进行发明的方法,同时还将揭示他们在文本解读和生产方面的相似之处。我想在余下的章节里指出,中西方文化之所以完全能够跨越隔阂进行交谈,是因为"制造"所用的方式方法并不是某一方外来者的私货,而是耶稣会士和中国人共有的工具。我还想呈现这方面的内容,即20世纪初的中国人是如何将西方表述中的两条线索区别开来并因此重新获得了早期耶稣会士的理解——本土的即是世界的。反讽的是,20世纪的中国人却将"翻译"和"分类"研究形成的两种文化分离开来,并通过起源于西方的那些重要的理论和信条——民族主义（nationalism）、进化论（evolution）和基督宗教（Christianity）——重新恢复了本土文化至高无上的自主威权。

　　接下来的两章，当我们研究中国当地的"儒"（我们看到的乃是神父们所用"literati"和"Confucianos"这两个词）到底由何制成时，将会着重探讨中国人致力于"创造"（invention）和"还原"（restoration）的具体实践，而"创造"和"还原"本身就构成了一对辩证的关系。现在就让我们将注意力转向耶稣会士在所绘地图和思想领域里勾勒的中国，转向那些以"儒"为喻来表述中国的中国人。在此之中，这一点将会变得清楚明白："儒"这个字在中国本地的意义并不确定，这导致了根本不可能在任何场合下都能用"Confucianism"一词来翻译它，也不可能准确翻译它；不过，这种不确定性，却使一种民族主义的虚构有可能在捍卫中国根底方面掀起革命。

下　篇
澄清"儒"的意义与虚构一个孔子

149　温故而知新,可以为师矣。

　　　　　　　　　　　　　　　　　　——孔子

豹闯入寺院,把祭献的坛子一饮而空;此事一再发生,
人终于能预先打算,于是这成了宗教仪式的一个部分。
　　　　　　　　　　——弗兰兹·卡夫卡(Franz Kafka)

看视之眼乃是所处传统的器官。
　　　　　　　　　　——弗朗茨·博厄斯(Franz Boas)

第三章

古代文献，现代叙述：民族主义、复古主义与"儒"的再造

目前最有影响的说法是,"儒"这个词的基本意思有"柔""顺"之义,被用来指商代那些博学的贵族,在被尚武的周人征服之后,他们不得不屈顺新的宗主,成了温顺、谄媚的制礼和治国专家。与周朝那些踌躇满志的"士"不同,殷人之"儒"并没有权力,但他们在文化上有优越感,因为他们深信其中的价值,故而仍然力图存续自己高雅优越的文化,并在侍奉新王朝时发挥它的价值。①

——牟复礼(Frederick W. Mote)

水手们的信口开河都是直来直去的,全部的意义就像一只敲开的核桃明摆在它的壳子里。而马洛不一样(如果撇开他信口开河的嗜好不谈的话),对于他来说,事情的意义不像核桃仁藏在它的壳里,而在于它的外表把整个故事包裹起来,突出它的含义,就像一道灼热的光散发出一层雾气,这情景也像月晕光环,有时在光怪陆离的月光辉映下,才让人看清楚。②

——约瑟夫·康拉德(Joseph Conrad)

---

① 译文参考了牟复礼:《中国思想之渊源》,王立刚译,北京:北京大学出版社,2009年,页34。——译者注
② 译文摘自康拉德:《黑暗的心》,章汝雯译,收于朱炯强编选:《康拉德精选集》,济南:山东文艺出版社,1999年,页33。

第三章 古代文献,现代叙述:民族主义、复古主义与"儒"的再造

20世纪初,中国不再像19世纪那样是一块荒原,它再也不能激起耶稣会士和欧洲学者对它产生充满异域风情的想象,不能激起他们到此一游的欲望和好奇心。一点也不奇怪,或者说这很自然,因为天朝正式对西方打开了大门,不过也有人认为更恰当的说法应该是,天朝的大门是被西方打开的。1901年,意欲开创太平盛世的义和拳起义被镇压后,一伙新兴的西方主权国家在中国攫取了经济、政治特权,受帝国主义内在欲望的驱使,它们还在中国东南沿海的通商口岸攫取了管理租界的特权,就连首都北京也未能幸免。

中国也打开了通向西方的大门,数以千计的中国人远涉重洋,跨过太平洋来到目的地,他们来到了旧金山、英国、法国和德国,为的是追逐财富或是追求学术和政治方面的目标。一定程度上讲,及至这个时代,利玛窦那幅世界地图(mppamondo)中尚未得到明确标识的地方都已被填写清楚了——这个时代的人口与产品双向流动非常普遍,语言和文化上的紧密联系因此日益深厚,而地球村的急速扩张则将这些联系都编织在一张网里。最为重要的是,耶稣会神父来华所开启的中西方对话的特点已经发生了戏剧性的变化。具体来说,这一时期的世界历史是如此动荡,以至于卡尔·波兰尼(Karl Polanyi)就曾将它称为"大转型"(the great transformation)时期,在这种情况下,以"孔夫子"和"儒教"这一面目示人并一直作为中西文化对话所倚靠的关键性的中介力量——"孔子"和"儒",其意义发生改变也就不可避免了。

对于耶稣会士和欧洲教会外的诠释者来说,他们所处的世界已是一个广阔的文化空间,但这个文化空间是由于天主的"全在"而连在一起,"孔夫子"和"儒教"正标识了天主的"全在"远抵世界之东。不过,到了20世纪早期,广阔的文化空间乃是因市场的作用而连在一起,此时的"孔夫子"和"儒教"却已成了中国当地阻碍它的象征。耶稣会士将中国本地风俗与基督宗教混合在一起的做法,曾为17世纪寻找"完美

154 语言"(perfect language①)、拉近中西方距离提供了基础,但在这一时期却被传播更为广泛、更加强调科学化前提的现代思潮给取代了:其中就包括民族主义(nationalism)、帝国主义(imperialism)和进化论(evolution),这些思想使得中西方之间的想象空间一如它们之间的地理距离一样辽远。

中国仍然身处最早由耶稣会士清楚介绍过的那个四海一家的世界里,只是这个世界现在已经成了一个全球竞争的新世界,用生物学的比喻来说,就是"适者生存"的世界。而在当时鼓吹民族主义的人种生物学观点看来,中国则被当作一个较低的"生活型"(life form)。讽刺的是,中国知识分子中的本土主义者却因这种生物学分类具有广泛的解释力而大受启发,并张开双臂热烈拥抱它,欣然借用了竞争、灭绝、种属、原始状态和"进化必然"等比喻。他们采用了这套解释工具却抛弃了相应的结论,具体方法则是利用中国在这个体系里的位置,就"儒"的意义开启一场辩论,它将重新确定中国人的身份认同并将中国还原为泛基督教国度的一员。正是在语言文献学意义上谨慎地重新建构了"儒"并从历史的角度为它的古义作了辩护,才还原了中国在基督宗教普世合一视野中的文化地位,也再次明确了中国在解决现代西方多元主义会造成不和的问题上所能起的作用。在将外来概念翻译成可以用来强化中国人国族身份认同的那种语言时,竟然意外地使中国在全球历史中的重要意义得以回归;而与康拉德的另一个自我——马洛(Marlow②)——的传奇故事非常相像,"儒"的意义也是在那些不断积累起来的制造概念的记录中被人们发现的,正是通过制造概念,东方和西方方才结合在了一起,本章要揭示的正是这些内容。其实要揭示的也正是这两点:是哪些条件造成了晦暗不明;有少数几个人和今天的我们不

---

① 该词由安伯托·艾柯提出,出自氏著 Umberto Eco, *The Search for the Perfect Language*. trans. James Fentress (London: Blackwell, 1995), pp. 1-33, edp. 73-193。

② 约瑟夫·康拉德,英国小说家,生于波兰,擅长写航海冒险类小说,著名作品有《吉姆爷》《黑暗的心》等。在《吉姆爷》和《黑暗的心》中,康拉德借小说中的叙述者马洛之口道出了很多自己的心声和观点。——译者注

第三章 古代文献,现代叙述:民族主义、复古主义与"儒"的再造

一样,他们相信,人文学科能够改变这个世界,更准确地说是带有中国人创造印记的人文学科能够改变这个世界,他们到底是如何只身孤胆、积极探索的呢?就让我们从"儒"开始说起。

解释的开始:关键词"儒"

耶稣会的神父们以一种想象的方式制造了一种所谓的属于中国本土的身份属性——"儒"。在了解到这一点之后,就会惊奇地发现,中国人所持的"儒"的概念也一样是建构出来的,和耶稣会士的比起来,其想象的成分一点也不逊色,而建构所涉的来源出处甚至还要更近一些。既然耶稣会士的解释带有意识形态的特征,我们倾向于认为耶稣会士声称忠于"先儒"和"孔子""正学"的主张并非如其所言,他们的说法并不可靠,甚至还很荒谬。外国来的神父尤其是那些狂热地想让中国人皈依神圣信仰的神父,完全不可能成为"儒"。不过,很多注意他们的中国人和大多数皈依者都留下了自己的见证,我们在第二章里已经看到过一些,这些见证却证实了意想不到的一点——这些神父确实就是"儒"。

承认这一点会使人们更想知道下面这个问题:一个拥有极不寻常的文化意义且在历史上备受推崇的土生土长的中文词汇,怎么可能用来表述那些使用另一门外语且持有不同信仰的人呢?这个问题还隐含着另一个问题:"儒"这个词到底意味着什么?对于探究本书第二章所关注的主题来说,这两个问题都切中肯綮。有一个显而易见的答案可以回答第一个问题,即之所以可以用那个中文词来表述外国人,是因为要成为中国人不止一条途径。除了显见的可以从种族的意义来界定"中国性"外,对中国人的身份还有一种更宽泛的、内容更丰富的文化主义式的理解,它以所操口语、所着衣冠和是否引经据典来确定其是否

155

是中国人①。中国本土对"儒"的定义早已是按这些文化主义的标准，将"儒"视为一种社会范畴，并由其影响而非本质作出界定。然而，从章炳麟（号太炎，1868—1936）和其他早期的民族主义者就"儒"的问题积极交换意见开始，这种文化主义的定义就深受种族和人种意义上的那些标准的影响。结果，他们就"儒"展开的辩论不可避免地与国家政治以及知识分子中的学术政治纠缠在一起，这些知识分子都争先恐后地想要保存中国文化与文明，以抗争日益迫近它的消亡命运。而像这样坚持对"中国性"采取一种排外的种族意义上的界定，进一步说，还有助于解释我们在面对耶稣会士的"濡化"时的疑惑。

至于第二个问题，也就是"'儒'这个词到底意味着什么"的问题，我们也许可以这样回答：两千多年来，构成中国文化的是风俗、文字和意义组成的共有资源，而"儒"正是其中卓尔不群的一个词。不过，它还是个起源和意义都不确定的词，整个中国文化都与之有交流互动；也正因为此，它无疑就是雷蒙·威廉姆斯（Raymond Williams）在另一个不同的语境中提到的所谓的少数几个"关键词"之一②。这些所谓的"关键词"尤为重要，因为我们相信，任何一种文化或社会从根本上说都是由这些词的意义决定的。

通观整个帝制中国的历史，"儒"作为中国人的关键词，一直都带有转喻性质，情况大致类似于它之于耶稣会士的意义，显然它是作为中国文化核心价值体系的象征而发挥作用的。早在汉朝的第三位君主汉武帝（刘彻，前153—前87年，前141—前87在位）统治时期，那些以"儒"为名的人正式被朝廷授予官职，这种情况可能是第一次出现。在这个时期，"儒"所指示的意义已经非常广泛了，以至于它还象征着"天

---

① Prasenjit Duara, *Rescuing History from the Nation: Questioning Narratives of Modern China* (Chicago: University of Chicago Press, 1995), pp. 1-33, esp. 73-193.

② See Raymond Williams, *Keywords: A Vocabulary of Culture and Society*, rev. ed. (New York: Oxford University Press, 1984). 至于有些突出的文化符号能够作为解开异质文化谜团钥匙的问题，参见 Clifford Geertz, "Deep Play: Notes on the Balinese Cockfight", *Daedalus* 101 (1972): 1-37; and Sherry Ortner, "On Key Symbols", *American Anthropologist* 75 (1973): 1338-1346.

第三章 古代文献,现代叙述:民族主义、复古主义与"儒"的再造

人合一"(在此之中,最为根本的则是要尊崇往古并将个人视为那些仪礼化的社会关系的总和),这尤为切合在世帝王的需要①。然而,如果不考虑"儒"这个词从与帝国的联姻那里获得的意义,在秦统一中国(前221)之前的两个世纪里,它和其他词比起来就已显得非常突出,甚至在此之前早已和孔子、孔丘或仲尼成了同义词,就像《左传》《庄子》《墨子》和《晏子春秋》等文献所证明的那样。

也许这有点奇怪,"儒"在古代文献中显得极为超众拔群,恰与这个词在语义方面的含混不清构成了一体两面。从各种说法来看,"儒"是"一个起源隐微的名词"②,20世纪的中国、日本及欧美学者围绕它的原义展开辩论也是家常便饭。这些争辩并不容易厘清,因为即便是在中国本土的语词里,"儒"这个词也难脱晦涩。

虽然我们必须注意到,是西方的解释方式为讨论"儒"引入了另一部分的内容——即要讨论它的原始意义——但笼罩在这个词上的不确定性却是与生俱来的,并不只是西方那种生硬的解释方式带来的结果。当然,这个词之所以令人难以捉摸的一个原因就是因为存在一个假定,认为"儒"诞生于古代某个确定的历史时刻;不过,直到20世纪为止,这一点都没有在中文文献里得到印证。耶稣会士们建构了"先儒"和"古儒"这对概念,并借此提出,"儒"在与孔子发生关系以前本来就有一个最原初的意义,他们也许可以算作是提出这种观点的第一人。他们认为,孔子的教导乃是一神论礼俗的精华,这些精华在《诗经》的诗歌和《尚书》的诰言里都显证无疑③。孔子在《论语》里声称自己只是一名传话人,耶稣会的神父们很重视这一点,并且认为较早的礼拜与仪式正是因为孔子才得以保存。也正是在这个假定而非实证经验的基础

---

① 至于和制度设计有关的这种假设如何确立的问题,参见本书页85注②里对"家国罗曼史"的讨论。另请参见 Hsü Dau-lin, "The Myth of the 'Five Human Relations' of Confucius", *Monumenta Serica* 29 (1970-71): 27-37. 其实这种结合并非自然而然也非必然;但它似乎也有别于可以从董仲舒或司马迁书中读到的那种将其归结为某种偶然的解释。

② See A. C. Graham, *Later Mohist Logic, Ethics, and Science* (Hong Kong: Chinese University Press, 1978), p. 6.

③ 利玛窦:《天主实义》,页415—418。另请参见第二章的相关讨论。

上才会提出,"儒"在孔子以前的古代就已存在。当然,"现代"知识界对起源问题的着迷研究,也只是支持说:存在一个可靠的起点,"儒"的所有意义都可以回溯到这个起点;然而,它的意义依然不明确。

"儒"的意义在中国本土的文献里之所以一直含混不明,至少还有另外几个原因,也许最重要的一个原因就是孔子的历史真实性尚不确定,他就像是信从《论语》的儒者们创造出来的一个半虚构性的人物,而他与"儒"在象征意义上的联系也值得推敲①。另一个问题则是"儒"这个词的语义也模糊不清。令人沮丧的是,对这个词的最早解释还有点文字游戏的味道,说它有文字游戏的味道并不是针对我们西方人对它的解释,而是指中文里用同音转注的方法来解释这个词。"孔子"是想象出来的人物,而"儒"又带有那么多不确定的意义,这两者之间的联系如此紧密,继而又为这两个词更添了几分模糊。至于"儒"为什么像谜一般,还有另一个未曾注意过的原因,那就同这个词的用法较多有关了。"儒"这个词曾被用来指称各树一帜、彼此相异的许多哲学流派,也被用来指称不同时代甚至是同一时代的许多不同学派。很自然,正是"儒"这个词在本质上的变幻不定,才使它特别容易被重新改造,也特别容易被耶稣会士这样的外国人从象征的角度加以借用。

正是"儒"这个词的含糊性,才使耶稣会的传教士们有可能以"儒"的名义为他们自己编造一个身份;同时,这也激起了中国人消除这种含糊性的努力,并开始了另一段发明概念的历史。但这种含糊性并不容易消除,因为这么做需要面对几个世纪以来的历史想象,一如哈特利的小说《传信人》(L. P. Hartley, *The Go-Between*)里的一个人物认识到的那样,"过去是异国他乡;而过去的人,其所行也完全不同"②。哈特利的智慧更像是对喜欢刨根问底的人提出的告诫,它用文学作品的形式揭示了人们"回到过去"去寻找与自己渴望的时代之间的共同点究竟

---

① 至于确定孔子的真实面目有多困难,相关讨论可参见 Lionel M. Jensen, "Wise Man of the Wilds: Fatherlessness, Fertility, and the Mythic Exemplar, Kongzi", *Early China* 20 (1995): 407-437.

② L. P. Hartley, *The Go-Between* (London: Hamish Hamilton, 1953), p. 1.

第三章 古代文献,现代叙述:民族主义、复古主义与"儒"的再造

有哪些重要意义;同时也间接地提出,所谓的"共同点"更像是这些探寻者制造的结果,而不是原本就有的内容。

如果"过去是异国他乡",那要怎样才能到那里旅行呢？又怎样才能理解自己在那里的所见所闻呢？当然,通晓语言是必不可少的,这也正是为什么在20世纪会有那么多中国的诠释者以考据为工具,借此打入他们臆想中的那个居住着"儒"的"异国他乡"。正如我们在本章将要看到的那样,将这种考据重构付诸实践的学者们,试图通过离析出所谓的纯正的古代书面语言而与过去的历史实现统一;按照他们的看法,书面语言一直沿用下来,恰恰无可辩驳地证明了在古代和现代之间存在某种延续性。然而,即使完全掌握了"古文"也不能保证可以使人们如愿接近古代中国人的世界。在这个意义上讲,正像我们从耶稣会士身上看到的那样,"到异国他乡去旅行"面临的问题更多的是缺乏相应的概念,而不是贴切的语言。这里,我们先撇开语境的问题不论,可以说,"过去"所带有的"异己性"才是此处最为突出的问题①。

到过去去旅行,需要通过对文本创作以及创作这些文本的语境进行想象。体认当时的语境就像是品鉴一幅画:当人们欣赏一幅中国山水画,比如欣赏范宽(约990—1030)的《溪山行旅图》时,需要的乃是一个切入点。至于如何进入异域语境的视域(entering the horizon of a

---

① 克利福德·格尔兹(Clifford Geertz)最近业已指出,"异己性"不只存在于不同文化之间。如果像格尔兹那样认为意义是在社会中被建构出来的,那么同一种文化里"现在"与"过去"的差异也许就和一种文化与另一种文化之间的差异一样巨大。理查德·罗蒂赞成将民族中心主义作为对文化多样性的回应,在抨击罗蒂这一观点的狭隘性时,格尔兹主张:"这样一种看法——即认为,文化多样性带来的困惑与我们探知陌生情感、思维方式(……我们并不理解这些情感和思维方式,也不可能理解)的能力有更大的关系;相反,这些困惑与我们能否避免选择自己的偏好之间的关系则要小一点——包含了很多含义,使那条进路可以'我们自是我们,他们自是他们'来看待文化事物的进路黯然失色。而这些含义中的第一层意思,也许也是最重要的一层意思,是说这类困惑不只是出现在我们所处社会与其他社会接触的边界(当这些困惑出现在此处时,我们确实可以用刚才提到的那条进路加以考察),可以说它们还见于处于同一个社会的我们之间。异己性并非起于水边,乃是起于水面(此处着重号系笔者所加)",参见 Clifford Geertz, "The Uses of Diversity", *Michigan Quarterly Review* (winter 1986): 112.

foreign context①,我能想出的最有效的方法就是确定传承的线索,以便在不同时代的"异国他乡"——即"现在"与"过去"——之间找出共同点。传承上的联系从来都不会轻而易举地将自己大白于天下,是耶稣会士发现了它们,是中国人在将自己的过去纳入研究时才找到了它们。然而,尽管先前在中国的那些诠释者们已经得出了相同的结论:当理解过去成为面临的挑战时,找出共同点至关重要;但现代中国人在进入"过去"这个"异国他乡"时仍没有任何书面评注可资借鉴。面对悬而未定的问题,他们作出了唯一的选择,即根据自己所熟知的形象进行发明创造,借以在文本的晦涩不清中再现其所处时代的种种关切。恰恰是在所谓的共性并不可靠甚至根本不存在的地方,这些诠释者们臆测甚至是制造了概念上的共同点;按哈特利的说法,他们也借此预先安排了从一个国家通往另一个国家的旅程。

　　本章与下一章的重点将会放在中国人自己对"儒"的解读上,这些解读出自 20 世纪最初 30 年内两派学者所进行的学术讨论。为了了解这些解读的独特性,也为了理解它们的重要性,我们必须先探究一对固有矛盾:一方面,"儒"这个词显得拔众超群;但另一方面,它的意思又是那么地含糊不清,让人苦恼不已。为此,我们将首先考察"儒"的意义所具有的内在多样性以及它在表述上缺乏一致性的相关问题,并验证我们对"儒"这个词具有确定特征的假定。由此出发,我们还将进一步分析中国人对"儒"和孔子日益增强的兴趣,这种兴趣乃是受两方面刺激而成:一是汉代"今文学"在 19 世纪晚期得到复兴,它将孔子描述为一名具有先见的理想人物;二是清政府在 1907 年鼓吹设立"国教",这个动议的基础很大程度上正是在于"今文学"将孔子视为一名先知式的人物。

　　在本章的后半部分,我们将以人们对确定"儒"的起源问题重新抱有兴趣为起点,考察章炳麟和胡适(1891—1962)这两位 20 世纪的中

---

　　① "进入视域"(entering the horizon)一语出自 Hans-Georg Gadamer, *Truth and Method*, trans. Garret Barden and William G. Doerpel (New York: Seabury Press, 1975), pp. 345-447.

第三章 古代文献,现代叙述:民族主义、复古主义与"儒"的再造

国学者在叙述和解释中制造出来的对"儒"的想象。在通过发明创造的方式回应解释中面临的不确定性时,两人都写了一部与"儒"有关的"拟测历史"(conjectural history)并确定了"儒"的古代起源。我将中国本土学者的这一虚构称为"关于儒的原寓言"(originary fable of ru),虽然它脱胎于围绕种族、身份认同和文化遗产等问题展开的思想争论且仍悬而未决,但事实证明,它对西方汉学家来说尤具价值,并大体被吸收进了我们对"儒"这个传统和古代中国的理解之中。章、胡二人的想象虚构虽是新造但其来有自,通过检视他们想象虚构所依据的文本,我们将会看到章炳麟和胡适怎样通过重新加工古代文本来创造对"儒"这个词的全新解读,正是这种全新的解读为"儒"本身具有含糊性的问题盖棺论定。

通过选取20世纪而不是战国或汉代的文献为证,我是想淡化"儒"在历史上形成的抽象性,并减少将它等同于整个中国的危险(毕竟"中国"的范畴要更大一些),因为这两个方面都有可能将"儒教"假定为真实可信。我之所以会选20世纪的著作还有个原因是,它们更为精细地选择了重要的文本,更为精当地举出了文献学论据,并且更为精妙地作出了有益的推测,也许我们能从中猜想出"儒"在古代中国到底意味着什么。就这方面来说,中国人重构古代礼俗的做法,与耶稣会士发明"先儒"失传"正学"的努力惊人地一致。

并不是因为对"儒"已经知之甚多,才会在最近几十年里出现了很多关于"儒"的讨论甚或是解释;更确切地说,正是因为认识到了"儒"这个词一直含糊不清,认识到有个问题一直存疑——为什么用"儒"来称呼那些跟随孔子周游列国、宣敷学说的人——才会引出这么多的解释。在这个问题上,我坚持认为,"儒"这个词之所以令人挠头完全是我们的问题,因为我们假定"儒"和"孔子"有着确定不变、人所共知的本质,并没有将"儒"和"孔子"看作历史的产物,没有看到他们的意义其实出自"含糊"与"发明"之间微妙的辩证关系。现在就让我们通过考察"儒"这个词的含糊性、它在中国文化语词中的持久影响以及它作为"中国性"的象征所带有的假定成分,来研究这对辩证关系。

"儒":含糊、发明、一致

159　　今天,几乎没有学者会认为,从"儒"的最早注释里了解到的那些内容足以解释这个词为什么能一直存在下去。这是因为最早的注释虽然解释过"儒"这个词的词义究竟为何,但这些解释因其所用的学术方法乃是借助并不为人熟知的历史上的意象而大打折扣。早期的注释者的确谈论过"儒"(事实上还有一些定义),但即使在一部上佳词典的帮助下,他们所言所论对我们仍然少有帮助。《尔雅》《广雅》和《说文解字》都是早期的语源学著作,但在"儒"的概念问题上,它们或是不予置评,或是令人困惑①。《论语》《孟子》一类的儒家经书,虽然提供了这个字见于文献的书面证据,却没有为解释它的意义提供任何洞见;这些经书的注疏对"儒"这个名号的解释也是三缄其口。不过,这些经书所代表的那个传统后来正是以"儒"为名而为世人所知的。

有一种权威的注释将"儒"解释为"士"(scholar),专指那些捍卫经典的人,这是汉代整理经典文献的学者们留给我们的解释,而他们自己本身就是"士"("儒")。耶稣会士通常都将以"儒"为志业的人翻译成"literati"(文人学士)和"homes letrados"(人文学者),这使汉代的注释在西方也有自己的市场,而早期的这些解释在中国同样经久不衰。不论是在通俗读物还是学术文献里,东西方都将"儒"释为"士",西方还一再将"士"等同于"literatus"。因此,我们似乎有千万个理由认为,"儒"有一个确定不变的、人所共知的本质。然而,只要我们对"儒"的含义仍抱有疑问,拧住不放继续研究,而不是停留在东汉对"士"和"博士"的标准解读以及《中国哲人孔夫子》出版后西人对"scholae Confu-

---

① 《尔雅》也许是最古老的汉语语源学著作,但却没有提到"儒"。参见《尔雅》,收于《十三经注疏》,卷十二《广雅疏证》,重印本,北京:中华书局,1983 年,卷 4.2,页 17a—b;以及许慎:《说文解字》,重印本,北京:中华书局,1963 年,页 162.1。

第三章 古代文献,现代叙述:民族主义、复古主义与"儒"的再造

ciani"(孔夫子的学派)的解读上,就会发现,即使在尝试定义"儒"的意义的那些中国学者中,也未能就它的意义形成一致的看法,它的含义依旧是令人沮丧的含糊不清。

这种含糊不清被在表面上将"儒"等同于"士"的做法给掩盖了,而在20世纪,正是从这种含糊不清中形成了一个概念的发明。汉代用"士"来注解"儒"曾经是那么毋庸置疑,但20世纪的发明却通过详细的解释理论,部分否定又部分保留了汉代的注解。20世纪的发明宣称,那些被称为"儒"的人一开始是"教士"(priest)和"术士"(shaman),最后则成了"传经之师氏"。这正是章炳麟和胡适所创作的"原寓言"(originary fable)的中心思想,在此之前我曾间接提到过;这是关于一个文明世界萌芽阶段的传奇,但却是由生活在这个文明世界行将就木之时的人们撰述的。正如我们将要看到的那样,这种解释诞生于儒家学说由高贵陷入衰落和受抨击的境地之中,此时,这个伟大文明高贵的文化世系正处于危机之中,而"儒"也再次成为某种象征与化身。

我之所以用"originary"(原)这个词,正如我将要阐明的那样,意在突出"儒"在孔子和《论语》问世前的意义仍是汉代以前的文献中最早使用"儒"这个词的源头。章炳麟和胡适致力于确定"儒"的意义以为后鉴,并非意在恢复孔子的真正教导,而是想通过摆脱对孔圣人及其传统的神化来确定"儒"这个词的意义。他们最看重的是以一种科学的方式,从"儒"这个字最古老的意义出发,努力建构出那个历史性的叙述架构,那个昭示了孔子后来的文化意义乃是作为王朝象征的叙述架构。他们采用这种文献研究方法的目标是,使自己所解释的"儒"的意义,既能为当下继续使用这个词提供正当性,也能证明过去对这个词的理解同样没有问题;这样一来,"儒"就不只是将孔子视为先师的那些人所拥有的名号了,而是成了"中国性"的一个象征符号。应该说,必须等他们的"历史的自觉"和"民族自豪感"达到此等不同寻常的程度,他们才会像这样努力确定"儒"的意义。

进行概念发明的这些学者所作出的诠释,为我们催生了理性的历史意识,即便我们对其中的曲折隐微知之甚少,但对他们之间的共同特

征却了然于胸。不管是1910年的章炳麟还是1934年的胡适,都是基于精挑细选的汉代文献来努力阐明"儒"这个词意义的①。他们创造的解释就"儒"的原始意义形成了一致意见:在孔子以前,"儒"这个词乃是专门词汇,用于指称包括"教士""术士"和"巫"(sorcerer)在内的精英群体,他们为中原的统治氏族服务,而中原正是古代中国文明的摇篮②。

　　章炳麟题为《原儒》的文章是在语言学方面重新整理"儒"之意义的尝试,在这篇文章里,章炳麟认真细致地再现了"儒"这个词发展的几个阶段,强调这个词的意义已经发生了重要变化。章炳麟指出,人们也许可以确定"儒"在当下的意义,但这无助于接近最早使用"儒"这个词时的语言学意义。因此,章炳麟打算通过清晰的语源学研究,从最早使用"儒"这个字开始,勾勒它发展为现代用语的过程。借此,他揭示了语义进化的一整套模式,它无可辩驳地提出,"儒"一开始是部落的"教士",后来才变为自由流动的知识分子。

　　然而,与其语源学研究比起来更为重要的是,章炳麟还毫无保留地宣称,"儒"的古今含义并不相同,而它们之间的不同可以比作并不明显但却带有进化意味的"世俗化"进程加以理解。除了解释"儒"这个字(或称"词")在语义上的演化,《原儒》一文还提出了一种独特的社会学分析,认为"儒"一开始是"方士"(magician)和主持仪式的职业人员,后来才变为教师和"士"(scholar),他们因为自己掌握经典而自视为传说中的那些中国圣王的后裔③。

　　作为对章炳麟语源学研究的补充,胡适撰文详细阐述了《原儒》一文,并将其文定名为《说儒》。该文从《原儒》所用文献材料中提出了许

---

　　① 参见章炳麟:《原儒》,收于《国故论衡》,重印本,台北:广文书局,1967年,页151—155(下文引用均作章炳麟:《原儒》),以及胡适:《说儒》,收于《胡适文存》,集四,台北:远东图书公司,1953年,页1—82(下文引用均作胡适:《说儒》)。

　　② 事实上,中国大陆的学者周谷城若干年前曾经提出,"儒"很有可能是为世代统治商朝的子姓氏族(译者按,即商代王族)提供占卜服务的人。参见周谷城:《中国通史》,上册,上海:上海人民出版社,1983年,页103。

　　③ 章炳麟:《原儒》,页154—155。

第三章　古代文献,现代叙述:民族主义、复古主义与"儒"的再造

多推论并将它们推至前台,实际上是就《原儒》作出的带有说明性的补篇,大体上都沿袭了章文观点所隐含的意义。一方面,胡适赞成章炳麟提出的那些极为自信的猜想和合理的考据重构;另一方面,胡适也重申了"儒"的意义确实发生了从宗教性到世俗性的转变,同时还认为孔子正是该词词义发生改变的始作俑者,这恰与《易经》及《诗经》中的一首诗所包含的预言相吻合①。这两篇文章,特别是章炳麟的《原儒》,将在下文作更详尽的探讨。这里,我只想突出强调学者们如何为"儒"炮制了一份古老的家谱,又是如何从虚构的起点出发叙述此后的传承历史;正是这两方面的成果使他们提出了天马行空却又极具权威的现代想象,引出了一种令人鼓舞的假定:"儒"确实有一个非常古老的含义,它要早于孔子降世。

尽管这两篇文章可以视为令人印象深刻的一次对古今智慧的大总结,但其文卓著也不能掩盖这一事实,即章炳麟和胡适的解释是在某个具体的历史语境中提出的,在这个语境里,对于该如何表述"儒"的意义存在许多不同的解释②。含糊不清总会引起一些新的发明,但这两位学者从历史的角度提出的现代叙述有其不寻常的地方,那就是,吸收了之前的所有解释并就这个问题得出了明确的结论。章、胡二人的努力与先前制造"儒"的历史一脉相承。尽管他们就这个词的演化过程给出了令人信服的历史主义的解释,但我要说明的是,这并不意味着他们提出了一个权威的定论,他们提出的只是一个不同的理解,在发挥作用方面恰与先前解释者的成果遥相呼应。我们决不能忘了章、胡二人都非常清楚这一点:他们提出的"儒"的"原寓言"来自一种固有的两重性,在与西汉时期形成的为人所普遍接受的标准概念的对话中,获得了自己的解释空间。但由他们的解释所形成的对"儒"的一致看法在耶稣会传教团来华时并不存在,它是晚近的诠释成果,更确切地说,是最

---

① 参见胡适:《说儒》,页6、35—43。
② 这一分析的理论基础出自 Mikhail Bakhtin, "Discourse in the Novel", in *The Dialogic Imagination: Four Essays by M. M. Bakhtin*, ed. by Michael Holquist, trans. Caryl Emerson and Michael Holquist (Austin: University of Texas Press, 1981), pp. 259-331。

近半个世纪以来在解释方面取得的进展。

多少个世纪以来,与"儒"有关的种种表述都不是解释性的,当然更没有采用语源学研究的方法或是基于历史进行推测,而只是像简单干瘪的声明一样公之于众。正是在 20 世纪,与"儒"有关的叙述才重现于世,尽管这些叙述还只是推测出来的历史(其来源则是对这个词或其同源词所进行的词源学研究)。晚近以来对"儒"的意义作出的最有影响力的表述,不仅通过想象的方式重新捡起司马迁在《史记》里提出的那个与"儒"有关的传统表述,还使用了一种"比喻性论断"(figurative predication)①的处理方法——也就是用一种比喻的方法进行建构,认为后来被人们信以为真的那个"儒"在古代历史上早已言之凿凿,进而建构出所谓在古代早已有言的那些解释——但它们在性质上却迥异于早先的表述。

晚近的建构之所以有别于早先的表述,是因为这些建构经过了演变,更主要的原因是因为它们被用于一个宏观的文化背景来表述"儒",把"儒"解释为一个喻体,象征着中国文化从富有宗教性的初生样态不可避免地转变为以现代世俗性为特征的当下样态。虽然这些解释都是中国人给出的,但它们却是站在中国文化之外的建构,而其语气则是嘲讽多过同情。相反,西汉时期以"儒"的名义所进行的建构却是一种同情的理解,也是现代将中国人等同于儒家信徒的鼻祖,这种等同将"儒"和国家之间相互依赖的情况说成是合乎天理、势所必然。读者可能会记起来,早期耶稣会士当然还有那批 17 世纪的学者都使用过这种独特的表述方式,将参与政治说成是"儒"的本质特征,将中国的文化精神表述为他们所谓的"Confucianism"(儒教)。然而,20 世纪中国人的叙述,先是质疑继而驳斥了将中国人自然而然地等同于儒家信徒的做法,这也让我们更想知道到底应该如何确定"儒"的意义。

---

① "比喻性论断"(figurative predication)的说法得自詹姆斯·费尔南德斯(James Fernandez)。See James W. Fernandez, *Persuasions and Performances: The Play of Tropes in Culture* (Bloomington: Indiana University Press, 1986), pp. 249-268, 288-292.

第三章　古代文献,现代叙述:民族主义、复古主义与"儒"的再造

通过研究"儒"这个词,章炳麟和胡适开始使人们认识到,传统上所认为的在"儒"与"治"之间存在的依存关系其实并非与生俱来。他们在表述上的新发明所用到的学术工具,其实就是语言学工具。不过,当仔细考察过去的汉语音韵学所面临的挑战时(稍后将在本章予以讨论),重构"儒"的古老含义是否可靠就非常值得怀疑了。也许更可取的方式是从当前使用的语言里追踪"儒"的古老含义,这种方法与罗杰瑞(Jerry Norman)等语言学家所用的方法如出一辙;他们已经提出,我们最好是从当代口语往回探究,借此重构当前普遍使用的中文到底采用了什么样的古老形式①。那么,在当代中国人对"儒"的理解里,又能找到哪些线索来勾勒它在早些时候的意义呢?

自"儒"这个词从公元前5世纪见于文献开始,它的意义就发生了很多值得注意的变化;但就像我们已经提到的那样,在20世纪初叶以前,有关"儒"这个字在语义上的差别几乎还没有什么确定的结论。虽然在今日中国,"儒"已不再像以前那样在众多文化词汇中占有突出地位,但几乎仍是无人不知。对于许多中国人来说,他们对"儒"的理解都比较模糊,要么将它视为晚期中华帝国的象征符号,要么将它仅仅当成"官"的代名词②。如果"儒"总是作为关键词被人们沿用,那也是因为它一直都是个象征,整个帝制中国更为广阔的文化生活都赖此得以解释并将继续据此来解释。然而,"儒"继续被理解成此等面貌,恰恰

---

① 使用传统的字典研究古音会遇到很多困难,在列述了这些困难后,罗杰瑞提出了一个虽是显而易见但却常被排除的选择:"其实,另外一种研究也是可能的,那就是从现在的方言出发,构拟它的早期读音。这样做有一个好处,就是可把一些词的古今演变勾勒清楚",参见 Jerry Norman, *Chinese* (Cambridge: Cambridge University Press, 1988), p. 42。(译者按,译文参见罗杰瑞:《汉语概说》,张惠英译,北京:语文出版社,1995年,页38。)

② 1991年2月至7月,我在云南昆明和一些受过教育的人甚至和半文盲都有过多次讨论,文中的这个结论正是依据这些讨论。当问及"儒"的意义时,他们毫不例外地都会说到,"儒"与上起汉代、下迄清代的传统政治制度有关。一些受访者称,"儒"这个词象征着"皇帝制度",因此也就象征着一个广阔的控制网络从中央一直延伸到边远地区。只有极少数的几个人,也就是那些大学教授们,才说"儒"是指"学者"(scholar)。只有一个人说这个词的意思是指跟随孔子的门人世系。总而言之,当代的很多中国人,如果不是将"儒"视为专制统治本身,也会将其视为专制统治的马前卒。这种解释无疑证明了20世纪70年代"文化大革命"中"批林批孔"运动的集体记忆仍有残留。

是在研究中国哲学和思想史的西方学者而非中国人当中,哪怕这样的理解使用了我们所熟知的"Confucianism"(儒教)和"Neo-Confucianism"(新儒家)等建构出来的概念。在大多数此类著作里,土生土长的"儒"已经为西方新词"Confucianism"(儒教)所替代①。即使是在谈到孔子或朱熹留下的传统时,西方学者也不愿意用"儒"这个词。这一点透露了很多信息,它告诉我们,用"儒"这个词来描述他们留下的传统存在困难。相反,他们倾向于依赖"道统"(legacy of the way)这个词;它和"儒教"一样,"道统"也是作为精神层面的"天道"发挥作用的,囊括了其他方面难以厘清的含糊性。

在日常使用的中文里,"儒"这个字见于"儒生"等较为通俗的复合词;"儒生"这个词现在的意思是"scholar"(学者)甚或是"student"(学生),但后一个义项并不常用。当代中国知识分子倾向于把"儒"和"scholar"以及"大儒"或"鸿儒"这两个复合词等同起来。作为帝制中国的符号化遗迹,"儒"在一般人想象的某些角落,还唤起了一种对充满压迫的专制国家的想象,特别是对清朝统治的想象②。不过从另一个角度来看,如果不用"儒"或者"孔子"这两个名词,在今天的中国,就无法指称用它们来界定自己身份的那个群体了。不得不承认,"儒"在今天被边缘化了,也不那么重要了,最多只是给几乎不会真正用到它的那个世界提供理论上的对照。

先前内涵相同的两个词——"儒"和"孔子"——已经分道扬镳,它们在当代中国人的脑海里也不再彼此关联。孔子不再那么紧密地同

---

① 至于对学术界这一倾向的概观纵览,参见 Joseph R. Levenson, *Confucian China and Its Modern Fate: A Trilogy* (Berkeley: University of California Press, 1968), vol. 1, pp. xxvii-xxxiii, vol. 2, pp. 3-73, vol. 3, pp. 61-82; Tu Weiming, *Confucian Thought: Selfhood as Creative Transformation* (Albany: State University of New York Press, 1985), pp. 7-18; 以及 Wm. Theodore De Bary, *The Trouble with Confucianism* (Cambridge, Mass.: Harvard University Press, 1991)。

② 这一点恰恰证明了,在五四时期的历史想象中,有些观点的影响力还比较持久,因为正是在五四时期的历史想象里,"儒"被视为满族专制政权躲在暗处的一个帮凶。See Vera Schwarcz, *The Chinese Enlightenment: Intellectuals and the Legacy of the May Fourth Movement of 1919* (Berkeley: University of California Press, 1986), pp. 23-93。

第三章 古代文献,现代叙述:民族主义、复古主义与"儒"的再造

"儒"联系在一起,他单独成了中华文明和古代中国的象征,同时也象征了这个民族崇尚学习的伟大传统;他是如此受人敬重,以致1990年还专门发行了一套以"孔子"为主题的纪念邮票。在孔子以此面目示人时,他更像是与"传统"(tradition)对应的一种为人所普遍接受的等价物,而不是"传统"的一种换喻,这里所谓的"传统"是在最宽泛的意义上使用的,系指文化遗产或人类遗产。他在中国,因为那种宗教般的热忱而遍布神州——围绕他形成的这种"宗教"不仅是得到了允许,而且还被鼓励到处扩大自己的影响——正因为如此,就像我在导言中谈到的那样,不论是在学校还是在公益广告里,都提倡公民们遵从孔子在伦理道德方面作出的表率。由此观之,孔子在当代似乎同样拥有"Confucius"(孔夫子)之于18世纪欧洲人的重要象征意义:他是道德楷模,也是伟大的人文主义哲学家,还是中华文明的象征。

然而,反讽的是,"儒"以前是作为一种象征来诠释中国的核心价值的,它在当代却处于边缘的地位,但恰恰就是"儒"在当代的边缘性,让人们重新回忆起这个词在帝制以前的本义,这在以前是做不到的。早在帝制出现以前,"儒"是指严格遵守训诫的人,他们生活在当时社会的边缘,同当时与帝制时代一样专制的政治体制保持距离;但自西汉末年以降,"儒"就与政治体制结合在了一起的。但我们对"儒"更早一点却未被书写的历史缺乏了解,完全是汉代对其历史和意义有过编辑加工的结果;这种编辑加工代代相传,在不断改写人们记忆的同时,也在改写保存着过去那段模糊历史的文献。这种编辑加工正是司马迁和刘歆的杰作,对他们而言,"儒"无疑是那些终将载入史册的学者和官员。

儒:标准解释

如果说是从《史记》开始中国才有了真正的叙事史,也就是开始用

编年和纪传的方法将过去的事件和广为流传的传闻整合起来①,那么大概也是《史记》开启了"儒"的传奇。从司马迁的特定视角来看,"儒"所经历的大事,上起世代统治周朝的姬姓氏族的衰微,中经孔子和七十门人的怀才不遇、绝望彷徨,下及成了皇帝顾问和臣子的孔子徒孙以及此后儒门弟子的事功。但《史记》叙述的格局实际上还要更狭小些,实际上只讲了"儒"逐渐得势的那段历史,也就是从孔子没后初生的"儒"所经历的苦难岁月开始,直到他们在董仲舒(约前195—前105)及号称有三百的董门弟子的带领下在帝国占据显要地位为止。按照这种方式梳理"儒"的大事纪年,实则包含了这样一个主题,那就是国家从动荡中逐渐恢复秩序,"儒"也必将洗刷前耻。《史记》编撰完成于汉武帝的统治行将结束之时(约为公元前90年),此时,"儒"的意思是"士",而更为常见的说法则是"博士";这在司马迁的《史记》里留有明证,特别是其中有一卷专门写到儒,名为《儒林列传》(卷六十七)②。

该卷的大部分内容都是平铺直叙,当然还夹杂着一些回忆和轶事,并罗列了一连串儒家精英的名字和他们担任的官职。但其中也有一小段经历非常酸楚,在整个记述中显得特别突出。它讲述了"儒"在秦始皇残暴统治(前221—前210)和之后的一段时期内所经历的绝望,据说《诗经》和《尚书》在当时遭到焚毁,很多有才学的人被活埋。而在刘邦(即后来的汉高帝,前202—前195年在位)与项羽(前233—前202)相争的最后一段时日里,"儒"几乎处于灭绝的边缘。焚毁诗书典籍标志着儒家传统处于最低潮,因为司马迁也说:"六艺从此缺焉"③。所以,当陈涉(前248?—前206)被逼反秦(前221—前208)时,儒者往

---

① Derek Herforth, "From Annals via Homiletics to Analysis: Toward a Discourse-Based Typology of Early Chinese Historiography",此文发表于1989年11月19日在美国加利福尼亚州旧金山市举行的传播学会(现名)第75次会议上。

② 参见司马迁:《史记》,全十册,重印本,北京:中华书局,1975年,页3115。(译者按,按詹启华所引《史记》版本,此篇应为"第一百二十一卷,儒林列传第六十一",而不是"第六十七卷"或者"儒林列传第六十七"。)

③ 司马迁:《史记》,页3115。

第三章 古代文献,现代叙述:民族主义、复古主义与"儒"的再造

归。司马迁详细讲述了鲁国的"诸儒"如何离开故国,做出了搬运圣人遗物这种极具象征性的举动——即所谓"持孔氏之礼器往归陈王"。司马迁还接着记述道:"于是孔甲(引者按,据称,其乃孔子十八世直系后裔)为陈涉博士,卒与涉俱死。"①

不过,陈涉却被处死了,他领导的起义也被镇压了;此时刘邦和项羽正在举兵征伐尚处秦朝统治下的疆土。司马迁这位"史圣"对"儒"支持陈涉起义的失败言之甚少,仅有的一笔也只是记录说,这些背井离乡的"儒"原本希望陈涉能为他们在秦朝治下所受的羞辱复仇,但这完全是徒劳。相反,司马迁很看重的是,他们放弃了一切,全然不顾陈涉当时身份卑微,无论如何都要给陈涉送上礼器并委身于他②。结果,他们倾其所有孤注一掷却一无所获。司马迁理所当然地认为,他的读者都很清楚"儒"在反秦起义中毫无怨言地支持项羽,较之陈涉之时更加毫无保留;因此,他对"儒"在陈涉起义失败后的政治立场并未另加评论。

这个单线叙事的结构直接跳过了许多年,紧接着就写到了刘邦战胜项羽继而围攻鲁地之时。此时,"儒"并没有寻找靠山,也没有向参加战争的任何一方提供帮助。相反,他们燕居在国都旧城一隅,静静地等待世间残杀的结束。司马迁随后的记述入木三分地刻画了"儒"独一无二的特征,这在早期文献里相当少见。明知敌人就在城门外,这些"儒"仍然按先师教导的精神等待自己的命运。

及高皇帝诛项籍,举兵围鲁,鲁中诸儒尚讲诵习礼乐,弦歌之音不绝,岂非圣人之遗化,好礼乐之国哉?故孔子在陈,曰"归与归与!吾党之小子狂简,斐然成章,不知所以裁之"。夫齐鲁之闲于文学,自古以来,其天性也。故汉兴,然后诸儒始得修其经艺,讲

---

① 司马迁:《史记》,页3116。庄子笔下的盗跖还顺手一击,给这个可怜的群体以"特别的优待",通过模仿的口吻嘲弄了"儒",嘲弄他们在向自己眼中值得尊敬的主子大献谄媚时的可笑程度。(译者按,参见《庄子·杂篇·盗跖第二十九》。)
② 司马迁:《史记》,页3116。

习大射乡饮之礼。①

就在司马迁这段只有十几句的文字里,我们读到了非常传神的概括,它描绘了早期(也就是帝制以前的)"儒"的一些本质特征:当刘邦的军队马上就要发起进攻时,这座古城的上空"弦歌之音不绝",与紧张的气氛格格不入。我想,这幅图景应当非常令人难忘。兵士们可能被讲诵、舞蹈和歌唱的喧嚣深深震撼,停下了自己的军事行动;也许后来郑玄对"儒"的注释恰恰可以解释我的这一猜测,郑氏如是言道:"儒之言优也,柔也,能安人。"②也许正是司马迁的这段文字为郑玄注释"儒"提供了另一种思路;但我却怀疑,刘邦的军队得到平抚,并不是司马迁这位"史圣"想要强调的重点,因为他并未对此着墨太多。

司马迁的记述大概有以下几个目的:他首先描述"儒"在秦朝的困境,是为了与他们后来在汉代的命运作对比;其次,他希望将"儒"描绘得可尊可敬,因为他们在一个黑暗的时代明知不可为却依然尽力保存古风;第三点考虑似乎才是主要的,他试图建构这样一种叙事,即伴随着汉代的文化复兴,"儒"也兴勃而起。为此,与身处绝境的"儒"相关的记述——面临即将到来的覆顶之灾仍然唱诵不辍——就成了整个主题的转折点,正因为它,屈辱和迫近的覆灭才转而变成了一种声誉。由此,"儒"早期饱受磨难的形象就被司马迁的详尽记述给取代了,而他

---

① 司马迁:《史记》,页3117。司马迁引用《论语》第五章第二十一节的目的是要指出,远在孔子在世时,"儒"就已在鲁地奠定了牢固的根基并在那里经营多年,甚至是在过了近四个世纪以后,即便刘邦的军队拍门而至,也不会让他们感到丝毫紧张。至于"大射"和"乡饮"之礼(大约是古代的季节性[春季]典礼,西汉时逐渐发展为礼祀周公和孔子的仪式,在《礼记》和《后汉书》里都有详细的描述),参见 Marcel Granet, *Chinese Civilization*, trans. Kathleen E. Innes and Mabel Brailsford (Cleveland, Ohio: Meridian Books, 1958), pp. 152-193,以及 Derk Bodde, *Festivals in Classical China: New Year and Other Annual Observances during the Han Dynasty, 206 B. C. -A. D. 220* (Princeton: Princeton University Press, 1975), pp. 356-361。

② 郑玄:《郑氏礼记目录》,引自段玉裁:《说文解字注》,重印本,台北:汉京文化事业有限公司,1983年,页366.1, 366.2。

第三章 古代文献,现代叙述:民族主义、复古主义与"儒"的再造

记述的正是自己的体认:从叔孙通(活跃于公元前2世纪)开始,中经公孙弘(前200—前127)到董仲舒,"儒"在仕林里逐渐兴旺发达。不过,紧接着"儒"这个群体身处危险的画面之后,马上讲述"儒"大获成功,似乎比较适当,因为这使"儒"作为一个整体的形象固化并保存下来,其中就包含了"儒"在汉代以前的身份特征。我们不该忘了,司马迁自己也说,"儒"在兵临城下时的这些极不寻常的举动,正是孔子留下的影响。但恰恰是司马迁笔下这个不可思议而又令人印象深刻的儒者形象,偏偏被常见的将"儒"注为"士"的标准解释避而不谈。

事实上,尽管司马迁对孔子和"古儒"表现出的那种绝境中的英雄主义充满敬意,但他这篇详尽的记述却几乎没有提到"儒"早年的生存状况;相反,却用一种类似于"辉格式史学"的立场从西汉时期的现状来回溯"儒"的历史,将这个群体在西汉政坛取得成功记述为一种必然。对司马迁这位"史圣"而言,与其说"儒"是孔子的追随者或嫡传,不如说他们是很有权势的官员(在司马迁看来,董仲舒恰是这一气象的代表),正像《儒林列传》中非常有代表性的那段文字所言:"及今上即位,赵绾、王臧之属明儒学,而上亦乡之,于是招方正贤良文学之士。"①这里的"儒"尤指那些仕人所独有的学问,它更像是一种技艺而非一种生活方式。当然,在这段记述里,没有一处暗示过"儒"是一个组织严密的群体,更具体一点来讲,也就是没有暗示说他们是一帮对先师愚忠、痴心于通过歌舞恢复古礼的迂腐之徒。相反,这里的"儒"都有入仕为官的经历,但他们的前辈是谁并不甚了然,又或者也许他们的前辈其实并不是官员。

在司马迁为名人所立的传记里,《儒林列传》单列一章,这也是第一次按纪年次第来记述"儒"从卑贱到显达的兴起过程,即从早先的

---

① 司马迁所言"今上"即指统治他的君主——汉武帝。《史记》,页3118。

"居陋巷,衣衫褴褛"一跃而为皇帝的大臣①。《儒林列传》里的记述,系统整理了中国人对孔子及其所创传统的理解,就像《史记》的编排体例成了随后近两千年官修史书的范式一样,这种理解的影响也持续了近两千年。这种理解对我们来说再熟悉不过了,但在司马迁著书时,它却是一种完全不同的对"儒"的新解,表示它已对"儒"这个本土群体进行一番重构。汉代语言使用了一个标准的说法——"博士",意味着相应于接受了这个新称号的那个群体已发生变化,"儒"的意义也发生了变化;这就好比是对于耶稣会士而言,当他们中那些调适主义者组成的团体在人员构成上发生变化时,"Confucius"(孔夫子)的意义也相应地发生了改变②。一般认为,"儒教"在汉代取得了胜利(victory of Han Confucianism)③,刚才提到的变化就反映在这场胜利之后的文献里,在这些文献里,"儒"享有至高无上的权威乃是既成事实。

具体来说,战国以来对"儒"普遍有些批评,但自汉代以后,再也没有哪部著作对"儒"有过批评,也没有哪部著作从"儒"的角度提出过激烈的反驳来捍卫"儒"的衣冠文物。比如说,在《礼记·儒行》篇里,孔子对哀公(治在前494—前469)说了一大段话,明确告诉他自己对"儒

---

① 在这里,我实际上间接提到了两方面内容,一是《论语》里所描写的孔子最喜爱的学生颜回安贫乐道的生活状态,二是司马迁在《史记》中所记载的田蚡(活跃于公元前2世纪)拔擢很多儒者的史实,原文为"田蚡为宰相,绌黄老、刑名百家之言,延文学儒者数百人,而公孙弘以《春秋》白衣为天子三公,封以平津侯",参见《史记》,页3117—3118(译者按,《论语》里讲颜回安贫乐道事载于《雍也》,原文作"子曰:'贤哉回也! 一箪食,一瓢饮,在陋巷。人不堪其忧,回也不改其乐。贤哉回也!'",并没有提到颜回衣衫褴褛;而儒者衣衫褴褛的形象或来自《论语·子罕》所载"子曰:'衣敝缊袍,与衣狐貉者立,而不耻者,其由也与?'",其实是孔子弟子子路的形象,詹启华此处恐将颜回与子路的形象混为一体)。
② 参见本书第二章。
③ 这种说法来自德效骞(Homer Dubs)一篇文章的标题,该文是他所译《汉书》译本的附录。德效骞的观点令人信服,他认为,"儒"取得优势地位的历史实际上很长,就汉代而言,其实是始于汉高帝(治在前202—前195),终于汉元帝(治在前48—前33)。See Homer H. Dubs, trans., *The History of the Former Han Dynasty*, vol. 2 of 3 vols (New York: American Council of Learned Societies, 1944), pp. 341-353. 至于"儒"在汉武帝统治时期取得"胜利"的通行看法,参见 Herrlee G. Creel, *Confucius and the Chinese Way* (New York: Harper and Row, 1960), p. 234。

第三章 古代文献,现代叙述:民族主义、复古主义与"儒"的再造

服"的看法,孔子本意是否认"儒"在穿着上有特别的地方,而他的话所起的作用却恰恰相反①;但在东汉文献里,我们再也看不到此类文字。此后的文献在提到"儒"的相关情况时似乎不再那么生动,对"儒"的意义和地位也没有任何疑义。

将"儒"注为"士"的标准解释,强调了"儒"("博士")和中华帝国之间的天然联系,因此也使我们想起了在分析耶稣会士时暗含的一个问题:是否应该并且能像后来耶稣会的调适主义者那样,将中国文化简化为"Confucius"(孔夫子)和"Confucianos"(儒)这些核心概念,以至于将所有与中国传统有关的内容都看作是"儒家的"(Confucian)?向中国人提出这一问题并无不当,因为在中国的本土表述中,"儒"和孔子作为中国文化遗产的象征符号本身就难解难分,司马迁也试图确立"儒"和新生帝制王朝之间的必然联系。当然,我们很清楚耶稣会士是如何将"中国"成功简化为"孔夫子"的,也很清楚今天的我们又是如何继续简化它的;不过,现在我们已能注意到,这种简化并非耶稣会士的专利。可以说,耶稣会士这种颇为大胆的简化,其实只是对中国现实与文献中的实际情况所进行的忠实译写。从这个意义上讲,"Confucius"和"Confucianos"更像是"孔子"与"儒"的拉丁镜像。

就我们的想法来说,"儒"当然不能作为代表整个中国文化的象征。一些西方学者也已对用"Confucianism"(儒教)来喻指中国文化提出了质疑,并且指出最有可能替代"儒教"来承担这种象征功能的就是中国最古老的本土宗教传统——道教,在这些学者中最为知名的一位正是晚近的司马虚(Michel Strickmann)②。他提出,有一个例子很有说服力:在公元215年以前,"天师道"才是中国"真正的"官方宗教,它有教阶,其详细的经典传承原原本本地收入了《道藏》之中,它传播广泛,

---

① 参见《礼记正义》,收于《十三经注疏》,卷六,上海:上海古籍出版社,1990年,页972—975。

② 参见氏著"History, Anthropology, and Chinese Religion", in *Harvard Journal of Asiatic Studies* 40, no. 1 (June 1980): 201-248。

最重要的是还和官府联系密切①。由于这几个特征恰恰是人们一直支持将"儒教"视为中国文化代表的依据,所以司马虚认为,根据"儒教"来界说中国礼俗中的社会伦常与正统规范,来勾画对中国人的一些观察,实际上是对传统中国彻头彻尾的误说。尽管像司马虚这样的观点理由充分,也日益得到金石学、民族志学和人种学证据的有力支持②,但仍然与赞成"儒教才是中国文化本质特征"的观点相持不下。似乎最好还是放弃将"儒"和"道"这两种传统当作争夺正统性的竞争对手来比较的想法,从这种争论中完全跳出来。

所以,我们这些身为诠释者的汉学家们最好不要再窝里斗了,因为即便这么做会有一些成果但付出的代价却非常巨大,也许我们该再问问中国人,再去他们的文献里找找答案,看看"儒"的文化威权是否有据可依。结果却出人意料。比方说,我们可以断定中国人的语言不是表意的,并对庞德(Pound)和费诺罗萨(Fenollosa)提出严厉的反驳,因为他们恰恰认为中国人的语言是表意的而许多意象性的诗歌和散文正源出于此③;不过,却无法回避这样一个事实,那就是中国人在解释自己的语言时,还常常将它说成是表意的、甚至是象形的④。尽管我们强

---

① Michel Strickmann, "The Mao Shan Revelations: Taoism and the Aristocracy", *T'oung Pao* 68 (1977): 1-64; and "On the Alchemy of T'ao Hung-ching", in *Facets of Taoism: Essays in Chinese Religion*, ed. Holmes Welch and Anna Seidel (New Haven: Yale University Press, 1979), pp. 123-192.

② See Kristofer Schipper, "Vernacular and Classical Ritual in Taoism", in *Journal of Asian Studies* 45, no. 1 (Nov. 1985): 21-57.

③ See Ernest Fenollosa, *The Chinese Character as a Medium for Poetry* (1938; reprint; San Francisco: City Lights Books, n. d.), pp. 6-33; and Ezra Pound, *Confucius: The Unwobbling Pivot, The Great Digest, and The Analects* (New York: New Directions, 1969), pp. 20-23.

④ 至少就中国大陆而言,当用一种分析研究的口吻谈到"语言"时,人们通常还是关心书面语言,而不是口语。从这个角度来说,虽然中国各地方言有"不同的文学和传统",但西方学术界并不倾向于挖掘其中的大量细节,反而更愿意依赖"普通话"这种中央政府确定的标准化的行政语言(司马虚有理由为此感到悲哀),更像是文化研究而不是迎合政治的结果。至于中国的语言在官方和学界看来系指"书面语"的问题,参见 Susan D. Blum, "Han and the Chinese Other: The Language of Identity and Difference in Southwest China", Ph. D. diss., University of Michigan, 1994, chap. 3。

第三章 古代文献，现代叙述：民族主义、复古主义与"儒"的再造

调"儒"这个词并不能担负中国人赋予它的那些无所不包的象征意义，当然也不能担负我们赋予它的象征意义，但中国人对"儒"的看法仍在重蹈上述那种吊诡的覆辙。甚至是在中国早期的文献里也能清楚地看到，"儒"和孔子的象征意义所涵盖的范围非常广泛，所代表的内容远不只是某种传统的信仰与实践。

截至目前，我们的研究还提出了在认识论上更难回答的一些其他问题。比如，在汉代以前，"儒"的形象还未如汉代那样确定下来，那么是否有可能像汉代以前的时代那样重构"儒"的传统？除了将"儒"视为经师和皇帝的顾问外，我们能否将"儒"想象成其他的形象；更进一步说，如果有足够的证据，我们能不能支持这样一个完全相反的观念？为什么我们不应该满足于在第一批系统化了的文献中所发现的"儒"的意义？通过更为透彻地研读《史记》和第一部官修西汉史书——《汉书》（大约成书于公元100年），我们是不是要否认它们对"儒"的界定，认为这种界定是不可靠的或者是错误的；又或许是当我们追问"儒"的本质时，就已经开始这么做了？通过提出这些问题，我们实际上已经进入了早些时候发生的一场对话里，这场对话同样并不为人熟知，一方是从中国古典时代继承下来的标准解释，一方则是20世纪的中国人进行的较为新奇的考据解读。现在，我将仔细考量这些问题，并分析由"儒"造成的更为广阔的历史意义。

"儒"的阙史

对于现代学者来说，追问"儒"的起源是件颇为棘手的麻烦事，个中原因在于回溯的轨迹并不清晰，这几乎与本书第一章探究"Confucius"（孔夫子）一词何时问世时所面临的难题如出一辙。就这个问题来说，我们除了会碰到在第一章探究"Confucius"一词何时问世时碰到的困难外——海量的文献让我们无所适从，还将面临另一个问题，那就是缺少公元前12世纪至公元前5世纪的原始资料，这段时期可能正是

"儒"这个群体兴起的时间。最早提到这些人和事的文献,在成书时早已与这些人的活跃期和事件发生的时间相去7至10个世纪,而且几乎就没有与之相关的文献证据,只有一些极少量的周代青铜礼器上的铭文提到过这些人和事,它们或是与《尚书》中某些篇章的诰命相吻合或是与其有直接的联系①。

重构这些文献还面临更深一层的困难,因为现存的这些文献并非同质同源,而是经过了"层累"与混合。这并不完全是现代史学研究的偶然发现,也不是还原古代文献时疏忽大意带来的意外;其实,中国经典的各个章节从来就不是同源一体的②。当我们谈到某个文献的出处时,我们顶多"好像"是在谈该文献的出处,实际上只是谈到了其中一部分或几部分的出处,几乎每个文献都是这样。在这些出处不同的文献碎片里也有一些文字证据与"儒"有关;但它的意思在这些原本就少得可怜的例子里更加显得模糊不清。

但确切地说,这个问题是由对证据的解读或者说是解读不够造成的,症结并非在于证据本身。在探究"儒"的意义时,和证据太少比起来,也许更为令人不安的恰恰是截至19世纪末仅有的一些界定"儒"的努力却引出了很多解释性的虚构,而从我们"科学的"眼光来看,它的解释成分太少,虚构过多。在这些例子里,中国人似乎并不关心"儒"的起源。"儒"这个群体在中国帝制历史开始以前就已经浮现,但在这个时期留下的原始资料里,几乎没有任何记载对"儒"这个词有过

---

① 周代金文中有一部分内容是《尚书》中也能找到的诰命,相关讨论参见 W. A. C. H. Dobson, *Early Archaic Chinese*, *A Descriptive Grammar*(Toronto:University of Toronto Press, 1962), pp. 130-233;Jessica Rawson, *Ancient China: Art and Archaeology*(New York:Harper and Row, 1980), pp. 94-103;以及 Edward L. Shaughnessy, *Sources of Western Zhou History: Inscribed Bronzes*(Berkeley:University of California Press, 1991)。遍检按两种不同方式编排的甲骨文集成,也找不到与"儒"有关的证据,这和我检索《金文诂林》的结果一样。参见郭沫若编:《甲骨文合集》,全十三卷,北京:中华书局,1978—1982年;Shima Kunio, *Inkyo bokuji sorui*, 2d rev. ed. (Tokyo:Kyuko shoin, 1971);周法高等编:《金文诂林》,香港:香港中文大学出版社,1975年;以及周法高编:《金文诂林补》,台北(南港):"中研院"历史语言研究所,1983年。

② 早期的中国文献无疑有各种异质的成分,详见本书"结语"部分的讨论,页268—279。

第三章　古代文献,现代叙述:民族主义、复古主义与"儒"的再造

自觉的反省。此外,中国人对"儒"的解读,不管是历史性的,还是哲学性的,抑或是从考据角度出发的,都像我们西方人的"Confucianism"(儒教)一样,受到了先前解释的限定,所以中国本土对"儒"的理解必然与已有的相关表述严丝合缝地结合在了一起。

当把目光投向中国本土文献来确定"儒"的意义时,我们发现,与本章引用的约瑟夫·康拉德(Joseph Conrad Marlow)所讲的故事很像,"儒"已经被先前的种种诠释包裹得严严实实,而在这些诠释当中甚至还包括耶稣会士虚构出来的"先儒"。在以"儒"的名义制造出来的层层意思之中,并没有所谓的"事实"或"实在"的确定内核。要理解"儒"就是要完全理解与"儒"有关的一切。但这并不意味着,在公元前5世纪到20世纪的这段时间里,中国人对"儒"本身并不感兴趣;如果说他们似乎对"儒"这个词不甚上心的话,那也只是从符合我们现在眼光的视角来看所得出的结论,要知道,对当时的中国来说,"儒"的起源与理想是一切确定性的根本来源。在这段历史的大部分时间里,对"儒"这个词都有一种共识,它从与"儒"有关的最早表述中发展而来,诞生于中国的历史自觉臻至全盛的伟大时代。可以说,汉代对"儒"的表述赢得了千古不移的权威地位,成了普遍一致的看法,即便是后来的诠释者在一种完全不同的历史境遇下思考"儒"的意义,也还是会认同汉代的表述。

后来与"儒"有关的思考:对已确定的诠释的增补

举例来说,三国时期(220—288)出现了一部《说文》的注释,它对"儒"进行的语源学分析就略有不同。根据《说文解字诂林》的说法,徐锴①曾提出,"儒"在《说文》里的意思是"柔";但他也认为"儒之言懮

---

① 徐锴(920—974),五代南唐人,著有《说文解字系传》,《四库全书总目提要》称该书"凡锴所发明及征引经传者,悉加'臣锴曰'及'臣锴案'字以别之",詹启华此处误将丁福保所引"臣锴"直视为人名。——译者注

(译者按,今同"儒")也"①,并从《礼记》和《道德经》里引用了可资证明的段落,尤其是用《道德经》将"懦弱"与"女柔"等同起来:"知其雄,守其雌,似乎愞也"。徐锴的贡献更多的是给许慎(约30—124)的释义加了个注脚,而不是给"儒"赋予了什么新的定义;此外,他的这一贡献酝酿诞生于一种习惯用双关语来表达的传统,其视"柔"和"懦"都与"儒"伴生于同一个音群里。清晰明确的解释再次同我们玩起了捉迷藏,并不是因为徐锴只字未提,而是因为我们无法从他说的那些内容中分析出清楚明白的解释结论。这都是因为"双关语"就像亚里士多德说的那样,根本就只是一种文字游戏。当人们通过文字记载苦苦探求中国本土有关"儒"的解释时会发现,是有个比较独特的解释,但它和双关语能提供的信息一样,远远不能令人满意。

  元朝(1279—1368)末年,对"儒"有一些思考,也出现了一些相关的文章。在这个关键的历史转折点上,宋濂(1310—1381)和王祎(1323—1374)这两位在文学界不分伯仲的名士,都提出了自己对"儒"的看法。他们对"儒"这个词的兴趣并没有带动后续对这个词的意义进行研究,因为他们努力的目标只是在一个新的文化环境下为中国人重新定位,而这个新的文化环境便是他们身处一个由蒙古征服者建立起的新王朝当中②。他们围绕这个问题所进行的撰述显然带有一种自觉,说明蒙古人为了新的课税制度所设的"儒户"之名确实刺激了某些汉人,使他们开始思考用什么来确定"儒"的身份③。

---

  ① 丁福保编:《说文解字诂林》,八卷本,第八卷,上海:医学书局,1931—1932年,页3483.1。
  ② 我们首次在思想文化领域看到这种不寻常的现象,是在12世纪中国北方沦入女真统治之时(1127)。当时,现实中存在的文化异己力量,激发了时人对自己继承下来的文化身份的意义进行真正的反思。关于思想界的重新定位以及随之而来的对"儒"的真实含义进行的反思,参见 Peter K. Bol, "Seeking Common Ground: Han Literati under Jurchen Rule", *Harvard Journal of Asiatic Studies* 47, no. 2 (Dec. 1987): 488-490, 504-508。类似的情况在蒙古人统治时期则有进一步的发展,在浙东地区的精英当中显得尤为明显,相关分析见于 John Dardess, *Confucianism and Autocracy: Professional Elites in the Founding of the Ming Dynasty* (Berkeley: University of California Press, 1983), pp. 13-181, esp. 131-181。
  ③ See Dardess, *Confucianism and Autocracy*, pp. 14-19.

第三章 古代文献,现代叙述:民族主义、复古主义与"儒"的再造

王祎在 14 世纪时就这个问题写过一篇专论,与章炳麟后出文章的题目相同;通过撰写此文,王祎对"儒"的不同意义进行了反思,得出了这样一个结论:"儒"在当时的意义与其古义相互矛盾。王祎的这篇文章更多的是种文献分析而不是考据学研究,他声称自己的理解传自周公和孔子,但却与北宋五子(周敦颐、邵雍、张载及程颢、程颐兄弟)有别,而在此之前并未引证与"儒"的意义有关的更早先例①。

对王祎和与他同宗儒门的人来说,"儒"的意义都是后来假定的;"儒"其实只是一个名称,它实际上描述了几种学问,但唯一真正的学问只有"圣贤之学"。正如王祎在《原儒》中的理解,"儒"这个名称虽然也被那些能记诵辞章的人掠用,但"古儒"的理想却是"明周公、孔子之学",这一理想在荀子以前就已经失传了,北宋五子也只是"心向往之、实不能至"。这篇文章显然是在批判当时的文化,因为这篇文章为"儒"这个词的古今含义存在差别而哀叹,并认为这种情况偏离了古义正道。王祎非常注意借用"道学"词汇,暗含的假定是此举关系到当时能否回到古圣贤的理想;所以他才说自己能通过"明心穷性"②的方式领悟天理,并借此推想周代之制。

与王祎同时代的宋濂在《七儒解》一文中,对"儒"的不同含义作了更为全面的区分,而他的前提则是"孔子"与"儒"的内涵完全相同。宋濂在这篇文章里只是尽力对当时的几种"儒"作了说明,内容主要承自《荀子》一书的第八篇《儒效篇》和王充《论衡·书解篇》所作的划分③。在宋濂的文集《宋文宪公全集》里还收了另一篇文章《河图枢》,对"儒"给出了自己的定义,据此来看,宋濂认为,一直鲜见像他那样对

---

① 王祎:《原儒》,《王忠文公集》,收于《四库全书》,卷 1226,页 84.1—85.2。
② 王祎:《原儒》,页 84.2。
③ 参见宋濂:《七儒解》,《宋文宪公全集》,《四部备要》版,重印本,台北:中华书局,1970 年,卷三十六,页 4a—5a。宋濂对"儒"进行分类分析的灵感可见于《荀子集解》第 9 册,页 73—93,以及王充:《论衡》,收于《诸子集成》,卷七,北京:中华书局,1954 年,页 274—275。宋濂列举的两种"儒"——"文儒"和"士儒",王充也讨论过。宋濂所表现出的"儒"的自觉,正处于 14 世纪"儒家职业化"(Confucian professionalism)兴起的大环境下,相关解释参见 Dardess, *Confucianism and Autocracy*, pp. 156-173。

"儒"作出的解释说明,实在非常令人吃惊。

在《河图枢》里,宋濂化身"龙门子"说道:"儒者,柔懦之称,三代以上无专名"①。这段话表明宋濂对许慎在《说文解字》里的注释了如指掌,后来在考据学意义上尝试界定"儒"的所有努力也都是从《说文》这部书开始的②。然而有意思的是,虽然宋濂了解《说文》里的注释,但这并未使他按照许慎给出的释义续加绍述;相反,他的解释恰恰说明他已经注意到,古往今来对"儒"这个词的使用存在语义差别。正像宋濂在《七儒解》中指出的那样,"儒"现在是个专门的名称,它所指示的多种意义,可以通过其在经世济民时的显著差别区分开来。

对于宋濂、荀子甚至是司马迁来说,一个人所表现出的举止、仪态、神采和学识恰恰可以显露出他的儒者身份,这就像可以通过引力场可见的作用效果来推测引力场本身存在一样③。身为一名"儒"是一回事,用一种方式来界定"儒"而不是只道出身为"儒"的那些不言自明的表征,则是完全不同的另一回事。根本就找不到什么"源头"来解释"儒"这个词;我们所知道的都是流传下来的说法——按其所言,"儒"的意义显而易见。在那个相对动荡的年代,司马迁强化了当时出现的对"儒"的新定义,将他们视为精通典章的专家;而宋濂所处的时代也在经历剧烈变迁,他也用同样的方法,再次强调了与"儒"的意义有关的传统说法。在宋濂生活的14世纪,似乎习尚通过模仿来传承传统,并认为这足以保存下先人的价值观念。即便宋濂等作者都很清楚"时

---

① 宋濂:《河图枢》,《宋文宪公全集》,卷五十一,页13b—15a。(译者按,感谢北京大学博士、北京大学中文系博士后孟庆楠先生向译者提供此则引文的相关信息,他还帮译者查借了《新青年》等多处文献,在此一并申请,以免繁缛。)

② 许慎:《说文解字》,北京:中华书局,1963年。一般认为,《说文》这部作品最早是进献给汉和帝(刘肇,公元88—106年在位)的,时为公元100年。宋濂通过使用含有妾或偏房之意的"嬬"字来提出自己的观点,他将"儒"定义为"柔嬬",参见《河图枢》,页14b。

③ 突出强调"举止"是评价"儒"的基本标准,这一做法始于荀子,他用大量细节清楚描绘了"儒行"的外在表征。王祎对"儒"的阐释,特别是他对"俗儒"的批评,都非常接近早先荀子所提出的批评;王祎的阐释还清楚地指出,尽管可以说存在所谓的历史(也就是说,往古的确已为陈迹),但不必然意味着它有某种发展和变化,因为历史的历时变化极少,几乎可以忽略不计。参见王祎:《原儒》,页85.1—85.2;以及宋濂:《七儒解》,页4b—5a。

第三章 古代文献,现代叙述:民族主义、复古主义与"儒"的再造

儒"与"古儒"之间有着根本的差异,但在他们看来,"儒"之为"儒"所当有的懿行举止与"时儒"的实际所行并无不同。这样就当即可以获得一个对"儒"的"解释",因为"儒"已被视为知识文化界的显著特征,它体现在整个文化有机体的血肉里。将"儒"和士大夫阶层的经世济民自然而然地画上等号,完全是凭空臆造,但却为汉唐两代与"儒"有关的那些早期注释所支持。

重新检讨所有这些注释,应当可以减少在这个问题上的疑惑——"儒"在孔子以前到底是什么意思。只要分析一下许慎在《说文解字》里的语源学研究,以及郑玄(127—200)和皇侃(488—545)的注疏,就会清楚地看到,他们的解释都没有超出定义"儒"时的具体语境①。事实上,这些实至名归的古籍整理学家提出的关于"儒"的诸多定义,和很多早期的注释一样,都带有文字游戏的性质,都是和"儒"的发音有关的双关语:比如,"儒,濡也",或是"儒者,濡也"。无疑,这些定义告诉我们的,更多的还是早期注释使用过的那套广为人知的修辞把戏,而不是"儒"这个词的原义。尽管如此,这些注释使用双关语显然意在为"儒"下一个说得通的定义;职是之故,读到这些注释的后来人(这包括生活在晚期中华帝国的中国人、耶稣会士和我们自己),其职责便是要重新还原这种双关语释义得以成立的具体语境。

不止是早期对"儒"的注释在玩修辞上的把戏,又或者恰恰是因为这个原因,即使是身为儒家传统一支的考证派学者,如江永(1681—1762)、段玉裁(1735—1815)和崔述(1740—1816)等人也都没有转而探寻"儒"这个词在已有注释给出的意义之外到底还有什么意思。需要顺带提及的是,这一点还表现得非常明显,比如江永和崔述两人,就把自己的精力投入到彻底重构孔子这个人和他留下的文本——《论

---

① 参见许慎:《说文解字》,页162.1;郑玄:《礼记目录》,见于《礼记正义》,收于《十三经注疏》,卷七;以及《论语注疏解经》,收于《中国子学名著集成》,卷二,台北,1968年,页169—170。

语》①，而不是研究"儒"的意义。这些学者在研究那些文献时并无感情偏好，他们也不喜欢质疑"儒"的意义；当然，这或许是考证研究从"四书"转向"五经"的结果②。

18世纪对经典的批判性重构卷帙浩繁，即便将它们抽丝剥茧，也没有发现对"儒"这个词有过任何注释；这似乎意味着，与"儒"的意义有关的所有线索，连同那些伪造的篇章和注释，都已被学者们一刀切除，他们一心只想还原那个被普遍接受的传统的内核。这个时期的学者们对"儒"少有评论且缺乏兴趣，这一点很重要，并且有助于解释这个问题：在20世纪早期的学者中，有些人正是考证学派的追随者，曾使18世纪考证学派对战国诸子的潜心研究重焕新彩，为什么正是这些20世纪早期的学者们首先想要努力厘清"儒"最原初的含义③。战国时代的思想多元世所公认，20世纪早期的学者们之所以会突出强调这一点，是因为他们发现，自己所处的思想氛围是一个"今文""古文""桐城"与"宋学"诸派竞争共存的环境，这几乎就是战国时代思想氛围的翻版。虽然倾心于考证最终使得晚清多派学者重新发现了战国诸子，但在这些学者中，只有一派通过复兴"诸子学"成功勾描了"儒"在古代的形象。

政治、想象与"儒"的起源

1910年，中国帝制衰亡之际，章炳麟——汉学大师，忠于明朝，潜

---

① 参见江永：《乡党图考》(1756)，卷一；以及崔述：《论语余说》，收于《崔东璧遗书》，顾颉刚编，第五册，上海：亚东图书馆，1936年。

② 有关考证研究在文本上的这一转向，参见皮锡瑞：《经学历史》，香港：中华书局，1961年。

③ 这里的"诸子"当然就是指庄子、墨子、荀子、韩非子、吕不韦、晏子、管子、列子和老子，这个群体由各色人等组成，他们在思想上激烈交锋，和孔子一样，都是在战国那个礼坏乐崩的时代出现的。考证运动致力于重建可以信赖的经典体系，"诸子学"则是考证运动内部在18世纪的新发展。章学诚被看作是这一学派的代表，不过同样应该注意到汪中也采取了相似的进路，这一点也很重要。参见章学诚：《章氏遗书》，全八卷，卷一，上海：商务印书馆，1936年，卷二，页2.2a—2.8b；以及汪中：《述学内篇》，重印本，台北：广文书局，1970年。

第三章 古代文献,现代叙述:民族主义、复古主义与"儒"的再造

在的无政府主义者,激进的民族主义者——完成了一部著作,收录了大量短文,其中就有一篇对"儒"进行了与众不同的思考。该篇名为《原儒》(The Etiology of Ru)的短文,从两个角度来看,都堪称是思想上的分水岭,一方面是因为它揭示了"儒"这个词的意义,另一方面是因为它在揭示这个词意义时所采用的方式。"etiology"(病因学)一词源自希腊词"aitiologia",意思是对原因的陈述,用它来翻译《原儒》一文的标题,比"origin"(起源)这个词更贴切;"etiology"(病因学)一词最贴切地表达了《原儒》一文的基调,因为这篇短文不仅探讨了"儒"在词源学意义上的起源,更重要的是还探讨了"儒"这个词从最初使用到现在的语义变化。此外,由于章氏认为当代对"儒"一词的理解和使用已经严重背离最初的意思,"etiology"(病因学)一词与疾病之间的联系也使它非常适合用来翻译中文里的"原"字。"原"字隐含的另一个意思是"primitive",按照当代社会科学的用法,其意为"原始"(primordial)之意①。在这个意义上,"儒"这个词初始或起源时的意义构成了对其原始形式的一种"陈述"(statement②),而这一形式则被当下流行的意义给取代了,因为后者为了某种特定的论述(discourse)目的按自己的理解对"儒"作了分疏。

大多数中国人都以为自己了解"儒"这个人尽皆知的词,但为一个词炮制那么多容易混淆的意思从未像在"儒"这个词身上那样蔚然成风。因为发表了这篇短文的缘故,章炳麟是"第一个人提出'题号由古今异'的一个历史见解,使我们明白古人用这个名词有广狭不同的三

---

① 即使时至今日,中国大陆学术界言及少数民族时,常常会用"原始"这个词来描述"部落"(tribes)或"民族"(ethnic group)。作为官方对社会文化发展分几阶段的看法,正来自摩尔根(Lewis Henry Morgan)和斯大林(Joseph Stalin),有关这个问题,参见 Blum,"Han and the Chinese Other",chap. 2。另请参见 Frank Dikötter, *The Discourse of Race in Modern China* (London:Hurst, 1992), pp. 164-195。

② "陈述"(statement)、"档案"(archive)和"论述"(discourse)是福柯在《知识考古学》中提出的三个核心概念,它们是知识模型的三个要素,詹启华此处未明示使用"statement"和"discourse"这两个词和福柯有关,仍注于此,望有裨于读者。——译者注

种说法"①。然而,从一个更深但却不那么容易辨知的层次上说,"儒"一词在语义上的变化是经由一部演化史确定下来的,这部演化史正出自章炳麟之手,他创造性地借用了拉克伯里(Terrien de Lacouperie, 1844—1894)的地理人种论和斯宾塞关于人类社会形态必经几个阶段更替的理论②。关于人类社会形态必经几个阶段更替等理论,对于章炳麟这代人来说基本已相当于本土货了,而且常常散入当时对本土文献和诠释传统的反思中,以至于中国人围绕古代经典等传统学术问题进行的探讨,可以清楚地看到带有外来观念色彩的措辞。

也许正是章炳麟在系统阐释"儒"时所带有的这种混合的特点,引起了胡适等怀疑论者的注意,受《原儒》一文启发,胡适于1934年春完成了另一部著作。在他为章炳麟较早写就的文章所作的那篇"补正"里,胡适写道,章炳麟的《原儒》一文"真有开山之功",特别是《原儒》一文所作的历史推测更是前所未有的创说:

> 太炎先生的大贡献在于使我们知道"儒"字的意义经过了一种历史的变化,从一个广义的,包括一切方术之士的"儒",后来竟缩小到"祖述尧舜,宪章文武,宗师仲尼"的狭义的"儒"。③

不过,也有带着某种调和修正色彩的学术目的在,它们将"儒"的

---

① 胡适:《说儒》,页3。
② 严复于1895年首次将斯宾塞(Herbert Spencer)译介给中国读者;三年后,章炳麟与曾广铨在《昌言报》上合作翻译介绍了斯宾塞的思想——章炳麟:《斯宾塞尔文集》,《昌言报》第一册(1898年5月)、第二册(1898年6月)、第三册(1898年7月)、第四册(1898年8月)、第五册(1898年8月16日)、第六册(1898年8月26日)、第八册(1898年9月)。另请参见 Martin Bernal, "Liu Shih-p'ei and National Essence", in *The Limits of Change: Essays on Conservative Alternatives in Republican China*, ed. Furth (Cambridge, Mass.: Harvard University Press, 1976), pp. 92-104;以及 Charlotte Furth, "Intellectual Change from the Reform Movement to the May Fourth Movement, 1895-1920", in *The Cambridge History of China*, ed. John K. Fairbank, vol. 12, pt. 1, (Cambridge: Cambridge University Press, 1983), pp. 354-364。
③ 胡适:《说儒》,页3。胡适此处评论的最后一句乃是刘歆《艺文志》里的一条注释,章炳麟从三个方面对这条注释作了解读。参见刘歆:《艺文志》,见于《汉书补注》,王先谦编,全六卷,卷三,台北:鼎文书局,页1728。

第三章 古代文献,现代叙述:民族主义、复古主义与"儒"的再造

这两种形象结合在了一起。探究"儒"的意义竟会发现它的意义如此多样、各不相同,甚至还有不一致的地方;但不管怎样,对"儒"的意义刨根问底却符合章炳麟、胡适共同坚持的理性取向,胡适也是赞成这一做法最直言不讳的支持者。

章炳麟和胡适都认为,"儒"这个词的语义从商朝到现代一直经历着持续不断的变化;正是他们首次从这个特点出发来为"儒"下个定义。而将这一特点完整呈现出来就是一部"儒"的意义不断演化的历史:在章炳麟看来,"儒"的意义内在于这个字本身;在胡适看来,它的意义见诸东周时期(前771—?)的一些文献;而从当代更为全面的视角来看,它的意义则让人想起了社会进化论,这套理论曾在20世纪初的几十年里极大地激发了中西方的学术思想。尽管章、胡二人的这些文章,其理论依据来自更宽广的流行思潮,比如那些受进化论、种族竞争和社会发展理论影响而形成的思潮等,但归根结底,他们的这类文章其实都是受到某种刺激后的本能反应,这种刺激来自于"今文"(New Text①)再度复兴过程中对中国古代及其经典所进行的全面修正。

---

① "今文"通常被理解为"new text"(新文献),然而把它解释成"new script"(新文字)也很合适,原因在于有一个诠释流派(今文家)致力研究那些用汉代新发明的文字(隶书)写成的文献,而"今文"一词正是在此基础上随着该诠释流派一起出现的。按照人们普遍接受的说法,公元前213年,当秦廷将时存的古典文献付诸一炬时,《尚书》只字无存,内有孔子从夏、商、周三代留下的记载中亲自编选的一百篇文章。正是自秦火开始,埋下了学术分歧的种子。其后,未见哪部文献是用古老的先秦文字记下的,只能见到用"新文字"(今文)书写的文献。"今文尚书"二十九篇,是年老的伏生(约生于公元前3世纪,卒于公元前2世纪)凭记忆讲授再经他人转写而成;而据另一种传奇的说法,该书二十九篇乃用"今文"写成,是在伏生家的墙壁内发现的。发现"今文尚书"是汉文帝时期(前179—前157在位)的事。然而大约是在一百年后的汉武帝时期,另有五十八篇《尚书》现世,则是用秦代"书同文"以前的字体(译者按,即"古文")抄写而成。

据称,"古文尚书"是在孔子家宅的一面墙壁内发现的,直到汉武帝下令开掘时才大白于天下。后来,孔安国(约为前150—前100,被认为是孔子的后裔)给它加上了注释,转抄成了隶书,并以"古文"本闻名于世。汉代的宫廷目录学家刘向(前79—前6。译者按,詹启华原注为公元前8年)和刘歆(前46—公元23。译者按,詹启华原注为公元前23年)在修订典籍时支持使用"古文"本,特别是古文《春秋左氏传》。正是因为在这个问题上的取舍——忽略了《春秋》更加晦涩难解的其他注本,也就是包含了所谓的孔子真教导的《谷梁传》和《公羊传》——"二刘"受到了康有为等人的指责,康有为等人认为,"二刘"伪造经文,合谋(转下页)

与其说是"今文"复兴本身引起了对中国古代及其经典的反思,不如说是1895年至1910年间发生的巨变引起了这种反思;就连今文学派在康有为领导下强烈重申自己的观点,也是这些巨变给思想界带来的最为引人注目的影响。自清朝蒙耻开始,又经三十年"自强"的现代化运动①(以1895年的《马关条约》为象征,这场运动宣告失败),直至清廷提出同意立宪、通过选举法和设立资政院,受过教育的中国人一直身处剧烈的变革之中,他们的传统地位乃至过去熟悉的所有东西都处于不确定之中。有人称这个时代是个充满危机的时代,有人则将这个时代称作是一个转型的时代②,但身在这个时代的中国知识分子们(其中就包括对"儒"的古义很感兴趣的那些人,特别是为同盟会会刊《民报》撰写文章的那些人)所言所论则与代议制政府有关,并且还谈到了要仿效法国或美国在中国建立一个共和国。

(接上页)欺骗了后人。针对"今文""古文"之争的经过及两派文本的真伪性问题,现代学术研究中让人最满意的解释,见于 Paul Pelliot, "Le Chou King en caractères anciens et le Chang Chou Che Wen", *Mémoires concernant l'Asie orientale* 2 (1916): 123-177。至于西汉围绕"今文"和"古文"展开的争辩到底有何意义,参见 Jack L Dull, "A Historical Introduction to the Apocryphal Texts of the Han Dynasty", Ph. D. diss., University of Washington, 1966。

①　三十年"自强"的现代化运动即指"洋务运动",系第二次鸦片战争后,清政府出于自身需要,在同治、光绪年间,逐步建立近代军事工业,带动、促进和推动近代机器工业的发展,客观上开始工业革命的进程。——译者注

②　Chang Hao, *Liang Ch'i-ch'ao and Intellectual Transition in China, 1890-1907* (Cambridge, Mass.: Harvard University Press, 1971); Lin Yü-Sheng, *The Crisis of Chinese Consciousness: Radical Antitraditionalism in the May Fourth Era* (Madison: University of Wisconsin Press, 1979), pp. 3-55; and Schwarcz, *The Chinese Enlightenment*, pp. 12-54。按照史华慈(Schwarcz)的做法,我将1911年提倡打破旧习的那批人(章炳麟、梁启超、刘师培)和1919年的那批人(陈独秀、鲁迅、钱玄同)之间的差别界定为"救国"与"启蒙"之间的差别(译者按,亦作"救亡"与"启蒙")。我认为,在1898年至1979年间,这两批人在文化批判和参与政治方面恰可视为"你方唱罢我登场";一直有种误解认为这些提倡打破旧习的人是群"极权分子",他们发起的运动标新立异而又激进,但如果对这段时期思想界的发展进行分期观察,将非常有利于消除这种误解。此外,用"救国"和"启蒙"来进行解释,似乎还是今天很多中国知识分子理解1898年、1911年和1919年各批激进分子之间关系的方式,这可见于1988年的电视纪录片——《河殇》。参见陈晓林、苏晓康:《河殇》,重印本,台北:金枫出版社,1990年。

第三章 古代文献,现代叙述:民族主义、复古主义与"儒"的再造

此前处于帝制统治下的中国社会一直在苦苦呻吟,因为分崩离析的政府面对日益增长的对教育和政治进行实质改革的强烈吁求,总是反应迟缓、回应拖沓;但在这个时代,中国社会已逐渐向一种全新的社会制度过渡,更像是一个现代化的国家而不是分崩离析的帝国。在全国、全省和府县三个层次上废除科举制度是第一步,也是人们了解最多的一步①。不过,更为重要的是在废除科举制度后以及在1905年至1906年间考虑立宪后作出的一些决定,这些决定深深影响了章炳麟、刘师培等积极拥护共和政体的学者们的想法。

清政府于1908年7月宣布将成立各省咨议局并施行选举。一个月后,又抛出了一个为期九年的计划,其中包括筹备宪法、制定和推行选举法以及开设资政院②。猛然之间,就像命运突然驶入快车道一样,1898年还被视为反动言论而加以摒弃的那些观念和主张,很快就在1908年变成了政府的方针政策。也就是在这一年,当宣布即将组成省一级的咨议局(这一点很讽刺,谭嗣同[1865—1898]所珍视的这一政治构想让他付出了生命的代价,但最终却成了现实)并起草国家宪法草案时,清政府摆出了要改变中国统治传统的架势。对革命党人来说,清廷接受了在政治上拥护它的改良派,似乎要按照"今文"的思想体系来推行复古。康有为(1858—1927)和梁启超(1873—1929)这些改良派提出的主张曾一度受到贬斥,当清廷的政策开始有点类似于他们的主张时,章炳麟、刘师培以及邓实、汪精卫(1883—1944)等人却认为,朝廷热切拥抱"孔教"将使中国文化走向毁灭;于是,他们都急切地再次强调,只有"古文"传统在根本上是正确的,也只有它保存了"国粹"。

175

---

① Wolfgang Franke, *Reform and Abolition of the Traditional Chinese Examination System* (Cambridge, Mass.: Harvard University Press, 1960), pp. 48-71; and Sally Borthwick, *Education and Social Change in China: The Beginnings of the Modern Era* (Stanford: Hoover Institution Press, 1983), pp. 77-103.

② 于1905年至1906年间派出宪政考察团后,清朝加快了对宪政进行实质改革的步伐,关于这个问题,参见 Meribeth E. Cameron, *The Reform Movement in China, 1898-1912* (Stanford: Stanford University Press, 1931), pp. 100-135;以及 E-tu Zen Sun, "The Chinese Constitutional Missions of 1905-1906", *Journal of Modern History* 24, no. 3 (September 1952): 251-268.

革命党人和倾向革命的学者们的立场是反对当时政府,这主要是出自一种日益强烈的民族中心主义和种族觉醒意识;对他们来说,政府对待宪政改革只是并不认真的表面文章,这似乎说明,人口较少的满族人想通过安抚那些拥立共和政体和国教的保守派,继续在事实上担任中国的最高统治者。章炳麟曾是共和主义忠实的拥趸,这时也开始在两条政治战线上冲锋陷阵,一方面贬斥共和主义,一方面反对将"孔教"官方化①。

康有为这样的"今文学派"改革家们相信,中国的理想传统是由孔子以一种不可思议的方式昭告世人的;当他们试图在中国民众、皇帝以及这种理想传统之间建立一种有机联系时,很多地方受过教育的中国人恰恰面临着要重新确定中国文化意义的挑战。他们中那些最开明、最进步的学者和激进分子,尽管并不都容易受到"今文学派"的影响,但都将"儒"和孔子视为过去时代的代表,期待"儒"和孔子能帮他们重建自己在那时那刻的本土身份认同。一旦由世袭君主来监督选举产生的议会,就会出现一个混合的政治体制,会带来认识上的不一致,也会使中国这个渐变的社会陷入不稳定的状态;问题在于,现在很难确定是因为这种认识上的不一致,还是因为这种不稳定的状态,抑或只是因为康有为鼓吹成立国教的论调广为流行,才导致了当时对孔子及其创立的儒家重新产生了兴趣。不过,中国一直处在旧的社会形态下,当时还远未变成一个新的社会,显然正是这种新旧社会之间的交融,才引起了思想界从很多方面系统反思孔子和用来指称他所开创的那种传统的名号。

不管是有坚定信仰的还是持怀疑论的知识分子都转而研究起"文化根源"(cultural roots),这表明他们正努力在观念一片混乱的状态中塑造新的身份认同,而这种混乱正是由于突然和剧烈的社会变迁造成的。种族意识很强的那批人和"国粹派"成员还对塑造"新人"(new age man)尤

---

① 在中国共和派激烈改革的进程中,1907 年到 1908 年的这段时间极不平静。至于对支持共和派激烈改革的中坚分子感到失望的原因,参见 Martin Bernal, *Chinese Socialism to 1907* (Ithaca: Cornell University Press, 1976), pp. 198-226;以及 Michael Gasster, *Chinese Intellectuals and the Revolution of 1911: The Birth of Modern Chinese Radicalism* (Seattle: University of Washington Press, 1969), pp. 210-213。

第三章 古代文献,现代叙述:民族主义、复古主义与"儒"的再造

为热衷,章炳麟认为这需要对过去有正确的理解并加以尊重①。由寻根研究引起的论辩一发不可收拾,但它们只是在政治舞台大幕前发生的文化交锋。他们论辩的焦点在于确定一个明确的语境,通过在这个语境里反思"儒"的意义来理解他们自己。但在这场论辩中,对"儒"的古代意义感兴趣,没有人是为了借此恢复那种其实是代表过去的生活状态。对他们每个人来说,这些论辩实际上都带有政治性。

早期相互开火的方式,就是围绕以下两个问题进行争论:一是"儒"在古代的含义到底是什么,二是对全体中国人而不只是那些号称"儒"的人来说,"儒"对当时的政治而言究竟意味着什么。这些交火发生在20世纪初,康有为和梁启超为笃信"今文学"的改良派冲锋陷阵,而章炳麟和刘师培则为国粹派披坚执锐。他们都是爱国的实干家,但对这些问题却有不同的看法:采取政治行动时,哪种方法有效? 要达成怎样的政治目标? 知识分子的古典训练怎样才算正确? 流传下来的经典是否真实可靠? 特别是,在界定中国人的"国民性"(nationality)时,应该将孔子及其开创的传统置于何处? 诚然,他们都赞成孔子展示了其开创的传统中极为重要的一面,但他们对"孔子究竟意味着什么"显然没有达成一致②。

这些人所处的时代是一个因为压迫而民族自觉日渐增长的时代,

---

① 在章炳麟声明放弃"万国新语"(Esperanto)的那篇著名的文章里,他自己讲得很清楚,过去和未来之间的联系是有机的也是必然的。吴稚晖(1864—1954)等人鼓吹全体采用"万国新语",章炳麟驳斥道:"彼将曰:'史传者,蒿里死人之遗事;文辞者,无益民用之浮言。虽悉弃捐可也。'不悟人类所以异于鸟兽者,正以其有过去、未来之念耳。若谓过去之念,当令扫除,是则未来之念亦可遏绝,人生亦知此瞬间已耳"(着重号系引者所加)。章炳麟:《驳中国用万国新语说》,《民报》,第21号,1908年6月10日。

② 在"古文学派"和"今文学派"的观念里有一个反讽常常为人忽视,尽管前者曾厉声反对"今文学派"复用伪书来支持一种新造的"正统"观念(该观念就将带有神话色彩的孔子奉为圣人和救星),但这两派在对孔子看法上的差别却可以忽略不计。孙中山在民国时期被尊为"国父",新中国也肯定他是"民主革命的先行者";同这种情况一样,孔子则是"今文学派"和"古文派"共同尊奉的伟大的文化始祖。最近,张灏还提出,在20世纪"今文派"和"古文派"主要代表人物之间还存在另一种共同的联系;他就强调指出,佛教在这两派的思想体系里都占有关键性的地位。根据张灏的说法,这两派学者都受到了佛教中"菩萨行"的启发。参见氏著 *Chinese Intellectuals in Crisis: Search for Order and Meaning* (1890-1911) (Berkeley: University of California Press, 1987), pp. 24-31, 117-145。

甚至当冯友兰(1895—1991)、郭沫若(1892—1986)和傅斯年(1896—1950)等其他学者在随后几十年里陆续加入到与"儒"有关的论辩时,他们也发现探讨这些论辩所提出的问题,其实是整个国家进行"自我界定"的一部分,这种"自我界定"在清朝灭亡后愈发变得日益紧迫①。这些学者都见证了中国传统帝制的崩溃,大多数人支持它走向崩溃(康有为是个明显的例外);但他们旋即都受到了帝国主义带来的威胁,帝国主义贬损毁谤中国和中国的文化传统,称其又"病"又"弱"②。毫无疑问,在这些对文化提出批判的学者中,章炳麟的话最为刺耳,他将中国所处的困境描述为受双重压迫的奴隶,既受清廷统治者的奴役,又受到通商口岸西方列强的压迫③。由于这些学者深受传统科举文化

---

① 这些学者围绕章炳麟或胡适对经典文献所作的独特解读展开了论辩,本着去芜存真或者是不吝批判的精神贡献着自己的力量,但他们却从未质疑过章、胡二人文章的基础,即以"进化论"为其理论架构。参见冯友兰:《原儒说》,收于《中国哲学史补》,上海:商务印书馆,1936年;郭沫若:《复说儒》,收于氏著《青铜时代》,北京:中华书局,1954年;以及傅斯年:《战国子家叙论》,收于《中国上古史论文选集》,卷二,1929年。

② 实际上,此处乃是暗指19世纪晚期西方对中国的理解,即将中国视为"亚洲病人"(the sick man of Asia,译者按,更为人熟悉的说法是:"东亚病夫")。至于清朝末年对中国文化的侮辱性评价,还有一个例子值得注意,参见 Arthur H. Smith, *Chinese Characteristics* (New York: Fleming H. Revell, 1894), esp. pp. 16-97。在这一背景下,应当注意到,早在鲁迅创作《药》和《阿Q正传》的很多年前,章炳麟和梁启超等人就已将西方对中国的理解内在化为自己对中国的理解了,而20世纪早期的一些出版物在提到中国时也说它"病"了。

③ 章炳麟:《客帝匡谬》,收于《訄书》(1904年版,重印后收于《中华民国史料丛编》,罗家伦编,台北:世界书局,1963年),第2页。章炳麟所谓"双重奴隶"有两层意思:其一,"中夏之民",也就是汉民族,既是征服他们的满族的奴隶,又是西方列强这些帝国主义征服者的奴隶;其二,汉民族被满族人奴役,但满族人又是西方(欧洲人和美国人)资本家的奴仆。这一观点首现于《訄书》重订本,目的是要更正章炳麟在1900年版《訄书》第29章《客帝》篇中的某些错误看法。章炳麟在这里已经说得很清楚了,他实际上已经摒弃了窜入他早期文章里的极少一部分"公羊学"理论,其中就包括将"仲尼之世胄"视为中国文化"共主"的看法。"双重奴隶"的说法在严复和孙逸仙的思想中还留有余音,比如,严复就说中国"列强之共奴",孙氏则用了一个新说法,说中国是一个"次殖民地,……从属于多个列强,比殖民地还不如"(译者按,"次殖民地" [hypocolony] 系孙中山所用原词,他认为,中国从属于多个宗主国,境遇比从属于一个宗主国的殖民地还要差,称中国为"半殖民地"并不恰当)。岛田谦次另有相关讨论,参见氏著"Shingai kakumei ki no Kōshi mondai", in *Shingai Kakumei no kenkyū*, ed. Onagawa Hidemi and Shimada Kenji, (Tokyo: Chikuma shobō, 1978), pp. 15-18,以及 Shimada Kenji, *Pioneer of the Chinese Revolution: Zhang Binglin and Confucianism*, trans. Joshua A. Fogel (Stanford: Stanford University Press, 1990), pp. 113-114。

第三章 古代文献,现代叙述:民族主义、复古主义与"儒"的再造

的影响,他们对经典文献(系指晚近经过权威编辑而变得真实可靠的那些文献)的看法完全一致,并在一场更大的捍卫民族身份认同的战斗中将这些文献用作武器。

对这些学者来说,民族身份认同与历史有关,而他们重构"中国的"历史则需要与孔子和"儒"达成妥协,因为民族文化中的很大一部分内容都是经由这两个象征才得以界定。在这个逻辑里也存在一个反讽——激进的民族主义学者们认为,将"儒"和孔子视为清廷封建君主统治的意识形态工具加以摒弃,似乎会必然走向它的反面,也就是向"儒"和孔子妥协,甚至是再次肯定他们——但却对约瑟夫·列文森(Joseph Levenson,1920—1969)不会有任何干扰,他就说过:"即便是在清算中国的根底,中国人也拼命想要为自己留有一片立足之地。他们想要继续书写'中国的'历史,哪怕此时自己的所作所为正在让中国历史的产物成为'历史',毋宁说,他们正是通过此时的所作所为在继续书写'中国的'历史。"①

鉴于文化保守主义者和政治激进分子在全力清算中国的根底时都抬出了"儒"和孔子,康有为的这一观点也显得名正言顺:出自鲁地的这位"先知"才是中国的唯一象征,只有他能够统摄中国文化的多样性,并且激发人们一致追求组成国家共同体。"回到孔子"是进行"文化防御"(cultural defense,译者按,又译作"文化辩护")的一种本能,它源于时人正在急迫地探究中国的根底,而中国的根底不会因为中华帝国的近代史而变得不名一文,同样也不会被西方文明所征服而成为臣属;此外,国粹学派对古文经典进行了全新的研究,力图为古代文化遗产提供一种科学性的而非宗教性的防御,"回到孔子"也正与此有关。无论是科学性还是宗教性的主张,"古文学派"和"今文学派"的学者们都是通过孔子来界定"中国性"的。因此,20世纪初期持批判态度的中

---

① Joseph R. Levenson, "The Genesis of *Confucian China and Its Modern Fate*", in *The Historians' Workshop: Original Essays by Sixteen Historians*, ed. L. P. Curtis Jr. (New York: Knopf, 1970), p. 286.

国学人,实际上复制了 17 世纪耶稣会士将"Confucianos"(儒)和"中国性"等同起来的做法。不管人们通过孔子来界定"中国性"提出了哪些看法,孔子都是流传下来的中国传统的象征①。

耶稣会士通过简化的方式来理解中国的做法在中国本土另有副本,这在康有为和廖平(1852—1932)试图重新诠释历史的作品里表现得非常清楚;在晚清文化批判视野里,康、廖二人的作品成功地确立了孔子、《春秋》和"纬书"(Apocryphal Texts)的重要地位。对他们乃至其他人甚至是反对今文学派的人来说,孔子都是一个集大成的偶像,是整个中国文明的标尺,是中国古老文化遗产的传播者,是创制经史的圣人。但远不止如此,孔子还是一个充满理想的预言家,他的"微言大义"包含着对全球历史和版图的先见之明,并暗示了天下大同即将到来。廖平在他的《皇帝疆域图》里阐述了这位先知卓越的智慧,原文如下:

> 界开化由野而文,疆宇由小而大。春秋之时,九州仅方三千里,上推虞夏,草昧尤甚。孔圣删书,托古定制,乃据当日之州名,隐寓皇帝之版土,以俟后施行。藏须弥于芥子,推而放诸四海而准。岂但为鲁邦治列国而已乎?②

今文派的思想抓住了当时流行的想象,而且哪怕这种认为孔子无所不知的想象并不完全具有说服力,改良主义的此番论调无疑还是很有影响力的。时人相信,一些思想能够帮助中国人绘制一条航向,摆脱民族面临的困境;于是他们纷纷用西方、日本和中国的各种词汇竞相介

---

① 无疑,这一点也因胡适和鲁迅在"五四"时期提出"破坏孔家店"(译者按,更为人熟知的另一种提法那是"打倒孔家店")而再次得到印证,这里的"孔家店"是用换喻的方法代表了整个古典传统。

② 廖平:《皇帝疆域图》,收于《六译馆丛书》,成都:存古书局,1925 年,页 22。笔者的英译参照了卜德(Derk Bodde)的译法并有一些修改,参见 Fung Yu-lan, *A History of Chinese Philosophy*, trans. by Derk Bodde, vol. 2 of 2 vols. (Princeton: Princeton University Press, 1952), p. 712。

第三章 古代文献,现代叙述:民族主义、复古主义与"儒"的再造

绍这些思想,而这么做也催生了许多新的思想。在阐述这些新思想时,进化、进步的观念以及日益被人接受的用线性发展来作比喻的方式都是必不可少的;而这三个舶来的概念工具,恰恰可以在前引廖平的第一句话里看得一清二楚,廖平在娓娓述及中国的地理疆域时就不露痕迹地用到了这三个概念。可以说,外来概念和本土概念天衣无缝地结合在一起,正是当时学者进行理论建构时的突出特征,在这一点上,今文派和古文派非常相像。

在1890年至1915年间,今文派的理论和实践既影响了改良派也影响了革命派,这清楚地体现在这样一个事实中:在反对今文学派的著作里可以看到许多暗示,将孔子视为一名先知并将这个形象视为孔子的专利。章炳麟就是今文派的反对者之一,他曾于1895年加入"强学会",该会赞成康有为改良主义观点;而七年后他又激烈地反对康有为,不过,仍然将孔子视为中国历代王朝在象征意义上的祖先①。今文学派一反传统,将孔子解释成一位弥赛亚式的改革家,而当时普遍的本土主义诉求正源于这个解释。具体来说,今文学派提出的这个形象,导致当时大多数人重新清算自己继承下来的有关这位圣人及其传统的观念。这种清算对当时的中国人来说无疑至关重要,因为他们正在努力界定中国人的身份认同,同时还要尽力保存以"国故"这个新词为名的文化遗产,它既包括物质层面的也包括非物质层面的文化遗产。但由于今文经学和古文经学的学者之间有一些根本的分歧,对本土文化特征的理解,就像对"孔子"和"儒"的理解一样,并非铁板一块而是充斥着各不相同的声音。

康有为和追随他的今文学派的激进分子们深信,如果有一个"拥有强健机体"的"孔教"(Confucianism②)既能凝聚起中国民众对抗外敌又

---

① 1899年撰成的《客帝》一文收入初刻于1900年的《訄书》,在这篇文章里,章炳麟将"仲尼之世胄"视为中夏历史的"共主",他说,"震旦之共主,自汉以来,二千余年,而未尝易其姓也",参见章炳麟:《訄书》,1900年版,重印本,上海:上海古籍出版社,1985年,页116—124。另请参见唐振常:《论章太炎》,收于《历史研究》(1978年1月),页67—85。其中,关于《客帝》和《客帝匡谬》的撰述时间问题,可以特别参考页71。

② 考虑到康有为等今文学家明确提倡建立孔教,故以"孔教"来译此处的"Confucianism"。——译者注

能使外国人皈依这个"教会",那么中国在文化上的重生可以大获便利。尊崇孔子的国教——"孔教",由康有为首倡其绪,后由梁启超于1897年在长沙进行了某种程度的推广;它实际上是在模仿通商口岸的基督教,甚至还包括模仿基督教的传教活动。就在戊戌变法前一年,梁启超为时务学堂制定了十条学约,第十条便是提倡"传教",这是用来描述基督教传教士事工的若干中文词汇之一。这第十条学约针对的是学堂里即将毕业的学生,对他们寄予殷切的希望,希望他们将自己掌握的教义学说传播到愚昧的西方人中。梁启超在最后还有一段祝词,原文如下:

> 他日诸生学成,尚当共矢宏愿,传孔子太平大同之教于万国,斯则学之究竟也。传教之功课,在学成以后,然堂中所课一切皆以昌明圣教为主义,则皆传教之功课也。①

今文学派实际上恰恰提出了这样一种"拥有强健机体"的"孔教":孔子不再只是那些正统经典的编订者,他还是一名政治改革家、"素王",是一名提出天下即将迎来大同的先知,而他的这个预言像是用某种暗语神秘地散见于《春秋》的字里行间。

1896年,康有为发表了《孔子改制考》;在此之前,他还发表过《新学伪经考》,对"汉学"进行了全面的、致命的批判,而《孔子改制考》一书则是对《新学伪经考》更有针对性的补充。康有为在《孔子改制考》中提出,他对孔子及其传统所作的全新而有力的解读才是唯一可信的,此时,他几乎抛弃了两个世纪以来通过考据形成的对经典的认识。康有为采用了"可疑"(suspicion)和"可信"(belief)的双重诠释法②,此

---

① 参见梁启超:《湖南时务学堂初集》,收于《戊戌变法》,卷四,上海:上海人民出版社,1957年,页505(译者按,此段引文实出自页506),以及 Shimada, "Shingai kakumei ki no Kōshi mondai", pp. 12-13。

② Paul Ricoeur, *Freud and Philosophy: An Essay on Interpretation* (New Haven: Yale University Press, 1971), p. 47.

第三章 古代文献,现代叙述:民族主义、复古主义与"儒"的再造

时,盛行的古文学派对经典的解读因其模糊不清而被抛弃,圣人的真言则在今文学派可靠的文字里得以还原,康有为就此提出:

> 伪古说出,而后刍塞掩蔽,不知儒义。以孔子修述《六经》,仅博雅高行,如后世郑君、朱子之流,安得为大圣哉!章学诚直以集大成为周公,非孔子。①

在这里,康有为明白地宣称,反对章学诚将周公歌颂为"合'教''治'而为一"的最后一人。其实,是周公而不是孔子为"教化黔首"提供了富有启发性的手段,而周公垂范也使一些行为规范从"所以然"转为"当然"。在这个问题上,章学诚为周公的地位高于孔子的说法提供了本体论的解释,这种说法在中国帝制时期的大部分时间里都被视为理所当然。就在上段引文的次页,康有为还明确提到,他自己很清楚,直至初唐以前,一直是周公而不是孔子被人们尊为中国古代最伟大的圣人,被视为带有中国文化印记的那些制度习俗的始作俑者。因此,他在这个问题上对章学诚的批评几无合理可言,而他自己却说,按照大多数的观点来看他的批评是很容易理解的。

不管合理与否,十年之间,康有为一直都在自说自话、腹诽不断;章炳麟也撰文回应,以古文学派的立场对康有为这种情绪化的毁谤提出了学术性的反驳。在对"儒"这个词进行专门研究的《原儒》一文里,章炳麟讲得很清楚,康有为的同代人中有一些其实深明"儒"的含义并希

---

① 康有为:《孔子改制考》,重印本,北京:中华书局,1958年,页164。此段引文另有不同译文,参见 Benjamin A. Elman, *From Philosophy to Philology: Intellectual and Social Aspects of Change in Late Imperial China* (Cambridge, Mass.: Council on East Asian Studies, Harvard University, 1984), p. 24。关于早期将周公置于孔子之上的问题,参见 John R. Shryock, *The Origin and Development of the State Cult of Confucius* (New York: Century, 1932), pp. 98-100, 131-142;以及 Léon Vandermeersch, "Aspects rituels de la popularisation du Confucianisme sous les Han", in *Thought and Law in Qin and Han China: Studies Dedicated to Anthony Hulsewé on the Occasion of his Eightieth Birthday*, ed. W. L. Idema and E. Zürcher (Leiden: E. J. Brill, 1990), pp. 89-107。

望能尽力给予说明,特别是当这些说明如果能够对今文学派的解释目标产生不利并进一步影响其政治目标时更是如此①。因此,当康有为及其同伴进行"托古改制"以图围绕孔子建立一个新的宗教("孔教")时,章炳麟则从本土主义者的角度提出了自己的主张:应该通过诉诸古代语言来改变当时将传统等同于孔子的看法。章炳麟、刘师培和康有为都认为有必要保存文化,但他们对本土文化的界定根本就不明确一致②。

"自强运动"时期已有关于中国文化的争论,这都早于章炳麟、刘师培、康有为等人的论辩。似乎早在"自强运动"期间,中国文化就已成了"名副其实"的中国文化,也成了革命派和改良派的角力场,任两派人士各自发表关于捍卫中国文化完整性的论调③。对于康有为来说,捍卫中国文化完整性就是要保存这种文化活生生的化身——皇帝,因此在他逃往日本以后,他还成立了"保皇会"。

相反,对于章炳麟和刘师培来说,国族的存续需要培育和保存"国粹",这正是他们献身"国学"的唯一目标。也正是凭借这种精神,他们成立了"国学保存会"——用章炳麟的话来说,这是一个志在"整理国故"的团体组织,它的任务极富挑战性,那就是要在考据学和哲学的意义上进行批判,明确展示出中国文化特质真实反映在文字上的概貌,一

---

① 《说文解字》将"原"定义为"水泉本也",所谓"泉,水原也,象水流出成川形",因此"原"这个字才有现在的"起源"或"开始"之意。参见许慎:《说文解字》,页239.2。

② 正如高慕轲(Michael Gasster)已经注意到的那样,几乎不可能说,章炳麟或刘师培会反对康有为在为保皇会制定的政纲里写到的这段话:"为保国家之政权土地、为保人民种类之自立、为保圣教之不失;讲求保国、保种、保教之事以为论议宗旨"(译者按,查《保皇会章程》等未有与詹氏所引高慕轲英译对应文字,此段引文系出于《保国会章程》,疑引者原有讹误)。See Gasster, *Chinese Intellectuals and the Revolution of 1911*, pp. 204-205.

③ 这种将文化具体展现出来的方式,清楚地体现在经过提炼的"体""用"二元论中,它在意识形态的层面为中国现代化的初始阶段提供了正当性。关于被迫对文化进行抽象提炼的问题,没有哪位学者会比雷蒙·威廉姆斯(Raymond Williams)阐述得更好,参见氏著 *Culture and Society, 1780-1950* (New York: Harper Torchbooks, 1966), pp. xv-xvi. 该书中,"文化"是指一种整体的生活方式,而过去人们则是认为"文化"是指一种心智状态或是思维习惯,抑或是思想活动、伦理行为的主要部分。

如文化与文字之间的联系从古至今从未断裂一样①。章炳麟"整理国故"的努力取得了成功,这清楚地体现在他对"儒"的重构,他成功地将"儒"的原义和当时有关"中国性""信古"以及政治变革的论争结合在了一起。

战国时期虚构出来的"圣王"、耶稣会士捏造出来的尊讲一神论的古代"正学",以及在中国与原始的"儒"有关的种种传说,都是在章炳麟以前出现的对于某种形象的建构。所有这些建构都源于人们感受到了某种差异或者遗失,正是这种感觉促使人们采取行动,将那些借助想象可以沟通现在与过去的种种意义表达或叙述出来。理解了这一点,我们应该会对章炳麟的表述是否真实可靠提出怀疑;同时,理解了这一点,也帮我们认识到了自己与早些时候的注释家们到底有哪些共同点,方法也正是对他们的表述再次提出怀疑。不过,我们还是要先进一步研究章炳麟带来的这场具有范式意义的思想革命,这场革命正发生在20世纪初叶那个从多方面获得灵感的思想环境里。

本土主义者的政治与历史重构

不久以前,托马斯·库恩(Thomas Kuhn)就指出,当科学家们再访那些原以为已由"常规科学"(normal science)给出恰当解答的问题时,也许会发生一场"科学革命";一场从"常规科学"而来的"范式转换"(paradigm shift)之所以会发生,是因为这些问题又一次变得突出起来,而这些突出的问题会被"新科学"更好地回答②。因此,是历史上的记

---

① 有关"整理国故"的问题,参见 Irene Eber, "Hu Shih and Chinese History: The Problem of *cheng-li kuo-ku*", *Monumenta Serica* 27 (1968): 169-207; Shimada, "Shingai kakumei"; Charlotte Furth, "The Sage as Rebel: The Inner World of Chang Ping-lin", in *The Limits of Change*, ed. Furth, pp. 116-128; 以及 Lawrence Schneider, "National Essence and the New Intelligentsia", in *The Limits of Change*, ed. Furth, pp. 69-74。

② See Thomas Kuhn, *The Structure of Scientific Revolutions* (Chicago: University of Chicago Press, 1962).

载而不是我有意提出的吊诡,促使我坚持认为,文献中对"儒"的起源问题进行的所有思索都是从形成这种"新范式"开始的,对"儒"的重新解释也正是脱胎于这种"新范式"。之前从来没有问过的一些与"儒"有关的问题现在也浮出了水面,针对这些问题,章炳麟的《原儒》一文作出了条理分明的回答,从那些受人推崇的古代文本中引用了与"儒"有关的大堆论述,并将其有机地组织了起来。

在这篇文章里,章炳麟从先秦和汉代文献出发,成功完成了对"儒"的意义所进行的历史重构,从逻辑上说明了它从公元前2000年直至他那个时候所经历的语义变迁。他这篇简短的作品正是"整理国故"的典范,而且从另一个方面看,章炳麟对"儒"的重构能够成立并且用的材料也是当时人所共知的,它可以称得上是一种"范式转换"了。章炳麟就"儒"的演变给出了自己的表述,以此来矫正当时有关"儒"这个词的盛行用法;正如他在《原儒》一文快结束时提到的那样,他感到当时盛行的对"儒"这个词的用法已是"与私名之儒淆乱"①,他的回答则代表了看待这个词的全新方式。也许正因为在《原儒》一文以前从未有过类似的对"儒"之起源的研究,而它似乎又以一种令人信服的、科学的方式将四千年来"儒"的各种意义整合在了一起,这才使章炳麟此文赢得了库恩所谓"新范式"的地位,提供了一种解释的框架,使中国思想史借此得以有机地组织起来。诚然,这篇文章的确实现了范式转换,但这也是二十年后胡适重新发现这篇文章并再下一番功夫以后的事了。

自此以后,《原儒》便一直是所有对"儒"的意义感兴趣却又不满足于传统上将它解释为"士"的那些人手不离卷的参考工具。这不由得让人想起,在耶稣会士建构中国化的"自我形象"时,中国"官话"就已给他们划定了条条框框,使他们未曾接触就已对"儒"产生了好感而轻视"佛、道";而在胡适的解读下,《原儒》一文也像"官话"之于耶稣会士一样,以同样的方式将先前的所有研究限定在一定的范围内,使它们的结论不会同该文的论点及推论产生抵牾。正是因为它有这样的作

---

① 章炳麟:《原儒》,页154。

第三章 古代文献,现代叙述:民族主义、复古主义与"儒"的再造

用,《原儒》一文才引起了中国、日本、欧洲和美国学界的广泛兴趣,对"儒"的原初意义及其历史演变的确切内涵进行研究①。

"儒"的历史得到了非常广泛的评述,《原儒》只是其中较晚出现的一篇文章,而从中了解到的内容不禁让人想起了顾颉刚曾经提出的那个令人吃惊的发现:中国上古神话中越是年代靠前的人物,越是较晚虚构出来或是较晚出现在古代某个时期的文献里②。具体来说,尧和舜这两位古代文化偶像(culture hero)是战国时代(前479—前221)创造出来的形象,而大禹的形象则是在周代(前1045—前771)形成的,但在人们普遍接受的年代排序里,尧和舜却排在禹的前面;和这种情况相类似,"儒"的古史却有较为晚近的出处。顾颉刚已经注意到"越是起得后,越是排在前面"③,这再恰当不过地刻画了努力探究"儒"的最初含义本质上具有某种现代性,我们很难对此视而不见。从耶稣会士进

---

① 关于学界在某个方面受到章炳麟或胡适文章影响的例子,参见 Kitamura Sawakichi, *Jūgaku gairon* (Tokyo: Kan shoin, 1928), pp. 1-19;胡适:《说儒》,页1—82;冯友兰:《原儒墨》;郭沫若:《驳〈说儒〉》,页103—128;Shigezawa Toshio, *Genshi jūka shisō to keigaku* (Tokyo: Iwanami shoten, 1949);钱穆:《驳胡适之〈说儒〉》,收于 *Journal of Oriental Studies* 1, no. 1 (January 1954): 123-128;饶宗颐:《释儒:从文字训诂学上论儒的意义》,收于 *Journal of Oriental Studies* 1, no. 1 (January 1954): 111-122;顾颉刚:《秦汉的方士与儒生》,上海:群联出版社,1955年;戴君仁:《儒的来源推测》,《大陆杂志》三十七卷十期,(1968):1—5;陈正炎:《评今人对儒之起源的推测》,《史学会刊》no. 6 (1975):111—117;Chow, Tse-tsung, "Ancient Chinese Views on Literature, the *Tao*, and Their Relationship", *Chinese Literature: Essays, Articles, Reviews* 1, no. 1 (January 1979): 3-29; Diane Burdette Obenchain, "Ministers of the Moral Order: Innovations of the Early Chou Kings, the Duke of Chou, Chung-ni and Ju", Ph. D. diss., Harvard University, 1984, pp. 334-367,以及 Robert Eno, *The Confucian Creation of Heaven: Philosophy and the Defense of Ritual Mastery* (Albany: State University of New York Press, 1990), pp. 190-197, 289-292。

② 顾颉刚:《古史辨》,全七卷,卷一,重印本,香港:太平书局,1962年,页49—52。与顾颉刚同时代的马伯乐(Henri Maspero)和葛兰言(Marcel Granet)也曾致力于重构历史,他们在"文化偶像"(culture hero)的传说这个问题上曾提出过许多与顾氏相同的观点,甚至还提出了人们构想这些传说时用到的一种循环往复的叙述模式;顾颉刚的许多结论也恰恰因为马伯乐和葛兰言的努力而得到强化。See Henri Maspero, "Légendes mythologiques dans le *Chou King*", *Journal Asiatique* 204 (January 1924): 11-100; and Marcel Granet, *Danses et légendes de la Chine ancienne*, 2 vols. (Paris: Presses Universitaires de France, 1959)。

③ Arthur W. Hummel, *Autobiography of a Chinese Historian* (Leiden: E. J. Brill, 1931), pp. 97-98;以及顾颉刚:《古史辨》,卷一,页51—52。

行最初的建构算起,包括中国人在 20 世纪的语源学研究成果及其提出的关于历史不断发展的各种观点在内,都使我们不得不赞同顾颉刚的这一观点:"古史是层累地造成的,发生的次序和排列的系统恰是一个反背"①。

《原儒》一文很有可能写于 19 世纪的最后几年,但直至 1910 年章炳麟刊行第一版《国故论衡》(该书书名正透露了创作作品的两个灵感来源:一是"国故",一是"论衡";其中,王充也曾以"论衡"作为自己的书名,其书对汉代流行的观念所作的批判极为著名),它才公诸世间②。与在中国新出现的本土主义用到的很多表达一样,"国故"这个生造出来的词汇,是从日本的"国学"(*kokugaku*)词汇中借来的,用来指称"中夏"而非清朝的古代文化遗产,包括了其语言、神话、信仰、风俗习惯和有形的人工制品③。至于"论衡"这个词,则恰当地传达了章炳麟对自己学术方法的理解。正如王充批判当时普遍为人接受的儒家学说和流行观念(特别是批判其中一些与占卜有关的内容和很多并不可信的传说)一样,章炳麟关注的是澄清今文学派对孔子、孔子的教导以及经典

---

① Hummel, *Autobiography of a Chinese Historian*, p. 98;以及顾颉刚:《古史辨》,卷一,页 52。

② 在引用《原儒》时,大多数权威引用会用收入章炳麟《国故论衡》二卷本(1910 年出版;台北:广文书店,重印本,1967 年)的那个版本。不过,需要顺带一提的是,该本《国故论衡》乃是六卷本《章氏丛书》的一部分,后者由浙江图书馆于 1919 年在杭州刊印。至今尚未确定《原儒》一文完成的确切时间,但根据《訄书》(按照马丁·伯纳尔[Martin Bernal]的说法,该书写于 1899 年至 1902 年之间)中的相关内容和目录,我们也许可以推断说,《原儒》一文可能写于创作《訄书》的同一时期,稍晚于章氏加入杭州西湖边"诂经精舍"的时间。由于《原儒》与《訄书》在内容和内在理路上具有高度一致性,我认为,《原儒》里的一部分内容应该完成于 19 世纪与 20 世纪之交以前。我通篇所用的《原儒》版本,收于《国故论衡》页 151 至 155,并附有章炳麟自注。至于《原儒》还有可能写于何时及其创作背景等问题,参见张鉴:《诂经精舍志初稿》,《文澜学报》2, no. 1 (March 1936): 1-47;沈延国:《记章太炎先生》,上海:商务印书馆,1946 年;章炳麟:《章太炎自定年谱》,香港:龙门书店,1965 年,页 4—11;以及 Martin Bernal,"Liu Shih-p'ei and National Essence", p. 372, n. 21。

③ 这种民族主义的区分在《客帝匡谬》一文中表现得非常清楚,该文正是章炳麟为第二版《訄书》所作的重订序言。从日本的"国学"词汇中借来的常用中文概念包括"传统"(*dentō*)、"自治"(*jichi*)、"革命"(*kakumei*)、"民族"(*minzoku*)、"国学"(*kokugaku*)、"国粹"(*kokutsui*)和"国故"(*kokuku*)。不过,至今仍没有学术著作研究和分析过这种文化交流的成果。

第三章 古代文献,现代叙述:民族主义、复古主义与"儒"的再造

文献的诠释理解,并尝试将中国文化的纪年回溯到孔子以前的黄帝。

在中国帝制行将就木的最后几十年里,章炳麟并不是那个时代转而思考"儒"之起源的唯一一名学者。为了前面提到的那些学术目标,章炳麟以前的同事刘师培也加入到他这一边。刘师培同样关注今文学派言论的危害,有感于此,他发表了重新考量"儒"之起源的第一篇文章。该文名为《儒家出于司徒之官说》,于 1908 年 8 月发表在《国粹学报》上。在这篇文章里,刘师培对汉代和先秦的文献进行了解读,与他在"文化批判"(kulturkritik)方面的同志、《国粹学报》的创始人——章炳麟——所作的解读非常相似①。虽然不比章炳麟作品中有那么多考据学研究的亮点,刘师培的这篇文章确实也在刘歆的基础上对"儒"进行了一种全新的解读。刘歆曾在《艺文志》(中国的第一部书目)里谈到过"儒"这个群体,他说:"儒家者流,盖出于司徒之官"②;在重申刘歆的表述时,刘师培为这位饱受毁谤的西汉目录学家作了有力辩护,回击了今文学家耸人听闻的判断——他们认为,是刘歆一手伪造了"古文经"。

刘师培声称自己在思想上继承了 18 世纪的学者,而他其实只是道出了与他同时的大多数学者以及 18 世纪学者眼中不言自明的一个观点:诚如《汉书》所言,"儒家者流,盖出于司徒之官"。不过,为什么应该这样来理解"儒"呢?这在刘歆的《艺文志》里没有讲清楚,有待刘师培去回答。他也确实做到了这一点,具体方法便是将刘歆的表述与《周礼》中带有"儒"这个字的章节以及郑玄对这些章节的注释结合起来。通过这种方式,刘师培证实了这个观点:"儒"的确出自周代的"司

---

① 自创刊号开始,《国粹学报》一直都很关注"诸子学"的复兴,刘师培还在上面发表了《周末学术史序》一文。刘师培和章炳麟在《国粹学报》上发表的大部分学术作品,都致力于在最宽泛的意义上复兴中国古代的哲学;在这些作品里,中国古代哲学形成期思想多元的状况,被视为中国本身充满活力的标志。刘师培讨论儒家早期历史的这篇文章,与他鼓赞古代中国文化在尚未有什么规范标准时充满活力的立场相一致。参见《国粹学报》,no. 1 (February 1905);以及 Bernal, "Liu Shih-p'ei and National Essence", p. 106。

② 刘歆:《艺文志》,收于《汉书补注》,卷三,页 1738。

徒"一职①。除此而外,刘师培还建构了古时由"儒"组成的一个群体,即西周时的"古代之儒",是他们开创了一套新的教义学说,其文化风尚后来为孔子所发扬光大。借此,刘师培为汉代解释"儒"的那副骨架增添了历史血肉,让它变得更加丰满。根据刘师培那充满想象力的重构:

> 至于东周,司徒之职渐废,九流百家,各持异说。惟孔子之说,近于教民,……与古儒者之学相近者,厥惟孔子。故其学以儒家为名,……实则孔子之言,近于古代之儒者,而孔子之所行,则与古代之儒不同。②

刘师培笔下的"东周"其实标识了一个历史的转捩点:"古代之儒"本是居于乡野、教化民众的一些不太重要的官员,现在则由新兴的社会阶层顶替他们使用了"儒"这个名号,这些新兴的"儒"所教授的内容都离不开"经"。此外,刘师培还认为,中国人的"国粹"也许就如桃花源一般被保存在《周礼》最不起眼的部分(在《周礼》里,"古儒""以道得民",能够"系邦国之民"),但到"东周"时已不为人知。在刘师培看

---

① 司徒乃中国古代官职,就周制而言,一般有两种说法:一以司徒与司马、司空、司寇、司士并称"五官"而与"六卿"相当,位在"三公"之下;一以司徒与冢宰、宗伯、司马、司空、司寇并称"六卿",另号地官、天官、春官、夏官、秋官、冬官。但就职责而言,一般都以为"司徒"负责掌管土地、人民、教化等行政事务,而军队则由"司马"掌管。詹启华此处另有括号解说"司徒"职掌,称"'司徒'既是人民的总管也是步兵统领",不知其来何自,恐有误,未免影响理解正文,故删去,特此说明。——译者注

② 刘师培:《儒家出于司徒之官说》,《国粹学报》,no. 33 (August 20, 1908):1b-2a。此段引文另有一个不同的英文译本,参见 Obenchain, "Ministers of the Moral Order", p. 630。刘师培将周代分为两个时期,一个是西周(前 1046—前 771, Western),一个是东周(前 771—前 256, Eastern)。这是中国建立帝制以来的习惯分期法,也为研究中国文化的汉学家们严格信守。这种分期方法的依据是,周朝在公元前 771 年打了一场败仗并东迁洛邑(位于今天的洛阳附近),此后便再未能号令诸侯,但在当时的文献里根本见不到这种断代。直到公元前 4 世纪时,"东周"这个说法才显见于世,并由汉朝在两百年后将这个说法固定下来。笔者将用"post-Zhou"(译者按,因其字面意思虽为"周朝后期"但詹启华用它实指"东周",故下文仍以"东周"译之)一词来指称公元前 771 年后的周朝;但当引文中出现"Eastern"(东周)和"Western"(西周)这种分期断代时,笔者仍将保留这一习惯用法。

第三章 古代文献,现代叙述:民族主义、复古主义与"儒"的再造

来,这恰恰解释了为什么孔子想极力效仿"古儒"但却无法保存下他们的遗产,因为那已然是个不知所踪的世外桃源。

刘师培曾经尖锐而又中肯地为康有为及追随康氏的那些今文学家们立照留存:"大江以南,工文之士,以小慧自衿,乃杂治西汉今文学"①,而他祭出了《汉书》里与"儒"之起源有关的表述,正含蓄地批评了这些今文学家的学问;尽管如此,他重新发掘《汉书》里与"儒"之起源有关的表述,其实还有个意料之外的结果,那就是在实质上再次强调了孔子所具有的划时代意义。对于刘师培来说,正是孔子这位伟大的编修者,编纂和讲授了《诗经》《春秋》也许还有《易经》。可以说,正是因为孔子,"古代之儒"在乡野教授"道艺"(包括稼穑、礼俗和忠、信、友、孝的观念,等等)的活动才会让位于偏狭的、充满学究气的"传经"②。

因此,"儒"并非与孔子同义,尽管今文学派会将他们混为一谈;至少还存在一个原始的"儒",他们的行为活动为孔子所效法但却没有流传下来。"古代之儒"既不是经师,也不是行政顾问,而是一些农绅学士,他们居于黎民百姓之间并且认为自己的主要职责就是教授民众。也许这就是孔子所了解到的"儒"的传统,但却在孔子手中发生了转变,被重塑为一种研习经典的传统,以至于到了司马迁所处的时代,竟然"以通经之人为儒"(刘师培语)③。

就这样,刘师培将孔子刻画成了一个关键人物:正是凭借他的贡献,古代中国才得以迈入新的纪元;他本不属于古代那种"儒"的传统,因为这个传统里的各种专门活动都是"司徒"的职责,但他却重塑并革新了这个传统,使"儒"的传统后来竟成了他的遗产流传于世。按照这个解释,"儒"本是专属某种职官的传统,它无疑要早于孔子。孔子的出现和他提出的教义学说恰恰标志着从这种传统中脱离了出来。此外,在刘师培的

---

① 刘师培:《近代汉学变迁论》,《国粹学报》,no. 31(June 1908),该文由盖博坚(R. Kent Guy)译为英文,参见 R. Kent. Guy, "The National Essence Journal and the Eighteenth Century",该文发表于 1983 年 4 月在旧金山召开的亚洲学会(Association of Asian Studies)的会议上。

② 刘师培:《儒家出于司徒之官说》,页 1a—1b。

③ 同上书,页 1b。

重构里,康有为等改良派的今文学家们赋予孔子的那种独创性和创造才能都被剥夺了——康有为就认为,不管对经典会有怎样的理解,其实都是孔子思接千载施加影响的直接结果,因为孔子正是"六经"的作者①。另一方面,刘师培还将孔子解释成一位以旧传统之名创立新传统的奠基人,在这种解释里孔子还背负上了某种负面的意味。刘师培显然认为"古儒"才是传统真正的代表,这在很大程度上是因为他按照"古儒"的形象将自己视为践行"国粹"的积极分子,也就是自视为在中国原始而又纯正的国粹中生活、教授和劳作的"古儒"之一。

除了从精挑细选的文本中摘取某些章节来支持并重申西汉时期形成的共识外,刘师培还提出,"儒"的社会功能与文化意义从上古至今已发生了相当大的变化。对于和刘师培同时代的晚清人士而言,"儒"意味着担任政府官职、为帝王家效劳、记诵和编辑典章,这与刘师培所描述的"古代之儒"的行为活动相去千里——在刘师培看来,"古儒"实际上是乡野村社与生俱来的道德良心。刘师培对古代中国进行的这种民粹主义的再界定,经章炳麟的努力才最终产生了非凡的影响,章氏几乎是在同一时期,孜孜于在他的《国故论衡》中为他那更富创见的推论奠定考据学基础②。

---

① 刘师培的这一学术贡献还带来了另一个结果,那就是为刘歆提供了辩护,这也是他有意为之,本书页 287 注①以及页 288 注②已有言之。刘师培《儒家出于司徒之官说》的文章标题其实就已经为刘歆作了辩护,因为它重申了刘歆"儒家出于司徒之官"这一观点的正确性。尽管刘师培在支持遭到毁谤的刘歆方面远不及章炳麟那么夸张——章炳麟甚至还持有一方刻着"刘子骏私淑弟子"字样的印章——但刘氏的这种支持可能更具说服力,因为他成功地把《艺文志》里的叙述同《周礼》里能引为证据的段落结合了起来,进而收集了从古至今有助于书写儒家文化史的所有证据。就刘师培这篇文章强调的观点而言,刘歆对"儒"的定义,或许可以视为第一次对中国传统"士阶层"的起源作出的描述。至于章炳麟早年服膺刘歆的问题,参见 Shimada Kenji, *Shō Heirin ni tsuite: Chūgoku dentō gakujutsu to kakumeie*, p. 227。

② 刘师培与章炳麟在思想上的亲密联系已是众所皆知,这在他们两人最早的文集——《攘书》和《訄书》——里表现得尤为清楚。我在这里只是想指出,他们都很清楚对方也致力于研究与"儒"有关的问题,这也许能说明他们在解释孔子时所表现出来的某些相似性,也能说明他们以整理可信学问为名选择若干文本来支持自己的观点而在解释这些文本时为何也有某些相似性。至于这两个人在思想上的相互影响,参见 Bernal, "Liu Shih-p'ei and National Essence", p. 372, n. 21。

第三章　古代文献,现代叙述:民族主义、复古主义与"儒"的再造

章炳麟将"儒"从国家及其卫道士手中拯救出来

　　章炳麟在自己的两部文集里,为民族主义者革命性地重新定义"儒"打下了基础:一部是《国故论衡》(1910),它对当时有关中国文化的理解进行了批判性的思考;另一部则是《訄书》(1900年初版,1904年再版),这是一部让人眼花缭乱的杂集,章炳麟在语源学、历史音韵学、考据学和思想史各个领域都一展身手。虽然这两部文集的出版相隔了十年的时间,但里面的文章不论是在方法上还是在中心思想上都特别一致,以至于它们可以被视为是一个整体。较早出版的杂集《訄书》里的文章,对战国"诸子"开创的各家传统有过一系列解释性的勾勒,而"儒"则被置于汉代以前普遍为人接受的所谓"九流"的观念里加以重新界定,即被界定为:"儒墨""儒道""儒法""儒侠"和"儒兵"①。

　　《訄书》里还有一些语源学性质的短文,尝试研究了"仁""变""学"和"教"等比较特殊的中文词汇②。《原儒》一文从标题和构思上来说与这些研究非常相似,它与这些研究一道尝试澄清某个词的来龙去脉,也就是在19世纪晚期哲学进行抽象思考时特别重视的那些词的来龙去脉,其中就包括"儒"和"仁""变""学""教",等等。在自己呕心沥血的每一篇文章里,章炳麟的目标都是想引导读者回到最早的书面

---

①　章炳麟:《訄书》,1904年,页4—10。"九流"完全是汉代新发明的一个书面语,刘歆用它来总称战国时代的各个学派。

②　这些研究的题目分别是《原学》《原仁》《原变》和《原教》。参见章炳麟:《訄书》,第1、16、19、47和48篇。受雇于外国公司而在通商口岸经营贸易的知识分子、改良派人士王韬(1828—1897)在这方面的努力要早于章炳麟,他曾经在19世纪70年代写过两篇与章氏著文题目相同的文章,分别是《原道》和《原仁》。我认为,在这些著述中,章炳麟受到的主要影响来自戴震,特别是戴震在其《原善》一书的导言部分对儒家学说概念中经常用到的内容重新进行的系统厘定。参见王韬:《弢园文录外篇》(香港,1883年),卷一;及戴震:《原善》,台北:世界书局,1974年,页3—8。

文献(即"古文"文献);他认为,读者或许可以从这些文献里对他们想了解的那个词词义演化的关键历史有所了解。在还原语境的过程中,章炳麟面临的敌人并不是当时加诸某个词的那些用法——毕竟他不是要为语言学收复失地而奔走呐喊——而是当时认为这些语言在常识上已是不言自明,正是这种所谓的不言自明才导致了似乎只有当时的用法才是符合原意的、千年未变的用法。

诚如傅乐诗(Charlotte Furth)所言,章炳麟认为,"随着观念的趋同和结合,词语也会随着历史拓展自己的范围,并逐渐涵盖那些不断增加的细微差别和新增的含义;在这个过程中,还会产生新的词汇,但这些新的词汇将借由语音上的家族相似性和表意上的类同形式,透露自己与稍早一点出现的那些词汇之间的联系"①。因此,正如后来章炳麟在抨击"万国新语"(Esperanto,译者按,又译作"世界语")时所说的那样,他研究语言文字学的目的乃是"必使源流相当"②。章炳麟确信,在今文学家窜改过的注释里,有些词的含义已经远离它最初的本义了,需要通过重新矫正来加以澄清,这也正是他能够有所贡献的地方。

举例来说,借《原教》一文,章炳麟努力证明了当时把"教"这个词解读为"religion"(宗教)是站不住脚的③。毫无疑问,在当时那种背景下最让章炳麟感到不安的便是"孔教"一说日渐流行,内植于"孔教"这个概念里的今文学派的神秘主义学说也堂而皇之地成了一种所谓的再清楚不过的共识。章炳麟并不喜欢今文学派的解释,也不愿意看到它日益流行,这正是他成立"国学会"并创立《国粹学报》的诱因。章炳麟对"今文学"的态度人尽皆知。顾颉刚在其七卷本《古史辨》的序言里,回忆过章炳麟在国学会成立前不久所作的一次演讲。在这次演讲中,章太

---

① Furth,"The Sage as Rebel", p.126. 在19世纪的欧美学者中,用"血统"和"血缘"这种与家族有关的比喻来解释语言相似性的做法是很普遍的,也是很有说服力的。See Thomas R. Trautmann, *Lewis Henry Morgan and the Invention of Kinship* (Berkeley: University of California Press, 1987), esp. pp. 59-83.
② 章炳麟:《驳中国用万国新语说》,页7。
③ 参见章炳麟:《訄书》,1904年。

第三章 古代文献,现代叙述:民族主义、复古主义与"儒"的再造

炎严厉抨击了那些把"儒"当成是一种宗教的人,并且指出,坚决拥护这种想法的死忠分子在作出解释时将走向令人无法容忍的极端:

> 他演讲了:先说宗教和学问的地位的冲突;又说现在提倡孔教的人是别有用心的;又举了王闿运、廖平、康有为等今文家所发的种种怪诞不经之说:他们如何解"耶稣"为父亲复生,如何解"墨者巨子"即十字架,如何解"君子之道斯为美"为"俄罗斯一变至美利坚";……又如何妄造了孔子的奇迹,硬捧他做教主。①

当1907年之时,不再只是中国南方一小撮知识分子对"孔教"抱有兴趣了,它俨然成了由孔子开创并传播且得到清政府推动的官方宗教传统②;章炳麟的《原儒》一文则纠正了今文学派的错误,并且重新提出:孔子对中国人来说,乃是"生民利乐之源"③。

---

① 顾颉刚:《古史辨》,卷一,页24;Hummel, *Autobiography of a Chinese Historian*, pp. 41-42;以及章炳麟:《章太炎自定年谱》,页14—18。我用"Confucianity"而不是"the religion of Confucius"(孔夫子的宗教)来译"孔教",意在突出康有为在为他的国教辩护时有意模仿了基督宗教。康有为深信,是基督宗教引导西方文化取得了令人称羡的成就;他曾明确说过,"孔教"要在中国掀起一场基督教式的"大觉醒运动"(the Great Awakening,康有为对这场运动非常熟悉)——甚至还应该到国外去传教。

② 从1905年12月设立"学部"开始,清政府就已着手国内的教育改革,实际上就是要在"国教"的掩护下把康有为鼓吹的"孔教"付诸实施。次年,清政府颁布的《钦定教育宗旨》则表明,它其实是想建立一个以孔子为中心的国教,而这个国教又与在位的皇帝联系在一起,哪怕这种联系并不是那么丝丝入扣。自此以后,每所官学都要设专门的房间供置敬祀孔子的木龛,可以通过师生每日祭拜这位圣人而于此处"存国教"。马丁·伯纳尔(Martin Bernal)在其他地方还曾提到,甚至连国粹派人士在民族本土主义的立场上进行的一些尝试和努力(具体来说,他们一直鼓动成立致力于国学研究并能够有效保存"国粹"的团体),也随着张之洞在1907年成立"存古学堂"而被纳入官方议程。至于科举制度废除后进行教育改革的问题,参见 Sally Borthwick, *Education and Social Change*, pp. 73-127。至于清朝官员采纳这些与清廷政见不一人士就保存国粹提出的观点的问题,参见 Bernal, "Liu Shih-p'ei and National Essence", pp. 107-108。

③ 章炳麟:《客帝》,收于《訄书》,1900年,页116—124。(译者按,詹启华此处原引为"as the fountainhead of the people's well-being",意为"民众幸福之源",但在《客帝》《客帝匡谬》《驳建立孔教议》中均未找到相应的语句,恐詹氏此处引注有误,译者能力有限,无法漫寻原文,姑仿章炳麟语拙译如文。)

在作出这番评论时,章炳麟并不主张以一种唯我独尊的方式恢复孔圣人开创的传统;章氏所言并非是站在儒家复辟分子的立场上,而是道出了一个民族主义者的心声,关心的乃是将孔子重新奉为民族的瑰宝——用章炳麟称颂孔子的话来说,就是要将孔子重新认作"中国斗杓"①。儒家传统内以嫡传自许者代有其人,这种"自我正当化"(self-legitimating)的做法再平常不过了,但章炳麟并没有以儒家传人自居,相反,他对儒家并没有特别的忠诚感可言,他只是对古代的书面文本进行了全新的解读,从中揭示了"儒"不断变化的含义。就他个人而言,章炳麟在情感上并不偏好儒家传统;就在1911年至1936年期间,他还受到过佛教瑜伽行派越来越大的影响,甚至还对儒家产生了某种轻蔑②。

　　同时,也许正是因为就个人而言,章炳麟与儒家传统之间所存在的不小隔阂,才使他能够清楚地阐明"儒"的不同含义,并以语义上的差别作为证据,支撑起一套解释理论。不过,尽管有这样的隔阂,章炳麟还是认为孔子是中国历史上值得推崇的文化伟人。在激烈地驳斥将"孔教"设为国教的动议时,章炳麟认为,像遵从今文学的改良派人士和耶稣会士那样将儒家传统认作遍及全国的宗教,是非常荒谬的,因为这么做只会"杜智慧之门,乱清宁之纪"。就孔子对中国人到底有什么重要意义的问题,章炳麟另有一番思考,显然,他对自己的观点经得起推敲颇有自信:

---

　　① "斗杓"代指北斗星,常用来比喻为人垂范、受人敬仰的人物。"中国斗杓"为章炳麟称颂孔子语,出自章炳麟《驳建立孔教议》一文,参见本书页293注①。——译者注
　　② 有关章炳麟"信仰"瑜伽行派教理佛学给他的文化批判带来哪些影响的问题,参见 Chang, *Chinese Intellectuals in Crisis*, pp. 121-141。尽管章炳麟在哲学上抛弃了儒家,但他却不无矛盾地仍然保有儒家的"道统"观念——他就认为,尽管在孟子到程颐的这一千二百年里,"道统"问题一直悬而未决,但由于思想之间的联系日趋紧密,儒家传统还是成功地传续了下来。顾颉刚感到,章炳麟仍然在哲学上坚持这个不足采信的观念尤为让人困惑不解,因此,他不再如以前那样热心支持章炳麟的考证研究。有关顾颉刚的这一前后变化,参见顾颉刚:《古史辨》,卷一,页26—27;以及 Hummel, *Autobiography of Chinese Historian*, p. 46。

第三章　古代文献,现代叙述:民族主义、复古主义与"儒"的再造

> 盖孔子所以为中国斗枢者,在制历史,布文籍,振学术,平阶级而已。……孔子于中国,为保民开化之宗,不为教主。世无孔子,宪章不传,学术不振,则国沦戎狄而不复,民陷卑贱而不升,欲以名号加于宇内通达之国,难矣。今之不坏,系先圣是赖! 是乃其所以高于尧、舜、文、武而无算者也!①

章炳麟对孔子的赞颂可以说是有一点颠覆性,因为在他的序列里,孔子的地位要远远高于尧、舜等最受尊崇的文化始祖。就像俄苏的形式主义者们追求"陌生化"(ostranie)一样,章炳麟也故意用《原儒》一文来取代对"儒"的传统理解②。此外,章炳麟这篇逆俗的文章还有另一个癖好,即文中随处可见他会用到一些常见字的古代异体。举例来说,在谈到战国时代的"杂家"(雜家)时,他选用了古体的"襍"字来取代当时更为常见的"雜"字③。

从他信手使用非儒家经典的文献来看(最主要的就是《墨子》),章

---

① 参见章炳麟:《驳建立孔教议》,《章太炎全集》,卷四,上海:上海人民出版社,1985年,页95—96。

② 读者也许还记得,本书第一章曾经提到过使"孔夫子"重新成为大家关注的对象的问题,而它所用的方法就是这里的"陌生化"。有关形式主义将"陌生化"(ostranie)作为一种技巧的问题,参见 Fredric Jameson, *The Prison-House of Language: A Critical Account of Structuralism and Russian Formalism* (Princeton: Princeton University Press, 1972), pp. 50-91。(译者按,俄苏形式主义是1915年至1930年在俄苏盛行的文学批评思潮,"陌生化"正是其提出的核心概念,所谓"陌生化"是将对象移出通常领域,借助创造性的方法,重新构造对对象的感觉,提高认知的难度并拓宽认知的广度,增加给人的新鲜感。"陌生化"理论常用于文学批评,后也用于小说等文学创作和戏剧表演等领域。)

③ 章炳麟:《原儒》,页151。在这篇文章里,随处可见章炳麟偏好使用古僻字的其他例子——比如他宁愿用古体的"蠭"字而不是当时常用的"蜂"字——章炳麟也因此受到了不少批评。章炳麟偏爱使用宋代韵书《切韵指掌图》里的汉字早已人尽皆知,这也是他的学生和同事对他提出很多善意批评的原因。我还想指出的是,章炳麟的这种习惯乃是有意为之,这个习惯使他成了列文森(Levenson)所说的"传统主义者"(traditionalist),因为他"自觉选择让自己的眼光显得古板"。章炳麟生涩难解的语言风格,不只是在同代人当中显得特立独行,也和他崇拜的学术偶像判若两人。比如,章学诚和戴震的文章就不像章炳麟的文章那样难以理解,凡是就章炳麟有过论著的西方现代学者,没有谁会忘记提到自己在翻译章炳麟著作时有多么谨慎。

188　炳麟无疑很清楚,他的文章对有些人来说更像是一种刺激而不是一种解释。不过,这篇文章的最终影响并不是颠覆性的而是给人以启发,因为他成功展示了一种完全不同但却更为连贯的对"儒"的理解。对"儒"的这种理解之所以虽然陌生但却更有说服力、更为连贯,全赖章炳麟看重"诸子学";从更广泛的意义上来说,"诸子学"可算作"汉学"里的一个小流派,而时人以为章炳麟正是该门学问的代表①。

章炳麟重建"儒":
从"音""义"中推想的历史

　　章炳麟的很多论著,与他的政治主张非常相像,难以简单地归为某一类型。不过,《原儒》一文虽然有点与众不同,但却带有"诸子学"的显著特点。而章炳麟较早问世的那部文集《訄书》里可以见到的考据学研究方法,也与"诸子学"常用治学方法一脉相承,他在《訄书》里对战国百家争鸣的诸子文献作出解释时,正是将它们一视同仁。

---

　　① 虽然我按照习惯用法将"诸子"译成"noncanonical masters",用来统称除孔子以外各有其源、各有其名的雄辩之士,但在使用这种译法来翻译"诸子"时我更愿意加上引号。之所以这么做,是因为中文里首次使用"诸子"这个词时,是用来指称战国时代周游列国的雄辩之士及其开创的学术传统。因此,即便是在古文经被奉为经典的西汉,孔子和"儒"也仍然在"诸子"之列;同样地,"儒家"在《艺文志》里也是出现在"诸子"一节。此外,"子"这个词也不必然意指"master"(伟大的导师);而"诸子"这个词的意思可以说更适于"assembled texts"(文献集成),即指汉代宫廷目录学家在编定书目时收集起来的所有现存文献。把一部文献或者文献集称为"子"并不罕见,当学者极为赞赏某部著作时可以给它冠以"子"的名号,学生也可以尊称老师为"某子"。事实上,这也正是朱熹对我们已经熟知的"四书"的理解,当朱熹将这四本书编在一起时,他就称它们为"四子"。一个多世纪后,王祎还写过一篇名为《四子论》的文章,这说明即使元代以官方的名义将朱熹编辑的书定名为"四书",但像朱熹那样目之为"四子"的倾向依然存在。就此而言,与其说"诸子"像是指那些实有其人的良师,不如说是指那些能够不断给人启迪的形象,这些形象因为其追随者饱含虔敬的反复建构而存在,而这些建构便是追随者的著述和注释。参见《汉书补注》,卷三,页1701—1784。至于把文本拟人化为"master"(伟大的导师)的问题,参见王祎:《四子论》,收于《四库全书》,卷1226,页68.1—69.1。

第三章 古代文献,现代叙述:民族主义、复古主义与"儒"的再造

《訄书》这部文集里的许多文章和《原儒》一样,似乎都是从"诸子学"一系而来;一般认为,"诸子学"与18世纪对此进行开创性研究的章学诚(1738—1801)和汪中(1745—1794)有莫大联系,章学诚和汪中分别进行着自己的研究,但都试图让孔子回归其在"九流"中应有的位置或是其在汉代以前所处的正确位置①。不过,这当中仍然有一个非常重要的理论差别:章炳麟虽然使用了"诸子学"的研究方法,但不意味着他想通过繁重的释经工作复兴孔子的学说,并在这一过程中让孔子重登历史舞台。在章炳麟那里,"诸子学"被用作纯粹的语义学研究,而不牵涉任何理想的、哲学上的思考——也就是说,其目的乃是要确定"儒"这个字的意义。他选择采用这一进路来分析先秦时代的文献,不只是出于在思想上与"诸子学"的亲缘性。毋宁说,他决定采用这一进路带有非常自觉的政治目的,源于他一直都有这样的观念:18世纪的汉学对当时的中国学术研究是一种蓄意的、带有强迫性的误导,它使当时的学术从讲议政治转向埋首研究文本的信实与否。

顺着这一脉络,章炳麟提出了这个观点:清廷的专制统治恫吓住了中国的知识分子,使他们不敢参与到政治中来②。在这种情况下,汉学被迫成了一门究心于古物研究的学问或者说是一门烦琐的、学究气十足的学问;因此,章炳麟对汉学的攻击实际上是有意想将它重新政治化

---

① 宋濂的《诸子辨》于1351年问世,该文也许是将先秦各家文献和学说置于先秦语境下加以评价的最早尝试。在18世纪的中国,实事求是地在孔子所处时代的语境中还原孔子的形象,并未赢得"考证"研究的拥趸们广泛响应;相反,这种做法还刺激了很多像方东树(1772—1851)那样的守旧派学者,他们攻击这种做法是在亵渎圣人。尽管如此,"诸子学"在19世纪迎来了一次复兴,在清代汉学和今文学中都有它的拥护者。事实上,对于光绪年间(1875—1908)强调革新的那代人来说,"诸子学"是他们解释工具中不容怀疑的一部分;即便如此,像张之洞那样的改良派人士依旧认为它有某种颠覆性。参见宋濂:《诸子辨》,收于《宋文宪公全集》,重印本;台北:中华书局,1970年。至于18世纪在学术上诋毁"诸子学"的例子,参见方东树:《汉学商兑》,台北:广文书局,1963年,卷二,页21b—24a。有关"诸子学"复兴(尤其是它在本质上和今文学一样,都是清代汉学研究探寻根源的逻辑必然)的问题,参见余英时:《中国近代思想史上的胡适》,台北:学生书局,1984年,页77—87;以及王汎森:《章太炎的思想》,台北:时报文化出版事业有限公司,1985年,页25—28。

② 参见章炳麟:《检论》,收于《章太炎全集》,卷三,上海:上海人民出版社,1985年,页473。

的一种尝试①。对于章炳麟来说,"诸子学"正是这种"重新政治化"的学术工具。在章炳麟那里,对"诸子"的研究,其实是用学术的方法承载了中国人在民族意识日益增长的政治环境下对"自我肯定"(self-affirmation)的强烈追求。与此同时,章炳麟此类学术研究所带有的政治考量,除了要对清朝盖棺论定外,还将矛头指向了今文学派及其对孔子的神化,因为正是今文学派及其对孔子的神化使得孔子及追随他的"儒"完全脱离了孕育他们的历史环境。

恰恰是在《原儒》一文的构思中,我们可以找到非常微妙但却极为清楚的证据,足以说明章炳麟曾热烈拥抱那个以"墨子"之名命名但却已经没落的学派,因为《原儒》一文的展开所依据的正是《墨子》中与逻辑有关的一篇经典章节。通过引用这一章节,章炳麟将与"儒"有关的解释有机地组织了起来,取得了无与伦比的效果;引用的每一句话都有助于阐明"儒"这个词各种意义之间的不同层次。尽管章炳麟没有像汪中那样把墨子(战国时期的实用主义哲学家,大约在公元前5世纪)明确提高到与孔子同样的地位,但他用官方根本瞧不上眼的那派学术传统(译者按,即墨家)的逻辑来解释"儒"(这才是学术正统)的意义,本身就说明了章炳麟已将"墨""儒"两家视为先秦时代同时出现的两派学术诠释传统,这也是研究"诸子学"的学者们的典型做法②。换言

---

① 这是章炳麟和刘师培在研究准备创办《国粹学报》时,作出的一种带有明显自觉的选择。施豪德(Lawrence Schneider)说,"这份刊物设想的是,给它投稿的作者都应是强调批判的一派学者,而这种强调批判的学术传统,端赖那些与政治之间的关系很紧张的学者才得以维系(他们之所以会与政治处于紧张的状态,是因为他们已经看透了政府,或者是政府不喜欢他们,抑或是两者兼而有之)……从这份刊物来看,正是这类学者每每在国粹受到威胁而有可能变得晦暗不明时将其发扬光大"。Lawrence Schneider,"National Essence and the New Intelligentsia", in *The Limits of Change*, ed. Furth, p. 64. 至于将汉学逐渐当作一门烦琐的、学究气十足的学问的问题,参见 Elman, *From Philosophy to Philology*, pp. 232-243。

② 因为还没有哪个文本诠释传统明确阐释过"儒"的意义,因此重构这个词的任何努力必然都是开风气之先。由于章炳麟不属于"儒",而他又生活在儒家的社会地位分崩离析的时代,因此他对"儒"的研究不论在方法上还是在内容上都没有什么固有的限制,这一点和桐城派不同,桐城派以从"道学"的角度对《大学》等经典作出自己带有修正意味的解读而著称,但这些解读却都面临诸多限制。对于章炳麟来说,战国文献的时序、地位和解释都不是确定不变的,这一点在他的态度里有明确的体现:他将"经"与"非经"判然两分的历史成(转下页)

第三章 古代文献,现代叙述:民族主义、复古主义与"儒"的再造

之,所谓合乎正统经典的标准解释其实是汉代的产物,它框定了解释的界限,限制了在解读古代文献过程中的具体理解。事实上,在研究某个词(特别是像"儒"这个在战国思想多元的环境中显得极为突出的词)语义的过程中,对于使用哪些和怎样使用古代文献记录是没有什么限制的。这种研究必须求诸四海而不能限于一时一地,以便囊括这个词的全部意义;同时,它还必须足以挑战当时观念普遍接受的那种解释习惯,以求形成对"儒"的另一种解读。章炳麟的《原儒》虽然晦涩难懂但也简明扼要,它就达成了上述目标。

对章炳麟而言,"儒"只是一种文化概念,并非现存的一种传统;通过极富创意地运用"诸子学",章炳麟将"儒""重新置于"他所建构的语境里,这个语境正为本章余下的部分继续检讨中国本土对"儒"的表述限定了条件。我大致按照章炳麟论证中的概念转换,将《原儒》一文分成了四个部分,借此检讨章炳麟的理论建构,同时特别留意勾勒他重新研究古代文本和词汇的具体方式——须知,他的这一研究,目的在于去除笼罩着"儒"的种种神秘色彩,这样他就能为民族主义者达成某种共识开发其他可供选择的象征喻体。

《原儒》是一部非常复杂的作品,之所以会很复杂,是因为章炳麟用词晦涩且对古代文献的解读有很多自己的推断,而这些推断还是通过生涩的典故和费解的假定表达出来的。当《原儒》现于第一版《国故论衡》时,该文共有 51 行,大约 1400 字。这当然只是篇简明扼要的概论,且由于作者独用汉代文献特别是司马迁、刘歆和王充的相关表述,还显得稍有瑕疵。仅有的几条引为论据的非汉代文献也只是包括:两次提到《庄子》,两次间接提到《论语》中的内容,一段出自《周礼》的引文,以及未按传统的方式援用了《易经》。章炳麟希望依靠汉代的文本

(接上页)法弃而不顾。就此而言,章炳麟实际上已背离了其师俞樾加诸他的影响,俞樾对墨家、对汪中的著作都有一种特别的钟爱。参见俞樾:《诸子评议》,上海:商务印书馆,1935 年。另请参见汪中:《述学内篇》,重印本,台北:广文书局,1970 年,"内篇三",页 1a—3a;特别是他于 1792 年写成的《墨子序》《墨子后序》。

来确定"儒"的最初含义,但汉代文本定型时已上距最早使用"儒"这个词达七百年之久;从这点来看,章炳麟的做法无疑是个讽刺,但却再贴切不过地反映了试图在中国古代文献中确定何者在先到底有多么困难。因此,既然与古儒世系有关的最早表述出现在西汉且在《史记》的第一百二十一卷里立有存照,而章炳麟的阐释显然不脱汉代的痕迹,恰恰说明了要了解"儒"这个词的最初含义是何其之难——易言之,如果有人自以为能够掌握这个词的古义,也会发现难于上青天。

章炳麟并不认为"儒"这个词很难定义,他似乎坚信,这个词的含义至少可以从使用它的具体语境中得以重构,这一点在《原儒》的第一句话里就写得非常清楚,他说:"儒有三科,关达、类、私之名"①。章炳麟喜好在文字上搞些机巧,这在他使用"科"这个字里表露无遗:在《说文》里,"科"这个字有其确定的古义,相当于"分品类"或是"定等级",但章炳麟用这个字主要(但并非完全)是为了表达它在当时所新有的含义——"科学的"(scientific),也就是它用在"科学"一词里的含义。事实上,将章炳麟在"达""类""私"之间的区分拟同于"属"(genus)、"种"(species)、"型"(type)之间的划分也并不牵强。因此可以说,在这句简单的开场白里,章炳麟已经含蓄地表明了自己与"诸子学"的渊源;当他巧妙地运用这些概念时,不由得使我们想起了耶稣会士的做法,因为章炳麟和耶稣会士一样,也借用了古代文本中的词汇来创造这些词所令人意想不到的当代意义。

具体而言,他依据"达、类、私"三类来分析"名",正取自《墨子》第四十一篇,原文如下:

---

① 章炳麟:《原儒》,页151。"私"是三科中的最后一科,我是用了"proper"(专有的、特定的)一词来翻译这个"私"字,同于"私名号"一词里"私"字的译法;按照梁实秋的译法,"私名号"这个标点符号是为了标注一个"专有名词"(proper noun)而在中文正文对应的语词旁加注的一条直线。"private"(私有的)和"personal"(个人的)这两个词都能勉强翻译"私"这个字,但都不如"proper"贴切。参见梁实秋:《最新实用汉英辞典》,台北:远东图书公司,1971年,页780。

第三章　古代文献,现代叙述:民族主义、复古主义与"儒"的再造

> 名,物,达也。有实必待文多也。命之马,类也,若实也者必以是名也。命之臧,私也,是名也止于是实也。声出口,俱有名,若姓、字。①

文中"声出口"一句是当时流行的一种观念,即认为"五音"与每一个"姓"(surname)都有关联。这个论调流行于很多人中间,却受到了汉代无神论者王充的批判,他的批判恰恰解释了《墨子》上段引文最后一句的意思:

> 五音之家,用口调姓名及字,用姓定其名,用名正其字。口有张歙,声有外内,以定五音宫商之实。②

我们在这里看到的是这样一种讨论,它通过列举一些分类的例子谈论了语言的运用是否贴切,这在百家争鸣的时代非常普遍。正如陈汉生(Chad Hansen)所言,《墨子》一书使用那些专用于分类的词汇乃是为了"支持其有待商榷的结论"③,这本没有什么特别的地方;但在章炳麟那里,重新整理使用这些词汇则是为了一个更重要的目标,随着他的文章逐渐展开,这个目标也渐渐露出了它的庐山真面目。

"儒":"达名"与"儒"的起源

前引《墨子》里的那段话为章炳麟提供了分析框架,他借此抛出了自己观点中最为重要的部分,也就是,他在考据研究的基础上就其

---

① 《墨子间诂》,收于《诸子集成》,卷四,北京:中华书局,1954年,页211;至于这段引文的另一个译本,参见 Graham, *Later Mohist Logic, Ethics, and Science*, pp. 324-325。
② 王充:《论衡》,页243—244;以及 Alfred Forke, trans ., *Lun-Heng: Miscellaneous Essays of Wang Ch'ung*, pt. 2 of 2 pts. (reprint; New York: Paragon Book Gallery, 1962), pp. 413-416。
③ Chad Hansen, *Language and Logic in Ancient China* (Ann Arbor: University of Michigan Press, 1983), pp. 82-83. See also Graham, *Later Mohist Logic, Ethics, and Science*, pp. 32-44.

所谓的"古之儒"提出的推测,这与利玛窦如出一辙。一开始,章炳麟即试图依据《说文解字》定义"儒"的只言片语来按图索骥,从早期文献中引用各种相关段落,来阐明"儒"这个词的早期语义到底涉及哪些内容:

> 达名为儒,儒者,术士也。太史公《儒林列传》曰:"秦之季世……坑术士";而世谓之坑儒。司马相如言:"列仙之儒,居山泽间。"①

只要是熟悉许慎注释的人都会清楚,章炳麟此处所引《说文》中的定义并不完整,他全然未顾《说文》里的第一句话:"儒,柔也"。相反,恰恰是《说文》里的这第一句话对元代学者产生了很大的刺激,也激发了章炳麟以后的那些学者们的诠释兴趣,他们正是在"柔弱的"(weak)意义上来理解"柔"的,并据此作为理解"儒"最早意义的关键所在②。

  章炳麟对这层定义视而不见,相反,满脑子显然都还是古代文献中经常出现的将"术士"与"儒"并称的说法。他整理了两者并称的例子,以此证明"儒"这个词的"达名"为人所普遍接受。对他来说,这些文献中常常语焉不详的"术"字恰恰是界定这群人的关键,也是理解他们之所以会获得"儒"这个名号的关键。章炳麟按照由近及远的时序引述了多个文献依据——《说文》《史记》《庄子》《孟子》《盐铁论》《论衡》以及《易经》,借此阐明了"儒"的"达名"究竟是何含义。在《原儒》开篇处,章炳麟并没有复述各类文本中与"儒"有关的轶事,以便详细介绍

---

① 章炳麟:《原儒》,页151。这里归在司马相如名下的那句话让人想起了《史记》第一百二十七卷里的褚少孙(前105—前30),《史记》载称,褚少孙曾说:"从古以来,贤者避世,有居止舞泽者",借此刻画了贤人的隐士风范。参见司马迁:《史记》,页3221。

② 《说文》,页162.1。胡适是涉足这一解释路径的第一人,最近四十年里也有很多学者步其后尘,按照《说文》的注释继续研究,他们都相信"柔"这层意思才是进行解释的基础。参见胡适:《说文》,页2;以及饶宗颐:《释儒:从文字训诂学上论儒的意义》,页111—122,特别是页111—114。众多西方学者也依据许慎的注释,为古代的"儒"建构了一个"弱者"(weakling)的形象。See Creel, *Confucius and the Chinese Way*, pp. 173-181; and Wolfram Eberhard, *The Local Cultures of South and East China* (Leiden: E. J. Brill, 1968), pp. 29-30.

第三章 古代文献,现代叙述:民族主义、复古主义与"儒"的再造

述那些被称为"儒"的"术士"们到底有哪些"技艺"(technē);他只是间接提到,这些人因其博学而广受尊敬并效力于他们的主子。

这些段落都提到了"儒"这个字,除此以外没有什么更多的共同点。通过将这些段落结合在一起的"文本拼接法",章炳麟再现了使用"儒"这个字的各个文本语境,并不拘于这些文本究竟属于哪一宗或哪一派。而在下面这段文字里,我们可以看到,章炳麟将文本拼接起来的方法在具体说明"儒"作为"达名"到底有何特征的同时,还打破了传统形成的对我们所习称的"Confucian"(儒家)一词的界定,更确切地说,也就是打破了对以孔子为创始人的那个独一无二的流派的界定:

> 赵太子悝亦语庄子曰:"夫子必儒服而见王,事必大逆。"①此虽道家方士言儒也。《盐铁论》曰:"齐宣王褒儒尊学,孟轲、淳于髡之徒受上大夫之禄,不任职而论国事。盖齐稷下先生千有余人,湣王矜功不休,诸儒谏不从,各分散。慎到、捷子亡去,田骈如薛,而孙卿适楚。"②

引用的这些段落都证明了"儒"很突出,它们正构成了文本上的"拼接";我确信,这些段落对和章炳麟同时代的其他人来说也是耳熟能详的。就此而言,章炳麟的这篇文章似乎很难配得上胡适的激赏,因为它只是在反复申说一些再清楚不过的内容。但对章炳麟来说,《原儒》开篇的这六句话只是他提出全新表述的前奏,他那独具创意的表述有待于将涵盖范围更广的文献历史全面展开予以铺陈,胡适对此深知洞明。

章炳麟在说明"儒"的意义在早期文献里充满歧义时,是以"诸儒分散各国"的形象来作总结的——具体来说,"诸儒"曾经效力于不可一世的湣王,但在战国时代快要结束时(约为公元前284年),他们分

---

① 章炳麟此处引文,参见《庄子集解》,收于《诸子集成》,卷三,页203。
② 章炳麟:《原儒》,页151。章炳麟此处引文,参见桓宽:《盐铁论》,收于《诸子集成》,卷七,页12—13。

散各国、自谋其路,这说明了"儒"这个词在地理分布上也很广泛①。而"诸儒分散各国"恰恰在象征的意义上预示了"儒"这个传统的分裂,章炳麟认为,这也正是近世以来"儒"被当成"私名"的先决条件。正如章炳麟所言,"诸儒分散各国"以后,"儒"提出了各不相同的神话故事传统,很多都保存在王充的《论衡》里并被他用批判的方式加以重述:

> 王充《儒增》《道虚》《谈天》《说日》《是应》②,举儒书所称者,有鲁般刻鸢,由基中杨,李广射寝石、矢没羽,荆轲以匕首摘秦王、中铜柱入尺,女娲销石,共工触柱,鲑鱼治狱,屈轶指佞,黄帝骑龙,淮南王犬吠天上、鸡鸣云中,日中有三足乌,月中有兔蟾蜍。是诸名籍,道、墨、刑法、阴阳、神仙之伦,旁有杂家所记,列传所录,一谓之儒,明其皆公族。③

---

① 此处提到的那段文字本出自已有定论的文本,但章炳麟故技重施,为它重新赋予了意义。有关"诸儒"背弃他们国君齐湣王的本末见于《史记》,为《盐铁论》第十一章重述,在汉代文本语境里,这条事迹似乎有从两个方面进行说教的目的:其一,是要严厉地批评"儒"家,因为他们虽自认为是治理国家的人才,但却一败再败,不能保全国家;其二,是借机哀叹"诸儒分散各国"带来了"内无良臣"的不幸后果。不过,章炳麟却将这段表述当作证据,用以证明"儒"所宣扬的教义学说在地理空间上分布很广,以此来支持他先前提出的有关"儒"字含义颇广的论断。参见桓宽:《盐铁论》,页12—13;以及司马迁:《史记》,第6册,页1895—1900。

② 这些都是王充《论衡》里一些章节的名称,分别是第26、24、31、32和51章的章名。参见王充:《论衡》,页78—83、页67—74、页105—107、页107—114及页171—174。

③ 章炳麟:《原儒》,页151。所有这些神话传说在王充以前就已流传,也都收入了章炳麟此处所引《论衡》的五篇文章里。顾赛芬(Couvreur)对"籍"大概有两种解读,影响了我在此处的翻译(译者按,詹启华将"是诸名籍"一句译为"Theses names are registered");一是指地方上对本地住户进行的登记;二是指记录某个名门望族男性成员出生次序和血缘关系的谱牒,通常会张挂于该族府邸门口的外墙上。这里,似乎后一层意思最为贴切,因为章炳麟是在强调这些神话故事具有某种共性而且永远都无法抹去身上的中国本土印记,好比是这些故事也有一个谱牒清楚地记载着它们的源流和相互关系。"公族"则是一个可以作多种解释的复合词,既可以解释成"有公爵爵位的宗族",也可以解释成"尚未与其他宗族有高下之分的某一宗族或者说是整个社会里的普通一族";依我看,在这个语境里,没有什么理由非要在这两种解释中作一个非此即彼的选择,因为这两种解释都与章炳麟的论证中所暗含的意思相吻合(译者按,詹启华将"明其皆公族"一句译为"They were all an undifferentiated clan of the noble")。See F. S. Couvreur, S. J., *Dictionnaire Classique de la Langue Chinoise* (reprint; Taibei: Book World Company, 1966), pp. 687-688.

第三章 古代文献,现代叙述:民族主义、复古主义与"儒"的再造

王充是一位志在破除迷信的无神论者;不管是合理的还是稀奇古怪的观念都是在一些文本的基础上形成的,王充就是要通过"衡"的方式对这些文本证据(如果确实有的话)进行再检讨,将其中荒诞不经的观念从合理的观念中甄别出来①。这种甄别的工作在章炳麟前引《论衡》诸篇中表现得尤为突出;不过,章炳麟虽然引用这些章节但却无意将自己比作王充那样努力破除迷信的斗士——在王充生活的时代,占卜和纬书都被看作是知识学问。

"儒"曾经杂乱松散的情形,被王充保存在他的记载里,章炳麟也对它进行了再创造。从王充的记载和章炳麟的再创造中,我们了解到,背负着古老传奇的"儒"和中国本土的其他学术流派一样,都是"公族"。章炳麟通过其在本土主义立场上提出的种种怀疑,将东周时期各个学术流派中形成的与"儒"有关的故事传说重新摆在我们面前。他是在告诉我们王充将这些故事传说单记在儒家的名下,使王充自己的记述笼罩上宗派主义的色彩。而章炳麟则比王充更进一步,他提出,"儒"在古代是对所有有技之士的称呼,也就是对那群掌握专门技术的人——术士——的称呼;"儒"的意思不是像王充想象的那样;"儒"并不是几个流派中的一种,而是用来指称所有这些流派的统称。王充在《论衡》的这些篇章里重新讲述的那些故事传说,都是构成中国晚近所设想的那个"国故"必不可少的带有神话色彩的成分;而重新讲述的那些英雄人物则被各派(包括儒、道、法、杂、农、名,等等)用作象征的目的。在这些流派分离以前,"儒"就是他们共有的名称。

尽管如此,《原儒》一文并没有在这个关节点上为它修正王充的观

---

① 这种甄别远不止是一位无神论者进行的批判。据马伯乐(Henri Maspero)所言,王充及与其同时的许慎"潜心创作,他们的著作强调了各个流派并不一致,就连奉为经典的那些文本也充满了矛盾抵牾之处"。马伯乐提出,被奉为一般准则的儒家传统趋于瓦解,预示了马融(79—166)和郑玄将在注疏方面付出卓绝的努力。萧公权则提出了另一种观点,他把王充看成是一名愤世嫉俗的人,认为王充对继承下来的传统所进行的批判没有任何禁区且以将历史说得毫无意义,从而为魏晋时期崇尚隐逸的"玄学家"(Neo-Daoists)们铺好了前行的思想路径。See Henri Maspero, *Taoism and Chinese Religion*, trans. Frank A. Kierman Jr. (Amherst: University of Massachusetts Press, 1981), p. 65.

点提供任何证据；实则，这种修正非常重要，缘于章炳麟断言，战国时代的众多学术流派（这些流派数量繁多，因而被象征性地称为"百家"）就其起源来说好比是来自一个大家庭——也就是，都来自于"儒"。如果说那些被称作"儒"的"术士"实质上是一个大的"公族"，那么它隐含的意思便是，"九流"都出自周王室或商王室。在提出这个看法后，章炳麟的文章就致力于用他无穷的想象来糅合"小学"和音韵学研究，并借助这两种工具巧妙地从历史的角度对"儒"进行重构。

在建构"古代"过程中的"小学"与音韵学

194 章炳麟并没有提供任何文献来证明"儒"曾经被作为"达名"使用，也许是因为实际上根本就没有这样的文献；不过，《史记》倒是个例外，司马迁在《史记》里就曾用过"儒书"和"黄老之书"这样的语词而且它们不能互换。我认为正是因为缺乏足够的文献依据，《原儒》一文的研究方法才在这个地方发生了跳转，几乎是不露痕迹地从"文本拼接法"转换到了对"儒"这个字进行历史音韵学研究和一种改良了的字形分析研究。章炳麟试图在这里将他的分析往前追溯，甚至要追溯到早于文本能够证明的那些内容；但除了分析这个字的字形以外，他没有任何依据，他只是笃定地相信自己所坚持的观点是正确的。他的目标不只是要确定"儒"的最初含义，而且还要让自己的论证显得更有说服力（我已在前文大略勾勒了章炳麟的论证，之所以只是大略勾勒，乃是因为对"儒"这个字的意义还没有作区分辨析）。为此，章炳麟创造性地从《易经》的第五卦——"需"卦，意思是"待机"（waiting）——出发来解释"儒"，并进一步将他的分析和这种解释结合在了一起。

《原儒》一文接下来的八句话则讲明了章炳麟所言"公族"的具体意指及"儒"共有的特征。章炳麟借用了汉代目录学家刘歆的语言和

第三章 古代文献,现代叙述:民族主义、复古主义与"儒"的再造

句式,来绍述《艺文志》曾经谈过的"儒"乃出于"官"的看法①;他还利用"小学"(philology)制造了一种非常吸引人的解释,对传承下来的以"儒"这个共有称号为名的"技艺"作了说明:

> 儒之名盖出于需。需者,云上于天,而儒亦知天文、识旱潦②。何以明之?鸟知天将雨者曰"鹬"。舞旱暵者以为衣冠,鹬冠者,亦曰术氏冠,又曰圜冠。庄周言儒者冠圜冠者知天时,履句屦者知地形,缓佩玦者事至而断③。明灵星舞子吁嗟以求雨者谓之儒,故曾晳之狂而志舞雩,原宪之狷而服华冠,皆以忿世为巫,辟易放志于鬼道。古之儒知天文占候,谓其多技,故号遍施于九能,诸有术者悉晐之矣。④

这里铺陈的大量内容都与古老的职业有关,对此,我们已通过学者们对商代甲骨文和周代青铜铭文的研究了解到了很多。鉴于章炳麟认为当时存世的古代金石文字均系伪造,一概弃而不用,我认为他的上述观点都是来自《诗经》《史记》《庄子》《说文》和《汉书》。《原儒》这部分内容的研究方法基本上是种小学研究,但其中夹杂了太多的臆测。章炳麟在原文中,大约用了四行文字来提出自己的观点,不论是在地理分布上还是在神话和宗教的意义上,都将"儒"置于华夏文明的中心,使读者尽管不那么明确但也能推断出,"儒"成为共有的名号而流行开来的时间大约是在商代或周代。

章炳麟的整个重构所依据的乃是其"小学"研究暗含的两个假定,至少其中一个听起来还是有几分道理的。第一个是,从语义学意义上

---

① "儒家者流,盖出于司徒之官。"参见《汉书补注》,卷三,页1728。《艺文志》是刘歆所作《七略》的删节本,《七略》有可能于公元前6年上呈汉哀帝,现已亡佚。

② 这里的很大一部分内容是出于跨度极大的想象,它帮助章炳麟对《易经》进行了一种全新的运用。显然,"需"并非指"云上于天";更准确地说,"云"字或"雨"字在"而"字的上边,只是"需"字的写法而已。

③ 《庄子集解》,页132—133。至于儒者所用圜冠及各种玉玦的相关图示,参见江永:《乡党图考》,卷一,页19b—20a。

④ 章炳麟:《原儒》,页151—152。

来说，汉语在商代和西周时期还没有"偏旁部首"（semantic classifier, radical）的概念，语言发展日趋复杂是通过"假借"（phonetic borrowing）的方式完成的。事实上，直到战国末年，也就是在孔子没后两百年左右，才用到偏旁部首来区分"儒"和"需"这样的"同音异义字"（homophone）。东周时，大多数新词都是通过双关语的方式造出来的，这种方式有点像猜字谜，用一个已有的同音字来代表另一个发音相似的字。随着中文书面语以这种方式在语言上变得日益复杂精巧，双关语成了中国古代修辞的一种惯用手法，同时也成了中国在帝制时代进行语源学研究的主要手段（就像它在欧洲中世纪以及现代早期的语源学研究中发挥的作用一样）。借由这种惯用的方法，章炳麟指出，"儒"在一开始发音为"需"，"需"字应是其最新的文字形式——"儒"字——的"字根"（etymonic nucleus）。相比而言，他的第二个假定问题似乎更大，从它而来的推理带有很强的主观倾向，因为它一反历来诠释《易经》的传统而自立一说。章炳麟推测认为，"雨"字作为"需"字的上半部分，决定了"需"字的意义——章氏提出这种说法的依据便是他对"需"卦（☵）进行的一番极不寻常的解读。

把"需"卦和"需"字等同起来的做法，印证了章炳麟对古代儒者拥有诸多技艺的描述；尽管如此，这一点仍然很不寻常，因为他的目的是想让读者接受这个观点："需"卦的卦象恰恰说明了"需"字的构字方式乃是"会意"（joined meanings）①。章氏的这种假定实则不仅有悖于先前

---

① 这种反传统的解释倾向在研究古代中国的日本学者中非常普遍，它来自一种假定，即认为中国古代的文字都是用来指称口中所称事物的图示。在白川静（Shirakawa Shizuka）和赤塚忠（Akatsuka Kiyosh）的著作里可以清楚地看到，他们两人在提到这两个突出的例子时，都偏爱使用象形文字的语源学研究进路，而将音韵学方面的考量排除在外。事实上，在白川静校订《说文》时，在他研究孔子所创传统的一部论著里，他还一再重复章炳麟把"需"卦等同于"需"字的做法（章氏借此认为"需"字的含义与"需"卦的含义是一样的），并通过引用李阳冰的（活跃于 765—780 年）说法为他的校订提供正当性。参见 Shirakawa Shizuka, *Setsubun shingi* vol. 8 of 16 vols. (Tokyo: Goten Shoin, 1972), p. 1605; 以及 *Kōshi den* (Tokyo: Chu yo koronsha, 1972), pp. 70-72. 另请参见 Akatsuka Kiyoshi, *Chūgoku kodai no shūkyō to bunka — In ōchō no saishi* (Tokyo: Kadokawa shoten, 1977), pp. 349-353. 章炳麟用六十四卦来注解汉字的做法确实很新奇。卦名本来就是要尽量表现该卦所包含的主要意象。汉字和（转下页）

第三章 古代文献,现代叙述:民族主义、复古主义与"儒"的再造

的《易经》诠释传统,也因为"需"卦与"需"字在构成方式上明显不同而根本站不住脚①。章炳麟认为"需"字是"儒"字的"字根",从字形上看,这个字是"雨"字在"而"字上,并非"雨"字在"天"字上,许慎在注释"需"这个字时就已经提到过这个问题:"需字,䎗也。遇雨不进,止䎗也。从雨而声。《易》曰:'云上于天,需'"②。因此,当章炳麟引用《说文》作为权威依据时,他抛出的定义并不为该依据所支持——这一点很奇怪,因为章炳麟无疑认为许慎的《说文》是汉语这门古老语言最可靠的资料。对"需"进行的这一有悖常理的解读却在解释上带来了一个意想不到的结果,那就是把"儒"界定为掌握天文学专业知识的一群巫师。因此,通过充分利用这三个字在语音上的相似性,通过重新确定"儒"这个字的字根,章炳麟建构了一个语言背景——正是在这个语言背景里,汉代将"儒"界定为"术士"的说法才变得有意义。章炳麟很巧妙地提出,"儒"传承下的技艺都是些先知才掌握的手艺,其中就包括预言、占卜和"顺势巫术"(homeopathy),而这正是许慎和司马迁使

(接上页)"卦"分别属于两个不同的语义系统,前者以语言为基础,后者则以占卜为基础。因此,说六爻卦由三爻卦复合而来并认为这种组合方式反映了汉字"会意"的特点,有点不切实际,而章炳麟恰作如是观。即使"需"字与"需"卦都是由古代的占卦发展而来,它们也几乎没有什么共同点。不过有趣的是,马王堆《易经》写本(1973 年在武汉出土)倒似乎能够支持章炳麟在"需"字和"需"卦之间建立某种联系,支持他始终将"濡"的意思与"儒"这个字联系在一起。在这个晚近发现的《易经》写本里,并没有第五卦"需"卦。相反,马王堆《易经》写本的第十八卦名为"襦",意思是短衣,卦辞为"襦,有复,元亨,贞吉,利涉大川"。See Edward L. Shaughnessy, trans ., *I Ching*: *The Classic of Changes* (New York: Ballantine Books, 1997), pp. 72-73.

① 此外,当对古文字的分析研究随着语言学的重构而不断深入时,有一点变得越来越明显,那便是,汉语里从这种复合结构中衍生出来的文字数量并不如以前所想的那么庞大。参见 William Boltz, "Early Chinese Writing", *World Archaeology* 17, no. 3 (February 1986): 420-436; Norman, *Chinese*, pp. 58-74;以及 1987 年我和白一平(William Baxter)的一场私人谈话。章炳麟用"需"卦的复合结构来解释"需"字的含义并不寻常,我之所以会提到这一点,不是想评价他的方法或结论中有多少"真实性",只是想指出他到底用了哪种方法从一些可引作根据的残篇断简中建构出了满是想象的精巧解释。

② 许慎:《说文解字》,页 242.1。

用"术士"一词时的意思。

通过把"需"和"儒"联系在一起,章炳麟(也许并非出于有意)进而援用了与"儒"字有关的许多语言学上的联想以及和它同源的"濡"字(该字读阳声,"氵"字边,意思是"弄湿"[wet]、"沾湿"[soak]、"使湿润"[moisten])。这些语义上的联系似乎由来已久;尽管如此,仍然不能确定孔子时代的语法规则是否支持这些联系。不过,这当然比不上章炳麟和所有考证学者所持的那个假定来得重要,他们都相信,不管是语音还是语言上的联系都绝非偶然。章炳麟认为,"儒"和"濡"这个同源字之间的联系牢不可破。所以,与"濡"字在书写上有所不同的"儒"字,也许应该看作是抄写中出现的讹误,也因此将错就错地成了替代"濡"字的书写形式。

换言之(章炳麟的解释接着谈到),一开始的"儒"字应该是带"氵"字边的"濡"字,但在文献日积月累的过程中,这个"濡"字经转抄而被写成了"儒"字,这或许是讹误,或许是出于故意。经过这番推测后,章炳麟才有可能进而从语言学的角度提出,"雨"字决定了"需"这个字的古义①。尽管汉语在公元前1200年至公元前500年之间发生了变化(汉语言文字一开始是占卜时刻写的甲骨文,大约就是在这段时间经历了重要的发展演化,迄至战国时出现了第一批与占卜无关的书面文献),但这种"转抄的错误"即便有可能,其可能性也非常小,现在的研究也证明了这一点②。不过,章炳麟并不赞成这一点;我认为,这是因为在他看来,"儒"这个字一直都是古音"需"的书写形式,它还带有很强的神秘意味。受最早的注释启发,我将通过更为开阔的语言文献研究,在下文尽力阐述清楚这一点:章炳麟对一些文献确实了如指

---

① 章炳麟:《原儒》,页151—153。在研究孔子生平时,白川静(Shirakawa Shizuka)在章炳麟观点的基础上作出了更富想象力的贡献:他断言,"需"是指巫祝所用的牺牲。根据白川静的说法,古时的"需"字就是一个"断发髡形"而"舞雩"的"巫祝"的形象。相关讨论参见 *Kōshi den*, pp. 73-74。

② 双关语让古汉语的发音变得更为复杂,它也导致出现了一字多义的现象,关于这个问题,参见 Boltz, "Early Chinese Writing", pp. 424-428;以及 Arthur Cooper, *The Creation of the Chinese Script*, Occasional Papers No. 20 (London: China Society, 1970), pp. 8-14。

第三章 古代文献,现代叙述:民族主义、复古主义与"儒"的再造

掌,但为了证明他在同源字和同音字之间建立的联系具有合法性,他在运用这些文献方面也许已经走得太远了。

而认为"儒"也许曾经就是中原地区(在这个地方,雨水只在夏天来临并且常常都是暴雨)各个部落求雨者的观点,最能吸引人,很大程度上是因为在帝制时代早期开始出现的与"儒"有关的注释实际上已向我们透露了,章炳麟在提出这一观点时其实心有所指。事实上,历来都不乏一些与章炳麟相近的观点,正是它们使章炳麟将两方面思考——一方面是"儒"的古义与"濡"有关,另一方面则是前人注释里的定义带有双关的特点——结合了起来;可以说,他在这个问题上的思考并非无本之木,值得进一步研究。

《韩诗外传》《广雅》和皇侃的《论语集解义疏》都坚持"儒者,濡也"的说法,也就是说,都间接证实了章炳麟那种颇有点新奇的小学研究①。虽然《原儒》并没有明确指出章炳麟已经意识到了这种同源联系,但我们仍然有理由推测说,在章氏研究段玉裁《说文解字注》时,他已经了解到了这些更早一点的注释。在段玉裁的《说文解字注》为"儒"列出的语源学材料中就有一条出自郑玄的《礼记郑注》,其文曰"儒者,濡也"。在阐述这个注释时,郑玄提出了很难一下子理解的观点——儒者,"以先王之道能濡其身"②,借此极力尝试把意思已经确定为"术士"的"儒"字和它的同源字"濡"字调和起来。

---

① 《韩诗外传》,《四部丛刊》本,卷一,页 12a—b;皇侃:《论语集解义疏》,台北:广文书局,1968 年,卷三,页 28b—29a;王念孙编:《广雅疏证》,北京:中华书局,1983 年,卷 4.2,页 17a—b。另请参见 James Robert Hightower, trans., *Han Shih Wai Chuan: Han Ying's Illustrations of the Didactic Application of the "Classic of Songs"* (Cambridge, Mass.: Harvard University Press, 1952), p. 173。

② 段玉裁:《说文解字注》,卷八,页 3b—4a。在这里,"濡"被郑玄和段玉裁用作一种隐喻,即通过学习"沉浸于"(immerse)或是"吸收了"(imbibe)"先王之道",进而掌握了"儒"的全部知识学问。这种隐喻在更早一点的文献里得到了充分的印证,这些文献用它来描述获得学问时"自然""闲逸"的状态;比如,杜预(字元凯,222—284)在讲从经典传承中汲取养分(也就是后文所谓"受经")的正确方法时就曾说道:"受经""若江海之浸,膏泽之润,涣然冰释,怡然理顺,然后为得也"。参见杜预:《序》,《春秋经传集解》,《四部丛刊》本,全六卷,卷一,重印本,上海:商务印书馆,1922 年,页 2a。另请参见许慎:《说文解字》,页 228.1。

这样看来,章炳麟坚持认为"雨"决定了"儒"的含义,并非完全是他异想天开,因为早先就有如此之多的注释将"儒"字定义为"濡"。这些注释也进一步证实了,早期文献里的"儒"字一直都与"弄湿"的意思存在关联。之所以"儒"与"弄湿"有关,是因为他们有向天求雨的责任;而"儒"在古代从事的这种顺势巫术,就深深植入了这个字在语音和语义上最隐微幽深的所在。这也正是章炳麟所认定的内容。这些假设虽然一直少人问津,但却极大地强化了"儒"和"濡"之间的同源联系,章炳麟对此深信不疑。我在这里介绍的这些古老的语言学联系,暗含在章炳麟的建构里,它们似乎更像是历史上那些一直湮没无闻的观点留下的余音,含混不清又声音微弱,而且很难整合进对"儒"这个词连贯一致的表述中。

"儒""需""舞"和"雨"之间的联系,确实不如"儒"和"濡"之间的联系显得惹眼;但章炳麟提出这层联系其实还有另一层暗示,或许就是他所认为的"舞"字(一种用右脚跳的看起来有点蹞跛的曳步舞)与"柔"(正是它界定了"儒"字的含义)也有密切的关系①。当然我们应该想到,传说中的圣王"舜"曾派"禹"(传说是他创立了夏朝,而夏朝的统治时间是在公元前1953年至公元前1576年)去治理中原地区的洪水,这确实在"禹"和"水"之间建立了某种带有神话和象征意味的联系。但对章炳麟来说,建立"禹"和"儒"之间的联系同样还可以从他们的服饰出发,效果与从"舞"步出发相差无几,我们可以从他的观点里

---

① 按照传统的说法,"舞"(dance)是和"禹步"联系在一起的;所谓的"禹步"乃是一种类似于舞蹈的步法,主要靠身体的右半部分向前移动,而左脚则像退化了一样拖在地上。这种步法被认为是有魔力的,它能创造出恍兮惚兮的状态,在那些为了驱魔、诅咒和召唤灵魂而举行的带有萨满性质的舞蹈里,它一直都处于统治地位。葛洪曾在《抱朴子·登涉卷十七》里描述过"禹步"并解释过它的神秘威力,在这篇文章里,"禹步"和"水"之间的联系是非常清楚的。葛洪:《抱朴子》,收于《诸子集成》,卷八,页76—82,尤其是页78—79。对这种舞步的分析还见于Eberhard, *Local Cultures of South and East China*, pp. 72-77,相关的分析还将这种舞步与唐尧时的文化联系在了一起。另请参见Marcel Granet, "Right and Left in China", in *Right and Left: Essays on Dual Symbolic Classification*, ed. Rodney Needham (Chicago: University of Chicago Press, 1971), pp. 53-56, 及氏著 *Danses et légendes de la Chine ancienne*, vol. 2 of 2 vols. (Paris: Presses Universitaires de France, 1959), pp. 549-556。

第三章 古代文献,现代叙述:民族主义、复古主义与"儒"的再造

找到这方面的证据:他认为,在"儒"为求雨而表演那种仪式性的舞蹈时,他们会戴上冠帽,而这种冠帽甚至整套服饰都是用鹬鸟的羽毛制成的。

章炳麟在他行间注里还进一步提到,这种罕见的鹬鸟的羽毛是古代冠礼时所用"鹬冠"的原材料①。假设章炳麟所言乃是普遍流行的观念,即鹬鸟知道何时天会下雨——根据章炳麟的说法,这种观念在《说文》里就有记载,而第一次提到它的则是《庄子》——那么鹬鸟的羽毛就能在感生降雨的顺势巫术里派上用场②。《庄子》第十二篇《天地》篇确实间接地印证了章炳麟的看法,因为"鹬"这个字正是以复合词"鹬冠"的形式出现在这一篇里,其上下文也在暗示这个词就是代指"儒"。但《庄子·天地》篇并没有提到"儒"有预报天气的能力③;其实,大多数和舞雩、羽冠以及顺势巫术有关的讨论,都能在董仲舒《春秋繁露》的第七十四篇里找到,这篇文章的名字就叫《求雨》④。不过,章炳麟并没有参考《春秋繁露》;尽管如此,我们很难否认他的重构的确颇有古风,而他将"巫"和"儒"联系起来的做法,就像支撑着民族主义所有诉求的原生动力一样,也都有一种复古的倾向。

即便不足凭信,但还是有一些很漂亮的理由可以推测说,"儒"这

198

---

① 虽然章炳麟没有将此则材料作为另一个证据来解释"儒",但他可能已经想到了孔子的弟子子路,子路是一个地位非常卑微的人,却也头戴公鸡羽毛制成的冠帽。我在儒家的经典文献里找不到有哪些材料谈到了羽冠,但其他一些先秦文献则把"濡"、羽毛和"儒"联系在一起,这些材料还是很有启发性的,哪怕它们将"濡"、羽毛和"儒"联系在一起的方式并不那么直接:比如在今本《竹书纪年》里,"帝尧二十九年春"条下有一则奇怪的记载:"僬侥氏来朝,贡没羽"。徐文靖笺:《竹书纪年统笺》,台北:艺文书局,1966 年,页 112。郑玄在这个地方的注释则说"僬侥"是西南地区的少数民族,身材短小,只有三尺(比三英尺还要短)。其与"儒"之间的联系演自郝懿行著《山海经笺疏》,郝氏在该书里声称,"僬侥"其实是西南地区的一个矮人国,但他们以"侏儒"一名更为人熟知。"僬侥"这个押韵的联绵词广见于《左传》《史记》《国语》《韩诗外传》和《礼记》里。参见《山海经笺疏》,1809 年版,重印本,台北:广文书局,1965 年,册一,卷六,页 5a—6a。
② 章炳麟:《原儒》,页 151—152。
③ 参见《庄子引得》,齐思和编,哈佛燕京学社引得第 20 号(北京,1947 年),页 33。
④ 董仲舒:《求雨》,《春秋繁露义证》,苏舆编,台北:河洛图书出版社,1975 年。

个词乃是指那些居于周地的"商"人后裔("商"还有另一个名称叫"殷"①,孔子也是"商"人后裔之一),但章炳麟并未就此着力过多。中国人一直认为孔子是"商"人后裔,这种认识在《礼记》的几个章节里均有体现,也见于孔子去世前出现祥瑞麒麟的传说中,麒麟在那个时候现世预示了孔圣人即将去世,也预言了汉朝的开国君主刘邦将要兴起。如果《礼记·檀弓》可信的话,那么按照孔子自己的说法,他的确有殷人的血统:"殷人殡于两楹之间,则与宾主夹之也。……而丘也,殷人也。予畴昔之夜,梦坐奠于两楹之间"②。在《礼记》靠后一点的《儒行》篇里,当孔子回忆起住在宋国戴着殷人冠戴("章甫")的情形时,他再次提到了自己有殷人的血统③。大部分此类不足采信的文献随着19世纪晚期"今文学"的复苏也迎来了复兴,到章炳麟撰述《原儒》一文时已蔚为风尚④。

到了19世纪,在中国人的文化记忆里,已经积累了历史流传下来的与孔子生平有关的大量信息——包括他的出身、血统世系及其并不

---

① 对"商""殷"这组同义词的一般解释是,"殷"是"商"人在盘庚迁都(大约在公元前1200年)后的自称;还有一种看法认为,只是在公元前1046年商朝大败于牧野后,"商"人才开始用"殷"这个名称。前一种说法见于《太平御览》,《太平御览》卷八十三引《帝王世纪》称:"帝盘庚徙都殷,始改商曰殷"。为这两个名称而犹豫逡巡,不知用哪个来指称该部族(这在章炳麟和胡适的著作里都表现得较为明显),还反映在并不确定到底是该用"殷墟"还是"商墟"来指称"商"人的主要聚居地,这个例子最早见于《史记》。不过,章炳麟强调"殷"和"商"的区别,则从其与满人征服中原的类比中汲取了民族主义的力量。至于"商"人到底用什么来自称以及"周"人在打败"商"人以前就称他们为"殷"的相关讨论,参见 Kwang-Chih Chang, "On the Character Shang in the Shang Dynasty", *Early China* 20 (1995): 69-77; 以及 Kwang-Chih Chang, "Yin-hsü Tomb Number Five and the Question of the P'an Keng/Hsiao Hsin/Hsiao Yi Period in Yin-hsü Archaeology", in *Studies of Shang Archaeology: Selected Papers from the International Conference on Shang Civilization*, ed. K. C. Chang (New Haven: Yale University Press, 1986), pp. 72-79。

② 《礼记正义》,收于《十三经注疏》,卷六,页129.2—130.1。另请参见 James Legge, trans., *Li Chi, Book of Rites*, vol. 1 (New Hyde Park, N. Y.: University Books, 1967), pp. 138-139。

③ "丘少居鲁,衣逢掖之衣;长居宋,冠章甫之冠",出自《礼记正义》,收于《十三经注疏》,卷七,页972.1。另请参见 Legge, trans., *Li Chi, Book of Rites*, vol. 2, p. 402。

④ 至于像为圣徒立传一样,将孔子描述成是"商"人后裔的做法,参见《礼记正义》,页850.1—1033.1。

第三章 古代文献,现代叙述:民族主义、复古主义与"儒"的再造

成功的政治生涯。"今文学"解释的流行所造成的结果便是,对这些文化记忆中那些神秘的、带有预言性的方面有了进一步的认识,但都并没有提到将孔子和"商"人联系在一起的传统说法。作为章炳麟的敌手,崇尚今文学的康有为,对研究孔子的世系问题并不是非常感兴趣,他似乎认为孔子就是中国文化的核心,独一无二而又相当神秘。要是今文学的拥趸们果真要对起源问题刨根问底,他们也会认为追溯到孔子那里就可以心满意足、不再前行了。

  普遍流行的有关孔子是"商"人后裔的推测,也许正道出了章炳麟通过"小学"研究进行重构时的思想背景;而另一方面,在这个传说中还藏有另一种观念,即认为孔子有王室血脉,它将孔子描绘成是分封于宋的公爵的后代,而不是那群举行巫术仪式的"术士"的继承人。在今文学派的传说里,孔子是个贵族,绝对不是世代为统治阶级提供服务的;但对孔子出身的这些推测实则完全无据可依。章炳麟对"古儒"身份特征的重构,也许并不关心流传下来的这个传说,他依靠的乃是字形上的证据,章炳麟认为这个证据比《礼记》中那两段仍有争议的段落要更为清楚直接①。不过,章炳麟并没有再进一步,也没有径直将"儒"视作追随孔子的那些人的名号。但他描画了开始被称作"需"后来才被称作"儒"的那些古代职业活动大概是什么样子(其实只有到了汉朝,"儒"这个名号才变得与孔子密不可分,这是因为孔子既是古文传统又是今文传统的祖师);为了替"儒"建构出其最原初的、现实中用到过的意义,章炳麟猜想在"儒""术"(术士)、"需"和"雨"这几个字之间存在语音上的相似性并对此加以利用。

---

① 鉴于章炳麟极为信赖普遍为人接受的一个语言学假定——当语言采用书面形式时,其本质少有变化——他对甲骨文没有什么兴趣就显得很奇怪了。更准确地说,他不只是对甲骨文缺乏兴趣,他甚至还很怀疑这些刻写出来的文字材料,这一点恰恰说明了他富有想象力,因为章炳麟认为,刘鹗在1809年发现"龙骨"根本就是刘鹗自己设计的一个骗局。显然,章炳麟似乎真的认为这就是一场骗局,所以他才会疏漏了一些对他用《原儒》一文进行重构很有价值的材料。诚然,对过去的认识可以通过一种"科学的"方式去达成,不过,单单用那些人所共知的文献材料也能够形成这种认识。值得一提的是,胡适也对甲骨文的可靠性抱有怀疑。

此外,章炳麟的这种"小学"研究还有另一个价值,那就是为"儒"在古代具有某种意义提供了有根有据的支持,而这也并没有依赖战国时期各个流派的文献,因为战国文献里的"儒"字意义含混不清,让人困惑不已。章炳麟还阐明了另一个看法:古时候有一群掌握专门技能的专家,也就是所谓的"术士",他们就是"古之儒",是孔子的前辈先驱。这些技能才是"儒"家古老的"技艺";与早于章炳麟的那些解释"儒"的方式不同,章炳麟认为,"儒"所具有的独特含义,正根植于该字的字形之中。与此同时,似乎正是借助于坚持对字形构造进行分析,章炳麟使自己摆脱了捏造之罪的指责,这正是他想加诸康有为的罪名。

把"儒"解释成是一个共有的"达名",不仅有根据也很精奥。章炳麟是个经验主义者,虽然服膺"实事求是"(《原儒》一文对考证派的这个口号予以明确支持)的准则,却使孕育儒家的那种文化再次陷入神秘之中;虽然今文学派为了创建国教也树立了一个带有神秘色彩的形象,但章炳麟使孕育儒家的那种文化再次陷入神秘的方法,则与"今文学派"大相径庭,甚至截然对立。当章炳麟继续研究那些能够从中找到儒之"类名"的后出文献时,他所提出的"儒"的发展演化史也就基本明朗了。

儒:类名

当章炳麟转而研究"儒"的第二个语义学分类——"类名"时,他在这部分的解释线索也就不再那么深奥难懂,相反更像是在人们的意料之中。和"达名"一样,"类名"也是从功能上来界定的,用来指称那些精通"六艺"(礼、乐、射、御、书、数)的人。在儒家形成时期的文献里并没有出现"六艺",只有《周礼》提到过一次。"六艺"作为儒家标准的知识或技艺,显然是迟至西汉时才出现的,不过《周礼》已经用它来描述"儒"了。"六艺"的惯用译法是"Six Disciplines",但考虑到许慎把"艺"注为"种也",我则把"六艺"翻译成"Six Cultivations"。许慎的注

第三章 古代文献,现代叙述:民族主义、复古主义与"儒"的再造

释所依据也许是《尚书·酒诰》篇,在这篇文章里,"艺"无疑是指种植黍稷,对于创立周王朝的姬姓氏族而言,黍稷是一种神圣的谷物。也就是说,"艺"这个词与农业、农艺有关。按照大多数说法,"士"这个阶层因效忠君主而被赐予土地,他们靠这片土地的生产过活;"儒"就是这个阶层里的成员,对他们而言,曾经有过一段田园牧歌式的历史。我相信此处在用词上作过有意识的处理,也就是用在土地上劳作来比喻一个人培养自己。"六艺"正可以让我们遥想历史的回音,认识到"儒"经历了社会基础从战国到汉代所发生的变迁。"六艺"这个词还体现了西汉时期对其中的数字所带有的神秘意味甚是着迷,或者至少体现了今文学对"符应"的问题很是关注——"六艺"正与"六经"相配①。

章炳麟认为,精通"六艺"之人,都是"商"人中那些像祭司一样的"术士"在周朝的后裔。他们和"古之儒"一样,都是掌握了很多技艺的人;但这些不同的技艺却是另一个完全不同的时代里的职业实践。在这里,章炳麟搁置了自己对第一种定义的思考,转而多次论及《周礼》中提到"儒"的一些章节及其相关注释。他隐含的意思是,"古之儒"的专属技艺——预言——已经让位于影响更为宽广的所谓"保卫诸侯、教化民众"的世俗性职业:

> 类名为儒,儒者,知礼乐射艺书数。《天官》曰:儒以道得民。说曰:儒,诸侯保氏,有六艺以教民者。《地官》曰:联师儒。说曰:师儒,乡里教以道艺者。……《吕氏》曰:皆六艺之人也。②

其实,按照《周礼》的说法,"儒"是社会上特定的一群人,他们都是专家,在"地官司徒"(其在职官排序中名列次席)的支持下进行活动。就这样,章炳麟描绘了"儒"的技艺所经历的演化脉络,也就是从西周的"古之儒"变为战国晚期精通"六艺"之人;同时强调,尽管从历史的

---

① 参见《尚书正义》,收于《十三经注疏》,卷二,页205.1。
② 章炳麟:《原儒》,页152。

角度和实际使用的情况来看,儒之"达名"和"类名"的意义各不相同,但都同样用了"儒"这个词,正所谓:"明二子皆儒者,儒者则足以为桢干矣"①。事实上,把"儒"当作"达名"和"类名"来用,就像是两根柱子一样(这正是章炳麟提出的意象),支撑起了"儒"的古代含义,即是一批将继承下来的传统付诸实践的人②。

当然,章炳麟在这里界定"儒"之"类名"所依据的文本,其实都是汉代创作的文本,而且都是被理想化了的文本。虽然他从《周礼》里引用了两段相关的文字来说明东周早期是如何理解"儒"的,但这些段落其实根本无助于解释"儒"的志业,只能含混地指出"儒"这个词可能有更为宽泛的含义。于是,章炳麟只好用郑玄(127—200)和郑司农(前5—8任职③)的注释指出,"儒"在东周早期乃是指那些精通"六艺"的人。他认为,"六艺"是古代儒家技艺在后期的表现形式,而这种假定恰因《吕氏春秋》中的一则材料得到证实。他对"类名"的分析虽然只是重申了用"六艺"来界定"儒"的传统做法,实际上却暗示了"六艺"并不为儒家所独有。"六艺"和"术士"一样可以用于指称周朝的任何一家学说、流派或者技艺,也就是可以用于指称道、墨、名法、阴阳、小说和形法诸家,而"六艺"后来也因这些"类名"而区别开来。自然,"六艺"也不专用于孔子,仅从章炳麟在文章中很少提到孔子之名就可以看到这一点。章炳麟认为,"儒"在名称上的变化反映了其所掌握的技艺从"术士"演化到了"六艺";并着重强调了他在分析了《周礼》的职官顺序后得出的结论:"儒"从事"六艺",就功能而言,与"师"有别。带着这个观点,章炳麟把批判的矛头直指最为晚出的"儒"字的用法,也就是"私名为儒"。

---

① 章炳麟:《原儒》,页152。
② 詹启华对《原儒》此段引文的理解有误,章炳麟所谓"明二子皆儒者,儒者则足以为桢干矣"实际上是指如果明白了《吕氏春秋·博志》篇中的养由基、尹儒两人都是儒者的话,那么像这样的儒者完全可以视为国家的栋梁,并不是"'达名'和'类名'之'儒'都是儒,它们就像两个柱子一样"云云。——译者注
③ "郑司农"即经学家郑众,字仲师,河南开封人,又称"先郑",因其在汉章帝时为大司农,故世称"郑司农",以与汉和帝时的宦官郑众相别。——译者注

第三章 古代文献,现代叙述:民族主义、复古主义与"儒"的再造

从经典到争辩:"私名"儒

章炳麟对"儒"的各种名称进行了讨论,但在《原儒》三分之二的篇幅里,甚至在重新建构"儒"在古代所扮演的社会和宗教角色时,他都没有提到孔子。似乎章炳麟并不赞成那种将孔子和"儒"等同起来的普遍观点。事实上,他也从来没有提到过《论语·雍也》里那个著名的章节,在该章节里,孔子就对其弟子子夏说过:"汝为君子儒,无为小人儒。"①这一点很奇怪,因为《论语》里的这段对话也许正是"儒"的最早显证,但章炳麟恰恰没有强调这段文字与"儒"的关联。相反,他试图将"孔子"与"儒"分开,以超越当时因回溯古代文本而形成的狭隘的宗派意识。章炳麟是在将孔子视为"人"的基础上称孔子为"儒"的,试图以此来反驳当时对孔子的神化,以及有关孔子的虚构,而他所凭借的正是与"儒"有关的语义学研究。但这并不意味着,在章炳麟对"儒"字的意义所作的研究中,孔子并无一席之地。根据章炳麟的说法,在一种最为重要且最为吊诡的意义上说,孔子正代表了"私名为儒",它也象征了"儒"的古今含义之间所存在的断裂。

刘师培曾经提出,东周是"儒"的含义发生变化的转折点,他同样也使用了《周礼》里的相关章节来证明自己的结论;和刘师培一样,章炳麟声称,"儒"的基本含义乃是践行某种专门技能的实践传统,但它在东周以后并未流传下来。"儒"这种传统并不连贯,这一点极为重要,它更像是一种突然的断裂而不是在传承中出现了什么缺漏那么简单。在作为古代一种实践传统的"儒"和在想象中代表整个帝制国家的"儒"之间,存在着非常深刻的断裂,章炳麟在处理"私名为儒"及其含义被有意误用时对此作出了清楚的阐释。

当章炳麟探讨有关"儒"字含义的这最后一种用法时,似乎通过借

---

① 《论语注疏》,收于《十三经注疏》,卷十一,页52.1。

用那些出自汉代的文本,吸收了汉代对"儒"的想象——"儒"是一群寄情田园之人——而这种想象在汉代以后正像是突然消失了一般。司马迁和刘歆在各自为"儒林"所作的传记前,都有一个程式化的开场白,那就是,哀叹周室衰微以来的丧乱,强调这对"儒"提出了挑战,要求"儒"重整前代名物、洽合"治""道"。章炳麟也以这种丧痛的精神宣称古今之间存在差异,并且断言这种差异是根本性的,丢失的内容也是不可挽回的。

正是在孔子谈论往古的言辞中,我们可以看到,所谓"儒"的含义绵延不变的说法不无反讽地成了一种自欺欺人的妄想。当《原儒》一文行至中半,孔子的名字突然出现,但他的形象却是一个人在哀叹,悲诉历史未能延续传统:"故孔子曰:'吾犹及史之阙文也,有马者借人乘之,今亡矣夫'"①。章炳麟从《汉书》中引用了刘歆对"儒"的描述来解释"私名为儒",这段引文反而与刘歆的描述形成了对比,因为刘歆认为儒家传承正是原原本本地出自那些文化偶像:

> 《七略》曰:"儒家者流,盖出于司徒之官,助人君顺阴阳明教化者也。游文于六经之中,留意于仁义之际。祖述尧、舜,宪章文、武,宗师仲尼,以重其言,于道为最高。"②

章炳麟希望读者能够从将正反两种观点并举的方式中了解到,语义上的变化反映了真实的历史变革,而这些变化事实上也是不可逆转的。在刘歆作出上段阐述的汉代,以及在后来的晚清时期,"儒"乃是"师"(instructor),就此角色而言,他们在政治上颇有影响同时还是精通某些经典的专家,却非精熟"六艺"的手艺人(craftsman)。除此而外,章炳麟还明确指出,在周朝与汉代之间有很多学说流派都以"儒"为名,所

---

① 章炳麟:《原儒》,页153。
② 章炳麟:《原儒》,页152。至于原文,参见《汉书补注》,卷三,页1728。《七略》的这段话显然将西汉时期各种不同的学术流派混在一起。今天我们再来读它,总有时代错乱之感,因为它用"阴阳"一词来注说《周礼》。

第三章 古代文献,现代叙述:民族主义、复古主义与"儒"的再造

以《儒行》才会说有十五种不同的"儒"①。作为一个专有名词,"儒"有多种形态,其意指也含糊不清——在韩非子的时代,"儒"是指八种不同的实践传统,但正如章炳麟提到的那样,在中国帝制形成初期的各种叙述里,"儒"已成了五十二家学派的名号了②。

认为古代留下的传统传给了孔子继而又传给了汉代儒家的观念,也许并不可靠。前代一去不返,传承至此中断,都使孔子感到忧伤不已。对孔子的忧伤我们也有同感,我们所拥有的不过是些"古迹"而已,最多也只能依靠想象从这些碎片中建构出尧、舜、文、武等文化偶像的传承世系③。从这个独特的视角来看,我们认为,刘歆笔下那个官方版本的儒家谱系也只是种记录转述而非孤明先发的新观点。当时,"儒"已有"祖述尧舜"的自我定位,并认定自己"宗师仲尼",刘歆只是将它明白道出而已,但同时也不无虚构④。章炳麟似乎也想让我们按这种方式来理解"儒";章炳麟同样认为,"儒"在古代掌握的各门技艺迄至周朝末年时已无一留存:

> 周之衰,保氏失其守,史籀之书,商高之算,蠭门之射,范氏之御,皆不自儒者传。……盖名契乱,执辔调御之术,亦浸不

---

① 章炳麟:《原儒》,页153。
② 章炳麟:《原儒》,页153。"《晏子》以下五十二家,皆粗明德行政教之趣而已,未及六艺也。"章炳麟将《晏子》排除在总数之外,而根据刘歆的说法,当时共有五十三家"儒"。其实,在刘歆一家为朝廷编辑图书目录时,研习《论语》的就有十二种不同的流派。参见《汉书补注》,卷三,页1716、1727。(译者按,刘歆在《艺文志》中就记有"《晏子》八篇。……右儒五十三家,八百三十六篇""《论语》古二十一篇。……凡《论语》十二家,二百二十九篇"。)
③ 章炳麟一反传统,将孔子刻画成了一个早就认识到自己所志之道已然没落的人,这个观点在最近得到了宇文所安(Stephen Owen)的支持。参见宇文所安所著 *Remembrances: The Experience of the Past in Classical Chinese Literature* (Cambridge, Mass.: Harvard University Press, 1986), pp. 13-22。我在此处的分析也受到了宇文所安解释的影响。
④ 参见刘歆:《艺文志》。胡适有一篇文章似乎反驳了刘师培和刘歆的观点,在那篇文章里,他从编撰者自身的角度出发,指出刘歆笔下官方版本的"诸子"谱系均有虚构的性质。参见胡适:《诸子不出于王官论》,收于《中国哲学史大纲》,上海:商务印书馆,1929年,页1—10。

正。……《七略》格之,名不登于儒籍。①

因此,通过上接古人来确定某人在"儒"的传承谱系上的位置,则会犯下错误。伴随着汉朝的勃兴,"儒"成了正统,其传承的连贯性则因司马迁的叙述和刘歆的目录而显得牢固可靠。儒者自认为是圣王苗裔,这是他们的"自我形象"(self-image),他们还认为自己对经书的解读恰好能证明自己的出身。随着儒家传统取得官方地位,儒者的"自我形象"及其对经书的解读同样也赢得了官方地位。我认为章炳麟实际上有这层意思:随着"儒"在汉代完成了官方化,汉代的儒者们还为自己的地位提供了合法性(而这完全是出于偶然),其凭借的方法恰是将古义更为丰富的"儒"字错误地挪为己用;之所以说他们错用了"儒"这个字,是因为在汉代的文献里,拥有"儒"这个名号的人,事实上只是一些经师、官员或"博士"(learned scholar)。应该说,汉代的这种处理不无矛盾,但它却成了一种遗产,作为一种标准在此后一直延续下去,而混乱和误说也因此被奉为圭臬②。

自此开始,章炳麟当时所关心的问题变得日渐明朗,那就是提出了自汉代以后"儒"一直是个含义范围比较限定的词,无疑再也不能像指称"术士"时那样囊括所有的学派。虽然"儒"在汉代发生变化的条件也见于孔子时代,但却是从汉代开始,"儒"才陷入了无休无止的争议甚至是伪误之中,显然也就不能作为中国文化毫无争议的代表。另一方面,也就绝无可能从"儒"当前的定义出发追溯到它的音韵学起源,因为这条复原的途径早在汉代就已遭到了破坏。章炳麟强调,"儒"的官方形象本质上讲似为汉代的建构;他还就这一点提醒读者,正是由于伟大的历史学家司马迁,"儒林"才和"齐鲁诸生"联系在了一起③。

不只是"儒"的意义缺乏连贯性,就连把"师"等同于"儒"的做法,

---

① 章炳麟:《原儒》,页 152—153。
② 顾颉刚后来也得出了几乎完全相同的结论,参见氏著《秦汉的方士与儒生》,上海:上海古籍出版社,1982 年,页 70—105。
③ 章炳麟:《原儒》,页 153。

第三章 古代文献,现代叙述:民族主义、复古主义与"儒"的再造

也是一种分类上的错误。今日之"师"是专精某部经典及其相关文献的讲师或专家,他们所精熟的经典当然不是整个"五经",而他们所掌握的技能也没有拓及整个"六艺"。就像有人被看作是精通《春秋》的"博士"一样,这只是一种个体的专业化,而我们知道,这种情况在秦朝时就已开始出现。也许有人会根据"儒"在名称上的连续性而断定其特性一直保持恒定,但章炳麟指出,"儒"这个词所指称的并非同一个对象。"儒"的达名、类名与私名之间的差别,远不只是不同技艺之间的差别;事实上,章炳麟似乎倾向于认为,在汉代之前与之后的时代之间有一个无法逾越的认识论上的隔阂,它成了事实与伪误的分水岭。

自汉代起,"儒"还被用来指称那门编修经典的学问,但这并不是一门"技艺"。这不是说研修经典毫无技术含量,而是说它更像死记硬背后的所得,并非通过反复操练才能艰难掌握的技能。虽然章炳麟并没有明确谈到这一点,但在古今对"儒"的不同理解之间存在的认识论隔阂,确与庄周在轮扁的寓言中表达的意思相同:知识不能从研读已故圣人的言语那里获得,而是要凭自身技能从实践中获得,所谓"得之于手而应于心"①。轮扁的寓言正揭示了"古之儒"学习知识的模式,而按章炳麟和庄子的看法,除此以外"儒"的其他所有内容不过是永无休止地重复照搬前人的理论罢了。然而,那些已故的圣人口不能言,正是这一点格外导致了要将其学问不断传承下去的诉求,并通过驱遣"儒"来为这种传承赋予权威性,但在这个过程中,"儒"这个词在语义学上的三个层次却已混淆在了一起,似乎再无澄清的可能。

事实上,的确有一些编修和讲授经典的人被人们称为"儒";但正如章炳麟所说,"其科于《周官》为师"②,这意味着他们用"儒"这个称谓并不恰当。紧接着章炳麟阐明了自己的结论,向前又进了一步,不仅批评了他的同代人也批评了汉代的学者,批评他们是有意误用了"儒"

---

① A. C. Graham, *Chuang-tzu: The Inner Chapters* (London: George Allen and Unwin, 1981), pp. 139-140.
② 章炳麟:《原儒》,页153。

这个词,而这都是因为"儒"这个词在语义学上的分化为他们的误用提供了可能:"儒绝而师假摄其名"①。

这再次提醒我们,章炳麟所进行的大部分"小学"重构,其意并不在复原真正的儒者群体,也不在将孔子视为理想典型并围绕他建立一个新的信仰团体。在章炳麟文中,是可以明显见到尚古论调的关键特征——比如突出本源性、真实性和排他性——即便如此,他还是认为,复古并不可能而且也是荒谬的。诚如高慕轲(Michael Gasster)所言,章炳麟是想通过这种"小学"研究,"让古代所行被人理解和珍重,而不是被人模仿"②。换言之,章炳麟建构了一个语义背景,在此背景下,"儒"这个词和并非以圣人身份示人的孔子,都是历史上独立出现的个体实在;通过这种建构,章炳麟回避了为孔子作情绪化的辩护,也避免了像时人那样把孔子的形象重塑成一个宗教性的符号。他最关心的还是当时对"儒"这个词的使用,他想知道"在意义完全混乱的情况下,对中国文化史如此重要的一个词,又对'国故'的当代境遇意味着什么"。而在这些思考中,孔子的意义举足轻重;事实上,也正是由于孔子,过去与现代使用"儒"这个词的根本差异才第一次得到确认。可以说,也正是孔子提出了"儒"带有世俗性的新概念,同时也和早于他的那些对"儒"的理解相脱离;这种脱离乃是不可逆转的结果,它没有进入与章炳麟同时的那些今文学家们的视野,却是章炳麟最为倾心的真正目标。

董仲舒等汉代今文学家既是经典的编订者也是朝廷官员,他们被看作是新旧儒家传统赢得"独尊"地位的代表;但章炳麟却认为,恰恰是在董仲舒那里,"儒"之"三科""往往相乱"③。正是因为董仲舒错误地把"儒"之"三科"混合在一起,才导致我们现在不能理解"儒"的不同含义之间到底有哪些严格的区别。结果是,现在却将"达名"用作"私名",将"类名"用作"私名"。针对今文家未能按照史实传承"儒"

---

① 章炳麟:《原儒》,页153。
② Gasster, *Chinese Intellectuals and the Revolution of 1911*, p. 213.
③ 章炳麟:《原儒》,页154。

第三章 古代文献,现代叙述:民族主义、复古主义与"儒"的再造

的含义,章炳麟说道:"晚有古文家出,实事求是,征于文不征于献"①。在这里,"征得"的证据乃是指文献上能够证明今文家所犯错误(就像康有为攻击刘歆时所犯错误一样)的证据。其次,这里问题重点并不在指出董仲舒误用了"儒"这个字,而在于阐述章炳麟自己所处时代的文化,而这种文化正脱胎于当时对"儒"这个字的使用中。他就注意到,"儒犹道矣,儒之名于古通为术士,于今专为师氏之守;道之名于古通为德行道艺,于今专为老聃之徒"②。

不过,这倒像是一位局外人的不满或是激于义愤的言辞,就如同刘师培曾对其所谓的"大江以南,工文之士"(也就是那些今文学派的改良主义者)过于干预国家政策感到愤怒一样。但今文学家的政治影响力当时仍然与日俱增——事实上,就连刘师培本人也在1916年为洪宪皇帝(袁世凯,1859—1916)推行国教摇旗呐喊——甚至在支持他们的清廷统治者垮台、共和政体诞生后,把"今文学"当作宗教来拥护的人,仍然以传统意义上在君主制国家内掌握意识形态的专家自居,要求现实的政治权力。

所以,盖博坚(Kent Guy)才说,章炳麟和他的国粹派同仁十分明智地"将自己看作是身处权力之外的知识分子,历史机遇赋予他们的任务乃是要保存自己的传统"③。对于章氏等国粹派人士来说,所谓"保存传统"绝不是像今文家那样,通过对经过编订的文本进行抽象运思而把它变成一种"教"(religion),相反,应该把传统变为一种"学"(learning)。章炳麟之所以用"学"这个词,意在指出,它其实是受过专门训练的人所从事的事业,就像古代"术士"们从事的职业一样;而在章炳麟的这一建构里,他实则描画了像他一样的本土主义者,他们都不反对孔子所轻视的那些所谓的"鄙事"。

章炳麟特别看重孔子在《论语》第八章第四节和第九章第六节里

---

① 章炳麟:《原儒》,页154。
② 同上。
③ Guy, "*The National Essence Journal* and the Eighteenth Century", p. 3.

提出的看法,即君子应该远离卑贱粗鄙,不应该像很多地位低下的人那样掌握很多技能,后者完全是出于生活上的必需才会决定用自己的技能求得生存①。正是因为孔子强调远离"鄙事"是君子区别于其他人的特征(章炳麟认为,为孔子不齿的那些"鄙事"正是术士的祛邪仪式和其他巫术),才产生了儒家的宗派观念。于是,身怀各种才能(至少是"六艺")的人,因为要走特殊化、专门化的道路便不再践行各种不同的技能了。章炳麟指出,对儒家宗派化带来何种结果的记述,显见于《七略》论列了五十二家"儒"②。

把章炳麟的原文和他所叙述的"儒"的历史结合起来看,就会发现,他的重构其实提出了一个备受争议的主张,即知识分子有必要在精神道德层面与中国无名的劳苦大众联合起来。事实上,章炳麟曾经一针见血地批评冯桂芬在同治年间提出的改革主张并且旗帜鲜明地加以摒弃,章氏带有民粹主义的政治观点于此表露无遗:

桂芬于苏州,仕宦为达,诸世族皆姻娅,通门籍;编户百万,号呼之声未彻于耳。……其闾立祠堂,宦学者为请之。农夫入其庭庑,而后知报功也。③

---

① 詹启华此处有误,《论语·泰伯第八》第四节原文乃是"曾子有疾,孟敬子问之。曾子言曰:'鸟之将死,其鸣也哀;人之将死,其言也善。君子所贵乎道者三:动容貌,斯远暴慢矣;正颜色,斯近信矣;出辞气,斯远鄙倍矣。笾豆之事,则有司存。'"显然是曾子论君子,而不是孔子的观点。另,《论语·子罕第九》第六节原文乃是"大宰问于子贡曰:'夫子圣者与?何其多能也?'子贡曰:'固天纵之将圣,又多能也。'子闻之曰:'大宰知我乎!吾少也贱,故多能鄙事。君子多乎哉?不多也!'"。——译者注

② 章炳麟:《原儒》,页153。(译者按,因章炳麟将《晏子》排除在总数之外,才得出有五十二家"儒"的说法,其实根据刘歆所著《七略》,当时共有五十三家"儒",参见本书页319注④。)

③ 引文出自章炳麟所著《检论》,詹姆斯·波拉切克(James Polachek)在其论文中将它译成了英文,参见氏著 "Gentry Hegemony: Socchow in the T'ung-chih Restoration", in *Conflict and Control in Late Imperial China*, ed. Frederic Wakeman Jr. and Carolyn Grant (Berkley: University of California Press, 1975), p. 211. 在此处引文中可以看到,知识分子将自己的种种付出视为"为人民服务"(译者按,此处的"为人民服务"系詹启华原文);毫无疑问,这显然与章学诚的思想——特别是他强调要通过"新民"来"亲民"的思想——默然相契。

第三章 古代文献,现代叙述:民族主义、复古主义与"儒"的再造

诚如章炳麟所见,从孔子开始,士大夫之"儒"就已经脱离了现实,冯桂芬正是其中的代表;在这个转变中,为了迎合士大夫们的生活方式,那些被认为是"术士"役于人的卑贱营生都被抛弃了。

我认为,说到底,章炳麟的意图是把中国的思想遗产重构成一种强调服务、实践和运用技能的传统;在他看来,正是这样一种传统支撑着各派及其领导地位。章炳麟的这个想法在当时即有其落处,那就是有一群志同道合又积极的学者,他们组成了所谓的"国粹派",旨在效仿儒者群体的显著特征来创建一个更大的全国性团体。借此,章炳麟占据了道德和思想的制高点,与此同时,也仍是个典型的与政治绝缘的局外人,远比他自己想象的要更像孔子。可以说,章炳麟其实含蓄地提出了当时应该"正名"的主张,这主要产生两个方面的影响:一是否定了今文学的拥趸们带有神秘色彩的宣言,即他们基于自己对孔子所创经典的理解,声称自己是孔子的信徒,一脉相承地传续了孔子的教导;二是在纯粹的民族立场上,重建了古文文本及其拥趸与中国这个国家之间与生俱来的联系。

复次,章炳麟这番重构所用到的种种依据在反对今文学家自以为是的想法时还显得尤为有力。孔子不可能是某一种宗教的创始人,因为根据章炳麟的表述,"儒"的宗教性意义乃是与那些为商朝王族服务的"巫"结合在一起的,这一意义在孔子所处的时代早已作古。章炳麟甚至在这个问题上走得更远,他还提到了"不一孔父",意思是说,作为很多以"儒"为名的流派所供奉的创始人——孔父——实际上也并非只有一人①。此外,让今文学家感到惶恐不安的是,章炳麟还顺带指出,"儒"的演变并不支持"三世说"②描绘的乌托邦,相反,语言运用上

---

① 詹启华此处以"there was not one Father Kong"来翻译"不一孔父",似不准确;结合章炳麟原文来看,"不一孔父"的意思似是指"并不一从孔子的教导,与孔子并不相同"。——译者注

② "三世说"认为,人类社会沿着"据乱世、升平世、太平世"这三个阶段顺次演化,这源于春秋公羊学,经董仲舒、何休提出发挥,并由康有为在近代予以系统化,为清末维新运动提供了理论基础。——译者注

的糟糕状况恰恰折射了中国文化的衰败。按照章炳麟的表述,"儒"的演化史远不是由古至今,按部就班发展的历史,而是一部混乱无序、并不连贯且充满了诈伪和误解的传奇,这与一般的理解相去甚远。

当时的中国人普遍认为,事物的"意义",日益取决于概念的演化发展;从这一立场来看,章炳麟的《原儒》一文更像是在进行所谓的"反叙事"(antinarrative)。章炳麟一贯坚持自己的观点:就作为一个词来说,"儒"无疑属于中国人,它出现在华夏文明的拂晓期——商代;要理解它,不应该通过那些说教或是经过编辑加工的作品,而应该通过具体的实践活动。"儒"曾用"六艺"来标榜自己的特点,但后来却抛弃了它们,"六艺"之中只有"书"和"数"保存了下来。清廷和今文学派的空想家们声称只有他们才掌握了正统的合法性,他们的主要依据便是经典中的孔子及其思想已经将这种合法性赐予了他们,但《原儒》最后还是根据实证主义的研究否定了他们对合法性的诉求。

对《原儒》的回顾与反思:用古代为当下辩护

在章炳麟《原儒》一文对"儒"的这种重构里,有很多革新和富含创造力的内容,这首先体现在该文的基本架构上,章炳麟参照《墨子》里的逻辑体系建构了《原儒》的基本架构,并以此来构思自己对"儒"的解释。正如我已经谈到的,章炳麟就是借用了东周时代的唯名论作为基本框架,从历史主义的角度来建构"儒"的概念。他明确阐释了,毋宁说实际上是编造了"儒"这个词的不同含义,结果乃使"儒"的"达名""类名"和"私名"可以被理解成是在时间上层累相因的固定用法。他对文本的引用正透露出这种层累或前后相因的关系,这将一套相互联系的假设巧妙地组织了起来。正是以此方式,章炳麟对一直游离在官方正统文化外的一部文献里的一段文字重新下了一番功夫(译者按,即指《墨子》里的相关章节),当然,这也不为今文学派所标榜的新"正统"和桐城派所赞同。

第三章　古代文献，现代叙述：民族主义、复古主义与"儒"的再造

上文提到章炳麟引用了《墨子》里的章节，他显然有这样一个目的，那就是澄清"命名"到底有哪几重功能并在语义学意义上将"命"和"名"区别开来；除此而外，章炳麟还将《墨子》那段章节的讨论用作一种分析手段，具体使用方式则完全有别于原文。《墨子》里的章节只是为"命名"的不同功能提供了简单的唯名论解释，章炳麟的解读则把"达""类""私"之间的区别视为某个特定名称的意义所经历的互不关联的发展阶段。与其中所暗含的进化论逻辑相容相洽，章炳麟还坚称，"儒"在当代作为专有名词的用法，并不能回过头来告诉我们在久远的古代"儒"是如何当作通用名称来用的。可以说，章炳麟其实只是暗示而非明确提出了"儒"这个名称的含义经历了从古至今由宽泛演变为特定的过程。像这种站在后来人的立场上回顾"儒"的意义所经历的变化，带来了一个显而易见的结果，那就是为"儒"确立了一个比刘师培所提出的更为古老的意义。事实证明，即便这不是章炳麟《原儒》一文有意识的结果，也是它造成的非常重要的影响。章炳麟推测，"儒"这个词作为"达名"时的那个宽泛的意义正是它最早的意义；当作出这番推测时，他已将"儒"这个词的问世时间推到了百家争鸣以前，一直上溯到了青铜时代的商朝，借此提出了"儒"的那个不容置疑的最早含义，而这个最早的含义，就语言层面来说似乎正源自其最早采用的那一种字形。

《原儒》一文的目的并不专在于从"儒"这个字在中古时期的用法中探索解决我们通常意义上的所谓"儒"的最原初含义的问题。因此也可以说，《原儒》一文并不志在确定"儒"这个词所具有的那种"词汇真正的原生力量"（vis vocabuli），但在所谓的"词汇真正的原生力量"之外实则无从讨论词的意义。而确定"词汇真正的原生力量"，探寻词汇独一无二又明确无误的原始起点，乃是一种语源学的追求，它对文艺复兴时期的修辞学者们来说尤为珍贵。无论在中国还是西方，语源学都带有意识形态的性质，依据一种绝对的权威来发挥作用，这种权威正来自于主张通过确定词的起源来展现这个词真正的力量。因此语源学也假定，词都有自己的原义，而且它的原义要比所有经过变化的后出意义

拥有的地位更高。我们之所以欣赏《原儒》一文,是因为我们身在西方传统之中;我们西方的传统恰恰认为,语言的本质特征前后相续,语言起始的那一刻则充满了神圣。从19世纪开始,语源学对我们来说就已经成了一门科学,不再是一门辩论用的技艺;借助于语源学,某个词所带有的那种神圣的原生力量、根本缘起以及随之而来的词义起源都能完全确定。

值得一提的是,语源学并非不带任何偏见。不管是章炳麟还是我们的语源学研究都同样如此;可以说,在任何一种文化里,语源学都是"权力的寓言"(fables of power)①,只是如何解析此中的权力尚无一定的标准。对我们而言,章炳麟的文章不仅是了解"儒"字起源的途径,还是了解整个中国思想文化传统的途径;通常人们都会根据"儒"这个字来理解中国的传统。如果我们能弄清楚"儒"字最原始的含义,就能理解为什么它在中国历史上赢得了独一无二的文化地位。不过,只有一种科学的研究才会提出这些问题,而它们则和文艺复兴时期的修辞学所遗余响有着十分微妙的联系,只是它们完全不是章炳麟所关心的问题。

事实上,章炳麟更感兴趣的问题是:当"儒"最早的意义确定下来后,在其身上又发生了什么。与我们西方人的语源学先师不同,比如说,与西塞罗、亚里士多德不同,章炳麟认为,确定某个词在该语言里的最早形态,并不能掌握这个词的原生力量。相反,章炳麟认定,中文的书写形式恰恰反映了华夏民族难以名状的精神特质,在这一前提下,他为语言固化了一个前后相续的本质特征。进一步来看,我们或许可以反过来认为,《原儒》一文更类似于一种逆向的语源学研究,这一点恰恰因为章炳麟用了一半的篇幅批判时人对"儒"这个词的理解而显得更加突出。也正因为此,虽然章炳麟的记述第一次将"儒"这个词与古代的神职阶层联系在一起,但他的这篇文章根本没有将孔子及其弟子与古代同样以"儒"为名的神职阶层画上等号。《原儒》一文强调了

---

① Nancy Streuver, "Fables of Power", *Representations* 4 (fall 1983): 108-127.

第三章 古代文献,现代叙述:民族主义、复古主义与"儒"的再造

"儒"这个词有不同的含义,但并没有强调这个词有一个根本的含义足以否定在历史进程中出现的其他意义。

章炳麟认为,"儒"这个词的不同含义反映了中国这个"社会集合体"(social aggregate)的不同时代境遇。这也解释了他为什么会对同代人提出如此严厉的谴责,因为他们将这些拥有不同含义的名称混淆在一起并且也不认为用"儒"的一种用法去解释另一种用法会有什么行不通的地方。在进行这种谴责时,章炳麟似乎坚持认为,词汇都对应着事物,两者之间有一种天然的联系,而破坏了这种联系就是混淆了"名"与"实",因此也割裂了中国文化遗产原本就很脆弱的纽带;这种观点多少还与《墨子》里的唯名论保持了一致。对同代人进行全面的批判正是《原儒》一文论证的最高潮,但这层意思现在已不为人知。

通过敏锐的历史研究,章炳麟试图强调,"儒"在古代拥有多种技艺恰恰是其最为突出的特征;同时他也指出,与"儒"在古代的这种突出特征截然不同,在他所处的时代,"儒"看起来已是千人一面。章炳麟有意用"儒"这个词在古代的多样性作比,是为了指出在他那个时代今文学派和政府竭力把"儒"的含义限定为仅仅带有某种神秘性和宗教意味的"孔教",正与"儒"这个词的古代源头背道而驰。强调古代思想的多元化,实际上是一种倾向于反对专制主义、反对君主制的解释。与此同时,章炳麟还是一位本质主义者(essentialist);他热忱地相信,华夏民族的"国粹"是从"文化偶像"那里流传下来的遗产,无疑可以用作反对异族专制统治者的标语口号而猛烈吹捧。不过,他对"哪些在本质上属于中国人"这个问题的理解,并不是单一的、僵化的,也不是一成不变;相反却是多样的、变化的,甚至不乏抵牾。几个世纪以前,当中国人先将耶稣会士当作佛教僧侣来接纳,后又将他们看作儒家传统的本土捍卫者而与之欣然交往时,耶稣会士们对中国人的认识也已相当深入了,而他们的认识同样也是多样的、变化的,甚至不乏抵牾。

在1910年至1935年期间,对"儒"的历史演化究竟有何意义的思

考日渐增多,这些思考大多数都发微于《原儒》一文提出的观点,但都没有注意到《原儒》一文重构古代的做法带有一种颠覆性的政治立场。在这段时间里,傅斯年、胡适和冯友兰等中国学者各自撰写了非常重要的文章,就连北村泽吉(Kitamura Sawakichi)也出版了题为《儒学大纲》(*Jūgaku gairon*)的著作,这都充分说明了"儒"的起源问题具有某种重要的历史意义①。这些学者都引用了章炳麟文章中的重要段落,也都基本认可章炳麟这种虽然带有某种立场但却可引以为据来绍述"儒"之古史的语源学研究;此外,他们也都赞成胡适提出的这一观点,即《原儒》一文是思想文化上的分水岭。

如果说《原儒》一文是思想文化上的分水岭,单凭其只有区区五页的篇幅还很困难,事实上,直到胡适在自己尝试确定"儒"字含义的那篇文章的序言里唤起大家关注《原儒》时,它才真正成了分水岭。事实上,要是胡适没有对《原儒》不吝溢美之辞,也没有清楚地阐述章炳麟的基本观点,那么《原儒》一文的影响力显然要小得多,甚至很有可能不为我们所知。今天再来回顾当时的《民报》或《国粹学报》的内容,就会发现它们根本没有提到过《原儒》这篇文章。史华慈(Benjamin Schwartz)将与章炳麟一样激进的学者们称为"突破的一代"(breakthrough generation),如果《原儒》一文在思想方面对他们的确有着无可匹敌的重要性,但我们看到的现实情况却是,这篇文章里的学问反而被这一代学者藏诸名山,鲜有人知②。为什么在章炳麟的全部作品中这篇虽短小但至为重要的文章会少人问津呢?现在就以回答这个问题来结束本章,而这个问题的答案也让我们更进一步地了解到"20世纪中国人和西方人的想象为什么会在制造'儒'的过程中又重新结合在了一起"。

---

① Kitamura, *Jūgaku gairon*, pp. 1-19.
② Benjamin I. Schwartz, *Reflections on the May Fourth Movement: A Symposium* (Cambridge, Mass.: Harvard University Press, 1972), pp. 1-13.

第三章 古代文献,现代叙述:民族主义、复古主义与"儒"的再造

《原儒》一文的奇妙遗产

在中国民族主义觉醒动荡的头三十年里,章炳麟是位推波助澜的旗手;虽然有很多争议围绕着他,但没有一场争议是因他对"儒"进行过特殊的历史化处理而起。我们有理由认为对《原儒》一文少有回应恰恰说明时人已普遍接受了《原儒》的观点,这种可能性也得到了有力支持,比如当时的城市知识分子就普遍认为章炳麟是一位学识渊博的人,也是一名严谨的实证学者。当然,时人对《原儒》一文少有回应还有另一种可能:有学问的人在读章炳麟研究语源学的这类文章时,有可能猜解出这些文章暗含的对于当时学者的批评,对他们来说,章炳麟的文章只能算是戏作。学术界之所以对章炳麟的《原儒》一文反响平平,也许还有一个更为可能的解释:《原儒》一文采用的逻辑之所以在当时毫无争议,与章炳麟异常博学没有太大关系,更大程度上是因为章炳麟在概念上借用了进化论的主要逻辑;也许《原儒》一文当时完全被当成了一种常识性的表述,它围绕"儒"提出的学术观点对章炳麟的同代人而言是显而易见的,只不过之前从未得到证明罢了。

不过,上述解释实际已经假设了《原儒》一文当时已被人们读到,或是假设了人们在读到它后能够理解它;但有足够的理由提醒我们应当注意到这个暗含的假设可能是有问题的。一般的看法认为,与章炳麟同代的很多人其实并不理解他的学术著作(还有人说,几乎没有人能够理解章炳麟的学术著作;按照鲁迅自己的说法,他也在不能理解章氏著作之列)。事实上,绝大多数人发现,仅是章炳麟的用词用字就很难理解,遑论其文章每句话里的用典。或许在《原儒》刚出版的时候,有可能会去读这篇文章的读者们就已经给它定了性:它是章炳麟又一篇让人大费脑筋的文章,是恪守传统的学者的又一学术成果,文中还满是佶屈聱牙的古语陈辞。我们应当记住,即使是像顾颉刚这样才智出众的学者也坦承,章炳麟和刘师培为《国粹学报》撰写的文章一开始去

读都是很难理解的①。

古文派里的激进分子创办的刊物饱受毁誉,《原儒》一文没有发表在这些刊物上,而是载于章炳麟所著的《国故论衡》一书,该书乃是一部合集,囊括了章炳麟的多篇文章,当时就已经广为流行。从这本书的篇章顺序来看,《原儒》一文之所以受人忽视,很有可能是因为它太简短而且又夹在比它更长的两篇文章之间——一篇是《原学》,一篇是《原道》——这两篇文章虽然并不经常但到底被其他学者引用过。这也正是为什么最终我会相信,当时人们对《原儒》一文鲜有关注恰恰说明了这篇文章的地位,即被人们视为一篇戏作,被当成是较为深奥、带有更多政治色彩的一篇咬文嚼字的文章。也许还有另一个原因能够解释这种很不寻常的冷遇,那就是《原儒》一文已经错过了它能产生巨大影响的最佳契机。《原儒》一文将重新界定"儒"的起源问题作为一种手段,企图借此废除今文学的霸权并从根本上否定衰亡的清政府在意识形态方面采取的孤注一掷的做法;但在该文于1910年出版时,尽管它的设想依然宏远超凡,却已显得不切时宜。总的来说,这篇文章的政治立场是很明确,但绝非那么一目了然。

在最近几十年尤其是在最近的十年里,《原儒》一文在中国学者和西方学者当中大为流行(尤其是后者),这也提供了一些解释,帮助我们进一步理解为什么在《原儒》发表时它反而被中国人所忽视。近来对这篇文章的学术兴趣毫无例外地集中在考据方面,只是顺带提到了对这种考据研究所处历史境遇的推测。对"儒"这个词的词义进行研究通常会从章炳麟的这篇文章开始,也会特别将前文已经检讨过的历史音韵学观点纳入研究视野。这种研究倾向比任何因素都能解答为什么《原儒》一文在民国初年民族主义者留下的大量文献里难觅踪影。与章炳麟同时代的人在《原儒》中没有看到的内容,也为后来的学者所忽视,他们都没有意识到章炳麟的观点和他间接向同时代的桐城派、今

---

① 顾颉刚:《古史辨》,卷一,页13;以及 Hummel, *Autobiography of Chinese Historian*, p. 20。

第三章 古代文献,现代叙述:民族主义、复古主义与"儒"的再造

文派论敌暗示的内容究竟有什么划时代的意义。当然,这层意义在很大程度上是后来的学者们理解和解读章氏文章得出的结果。

除了北村泽吉外,20世纪学术界受到启发开始关注"儒"这个词,几乎完全是由胡适的《说儒》引起的,与《原儒》并无关联。这就是为什么在1935年以后,中西方有越来越多的学者关注古代的"儒",并在这一过程中注意到了章炳麟这篇比胡适更早的文章。中国学者中最早的响应者当属傅斯年、冯友兰和郭沫若等人,他们都忙于同胡适就其所用文本的可靠性以及在此基础上进行解释的有效性进行纯知识性的争辩;但在他们开始这一批判时,并没有人提到过章炳麟的贡献。

而《说儒》一文则声名显赫,它激起了西方学者的兴趣,他们忠实地借用了该文里的基本观点。就在中国学者还在为章炳麟的《原儒》正确与否争论不休时,西方学者也知道了这篇文章,而他们获知这篇文章的方式多少类似于和胡适同时的那些中国读者,即都是通过胡适的《说儒》一文了解到了《原儒》。1935年,也就是胡适《说儒》一文在中国发表的次年,该文就由傅吾康(Wolfgang Franke)翻译成了德文,并作为专号发表在《汉学》(Sinica)上,英文摘要也在专号出版后很快问世①。因此可以说,胡适在理论上对"儒"的进一步思考确实强烈地吸引了西方学者;他们在解读了中国学者对这个问题的思考后,产生了一个总的看法,那就是相信"儒"的原义已经被彻底弄清楚了。

上述情形都与人们如何接受《原儒》一文有关,让我们充分了解到了该文是如何拥有更多读者的,以及那些孜孜于寻找一直难以发现的"儒"之原义的研究者们又是如何借用这篇文章里的有关观点的。而在当时,有一批中国知识分子围绕"复兴文化最直接、最紧要的有效手段到底是什么"这一话题进行了学术上的交流;而这种交流正是通过上文刚刚介绍的那种方式催生了一种视野更为广阔的分析研究。无

---

① Wolfgang Franke, "Der Ursprung der Ju and ihre Beziehung zu Konfuzius und Lau-dsi"(《"儒"之起源及其与孔子和老子的关系》), Sinica (special ed.) 1 (1935): 141-171; 2 (1936): 1-42. 英文摘要见于 China Institute Bulletin 1 (1936): 1。

疑,西方学者也认为这一点顺理成章,因为它与西方在19世纪至20世纪期间发生的转变拥有相同的特征。然而,尽管我们也许能够了解,与"儒"的起源有关的这些理论是如何通过不自觉地运用进化发展的逻辑而在思想界大行其道;但另一方面,关于中国人对"儒"的起源问题产生兴趣经历了哪些不同阶段的发展,又有哪些表现形式的问题,我们仍然知之有限。

就章炳麟而言,他在《原儒》一文中提出的观点仅仅只是看似正确。但我在强调应该如此看待这篇文章时,则列出了更多的理由来强调它为什么会赢得我的赞同。我认为,《原儒》一文暗含的有关不断进化发展的逻辑,使得中西学者都很容易受到它的影响;但如果要理解它为什么会在这些人中那么流行,我们就必须超越它固有的进化论框架。章炳麟这篇颇能刺激人们神经的文章注定要流传百世,因为它通过考据研究确定了"儒"的本源,并在中国本土不断变化但却保持内在一致的历史框架中确定了它的坐标。不过,如果说这就是《原儒》一文在解释方面具有权威性的原因,那么我们还应该认识到,这种权威性还来自彼此相异的各路研究者都曾引用过这篇文章;这当然包括我们这些西方的汉学家们,也包括胡适,他就曾为了一个完全不同的目的援用过《原儒》一文里的观点。

我确信,在章炳麟所处的那个年代,思想界争论不休而呈现出的多元化状态——古文学派各家林立,今文学和公羊学各派与之旗鼓相当,他们不是奔走于民众之间,就是游说于庙堂之上——一定引起了章炳麟的深深共鸣,他在历史层面认识到的"古之儒"所处时代的状况正与此相类似。他在《原儒》一文里专门为我们讨论了"儒"在古时的生活方式,这不啻是在为多样性高唱赞歌,而对当时的政治日益全面介入文化生活提出了批判。章炳麟从历史的角度对"儒"进行的推测以进化发展的逻辑为基础,这就像达尔文在有关物种的论述里运用这一逻辑揭示生物多样性中暗含的变化发展模式一样。章炳麟对"儒"起源问题的研究,其思想意义并不在于他以简化论的方式为"儒"盖棺论定,而在于证明了仅仅是"儒"这一个字就可以汇集如此多样的认识;这与

第三章 古代文献,现代叙述:民族主义、复古主义与"儒"的再造

达尔文学说的思想意义如出一辙,达尔文试图将大千世界熔于一炉的学说理论恰恰说明了物种形成是多种多样的。也正是章炳麟的研究所证明的观点启发了胡适,激励他为中国本土的多样性作出更具说服力的辩护,而这种多样性也许能为整个世界提供一个可以效仿的模式。

"儒"的意义是怎样发生改变的,以至于到了19世纪晚期,它的意义仅仅是指"传经者"(章炳麟语)?《原儒》一文并未谈到这个问题,特别是对"儒"这个词在日益具体化时语义发生改变的原因语焉不详;直到二十多年后,这些才由胡适首倡其绪。这个问题将在下一章里予以澄清,届时我会处理如下问题:对"儒"的意义发生变化的研究尚未清晰,胡适是如何继续这一研究的,又是如何在语义变化和历史背景之间建立起了令人信服的联系。

因此,本书第四章将把研究焦点集中在胡适的解释细节上,正是借助这些细节,他才使章炳麟《原儒》中暗含的"历史进化论立场"(historicoevolutionary standpoint)①得以清晰地呈现在大家面前,并使它在叙述上保持了必要的连贯一致。这种连贯一致很不寻常,它也因着胡适毫无顾忌地借用了基督宗教的神学和早期史实,而招致了其他中国人的反对,但却当即抓住了西方学者的注意力。正是在中西学者的不同反应中,我们才能理解这个问题:本土主义者曾经有意识地制造了"儒"的历史,为什么在彼时彼刻的历史背景下显得不切时宜,却在胡适所处的另一历史背景下变得极具价值。到了20世纪30年代,中国已陷入了政治危机之中;与二十年前不同,此时讨论"儒"在古代的起源问题则与时事再次联系在了一起。当时,西方势力已卷入中国内战,身居海外的西方学者也在寻找证据,试图证明耶稣会士三百年前提出的中西文化相互兼容的说法;正是在这一背景下,中国本土的传统才会重新获得突出的地位及其合法性。对那些于此怀抱期望的人来说,恰

---

① "historicoevolutionary standpoint"(历史进化论立场)是胡适的措辞,出自1933年夏天他在芝加哥大学所作的"贺司克讲座"(Haskell Lectures)。See Hu Shi, *The Chinese Renaissance* (Chicago: University of Chicago Press, 1934), p. 77.

恰可以在胡适对章炳麟《原儒》一文所作的富有启发性的解读中觅见"儒"的复兴。

　　章炳麟很欣赏古时候的"百家争鸣",其所处时代的中国学界围绕文献和诠释所产生的争论,在他那里都得到了化解;不过,这些争论却因胡适的《说儒》一文而开出了更为宽广的诠释领域,在这个诠释领域里,"儒"所经历的发展演化被提升到了具有世界意义的高度。站在现代的立场上对古时候的"儒"进行发明创造,这本身就存在悖论;但通过较为仔细地反思胡适的理论来研究这一悖论,就会像本书第一章结尾时提到的那样,揭示出中国和西方对"儒"的想象的确交织在一起,而这些想象正因都是由"儒"而来,才会相互牵涉。然而,当我们确定要研究中西双方想象的交汇点时,我们当然没有想到最终会得出这样一个结论:"儒"和据称是其创始人的孔子,恰恰能够作为从苦难中学会宽容和理解的那种普世文明在中国本土的象征符号。现在就让我们来讨论胡适得出的这个出人意表的结论——"殊相即共相"(the particular is universal)。

第四章

殊相即共相：胡适、"儒"以及中国人对民族主义的超越

同样明显的一个事实是，与传统之间的关系总在不断发生变化。"回到源头"(return to origins)这个提法本身就与其背后所抱持的信念相悖，至少由于以下这个原因我们可以说它们是相悖的："回到源头"这个提法带有两个预设，一是对"过去"的"疏离"(distancing)(这段距离恰恰准确定义了所谓的"历史"：因为活生生的传统在其中实实在在地发生了变化，也正是借此人们才制造出了所谓的"过去"，即人们研究的"对—象"[ob-ject])，二是希望通过这种或那种方式从继承而来的语言中"恢复"(recover)业已丧亡的内容。从这个角度来看，所谓的"回到源头"始终是现代主义的物什。

——米歇尔·德塞都(Michel de Certeau)

胡适发展了以下刺激人心的理论：不仅是犹太人，商朝的人也被救世主的信念所鼓舞。他进一步指出，商朝的古人，在政治舞台上深感失望后，同样将这些对救世主的希望转化入宗教领域。胡适思考这个问题的出发点，乃是他口中比孔子还要早许多的"儒"，……他们并没有随波逐流于商朝的没落，而是期待着商朝礼法的恢复，从而也再得自己的统治地位。看来，胡适相信，很多指示着这个结果的预言隐藏在经典著作中。①

——鲍吾刚(Wolfgang Bauer)

---

① 译文引自[德]鲍吾刚：《中国人的幸福观》，严蓓雯、韩雪临、吴德祖译，南京：江苏人民出版社，2004年，页15，并据詹启华所引英译本略加改动。——译者注

第四章 殊相即共相:胡适、"儒"以及中国人对民族主义的超越

列文森是研究中国问题非常理性的历史学家,他喜欢用一些对比的复合词组,比如"传统—现代"(tradition/modernity)、"我的—真实的"(meum/verum),等等;但在描述"儒教中国"(Confucian China)在20世纪前几十年的"现代命运"(modern fate)时,他则根据"天下"(the world, the universe)与"国"(nation)的对比指出,当时的中国正在经历痛彻心扉的挣扎。帝制时代的中国曾经标榜自己"扬化宇内、藩属众多、至尊无上"。但当中华民国于1912年宣告成立之际,中国已成为世界列国中的一员,身入国际政治波谲云诡的变幻之中,面临诸多困难,只有付出艰苦卓绝的努力才能应付。

列文森推断说,中国的存续问题简而言之,关涉"天下"与"国"这两个概念之间的交锋。中国人放弃了他们有关"文化天下"(cultural world)的古老观念,转而接受了一种虽然不如人意但在当时却更为现实的身份,即成了世界民族国家之林的一分子——"在世界主义的浩荡大潮中,成了世界的一员"。这正是本章展开叙述的背景。不过,胡适对章炳麟《原儒》一文作出了不同寻常的解读,激发了中国学者就"儒"的问题展开讨论;在这些讨论中,20世纪30年代的学者们则致力于明确国族的身份认同,他们的观点却与列文森有异,他们认为"天下"与"国"并不对立冲突而是相互关联。退一步讲,这至少是胡适在叙述"儒"的历史时得出的重要结论。

我们对"儒"这个词的理解有一个特定的思想传承,在本章也就是本书的最后一章,我们将对这一传承有更多的了解;与此同时,我们还将发现,中西方的文化概念又再次纠缠在了一起,因为胡适在重述"儒"之起源时所用的语言兼采了中国式的和基督宗教里的想象。而章炳麟曾试图通过"儒"在语义上的变化来界定一种独特的"中国性",正是从章炳麟的研究出发,胡适才会画出一道具有救赎意义的道德弧线,将与文明有关的一切悉数纳入其中。在作出这一有助于世界融合的贡献时,胡适清楚地展现了耶稣会士与中国相遇时所面对的一个基本事实:其实是属于地方的而非普世的那些,才拥有至高无上的权威。现在就让我们在中国人研究成果的基础上,通过揭示"儒"在其语言文

字中的普世意义来结束这个"诠释学循环";虽然讨论"儒"的普世意义让我不禁想起,17世纪的耶稣会和欧洲世俗社会也曾将"Confucianism"(儒教)抬高到对全世界都有现实意义的高度,但这两者之间还是有着根本的不同。

中国人之中倡行普世融合的代表人物

就借助混合的文化想象来阐述"儒"的古代起源而言,胡适堪称是位历史性的代表人物;没有人比他更适合这种评价,毋宁说,根本就没有其他人能够作为这方面的代表人物。胡适生于安徽,他大可以说自己和戴震所代表的重要哲学流派有着相同的地理渊源;这与章炳麟不同,章氏充其量只能说自己和戴震所代表的哲学流派有思想上的亲缘性①。事实上,胡适就曾宣称自己在地域和思想上都同以戴震为代表的哲学流派有所关联。也许我们可以推断说,正是由于胡适自己有这种认同感,并且严格按照实证主义的标准去研究中国本土普遍认可的文本和传统,才使梁启超在自己对清代学术史的研究中将胡适视为"汉学"的代表人物②。此外,和他这一代越来越多的知识分子一样,胡适也有在海外留学的优势,并在这方面远胜他人,得到了同代人难以比肩的有利机会。我们能想到的唯一一个例外只有赵元任(1892—

---

① 胡适实则出生于上海,乃是清朝官员胡传(1841—1895)之子;胡适出生时,胡传正在上海充任征收关税之职。但他祖居安徽东南的徽州境内,紧挨浙江省界。因此,胡适完全有理由以熏染了安徽极富名望的文风自居,也别有一番理由去肯定戴震为当地的文学传统所作的贡献,因为戴震就曾在徽州学习过。至于胡适早年经历的具体细节,可以参考他在四十岁时的回忆,参见《四十自述》,台北:远东图书公司,1974年,页1—57;另请参见贾祖麟所写的简略传记,收于 *Biographical Dictionary of Republican China*, ed. Howard L. Boorman and Richard C. Howard, vol. 2 of 4 vols. (New York: Columbia University Press, 1971)。

② See Liang Ch'i-ch'ao, *Intellectual Trends in the Ch'ing Period*, trans. Immanuel C. Y. Hsü (Cambridge, Mass.: Harvard University Press, 1958), p. 26. 在记述安徽一地的学术传承时,梁启超错误地将胡适当成了绩溪县胡氏宗族的后代,甚至还由此上溯,称其祖上乃是18世纪的学者。

第四章 殊相即共相:胡适、"儒"以及中国人对民族主义的超越

1982),他在 1910 年 9 月被康奈尔大学录取;和胡适一样,赵元任也是在庚子赔款的资助下赴美进修大学学业的。

不过,以同时代其他人的标准来看胡适,他还是与众不同,身在国内的中国人对这一点当然不会弗闻罔顾;当胡适于 1917 年回到中国时,他被时人选为"当世最伟大的中国人",但胡适本人却对这个赞誉不以为然。早在康奈尔大学时,胡适就曾被选为"美国大学优等生联谊会"(Phi Beta Kappa)会员,大学四年级时还获得了英文系让人艳羡的"卜郎吟文学论文奖金"(Hiram Corson Browning Prize)。从康奈尔大学毕业一年后,他入哥伦比亚大学研究院,师从杜威(John Dewey)学习哲学(这也是他本科时的专业)。因此,完全有理由说,当在美国的留学生活即将结束时,胡适已经赢得了广泛的关注,并且对我们西方人所言的"西方学术传统"也颇为熟稔。无疑,他是连接两个世界的人物,既有传统中国学人的性情气质,又对"希腊罗马的文学、雕刻、科学、政治"所包含的人文主义理想充满热情并从中汲取了学养①。

在西方,胡适已经是一名自成一派的哲学家,对杜威哲学里实用主义和经验主义的基本原则提出了与众不同的解读。在中国,当他归国以后,就已经成了备受推崇的"中国文艺复兴"的代表人物,因为他用一种有效的方式将中国本土"考证"学派的朴学方法与从杜威那里习来的经验主义方法结合起来;也正是这种方式使他在学术上颇多创见,比如确立了传统白话文小说所具有的文学价值,等等。

正是这些交织在一起的学术取向和信念,才使胡适在其《说儒》一文中甘冒不韪并提出了很不一般的解释。然而,就像鲍吾刚在本章开篇引言里强调的那样,《说儒》一文的不同寻常并不只是体现在它论证的特色上②。鲍吾刚的评论认为,胡适的所作所为实际上是为青铜时

---

① 参见胡适:《信心与反省》,《独立评论》一〇三号:4,1934 年 6 月 3 日。至于他在美留学期间的情况,以及他在美国的学术传承和回到上海等详细状况,参见胡适:《胡适留学日记》,全四卷,卷一,台北:商务印书馆,1959 年,页 5—254。

② Wolfgang Bauer, *China and the Search for Happiness: Recurring Themes in Four Thousand Years of Chinese Cultural History*, trans. Michael Shaw (New York: Seabury Press, 1976), p. 15.

代"商"部族的文化附上了一种类似于弥赛亚降临救世的意味;郭沫若也曾撰写过一篇重要的文章来回应胡适的《说儒》,他在这篇回应里也提到过"商"这个部族,并且认为"中国文化导源于殷人"①。不可否认,这种解释完全是标新之作,但胡适不只是借用了基督宗教里关于耶稣会重临人世统治一千年的宣告来解释中国历史,他还有许多其他创举。正如我们将要看到的那样,胡适的解释的确是独一无二的发明。因为胡适在《说儒》这篇文章里,从孔子和耶稣充满人道主义的教导出发,比较了殷人与犹太人古老的弥赛亚式的宗教信仰,通过这种精妙的分析,他用中国本土的文本澄清了在中西方历史进路中所共有的内容,并因此在一种为中西方所共享的普世文明中将它们的未来绑定在了一起。

诚然,有些教导的确出自耶稣和孔子之口,但胡适将它们窃为己用则多少是出于自己的想象,为此,他援引了犹太人和殷人历史中的共同特点来支持自己的看法:不管是犹太人处于奴役之下,还是殷人处于周人治下之时,在他们当中都出现了自己将会迎来解放的预言。为了完善自己的观点,他不得不详细考证中国和西方的宗教传统,他当然也不会仅仅满足于用西方现代思想中的逻辑方法来解释这两种传统有什么异同。某种意义上说,这一点也是胡适在《先秦名学史》(*The Development of the Logical Method in Ancient China*)里的贡献,但他作为沟通中西方的文化中介则在《说儒》一文里另有一个非常关键的创举,那就是将自己所横跨的那两个世界的文化历史合而观之。

至于《说儒》这篇思接千里、天马行空的文章为什么值得我们研究,个中缘由很多,我方才提到的只是最容易发现的一个原因,也就是,正是《说儒》一文启发了中西方学者开始研究"儒"的起源问题。胡适此文与章炳麟的《原儒》,对20世纪的人们描绘古代中国的形象作出了巨大贡献。事实上,《说儒》一文的影响力或许在很大程度上也恰恰解释了为什么我们西方人会特别选用"Confucian"(儒家)一词来译解

---

① 郭沫若:《驳"说儒"》,收于氏著:《青铜时代》,北京:中华书局,1954年,页123。

第四章 殊相即共相:胡适、"儒"以及中国人对民族主义的超越

在中国古代就已出现的"儒"这个词。而这两位学者最重要的贡献便是,为回到异国他乡一般的古代中国铺平了道路,中国和其他国家的研究者们都可以沿着这条道路继续前行。

章、胡二人(尤其是胡适)都是极有成就和影响力的学者,也都是中国大学和研究机构里的知名人物,我们万万不能忽视这一点。就在学术界的地位而言,他们都各有拥趸和学生,都有广泛的海外联系,也都在全国享有声誉;由于有这些便利的条件,他们的学术成果都具有极不寻常的权威性①。贾祖麟很好地概括了这一点,在谈到胡适时他如是写道:

> 在中国现代高等学术研究机构工作期间——在北大,在中央研究院,以及在中国基金会工作期间——他为拓宽学术研究的眼界做了大量的工作。在他个人的学术成就中,他是很多青年人的导师和启发者,他开拓了他们的视野并瞻望了新的前景。承受过

---

① 章炳麟在学术上所产生的直接影响也许不像胡适那么广泛,但其影响之深远一点也不亚于胡适。他在《民报》和《国粹学报》上发表的无数文章,被年轻一代的革命派和激进的知识分子们热烈颂扬;他们为章氏所深深吸引,很大程度上是因为章炳麟饱含热情、百折不挠地致力于建立一个荣耀而独立的中国。1913年,身在北京的章炳麟在国学会上作了几场演讲,涉及文学、语源学和史学,均座无虚席;听讲者中就有钱玄同、毛子水和顾颉刚,我们对钱、毛、顾三人耳熟能详,因为他们在中国历史研究方法、地理学和民俗学等方面贡献良多。在章炳麟的学生里还有周氏兄弟——周作人和周树人(即鲁迅)——两人都承认在思想上曾受惠于章氏(前者直到1926年才与章炳麟渐行渐远),而且我们也不得不承认,周氏兄弟对我们了解中国文学和中国知识分子在20世纪的心路历程多有贡献。可以说,章炳麟的影响体现在,当时一些思想观念上的变迁和他有着密切的关系,他也极为深远地影响了一整代中国知识分子,而这些知识分子不仅帮助我们形成了对传统中国的理解,也帮助我们形成了对现代中国的理解。还可以提到的一点则是,章炳麟创办的《国粹学报》对中国学术的特点固持一家之言,具体来说,它将"古文"抬高到比桐城派和当时的今文学家的著作还要高的地位;而这一观点无疑被梁启超吸收进了自己对清代思想史的研究里,其成果则为西方研究中国的思想史家校准了诠释工具。

至于胡适拥有影响力的证据则更加清楚。举例而言,当胡适完成《说儒》一文时,他已担任北京大学文学院院长达三年之久;而后在1946年,他还出任了北京大学校长。由于胡适被视为中国的代言人,特别是1919年掀起思想革命的那场五四运动的代言人,加上他与杜威、罗素(Bertrand Russell)等西方知名思想家间的交往,使他享有蜚声国际,转而又使他在现代汉学研究发展的关口对中国学者和研究中国的学者都产生了重大的影响。

胡适恩泽的出色人物有：历史学家和民俗学家顾颉刚、文学批评家和历史学家俞平伯、太平天国史专家罗尔纲。①

同样地，章炳麟和胡适还有另一个共同点，那就是他们围绕"儒"的问题酝酿并撰写文章的思想背景乃是一个强调融合大同的环境——这一思想倾向开始于19世纪与20世纪之交，并在20世纪最初的20年里掀起最为热烈的高潮，但到了20世纪30年代却已变得湮没无闻——这一点在胡适那里表现得尤为突出。某种程度上讲，这种大同主义思潮其实是20世纪30年代地缘政治发展的结果。五四运动的那一代中国人中有很多人赞成"西化"（Westernization），他们都有在海外留学的经历；另一方面，当时也有越来越多的西方人来华工作。更重要的是，当时的很多中国知识分子已然接受了有关"进化、进步和现代化"乃是线性发展的说法，这些说法在思想观念上带来的冲击便是推翻了那些看似牢不可破的陈说旧据，使这些知识分子不再相信不同文化之间隔绝无涉的说法。那些深信人类自有一套发展进步的模式、相信人类社会必然会从宗教性过渡到世俗性的学者们遍布世界各地，他们构成了一个崭新的学者群体；可能也正是在他们当中，章炳麟和胡适关于"儒"经历了发展变化的说法才显得极有说服力。因此可以说，西方在早些时候为试图完全理解中国曾陷入了概念的漩涡，而章、胡二人的解释此时则已卷入了这个漩涡的中心并被他人反复再造重现。

章炳麟和胡适一致认为，从起源上讲，"儒"本是提供宗教服务的那些人的称号，这些人后来演变成了研究经典的学者和文官。60多年来，尽管持各种政治立场的中国学者都曾试图修正这一观点，西方的诠释者们也对他们的研究成果格外期待关注，但章、胡二人的这一观点依

---

① Jerome Grieder, *Hu Shih and the Chinese Renaissance: Liberalism in the Chinese Revolution, 1917-1937* (Cambridge, Mass. : Harvard University Press, 1970), p. 341. （译者按，译文引自氏著《胡适与中国的文艺复兴：中国革命中的自由主义[1917—1937]》，鲁奇译，南京：江苏人民出版社，1996年，页373，并略有改动。）

第四章 殊相即共相:胡适、"儒"以及中国人对民族主义的超越

然挺立如旧。章、胡之后,中国人从学术层面处理"儒"的问题,从本质上讲只是在阐述二人已经形成的一致观点而已,一般也认为章、胡二人的贡献已经为这个问题划定了题域。举例来说,侯外庐和萧公权所写的中国思想史异常精彩,但刚才提到那个世俗化的主题恰恰构成了侯、萧二人论述"儒"的基础,至少从这方面来说,两人论述的相似程度是如此惊人①。与此相应,由于西方学界对侯外庐和萧公权所著的两部集大成的思想史颇为信赖,因此,他们在书中对章炳麟和胡适业已形成的一致意见予以重述,势必也会对西方的诠释者们产生可观的影响;牟复礼(Frederick Mote)正是受到影响的诠释者当中较为知名的一位,本书第三章题记里的那段引自牟氏的引文就借用了章、胡二人的解读。此二人的解读实际上已经渗透到了汉学的深层意识里,并在多部著作里原封不动地一再重现。鉴于这种解释波及范围很广、持续时间很长,也许被看作是种高明的编造更为合适,并且正是由于这种编造,"儒"才会在中国文明的长河里成了前后相续、连绵不断的存在。仅仅是考虑到这一点,胡适的文章就已经值得我们好好注意了。

其次,《说儒》一文也被认为是第一篇真正意义上的根据史实来建构"儒"的文章,它在理论方面用力尤多,开启了国内外围绕古代中国的议题进行学术上的探讨,同时也使中国文化对西方人来说不再显得那么隐秘。这篇文章也侵消了西方将中国视为异国外邦的刻板印象,其方式与冯友兰将中国思想界定为西方通常意义上的"哲学"来加以处理非常相像②。

通过将中国思想史置于广阔的哲学语境里,冯友兰和胡适两人同

---

① 侯外庐:《中国思想通史》,全五卷,卷一,北京:人民出版社,1957年,页36—38;以及萧公权:《中国政治思想史》,全六卷,卷一,台北:中华书局,1954年,页53—55。
② 冯友兰:《中国哲学史》,北京:太平洋图书公司,1968年,页1—14。关于冯友兰尝试用更为宏大、更加完整的哲学体系来阐释中国思想的问题,参见 John Ewell, "Reinventing the Way: Dai Zhen's Evidential Commentary on the *Mengzi Ziyi Shu Zheng*", Ph. D. diss., University of California, Berkeley, 1990, pp. 1-5。

时尝试着去超越中国思想的独特性。对古代文献进行哲学化的处理和旁征博引,早就成了18世纪以来中国思想界的通行做法;冯友兰和胡适从西方思想与宗教传统中汲取资源引为类比,极大地推动了这方面的理解。《说儒》正是使用这一新方法来阐释本土文献的代表,它通过比较后找到的依据和类比基础上的建构,为那些本土文献阐释提供了辩护。

其三,本书全篇都在强调人们建构某种意义的努力在历史上反复出现,正是这种努力使得耶稣会士能够理解中国人并使他们自己成了中国人,也正是这种努力使得章炳麟创造性地提出"儒"在古代有"术士"之意;同样,这种努力也出现在本篇已经提到过的《说儒》一文里,甚至可以说,该文堪称是这种努力的典范。《说儒》一文自认源出《原儒》,如将其与《原儒》并置,则胡适此文在诠释及其所欲强调的重点方面与章文的微妙差别就很明显了,我们也可以看到同一种文化中几乎同时代的两个人是如何从含混不清的状态中制造出了意义。或许我们还能看到当时的中国人如何分属于不同的文化生产模式,这些不同的文化生产模式又是如何使用文本创造出了自己的一套意义(至于那些经典或古代的文本,也都被重新改写、加工利用);需要强调的是,这些不同的文化生产模式所创造出的意义仅与其各自关心的议题有关,而这些议题只是部分地有所交叉。

对我们而言,比较熟悉的乃是借用德里达(Derrida)所谓的"游戏"(*jeu*)来讨论作者手中的文本生产,那就是将文本的生产视为文本与诠释的"游戏"①。胡适并非生活在一个经典已经荡然无存的世界;虽然他那代人对机械僵化地皓首穷经颇多非难,但胡适本人却对载有古代历史和文学的文本充满敬意。不过,在胡适解释"儒"的时候,在他选用文本来捍卫自己的观点、为那些晦涩的术语作注解并采用跨文化比

---

① Jacques Derrida, "Structure, Sign, and Play in the Discourse of the Human Sciences", in Derrida, *Writing and Difference*, trans. Alan Bass (Chicago: University of Chicago Press, 1978), pp. 278-293.

第四章 殊相即共相:胡适、"儒"以及中国人对民族主义的超越

较时,显然都带有"游戏"的成分。但这种"游戏"并非不受限制;更确切地说,它受制于并体现在那种无言的忠诚之中——对本土身份认同和处境的忠诚,也正是在这种忠诚中产生了深层的思想与道德价值。为了理解"儒",我们自己采用了一种独特的方式,它满足了20世纪晚期所进行的某种历史想象,而刚才提到的那种"游戏"的特点恰可视为这种方式所具有的特征。

其四,胡适从处于边缘地位的受压迫贵族的角度来描述古代的"儒"和孔子,完全修正了对古代中国的一般看法,也修正了将"儒"视为其所传承的传统文化之象征的一般看法。此外,《说儒》一文还"解构"了对"犹太—基督教传统"的通行解释,进而对中国人和西方人现有的世界观提出了挑战。在胡适的解释里,孔子虽然是殷商王室的直系后裔,但却不赞成使用祖先流传下来的带有部族印记的仪轨,而是背弃了它们;孔子和耶稣基督一样,是一名不溺于俗的独行者,他们都被同胞误解,而后人读到的有关他们两人的种种解释也是错误曲解迭出,与客观事实大相径庭。可以说,《说儒》一文强化了本书的这一观点,即"儒"从来都是人们用尽机巧、不断创制的一个象征;同时它还揭示了这个问题,也就是,在我们继承下来的观念中,对"儒"那些广为人知的形象的经典理解,既与其本质不符,又非逻辑上的必然。

最后还要强调的是,章炳麟早先的重构很大程度上乃是一种语义学的重构,一些意思只是暗含其间,而《说儒》一文则将它明白道出。而道出的内容正体现了我们对"儒"的理解带有某种文化上的"混杂性",这也就是说,为了迎合现代观念而以我们的理解制造出来的意义虽被贴上了"最古老的智慧"这一标签,但其实只是中西方想象的产物而已。这种中西方想象的产物,实际上是将中国人从文化上进行自我界定的诉求与西方科学、宗教里的概念工具融合在了一起。也许为了界定清楚的需要,我们的确是可以先将中国人从文化上进行自我界定的诉求在这里单独分离出来,但其实只要读一读《说儒》就会发现,胡适显然认为这种诉求与西方科学、宗教里的概念有着千丝万缕的联系。

正是由于胡适坚信有一种统一的解释贯穿中西方,他才会在想象中描绘出中国在 20 世纪迎来文艺复兴的蓝图,并且声称这种文化上的重生早已为孔子所预示,因为孔子在古代就已提出,反对狭隘的地域门户之见与感情好恶,而赞成一个提倡仁爱的全新的大同世界。但我现在提到这一点言之尚早,还是等我们详细讨论了可能会被胡适称为"历史进化论"(historicoevolutionary)的那种表述后再回到这个问题上来①。

《说儒》:根据古代中国来解读胡适

就像《墨子》第四十一章的一段引文构成了章炳麟详述"儒"之词源的骨架一样,章炳麟的《原儒》一文则为胡适研究"儒"之起源和发展的那篇文章奠定了理论基础。胡适那篇现已闻名于世的《说儒》(An Elaboration on Ru)一文,阐释了"儒"的演化发展,系完成于 1934 年 5 月 19 日,并于是年秋天由当时的中央研究院发表出版②。也许是因为服膺于章炳麟及其提倡的那些思想遗产,《说儒》一文沿袭了 18 世纪考证派学者的传统,在撰写时也定位为是对《原儒》一文的"修正补充"。不过,只要我们对本章篇首题记所引鲍吾刚的观感梳检一番就

---

① 我对《说儒》一文的分析,主要集中在该文的第二、第三和第四章,因为《说儒》一文在这三章里提出了主要观点并作了论证和辩护。在该文中,相对于着力解释"儒"的其他章节来说,第六章对这问题并无太多贡献,它讨论了"老子是儒"的可能性,更像是对章炳麟的直接反驳。在《墨子》这部说理风格浓厚的文集里常常可以见到一种被称作"反复"(redundancy)的修辞现象,这在《说儒》一文的第二、三、四章里也相当常见。具体来说,文中有些论证结果常常会以几乎完全一样的方式加以重复,但需指出的是,对于那些能够预见的观点并不会发生此类语句重复,似乎是作者研究后得出的结论真的让他感到兴奋时,兴之所至才会出现这类重复。

② 《说儒》一文刊载于《国立中央研究院历史语言研究所集刊》,第四本,第三分册,并于 1935 年收入上海商务印书馆出版的胡适近期著文选集,题为《胡适论学近著(第一集)》。笔者所用该文版本系出《胡适文存》,卷四,页 1—82,乃是远东图书公司 1953 年对《胡适论学近著》稍加修订后再版的一部文集。这个版本是现在的通行本,长在它有傅斯年和胡适为《说儒》所作的 21 页补充材料。

第四章 殊相即共相:胡适、"儒"以及中国人对民族主义的超越

会发现,《说儒》一文所牵涉的猜想和推测纵横千里,远远超出了章炳麟的《原儒》一文所能接受的程度。

由于胡适希望自己的文章被看作是在充实章炳麟的《原儒》,所以我们应该将这两篇文章视为是试图解释"儒"的整体努力;当然,这种解释本质上说乃是一种重写,随着本章的展开,下文我还将逐步揭示这一点。尽管胡适希望自己的文章能为《原儒》作一番"修正补充",但《说儒》其实还是另外采取了较为独特的进路,创造性地运用了章炳麟早先的研究成果和胡适自己所掌握的一大套概念工具,而他之所以会掌握这套工具是因为他已在思想上成了"世界公民"(citizen of world)。现在就让我们来看看《说儒》一文的独创性。

我们现在应该很清楚,《说儒》其实并不是《原儒》的补遗,也不是对《原儒》的改头换面;章炳麟的想象已经很不寻常了,但《说儒》却更胜一筹。尽管如此,胡适仍然坚持说他的新解释源自先前章炳麟的那篇文章,并用了《说儒》一文的前三页来全面概述章炳麟这位先驱的观点及其认为可信的资料来源。

在对章炳麟学术研究所具有的开创性究竟有多么重要进行一番恭维之后,胡适坦言,"但太炎先生的说法,现在看来,也还有可以修正补充之处"①,意思是,在过去了四分之一个世纪之后,章氏学术成果的许多观点都需要一些修正。仅仅瞥一眼这篇文章的目录就会了然,胡适在对"儒"作出解释方面到底比章炳麟多走了多远。与此同时,它也让我们对胡适重新研究"儒"到底如何极具独创性有了充分的了解,并且大致勾勒了胡适的那些猜想及其论证轨迹又是怎样。五个截然不同的部分构成了《说儒》一文的主体,每一部分都可以用来单独说明文章标题所昭示的主旨:

---

① 胡适:《说儒》,页4。

（二）论儒是殷民族（Yin Tribe①）的教士（Missionary②）；他们的衣服是殷服，他们的宗教是殷礼，他们的人生观（Philosophy of Life③）是亡国遗民的柔逊的人生观④。

---

① 《说儒》一文通篇，胡适都将"殷"（也以被称作"商"而为人们所知）和"周"视为两个虽然同文同种但却彼此不同、相互竞争的民族（ethnic group），一个例子就是，他曾经提到过"殷商民族的中兴"。胡适的观点或多或少倾向于强调种族之间有一些差别，但我认为在《说儒》一文的语境里，最好将他所用的"民族"一词视为"部落"（tribe），而不是"种族"（race）或"少数民族"（ethnic minority）。通常，"部落"一词正对应于"tribe"，胡适有时也会用到"部落"一词；但在胡适描述这些人及其文化、宗教甚至是地理观念时，"民族"一词却用得极为普遍。我意识到用"tribe"来翻译"民族"有点格格不入，但在当前语境下，我别无选择。"民族"是非常难定义的一个词，以至于郝瑞（Stevan Harrell）说它是不可翻译的。冯客（Frank Dikötter）坚持认为，"民族"的意思是"nation"或"race"，这两个词都含有中国人在整个 20 世纪对"民族"一词的理解。See Stevan Harrell, "Ethnicity, Local Interests and the State: Yi Communities in Southwest China", *Comparative Studies in Society and History* 32, no. 3 (July 1990): 515-548; Frank Dikötter, *The Discourse of Race in Modern China* (London: Hurst, 1992), pp. 97-111.

② 胡适在这里所用的原文就是中文里的"教士"一词，它同样用于指称外国"传教士"（missionary）。但胡适并没有一以贯之地使用"教士"一词，有时还会换用它的同音词——"教师"。这是一个有意为之的双关语，在胡适进行分析的语境里显得非常有效，因为按照他的描述，"儒"既是教授古代殷礼的世袭教师，又是在周代传播这些宗教礼仪相关知识的传教士，这些人认为，周人要成功地与殷人同化需要了解这些礼仪。"教士"和"教师"这两个词都将"儒"的职业描述成是商代负责宗教事务的专职人员或是向周人教授"殷礼"的老师。"教士/教师"一词用来指称"儒"时，通常是用于指称那些在商代亡国以后就宗教礼仪给人们以指导的人。而胡适在巧妙使用这个词的同时，也十分清楚"教士"一词的现代意义乃是指"基督宗教的传教士"（Christian missionaries）。

③ 胡适用的中文词汇乃是"人生观"（view of life），译自德文词"Lebensphilosophie"，它在 20 世纪 20 年代非常流行。这个德文里的概念就像旅游纪念品一样，被在德国短暂师从倭铿（Rudolph Eucken）的张君劢（Carson Chang）"翻译"到了中国。有意思的是，恰恰是胡适的论敌——张君劢和梁启超——在"科学与人生观"论战中使用了"人生观"一词来指称与个人身份特征有关的思想观念。这场论战始于 1923 年 2 月，随后大约断断续续地持续了十年，并以另一种形式在围绕"中国本位的文化建设"进行的思想交锋中再次出现。See Charlotte Furth, *Ting Wen-chiang: Science and China's New Culture* (Cambridge, Mass.: Harvard University Press, 1970), pp. 94-135; and Jerome Grieder, *Intellectuals and the State in Modern China* (New York: Free Press, 1981), pp. 255-269.

④ "亡国"是胡适用来描述殷人在被周人征服以后其人民、文化与宗教所处状况的一个词。20 世纪初那些带有种族觉醒意识的革命者们也曾用"亡国"一词来描述清廷治下的中国。1902 年，章炳麟也在日本东京组织过一场名为"支那亡国二百四十二年纪念会"的政治集会。谁都可以在邹容为《革命军》所作的序言里找到"亡国"这个词，邹容用这个词来为《革命军》一书署年："皇汉民族亡国后之二百六十岁"。也许"亡国"一词还含有时代意义，（转下页）

第四章 殊相即共相:胡适、"儒"以及中国人对民族主义的超越

(三)论儒的生活:他们的治丧相礼的职业。

(四)论殷商民族亡国后有一个"五百年必有王者兴"的预言;孔子在当时被人认为应运而生的圣者。

(五)论孔子的大贡献:(1)把殷商民族的部落性的儒扩大到"仁以为己任"的儒;(2)把柔懦的儒改变到刚毅进取的儒。

(六)论孔子与老子的关系;论老子是正宗的儒。附论儒与墨者的关系。①

在这些章节之前,《说儒》一文还有第一章,名为"问题的提出",所谓"问题"即指章炳麟分析得出的"儒"的意义。正如我们所知,章炳麟只是大略勾勒了"儒"的意义所经历的演化过程,即从指示"术士"的"达名"演化成指示"传经之师氏"的"私名"。胡适在这里抬出章炳麟的结论,实际上有自己的用意,那便是就"儒"的演化提出一套看起来可以接受的理论。胡适解释说,章炳麟提出了一些问题但却未予解答,而他自己的文章则是对这些问题的进一步研究,它们需要更为古老的证据和一些不那么晦涩的典故。

胡适对《原儒》一文显然颇为赞许,在《说儒》的第一章里,通过大量援引《原儒》,他如实回顾了我们在本书前一章里所分析过的章炳麟有关"儒"分三个阶段的观点。他衷心赞同章炳麟重建"儒"之古义所得出的结论;并且认为,他们那代人之所以能够真正理解《论语》第六章第十三节"女为君子儒,毋为小人儒"里"儒"字的意义,应该归功于章炳麟。胡适认为,章炳麟所解释的"儒"作为"达名"乃是指"术士",恰为理解上面那段非常费解的语句提供了钥匙,并推测说道:

(接上页)较为贴切地描述了20世纪30年代中期很多中国知识分子的感受,即中国很快将会再次沦入异族之手,也就是日本人之手。参见邹容:《革命军》,重印本,北京:中华书局,1958年,页1。就在胡适撰写《说儒》一文时,中国知识分子普遍感到中国即将被日本征服,关于这一问题,可参见 Chou Min-chih, *Hu Shih and Intellectual Choice in Modern China*(Ann Arbor: University of Michigan Press, 1984), pp. 100-106。

① 胡适:《说儒》,页1。

这可见当孔子的时候,"儒"的流品是很杂的,有君子的儒,也有小人的儒。向来的人多蔽于成见,不能推想这句话的涵义。若依章太炎的说法,当孔子以前已有那些广义的儒,这句话就很明白了。①

不过,胡适也坦言,他对章炳麟有关"儒"之"类名"系指"六艺之人"的解释,仍然"感觉不满足",并且认为这是章炳麟观点中的"最大弱点"②。

胡适于此处对章炳麟的观点提出批评,并不是因为章氏将"儒"与"六艺之人"画上等号,而是因为章炳麟只使用了《周礼》和郑玄注文里的段落章节作为证据;胡适认为,这些段落章节实在是太单薄了,不足以支撑如此有分量的重要观点:

> 此说的根据只有《周礼》的两条郑玄注。无论《周礼》是否可信,《周礼》本文只是一句"儒以道得民"和一句"联师儒",这里并没有儒字的定义。郑玄注里说儒是"有六艺以教民者",这只是一个东汉晚年的学者的说法,我们不能因此就相信古代(周初)真有那专习六艺的儒。③

胡适声称,这些文本里的引文太过简单,以至于用它们作为依据并没有太大的价值。他虽然赞成章炳麟关于"儒"在古代乃是指"术士"的观点,但他还是认为,即便章炳麟作出了解释,仍然留有许多疑问尚未解答。他提出:

> 太炎先生说"儒之名于古通为术士",此说自无可疑。但他所

---

① 胡适:《说儒》,页3—4。
② 同上书,页4。
③ 同上。

第四章 殊相即共相:胡适、"儒"以及中国人对民族主义的超越

引证都是秦汉的材料,还不曾说明这个广义的儒究竟起于什么时代,他们的来历是什么,他们的生活是怎样的,他们同那狭义的孔门的儒有何历史的关系,他们同春秋、战国之间的许多思想潮流又有何历史的关系。①

当胡适提出这些问题说明自己有所保留时,其实也勾勒了自己进行"修正补充"的论证轨迹,因为这些问题正是后面五章分别展开论述的关键。不过,有一些内容在《说儒》一文的目录里并没有作过预告,比如第二章的标题只字未提它会回溯孔子在《论语》第六章第十三节里的讲论,而胡适则在该章一开篇就明确道出了章炳麟心知肚明但却避而不谈的内容:"'儒'的名称,最初见于《论语》孔子说的'女为君子儒,毋为小人儒'"②。正如我们先前所注意到的,章炳麟在自己的解释里十分小心地将孔子与"古之儒"区别开来;但在胡适的解读里,他却用章炳麟所界定的"儒"字的原初含义,也就是"儒"的"达名",来解释让人头疼的这段《论语》,借此展示了自己修正章炳麟《原儒》一文的方法机理。

从一开始,胡适就按照惯例将"儒"与孔子"自然地"结合在一起并以此作为自己研究的基础,因为胡适认为必定有之前未能揭示但却合乎史实的充足理由将两者联系在一起,但章炳麟恰恰认为这两者之间的联系并非本质联系,也非必要联系。"为要补充引申章先生的说法",胡适打算找到能将两者联系在一起的理由,而他是从研究这个问题开始的:"这些儒是什么样的人"③。胡适相信,经典里一定有依据能

228

---

① 胡适:《说儒》,页4。胡适在第一章最后还提出了一个批评,批评章炳麟在解释"儒"起源于"道"时前后不一。诚然,章炳麟在《原儒》里曾提出,就"儒"是"术士"的另一个名称而言,战国时的诸子百家都以"儒"闻名;但在《国故论衡》的另一篇文章《原道》里,他又说,"儒家、法家皆出于道,道则非出于儒也"。胡适推论说,如果"儒家不过是道家的一个分派,那么,'儒'还够不上一个'类名',更够不上'达名'了"。由这个矛盾也提出了另一个问题:儒、道两家究竟有何历史关系?《说儒》一文的最后一章即致力于此。
② 胡适:《说儒》,页5。
③ 同上。

够回答这个问题,而这将为前辈的考据研究补充上丰满的历史血肉。胡适很有可能是这么想的:既然孔子会如此自然地提到两类不同的儒,那么,逻辑就清楚地告诉了我们,当时的确有一类人被称作"儒"。

不过,胡适的下一步棋并没有沿着这一思路更为彻底地检视孔子作出如此论断的语境,而是转而去确定"儒"这个字的"古义"。一如章炳麟所采取的做法,同时也借鉴了大多数受困于"儒"字意义模棱两可的中日学者所采取的做法,胡适并没有用战国时期其他学术流派的文本中出现的"儒"字字义来界定"儒",而是借助于《说文》一书。但胡适用孔子没后大约五百年的《说文》这种另一个类型的文本里的定义,来确定首现于《论语》的"儒"字的信实古义,对关心方法进路是否真实可靠的我们而言,无疑显得有待商榷。另一方面来看,考虑到与其说"小学"(philology)是一门科学研究不如说是一门艺术,因为它对世界的理解总笼罩着特定的情感与判断①,我们必须谨记:去参考《说文》里对某个字古义的重新建构完全是信念使然,也就是相信在《说文》中找到的那个字的释义正是其最早字形所表达的含义②。不过,对于像章炳麟和胡适这样怀疑甲骨文的可靠性并且深受 18 世纪学术传统影响

---

① "小学"(philology)对"风格"(style)的重视不亚于对"真实"(truth)的追求,也许还要更加重视"风格"。因为它有自己既定的规矩和确定的套路,所以它更像是中国一门文雅的艺术而不是科学。这也许正是列文森为什么会错误地将"汉学"理解成一门未能成功发展起来的科学研究,参见"The Abortiveness of Empiricism in Early Qing Thought", in Levenson, *Confucian China and Its Modern Fate: A Trilogy*, vol. 1 (Berkeley: University of California Press, 1968), pp. 3-14。高居翰(James Cahill)曾对张宏(1577—1652?)的风景画追求"形似"(representation)所面临的危险作过分析,而本书中我对"小学"所作的描述很大程度上正受益于高居翰的分析。见 James Cahill, *The Compelling Image: Nature and Style in Seventeenth-Century Chinese Painting* (Cambridge, Mass.: Harvard University Press, 1982), pp. 1-35。

② 也许将许慎的注解形容成是"复古的"(archaistic)才更为准确,因为在许慎看来,"儒"字在汉代标准化以后出现的任何定义,皆非针对该字古义的口语流变所作出的可靠的音韵学重建或解释。举例来说,我们曾经有一段时间认为,《诗经》的用字与文本内容都受到了后出音韵的影响,因此它反映的并不是东周时期的语音,而是周代与汉代杂糅的语音。职是之故,使用《诗经》来复原古代中国的音韵(这种做法并不罕见,胡适和章炳麟就采用了这一进路),并不能纯正地重建中国的语言。所以我们再度面临的问题便是,我们到底有什么可以信靠。至于想要完全"如实"地重构究竟有多么困难,参见 William Baxter, "The *Shijing*: A Zhou Text in Han Clothing",该文于 1986 年秋天提交给美国密歇根大学中国研究中心。

第四章 殊相即共相:胡适、"儒"以及中国人对民族主义的超越

的人来说,许慎那部满是双关用法的文本恰恰可以作为研究起航的逻辑起点。

可以说,《说文》里的"儒,柔也"一语双关,《说儒》一文正是据此寻得"儒"字古老含义的例子,但章炳麟恰恰忽略了它。胡适将"柔"字视为"儒"字所具有的"词汇真正的原生力量",他也为此为自己定下了一个目标,那就是确定"柔"字的最初含义。他的目标是想解释为什么要用"柔"这种性质而不是其他什么性质来解释"儒"。胡适在寻找语义学证据时所采取的进路与章炳麟在重构时所坚持的方法略有不同。胡适断言:"'需'字古与'耎'相通;《广雅·释诂》:'耎,弱也。'"① 郑玄与郑司农两人分别提出过"需"即是"柔",郑玄的注释里说古书中的"需"字有不同的写法②,而郑司农的注释则提到,古代的"需"字被理解为"柔需之需,谓厚脂之韦革柔需"③。"需"字具有"柔"的意义,显然还见于有时会将它与"坚"字对举,同样也见于另一处注释将它定义为"柔耎之耎",引申有迟缓濡滞之意。

"需"字与"柔"字、"弱"字、"耎"字在音韵上的联系好像是彼此反复牵涉,而"需"字又与"坚"字在语义上存在对比——这都表明,似乎存在一个"语义场",尽管我们无法确定它在多么久远的古代就已形成,但在这个"语义场"内,"儒"字的字根,也就是"需"字,无疑带有"柔弱"或者"濡滞"的意思。当然,正如胡适注意到的那样,即使证明了这一点,也没有说明为什么在早期的注释或者其他资料里会如此来解释"需"字这个极为重要的字根。因此,为了建构一个更容易理解的

---

① 胡适:《说儒》,页6。相传,《广雅》是张揖(活跃于公元230年左右)在公元3世纪编撰的训诂书。胡适此处提到的版本有可能是王念孙(1744—1832)在19世纪早期编写完成的《广雅疏证》。

② 郑注云:"古书,需作㓞。"见胡适:《说儒》,页6。——译者注

③ 胡适:《说儒》,页6。显然,白川静(Shirakawa Shizuka)将"儒/需"解读成"萨满"——"断发髡形"的"巫祝"形象,其依据正是郑玄的观点。这种解读也为甲骨文所证实,"需"字在甲骨文中有据可查的最古老的写法实有一个右偏旁"刂"。See Shirakawa, *Setsubun shingi*, vol. 8 of 16 vols. (Tokyo: Goten Shoin, 1972), pp. 1603-1605. (译者按,郑司农注释原文为"㓞读为柔需之需",仅是提到"读为'柔需之需'",同詹启华此处所谓的"被理解为'柔需之需'……"还是有区别的。)

语境,以便通过"需"字而将"儒"字与"柔弱""迟缓"的特点挂上钩,胡适也像章炳麟一样,将自己的研究转向了《易经》。也正是由于使用了《易经》,胡适将自己的诠释又向前推进了一步,这并不只是指他为《说文》的注释提供了支持,还在于他借此提出了对其猜测"儒"之古史来说至为关键的另一种字义。鉴于胡适在文章中提出的看法有一大部分是基于他对《易经》第五卦和第四十三卦中某些线索的解释,现将其在《易经》玄妙难解的言辞中曲折运思的内容全文引用如下:

> 《周易·象传》:"需,须也。"《杂卦传》:"需,不进也。"《周易》"泽上于天"为夬,而"云上于天"为需;夬是已下雨了,故为决断之象,而需是密云未雨,故为迟待疑滞之象。《左传》哀六年:"需,事之下也。"又哀十四年:"需,事之贼也。"
>
> 凡从需之字,大都有柔弱或濡滞之义。"嬬,弱也。"①"孺,乳子也。""偄,弩弱者也。"(皆见《说文》)《孟子》有"是何濡滞也"。凡从耎之字,皆有弱义。"偄,弱也。"(《说文》)段玉裁说偄即是懦字。……即今糯米的糯字。《广雅·释诂》:"媆,弱也。"大概古时"需"与"耎"是同一个字,古音同读如弩,或如糯。……"儒"字从需而训柔,似非无故。②

这种用"夬"卦来解释"需"卦的互文式注释有一个优点,那就是避免了以往只知道使用东汉时期的语源学研究来解读"需"字的积弊。胡适将"夬"卦与"需"卦当作彼此联系的一对概念,是因为它们的下卦都是象征着"天"的"乾"卦;通过这种处理,胡适回避了章炳麟用六十四卦的第五卦("需"卦)来解释"需"字的那种并不常见的做法。如果说在占卜推演的时候,"夬"卦作为单独的一卦乃是象征先前已经下过雨,

---

① "嬬"(有时读作"柔")字的字面意思是"偏房"或"妾"。因此,"嬬"字有"弱"的意思,乃是源于其在家庭中处于相对弱势的地位。

② 胡适:《说儒》,页6。

第四章 殊相即共相:胡适、"儒"以及中国人对民族主义的超越

那么,"需"卦(其上卦象征"水")则代表雨水将至。前者表示完成了一套完整的行动,后者则表示行动仍在酝酿之中且尚未完成。

胡适采用这条全新的进路所得出的结论,与章炳麟早些时候使用"小学"方法得出的结论在某种程度上说还是比较相似的,因为章氏也强调过,雨水将至的意象对于理解"儒"的意义非常重要。当然,他们都认为,可以在《易经》有如神谕一般的只言片语里发现"儒"字最古老的意义,但胡适并未就此断定"儒/需"是指巫师和术士。相反,他为我们留下的解释只是说,"儒"兼有"柔弱"和"濡滞"之意,这同样出自对"需"卦和《说文》中相关注解的考辨。可是人们依旧很难在各种语义关系所构成的错综复杂的链条里,在那种预言性的、象征性的简短表达中认清"儒"。

其实,胡适的这一说法与他未曾明言但却缠绕其中的种种假定相互联系;继此而后,胡适又搬来了《墨子》和《荀子》里的一些段落,在胡适引用的这些段落里,"儒"开始呈现出历史上一种相对固定的面貌。"需"这个字正描绘了这些人的做派,但我们从战国晚期的文献里了解到,"儒"是指那些身着"儒服"的人,这种服装与众不同:长襟宽袖、峨冠博带。胡适说,这种"特别的衣冠"为"最古的儒"所着,"表出一种文弱迂缓的神气,故有'儒'之名"①。

胡适紧接着又将与"儒"的外表有关的段落罗列并置,为"儒服"贴上了特别的标签——文弱者的衣冠。进一步来说,将这种服装与"儒"联系在一起,并非是语义学梳理的结果,实是因为一种联想而来的象征;所以,胡适口中那个非常独特的"民族"——也就是殷民族——所着的衣冠就成了明显的证据,足以证明最早的注释里提到"儒"的柔弱并非虚言。胡适推想,他那个时代的知识分子茕茕孑立、愤世嫉俗的特点与古代不分轩轾,所以他才会注意到在最初的"儒"所着的衣冠中透露出了一种文弱,而这些"儒"则都是殷人。换言之,他们都是教士,而不是武士。胡适声称,"儒服"所透露的文弱乃是"儒"

---

① 胡适:《说儒》,页7。

的第二个古义①。因此,从与章炳麟几乎完全一样的证据出发,胡适将以孔子为代表的"儒"视为"术士"的直系嫡传——"术士"的衣饰与常人不同,"儒"的衣冠也受人诟病。

针对这一点,胡适反复强调"儒"有柔弱的性质,列举了与"儒"的发音接近并能借此构成音群的许多字。胡适认为,"儒"明确带有某种柔弱性,这个团体的成员所穿着的特殊服饰正象征了这种柔弱,而殷人的服饰恰恰与这种服饰相同,我们也有理由相信至少在被周人征服以后殷人所穿着的也正是这种服饰。最终,胡适通过自己对《周易》的分析指出,鉴于"儒"字一开始写作"需",至少是读作"需",在殷商覆亡后的岁月里其意乃是"需"或"需待"。在以上提到的数条线索里,这最后一条尤能使人感到好奇。胡适用一些带有推测的段落处理了一系列问题,涉及古代文化地理、周朝所遗留的需要镇抚殷民的问题,以及"儒"在古代扮演的角色乃是丧礼上的相礼专家等方面;而在了解了这些问题之后,人们不禁想知道"他们在需待什么?"也许留在读者脑海里的种种悬念会提出许多疑问,而回答这些疑问则需要披露很多线索,这些线索又常常与暴力争斗有关。

从胡适《说儒》一文前十页所揭露的线索中建构出的历史语境,乃是一段充满暴力争斗的古老历史,这种争斗既是压迫者与被压迫者之间的斗争,又是不同部族之间的冲突——当一个部族征服另一个部族时,这种冲突并未得到化解而只是暂时停顿了而已②。这段历史背景

---

① 詹启华此处解读与前述"儒"的第一义并无明显不同,或者说仍在解读"儒"的第一义。其实,胡适解释中提到的儒的第二个古义乃是指"从儒服是殷服的线索上,我们可以大胆的推想:最初的儒都是殷人,都是殷的遗民,他们穿戴殷的古衣冠,习行殷的古礼",詹启华此处的理解恐有偏差。——译者注

② 胡适还说,孔子之时的殷人柔顺、谦卑而寒贱;殷、周这两种文化的融合正体现在孔子的学说里,而这种融合恰恰展现了古代中国文化的伟大。这一说法让人想起了顾颉刚,特别是顾氏那篇颇受争议并且提到"是蛮族使本土文化更具活力"的文章。他们是如此相似,我们也许可以推断说这种思维模式在20世纪二三十年代较为流行。和胡适对商周两民族之间关系的解读一样,顾颉刚的这篇文章也是对当时紧张的民族关系所进行的反思。参见 Lawrence Schneider, *Ku Chieh-kang and China's New History: Nationalism and the Quest for Alternative Traditions* (Berkeley: University of California Press, 1971), pp. 209-272。

第四章 殊相即共相:胡适、"儒"以及中国人对民族主义的超越

充满了文化愤恨,在这种情况下,胡适将"儒"的形象描绘成了一种很尴尬的角色,他们虽然是殷商遗民却侍奉周朝。胡适对他们在周朝最初几百年间(或是胡适所谓"殷商亡国时")的社会地位进行了重构,可以概括如下:

  大体上讲,叙述那段有如野火春风般的斗争不过是老生常谈而已。"殷商"和"周"本是两个单独的部族,他们拥有不同的文化、历史、偶像、风俗习惯和地理环境。这两个部族本来相安无事地居住在中原地区——殷商在东,而周居西土——虽然他们以自觉或不自觉的方式变得日益相像,但仍保持着明显的不同。殷商之人对于宗教有着极大的热忱,他们世居中原地区,这里是古代中国的文化中心;而周人则是从中原地区的西部迁居到东部的外来户,是文明程度较低的暴发户,本是一个尚武的游牧部族。当然有理由认为,在经过长期的接触以后,这两个部族会在文化上变得非常相似。但正如我们在解读《尚书》的过程中所了解到的,也正如胡适提醒我们的那样①,这种状况并没有持续多久,而这两个部族文化同化中有意而为的那一面还带来了更为引人深思的后果。

  文化上较为初级的"周"征服了"商"(自此以后"商"被称为"殷")②,商部族的风俗习惯则在东方四国——卫、齐、宋、鲁——得以保存。周公(治在前1042—前1036)主政时期因征服而带来的同化却激起了冲突,因为殷人不愿接受周人来此镇抚并起而不断反抗统治他们的周人。也许周人曾经希望消灭"商"人,但他们差不多也发现了,商部族那种古老的文化极为顽强地抵抗着他们推动同化的努力。即便周人当时已将商部族分为六族,但他们的宗教传统依然顽强地存续了下来,并且迫使周人的首领不得不尊重他们的宗教仪式。

  正是在这个文化同化的历史节点上出现了"儒";更确切地说,对

---

  ① 胡适:《说儒》,第11页。胡适就提到了《尚书》中《康诰》和《酒诰》里的段落。See James Legge, *The Chinese Classics*, vol. 3 of 5 vols: *The Shoo King* (reprint; Hong Kong: Hong Kong University Press, 1971), pp. 381-412.

  ② 关于"殷""商"二名等同的问题,参见本书页312注①。

于我们这些20世纪的诠释者们而言,正是在这个历史节点上,"儒"才变得极为重要。胡适认为,在殷、周两民族逐渐同化的过程中,那种有意识的同化"与'儒'的一个阶级或职业很有重大的关系"①。因着疆域兼并,那种文化上的同化迅速蔓延开来。伴随这一过程,"儒"和其他两个为商朝贵族服务的群体——"卜筮人""祝官"——都成了俘虏,做了奴隶,散在民间。"儒"曾是负责宗教事务的精英,为商代统治贵族服务,他们在祭祖和按照传统方法治丧方面训练有素;虽然相应的待遇已不复存在,但他们依然可以用自己的专长换得衣食之资②。"儒"这些有专门知识的人遭此变故而为新统治者服务并能得全其身,是因为他们作为治丧相礼的专家,同时也是殷人生命记忆的守护者,这些记忆就保存在他们的仪式当中。因此,他们不再只是宗教仪式的行家,也转而成了精通古代文化的专家。

正如胡适所言,周朝的统治阶级为着相互联系的两个目的需要"儒"为其服务——需要他们为周朝的贵族阶级担纲清客顾问,需要他们作为大多数民众的安慰者——所以,在"周"征服"商"的暴力阶段,"儒"并未受到过分的摧残,相反还受到优待,甚至赢得了与周人自己的武士阶级不相上下的地位,而这个武士阶级被称为"士",他们正是新兴的周朝统治阶级的最下层。地位上的不相上下,清楚地反映在周人当中,那就是开始有一种倾向用"士"而不是"儒"来称呼这些人。"儒"所取得的这一地位对于周人有着特殊的影响,因为正是凭借它,"儒"才得以帮助周人学习"商"人的礼仪,同时也将周人的风俗移为"商"人所用。

可以说,"儒"这些殷商的遗民将本部族富有生命力的观点和看法转化成了一种知识,用于熏陶教诲征服他们的周人。胡适认为,"商"人本是周人的主人,周人征服"商"人后不可避免地要从"商"人的文化

---

① 胡适:《说儒》,页13。
② 《墨子》和《庄子》对"儒"陷于贫困的境地提出了很多批评,胡适对这些批评的解读乃是基于这样的想象,即"儒"在商代倾覆以后便陷入了极为困顿的境遇,这在整篇《说儒》里都随处可见。有关"儒"陷于贫困、几近挨饿的评论,参见《墨子间诂》,页178—182。

第四章 殊相即共相:胡适、"儒"以及中国人对民族主义的超越

根脉中吸收养分;诚如前文所言,"儒"就是在文化方面推动这一进程的代理人。胡适解释说:"东部古文化同化了西周新民族,……西周民族的新建设也都建立在那'周因于殷礼'的基础之上。"①概括来讲,这段过程可谓是接连发生的一连串征服过程中最晚近的一幕,这里所谓的一连串的征服乃是一种"超积层"(superstratification)的过程②,它起自商对夏的吸收,直到周在"儒"的帮助下实现了与商的同化才告完结。

其实,"儒"作为推动文化同化的帮手,还协助周人完成了对殷商的征服;也正是因为这样一种角色,他们在周朝社会的地位才能有某种程度的提升。正如我们前面已经注意到的,这一点就体现在,征服他们的周人习惯用"士"这个本用于高贵等级的名称来称呼他们;但在用于称呼"儒"时,"士"这个词的意思是指"国民",而不是"武士"。尽管他们看上去是在和征服者合作,但他们本部族的人依然将他们视为圣人,他们的神圣性就体现在他们仍旧继续穿着"殷商的古衣冠"并且在民族同化的几百年间保存了本民族古老的宗教仪礼。从上面的描述来看,"儒"游走于两个世界之间:一方面,他们是宗教方面的权威人士("殷礼"的保存者);而另一方面,在周人看来,他们又多才多艺,是一批具有行政才能的人。这种描述同样可以用于胡适等知识分子身上,这些知识分子似乎已经自视为中华文明精神品质的守护者和新兴的国民党军界精英的顾问。我们无从得知"儒"是否有意扮演了前面提到的那两种角色,但我们的确已经看到,这些可以被称作"富有创造性的少数"(creative minority)的"儒"——"创造性的少数"一词借自卡尔·

---

① 胡适:《说儒》,页57。
② 这个概念实际乃经沃夫拉姆·埃伯哈德(Wolfram Eberhard)之手而取自亚历山大·拉斯特罗(Alexander Rüstow),通常用于分析"封建"社会(feudal;译者按,其与习见的"封建社会"一词有别,实指"封土建国"的分封制社会)里的各个阶级,系指在外来力量征服本土文化的过程中所伴随的文化层积进程。接连发生的这类伴随着同化的征服过程,会在第一次征服时的文化层积处产生冗余的文化层理,这就是所谓的"超积层"(superstratification)。而在周人当中可以清楚看到的古代阶层等级、宗教崇拜和此类神话传说,也许都可以用这个概念来解释。事实上,埃伯哈德就认为,中国社会的"封建"特点甚至早在商代以前就已出现,而周人对殷人的征服便是一种不同种族之间的"超积层"。Wolfram Eberhard, *Conquerors and Rulers: Social Forces in Medieval China*, 2d rev. ed. (Leiden: E. J. Brill, 1970), pp. 27-29.

雅斯贝尔斯（Karl Jaspers），史华慈和杜维明都赞成用它来描述"儒"①——既是圣人又是仆役，既是部族领袖又是奴隶。被称为"儒"的这些人和他们自己的部族又都处于"需待"之中。

儒："祖先教"②的守护者、文化救赎的代理人

以上概述为胡适在《说儒》一文主体部分提出的那个主要问题明确了语境。我们不妨再次提出胡适的这个问题："他们在需待什么?"结果发现，由于"儒"是生活在周人统治下的殷人，我们正可以从他们的生活中找到这个问题的答案。胡适显然认为，本土文化中没有可以进行类比的素材供人们以一种隐喻的方式来理解"儒"，于是他提供了一种跨文化的类比，他认为据此可以"想见"古代那时那刻下的"儒"。下面将会看到，这个类比似乎还是比较贴切的；但我猜想，对于1934年的很多中国学人来说，此点尤甚，因为这些学人成年以前尚处在清廷统治之下，而此时则忧心中国即将被"亚洲的兄弟国家"——日本——所征服。胡适评论说：

> 但我们知道，希腊的智识分子做了罗马战胜者的奴隶，往往从奴隶里爬出来做他们的主人的书记或家庭教师。北欧的野蛮民族打倒了罗马帝国之后，终于被罗马天主教的长袍教士征服了，倒过来做了他们的徒弟。殷商的智识分子③，——王朝的贞人，太祝，

---

① See Benjamin I. Schwartz, *The World of Thought in Ancient China*（Cambridge, Mass.：Belknap Press of Harvard University Press, 1985）, pp. 1-15; and Tu Wei-ming, *Confucian Thought: Selfhood as Creative Transformation*（Albany：State University of New York Press, 1985）, pp. 1-18.
② "祖先教"（ancestral cult）系胡适原用词。——译者注
③ 胡适毫不掩饰此文的现代性，他在另一处也用到了"智识分子"（intellectuals）这个当代学术术语，就像他毫无顾忌地将"民族"（tribe）和"阶级"（class）两词当作功能性实体反用于古代一样。

第四章 殊相即共相:胡适、"儒"以及中国人对民族主义的超越

> 太史,以及贵族的多士,——在那新得政的西周民族之下,过的生活虽然是惨痛的奴虏生活,然而有一件事是殷民族的团结力的中心,也就是他们后来终久征服那战胜者的武器,——那就是殷人的宗教。①

这里的意思非常清楚,受到压迫而充作西周奴虏的"儒",其命运就像这个类比中希腊知识分子的命运一样。最终,"儒"将依靠文字文化的普及而战胜征服者,因为诚如胡适反复申说的那样,他们是"教士",是传播殷民族宗教文化的"传教士"。这些"教士"的教导将会像用于舒缓镇痛的药膏一样削弱征服者的尚武精神,使周人逐渐适应商民族祭拜神灵时更显庄重优雅的仪礼,并转而将周人变成自己的徒仆。而在宗教方面实现这种征服的代理人,无疑就是"儒"了。毫无疑问,通过与那些受未开化的罗马人所奴役的希腊知识分子相类比,就不难想象出商民族的"儒"到底是什么形象了。对于"西方文明"而言(此处仅就通常意义上的"西方文明"立论),文明与野蛮之间的相遇汇成了惊人的文化洪流,这带来了一系列的重大影响;考虑到这一点,用它作为隐喻来比类中华文明的发展过程,其意义也就再清楚不过了。正如希腊人的文化成就为罗马人的文化成就奠定了基础一样,周人也只是进一步耕耘了殷人提供的基础而已,其中就包括世袭政体、城市、文字、青铜技术、祖先崇拜、占卜和萨满式的泛神宗教②。

---

① 胡适:《说儒》,页14。
② 根据张光直的说法,这些正是"商"人所珍视的风俗习惯的一部分,在周人的生活中也能见到。然而,它们是否仅见于渭河、淮河和黄河交汇处的东北部冲积平原,也就是说,它们是否仅见于中国的中原地区仍有争议;威廉·沃特森(William Watson)就认为,骨卜、青铜技术和萨满教是贝加尔湖边"塞基泰—西伯利亚"(Scytho-Siberian)文化在新石器时代表现出的地方特征。See Kwang-Chih Chang, *Art, Myth, and Ritual: The Path to Political Authority in Ancient China* (Cambridge, Mass.: Harvard University Press, 1983), pp. 1-94; and William Watson, *Cultural Frontiers in Ancient East Asia* (Edinburgh: Edinburgh University Press, 1971), pp. 3-31.

将古代的"儒"与希腊知识分子进行类比并非完全新创。五四那代人中也有其他人在不经意间提出过相似的类比,比如陈独秀就是其中之一。虽然陈独秀是一名马克思主义者,但他也曾赞同中国人采信基督宗教,因为他认为,西方自其现代哲学而来的那种文化力量,扎根于希腊思想与基督宗教思想。此前,将古代中国与古希腊进行类比也很普遍,但胡适特别强调希腊与中国知识分子在社会学和哲学上相似,不免让我们想起刘师培和章炳麟早些时候曾经尝试过的文化比较,在刘、章二人的描述中,先秦诸子就像是中国的柏拉图、亚里士多德或其他古希腊哲学家。①

通过将中国与希腊等量齐观,胡适不仅阐述了它们之间的主要关联,还勾勒了一幅图景,在这幅图景里,文化解放势必会到来,也就是说,"儒"作为其统治者的老师也将成为统治者的主人,其方式正同于天主教教士用《圣经》驯化了北欧蛮族的野性。这个类比最引人注目地方是,它坚持认为,说教能驯化暴行,最终必然将会带来救赎。除了基督宗教终将征服欧洲人的灵魂这个隐喻外,我们还有什么理由去相信"儒"也能解放殷人并将成为完成复仇和救赎的代理人呢?回答这个问题需要更多的线索,胡适也为我们一一制造出来,只是它们有些带有"小学"的味道,有些是基于类比,还有一些则出于个人

---

① 马丁·伯纳尔(Martin Bernal)已经指出,国粹派对西方古典哲学的兴趣与他们试图为自己所处的时代添染文艺复兴的色彩暗相契合,这其实是在模仿16世纪的欧洲,当时的欧洲文化正是借由重新发现载有希腊思想的古典文本而重获新生。从这些国粹派中人所具有的优势着眼,伯纳尔写道:"先秦诸子时代则被视为中国精神与活力的象征;正如同时期的希腊古哲学家们代表着西方文明的黄金时期,国粹派希望重振古典哲学,造成中国的文艺复兴,他们认为一旦古典文化精炼,必可使国家走上富强坦途。"(译者按,此段译文引自伯纳尔:《刘师培与国粹运动》,刘静贞译,收于傅乐诗等著,周阳山、杨肃献等编:《近代中国思想人物论——保守主义》,台北:时报文化出版事业有限公司,1980年、1985年第4次印刷,页250。)当然,尽管看起来在语言表述上有相类似的地方,但此处所谓的"文艺复兴"不应同胡适在20世纪30年代所鼓吹的"中国的文艺复兴"混淆起来。国粹派希望通过重新发现诸子来实现文化复兴的理想,是一种带有种族意识的观点,他们称之为"民族光复"。而胡适所用的"中国复兴"一词,则与章炳麟鼓赞的提法有抵牾矛盾之处。See Martin Bernal, "Liu Shih-p'ei and National Essence", in *The Limits of Change*, ed. Charlotte Furth (Cambridge, Mass.: Harvard University Press, 1976), pp. 105-106.

第四章　殊相即共相：胡适、"儒"以及中国人对民族主义的超越

的阐释演绎。

首先，需要明确"儒"是一个带有宗教性的角色，实际上就是要将他们塑造成"教士"的形象，即在文化程度较低的周人中间主持殷商仪礼的"教士"①。要做到这一点必须对器物层面和文本层面的证据进行创造性的处理。如果"儒"的确是可以和罗马天主教神父相类比的中国"教士"，那么我们怎样才能从他们传教之职所具有的特殊性质中看到他们有能力成为从尚武的周人中拯救出殷人的解放者呢？胡适说，只要我们看一看安阳（商代最后的国都）的殷墟就会发现，商民族的遗物恰恰揭示了他们的文化实在是一种宗教的文化，而他们的宗教又主要基于祖先崇拜②。"卜""祝"和"丧礼"都是宗教性的活动，而商民的生活正赖此类活动。根据胡适的说法，这些宗教仪典中都自有其"专家"指导，也许这些专家就像古代日本的"部"（be）③一样都是世代在为

---

① 胡适在《说儒》一文里谈到传教士时，一直都持钦佩的口吻；但他又以坚持不可知论而闻名，极其不喜欢美国和中国的基督宗教传教士，要调和这两个方面也许的确非常困难。不过，1915 年，就在胡适被哥伦比亚大学录取前夕，他对传教士还有更为恭维的观点。几个世纪前生活在异国他乡的耶稣会士们认为自己就是所在地宗教传统的"神父"（就在华耶稣会士而言，他们认为自己就是"儒"），和他们一样，胡适也在传教士模棱的形象中看到了自己的镜像："外国传教士就像一个归国留学生一样，他总是带回一种新的观点，一种批判的精神。这样的观点和精神是一个对事物之既存秩序逐渐习以为常、漠然无动于衷的民族所缺乏的，也是任何改革运动所绝对必须的。"在胡适的这则日记里，我们能够更好地瞥见他的"自我概念"，这段措辞与他对"儒"在孔子时代生存状况的描述惊人相似。参见胡适：《胡适留学日记》，页 601—602。

② 这个观点当然无可置疑。按照吉德炜（David Keightly）的说法，到目前为止，发掘出的刻有文字的龟甲兽骨有 80% 与祖先有关（据估计，发掘出的数量大约仅占整个藏量的 10%），剩下的才是和天气、狩猎、预言及军事战争有关的龟甲兽骨。See Keightley, *Sources of Shang History: The Oracle Bone Inscriptions of Bronze Age China*（Berkeley: University of California Press, 1978）, pp. 134-148.

③ 古代日本的"部"（be），除了可以比于中国商代依附"子"姓王族的那些占卜人以外，也许最适合比于拥有文学技艺的一小群人；按照胡适的想象，古代的"儒"正是此类拥有文学技艺的一小群人。有关"部"（be）的问题，参见 John W. Hall, *Japan: From Prehistory to Modern Times*（New York: Dell, 1970）, pp. 28-34，以及 Robert Reischauer, *Early Japanese History*, vol. 1（Princeton: Princeton University Press, 1937）。（译者按，根据詹启华此处所引约翰·惠特尼·霍尔的说法，古代日本社会由三种人组成：氏、部和臣，"氏"是上层阶级，"部"是为"氏"服务的下层普通劳动人民，而"臣"则是在家庭内供驱使的家仆。参见约翰·惠特尼·霍尔：《日本——从史前到现代》，邓懿、周一良译，北京：商务印书馆，1997 年，页 24—25。）

占统治地位的氏族服务:"这种宗教需用一批有特别训练的人。卜筮需用'卜筮人';祭祀需用祝官;丧礼需用相礼的专家。"①

另一方面,胡适进行重构的依据在其文章里并非一目了然。胡适提出这些观点就像章炳麟将"儒"等同于"术士"和"濡"一样,乃是为了就历史提出一个更为广阔、但却"合理"的推测。分开来看这些观点,就其本身而言它们可能都站不住脚;不过,它们本来就不是兀自出现的。其实,这些观点乃是相互联系的假设,通过巧妙的方式整合在一起,以得出当时还不是那么显而易见的结论。如果是从这些结论出发,那么胡适提出的一些未经证实、甚至更成问题的观点也似乎是说得通的了。随着商朝的倾覆,对"卜筮人"和"祝官"的需求大不如前,而主持"丧礼"的那些名为"相礼"的人员则成了商民族礼俗的保存者和民族记忆的守护者②。胡适从未详细阐述过"丧礼"有哪些必不可少的环节;我们只能想象,在早些时候,商民的"丧礼"包括为尸体下葬做准备,按照避免玷污尸体和生者的要求为死者与生者清理出彼此隔离的空间,吊丧、入殓和出殡,在这个过程中还要祛除邪祟并放置一些贵重的物品为死者陪葬。"丧礼"由名为"相礼"的人保存下来,吸收了商民礼仪的周人则倚借这些"殷礼"的守护者来教导自己恰当地举行礼仪,尤其是葬礼。"儒"和孔子正出自负责主持礼仪的这个非常专业的职业。

知识渊博的读者也许会驳斥这个观点无从稽考,很大程度上是因为将古老的丧葬习俗与"儒"联系在一起仍存有很大的疑问。此外,我们还从东周后期的文献描述中了解到,"相礼"之职在仪式中顶多也只处于次一级的位置。有关"相"或"相礼",较有分量的证据来自《左传》③,它说得很清楚:职掌礼仪的官员(更准确地说,是为礼仪服务的

---

① 胡适:《说儒》,页14—15。
② 胡适利用这两个词在语音上的相近,为这个职位赋予了宗教的色彩;不过,恰如战国时期的文本里所见,并不能就此将它解释成带有宗教性,益言之,它与指导葬礼更是风马牛不相及。
③ 据说该书出自生活于公元前5世纪的左丘明之手,但这部编年史编纂完成的时间更有可能并不早于公元前4世纪。进一步来说,我们并不能确定这部著作的作者(们)究竟是谁。有关这部著作成书年代和真实性的更深入的讨论,参见 Bernhard Karlgren, *On the Authenticity and Nature of the Tso Chuan* (Göteborg: Elandres Boktryckeri Aktiebolag, 1926)。

第四章 殊相即共相:胡适、"儒"以及中国人对民族主义的超越

人员)——"相",其意乃是"助理"(assistant)①。我推测,哪怕胡适从未引用过《左传》里的只言片语来支撑自己的观点,但他也正是从《左传》里获得了自己对司职礼仪的那个群体的认识。可以确定,即使胡适对"相礼"的认识来自《左传》,但在他笔下,这些为礼仪服务的人被描述成了无可替代的礼仪专家,他们被委以要按商朝风俗来主持丧礼的职责;在周人征服殷人以后,他们成了顺从周朝的臣仆,替周人抚慰殷人,同时也是他们保存了殷人尚在延续的文化。《左传》的一些记载甚至还提到,孔子(《左传》在提到孔子时是用"仲尼"来称呼他的,这是孔子的字)在其祖国鲁国就做过"相"②。

即使我们像胡适那样认为,他所说的"相礼"与《左传》里经常提到的那个被称为"相"的官职是一回事,也不能凭借孔子曾任"相"职就确定这些为礼仪提供协助的人都出自商民。以例言之,随着周室宗主地位的衰微,礼坏乐崩,战国时期的各个诸侯国逐鹿争鼎,此时的鲁国要与其他诸侯国结"盟",就曾以孔子为"相"与其他两名官员共三人负责相关事宜。"盟"更为准确的定义应该是"血书盟辞"(blood oath)。隆重庆祝此类立誓是非常仪式化的程序,它需要结盟当事人按照一定的程式写下誓约。整个仪式和"血"有着莫大的关联,需要宰杀牲畜(通常是一只羊,有时也会是一头牛),接着会将"载书"③置于已被去头的牲畜的尸体上,签订盟约的人还要将"牺牲"的血涂在口上。在山西这个地方已经发现了许多"血书盟辞",也正是随着山西侯马盟书的出土,我们才对战国时代的这种习俗有所了解。从很大程度上讲,这个考

---

① 我将"相"解释成"为礼仪服务的人员"是依从了江永的观点,他认为"相"和"相礼"就是"摈相"。参见江永:《乡党图考》(1756),页 19b—20a。

② 胡适也承认孔子曾"为人相丧礼",但他是引用了《礼记·檀弓》篇来作为这一观点的依据,从来没有引用过《左传》作为证据来支持自己的观点。至于孔子为哀公做"相"一事,参见《春秋左传注》,杨伯峻编,第四册,北京:中华书局,1981 年,页 1578、1718。

③ 《周礼·司盟》"掌盟载之法"注曰:"载,盟誓也,盟者书其辞于策,杀牲取血,坎其牲,加书于上而埋之,谓之载书"。詹启华全书注"载书"为"Caishu",恐有误。——译者注

古发现极为有力地证实了我们从《左传》中了解到的内容①。"盟"是周室权势式微时代出现的一种具有准法律效力的协议,因此也为东周文化所独有。即使《左传》里稍显不足的书面证据似乎是在指出,"儒"本为鲁国所独有的专用名词,后才为邻国所用;但却没有任何理由认为协助安排结盟仪式的那些人(也就是"相")是商民族那些精通宗教事务的专家的后代。

举例而言,《左传》哀公二十一年记载了鲁哀公"及齐侯、邾子盟于顾","顾"在今河南范县,立场中立②。总的来看,有关情况与《左传》中的大部分记述都很相似:为共同防御而订立"血书"(或曰"参盟")通常都由三方草拟并举行隆重的仪式。"相"的角色是保证订盟按照四个连贯的步骤依次顺利进行,他们负责每个细节,也有一些别的官员帮助他们准备文书。如果会盟各方在立誓或举行仪式以前就已背离"载书"中规定的条款,或是未能严格地坚持礼仪,"相"就会废除此次盟约。哪怕是仪式中最微不足道的疏忽,也会导致必须取消此次协定,当然这也许就是因为参盟的整个过程本身就得不到法律保障③。

《左传》里,缔结盟约破裂的例子实在是比比皆是,上文提到的那

---

① 20世纪70年代,一处藏有"盟书"的遗址在山西省侯马市被人发现,中国学者对它作了分析研究。当然,由于胡适对用考古学证据从历史的角度来建构古代抱有怀疑(这一点也是人所共知),他不可能知道这一发现的特殊意义。从另一方面来说,东周时期的"盟"本质上具有法律文件的性质,并非只有刚才提到的那个考古发现能够帮助我们确定这一点。早在30年前,杜百胜(Dobson)就曾从文本出发,对这个问题进行过历史的分析,对文本的这些分析无疑足以解释"盟"及其诞生的文化环境。我猜想胡适是从《左传》中获得了对"相礼"的理解,人们也能从这部著作的许多段落中整理出"盟"的特点:即,"盟"是一种制度,负责结盟事宜的职官则要留心它是否合乎礼乐、是否圆满完成。至于侯马盟书的相关问题,参见山西省文物工作委员会编:《侯马盟书》,北京:文物出版社,1976年。See also Susan Weld, "Covenant in Jin's Walled Cities: The Discoveries at Houma and Wenxian" (Ph. D. diss., Harvard University, 1990), chap. 3.

② 詹启华所引杨伯峻本《春秋左传注》则称,"顾""在今河南范县旧治东南五十里,齐地",似非为中立。参见《春秋左传注》,页1717。——译者注

③ See Roy A. Rappaport, "Sanctity and Lies in Evolution", in Rappaport, *Ecology, Meaning, and Religion* (Berkeley: North Atlantic Books, 1979), pp. 223-246.

第四章 殊相即共相:胡适、"儒"以及中国人对民族主义的超越

个意在促成齐鲁两国交好的参盟正是其中一例。就这个例子来说,诚如注释者告诉我们的,由于齐侯蛮横地要求鲁、邾两国代表向他"稽首"以承认齐国的政治霸权,不只是签订盟约甚至连"参盟"本身也丧失了效力①。齐人坚持认为,盟誓所暗含的明确各方友好关系的目的,应该代之以确认鲁国和邾国在政治上的从属地位。对于齐国来说,他们的目的是谋求自己的政治优势得到正式承认;但在参盟各方以平等的身份会盟于中立之地的情况下,这违背了三国已达成协议的具体规定。结果,哀公与邾子拒绝答应齐国的要求,这也意味着盟约解散。两国代表拒绝承认齐国享有最高的权威,恰为齐国的一首诗提供了素材——按照这首诗的立场,两国代表拒绝承认齐国享有最高权威,正是这次订盟各方分道扬镳的关键所在——该诗以讥讽开篇,却以哀叹收尾,坚持认为鲁国的泥古不化是没有达成外交协议的原因:

> 鲁人之皋,
> 数年不觉,
> 使我高蹈。
> 唯其儒书,
> 以为二国忧。②

之所以借诗歌发出这样的哀叹,是因为在此以前就有过通过仪式缔结盟约遭遇困难的历史。这主要是因为鲁国多次反对齐国各种"无

---

① 此处詹启华对齐鲁会盟中齐侯要求对方稽首的解释似有误,按照多家注释的说法,齐侯要求鲁公稽首并非要求其承认齐国的霸权,而是要求与鲁国平起平坐,但鲁遵周制,以公国高于侯国,"非天子,寡君无所稽首"而未允。——译者注

② 《春秋左传注》,第4册,页1717—1718。在翻译这节诗时,理雅各(James Legge)完全误读了这次事件的背景环境,因此对这首韵歌的翻译也带有曲解,他将该诗翻译为:"How slow are they of Loo! They wake not through years go, And make us travel so, 'Tis their scholars with their books, That thus trouble our two states."(译者按,理雅各的英译诗大意乃是:"鲁人何滞慢,数年不觉醒,劳我匆行色。其士与经籍,烦扰吾二国。")See James Legge, *The Chinese Classics*, vol. 5: *The Ch'un Ts'ew with Tso Chuen* (reprint; Hong Kong: Hong Kong University Press, 1970), p. 853.

礼"的行为,至少鲁定公在位期间(前 508—前 495)就有过两次先例,当时"盟"也因此而废止。其中有一次就发生在定公十年,当时正是由孔子亲自为"相"并协助准备文书。这次较为特殊的"盟"之所以废止无效,是因为齐国带来了军队并以此威胁恐吓、试图对会盟仪式施加影响①。孔子对齐人不按常规而废礼提出了谴责,尔后,才通过祭献另一只动物来恢复仪式并开始重新拟订盟约②。不过,再次订盟差不多也陷入了失败的命运,因为齐人建议在立誓以后额外举行一场庆祝性质的招待仪式。这个建议在孔子看来并不合理,也再次招来了孔子的指责③。

在前文所引齐人发出哀叹的诗里,齐人提出的最后一句非难,也许应该放在订盟反复废止的历史中来理解。杜预的注释说,"儒书"是儒家循礼典章的指南,鲁人总是固执地坚持按这些指南行事④。不过在这个地方,杜预的注释似乎有点言过其实了。我认为,"儒"与"书"的关系倒不是很大,相反却与"术"有关——"血书盟辞"中订立的契约与条件,明确了缔约人的义务。每次鲁、齐两国终止立约,都是因为违背了立盟原意或"载书"里的内容,这意味着缔约方竟从未成功达成立约所必需的四步骤的第一步。

困扰这两个国家的便是"儒"的那套繁文缛节,他们坚持遵循特定的规范要求,正是在这些规范要求的范围内行事才能在礼仪方面确立其合法性。适才从《左传》中引用的那一小节文字似乎证实了"儒"与"相礼"相等同,这一点对胡适形成有关"儒"的概念极具价值;同时,这节文字也将鲁人的形象刻画成了以孔子为代表的坚定的仪礼捍卫者,这些人既迟滞又谨小慎微,每次都通过诉诸礼仪先例来判断当时的处

---

① 春秋时的盟会,一般都有军旅跟从;詹启华此处理解不是非常准确,原文是说齐国策划自己俘虏的莱人用兵挟持鲁国国君,进而提出政治要求。——译者注
② 《春秋左传注》,页 1578。
③ 同上。
④ 同上书,页 1728。

第四章 殊相即共相:胡适、"儒"以及中国人对民族主义的超越

境状况,这与简单采取临时应变的做法截然相对①。

然而,我们依然没有任何理由将这些相礼之人与丧礼联系在一起,因为在拟定这些协议的过程中,他们的职责仅限于起草"载书"。尽管推测"相礼"从事丧礼事务只是胡适的猜想,并且这一猜想仍未经证实,但晚近以来有关最早的庆典仪式以活人为牺牲的学术推断却已得到证实。就此而言,"相礼"也许的确与葬礼有着某种关联。

虽然不足凭信,但还有另一处联系是胡适没有注意到的。它与孔子有关,更准确地说,它与当时流行的和孔子有关的神话传说有关,它使得我们能够确定孔子是一名从事"丧礼"的人员,也引导我们沿着一条似乎与萨满教有某种关联的线索继续深入探索研究。在战国和汉代的许多文本里,孔子的相貌被说成是"狗面",而"丧礼"与戴狗头面具的"方相氏"(乃是驱魔人或者巫师)之间也存在某种联系。从通行的文本来看,还不能确定孔子的相貌带有犬类的特点,也不能确定他的相貌与"方相氏"在出殡仪式和每年一次的"大傩"中所戴的狗头面具很相像②。

此类记叙见诸书面可能最早始于《荀子》,孔子的相貌被描述成很像"方相氏"所戴的面具——"倛"③。按照传统的说法,这种面具一般是由熊皮制成,《说文》说它用于"驱疫"。《韩诗外传》也有关于孔子外貌的表述,系重复了《荀子》里的说法,用意显然是将孔子的相貌作为"其乃圣人"的预表。姑布子卿是一位著名的相术家,因此也有可能

---

① 诚如前文所言,正是由于孔子从"礼"的立场出发,才使齐鲁两国废弃了结盟。鉴于他在此过程中发挥了不可轻视的作用,无疑会让齐人认为,孔子之所以提出那些特定的要求乃是由于他坚守"儒书"所致。这里并没有将"儒"与殷商后人联系在一起,但"儒"似乎也不是那么云山雾罩的,而是与"鲁"联系在一起,与那群指导仪式进行的人联系在一起。此外,在《国语·鲁语》中还有一些轶事可作例证,在这些例子里可以看到,孔子竟然会非常奇怪地谈论起某些双声叠韵的联绵词具有驱邪的功效。这意味着,也许就是"鲁"与"儒"之间的联系才将"儒"与孔子联结在了一起。参见《国语》,《四部备要》版,页5.7a。

② 至于穿戴熊皮或恶魔面具的意义及其在"傩"仪式里的功能,参见 Derk Bodde, *Festivals in Classical China: New Year and Other Annual Observances during the Han Dynasty*, 206 B.C.-A.D. 220 (Princeton: Princeton University Press, 1975), pp. 75-138。

③ 参见《荀子·非相》:"仲尼之状,面如蒙倛"。——译者注

是一名巫师。从他口中,我们了解到了与孔子面相有关的奇异描述,这段描述综合了《荀子》第五章里徐偃王、周公、尧、舜、禹和皋陶等人面相的各种夸张的特征。原文如下:

> 姑布子卿亦曰:"二三子引车避,有圣人将来。"孔子下,步。姑布子卿迎而视之五十步,从而望之五十步。顾子贡曰:"是何为者也?"子贡曰:"赐之师也,所谓鲁孔丘也。"姑布子卿曰:"是鲁孔丘欤!吾固闻之。"子贡曰:"赐之师何如?"姑布子卿曰:"得尧之颡,舜之目,禹之颈,皋陶之喙。从前视之,盎盎乎似有王者;从后视之,高肩弱脊,此惟不及四圣者也。"子贡吁然。姑布子卿曰:"子何患焉。污面而不恶,葭喙而不藉,远而望之,羸乎若丧家之狗,子何患焉! 子何患焉!"①

孔子的相貌一开始是被描写成戴着狗头面具的"方相氏"的模样,现在则被描述为丧家犬,而所谓的"丧家犬"虽然像参加悼亡的人一样感到悲伤,但其悲伤更多的并不是因为亡者,而是因为所有人都将注意力集中在亡者身上却忽略了它的存在②。出现此类奇怪描述的那些文本被认为是儒家经典,但这些描述着实让人感到难以置信。我同意刘殿爵(D. C. Lau)的观点:这些文本记录下如此不可思议的夸张描述,

---

① 《韩诗外传》,页 9.9a。See also Édouard Chavannes, trans., *Les Mémoires historiques de Se-ma Ts'ien*, vol. 5 of 6 vols. (Paris, 1895-1907), pp. 338-340, n. 6.

② 世易时移,这种联系已经变得更加混乱复杂,而"丧家犬"的意义也发生了变化,以至于"丧家犬"是指被赶出去的或是身在家门外的狗。具体的例子可以台湾地区现在仍然可见的丧葬仪式来说明。参见 Emily M. Ahern, *The Cult of the Dead in a Chinese Village* (Stanford: Stanford University Press, 1973), p. 198,她在这里记载道:"稍后,站在堂前的家族成员将米和鸡头倒在地上,此时有人则会唤来一条狗并引它到这些食物前。一旦这条狗将鸡头叼入口中,就会被人们用一种很长的很ာ子的藤条抽打,直到它在惊狂中落荒而逃。在我看来,这条狗象征了亡者,鸡头象征着供这位亡者先行取用的财物,鸡翅和鸡爪象征着留供亡者的子孙取用的财物,而人们进食使用的那个饭碗则象征着一日三餐。……象征着已故亡人的这条狗,在遭到鞭打后,将会逃之夭夭,一去不返;它(他)会安于享用自己那份'财物',也不会再回来和打扰生者。"

第四章 殊相即共相:胡适、"儒"以及中国人对民族主义的超越

其意图是为了明确肯定孔子实是"生而圣者"。虽然这很难成为"相礼"与"丧礼"之间有一种天然联系的确证,但似乎很可能与胡适给出的那个解释相差无几——胡适就认为,"相礼"是商代的官职,只有那些身肩宗教职务之人的后裔才能充任。因此,既然胡适提出的这一观点能够成立,那么,得出下面这个结论也就势所必然:既然孔子是"相礼",我们就更有把握认为他出身殷人世系,是那群"相礼"者的直系后裔。

现在还不清楚胡适对用周代以后的文献来推断商人的风俗习惯到底有何考虑。我们也不能言之凿凿地说那些"相礼"者早在商代就已出现,除非我们能从现有的证据作进一步引申阐释,即从这些证据的存在本身来推断其中涉及的内容早已存在,而胡适显然就是采取了这种做法。不管怎么说,对文献的这种误读或多或少地都从孔子曾经充任"相"职这一事实中获得了某种支持,也正是这种误读使胡适提出了这一构想:"相"这一职位是由商人后裔担当的。可以说,胡适所用的证据更多的是具有启发意义而非决定性的意义,但正是凭借这样的证据,胡适推断道,这些专门的人才在商代与周代早期因其"柔"而以"儒"闻名于世。

对"儒"的这一解释自成一体,让人印象深刻;也许这正或多或少解释了为什么它会比较有说服力。不过,我认为单凭这一点并不足以解释为什么学术界会一直赞同这一解释。问题是,"儒"是否真的就是"相礼"者? 如果是,又有何依据? 胡适在这个问题上的回应颇具先见。他把目光投向了能够用以确立其观点的那些较为明确的后出证据。要理解胡适的解释为什么如此有力,就有必要稍微研究一下胡适所用的类比。在支持其更具争议性的观点方面,他所用的类比甚至比文献上的证据更有效。

胡适提出,固然是说"三年之丧"源自殷商部族的"丧礼",但实际上它本是殷商部族所特有的丧礼。"三年之丧"在儒家传统里是一套固化确定的礼制。孔子和孟子是儒家传统中两位极其重要的权威人物,他们都有拉丁化的名字,分别是"Confucius"和"Mencius",他们对

240

"三年之丧"也都有过特别的阐述①。不过,在言辞之间他们并没有说过自己支持"三年之丧",这或许是因为它本就是人们普遍接受的礼俗;相反,他们对相关问题的讨论,特别是孟子的讨论,则是植根于自己围绕着"孝"而对"礼"提出的一系列看法。尽管襄助丧礼这种与宗教有关的职业被视为"儒"的职业,胡适早些时候就曾认为这全拜孔子及其弟子所赐,但它其实源自殷商②。总而言之,胡适将自己的结论总结为,也许可以因为语言文献和服饰方面的证据以及"儒"所采取的柔逊姿态和他们施行"三年之丧",而将"儒"与殷商联系在一起。他以一种多少带有辩护意味的口吻说道:"三年之丧是'儒'的丧礼,但不是他们的创制,只是殷民族的丧礼,——正如儒衣儒冠不是他们的创制,只是殷民族的乡服。"③

按照胡适的想法,在所谓的殷商宗教礼仪中有些内容至为重要,而"儒"正是这些内容的传承人。不过,相比于这一点思考,当胡适强调文献研究同样可以证实自己的另一观点("儒"必将战胜那些在战争中征服殷商的周人)时,他还提到了另一个更为引人注目的联系。"儒"绝不只是殷人苗裔,他们还有复兴殷商的使命,这是因为"儒"与商部族之间有着某种微妙的"有机"联系:"儒""商"两名,实源于一。可以说,除了两者在外表上难分彼此外,"儒"在内心里也不会放弃自己对殷商的忠诚,因为这种忠诚就像烙印一样深深印在他们所处的阶层之中,深深印在他们自己的名号上。或许,这至少是胡适想用另一种看起

---

① 参见《论语》,三章 4 节,三章 26 节,七章 9 节,特别是十七章 21 节。另见《孟子》,一篇一章 3 节,一篇二章 16 节,七篇一章 39 节。
② 在《说儒》的页 18,胡适说过:"十几年前,我曾说三年之丧是儒家所创,并非古礼。"其实,正是傅斯年对这个问题的研究,帮助胡适抛弃了先前自己引为定案的观点。孔子在《论语》里所言"夫三年之丧,天下之通丧也"曾使胡适确信,"三年之丧"是在孔子时代发明出的"新作派";直到胡适在傅斯年的启发下意识到,"天下"并非指宇内九州而是指周代立国后残存的商代文化余绪——鲁、齐、宋、卫诸国,胡适才不再坚持"三年之丧"是儒家所创。郭沫若题为《驳〈说儒〉》的文章对胡适的《说儒》一文提出了批判,他在这篇文章中对胡适承认"三年之丧"源自殷商提出了强烈质疑,并且提醒胡适还是不要忘了自己原先提出的其乃孔子创制的观点。参见郭沫若:《驳〈说儒〉》,页 123。
③ 胡适:《说儒》,页 21。

第四章 殊相即共相:胡适、"儒"以及中国人对民族主义的超越

来比较特别的逻辑尝试告诉我们的内容,其言如下:

> "商"之名起于殷贾,正如"儒"之名起于殷士。此种遗民的士,古服古言,自成一个特殊阶级;他们那种长袍大帽的酸样子,又都是彬彬知礼的亡国遗民,习惯了"犯而不校"的不抵抗主义。①

恰恰是在这里,胡适对"殷士"在外表上的独特之处作了一番描述,他的想象让我们想起了基督宗教。对"此种遗民的士"所作的描写,读起来更像是在记述17世纪穿戴中国衣冠的耶稣会士,也就是头戴黑色峨冠高帽、身着宽松紫色长袍的耶稣会士,而不是在记述古代中国专职丧礼的人员,哪怕胡适的本意是在后者②。我们只能猜测说,把"儒"比作基督宗教的神职人员或第一代使徒,乃是一种情不自禁要将两者联系在一起的思维定势,这是源于在胡适的脑海里这两个群体之间存在某种神秘的相似性。不过,这两个群体在外表和内在精神上的确很相像,比如说,恰恰是基督有关和平反抗、以德报怨的训诫而不是老子所鼓吹的"无为",被胡适用来表述"儒"的态度③。

胡适这番比较有所延伸,而其过程恰可比作瓦工活:当他一砖一石地用自己的观点来砌建大厦时,所用的"灰泥"正是他取西方思想宗教传统而为己用的许多精妙类比。在胡适看来,"儒"的生活乃是"在很困难的政治状态之下"④的生活,这种解释就好比是一层砖石。当把这层"砖石"码好后,胡适即在其上抹了一层"灰泥",这"灰泥"

---

① 胡适:《说儒》,页17。
② 就此而言,我们应该注意到,胡适是根据耶稣会士而不是20世纪矢志传教的新教教士的形象,在自己的脑海中构想了古代中国那些"教士"的形象,因为他认为20世纪的新教传教士都很狭隘。
③ 我认为,胡适强调耶稣和孔子的教导都有"不抵抗"(nonresistance)的精神,其实是他将自己的性情如实投射于所见文献材料的缘故。胡适的哲学、政治偏好可以用他在1936年所描述的那种"不抵抗的和平主义"的态度来概括,但大约就是在1936年左右他也已经放弃了这一态度和主张。参见胡适:《自序》,收于《胡适留学日记》,页6。
④ 出自詹启华所引《说儒》版本的页35。——译者注

便是另一层次的类比,具体来说,胡适再次考虑拿早期基督宗教来作类比。

对于充满荣光但却战败的"商"部族来说,"儒"是其宗教内核的现世代表;对于"周"这个新兴的部族来说,"儒"则是其在仪礼方面的指导者;与此同时,在罹遭兵燹的乱世,"儒"还是通晓学问的大师。胡适认为,非独"儒"自己是被征服国家的遗民,就连他们的知识学问也是从对往日的回忆中建构出来的;在胡适看来,他们的知识学问正是伴随其"非暴力抵抗"的哲学附带出现的。相应地,到了后来的战国时代,"儒"穿戴长袍大帽是如此与众不同,在时人看来尤为扎眼①,这是因为"儒"的穿戴就像是某种荣誉的代表,是他们反抗周人文化同化的有形证据。他们在外表上的"柔弱"与"嬬弱",就像他们奇异的服饰一样,是这些遗民有意识采取的一种象征化的对抗形式,借此反抗军事上征服他们的那些周人。"儒"的意思是"柔弱"或"懦弱"(weakling),在周代社会里是一个带有贬义的名词,是对殷商苟延残存下来的那个阶层的蔑称。然而,诚如胡适所言,这些人却积极主动地重新理解和接受了"儒"这个词,将这个词视为对其所处的好战文化提出的尖锐批评②。

我认为,在胡适对"儒"的特色作出如此解读中,除了能看到基督宗教在观念层面一直对他的影响外,还能有更多的发现。我们注意到,胡适先前曾主张他那代人应该接纳极端的个人主义,以抵御他在1918

---

① 参见《庄子集解》,页 203—204。

② 从胡适开始,许多学者都强调用"懦弱"来解读"儒",其中最引人注意的莫过于顾立雅(Herrlee Creel),其在所著的《孔子与中国之道》(*Confucius and the Chinese Way*)中用了整整一章来讨论"懦弱"的问题。卜弼德(Peter Boodberg)则用另一种更加接近语言文献研究的方式得出了这样一个观点:在同代人眼中,"儒"本就是以"懦弱"甚至是"乳臭未干"而著称;当然,他得出这一观点乃是独立研究的结果,与胡适并无瓜葛。参见 Creel, *Confucius and the Chinese Way* (New York: Harper and Row, 1960), pp. 173-181; Boodberg, "The Semasiology of Some Primary Confucian Concepts", in *Selected Works of Peter A. Boodberg*, ed. Alvin P. Cohen (Berkeley: University of California Press, 1979), pp. 30-31, 36-37。另请参见饶宗颐:《释儒:从文字训诂学上论儒的意义》,页 111—115。

第四章 殊相即共相：胡适、"儒"以及中国人对民族主义的超越

年论及易卜生个人主义哲学的文章中提到的为社会所固有的专制化趋向①。"儒"表现出的那种激进的个人主义甚至是怪癖，源自他们的勇气和自我牺牲精神：他们推崇的传统深受威胁、日渐衰亡，但却仍然诚心依旧，尊崇不改。胡适对"儒"在周人治下的境况遭遇作出此番描述，灵感既来自他这样一个思想先锋所处的那个时代，同样也来自他早年作为一名基督徒所经历的生活②。就这里的论证来说，上面那些资源都有胡适提供了有力的支持。

耶稣基督在"山上宝训"中有过"将另一边脸颊也转过去"的训诫，这段训诫常有人引用但却常常遭到误解，其中实有许多隐奥；在这段训诫里，表面上受到侵害的一方（毋宁说是配合承受暴力的一方）实际上

---

① 胡适：《易卜生主义》，收于《胡适文存》，卷四，页883—908。《易卜生主义》一文原刊于《新青年》第四卷第六号，1918年6月，页531—549。在这篇文章里，个体人的形象乃是一个完全孤立、享有绝对自主权的人，让人不由得想起尼采笔下的"超人"（Übermensch）。也许这正是勃兰兑斯（Georg Brandes）的作品对易卜生产生影响的结果，而它在此时也对胡适产生了极大影响。

② 胡适曾受"中国基督教学生联合会"（Chinese Christian Students' Association）影响而于1911年夏天皈信基督教，但他在两年后就放弃了基督教。不过，就在改信基督教大约一年半左右的时间里，胡适曾追随康奈尔大学的法国教授威廉·维斯塔·康福特（William Wistar Comfort）研习《圣经》。康福特的教导对胡适在思想上的塑造远胜于宗教方面的塑造，其影响在胡适一生的著述中都能觅见踪迹。"詹姆士王译本"《圣经》（King James Version）似乎为胡适提供了宝贵的思想资源和引用素材；为了使自己经过比较得出的观点变得丰满起来或者只是为了找到所谓的"绝妙好辞"（le mot juste），胡适常常会转而借助这部《圣经》，更准确地说，是借助他所记住的这部《圣经》里的章节。

宗教方面的训练对胡适产生持续影响有一个最好的例证，那便是经常被引用到的胡适对美国国务卿艾奇逊（Dean Acheson）附于《中国白皮书》（China White Paper）后的"特送函"（Letter of Transmittal）所作的回应。胡适在紧挨着"中国内战不详的结局超出了美国政府控制的能力，在能力所及的合理的范围之内，美国所做的以及可能做的一切事情都无法改变这种结局；即便还有什么是美国没有做到的，它也对此无济于事"这段话的页边空白处，加了一个注："《马太福音》二十七章24节"。此节经文乃是："彼拉多见说也无济于事，反要生乱，就拿水在众人面前洗手，说：'流这义人的血，罪不在我，你们承当吧！'"可以说，《圣经》中的《新约》诠释学是胡适思想经纬中非常重要的一股丝线，这在《说儒》一文里多少也很容易看到。至于胡适"改信"一事，参见他在《胡适留学日记》（第1卷，页42—50）里的自述。至于胡适对《中国白皮书》的回应，则可参见他为司徒雷登的回忆录所作的序言，参见John Leighton Stuart, *Fifty Years in China: The Memoirs of John Leighton Stuart, Missionary and Ambassador* (New York: Random House, 1954), pp. xix-xx。

倒是进攻的一方,他通过"以德报怨"的方式反使暴力显得滑稽可笑①。无疑,当胡适第一次研究这段训诫时,其中的逻辑对他来说实乃不言自明;而当中国再次受到外来入侵威胁、国内政治激烈动荡时,这层逻辑也变得很有影响力。显然,耶稣关于面对诸多寻衅依然要保持道德正直的说教,乃是胡适思想储备的一部分。

很难说将"儒"刻画成周人的奴隶以及将来的胜利者是否就来自这段著名的训诫;至于一些古代文献记载了"儒"颇为珍视的那段受人奴役的生涯,胡适从这些文献中建构出的情形又是否可以自然贴切地援用耶稣有关不抵抗的教导作类比,这也是很难说的。胡适那番描述的灵感究竟来自何处,只能靠推测而不能予以证实;不过,当胡适就"儒服"与儒家的宗教礼俗在古代到底呈现何种面貌提出自己观点时,基督宗教始终不脱其思想视野;事实上,甚至可以说,基督宗教还与胡适的思想有着密切的关系,胡适常常信手拈来、信口言之。比如,在有一次概括"儒"的特征时,胡适就提到:"柔逊为殷人在亡国状态下养成的一种遗风,与基督教不抵抗的训条出于亡国的犹太民族的哲人耶稣,似有同样的历史原因。"②

这里所作的类比并不只是出于某种尝试或探索;胡适认为,不抵抗的哲学脱胎于囚房期间的犹太教神学,而他对这一哲学恰深表认同。正是因为犹太人与中国人在感情上有着相似的经历,而犹太人不抵抗的哲学与胡适及其和平主义又惺惺相惜,才于两者之间产生了一种"同情"的效应。考虑到日本军国主义的扩张残酷无情而当时执政的国民党又一味绥靖,就不难理解如何仅是凭借这一股"同情"就跨越了若干世纪甚至是上千年的时空隔阂。但就在撰写完成《说儒》一年后,

---

① "只是我告诉你们:不要与恶人作对。有人打你的右脸,连左脸也转过来由他打;有人想要告你,要拿你的里衣,连外衣也由他拿去;有人强逼你走一里路,你就同他走二里。"《马太福音》5:39-41。在我解释这段圣训时,我受到了约瑟夫·布罗茨基(Joseph Brodsky)1984年7月在威廉姆斯学院(Williams College)演讲的极大影响。Joseph A. Brodsky, "The Misquoted Verse: A Baccalaureate Sermon", *Williams Alumni Review* (summer 1984): 12-14.

② 胡适:《说儒》,页17—18。

第四章 殊相即共相:胡适、"儒"以及中国人对民族主义的超越

胡适还说了一段颇值得注意的话,这段话告诉我们,本土概念语汇与外来教义学说纠缠在一起还是有其限度:

> 但是犹太主义中有一种奇论,劝人"爱你的仇敌"。我这二十五年来曾深信这种"犹太主义"。但是,我很惭愧,我信道不笃,守道不坚,在最近几个月中,我颇有点怀疑这种主义不是我们肉体凡夫所能终身信奉的了?①

总而言之,胡适之所以能以如此有效的方式将耶稣和孔子的哲学联系起来,很大程度上是因为"犹太-基督"一系的精神气质为他理解儒家之道提供了最完美的表述。

此外,"不抵抗"的哲学实出自犹太人流亡和散居的历史境遇。也正是因为这个原因,胡适才借犹太人"不抵抗"的哲学为自己提出的那个类比增添了另一层历史深度,而他提出这个类比的内涵已有延伸与扩展并因此暴得大名;《说儒》一文除了反思"儒"的意义还比较了中西方的思想传统,也因此显得激动人心。实现这种特定的跨文化比较的方式便是,让那个被冠以"儒"之名的群体变换另一种角色示人,这群人与中国本土的其他传统少有相同之处,但却与地中海东部地区诞生的一位先知留下的教导颇多共通之处。耶稣基督在古老的犹太教里引起了某种反叛,胡适对这段历史的兴起和影响了如指掌,因此,他会继而描述"儒"兴起反抗的情形也就顺理成章、容易预见了。不过,就胡适整篇文章的论证而言,他并没有从年代久远的本土文献出发阐明这个类比到底牵涉着哪些更重要的意义,但鲍吾刚则着重点明了这一点:中国人与西方文化一样,也有一个弥赛亚式的传说,它预言了古代中国的救世主必将降临人世,这位救世主正是孔子。

胡适的这一类比还告诉了我们其他方面的内容,这在他 1917 年的一段话里表露无遗,他深信"如果用现代哲学去重新解释中国古代哲

---

① 胡适:《答室伏高信先生》,《独立评论》,180 号(1935 年 12 月 8 日):5—8。

学,又用中国固有的哲学去解释现代哲学,这样,也只有这样,才能使中国的哲学家和哲学研究在运用思考与研究的新方法与工具时感到心安理得"①。所以,胡适才往返穿梭于中国本土文献及与西方类比后形成的对这些文献的解释之间,希望借此同时阐明中西方两种文化的理路与意旨,以便它们中的任何一方都能从对方那里认清自己。其间的关键问题在于找到共同点,对我们来说是如此,对曾经的耶稣会士来说同样也是如此。

在犹太人流亡及其被罗马人奴役的历史中,胡适找到了他认为可用于推想商周之间古老文化冲突的最佳方式。犹太人与殷人都是战败被奴役的贵族,都比压迫他们的统治者更有"文化",而他们受压迫的境遇也都孕生了一种预言,预言他们将获得解救以作为受到压迫的补偿,将有一位圣人替天行道杀死奴役他们的人。胡适反复声明,犹太人和殷人是很相似的古代部族,他们都渴望自由;在为这一观点辩护时,胡适援引了《以赛亚书》,上帝在该书中属意于大卫并对以色列人说道:"我已立他作万民的见证,为万民的君王和司令"②。此处实则明确了一种语境,上帝的话暗示了犹太人将会获赐一名领袖,胡适认为它是一个关于人们终将获救的预言。在这段引文之后,他又紧接着引用了《以赛亚书》的另一段:"现在他说,你作我的仆人,使雅各众支派复兴,使以色列中得保全的归回尚为小事;我还要使你作外邦人的光,叫你施行我的救恩,直到地极"③,其在运用形象化的象征比喻方面一仍其旧、未曾止步。

在胡适对中国古代所进行的历史想象中,基督宗教所具有的重要

---

① Hu Shi, *The Development of the Logical Method in Ancient China*, 2d ed. (New York: Paragon, 1963), p. 9. (译者按,此段译文出自胡适:《先秦名学史》,收于欧阳哲生编:《胡适文集》,第六册,北京:北京大学出版社,1998年,页11。)

② 胡适:《说儒》,页50。引文出自《以赛亚书》55:4。(译者按,《说儒》原文引作"做万民的君王和司令"。)

③ 胡适:《说儒》,页50。引文出自《以赛亚书》49:6。(译者按,《说儒》原文引作"使雅各众复兴,使以色列之人得保全的人民能归回,——这还是小事,——还要作外邦人的光,推行我[耶和华]的救恩,直到地的尽头"。)

第四章 殊相即共相:胡适、"儒"以及中国人对民族主义的超越

地位不容否认;而他毫无障碍地援引基督宗教,把它当作一个充满各种象征的宝库,则说明胡适解释古代中国的方式和耶稣会士注解中国经典文献的方式有异曲同工之处,耶稣会士们就像是出于本能地参考了福音书来注解中国的经典文献。在适才提到的那个例子里,《以赛亚书》并非只用来详细描述犹太人在奴役时期的境遇,同样也用于勾勒先知拯救他们的大致轮廓;先知会成为使犹太人的征服者蒙受上帝感召的关键所在,与此同时,他也会把犹太人从受压迫的状态中解放出来。先知的这个形象以及《圣经》中与之相关的很多其他令人难忘的传奇,无疑都使胡适能够通过类比来想象古代的那段历史并对它进行重构,将它表述成这样一段过程:即将古人从"自己加之于自己的不成熟状态"(self-incurred tutelage①)以及过时的观念和习俗中解放出来的过程。简言之,这正是身为犹太复兴希望的耶稣和身为殷商复兴希望的孔子之于胡适的意义。犹太人和殷人都祈祷自己能从统治者手里解放出来,哪怕自己仍在为统治他们的人当牛做马;但用胡适的话来说,直到耶稣和孔子出现以前,犹太人和殷人这种渴望获得救赎的愿望也只是"白日梦"而已。

正如胡适对他们的描画,"儒"是文化同化的主要代理人,是其族民的"教士",是周人的老师;从这个意义上讲,他们也是一种全新的多元杂糅的中华文明的塑造者,这就是胡适和我们西方人所熟知的名为"华夏"的文明。就像犹太人面临的境遇一样,从这种部族战争和奴役的环境里,滋生了前文提到的那种预言的土壤。"儒"在周人治下扮演了新的角色,由此带来的一个结果便是同化进程大大推进;但这两种文化融为一体却从未完全实现,其影响便是孕育了古代神话的基本骨架。对这种文化冲突带来的症候有些隐而不显的简略记载,为生活在周人治下的商民世代保存下来,并可见于《易经》和《尚书》之中。

---

① 此语出自康德所谓"启蒙运动就是人类脱离自己所加之于自己的不成熟状态"(康德:《历史理性批判文集》,何兆武译,北京:商务印书馆,1991年),詹启华在本书"结语"部分的题记里就引用到了康德的这句话。——译者注

那个世界性的预言在中国古代文献里的蛛丝马迹

为了揭示中国本土思想体系特别是儒家思想体系的内涵,胡适本能想到的是去求助《周易》(《易经》)这个文本。诚然,从这个文本出发,是有可能了解"儒"在周人兴代之后、孔子诞生之前那段岁月里的生活①。胡适说,个中原因在于"所谓《周易》,原来是殷民族的卜筮书的一种"②。再者,一旦我们去读《周易》这个文本特别是"需"卦等某个具体的卦,就能体会到一个受压迫民族的担忧与恐惧;这种由时局而来的忧心忡忡,恰恰为《周易》这个文本乃是殷人在被征服后所作另添了佐证。胡适认为,既然章炳麟已经断言单独的"需"字是"儒"字最早的书写形式和读音,那么,根据《周易》的第五卦——"需"卦——来探究春秋时期以前以此为名并在仪式中起核心作用的那些人的生活细节,无疑是顺理成章的事。在对这一卦的解释中,胡适所发现的线索更多的是与他在类比基督宗教时提到的那个预言有关,也就是与那个题涉复仇和部族赎救的预言有关,而不是与"儒"早先的生存状况有关。

胡适反复强调,"儒"是一群处于"需待"之中的人;当其处于"需待"之中时,他们只是"需为饮食之道"以度日,"不能前进","以免陷于危险"。按照他的说法,组成这一卦的六爻,不论是阴爻还是阳爻,都刻画了这些待时而动的"儒"的特征:他们仅通过"饮""食"等维持生存所必需的活动"过日子"而等待稍后的吉时。胡适还完整引用了该卦每一爻令人费解的爻辞来告诉我们他的观点:这些爻辞所描述的形象"很像殷商民族亡国后的'儒'":

---

① 胡适坦言:"孔子以前,儒的生活是怎样的,我们无从知道了。但我疑心《周易》的'需'卦,似乎可以给我们一点线索。"这是因为"最初只有一个'需'字,后来始有从人的'儒'字"。参见胡适:《说儒》,页22。

② 胡适:《说儒》,页25。

第四章 殊相即共相:胡适、"儒"以及中国人对民族主义的超越

初九,需于郊,利用恒,无咎。
九二,需于沙,小有言,终吉。
九三,需于泥,致寇至。
六四,需于血,出自穴。
九五,需于酒食,贞吉。
上六,入于穴,有不速之客三人来,敬之,终吉。①

胡适用该卦的六爻说明了"此种人"(换言之,就是自身所处境遇可以该卦为象征的那些人)"是很困难的","是有'险在前'的"。但通过"忍耐"而不是"前进",就避开了危险,否极泰来。

在"郊"之"需"②,是一个失势的在野之人——也就是殷人中那些司职礼仪之人,他们已经变为周人的"教士"——他别无选择,只有在边缘的地位忍耐自守。在"沙"之"需"站不稳,所以才会说他要站在中间并不容易,这其实是一种不安全感,源自他既身为商民的神职人员又担当周人的教师所产生的角色冲突。在"泥"之"需"则陷入了危险,假使他受到攻击,只要他"敬慎",就"可以不败"。在"血"之"需"是"冲突之象",在这种情况下,他无力争斗,所以最好是"柔顺的出穴让人"。在"酒食"之"需"只是"有饭吃了",而这是他"最适宜的地位",也许他也有可能从此回到自己的穴里;即便还会有麻烦,但只要坚持用一种"敬慎"的态度,他还是能够应付。胡适反复强调:"'需'是'须待'之象,他必须能忍耐待时;时候到了,人家'须待'他了,彼此相'需'了,他就有饭吃了。"③

---

① 胡适:《说儒》,页 22—23。我对这段经文的翻译采用了卫礼贤(Wilhelm)的译法并有所修改。参见 Richard Wilhelm, trans., *The I Ching*; or, *Book of Changes*, 3d ed., rendered into English by Cary F. Baynes (Princeton: Princeton University Press, 1967), pp. 24-27。
② 在《说儒》原文里,胡适径直以"儒"代"需",所谓"这里的'需',都可作一种人解",其文谓"儒在郊……,儒在沙……,儒在泥……,儒在血……,儒在酒食……";这里按詹启华所引,作"在'郊'之'需',……"等。——译者注
③ 胡适:《说儒》,页 23。

胡适将《易经》理解成是用于实践的经典,是一部筮书,也是要求适时而动的神谕。正因为如此,在胡适的诠释里,《易经》有两个用途:一是证实"儒"(或"需")的古老,从与这个字同音的"需"卦来重构他们的生活;二是提出此前未曾揭示的"预言"(prophecy),这个预言将为这些人处于"需待"之中提供解释。"预言"这个词并非我在本书里的师心自造,原是胡适在《说儒》中所用之词;通过研究"需"卦,我们已能看到这个"预言"的蛛丝马迹。在胡适接下来推演的一层意思里,我们则发现,古代文献中早已"预言"了孔子和胡适口中那些追随孔子的"新儒"们将要降临人世,正像亚伯拉罕祭献以撒从象征意义上讲乃是预示着救世主耶稣将被钉死在十字架上一样①。

当"儒"在"忍耐待时"的时候,一方面是作为相礼的专家,靠自己做"祝"(invoker)的相关知识而过活,一方面则是作为"治丧者",为合乎礼仪地进行葬礼和丧礼提供指导。之所以会建构出这样的形象,或许更多的是要归因于《墨子》和《庄子》等稍晚出现的战国文献;在这些文献里,常常可以看到对"儒"的批评,"儒"在丧礼中斤斤计较繁文缛节,不是受人轻视就是受人嘲讽。通过一种巧妙的方式重新爬梳这些文献,胡适在其中找到了"儒"参与此类"赎罪仪式"(piacular rites)的相关证据,而他提出这些证据意在指出,身为"治丧者"的"儒"其实只是通过摆摆姿态在熬日子罢了。他还进一步提出,其实墨子更热心于坚守这些仪式中更为古老的宗教内容,墨子认为这些才是与祖先沟通的有效途径,与"儒"只追求外在形式主义格格不入,这也正是墨子对"儒"提出严厉批评的核心要素②。总而言之,针对"'儒'治丧礼的价值何在"这个悬而未决的问题,胡适提出了很多看法,并将这些看法置于战国时代立场截然相反的文本背景当中;可以说,他多少使"儒"作

---

① 此处这个可用于类比的象征性例子,来自基督宗教里的形象;关于这个形象及其之所以能起作用的机理,参见 Erich Auerbach, *Mimesis: The Representation of Reality in Western Literature*, trans. Willard R. Trask (Princeton: Princeton University Press, 1953), pp. 73-74。

② 在《说儒》一文的最后几页,胡适表达了这一观点:老子、孔子与墨子都是"儒",他们分别代表了这一传统里各具特色、日渐不同的趋向。参见胡适:《说儒》,页78—82。

第四章 殊相即共相:胡适、"儒"以及中国人对民族主义的超越

为"遗民"的形象具有了某种历史真实性,同时也使我们能够从一个更长的时间跨度来理解战国时代对"儒"提出的种种批评。

在周人征服殷人后的五百年里,"丧礼"徒具形式,从事丧礼的人也因此同样失去了重要的地位——对于政治管理而言,这些人不再必不可少。持守这种丧礼的"儒"的先人们早已久远无形,所以,因世袭的缘故而与"儒"紧密联系的这种仪式,也像"儒"一样成了上古残留下的陈迹。从墨子和庄子时代对这些仪式的观察评论来看,"儒"在这些仪式中依旧对合乎礼仪规范热情不改,这无疑会顺理成章地被时人目之为"虚伪"(hypocrisy)①,胡适亦持此说。不过,"儒"与"商"之间自古以来就有某种有机联系,即便这种联系只剩残余,仍然能够就像第五卦"需"卦的辞占一样,为"儒"指出转危为安、转祸为福的法门。胡适在进一步论述时又再次回到了预言上来,这个预言日益锚定于孔子本人;不过,这并不是胡适的创举,而是身在东方诸国却仍然怀抱强烈希望的殷商遗民的做法。

可以说,胡适对这一问题的阐释将重心放在了殷商部族文化里的宗教上,进而强调殷商先人的这种宗教已为陈迹而"儒"正是继承了这种宗教专门知识的后来人;在我看来,胡适的处理其实是创造了一种解释形式,也就是倾向于将那段历史解释成殷商古老宗教文化经历转型的过程,转型成的乃是一种"现代的"(modern)强调此世社会道德规范的文化。此处我用韦伯式的语言来描述胡适在这方面的阐释分析,是经过深思熟虑的,因为我认为这个词最为贴切,最适合理解这个全球性的课题:如何深入反思生活方式从宗教性到世俗性的变迁——而胡适思考这一课题的方式正是借助对"儒"所进行的精细的分析研究。

梁漱溟(1893—1986)鼓吹的理论认为,中国历史文化之所以与众

---

① 直到汉代,批评"儒""虚伪"的声音都不绝于耳,至于能很好说明这一点的例子,参见《庄子集解》,收于《诸子集成》,卷三,页132—134;《墨子间诂》,收于《诸子集成》,卷四,页178—181;以及《盐铁论》,收于《诸子集成》,卷七,页23。

不同,根源在于它对世界有一种独特的"直觉"体悟而非"理智"的理解;与梁漱溟等同时代的人不同,胡适似乎打算证明古代中西方的生活方式同样都是宗教性的,并且这两种文明的历史发展都受到了世俗力量与宗教力量这对普遍矛盾的影响①。"科学"与"人生观"的思想论争最初起于 1923 年,虽然《说儒》写成晚了不止十年,但对胡适在诸多论争中极力反对的那些在文化上保守的"玄学派"来说,它也许是最有力的反驳。"调适主义"的思路会推动文明在物质发展过程中选择第三条道路,也就是既不像印度人那样否认这个世界,也不像西方人那样征服这个世界。通过诉诸"调适主义"的思路,"玄学派"提出了自己对中国的理解,在他们看来,中国无疑具有世界性的文化意义;但在胡适看来,"玄学派"对中国的理解其实并不能完成对中国的救赎。按照胡适的看法,西方人早已认定中国的基本特征甚为隐晦因此也就无足轻重,西方人的这一观感可谓根深蒂固,而前面提到的那些"玄学派"的观念只不过延续强化了西方人的观点而已。换言之,热衷于以"人生观"哲学来理解中国的"玄学派"其实并未将中国提升到具有世界性历史影响的高度,相反却弄巧成拙:他们用中国本土的一些例子来强化西方对中国的看法,只不过是狗尾续貂,反而使得中国愈加边缘化了。在 1931 年写下的一段话中,胡适就总结了自己与那些文化保守主义者在哲学上的区别,同时还点到了自己建构"儒"之起源的运思理路:

> 据说中国人在文明民族中是最不信宗教的,中国哲学最不受宗教影响的支配。从历史的观点来看,以上这两种评论并非都符合实际。历史研究将使我们确信,中国人能够具有高尚的宗教感

---

① 至于梁漱溟用"'理智的'(intellectual)/'情感的'(emotional)"这组对比来概括中西方文化之间的根本差异,参见梁漱溟:《东西文化及其哲学》,重印本,台北:虹桥书店,1968年,页 152—153。另请参见对梁漱溟重要文章所作的"准韦伯式"的深入分析,见于 Guy S. Alitto, *The Last Confucian: Liang Shu-ming and the Chinese Dilemma of Modernity* (Berkeley: University of California Press, 1979), pp. 82-125。

第四章 殊相即共相:胡适、"儒"以及中国人对民族主义的超越

情。……中国哲学总是受不同历史阶段宗教发展的支配,因此,中国思想史不与中国宗教史一起研究就无法正确加以理解。如果说我们当今的人们不像世界其他民族那样宗教化,那是因为我们的思想家,我们的伏尔泰们和我们的赫胥黎们很久以前就同宗教势力进行了艰苦的斗争。如果中国迄今未能实现真正的人文主义文明,那只是因为中国思想的理性主义和人文主义倾向已经不止一次地受挫于强大的宗教力量。①

如果胡适想澄清这个问题,那么《说儒》或许可以为这段引文里的立场提供经得起推敲的辩护。胡适将"儒"和"孔子"置于"宗教性的"与"世俗性的"这对辩证矛盾中来考察,借此提出,"儒"和"孔子"是将殷人那先知式的宗教性价值予以重估和革新的力量。胡适所用"宗教"(religion)一词乃指祖先崇拜、祭祀、符咒和占卜等行为。胡适对自己的主张有个概括,从中可以一览无遗地看到其所持"世俗化"观点的基本轮廓;也正是在此番概括之后,他才将孔子解释成了一位"弥赛亚",也就是孔子所从出的那个已被征服的部族的"弥赛亚",并且说他兴起于文化倾颓的废墟中但却预告了一个崭新的时代。这段概括如下:

> 儒是殷民族的礼教的教士,他们在很困难的政治状态之下,继续保存着殷人的宗教典礼,继续穿戴着殷人的衣冠。他们是殷人的教士,在六七百年中渐渐变成了绝大多数人民的教师。他们的职业还是治丧,相礼,教学;但他们的礼教已渐渐行到统治阶级里了,他们的来学弟子,已有周鲁公族的子弟了。……这才是那个广义的"儒"。儒是一个古宗教的教师,治丧相礼之外,他们还要做

---

① Hu Shi, "Religion and Philosophy in Chinese History", in *Symposium on Chinese Culture*, ed. Sophia H. Chen Zen (Shanghai: China Institute of Pacific Relations, 1931), p. 31. (译者按,译文引自胡适:《中国历史上的宗教与哲学》,收于陈衡哲主编:《中国文化论集》,王宪明、高继美译,福州:福建教育出版社,2009年,页18。)

其他的宗教职务。①

想要理解是什么让中国显得如此特别,需要将其他文化置于和中国文化同样的基点上来观察,胡适用这种方式帮助自己迅速有效地找到了评估文化的标准。在这样的背景下来看,中国与世界其他地方的历史进程虽然大致相当但仍然保留了自己的独特性,孔子及其倡导的"新儒"恰恰无比贴切地说明了这一点。

胡适的论证自此开始变得有点更加复杂,需要读者同时留心两个彼此独立的历史现象。首先,我们不得不注意到"儒"的角色职责一直在不断变化,具体来说,在殷商于公元前 1046 年被征服后的六百年里,这些"教士"逐渐变为"教师",因此向周人贩卖那些虽与礼仪相关但却完全形式化的外在知识来作"谋生之道"。至于他们文弱迂缓的原因恰恰在于:当他们保留下那些礼仪时只是留下了躯壳,并没有真正支撑起自己所从出的那个部族的精神,这种失败让他们久难忘怀。他们之所以显得柔弱,原因正像章炳麟在对汉代新"儒"提出批判时已经指出的那样,乃是因为他们不再积极为自己的部族提供服务而是成了掌握知识的专家;至于他们所掌握的这些知识,原本应该是得自那种言传身教的传统的传承方式,但事实上却是从读写的技艺中习得的并因此为他们所独享。诚如胡适所言,"孔子的新儒教",乃是使这一衰弱的传统重获新生的力量,而孔子本人恰是"儒的中兴领袖"。他的新教义提倡,在无道之世用"仁"来培养人的道德感,而"儒"的意义也继之发生了改变。后来,孔门弟子里有人成了重要的谋士,在效力于列国并助其逐鹿中原中赢得了政治声名,而此时"儒"的"柔懦"已为"弘毅"所取代。

在马克斯·韦伯对宗教社会学的总体研究里,人们提炼出了他的理论并称之为"克里斯玛的常规化"(routinization of charisma)。胡适的上述分析与这种理论极为相像,且与《新教伦理与资本主义精神》一书较后

---

① 胡适:《说儒》,页 35。

第四章 殊相即共相:胡适、"儒"以及中国人对民族主义的超越

部分所概括的"世界的祛魅"(die Entzauberung der Welt)相一致①。我认为,这并非巧合,因为当韦伯于 1920 年离世时,中国人正醉心于思索"理性化"以及在中国"理性化"应该采取何种特定形式的问题。韦伯对理智主义在欧洲的兴起有过阐释,按照他的说法,最早具有"教士"特征的那些人的权力原本来自"克里斯玛"(charisma),但在文明化的进程中他们渐渐将其特有的"魅"力换成了知识,这恰与胡适就"儒"的历史发展所提出的假说相类似。他们之间唯一的区别在于,韦伯理论在适用范围的广泛程度上更胜一筹。但与韦伯相比,胡适则更进一步:他认为,尽管有急有缓,所有民族都不可避免地走过了"世俗化"的道路,制度层面的"理性化"乃是一个全球性的普遍现象,大抵也会收获有益的结果②。

在胡适将殷人与犹太人作比提出的论证中还有另一个相似之处,那便是在这些身处绝境的亡虏之中一直都心存强烈的希望,这种希望起先化为他们将从周人压迫下获得解救并重现部族辉煌统治的预言。

---

① 韦伯认为,早期社会的形成有赖于掌握纯粹"克里斯玛"(charisma)的人物所具有的创造性力量,并且提出,根据"克里斯玛"来理解社会演化当是一条路径。而与"克里斯玛型"领袖(如教士、先知、首领等)紧紧联系在一起的那些属性,则在其逐渐制度化的过程中不可避免地被"常规化"(routinized)。古代社会都处于迷狂之中,对它们而言,制度层面所面临的最为关键的挑战便是继承权的问题。当"克里斯玛型"人物死去时,这种社会的活力如何才能延续下去?那么,能不能设计一种方法来稳定这种活力呢?韦伯推论说,社会与生俱来就有一对孪生的本能——"克里斯玛"与"制度化",当社会成员围绕继承权归属问题而焦虑不安时,这对本能就会发生激烈的冲突,不过,却能按照"近水楼台先得月"的逻辑原则得到调和。那便是,离"克里斯玛型"领袖最近者能够继承他的"克里斯玛"。结果自那以后,"克里斯玛"都是通过与权力之间的那种带有特权性的私人化的关系才传承下去,而这种关系最无可置疑,因为它们都寓于血统世系之中。于是,"教士"就成了君主。韦伯提出,"克里斯玛"传承时所遵循的这种逻辑原则有一个最贴切、最显明的写照,那就是通过世袭的方式圣脉独传的传统。参见 Max Weber, *The Protestant Ethic and the Spirit of Capitalism*, trans. Talcott Parsons (New York: Scribners, 1958), pp. 153-188, *The Sociology of Religion*, trans. Ephraigm Fischoff (Boston: Beacon Press, 1963), pp. 20-31, 118-137, 207-222。胡适与韦伯在运思上的这种相似之处,也许有助于解释为什么西方学者会不加批判地欣然接受胡适的诠释。另一方面,胡适还通过广义的宗教研究提供了令人信服的例证,用以说明中西双方原本独立的"世俗化"进程交织在了一起,而这也增强了他提出的相关假说的合理性。

② 参见胡适:《读梁漱溟先生的〈东西文化及其哲学〉》,收于《胡适文存》,第二集,页 172—175。

虽然殷人在被奴役的前几百年里有过接连不断的尝试,这个预言终归还是没能实现,但这种挫折却在殷人遗民中催生了一个关于"五百年必有圣者兴"的想法。不过,和起先的那个预言未能实现一样,这个"五百年必有圣者兴"的想法也从未得到验证,于是,这些遗民们一直在等待、未曾放弃过的那个预言不久就变成了有关"全天下得救"的预言。正是在这些预言没能实现、遗民们徒留希望的背景中诞生了孔子。巧合的是,孔子临世正逢鲁襄公(前573—前542年在位)在鲁国大力推动殷商民族复兴的那几十年,而鲁襄公恰恰极为敏感地意识到自己生当本部族战败后的第五个世纪①。

胡适有关"弥赛亚"的诠释其实源于两方面素材,一是他对《尚书》的解读,二是他对基督宗教历史相当程度的了解;当我们回顾他的诠释时,始终留意前文提到的殷人与犹太人在两个方面的相似之处则显得非常重要。鲍吾刚(Wolfgang Bauer)等晚近学者并没有认识到胡适分析展开的这两个层面,因此误读了胡适的诠释,结果就认定孔子在中国

---

① 胡适:《说儒》,页42。关于每五百年就有圣人出现的那个史诗般的带有末世论色彩的传说,在《说儒》一文中的表述乃是"五百年有圣人之兴",这实际上经过了胡适的修改,因为《孟子》里的说法原是"五百年必有王者兴"(译者按,詹启华此言不确,《说儒》一文中并未出现过"五百年有圣人之兴",胡适在《说儒》一文中所言乃是"五百年必有圣者兴",并且也用过孟子那句更为人熟知的"五百年必有王者兴"。此外,虽然孔子的确当鲁襄公之时,但胡适在《说儒》一文中提到的那个深信"五百年必有王者兴"的预言并且因为自己生在殷亡后的第五个世纪而热衷推动殷商民族复兴的人乃是宋襄公,詹启华此处恐误将宋襄公认作彼襄公)。胡适还提出,当殷人急切地期待这样一位圣王时,他们误将孔子认作了救世主;以此来解读"五百年必有王者兴"的传说则使胡适刚才那个观点的说服力大为增强。此外,与这个传说有关的不只限于殷商民族的复国主义,因为班大卫(David Pankenier)就曾举出了大量证据来说明这个"五百年必有王者兴"的信仰因为注重经验的中国人观察到异常的星象再次出现而被点燃。比如,公元前1953年,木星、火星、水星、土星和金星同时惊人地出现在"宝瓶座/双鱼座"方位;公元前1059年,它们又同时出现在巨蟹座方位;公元前1576年,"四星"(木星、火星、水星和土星)则集中出现在"天蝎座/人马座"方位。行星每隔五百年(准确地说,应该是516.33年)就集中出现的现象,恰与《竹书纪年》记载的"三代(夏、商、周)"兴替的年份相合。班大卫认为,这些发光的行星以恒星为参照所作的运动,被人们视为"天"在用星体写下文字,意在降赐"天命",授权某某统治中原。参见《孟子集注》,页259,以及David W. Pankenier, "The Cosmo-political Background of Heaven's Mandate", *Early China* 20 (1995): 121-176, esp. 121-136.

第四章 殊相即共相:胡适、"儒"以及中国人对民族主义的超越

历史上所具有的宗教意义,相当于基督耶稣之于西方①。对于康有为等鼓吹"孔教"分子来说,这种误读当然是个好消息,但这只是一个误解,而它也许就产生于这样一种愿望——那就是,通过赋予孔子与耶稣基督相同的身份,使他们这些外来的诠释者进入中国文化这个异国他乡。

起先,犹太人和商民都在热切的渴望中信守着那个有关自己必获解救的预言,但这些预言都发生了变化,两者的情形也大体相似。胡适提出,孔子和基督耶稣都有全新的设想,但却不容易与本民族惯常的那种传统宗教的主题相调和。不过,更为重要的是,犹太人和商民有关"弥赛亚"的观念起初都是视其为"复兴英雄"的形象,他能领导本部族实现政治复兴,恢复之前的荣光②。对于犹太人和商民来说,在他们中流行的那个预言的具体表述后来都发生了变化,以至于在几个世纪后,它俨然转变成了一个带有天启性质的、有关"救度全人类"的预言。胡适注意到,早先的那个预言和晚出的那个预言之间存在的差别有着极为深远意义;并且提出,前后之间的差别恰恰反映了被压迫民族日益渴望从受奴役的状态中获得解放,就这一点来说,殷人心怀热望的程度比之犹太人丝毫不差。

通过指出犹太人与商民预言里的相似结构,胡适引导我们不妨好好思忖这样一个推测,即商民期待着一位民族英雄的降临,期待这位英雄杀死敌人并把他们从受压迫的状态中解放出来。这个推测充满了睿智却也非常特别,它建构出来的商民心中对未来的想象,实则出自基督宗教里的启示和《诗经》里的一篇"颂"——《玄鸟》篇③;而当自己身处奴

---

① Bauer, *China and the Search for Happiness*, pp. 15-16.
② 胡适对这个预言前后的不同形式作了区分,起初这个预言只是在盼望一个文化意义上的英雄或是一位民族领袖,后来则是在期待出现一位圣人或"救世的人"。参见胡适:《说儒》,页37—42。
③ 《玄鸟》篇年代久远,这一点已经得到了有力的证实,因为它出现在《诗经》的《周颂》里,而《周颂》通常被认为是《诗经》里最古老的章节(大约形成于前1050—前1000)。至于断定《诗经》特别是《周颂》形成年代的问题,参见 W. A. C. H. Dobson, "Linguistic Evidence and the Dating of the Book of Songs", *T'oung Pao* 51 (1964): 322-334。

役之中时,商民也一直夕惕若厉地持守着他们的这一想象。胡适认为,商民想象中的那个预言恰可见于"天命玄鸟,降而生商"的神话中。

> 天命玄鸟,降而生商,宅殷土芒芒。古帝命武汤,正域彼四方。
> 方命厥后,奄有九有。商之先后,受命不殆,在武丁孙子。
> 武丁孙子——武王靡不胜。龙旂十乘,大糦是承。
> 邦畿千里,维民所止。肇域彼四海,四海来假。
> 来假祁祁,景员维河。殷受命咸宜,百禄是何。①

整篇颂到底意思为何并不甚明了,事实上还满是疑窦。我们所能肯定的便是,"玄鸟"在古代神话中一直都象征着殷商,甚至在中国帝制时代早期阶段的种种表述里也是如此②。从甲骨文的记载里已经证实,的确有"商王武丁";事实上,从目前研究分析过的甲骨文来看,大量甲骨文都与武丁及其先祖、配偶有关,或是与在武丁自称"予一人"期间发生的事件有关③。高本汉(Bernhard Karlgren)在翻译这篇颂时,将商朝的缔造者(即"汤")视作诗中的"武王";并且认为,武王的后裔不是别人而是"武丁"④。

按照胡适的说法,武王的确切身份仍是一个有待讨论的问题,因此

---

① 胡适:《说儒》,页39;以及《毛诗正义》,收于《十三经注疏》,卷三,重印本,上海:上海古籍出版社,1990年,页791.2—794.2。我依据的乃是理雅各(James Legge)的翻译,参见氏著 The Chinese Classics, vol. 4, pp. 636-638。

② 《楚辞》里的《天问》篇就提到过这层联系。司马迁也讲过这个传说,讲过商民的先祖帝喾如何因"玄鸟"之神而代生出商民。"商"与"鸟"之间的联系广为评述,详情另请参见陈梦家:《商代的神话与巫术》,载《燕京学报》第20期(1936):485-576;以及 Sarah Allan, "Sons of Suns: Myth and Totemism in Early China", *Bulletin of the School of African and Oriental Studies* 44, pt. 2 (1981): 290-326。至于"玄鸟"和孔子降生的传说在神话学意义上的联系,参见 Jensen, "Wise Man of the Wilds", pp. 424-430。

③ Keightley, "Legitimation in Shang China", unpublished manuscript (1975), and "The Religious Commitment: Shang Theology and the Genesis of Chinese Political Culture", *History of Religions*, vol. 17 (1978): 211-225; and Kwang-Chih Chang, *Shang Civilization* (New Haven: Yale University Press, 1980), pp. 158-194。

④ Karlgren, *Book of Odes*, p. 263.

第四章 殊相即共相:胡适、"儒"以及中国人对民族主义的超越

这段神话般的诗文大可用来创造全新的意义,甚至是与基督宗教里有关耶稣基督会重临人世统治千年的传说相类似的一种全新意义。不过,就语法而言,现有的这个文本在时态上并不明确,因此那位把疆域拓至"四海"的武王很有可能是已经完成了自己的使命。在这个意义上说,这篇颂诗可能恰恰像是给祖先的一篇祷文,是在用颂章的形式向那位战无不胜的大英雄直接吁求,而那些祈祷者则自称为"武丁孙子"①。然而,胡适却认为,"武丁孙子"这个措辞并不是指随后几代殷商王室的直系血脉,而是指商民中必将出现的那位大英雄。对于胡适而言,这首诗的时态无疑是将来时②。

殷人盼望这位"殷民族的中兴英雄"盼了几个世纪,却没见到一个精兵、一乘战车、一面龙旂。结果,宋襄公复兴殷商的美梦破灭了,原先那个预言在一番权衡思忖之后也改变了,变成了身在东方诸国的殷商遗民企盼"救世主"到来的预言:

> 于是这个民族英雄的预言渐渐变成了一种救世圣人的预言。《左传》(昭公七年)记孟僖子将死时,召其大夫曰:吾闻将有达者,曰孔丘,圣人之后也,而灭于宋。③

这像是在说,如同犹太人在自己的预言破产后对其重新加以改造一样,

---

① 祈求或媚诱神灵的做法在《诗经》的"颂"诗里十分常见,是否有效验则取决于能否通过歌功颂德巴结好这些神灵。这类祈求还有很多其他的例子,参见 Odes,第 11、51、84、86、132 篇。

② 胡适:《说儒》,页 40。

③ 胡适:《说儒》,页 40。孟僖子希望他的儿子向孔丘学礼,并且声称"无礼,无以立"。参见《左传》,收于《十三经注疏》,卷七,页 764.2—766.2。受孟僖子"孔丘,圣人之后也,而灭于宋"一语启发,杜预的注释告诉我们说,孔子乃是孔父嘉的六世孙。杜预对孔子家系的重建与较早出现的《左传》隐公三年中对同一事件的描述完全吻合;在这段记载里,宋穆公于弥留之际提出请孔父嘉立护他的儿子。但继位的年轻公爵和佐育他的孔父嘉却在公元前 710 年被暴戾的华督杀害于宋国(译者按,詹启华此处似误,宋穆公遗言乃请孔父嘉立自己的侄子"与夷"为君,而让自己的儿子"冯"出居于郑,并未请孔父嘉立护"冯",而后来与孔父嘉一道被华督杀害的也正是与夷)。

商民也将自己对民族英雄的预言改造成了圣人将降临救世的预言。一个叫臧孙纥的人曾对孟僖子说过:"圣人有明德者,若不当世,其后必有达人。"①孟僖子从这句话里推断说:"今其将在孔丘乎?"胡适同意孟僖子给他的儿子阅、何忌留下的遗言,并且推测说,在鲁国统治阶级心中,孔子正是那早已被预言将要降临人世的圣人。

弥赛亚信仰、文化复兴与孔子的"革故鼎新"

　　本书的上篇一开始就提到了一个带有宗教意义的发明创造,那便是"儒教"(Confucianism)一词;在经过本章的上述讨论后回过头来看这个发明,就会发现,我们像是在一个圆圈上沿着另一个不同的方向策马扬鞭,虽经殊途却又同样回到了原点。从某种意义上讲,通过将一位复兴文化的英雄特别是一名圣人与基督宗教里的"弥赛亚"画上等号,胡适已把我们带回到 17 世纪的耶稣会士身边,带回到他们修会中有关"孔夫子"(Confucius)位同"*Sapientissimo*"(*santo*,意即圣徒、圣人)的论争之中。或许可以说,借由强调"孔夫子"像圣徒一样而不是着重介绍他的智慧,胡适已使耶稣会士的那场争论偃旗息鼓,并用他自己的方式为利玛窦和早期调适主义者在这个问题上坚定无疑的信念提供了支持。恰恰还是像胡适这样土生土长的中国人而不是外来的耶稣会士告诉我们说,孔子的地位犹如耶稣基督,从而将中国本土的宗教和基督宗教置于同等的地位上。就此而言,似乎中国人自己就会将儒家和基督宗教糅在一起,造出两者的合体。

　　但是,这中间还是有值得注意的差别在。就耶稣会士而言,他们所追求的乃是将中国拔擢到具有世界历史意义的高度,其底气正在于中国的文化和宗教。这首先是因为中国的文化如此值得钦羡而且同耶稣会士自己的文化又是那么相似。其次,中国本土文人学士们的宗教具

---

① 《左传》,收于《十三经注疏》,卷七,页 764.2—766.2。

第四章 殊相即共相:胡适、"儒"以及中国人对民族主义的超越

有非常重要的意义,因为这种宗教与希腊人这样的"异教徒"所信从的宗教甚至是耶稣会士自己笃行的某些信念非常相似。此外,耶稣会士们还认为,基于"孔夫子"的教导而形成的这种宗教,就像其他较为简单的异教徒的宗教一样,都是在为真正的更高级一点的基督宗教所做的准备。

然而,从胡适的角度来看,孔子并没有预言基督的到来,也没有在中国人当中预表耶稣教导的福音。中国和西方比肩站在同一高度,其根据便是中国光耀千古的文明历程与犹太基督文明极为相似。换言之,按照胡适对中西历史的重构,中国和西方自青铜时代晚期开始就沿着相似的轨迹飞速前行,而孔子和耶稣基督则分别是中西方摆脱古老宗教的那"五六百年的伟大趋势"的代表者①。

不过,就在胡适似乎要与耶稣会士殊途同归时,他却回头了。对耶稣会士来说,将孔子视为弥赛亚乃是他们的基本信条;但胡适却抑制住了这种倾向,没有持这个观点。考虑到孟僖子在弥留之际对他的儿子们说出那番话,那么大概可以说,当孔子之时,他就应该已经被人们当作了弥赛亚式的人物。胡适则进一步指出,孔子在《论语》的一些章节里也表现出他自己正合于民间流传的那个传说。另一位圣人孟子同样也出自鲁国,他也深信圣人必将降临的预言并加以修正,这才又有另一种说法强调称,从周朝的创始人文王到孔子恰已历五百年。毫无疑问,孔子已经在事实上被当成了殷商遗民中那个传说所期盼的早已被预言了的英雄。另一个事实则是,这个传说在孔子没后仍在传播,甚至经孟子一直传到了汉代业儒的博士。尽管如此,胡适的观点却认定孔子并不是一位弥赛亚。

---

① 胡适明白无误地断言,孔子的历史意义就在于他是"五六百年(译者按,乃指殷亡以后的那五六百年)的一个伟大的历史趋势的代表者"。他所谓的"趋势",系指从注重彼世的宗教性法权跳转到注重人文社会的道德约束。正因为此,孔子也就成了贝拉(Robert Bellah)所谓的那种"历史的宗教"(historic religion)的代表。See Robert N. Bellah, "Religious Evolution", in *Beyond Belief: Essays on Religion in a Post-Traditional World* (New York: Harper and Row, 1976), pp. 29-36.

胡适苦心孤诣的目的是想指出，孔子和"儒"的意涵在古代都是制造出来的，这种意涵还被再加工以适应特定的历史条件并成为将人们内心的希望表述出来的某种具体表达。依胡适所言，孔子的伟大贡献乃是提倡了一种新的精神风尚，这种新精神崇尚"礼"，将仪礼视为集合了生者而非亡者间各种关系的道德体系；而"仁"（humaneness）则是这种新精神的理想，也是中兴"儒"的哲学基础。至于孔子一直坚持人们应当守礼并且强调丧礼要合乎礼制，则被解读成是孔子从自己的立场出发想要恢复本民族先人所遵的古礼，因为孔子本人正是先代曾经占据统治地位的那个教士阶层的后裔——也正因为如此，孔子更被随后几代亡虏遗民视为弥赛亚式的人物。通过这种方式，孔子从功能和"自我概念"这两方面对"儒"进行的彻底革新重塑，就被从另一个角度解释成了完全是在延续商民那套古老的习俗。

这样一来，我们也许可以说，就此而言，孔子及其弟子有两种形象：一个是胡适从大家普遍认可的文本中建构出来的形象；另一个则是东周时期形成的形象，它形成于和文化救赎有关的那个传说的碎片当中，并为胡适所重新讲述。胡适认为，当孔子之时，一般人已将孔子认作弥赛亚。应该说，胡适的这一学术观点经过了深思熟虑，是从象征的意义上将孔子纳入早先那个有关复仇和救赎的传说来理解的结果。诚如胡适所见，这也正是孔子享有崇高地位的根本原因；相应地，也正是由于这种非常具有创造性的"错用"（misappropriation），孔子像耶稣基督一样被人们视为弥赛亚。就这个观点暗含的意思而言，历史上的孔子及其倡塑的新"儒"，与一般人中流行的将孔子视作圣人或弥赛亚的传说，并没有天然的或必然的联系，而将二者联系在一起则近似于马克斯·韦伯提出在资本主义和新教之间存在辩证关系。韦伯提出了所谓"心态"（attitude of mind）的概念，恰巧可以从孔子及其传道授业的真实历史中找到最贴切的阐释：具体来说，古老的传说借认孔子为"弥赛亚"，这正是澄清"心态"这个概念的一个例子。殷商部族中流传的这个传说本来与孔子这个人彼此无涉，却被急切希望再次夺回情难割舍的中原故土的那些商民们熔合在一起。正是通过这种方式，孔子与

第四章　殊相即共相：胡适、"儒"以及中国人对民族主义的超越

"儒"的意涵才变得意识形态化了。

胡适对那个广为人知的将孔子想象成救世主的神话传说饱含热情、满心敬重；康有为则通过将孔子与佛教里的菩萨类比，以一种极为天才的方式不停地重新书写这个传说。但从另一方面来看，当胡适就此提出自己的分析时，实际上反而剔除了孔子身上的神话色彩。胡适的处理在同时代的知识分子中激起了反响，对我们而言也同样如此。他抛弃了有关孔子就是弥赛亚的预设，认定这只是商民族在象征的意义上误将孔子当成弥赛亚的结果；他的做法显然并不赞成今文学派为了创立国教而汲汲于重写这个神话传说，只是我们没有必要在这个问题上自找麻烦，不妨暂按不表。值得一提的是，胡适观点中所暗含的意义，不只是让那些对今文学派鼓吹的弥赛亚主义痴迷的人感到惊惶，也让其他人感到不安。胡适的研究揭示出，身陷绝境的殷商遗民所相信的那个有关救世主的神话，与孔子的现实生活及教导之间发生联系乃出于偶然；借此，胡适实际上对帝制中国将孔子改造成"素王"并将他的教导奉为整个国家伦理纲常的合法性提出了质疑。帝制时代的中国对孔子、"儒"及其与国家之间的关系有个一以贯之的官方解释，而胡适的解释则松开了那套官方解释留下的桎梏。

传统的官方解释极大影响和塑造了我们西方人理解孔子及其所开创的那种传统，更不用提它对中国文化本身的影响了；这种解释还推波助澜，影响所及使很多中国人都倾向于将儒家学说视为中国人伦理道德的基础，哪怕这个想法其实最早乃是由耶稣会士提出的。有鉴于此，胡适对这种解释提出质疑无疑会引起波澜。但更加会掀起轩然大波的则是胡适的推理论证，具体来说，就是他在提出对孔子作弥赛亚式的解读其实根本站不住脚时所作的推理论证。胡适明确指出，"儒"的主要职责是保证丧礼和向祖先祭祷的仪式合乎礼法；继而提出，孔子关于"仁"的根本教义只着眼于"生者"。除此而外，他还指出，虽然孔子及其弟子确实从事过他们口中所称的"丧礼"，但他们对这些仪式的理解和实践却完全不同于商代的"丧礼"。

"儒"所鼓吹的"三年之丧"虽然承自商代的"丧礼",但却进行了非常重要的改造。

也正是从这一点来说,胡适的建树远不在于援举"犹太-基督宗教"来对中国古代进行全新叙述并借此阐明中国精神文明"历史进化"的大致轮廓。胡适的诠释有一个跨文化比较的内在理路统摄全篇;但在《说儒》的最后几页,他似乎又逆之而行了,因为他在这几页里首次提出,孔子所处的时代正在经历一场从宗教性意识到社会性意识的转变,这种根本变化也正以孔子为象征。他还提醒有识读者,《论语》里的夫子之言只有一句提到了"祭祖"(ancestor worship),即众所周知的"祭如在,祭神如神在"。通过指出《论语》里很少提及"祭祖"的主题,胡适实以另一种方式确证了,所谓的"先儒"并不是"古之儒"。

此外,胡适还指出,孔子对"祭祖"的批判分析不只是全新的,甚至还是激进的;按照胡适的理解,孔子上面的那句话所暗含的意思,实际上是说灵魂并不存在。就此而言,孔子认为"祭祖"只是某种形式化的或者说是带有表演性质的程式,并非是一种名副其实的与祖先进行交流的仪式①。职是之故,圣人弟子们在《礼记·檀弓》篇里就丧礼所发的言辞,表面上看都是殷人招魂时的语言,但实际上却丝毫没有真正的宗教情感。在这些仪式里,圣人弟子们都只是在表演罢了。在一个更多是靠生者之间的关系而非生者与逝者之间的关系支配和管理着的世界里,这种祭祖仪式已经变成了一种纯粹形式化的物件,先前那种古老的仪式所带有的预言性力量在它身上仅余万一。

多少个世纪以来,我们一直都认为孔子忠实传承了中国上古时期的久远遗风,但我们现在对此该如何理解呢?虽然胡适在《说儒》一文里并没有明确道出会产生以前这种误解的缘由,但却在给一位信仰基

---

① 宇文所安(Stephen Owen)将这一区分看作是在两种根本不同的诠释路径之间画出的红线,虽然这两种路径针对相同的体验,但一个与神话有关,另一个则基于历史。See Owen, *Remembrances: The Experience of the Past in Classical Chinese Literature* (Cambridge, Mass.: Harvard University Press, 1986), pp. 8-14, 18-24.

第四章 殊相即共相:胡适、"儒"以及中国人对民族主义的超越

督教的朋友兼同事的信中作出了非常允洽的解释,在这个解释里他为自己为什么会觉得苏格拉底之死比耶稣之死更能打动人作了辩护。在这封信里,胡适坦言:"我承认所有耶教徒都看重耶稣之死而不看重苏格拉底之死。为什么呢? 这是几个世纪积累起来的强大传统使之然"①;借此,他有力阐述了隐藏在自己分析——殷人中流行的有关弥赛亚的预言之所以会同孔子个人致力于复兴行将就木的"儒"传统结合在一起,乃是出于偶然——背后的理念。

孔子对"儒"的教导作为具体例证,恰可说明商周两代在"慎终追远"的问题上有一个变化;与这个背景相对,胡适还特别刻画描述了耶稣基督对"法利赛人"和"犹太文士"的厌恶。不过,在这个具体的对比里可以见到,中国人在丧礼等仪式中对之前浓厚的宗教意味有过世俗主义的反动,也正是这种反动和孔子这个人为我们理解耶稣基督提供了参照;至于在胡适看来,这之间的联系更是再自然不过了。胡适从历史的角度推测说,是孔子传承下了殷商部族的丧礼,但这种推测与他在理解"祭祖"时所凭的文本依据之间似乎缺少某种"契合"。在解释这一点时,胡适写道:

> 这种意境都只是体恤生人的情绪,而不是平常人心目中的宗教态度。所以我们读孔门的礼书,总觉得这一班知礼的圣贤很像基督教《福音》书里耶稣所攻击的犹太"文士"(Scribe)和"法利赛人"(Pharisees)。犹太的"文士"和"法利赛人"都是精通古礼的,都是"习于礼"的大师,都是犹太人的"儒"。耶稣所以不满意于他们,只是因为他们熟于典礼条文,而没有真挚的宗教情感。中国古代的儒,在知识方面已超过了那民众的宗教,而在职业方面又不能不为民众做治丧助葬的事,所以他们对于丧葬之礼实在不能有多

---

① 胡适:《胡适留学日记》,页46。(译者按,译文引自《胡适日记全编》,第1册,曹伯言整理,合肥:安徽教育出版社,2001年,页557。)

大的宗教情绪。①

胡适此处用到的"总觉得"一词,说明他的这个比较非常自然;这也向我们表明,与20世纪头十年相比,20世纪30年代的想象天空到底广阔到了什么样的程度。也许可以说,对于胡适而言,不是按老套路将孔子解释成其所在民族的圣人,解释说这个圣人即将实现他们有关"五百年必有王者兴"的预言,而是与耶稣基督及犹太人进行意义更为宽阔的比较,借此对孔子背离本民族所尚仪礼的做法给出阐释,这种做法或许更为自然。

孔子和耶稣这两个人所扮演的角色非常相似:他们都重新评估了继承下来的祭礼传统,都强调改善人与人之间的关系才是实现个人价值的途径。然而,这并不是一种简单的类比;因为胡适似乎相信,孔子和耶稣分别是全球范围内出现的一场宗教运动的一部分,他们就像是分处东西方的一对梁柱,支撑起了卡尔·雅斯贝尔斯(Karl Jaspers)心中的"轴心时代"(Achsenzeit)②。《说儒》一文通篇都暗含了这个意义更为宽阔的比较,从这个比较中可以看到这样一层显而易见的意思:中西方的文化偶像就其共同点来说,实在是大到了极致③。

就其具体说法来看,这个类比似乎是说得通的:耶稣复兴了已经半身入土的古老的犹太教并赋予它新的权柄,所以成了犹太民族的英雄

---

① 胡适:《说儒》,页79—80。
② See Karl Jaspers, *The Origin and Goal of History*, trans. Michael Bullock (New Haven: Yale University Press, 1953).
③ 胡适似乎确信,孔子和耶稣不只是在"人"的意义上才有共同的特征,就连他们被人们误信为"弥赛亚"也有共同之处。在《说儒》第四章结尾,胡适谈到了耶稣基督受难的最后时刻和他后来的复活,强调犹太人是如此相信耶稣基督就是他们的王,哪怕这与罗马人的看法完全不同,罗马人认为用"王"来称呼耶稣实在是非常可笑;继而,胡适解释了耶稣基督是如何升天的并于今又坐在了父神的右边。胡适将耶稣基督的传奇重新讲述足已让人感到惊讶,而其目的则在于为中国传统也同样将孔子称为"素王"一事提供解释,紧接着基督受难的那一段如是开头:"孔子的故事也很像这样的"。到最后,孔子和基督就变得很像荣格(Jung)所谓的"原型"(archetype)和"共同象征"(symbols of universal processes)了。参见胡适:《说儒》,页50—51。

第四章 殊相即共相:胡适、"儒"以及中国人对民族主义的超越

和弥赛亚;类似地,孔子中兴了殷商部族的仪礼,因而也是华夏民族的弥赛亚。但进一步审视则会发现,这个类比并不成立,因为犹太人拒绝承认耶稣是他们的"弥赛亚"(mashiach),并且坚称耶稣的宗教信条对《塔纳赫》(Tanakh,犹太人圣典)作出的解释无凭无据①。在犹太神学的语境里,耶稣并没有被人们当成犹太人所信仰的那位救世主活生生的全新化身(这在胡适的论证里恰恰是一个昭彰不过的前提);相反,耶稣却被看作是一种新奇而陌生的信仰的开创者,这种新奇的信仰对《旧约》里犹太先祖的教导多有颠覆,颠覆之处远远多过它与这些教导的共同之处。不可否认,这种新奇的信仰是犹太人中的一种异端,后来则是由保罗加工成了新的正统,取代了皈依它的那些人原本信仰的那种从祖先流传下的宗教。

我们凭直觉也能推想到,在信奉基督宗教的人看来,耶稣的所言所行影响十分深远,它摆脱了"从祖先那里流传下"的那种宣扬"摩西五经"的宗教,甚至还对这种宗教提出了批判。《新约》自称可以取代犹太人的《旧约》,甚至径称要废除掉犹太人的《旧约》;此外,只消将犹太人的《塔纳赫》和基督宗教的《圣经》比较一下就会明显看到,这种新信仰的狂热支持者对自己祖先的宗教展开了自觉的批判,斥其满是曲解、欺骗和不人道②。耶稣的确曾经说过上帝在与其选民立约时说过的话,但他完全不像胡适想的那样是什么犹太民族所期待的英雄。耶稣只是一种前所未闻的全新宗教的开创者,这种宗教是对主流信仰作出的"亚崇拜"(subcult)的反动,它否定了主流信仰却又将它保存下来③。据此而论,将耶稣和孔子加以类比,说他们是把本民族人民从压迫者欺侮中解放出来的救世主,似乎并不恰当甚至是错误的。但我想提出的

---

① 犹太人的圣书包括三个部分:"律法书"(Torah,字面意思是"指示",也以"摩西五经"闻名)、"先知书"(Nevi'im)和"圣录"(Kethuvim),从这三部分的名称里各取一个字母就构成了完整的"塔纳赫"(Tanakh,T + N + Kh)一词。

② 如果仅从保罗写给罗马人和哥林多人的书信来看,犹太教教士的那种"律法(妥拉,Torah)至上"的宗教正是产生这里所列举的所有罪恶的温床。

③ 至于宗教起源借助于"亚崇拜"的反动一事,则可参见 Daniel Lawrence O'Keefe, *Stolen Lightning: The Social Theory of Magic* (New York: Vintage Books, 1982), pp. 121-175。

是,胡适误用的这个比拟却包含了有助于理解孔子的重要信息,也就是当我们在想这位圣人通常呈现给我们怎样的面貌时所从未认真深入思考过的那些内容。非常奇怪,这个类比看似不当甚至错误,但其实却再恰当不过(对胡适是否会同意这一说法,我并无把握),因为这个类比包含了这样一层意思:就像耶稣一样,孔子也以力求"中兴"的精神,挣脱了启发他形成自己那套说教的古老传统,而今天的我们也许会把这种力求"中兴"的精神称作"复古主义"(fundamentalism)。耶稣和孔子在说话时都操持古调或是仿拟古代,但他们的教导及其赖以永存不灭的那套行为方式却是反传统的、崭新的——要是让我来说的话——也都是被制造出来的。

也许孔子在血缘上确实可能和殷商部族有着关系,他也可能确实说过"吾从周"或是"述而不作"之类的话,但他无疑是一名反叛者,本身是一个普通人而不是什么"弥赛亚"。通过指出这一点并对孔子和耶稣的教导里同样都具有反叛性作出解释,胡适将孔子解释成了一个普通人,并在这种解释背景下深入思考,揭示了孔子和耶稣教导的意义,揭示了其传承人的重要作用。借助一些暗示,大卫家的后人——耶稣——坚称自己所行合乎摩西所立的律法,所言无不载于经上。即便如此,他仍然只是一个人,并不是犹太人的王,顶多就像孔子一样是个"素王"。胡适将耶稣基督仅仅视为"人",不仅仅是剔除了他身上的神话色彩,甚至可以说是离经叛道。对于中国人和基督徒来说,孔子和基督耶稣身为神而超凡无比;但胡适基于共同的人性将他们等量齐观,则是想使他们显得更为超凡,因为身为人的他们的所言所行更显超凡脱俗。

我不禁感到,胡适建构出与孔子生平有关的记载并借此以另一种方式观照耶稣基督的一生,除了如我们设想的那样,是为了通过剔除孔子身上的神秘色彩来强调某些观点,更像是对一位特定的读者而不是其他人说的。这位读者就是节克生(Henry E. Jackson,译者按,此译名为胡适原用名),他是美国新泽西州的一名牧师,制作了很多基督教宣传册。在1914年同他的书信往复里,胡适说道:"耶稣如果不是作为上帝之子,而是作为一个人,那么吾将更爱他,更敬佩他。作为上帝之子,耶稣的行为就没有什么卓越之处了。设若一个人像耶稣那样作为,那么从过去以及从将来来看,他都是卓绝超群的。"①尽管如此,胡适并不是什么渎圣者,因为在将历史和神话剥离时,他实际上却放大了孔子与耶稣的英雄品质。

这两位英雄人物最伟大之处便是对传统提出了挑战,选择了背弃先辈所遵循的道路;在胡适看来,他们的这个决定受到了自己继承下来的传统中那些最优秀的内容启发,当然也离不开易卜生式的极端英雄主义给他们提供支撑,支撑他们反抗眼前既有传统僵化的"典礼条文"。这个形象在某种程度上说恰是胡适自况,它在胡适对戴震、易卜生、孔子和基督耶稣提出赞赏时反复重现。胡适所讲述的耶稣基督和孔子的传说,成了一个耳熟能详的关于个人被传统束缚的故事,这恰恰映射了胡适自己的"自我概念"。当然,胡适写《说儒》一文已是1934年,距1919年早已时过境迁,所以,更难想象与1919年时相比,到底是怎样的环境激发了胡适对个人主义进行反思。某些特定的环境,比如说日本侵略中国的可能性日渐增大、国民党在政治上的无能以及胡适所处的政治文化转向保守等,都促成了胡适去思考"儒"的意义;但另一方面,《说儒》实际上还是中国在那十年里讨论现代文明意义的思想成果。胡适就这个问题得出的结论,我们已在上文勾画了梗概。接下来,我将尽力使他的这些结论显得更为清晰,具体方法则是根据胡适自身思想的发展以及当时的政治文化来分析《说儒》一文的特点,而他之于当时的政治文化则再次是个"局外人"。

---

① 胡适:《胡适留学日记》,卷一,页456。本书原引英文原文当然是胡适亲笔所写。(译者按,译文引自《胡适日记全编》,第1册,曹伯言整理,合肥:安徽教育出版社,2001年,页527。)

《说儒》:"文化建构"又或是"世界主义"(Cosmopolitanism)

"对过去的任何解读——不管文献分析提供了多么有力的参照——都是被对当下事件的解读所驱使"①,此言人尽皆知而又无可争辩,现在就让我从这个前提出发为本章画上句号并得出本书的结论,弄清楚我们该如何理解《说儒》一文乃是根据胡适所处时代境遇带来的种种问题而对所谓"过去"和"当下"作出的解读。

《说儒》一文给读者带来的影响和冲击非常可观;我并不确定这是否是因为胡适将中国文化史上的重要时刻——"周"之代"商"、战国时代、孔子诞生和"百家"兴起——比之于犹太人流亡、被罗马人奴役以及耶稣降生的历史,也不确定解读《说儒》是否会因为这些类比极具说服力而感到万分激动——出于直觉,我恰恰认为那些类比并不可靠。但不管我们喜欢与否,如果将中国人对自己在现代世界里的定位比作一种精密的数学计算,那么可以说,迄至20世纪30年代耶稣和孔子已成为这种计算所用的标准概念系数。不过,我并不想过多强调胡适将耶稣和孔子在一种更开阔的意义上进行比较到底有多么重要的价值,因为基督宗教和"儒"早已在中国一路同行了三百余年,而且就在胡适将其诉诸笔端的四十年前,基督宗教里的先知和中国先知的形象也已在中国人的想象里结合在了一起。

四十年前将两者结合在一起的处理更令我们感兴趣:19世纪90年代高举民族主义大旗的革命者谭嗣同,在其《仁学》(The Natural Science of Love)一文中经常拿孔子和耶稣作比较,认为他们关于"仁"(谭嗣同将"仁"理解为"love,爱",而不是"humaneness,人道")的教导在本质上完全相同。和胡适一样,谭嗣同也认为"山上宝训"

---

① Certeau, *The Writing of History*, p. 22.

第四章 殊相即共相:胡适、"儒"以及中国人对民族主义的超越

一节是能够引为类比并给他启发的极具价值的材料,因为耶稣基督在众人面前的讲道恰恰是对孔子所教导的"仁"的绝妙提炼①。继谭嗣同的《仁学》一文之后,很多人都将孔子和耶稣视为一种象征符号,认为他们两人象征着要毫无保留地向万邦生民传达和表现出"爱"。甚至即使是"五四"时期激烈反对基督教、反对儒家的人所写的宣传册,也常常将孔子和耶稣联系在一起,对他们大加挞伐,斥责他们宣扬的伦理道德和神学充满了倒退与矛盾②。胡适原本以为,他将孔子和耶稣作类比、借鉴《圣经》里的一些隐喻及其对基督宗教历史的研究,不会对其他知识分子产生影响;否则,他在揭示"儒"的演化过程时绝不会如此倚重基督宗教里的观念。我认为,胡适能够用这种类比来为自己的文章立论并引得时人趋之若鹜,这恰恰证明了,基督宗教里的一些思想主题在当时已经成为中国思想基础不可或缺的部分并且已经达到了相当可观的程度。

我以上论述的意思是,胡适借类比提出的这种思考就其文化意义而言广受关注,它被胡适精心置于一个早已存在的、特定的民族主义语境下,而胡适实际是借此提出了一个普世主义的观点。他从中西文明都含有弥赛亚信仰出发而将两者并举比较,实与"宗教"无涉;中西双方的相似之处实际上向我们表明,从世界文明的视角来审视,文化演化的进程有其非常重要的模式,而文化的发展有其非常明晰的阶段。弥赛亚信仰与孔子、与耶稣基督结合在一起乃是出于偶然,但对于将更为宏大的文化发展历程神圣化而言却至关重要;不过,胡适的本意似乎是想给自己一个交代,想通过使用中国本土的语汇再次尝试拓宽"中国性"的"所指"(referent)。在这个意义上说,《说儒》可以被看作是通过让中国历史变得像西方而重振中国的一个例子。

---

① 参见谭嗣同:《仁学》,收于《谭嗣同全集》,重印本,北京:新华书店,1954年,页6—10。

② 至于例子,可参陈独秀:《孔子之道与现代生活》(《新青年》第二卷第四号,1916年12月1日,页3—5)以及《人生真义》(《新青年》第四卷第一号,1918年2月1日,页90—93)。

以上述方式为胡适的研究作一白描和勾画,其实是借鉴了我师祖约瑟夫·列文森的观点;大约在四十年前,他就已经提出了这个观点,对今文学派努力榨干儒家学说合理性的最后一点元气以求得自身进化的具体诉求作了解释:

> 既然儒家学说既不能排斥也不能吸收西方思想,既然无论是"体—用"之分还是"今文"都不能真正挽救中国之"体",那么,中国的思想家们就必须放弃将赌注压在"中国等同于西方"这个念头上。而从"今文学"当中,恰恰有可能打捞出全新的法宝来为中国辩护,或是获得进行改良的新授许可。因为如果正像今文学派说的那样,进化乃是世界的必由之路,那么古已有之的那个"体"势必将被取代。如果人们对比较欧洲和中国的价值观念失去信心,就会转而比较中欧双方的历史,并会看到中国与西方的发展历程在结构上充满相似。中西方似乎是沿着相似的轨迹发展进化的,比如,它们在经历了历史上的黑暗期后都迎来了更加灿烂的未来,它们都曾经被所谓的思想正统牢牢束缚,但这一桎梏最终也让位于思想自由。①

这段引文的最后一句话似乎很适合用来描述胡适带来的那场思想革命的特征——但事实并非如此。胡适并未像其他人那样矢志捍卫儒家,努力为儒家学说残留的一些值得敬重的内容去辩护什么,而梁启超恰在这方面用力尤勤。这也许是因为胡、梁二人之间有一代之别,胡适并不需要那种伴随"今文学"的转型而出现的带有"替代品"性质的"普世主义"(universalism),也不需要像卫道士倭仁(1804—1870)那样过

---

① Joseph R. Levenson, "'History' and 'Value': Tensions of Intellectual Choice in Modern China", in *Studies in Chinese Thought*, ed. Arthur F. Wright (Chicago: University of Chicago Press, 1953), pp. 165. (译者按,译文参考了列文森:《"历史"与"价值":近代中国理性选择之压力》,袁翔珠编译,收于中国法律史学会编:《法史学刊》第二卷·2007,北京:社会科学文献出版社,2008年,页555,并有较大修改。)

第四章 殊相即共相:胡适、"儒"以及中国人对民族主义的超越

分的文化自恋。归根结底,胡适对中西文化的比较,并不仅仅是种"形态类比"(morphological analogy)。《说儒》一文看似满篇学究气且有点标新立异,实则埋藏着一个带有普世意义的学术观点,与文明在物质和精神方面的发展有关。胡适的解释因为采取了启蒙的方式而站在了先前那些中国知识分子的对立面:比如倭仁和郑观应(1842—1923)就认为,西方所有的长处在中国古代都已经得到了充分的发展;再如康有为则提出,中国思想中自有一套关于演化进步的理路,逻辑正与西方政治制度的变迁相吻合,这一理路孔子曾经间接提到过,后来由何休(129—182)首先予以阐明。胡适并不关心去为捍卫中国文化提供什么有力辩护,相反,他却着力指出,在那种"科学工艺的世界文化"[①]的发展历程中,近东古文明和中国文明的历史就像典型的两个例子而具有重大意义。

《说儒》道出了中西方共有的文化和宗教模式,当这一点因《中央研究院历史语言研究所集刊》刊载此文而名声大噪时,当这一点被置于当时兴起的一场文化复兴运动(其导火索乃是日本侵占中国的威胁日益迫近、中国国内的学术课程日渐西化而国民党对"传统"又重燃起兴趣)的背景之中时,就不难认识到《说儒》一文实则拥有更为开阔的意义。虽未明言,但我在这里实际上还提到了一个背景,那就是1934年下半年在学界精英中开启的一场旨在推动"中国本位的文化建设"的运动[②]。胡适就这场所谓的"中国本位的文化建设"撰写了一文回应,我们可以从其中一段引文里非常清楚地看到,在围绕"中国性"的意义展开持续论辩的背景下,根据一种外来宗教传统对本土文献进行异质化的特殊解读,为何能被完全接受。胡适的评论虽然冗长,但值得引述:

---

① 胡适:《试评所谓"中国本位的文化建设"》,收于《胡适文存》,第四集,页540。
② 至于能够非常恰当地代表旨在复兴传统的这股风尚的文章,参见《中国本位的文化建设宣言》,收于《文化建设》,第1卷第4期,1935年1月。

文化本身是保守的。……凡两种不同文化接触时,比较观摩的力量可以摧毁某种文化的某方面的保守性与抵抗力的一部分。……在这个优胜劣败的文化变动的历程之中,没有一种完全可靠的标准可以用来指导整个文化的各方面的选择去取。……文化各方面的激烈变动,终有一个大限度,就是终不能根本扫灭那固有文化的根本保守性。这就是古今来无数老成持重的人们所恐怕要陨灭的"本国本位"。这个本国本位就是在某种固有环境与历史之下所造成的生活习惯;简单说来,就是那无数无数的人民。那才是文化的"本位"。那个本位是没有毁灭的危险的。物质生活无论如何骤变,思想学术无论如何改观,政治制度无论如何翻造,日本人还只是日本人,中国人还只是中国人。……我们肯往前看的人们,应该虚心接受这个科学工艺的世界文化和它背后的精神文明……将来文化大变动的结晶品,当然是一个中国本位的文化,那是毫无可疑的。①

胡适此处的观点,格局更为宏大,但显然没有对与其同时代的学者产生多大的影响,因为它很少受到注意。虽然学界特别是冯友兰以及后来的郭沫若和钱穆,都对胡适有过批评,但学术争论的焦点都集中在胡适就"三年之丧"的问题提出的带有成见的解释上,集中在他对先秦文献的解读上,集中在他所提出的"孔子可能深谙《易经》之道""老子可能是一名'儒'"等观点上。尤其值得注意的是,对胡适提出批评的这些人其实并没有就他提出的这个观点——孔子及其弟子表现出的对古礼的熟稔,仅仅是在宣称自己对此享有专权罢了——与其进行真正的对话;这些批评者们似乎也没有注意到,在孔子与围绕他出现的那些神话传说以及封建王朝对其子孙的恩赐宠佑之间,其实并没有什么天

---

① 胡适:《试评所谓"中国本位的文化建设"》,页 535—540,原引英文出自 Wm. Theodore De Bary, Chan Wing-tsit, and Chester Tan, comp. *Sources of Chinese Tradition*, vol. 2 (New York: Columbia University Press, 1964, second edition), pp. 194-195。

第四章 殊相即共相:胡适、"儒"以及中国人对民族主义的超越

然的、不证自明的联系。至于胡适提出的有关"儒"是周人征服殷商之时处于社会边缘的那些贵族遗民的观点,虽然在晚近以来受到了挑战①,但与其同时代的其他学者却无人质疑此说。

此外,在对《说儒》提出的诸多批评中,没有一条议及胡适在象征意义上将耶稣和孔子、将基督教和"儒"作了几近等同的类比。事实上,就连最受胡适此文触怒而批评该文的钱穆,似乎也被这个类比说服了。钱穆曾在对《说儒》一文的反驳里向胡适提出非难,说他没有看到那些参加"丧礼"的"儒"只是"俗儒"(vulgar *ru*),也没有看到"儒"并非都是殷人后裔;但即便在此三十年后,钱穆却还是说道:"窃以为,孔夫子在中国扮演的角色类似于耶稣在西方扮演的角色"②。

当胡适于20世纪30年代撰述《说儒》一文时,他重新评估自己早年打破传统、排斥"儒教"的做法已有十年,而中国致力于构建国族的统一也已近十年——可以说,此时的胡适和中国都将与过去的十年作别。不过,就在他为《说儒》一文提出自己的解释时,形成民主制度所必需的稳定的国内政治环境,却面临较之最黑暗的军阀混战时期还要更为黯淡的前景。首先,随着日本这个岛国对中国的威胁与日俱增,在与胡适同时代的那些学者当中,对政治漠不关心和犬儒主义的心态以及对生存的焦虑都在日渐增长。其次,也是更令人担忧的现实是,武力已经成为影响中国社会变迁的主要手段,与胡适志同道合者所期待的由民主政府来治理中国的希望也因此破灭了。

《说儒》正是写于这个当口,结果证明,也正是在这个时候,胡适却

---

① Tu Cheng-sheng, "Some Problems Concerning the So-Called Survivors of the Yin Dynasty", 1982年9月7日至11日,位于火奴鲁鲁的夏威夷大学马诺阿分校(University of Hawai'i at Manoa)东西方研究中心举办了一次有关商代文明的国际学术会议,杜正胜(Tu Cheng-sheng)此文正发表于该会议上。杜正胜根据商周时期的一些铭文提出,被征服的"殷遗民"并没有遭遇胡适所描述的那种悲惨的命运。事实上,大多数遗民仍然继续掌握土地、保有奴仆;简而言之,他们仍然保持了政治权势和社会地位。在杜氏的主张里有个最重要的观点值得注意:胡适有关殷商文化遭到征服、仅存躯壳的描述是错误的,但在胡适撰述《说儒》一文后的近五十年里,学者们一直认为这个描述是正确无误的。

② Ch'ien Mu, "A Historical Perspective on Chu Hsi's Learning", in *Chu Hsi and Neo-Confucianism*, ed. Wing-tsit Chan (Honolulu: University of Hawai'i Press, 1986), p. 40.

惊人地调和了自己思想中源出两脉、不时抵牾的那些内容。从《说儒》出发，我们可以明白胡适解决这些矛盾冲突给他带来影响所凭借的不二法门：具体来说，我们会读到他在吁求文化宽容，会了解到，他由衷地相信在通往现代文明的进程中所不可避免的"文化相遇"能够拯救人类。为了强调这一点在思想方面之于他和之于我们的重要意义，我将引用他率先提出的、或许也是最有说服力的有关"外来文化与本土文化相遇"的论述：

> 这个较大的问题就是：我们中国人如何能在这个骤看起来同我们的固有文化大不相同的新世界里感到泰然自若？一个具有光荣历史以及自己创造了灿烂文化的民族，在一个新的文化中决不会感到自在的。如果那新文化被看作是从外国输入的，并且因民族生存的外在需要而被强加于它的，那么这种不自在是完全自然的，也是合理的。如果对新文化的接受不是有组织的吸收的形式，而是采取突然替换的形式，因而引起旧文化的消亡，这确实是全人类的一个重大损失。因此，真正的问题可以这样说：我们应怎样才能以最有效的方式吸收现代文化，使它能同我们的固有文化相一致、协调和继续发展？①

在《说儒》一文里，胡适其实已经在新老文化之间找到了中间立场，本书一直希望能向读者介绍这个立场但却一直未予绍述。实际上，胡适只是将论辩所用的术语改换了面目，使其远离了围绕"中体"和"西用"展开的那些炙手可热的议论，并将现代文明界定为全球发展进程的一个阶段。可以说，"具有光荣历史以及自己创造了灿烂文化"的中国，和西方一起融入了文明发展的单一进程中；它们之间拥有完全相

---

① Hu Shi, *The Development of the Logical Method in China*, pp. 6-7. (译者按，此段译文出自胡适：《先秦名学史》，收于欧阳哲生编：《胡适文集》第六册，北京：北京大学出版社，1998年，页9—10。)

第四章 殊相即共相:胡适、"儒"以及中国人对民族主义的超越

同的特征,这在有关它们各自的精神楷模——孔子和耶稣——生平记载的变异里体现得非常清楚,因为就连这种变异也像一个模子里印出来似的。

关于《说儒》,还有一点非常清楚,那便是将《新约》历史作为一条诠释路径始终具有非常重要的意义——它是如此重要,甚至可以说,胡适其实是通过它才想象出了自己的祖国在古代究竟是何模样。《说儒》一文几乎完全是与"救赎"有关,从两方面来看都是如此:勉强一点来说,与"救赎"有关是指(就像胡适撰写《说儒》那样)与先前的自己作个清算;较有把握一点地说,与"救赎"有关则是指《说儒》提到了弥赛亚重临的问题。胡适将孔子与弥赛亚联系在一起作为自己论证的前提,使得他对孔子所具有的革命意义提出了全新的解读,也使他揭示了"儒"所具有的中国属性与基督宗教的因子到底在多大程度上是剥离不开的。究竟是什么环境促生了对"儒"进行这种弥赛亚式的解读?毋庸置疑,日本的威胁使中国人面临亡国灭种的危险,正是这个背景促生了对"儒"作出弥赛亚式的解读。胡适撰写《说儒》时,已预见到外敌将再次威胁中国,这些外敌无疑正是章炳麟那篇文章隐而不彰的激进观点所言及的对象。

但这个背景环境并不是胡适在一番深思熟虑后决定建构自己那套理论的原因,他建构的那套有关文明变迁模式的理论,实际上为章炳麟相对狭隘的本土主义观点提供了补充。胡适自己还对"国故"作了甄选,意在拓展或者说是要从内部推翻这些"国故"旧有的框架。在章炳麟《原儒》一文限定的"反满"(anti-Manchu)和"反西方"(anti-Western)的框架下,隐藏着世界上两种主要文化(即中西方文化)将不可避免地沿着人文主义之路演化发展的观点,胡适则以普世主义者和世界主义者的口吻道出了这个观点,影响所及便是摧毁了中国的民族主义者们在讨论这个问题时自己强加在思想上的种种限制。胡适还含蓄表达了这层意思,中国与西方其实早已在"儒"这个共同的基础上彼此相遇,但在你中有我、我中有你的几个世纪里,两种文化中的大多数内容已遗失了。另一方面,通过将基督宗教和中国文化中有关救赎的传说交

织在一起,胡适并不只是想重现在华耶稣会士们所进行的文化融合(这在本书开篇就已言及),他的抱负远比这个要大。进一步来说,他想在"儒"之中发掘利用想象出的中西方之间的共性,以追求一个远比神学更为宏大的带有世界意义的目标——普世文明(universal civilization),而这才是《说儒》一文希望实现的结果。不过,对于研究"儒"和"儒教"(Confucianism)都是被制造出来的这个问题而言,《说儒》一文鼓吹普世主义所带来的影响挥之不去、近在眼前,这即将在随后的"结语"部分予以讨论。

结　语
世纪回眸："'天下大同'的本土主义"与"求乐经济"

启蒙运动就是人类脱离自己所加之于自己的不成熟状态。不成熟状态就是不经别人的引导,就对运用自己的理智无能为力。当其原因不在于缺乏理智,而在于不经别人的引导就缺乏勇气与决心去加以运用时,那么这种不成熟状态就是自己所加之于自己的了。*Sapere aude!* "要有勇气运用你自己的理智!"这就是启蒙运动的口号……懒惰和怯懦乃是何以有如此大量的人,当大自然早已把他们从外界的引导之下释放出来以后时,却仍然愿意终身处于不成熟状态之中,以及别人何以那么轻而易举地就俨然以他们的保护人自居的原因所在。①

——伊曼努尔·康德(Immanuel Kant)

现代人总是叹息着说:"我既不知道如何出去,也不知道如何进去。我就是所有这种'既不知道如何出去,也不知道如何进去'的东西的集合。"我们已经染上了现代性这种病:懒惰的和平、怯懦的妥协,现代人的肯定和否定也是一种病,也不过完完全全是道德的不洁。由于现代人"理解"一切,所以他们就"谅解"一切。这种保险为谅解所有的东西的所谓的心灵的容忍和大度,对我们可以说是一阵令人难受的西罗科热风。我们宁愿生活在冰雪之中,也不愿生活在现代的种种德性以及暖人的南风之中!②

——弗里德里希·尼采(Friedrich Nietzsche)

---

① 译文选自康德:《历史理性批判文集》,何兆武译,北京:商务印书馆,1991年。——译者注

② 译文引自尼采:《反基督》,陈君华译,石家庄:河北教育出版社,2003年,页66。——译者注

结　语　世纪回眸："'天下大同'的本土主义"与"求乐经济"

"儒"这个概念和由它形成的那些群体在历史上的发展变化呈现了片断式的特点,我们已经回顾了其最近四百年间的情形,结果却发现讨论的起点和终点都是中华大地。这显然是走完了一个循环,而当我们回到起点时就不得不面对最后要讨论的这两个主题:(中国式的)"'天下大同'的本土主义"(ecumenical nativism)和"求乐经济"(the economy of delight)。

胡适从历史的角度对"儒"进行了重构,我们在这里所用的第一个词——"'天下大同'的本土主义",依据的便是胡适在这种重构中将"属于某地某国的"(local)和"属于世界的"(universal)融合在了一起。这个词明显将互相矛盾的两个词结合在了一起,诚然让我们回想起了耶稣会士在为中国人的信仰辩护时所作的发明,推翻了在西方人当中非常流行的一个假定——即认为中国有其独特性,在本质上乃是一个"他者"——同时还表明,所谓的"本土"(native)与"外来"(foreign)只不过是完整的一个文化场域的两端而已。我在这里使用"'天下大同'的本土主义"这个词,意在倡导在回顾的基础上进行反思,不是要反思"本土"与"外来"是否相容,而是要反思"中国性"所具有的若干意义。

我希望,这种反思能使我们认识到这一点:"中国"与"西方"在以往扮演的角色就像是理查德·罗蒂(Richard Rorty)所谓的"互斥的几何学"①,这种角色定位实质上是将中国视为"神秘的"而将西方视为"理性的",并且认为中西方都很晦涩难解。而回顾16世纪时耶稣会士对中国文化的"濡化"适应,章炳麟天衣无缝地将战国文献中的各派观点与斯宾塞哲学的进化论编织在一起,以及胡适提出的以"虚心接

---

① 詹启华原文为"alleviative geometries",疑为"alternative geometries"(互斥的几何学)之误,该词出自罗蒂所言"互斥的几何学是互相矛盾的,因为它们各有其不言自明的体系,并且有相互矛盾的公理"。参见 Richard Rorty, "Solidarity or Objectivity?" in *Objectivity, Relativism, and Truth: Philosophical Papers*, Volume 1, Cambridge:Cambridge University Press,1991, p. 26;该文还可见于 *Knowledge and Inquity: Readings in Epistemology*,Broad view Press, 2002, pp. 422-437。——译者注

受这个科学工艺的世界文化和它背后的精神文明"为代表的一系列观点,将使我们不得不承认中国文化乃是一种"大同天下"的文化而非"闭门独传"的文化。可以说,正像章炳麟和胡适一直疾呼的那样,恰恰是我们对"儒"特别是"Confucianism"(儒教)进行概念描述时所秉持的那种逻辑,妨碍了我们将"中国"具有的多样性呈现于世。

而第二个词——"求乐经济",则可以动摇因袭下来的那些假定,并引起我们对当代文化进行反思。这个词借自内夫(John U. Nef)的《工业文明的文化基础》(Cultural Foundations of Industrial Civilization)一书,该书让我们重拾起与"生产制造"有关的隐喻,同时也突出强调了我们的现代性在艺术方面的源头。和胡适一样,内夫也认为,欧洲由科学和工业造成的"量的经济"(quantitative economy),动力实出自某种精神灵性。事实上,在内夫看来,文艺复兴期间盛行一种追求人类尽善尽美的愿望,这种追求美感的强烈愿望在哥特式教堂的工艺上表现得极为明显,而工业化的生产制造正是这种愿望在"量"上的反映。"求质"和"求量"这两种经济在 16 世纪时是相辅相成的;随着在之后几个世纪里北欧工业的高速发展,消费生活中追求工艺的精致和乐趣渐被"唯数量是求"的目标所压倒,那就是"节省人的劳动而寻求产出的最大化"①。使用这个词还想表达这层意思:人类的努力意义深宏,不能只依客观规律或是所谓"清晰判然的观念"(clear and distinct ideas②)用理性的、定量的计算去衡量。其实,聚焦到某地某国的文本团体,它们都能在制造文本和传统中感受到乐趣,它们在文化和思想上

---

① John U. Nef, *Cultural Foundations of Industrial Civilization* (Chicago: Chicago University Press, 1958), pp. 128-133. (译者按,余英时曾撰《工业文明之精神基础》专门介绍内夫的这部著作,译者以惯用译法"工业文明的文化基础"来翻译内夫此书的书名,与余氏略有别;至于"量的经济"一词则借自余英时的译法,"求乐经济"也参考了余氏的相关译法,参见余英时:《工业文明之精神基础》,收于《儒家伦理与商人精神》,《余英时文集》第 3 卷,桂林:广西师范大学出版社,2004 年,页 364—394。)

② 此概念是笛卡尔衡量知识或真理确实与否的一般标准,在方法论上以怀疑为基础,依赖于人的理智能力;一般来说,依靠直觉(intuition)得出的观念才具有"清晰性"和"判然性",前者系就观念自身清楚呈现于心灵之中而言,后者乃就观念相对于其他观念显示出分别而言。——译者注

结　语　世纪回眸："'天下大同'的本土主义"与"求乐经济"

的多样性多少是有几分杂乱，但正是在对这种多样性的研究中可以发现人类努力的意义。具体来说，16 世纪的耶稣会士和 20 世纪的中国人这两个群体，借其视为楷模的孔子和孔子所创立的"儒"传统为名来制造价值并在此过程中感受到了乐趣，也正是在这两个身处中国的群体之中我们发现，他们体察到的"赏心乐事"实具有世界性的重要价值。

为了得出一个与"普世文明"有关的现代概念，或许我们反倒应该用研究语言文献的方法对古汉语详加考察，借此充分了解"儒"的不同面向，这看起来像是个一厢情愿的吊诡。但如果的确是那样的话，那么这个吊诡也许可以作为参照，用来确定我们还要走多远的征程才能塑造出我们这个时代须臾不可缺少的"自我形象"。16 世纪晚期的中国人和耶稣会士开启了文化相遇时的对话，但这场对话却因工业文明的喧嚣而归于沉寂，摆在我们面前的任务则是：在为复兴这场对话指明方向的同时，也为审视当代文化提供一种批判性的视角。

中国文明与"求乐经济"

早在 1933 年，由芝加哥大学比较宗教学系安排邀请（由其邀请实在是再合适不过了），胡适受命担任该校"贺司克讲座"（Haskell Lecture）的演讲人，就其所谓的"中国的文艺复兴"（The Chinese Renaissance）准备了六讲，演讲的要旨是中国文化因为接触"新世界的科学、民主文明"而复活起来。这些演讲后来结集出版并由伊斯坦斯·海登（A. Eustace Haydon）作序。一如海登在序中指出的那样，胡适发表的这个系列演讲有一个相对刻板的叙述结构，这种叙述就其立场来说乃是本质主义的实在论论调，它将西方刻画成了科学进步的传播者，将中国描绘成了精神气质迥异于西方但却接受了科学的一方。海登博士声称："胡适博士，……具备了对他祖国正在进行的文化之间的相互渗透、融合的过程进行评估所必备的文化背景和超然的洞察力。"① 按照海登的说法,胡适超越了用"挑战-回应"的模式去思考问题会带来的种种限制,精妙地刻画了被西方思想再度激活的那种文化,这种文化由于西方思想的启发,很有可能成为超越民族但却始终打上中国烙印的"新世界精神"(spirit of the new world)。

通过回顾中国历史长河中文化影响力在数千年间的潮起潮落,胡适将自己的祖国描绘成了一个各种象征符号无所不包的丰富宝藏,一个各色表述自有一席之地的均衡系统,因此也就将她描绘成了象征着当代"世界主义"的一个符号:

> 如此这般,我们所有的观念、信仰、制度、习惯等等,以一种自由的方式,缓慢地与西方文明接触,受其熏陶,受其影响。……旧事物之或保留,或摒弃,都是自发的,而且很可能是可行的,合理的。我们不曾隐匿什么,也不曾武断地阻止什么发生这种接触与变化。总而言之,这种类型的文化变革通过"长期接触"和"缓慢渗透"而实现。这样,中国也成功地带来了文化转型,虽然痛苦、缓慢而零碎,且常缺乏协调性、连贯性,但终能解决生活与文化中紧迫而基本的问题,并创建一种崭新的文明,一种与新世界精神水乳交融的文明。②

在这里,胡适的思维取向从民族国家转移到了"世界",并借此突破了海登的解释框架里那种狭隘的、相对主义的限制。至于胡适是如何做到这一点的,我们需要留心注意。胡适的态度透露了这样的信息:也许中国应该被看作是一种崭新文明的典范,它的古老资源通过"长期接

---

① A. Eustace Haydon, foreword to Hu Shi, *The Chinese Renaissance* (Chicago: University of Chicago Press, 1934), p. viii. (译者按,译文出自胡适:《中国的文艺复兴》,欧阳哲生、刘红中编,北京:外语教学与研究出版社,2002 年,页 149—150。)

② Hu, *The Chinese Renaissance*, p. 26. (译者按,译文引自胡适:《中国的文艺复兴》,北京:外语教学与研究出版社,2002 年,页 169。)

结　语　世纪回眸："'天下大同'的本土主义"与"求乐经济"

触"其他文明而得以重焕光彩，它也足以引导新世界的各种文明向前行进。

这并不是一个故步自封的民族主义者在伤感自陈，其主要感情色彩是愉悦欣喜的，为对丰富的中国本土文化资源有了全新理解而高兴，为民族国家的界限将被超越的世界前景而高兴。我认为，胡适在中国几近灭亡的黑暗里为全球文明勾勒的图景，有力地说明了他其实也已经发现了所谓的"求乐经济"，而这正是胡适口中那种"科学工艺的世界文化"所必不可少但却很少为人道出的一股建设性力量。正是将所处时代的价值观念身体力行的民族，才为工业文明提供了所需的精神文化环境，没有这种环境，工业文明将难以为继。属于某地某国的东西才最有力量，也只有当地深邃而多样的传统中能反映该地该国特质的那些资源，才能为没有界限阻隔的"新世界的文化"提供方向与维度。如果世界将走向一体化，不会是通过技术或市场的扩张实现的，相反，必然是因富有创造力的那些精神产生了强烈共鸣而成为现实。

在"'民族'与'民族国家'不再适合形容这个世界"[①]的今天，胡适提出的那个超越了民族界限的文明概念，听起来已是耳熟能详。胡适所谓"科学工艺的世界文化"向我们作出了关于宽容的许诺，称这宽容合情合理，但后现代主义则使我们很难相信这个许诺，也使我们很难从20世纪中国民族主义者思想实验留下的陈迹里发现思想解放的可能前景。因为这个原因，后现代主义也不会赞同我们将中国或者其他任何一个国家看作是代表某种精神文明的典范。我们现今文化里的后现代主义立场，为文本和解读的多样性欢呼不已，将当下评估为某种自由解放的状态，倾向于诠释不必依照共同的标准，对所谓的"科学"和条理分明的"体系"多有抱怨。

---

① E. J. Hobsbawm, *Nations and Nationalism since 1780: Programme, Myth, Reality*, 2d ed. (Cambridge: Cambridge University Press, 1992), p. 191.（译者按，译文参考了埃里克·霍布斯鲍姆：《民族与民族主义》，李金梅译，上海：上海人民出版社，2000 年，页 222—224。）

今天,西方的地位至高无上,与17世纪晚期欧洲人编纂修改的历史年表里的情形如出一辙。如果要身在20世纪的我们为当下作一评估,那么我们也必须从当下已有的前提和蕴藏的可能出发,因为惟有如此我们才能在认识上获得对真实情况的重新界定。这种界定将揭示出那种"科学-工业化"的生活方式到底有怎样的破坏程度,也会使下面这一点变得再清楚不过:因为这种生活方式向我们承诺它能够推动人类进步、能够更大地满足全世界的需要,所以我们卑劣胆怯地向它作了让步,而和这种生活方式相比,我们的让步无疑更具毁灭性。从另一个角度来看,当今世界的西方和中国乃是"全球化"的两极,前者焦灼地关注着后者的经济增长,而后者则对前者的经济政治力量充满艳羡,这种状况没有任何值得庆祝的理由。我们当下这个时代预告了文本、作者和交流拥有无限衍生的可能,这激起了对各种文化在属于一个"全新时代"的文明里空前熔铸在一起的想象,并引发了与之有关的种种思考。然而,不管西方和中国是在现实里还是在想象中挨得更近,它们都开始变得更加关注各自区别于对方的特色。西方依然是世界上唯一的"超级强权",也是西方式人权的捍卫者;中国则是"世界上延绵不断的最悠久的文化",是发展最为迅猛的经济体;同时,两者也都已自觉处于后现代和全球化的进程之中。不过,对于我们这个发狂的年代来说,几乎不再存在什么"人无我有"的独特之处——尤其是将它置于中西方更大的、包罗广泛的历史语境中来看更是如此——而把现今我们西方的后现代主义批判和中国古代文化传统作比恰可说明这一点。中国古代的文本团体就其局部而言,实有多元化的倾向,正是这一点启发了耶稣会士为所谓的"正学"进行慷慨激昂的辩护。我认为,重温中国古代文本团体中的多元化倾向切中肯綮也很有必要,章炳麟和胡适也曾借重新提出中国本土的"求乐经济"来对抗20世纪日益蔓延的同质化现象。下面,我们将一起探讨所谓的"后现代"古已有之,并将发现另有一个原型,或许它更适合代表我们这个超越了国家民族的时代所呈现出的"多样性"。正像利玛窦在翻译时所做的那样,我们现在就去深入探寻一些词;我们将发现,这些词并非有一个独一无二的本质,而是有多种多样的意义,正是这些多元化的意义将当代、近代和遥远的古代统摄在一起——当然,这一切都将根植于中华大地。

中国古代、后现代与传统

现在我们知道,无论是从哪个角度审视"Confucius"(孔夫子)和"Confucianism"(儒教)抑或是孔子和"儒",都会陷入通过想象来建构的倾向——这就好比是想要了解这些词变动不居的本质,却是通过其种种变化的可能来确定一样。对身在西方的我们和对中国人来说,不管是用"孔夫子"还是"孔子"来指称我们想要指称的那个对象都没有什么区别,并不存在哪个词不适合或者荒谬不经的问题;因为就像后现代文化中无序散乱的众多其他象征符号一样,不管是在哪个地方的语境里,"孔夫子/孔子"都体现了特定的价值情感,都被当作一位历史人物加以顶礼膜拜。

不论是在西方还是东方,"孔夫子/孔子"的价值而今都与社会分离了,其所具有的特殊意义也完全寓于重新塑造他的那些诠释者的虚构里。当然,"孔夫子/孔子"本质所指可以换作他物,恰恰说明了其作为象征符号的价值。"孔夫子"在迎合大众方面取得了成功,潜藏在这一现象下的基础乃是象征符号的混杂无序,这似乎正是今天身陷当代文化批判之中的真实写照——当代文化批判醉心于用傲慢嘲讽的方式处理真实的历史素材,将眼前鲜活的体验、文学或艺术作品记录下来,并像转动幸运大罗盘一样随机作出选择。这种"游戏"(play)在很大程度上乃是出于自觉,它也是我们当下这个时代最纯正的标志之一。在当下这个充满反讽的文化时期,并不存在被普遍接受的或所谓的基本的语境,只有以新的方式营造出来的语境;而在我们面前呈现的,也只是一些胡乱随机的象征符号在所谓的"读者/叙述者"的"小叙事"

(petit récit)中偶然集凑在一起而已①。

19世纪历史学中的"元叙事"(metanarrative)或者是"准达尔文主义"的"元叙事",曾经点燃了章炳麟的想象,也点燃了像章炳麟一样有民族主义倾向或"神学历史学"(theologicohistorical)思想倾向的其他人的想象(比如胡适就曾对这两种倾向张开怀抱、表示欢迎);但如今大家认可的乃是层出不穷的个体"建构",这些"建构"非常多元化并且更具游戏性,与之相比,那种"元叙事"已经不再流行并且逐渐让位。不过,我们还是能够辨别出,在"孔夫子"和"儒教"当前的用法里,除了有后现代主义的症候,还有一些乃是17世纪的余绪。近来,"孔夫子"就像是一种世界商品,无厩不及、无孔不入;早些时候,这个符号也曾作为理性的象征而流行宇内;至于中国古代,言称"孔子"并将其用作象征符号,则混杂掺入了多种意义——我认为,这几个方面在文化上乃有某种程度的亲缘关系。因之,我们将回到中国本土,去寻找在后现代主义之前就已出现的那种"求乐经济"。

对这个既是本土又是外来的象征符号有各式各样的加工制造,我有意将与之相关的讨论引入当代文化潮流之中,目的是想给我们自己提个醒:和耶稣会士一样,也可以说是和帝制时代以前的中国人一样,我们的诠释也离不开某个具体的语境。而我将"儒"这种学术传统与同时期流行的其他学术传统并举,或是将中国本土文本里与"儒"有关的表述同国外诠释性文本中的表述并置,意在使"儒教/儒""孔夫子/孔子"这种带有哲学性或宗教性的实体变得陌生化。上述努力也许可以算是一种尝试,试图打开因循守旧的理解加诸我们想象力的种种钳制,以便我们能够考虑用其他方式来观察我们研究的对象,更重要的是,来观察我们自己。

---

① 至于对"元叙事"(metanarrative)的怀疑以及将"小叙事"(petit récit)界定为后现代文化最主要特征的问题,参见 Jean François Lyotard, *The Postmodern Condition: A Report on Knowledge*, trans. Geoff Bennington and Brian Massumi (Minneapolis: University of Minnesota Press, 1984),以及 David Harvey, *The Condition of Postmodernism* (Oxford: Basil Blackwell, 1989), pp. 42-65。

结　语　世纪回眸："'天下大同'的本土主义"与"求乐经济"

当代文化批判总的倾向是要远离确定的文本以及历史形成的那些权威解读,和其他学科一样,汉学也为此深受威胁。之所以文本的不确定性会构成威胁,是因为我们都受到了实证主义的影响——诚如我在本书的"楔子"部分解释的那样,实证主义的假定将文本视为"客观对象"而不是某种"陈述"。前文已就"儒"的发明问题着墨甚多,每一个例子都已经清楚地说明了实证主义的这个假定乃是谬误。因此,对于汉学家们来说,完全没有必要在当代学术风潮前望风而逃,也没有必要只知道皓首穷经、不问世事。对于研究中国的学者们来说,眼下那些文学理论和文化批判中的一些讨论还是很有益处的,因为恰恰是这些讨论在中国古代的隐幽之处揭示了汉学家们很少触碰的观点。

解构主义者们怀疑意义,其所显见的一个表现便是对语言持虚无主义的看法;较之于将解构主义者的这些表现视为"历史终结"的标志,或许我们更应该认为这些表现意味着要去"创造"。兰克(Ranke)认为,历史学家应该说明"过去究竟是怎样的";从某种意义上说,后现代主义已将历史学家从兰克为其规定的义务中解放了出来①。今天,当我们书写历史时已身处范式转换之中,不再是书写所谓的常识性的历史,而是在书写那种带有叙述性的师心自造。无疑,这种范式转换受到了后现代主义批判阵阵喧嚣的影响;而后现代主义批判由于认定"历史稍纵即逝并且充满断裂",所以永远不会为一门全新的历史学建构什么基础。其实,不连续性和断裂恰恰是这种情况下一门新历史学的概念工具——哪怕有人会怀疑以"不连续性"为历史的特征是否恰如其分地把握了神髓,抑或怀疑这种提法只是追赶学术潮流的产物,是扰乱现有学术观点后的结果。

就宏观层面来说,今天已不能与兰克时代同日而语,历史学家的技

---

① 兰克(Ranke,1795—1886),德国著名历史学家,主要著述有《拉丁与条顿民族史》《英国史》《法国史》和《教皇史》等,重视原始资料的利用,采用"内证"和"外证"相结合的史料批判方法对史料进行严格考证。兰克认为历史学家"只是要表明,过去究竟是怎样的"(give the past its due),此句已成史学界名言,语出氏著《拉丁与条顿民族史》一书"前言"。——译者注

艺也今非昔比,变成了以丸山真男(Maruyama Masao)在另一个不同的语境下所提出的"发明理路"(sakui)为主①。历史学家的视域已为意象、象征、符号、诠释所淹没——它们之所以鱼贯登场,是因为先前占统治地位的那个将历史意义视为线性的观点已经轰然坍塌。今天的观点认为,"意义"并非"事件"所固有的部分;相反,它必定是创造出来的,而且一旦被创造出来,它就会偏离为其设定的本意或是对它的一般使用。文本、经典和历史,都是我们用以生产"意义"的原料,哪怕这里并没有假定有一个绝对的权威能够认定我们和其他诠释者的解读孰对孰错。

对于汉学家来说,文本就是起点;正是基于文本这个基础,借助细致谨慎的语言文献研究,历史重构才成为可能。尽管如此,当我们能够最大可能地接近"文本"时,能够最大可能地通过语源学进路确定文字的核心意义时,我们依然不得不面对解读"文本"的问题。以《诗经》为例,当我们尽可能接近它、尽可能确定其文字的核心意义时,我们依然不得不解读这个文本里的诗篇,甚至因此还不得不去确定它们到底是不是"诗"。即便在注释《诗经》方面不乏其人,毛亨(活跃于公元前2世纪)和郑玄(127—200)也早已为我们作了先行示范,但要弄懂像《诗经》这样的"文本"仍然是一份苦心孤诣的事业。弄懂"文本"的意思,就是一种"解读",因而也就是一种"发明"——因为当生产这些"文本"的群体和他们所作的最早解读都已成为过往,我们所拥有的也只是前人和我们共有的"文本"而已。但哈罗德·布鲁姆(Harold Bloom)认为,我们生活的世界几无文本,只有解读;这个观点对汉学家来说,或多或少是场噩梦②。不过,其实大可不必如此。但与此同时,对我们来说,也是时候承认这一点了:我们总是将古代作品视若神明,好像它就

---

① Maruyama Masao, *Nihon seiji shisōshi kenkyū* (Tokyo: Tokyo Daigaku shuppan, 1952), trans. Mikiso Hane as *Studies in the Intellectual History of Tokugawa Japan* (Princeton: Princeton University Press, 1974).

② Harold Bloom, *The Anxiety of Influence: A Theory of Poetry* (New York: Oxford University Press, 1973); and "The Breaking of Form", in *Humanities in Review*, ed. Ronald Dworkin, Karl Miller, and Richard Sennett, vol. 1 (New York: New York University Press, 1982), pp. 127-156.

结　语　世纪回眸："'天下大同'的本土主义"与"求乐经济"

是我们赖以建立正确解读的文本基础,而回归到这些文本的时代背景来看,我们所怀的这种想法大概比不上布鲁姆认为世界几无文本的判断来得可靠。举例而言,《论语》或《诗经》等经过编辑修订的作品诚然都是"文本",但无疑都不是原始"文本"。

当然,在中国古代,"文本"并不只是供人阅读的书籍,它们还是"自我形塑"和"叙述"这对深层辩证关系的一部分。加之,文本就是生活,生活也是文本,所以很难说某部作品能够纯而又纯地反映社会和历史对它的加工处理。反之,认识到社会和历史的加工处理恰恰发生在文本之中,或是借助于文本才得以进行,倒显得非常重要。在我们这样的时代,"文本权威"和"作者优先"已经被推翻,相应地,读者则"被赋予了权力"(empowered);在这种情况下,也许人们会为此感到十分讶异:近30年来,我们一直在四处兜售文学批判理论,却赫然发现战国时期的中国人就伫立在路头等着我们。后现代对文本、作者和读者的怀疑,对我们来说至少是"新批评"(New Criticism①)衰落之后才出现的新事物,但古代中国人早已对此习以为常。益言之,中国人很清楚,诠释会涉及文本、作者、读者等各方面,但这并没有使诠释时的疑惑和碍难给他们投下任何阴影,因为中国人在处理文本时所秉持的精神实际上乃是相信而不是怀疑;相反,诠释时的种种疑惑和困难却使当代很大一部分文学批判陷入了泥潭。

所谓的"著作者意图"在西方总是处于最首要的位置,但在中国却未获得同样的待遇,也许是因为中国压根就没有将目光聚焦于"存在"(Parousia②)的本质主义的形而上学。所谓的"存在"实是一种带有

---

① "新批评"是20世纪20年代至50年代在英美兴起的一支影响较大的文学批评流派,得名于美国约翰·兰塞姆(John Crowe Ransom,1888—1974)所著文集《新批评》。该流派与德里达的解构理论等哲学思潮有着密切关联,认为文学作品并非"历史对象"且只能被当作"文本",文学批评的中心任务应当注重分析作品的文学表现手法,外在的"事实"对作品的欣赏和批评来说无关紧要,其代表人物另有布鲁克斯(Cleanth Brooks)等人。——译者注

② 对"parousia"这个希腊词的理解,不同的哲学流派在不同阶段提出了很多不同的理解,翻译到中文世界里就有了"显现""在场""临在""离在""实在""本体"等译法,现按上下文以"存在"直白对译,以突出它是这种形而上学研究的对象。——译者注

"'多'后之'一'"(one behind the many①)性质的观念;德里达认为,柏拉图的认识论便是建立在这种观念之上。德里达自己也意识到,这也许就是中国与西方之间的"延异"(différance)。法国人一直认为中国人的语言就文字来说乃是一种"表意文字";因为这个原因,在对西方提出批评,具体来说,就是对西方在"写作"问题上那些很有代表性的看法提出批评时,中国人的语言一直被当成是个非常极端的例证。事实上,当德里达对西方历史上由形而上学占主导的时代提出批评时,他所倾心描述的似乎乃是像《论语》《墨子》《庄子》《老子》这样的文本,他如是言道:

> 在此,作者的名称和理论的名称并无重大价值,它们既不表示身份也不表示原因。把"笛卡尔""莱布尼兹""卢梭""黑格尔",等等,视为作者的名称,视为我们用以表示运动或变化的制造者的名称,是毫无意义的。我们首先用它们来表示问题。②

之所以要抛弃德里达对中国人的语言所作的"解读"(毋宁说是"建构"),除了因为将这种语言里非常关键的表音特征一概否定的做法极欠成熟,最重要的原因在于这种"解读"(毋宁说是"建构")显然是种"东方学"的偏见。通过高扬中国是一种"缺乏"逻各斯中心主义作基础的文明,德里达成功地将中国异质化,使它成为一个取之不竭的对比源,揭示了其与西方思想传统全然有别之处。启蒙时代通过不无谄媚的比较详尽论述了中国这个"他者"并将其奉为偶像,这在德里达哲学思想的架构里也有残存。

不过,诚如我所言,德里达有关"著作者并不确定"的激进看法在

---

① 大体而言,西方思想传统以理性界定事物的本质时,是在"众多"表象背后寻求"统一",即寻求"'多'后之'一'"的过程,实际上正是柏拉图对"理性"和"经验"的二元划分。——译者注

② 按照德里达的看法,中国是一个"在逻各斯中心主义之外发展的文明",参见 Jacques Derrida, *Of Grammatology*, trans. Gayatri Chakravorty Spivak (Baltimore: Johns Hopkins University Press, 1976), pp. 74-93, esp. pp. 90-92。(译者按,译文引自雅克·德里达:《论文字学》,汪家堂译,上海:上海译文出版社,1999年,页146。)

结　语　世纪回眸:"'天下大同'的本土主义"与"求乐经济"

中国则极为平常。其实,中国古代文本的出处经常无法确定,不只是对著作者的情况不甚了了,就连作品诞生的过程也无法合理地加以证实。此外,像《诗经》和《尚书》这样的最早的文字资料,并不是源出一处的文本,而是后来通过书写对"口头传统"的重构。这无疑使作品的出处或真实性很成问题;另一方面,对于苦苦爬梳中国古代文字记载的人来说,情况则更为棘手:因为就像本书第三章指出的那样,从音韵学的角度对这些文本进行重构,所根据的乃是这些文本在念诵了千年之后的语言习惯。中国的正统经典,中国那些影响深远的巨著,与其说它们是"被书写出来的"(written),不如说它们是"被汇编出来的"(assembled),或者说是通过重写转抄而流传下来的。战国时期的文献,特别是像《论语》这样的作品,虽然备受中西方注释者的珍视,但并非源出一处,当然也不是成于一人之手。

所谓的"著作者意图",就其在当代西方为人所熟知的那个意义而言,的确有可能加诸某个"文本"——比如,众所周知的一个例子便是,孔子被认为是《春秋》的作者——但像《左传》这样的"文本"却没有可比性,它只不过是专将一些对话片段、奇闻逸事、神话传奇、梦幻想象、诗歌散文、誓词盟约以及自古流传的箴言警句收集在一起而已。可以说,在中国文学的早期历史上,悬而未决的文本归属问题比比皆是。研究与这些作品出处有关的问题无疑为中国人提供了机会,使他们在战国时期文化呈现出"百家争鸣"的状况下能够"整理"出某个文献。但哪个才是中国的呢? 譬如,齐人整理文献的理路显然与鲁人原先的理解有着差别。其实,早在五十多年前,武内义雄(Takeuchi Yoshio)就在其《〈论语〉研究》(Rongo no kenkyū)一书中雄辩地指出,《论语》的文本层次反映了在它从鲁地传到齐地的过程中所发生的变化,在语音语调以及文本的解释上都有非常重要的变异①。

---

① Takeuchi Yoshio, *Rongo no kenkyū* (Tokyo: Iwanami, 1939), pp. 72-109. 稍近一点的木村英一(Kimura Eiichi)以一种不那么犹豫、也更为"科学"的方法证实了武内义雄的观点,并且尝试将《论语》各篇分成了许多句群,借此可以厘定鲁人和齐人对现有的这个《论语》文本分别作了哪些贡献。See Kimura Eiichi, *Kōshi to Rongo* (Tokyo: Sobunsha, 1971), esp. pp. 211-230.

据说孔子是《春秋》（鲁国的一个文本）的作者，因此，该书也成了与"儒"有着密切关联的文本；不过，在将孔子视为其作者前，《春秋》无疑已是一个"文本"（又或者更准确地说，乃是一个"传本"），很难通过研究该文本晦涩的符号来确定孔子是其作者。而这些作品虽似木铎之声、金科玉律，但并不妨碍读者赋予其前后一致的连贯性，否则它们不会有一以贯之的一致性。试略论之，《春秋》是一部极为简练而又意义含混的文本，就连中国人自己也承认这一点；在解读《春秋》的各家中就有一派认为，对于理解《春秋》而言，"左释（左丘明的注释）①"是必不可少的。《春秋》因左丘明的解读而具有意义，他注释《春秋》而成的《左传》为读者进入《春秋》这个"文本"提供了充分的支撑，也为在文化层面充实古代文本使其骨架变得有血有肉提供了充分的支持。不过，左丘明的身份及其在编撰这部传注中发挥的作用都有待考证；但尽管如此，这部传注仍然归在他的名下。

用一个当代术语来说，阅读"被赋予了权力"（ab origine）。从这个意义上说，中国的读者（其中尤以生活在汉代的读者最为突出，因为正像本书的"导言"和第三章指出的那样，汉代将非常可观的文艺资源投入到建构上，即致力于将古代经验整理成内在一致的叙述）一直都是"文本"的参与者，从来都不是轻信作者看法的被动接受者。至于假定的所谓"作者优先"的问题，中国的读者也没有予以否定，取而代之的是，在确立一种不断变化的、由读者和文本所共享的权威的同时，尽可能地利用文学作品中的模糊性；而在这个过程中，文本解释的根本前提不是"揭示"文本，而是"创造"文本。这就是为什么构成我们对某个文本解读的那些假定，现在必须经受严苛的分析，一如对文本本身进行质疑一样。并非文本本身规定了某种特定的解读，而是在排斥其他解读的过程中才产生了所谓的权威解读。种种解读无非是进行诠释的那伙人有意对某部作品加以处理的结果；无论是先人传记还是经典的条条

---

① 此处的"左释"是对詹启华所用拼音的转写，相同意思更为常见的说法乃是"左传"。——译者注

结　语　世纪回眸:"'天下大同'的本土主义"与"求乐经济"

注疏,皆为如此。

　　由古代文本、读者和各种解读构成的世界充满了偶然和不确定性,似乎和我们当下的这个世界极为相像——在当下的这个世界里,我们相信,读者已经"被解放了",唯有他们才有能力"解构"文本并且抛弃对"超验"和"著作者意图"的追求,也正是对"超验"和"著作者意图"的追求限制了读者提出不同的解读①。给读者"赋予权力",得到了理查德·罗蒂(Richard Rorty)的大力鼓吹,正是他继海德格尔之后将这种创造性的解读称为"诗意"(poetry)②。发明文本而带来的"诗意",源自它取消了各种普遍性并且解构了各种体系,这在当代显得无可比拟,但依然只是老调重弹——这对后现代主义者来说充满了讽刺,但对汉学家而言却让人满心欢喜。我们这个时代允许读者制造意义,并且似乎还鼓励人们制造意义,但这早已在多年以前为庄子、孟子及战国时代的无数"诸子"所践行。战国时代的"百家争鸣"产生了多元化的、带有竞争性的乃至相互冲突的各种叙述,章炳麟在《原儒》一文中曾有回顾,而这些叙述其实正是德里达本人所歌颂的那种文本的"不确定性"(indeterminacy)与"游戏性"(playfulness)的具体表露。

　　就此而言,我们可以在战国时期描述的多元化的孔子形象中(本书"导言"部分曾有讨论),找到与此相似的诠释"游戏";不仅如此,我们还能提出其他更有说服力的证据。举例来说,在《孟子》第五篇《万章》里,孟子与万章的一系列对话,围绕尧、舜、禹这三位"文化偶像"的传承谱系有一种虚构的说法③。而战国时代的诠释者们,则凭借人人

---

① 保罗·德曼(Paul de Man)认为,"解构"是"对已有理解的系统化瓦解"。他还认为,"解构"为创造意义扫清了障碍,所凭借的正是弗朗索瓦·利奥塔(François Lyotard)在"小叙事"(petit récit)策略中勾勒的方法:"这就产生了一种可能性——与动机、替代、抑制及表达有关的整个建构,乃是以一种异常的、隐喻的方式同语言的绝对随意性联系在了一起,它先于意义的定型。"See Paul de Man, *Allegories of Reading: Figural Language in Rousseau, Nietzsche, Rilke, and Proust* (New Haven: Yale University Press, 1979); and Lyotard, *The Postmodern Condition*.

② Richard Rorty, *Contingency, Irony, Solidarity* (Cambridge: Cambridge University Press, 1989); and *Consequences of Pragmatism* (Minneapolis: University of Minnesota Press, 1983).

③ 《孟子注疏》,收于《十三经注疏》,卷十三,页161.1—174.1。

皆可取用的连真实性都很成问题的著作及大量以尧、舜、禹为中心的神话故事元素,就这个谱系创造出了很多截然不同的说法。在《孟子·万章》篇里,孟子坚称,"天"采纳了尧的举荐而将天下授予舜;稍晚一点的文本《韩非子》则说:"舜逼尧"。古本《竹书纪年》为"逼"这个字下的注释称,舜策划将尧关押并进而篡夺王位①。事实上,万章向孟子提出的一系列问题,都与尧舜之间统治权的递嬗有关;这似乎意味着,孟子所言乃是针对人们已经普遍接受的一个观点,而这个观点似乎对舜从尧那里继承了统治权的合法性持有强烈的怀疑。

当我们求诸《庄子》一书就会更加明显地看到,对尧舜之间这种类似于神话一样的禅让的真实性普遍抱有怀疑,比如《庄子》里的《盗跖》篇就提出了"尧不慈,舜不孝"的说法②。这些完全不同的解读所担负的意义,恰恰在于告诉了历史学家,他们研究的对象与其说是"过去"(past),不如说是"文本"(text)。如果我们理解了这一点,那么在研究现有文本和故事传统时,就会与庄子、孟子、韩非子、孔子同处一源、极为相似,这当然也就是利玛窦所谓"述文"的题中之意。尽管我们对文本的体验不可能与战国诸子、耶稣会士丝毫不差,但显然他们处理这些文本的方式却和我们一样,那就是,将文本当成建构意义和团体的工具。因此,如果今天我们要为普遍使用象征符号和语境来进行"游戏"的做法辩护,那么,辩护的依据可在中国本土找到,不管是在古代、还是在中古抑或是现代中国,都能觅其踪影。

所以,在这个意义上说,我们对传统的理解也受到了挑战,但却更有活力,可能还与《论语》这样的文本对传统进行理解的方式更为吻合。对中国人来说,"传统"是相对晚近时才出现的一个词,它经日语

---

① 《孟子注疏》,页164.1—169.1;《韩非子集解》,收于《诸子集成》,卷五,页299;以及雷学淇编撰:《竹书纪年义证》,台北:艺文出版社,n.d.,页38—39。

② 参见《庄子集解》,收于《诸子集成》,卷三,页429。战国时代对这个传说的理解存在非常大的分歧,至于对这种分歧所作的结构主义的新解读,参见 Allan, *The Heir and the Sage: Dynastic Legend in Early China*(San Francisco: Chinese Materials Center, 1981), pp. 27-54。

结　语　世纪回眸："'天下大同'的本土主义"与"求乐经济"

里的"伝統でんとう"(*dentō*)被吸收进中文也仅仅是一百年前的事①。但认识到这一点很重要："传统"作为概念来讲,不必仅仅视为流传下来的一成不变的东西。它也不像卡尔·马克思笔下所言,不像鲁迅及五四时代与其同行的现代主义者们赞同的那样,是什么"禁锢生人思想的沉重梦魇"。相反,传统乃是对要传承下去并将为人接受的事物进行拣选和评判的过程。正如罗克珊娜·沃森(Roxana Waterson)有力指出的那样,"传统"这个概念"其实描述的是一个与流传有关的过程,它和任何一种社会进程一样,都处在不断变化之中,身在历史洪流之中……传统就像历史,即便它以确定的、一成不变的面貌示人,它也在当下不断地被重制和重塑。"②

因此可以说,在这个流传的过程中并不存在被动的参与者,哪怕两代人都竭尽虔敬、致力于全身心地再现自己的文化,也不能将文化重制得不差分毫。阿拉斯代尔·麦金泰尔(Alasdair MacIntyre)指出:"传统的一种适当意义是在对将来的那些可能性的把握中表明的,这种可能性就是说,过去已使现在的出现有其可能……活着的传统,恰恰因为它们继续着一个未完的叙述而面对一个未来,而就这个未来具有的任何确定的和可确定的特征而言,它来自于过去"③,借此,他进一步驳斥了那种认为传统具有被动性的普遍假设。传统,并非藉由世代恪守风俗习惯不移而将内在价值不间断地传承下去;相反,传统更像是一个框

---

① See Benjamin I. Schwartz, "The Limits of 'Tradition Versus Modernity' as Categories of Explanation: The Case of Chinese Intellectuals", in *Intellectuals and Tradition*, ed. S. N. Eisenstadt and Graubard (New York: Humanities Press, 1973), p. 76.

② Roxana Waterson, *The Living House: An Anthropology of Architecture in South-East Asia* (New York: Oxford University Press, 1990), p. 232.

③ Alasdair MacIntyre, *After Virtue: A Study in Moral Theory*, 2d ed. (Notre Dame, Ind.: University of Notre Dame Press, 1984), p. 207.(译者按,译文引自麦金泰尔:《德性之后》,龚群、戴扬毅等译,北京:中国社会科学出版社,1995 年,页 281。)甘阳曾经讨论过"古今之争";遗憾的是,对像他这样的当代中国知识分子而言,将"过去"视为"当下"源头的这种理解,似乎并不是那么显而易见。至于对晚近"文化讨论"一直持有的误解,参见 Jing Wang, *High Culture Fever: Politics, Aesthetics, and Ideology in Deng's China* (Berkeley: University of California Press, 1996), pp. 86-91。

子,发明创造纳于其中;而"过去"就像是个文化宝藏,是它孕育了当下的这些发明创造。

  事实上,这也似乎正是《论语》影响我们的方式,它将那些教诲收集在一起从而使我们相信孔子就是如此这般来理解的——诉诸《论语》的某些章节来看,这并非虚言。《论语》里有多处表述指出,传统的活力在于创新,而不是盲目的、毫厘不差的传承(要是做到这一点真有可能)。举例而言,据说孔子曾与鲁国太师讨论过音乐,他就说过:"乐其可知也:始作,翕如也;从之,纯如也,皦如也,绎如也,以成。"①在《论语》二章十一节则说过:"温故而知新,可以为师矣",和前句引文相比,意思就更明白一些了。《庄子》对"儒"提出的批评则是说他们"欣然未知古今之异"②;但这个批评并不准确,这是因为,不管是"儒"强调"礼",还是他们有意识地按照《诗经》里的诗篇来规划自己的生活,抑或是穿戴不合时宜的服饰衣冠,都是伴随着他们当时的努力出现的,这种努力试图从当时的文化废墟中创造出内在一致的仪礼秩序,对此,他们一直念念不忘。

  我个人倒是认为,对我们来说,"传统"和"墨守传统"之间的区分还是相当清晰的;但庄子追随者们的批评却提出,孔子在《论语》里似乎坚信,日用伦常都受周公等古圣贤的影响,于此整理创造某种秩序时,自己能凭其中的内在一致性而和古代紧紧结合在一起。恰如宇文所安(Stephen Owen)新近指出的那样,对于"儒"和孔子来说,面临的挑

---

  ① 《论语集注》,收于朱熹:《四书集注》,重印本,台北:学海出版社,1984 年,页 78。See Arthur Waley, trans ., *The Analects of Confucius* (New York: Vintage Books, 1938), p. 100; and D. C. Lau, trans ., *Confucius: The Analects* (reprint; New York: Penguin Classics, 1982), p. 71.

  ② A. C. Graham, *Chuang-Tzu: The Inner Chapters* (London: George, Allen and Unwin, 1981), pp. 192-193. (译者按,查詹启华所注出处未见引文原文,出处所对应的乃是《庄子》批评"儒"泥古不化的《天运》篇,此外与詹氏所引在文意上相关的内容有:"夫水行莫如用舟,而陆行莫如用车。……古今非水陆与? 周鲁非舟车与? ……彼未知夫无方之传,应物而不穷者也。……故礼义法度者,应时而变者也。今取猨狙而衣以周公之服,彼必龁啮挽裂,尽去而后慊。观古今之异,犹猨狙之异乎周公也。"现据其意将詹氏所引"blissfully unmindful of the fundamental unsameness of past and present"译为"欣然未知古今之异"。如因译者未核详确而讹误,祈请读者见谅。)

结　语　世纪回眸："'天下大同'的本土主义"与"求乐经济"

战实际上在于要小试身手,从残留的"古迹"中制造出古代文化①。从这个意义上说,"儒"和孔子所面临的一个挑战乃是要尽力恢复周礼,但这其实不过只是他们自己一手制造的周礼而已。

另有一段话据说也是孔子所言,涉及对于维持周室的权威而言至为关键的仪式——祭祀——不经意间将所谓的"古今之异"公之于众,原文如下:"或问禘之说。子曰:'不知也;知其说者之于天下也,其如示诸斯乎!'指其掌。"②应该说,古今有别已为人公认,孔子也已经注意到了先代的记载并不完整或者已经亡佚③,不过,孔子还进一步提出,"古今之异"不在"礼"本身而在于如何理解它们,这可见于《论语》第三章归在孔子名下的一段话里:"礼,与其奢也,宁俭;丧,与其易也,宁戚。"④"戚"与"易"之间的差别在古人的仪式里或许微不足道,但在这里却显得非常重要、很有意义,因为它说明在孔子和古礼之间存在着鸿沟,"敬畏"(awe)和"易"(fear)⑤对于古礼而言就尤为必不可少。

就此而言,也许我们同样应该注意到像《诗经》这样的例子:《诗经》这个文本在人类行为学的意义上或许正反映了"儒"的伦理审美情趣,但这么来看待和处理这个文本并不妨碍另有革新。事实上,几乎孔子对这部经典的每一处引用,都反而指向与《诗经》本身并不一致的解释。比如,有这样一段话:"子曰:'《诗》三百,一言以蔽之,

---

① Stephen Owen, *Remembrances: The Experience of the Past in Classical Chinese Literature* (Cambridge, Mass.: Harvard University Press, 1986), pp. 16-23.
② 《论语注疏》,收于《十三经注疏》,卷十二,页 26.2—27.1;Ezra Pound, Confucius: *The Unwobbling Pivot, The Great Digest and The Analects* (New York: New Directions, 1969), p. 203;以及 Waley, trans., *The Analects of Confucius*, p. 96。
③ 《论语注疏》,页 26.1;以及 Pound, *The Analects*, p. 202。
④ 《论语注疏》,页 25.1;Waley, trans., *The Analects of Confucius*, p. 94;以及 Pound, *The Unwobbling Pivot*, p. 201。
⑤ 《论语》"丧,与其易也,宁戚"一句里的"易"字,一般注本均释为"和易",意思是追求仪式的周备;至于英译本将其翻译成"fear"(担心、害怕),或许是考虑到"追求仪式的周备"有"'担心(fear)'不合礼"的意思在,此处提到古礼需要"awe"(敬畏)或许也同英译本将"易"翻译成"fear"(担心、害怕)有关。——译者注

曰:"思无邪。"'"①"思无邪"一句实出自《诗经·駉》,是该诗第四章里的一部分,在诗中的原意是描述马"直行不偏"的步伐,但孔子引用这句诗时却因其他考虑而对它作了自己的"诠释"。可以说,正是这种革新保存了文本的活力,使文本成为能够反映某个群体精神特质的宝库——在金尼阁解释利玛窦《天主教中国开教史》里那些富有争议的篇章时,在章炳麟借用《墨子》来建构"属"(genus)、"种"(species)、"型"(type)等概念时,我们都能见到这种情况。需要再次强调的是,这并不是"墨守传统",也不是我们的"传统"——我们的"传统"对孔子和"儒"有个想象,认为正是他们将自上古时期流传下来的那些古老文化习俗广为传布——毋宁说,它更像是某种"继承传统的创造"。

需要顺带提及的是,对于每一代以传承历史为己任的人来说,遥远的上古不必非要是一种现实"实在"才能有其价值——正像我们在本书第一章、第二章里看到的情况那样,耶稣会士就曾成功地将自己说成是儒门正学的审裁人。事实上,在大多数情况下,援引古代先例权威,这本身就为自己提供了正当性,不只是对传承才如此,对创造而言亦复如是②。带有权威性的叙述不必符合真切的事实,因为所谓的"事实"也只是想象的结果。在这种情况下,要想验证我们对古代中国的理解以及将"儒"视为古代中国象征的看法,显然变得更加困难;不过,结合我在上文所言,这只是"我们"才面临的独特问题。所以,我们才会在前文重新审视自己对"传统"的理解,因为在过去两个世纪里,"传统"

---

① 《论语注疏》,页 15.1。至于《駉》这首诗的全文,参见《毛诗正义》,收于《十三经注疏》,卷三,页 762.1—762.2。《诗经》据说是孔子所作,其间有很多表达本身就带有诠释的意味,侯思孟(Donald Holzman)在其文章中就此作过相当尖锐的分析,参见 Donald Holzman, "Confucius and Ancient Chinese Literary Criticism", in *Chinese Approaches to Literature from Confucius to Liang Ch'i-ch'ao*, ed. Adele Austin Rickett (Princeton: Princeton University Press, 1978), pp. 21-41;刘若愚(James J. Y. Liu)的分析则相对平和,参见氏著 *Language-Paradox-Poetics: A Chinese Perspective* (Princeton: Princeton University Press, 1988), pp. 94-97。

② See F. W. Mote, "The Arts and the 'Theorizing Mode' of the Civilization", in *Artists and Traditions: Uses of the Past in Chinese Culture*, ed. Christian Murck (Princeton: Princeton University Press, 1976), pp. 3-8.

结　语　世纪回眸："'天下大同'的本土主义"与"求乐经济"

在西方已经有了消极的意义,成了一个虽然重要但却已为"现代"所取代的"他者"①。

我认为,恰恰是在社会不稳定性与日俱增的时期,才会将"传统"看作是在传承过程中不离正道的一个整体;也正是此时,继承下的教义学说或风俗习惯才会受到严厉质疑,大多数情况下甚至还会被人抛弃。这也许就解释了为什么今日中国与战国和晚清时期一样,那些坚持认为自己只是传承者而非创造者的"儒",会如此热衷于"传统",认定它是亘古不变、永恒不灭的存在。据说,孔子将他自己的形象描述为"述而不作","儒"则根据这个说法将自己想象成继承了"传统"的传人;但实际上,他们吸收了神话传说、趣闻轶事、天人感应等素材毛坯,从中整理出了一套传承谱序,这恰恰是"制造"了传统而不是"继承"了传统。16、17世纪的耶稣会神父们也走了一条相似的道路,随着他们对自己作为中国人的认同程度不断加深,选择这条道路的耶稣会士也越来越多。而中国20世纪的民族主义者(不论是从种族意义还是文化意义上来定义),无疑将自己想象成了似于耶稣会士的一群人,而他们对自己作出想象的方式则不禁让人回想起了战国时代的"百家"。

行文至此,我们对继承而来的概念——"儒教"(Confucianism)——所进行的详细阐释已近尾声。这一研究的主要意义似乎在于,对我们这些现代诠释者充满创造性的中介角色加以限制,同时也向我们表明:虽然将神学和科学整合在一起的那个解释框架现已崩溃,但这个解释框架和耶稣会的传教事业,依然对普罗大众和汉学家讲论中国时所用的语言保有约束。如果这种保有创造力的约束乃是这一研究的主要成

279

---

① 这组对比(译者按,即"传统"与"现代"的对比)让人感到不舒服,但却常常见于社会科学领域的研究用语当中,特别是在与现代化理论有关的著作中更是如此。这种解释取向虽为人惯用但并不可靠,与之相关的问题,参见 Thomas Metzger, *Escape from Predicament: Neo-Confucianism and China's Evolving Political Culture* (New York: Columbia University Press, 1977), pp. 3-18, 191-235; Tetsuo Najita and Irwin Scheiner, eds. *Japanese Thought in the Tokugawa Period, 1600-1868: Methods and Metaphors* (Chicago: University of Chicago Press, 1978), pp. ix-xii;以及 Brian Stock, *Listening for the Text: On the Uses of the Past* (Baltimore: Johns Hopkins University Press, 1990), pp. 159-177。

果,那么似乎可以说,当下的诠释语境充满了反讽和不确定。由于"儒教"这个词似乎"再明白不过"了,我们才借助它来解释整个中国,但对进行这番解释的多处起源却视而不见;因此,我们通过"求乐经济"创造出来并将继续创造的这个概念虽有其人性与历史的渊源,但由于这种视而不见,我们实际上已将自己对这些渊源的清醒认识抛诸脑后。就这样,我们每个现代人都在迁就一种被看作是"传统"做派的偏好,它倾向于认为个人的"创造"其实继承自可敬的、更为贤能的先人,最好的例子莫过于孔子所谓的"述而不作"。不过,在记述前人言行时,孔子其实是详确地将自己的当下关切改头换面、重新制造了出来,在这个过程中,他实际上的确有所"创造",这一点丝毫不亚于耶稣会的传教士们,不亚于欧洲的科学家、章炳麟、胡适乃至如今的我们。

创造、价值与未来

我对文本、传统、团体和建构的研究行将结束,回头来看我的那些思考,似乎更关心道德规范、政治方面而非学术性的问题,说来也怪,那些思考也更像是对当下而非古代的思考。这段研究经历使我认识到,我自己也是一名创造者,哪怕在本意上我并不想在我们当下的文化里冲锋陷阵、显露头角。另一方面看,哪怕环境再复杂,耶稣会士甚至是中国人自己都致力于在中国人当中寻求所谓的"自我界定"(self-definition),而我对他们的研究则使我深刻地认识到,自己其实也参与建构了和"儒/儒教"有关的叙述;与此同时,我的研究也揭示了,到底在多大程度上可以说,这种努力其实是带有个人色彩的而非学术性的。

这里我将尝试作一些总结,我发现自己其实更关心这个问题:在这样一个世界里,我该如何过上一种道德完善的生活?要知道,想在这样一个世界里做到这一点,可能性似乎日渐遥不可及。我认为,承认我自己是站在当代的立场上,将自己关心和担心的问题乃至期待公之于众,恰恰让我更加接近本书各章节已对其生平和著述作过分析的那些个

结　语　世纪回眸:"'天下大同'的本土主义"与"求乐经济"

体;这是因为与他们是通过"儒"和"儒教"来理解自己所处的世界一样,我对他们的理解也是制造出来的,也受限于当下情境的特定要求。然而,和他们比起来,我所面临的当代境遇却不那么倾向于"通情达理"和"宽容",多的是采用了"宗教上的音盲"(religiously unmusical①)这样一种视角,因此也就不倾向于认为,将所谓"本土"的和"外来"的作为前文所论"实际的事情"(matter-of-fact)来使用,实则不改两者同处一个连绵统一的文化场域这样的事实。

借助于对"儒教"这个词的传统理解,我们深入到了中国在文化上所具有的"异质性"(foreignness)之中,并从中获得了许多认识;而我以一种忠于传统的态度来阐述"儒教/儒"的可塑性,并非是想提出,我们必须抛弃这些认识。我想指出的是,多元化的论述对所谓的"求乐经济"而言实属司空见惯,但中西方在当下所具有的那种现代性,恰恰乐于用一种单一化的方式将中国"传统"表述为"儒教";而当我们调和多元化的论述与单一化的表述时,则要么是选择去接受这个看似显然的事实,要么是去批判它。从另一方面看,像这样对我们所熟知的内容进行重塑,也将激励我们探索一种更让人信服的解释,来解释那种文化精神及其代表,也就是"儒"和孔子。我认为,我们对在华耶稣会士有所误解,在产生这种误解时,我们受看似显然的事实的困扰度远胜过耶稣会士的解读对我们造成的困扰。具体来说,耶稣会士开启的中西文化碰撞,直到非常晚近之时才因中国"拥抱资本主义"而变得缓和,从宏大的历史层面对此作出描述,似乎一切都再"显然"不过了:西方在19世纪的扩张对中国来说是破坏性的,耶稣会的神父们"显然"是这一扩张的先锋,就像章炳麟"显然"是个排满主义者、胡适"显然"是位悲观的自由主义者一样。和身处中国传统之中的那些个体不同,我们是被动地接受了给我们留下的这些馈赠,也就是这些再"显然"不过的描述。

---

① "宗教上的音盲"(religiously unmusical)这个说法来自韦伯,他用这个词是为了说明他看待宗教问题并不是从宗教信仰出发的,而是采用了社会科学的视角。——译者注

我在本书上篇的阐述方式很直接,因为我想澄清这个观点:我们"必须"批判那些看似显然的事实。我的确也曾经非常希望,我们能够重新审视自己与中国人借用"儒教"和"儒"制造出来的内容,这并不是为了追求"客观事实",因为要想此生实现这一目标已远远超出了我们的能力范围;而是为了揭示有一种所谓的"求乐经济"存在,我们西方人和中国人在用"儒教"和"儒"进行制造等种种建构中寄予了价值并以所谓的权威知识之名接受了这些价值,也正是这些价值支撑着所谓的"求乐经济"。

因此,就像我在开篇时强调过的那样,必须再次重申:总体而言,我并不是在抛出一个观点挑起争议,没有强调说"儒"和"儒教"(Confucianism)完全可以被替代。我只是在真心地鼓励我们应该更多地进行自我批判,或许就像胡适和章炳麟极为钦佩的 18 世纪的儒者那样,要怀疑继承来的东西是否是"事实",更准确地说,是要给它足够的怀疑以看清它只是我们自己的建构,同时看清这一点:我们坚称自己继承来的东西是"事实",这只不过是我们忠于传统和我们在"游戏"(play)的体现。

我们已经认识到了"孔子"与"儒"的"人工性"(madeness),认识到了汉代编修经典的学者们所留下的标准概念乃是"伪造",因此或许还能比以前更好地理解这一点:阐述对"儒"的理解,只不过是在践行自己所持的信念而已。这种信念相信,"儒"超越了彼此冲突的文本和相互矛盾的解读,能够给我们以指引,一如它曾经指引过我们先人一样,对于中国人和西方人来说都是如此。本书的全部努力都贯穿了这种信念,所凭借的基础正是历史上那群有着持久影响力的杰出人物所作的贡献,对他们来说,以"儒"为名的那个传统及其开创者有着非比寻常的重要意义。

这一研究已经对"儒"和中国人借此书写的历史之间的内在一致性提出了质疑,起点则是对古代文本和现代文本所作的分析。对"儒"的这种质疑已经透露了"儒"所呈现出的面貌并不连贯并且充满矛盾;如果我们认为"儒"始终表里如一并以此为前提,那么注定将寸步难行。所谓"传统",只不过是既有"习俗"和现有"创造"的交叉产物;和"传统"一样,"儒"的意义,也是继承下的意义与后来人或诠释者所处情境之间调和的产

结　语　世纪回眸："'天下大同'的本土主义"与"求乐经济"

物,正是这些后来人或诠释者们决定了对继承下的意义作何取舍①。

在本书的研究里,我并没有去否定人们在早些时候试图证实那种内在一致性的具体例子,而是尝试根据一个全新的时代(也就是我自己所处的这个时代)来揭示其中的奥秘。因此,我特别选择了一些文本,它们或是中国学者及后来的西方学者视为儒家传统的文本,或是在他们看来与"儒"这个传统有关的文本;并将我自己置于这些文本之中,希望从这些文本明确提出或明确否定的内容中创造出全新的解读。我们只有将"儒"与马克斯·韦伯有关"历史个体"(historical individual②)的建构作一类比,才能像《新教伦理与资本主义精神》(*The Protestant Ethic*

---

①　这里暗含着一个人所共知的认识论区分,那就是哲学家阿尔弗雷德·柯日布斯基(Alfred Korzybski)提出的"事物(疆域)"与"表达(地图)"之间的区分(译者按,柯日布斯基有言:"地图不是疆域本身,文字表达不是事物本身")。格里高利·贝特森(Gregory Bateson)阐释过的这个区分,正构成了本书上篇的论证基础。See Gregory Bateson, *Mind and Nature: A Necessary Unity* (New York: Bantam Books, 1980), pp. 32-33。乔纳森·史密斯(Jonathan Z. Smith)也用了同样的区分来表述文化中具有丰富价值的"不一致性"(incongruity),特别是在众多土著文化中由象征体系、神话、传统和英雄人物构成的那种"不一致"。和史密斯的看法一样,在我看来,"地图不是疆域本身"的问题并不局限于试将自己在"他者"中观察到的内容表述出来的研究者,这类研究者最典型的代表莫过于身在其他土著文化中的民族志学者。至于在已知的文化中,人们随身携带的认知"地图"与亲身跋涉的"疆域"之间所存在的张力,同样也为其所固有。土著人一点也不逊色于人类学家,他们同样发现,当自己面对的经验知识与继承来的观念相左时,必须经常性地"调适"继承来的观念。"神话"和"传统"都是一种理想化的表述,是一种约定俗成的标准解释,表达了那些团体自身及其祖辈在最理想条件下的渴望。此种建构所具有的意义并不在于建构本身,而在于"神话"和日常经验之间的不一致与矛盾;打个比方来说,"神话"就像是一幅"地图",将本土观念这些"通衢大道"纳于方寸之间,只有日常经验才是随时可能出现新情况的真实"疆域"。参见 Jonathan Z. Smith, *Map Is Not Territory: Studies in the History of Religion* (Leiden: E. J. Brill, 1978), pp. 289-309;另请参见 Marshall Sahlins, *Historical Metaphors and Mythical Realities: Structure in the Early History of the Sandwich Islands Kingdom* (Ann Arbor: University of Michigan Press, 1981), pp. 33-66,这部书极富洞察力地用另一对区分对刚才提到的那种张力予以绍述,这对区分即是"结构"(structure)与"实践"(practice)之间的区分。

②　这个概念最初为海因里希·李凯尔特(Heinrich Rickert)用来指称对我们这些当代诠释者来说具有历史意义的对象,而这种历史意义则是依据"价值关联"(value relation)确定的。韦伯在李凯尔特定义的基础上形成了自己关于"历史个体"的概念,而他用的这个概念则在后来"理想型"(ideal-type)的概念中得到了具体化。See Max Weber, *The Methodology of the Social Sciences*, ed. and trans. Edward Shils and Henry A. Finch (New York: Free Press, 1949), pp. 50-112; and Wolfgang Schluchter, *The Rise of Western Rationalism: Max Weber's Developmental History* (Berkeley: University of California Press, 1981), pp. 13-24.

and the Spirit of Capitalism)等作品里一样,将这种"宽容"为怀的诠释学付诸实践。将"儒"说成是一个"历史个体"有助于把我们从这个看法中解放出来:对"儒"唯一如实的解读是首次以"儒"自称的那些人的理解。韦伯力劝现代的诠释者们应该认识到这一点:"价值"(value)的形成取决于诠释的目的,而非本来就寓于诠释对象之中并在后来被人们观察到了,其实,所谓"历史实在"(historical reality)不过是"价值"不断建构的结果。在这种语境下来看,与其说诠释者的真正猎物是一种"历史再现"(historical representation),一种兰克(Ranke)意义上的、要"表明过去究竟是怎样的"的那种传统意义上的"历史再现",不如说是一种带有价值偏向的解读。

因而,我们要理解"儒"这个概念正是一个"历史个体",最有可能的做法便是承认在耶稣会士的个案中已经得到揭示并为胡适大力重申的内容:在历史长河中,精神价值是一股建设性的力量。只有认识到这一点,我们才有可能与此前的诠释者们站到一起,这些诠释者们不管其是"本土的"还是"外来的",都向我们展示了不断变换的历史价值并在此过程中建构了"儒"。多少年来,"儒"显现了许多不同的意义,这些意义向我们透露了很多玄机:比如,"儒"的意义在发生演化时面临着怎样的文化境遇,将"儒"的意义看得重如泰山的那个群体有着怎样的身份认同,还有一点就是,先前的诠释者们赋予了"儒"哪些价值。诚然,"儒"所显现的意义千差万别。不过,我们还是能够看到,是历史上那些特定的团体建构出了"儒"的意义并接受了它们,参与其中的人也试图在这些建构里表达自己;而且我们也能够发现这些团体是如何建构和接受"儒"的意义的。虽然"儒"的意义差别很大,但它有个特征却始终如一,即它总是和某个团体,具体来说,是和某个"文本团体"联系在一起。

我很清楚自己身在那些诠释者之中所处的境遇,我们的观念普遍受到了神学和进化论的影响,都需要跳出文化或国族的束缚来进行理解。我也承认,阐释"儒"的起源从根本上讲完全是种全新的尝试,这种尝试缘于"儒"的意义出现了某种差别甚至是完全遗失,并且引发了

结　语　世纪回眸："'天下大同'的本土主义"与"求乐经济"

对"儒"的多种意义进行表述，正是多种多样的意义才使当下能对"儒"的起源一探究竟，而这些意义就像有两股丝线交织在一起，一股是"本土的"，一股是"外来的"。因此，我们现在不妨再进一步，就"儒"充满了模糊性这个让人头疼不已、疲于应付的问题，给出"我们自己"的界定。前人业已提出，"儒"的演化史自是其合乎规律发展的必然结果，而在给出"我们自己"的界定时，我们将充分考量前人提出的这个观点而不是简单地全盘接受。今天，我们不应该再找寻什么放诸四海能皆准的模式，妄图据此揭示出与"传统"有关的公认"事实"（truth），而仅仅应该在努力解释我们的创造中逐渐认可相关"事实"——在此过程中，我们实际上已和先前的那些创造者及其所属的富有创造力的团体站在了一起，而他们在历史上创造出来的"儒"或"儒家"（Confucian），都不过是其需求与渴望的表达。

在我们这个时代，东西方的文化和民族已相互联结在一起，但这种状况其实早已形成，这在本书对与所谓"外来的"和"本土的"特征有关的建构特别措意时已间或得到了绍述，而那种建构所依据的便是那独一无二但却高度凝练而又呈现出不同面貌的象征符号——"儒"。对20世纪晚期的普罗大众来说，东西方之间在文化层面的联结乃是历史的馈赠。事实上，如今全球范围内的沟通联系已是即时性的了，似乎全世界的文化都熔铸在了一起。但这其实是非常复杂、内在关联但又未被完全理解的一系列因素的结果。不过，有两点很清楚明白：一是，中国人与西方人所分享的共同基础发轫于16世纪晚期开始的那场对话，当时中国南方的一些官员出于我们尚不完全明了的原因，颇以为对耶稣会教士组成的先遣队在中国建立教会抱以欢迎的态度并无不当；二是，我们继承下来的将中国看作是与西方截然不同的一个国度的那种理解，则与历史记载相悖。像章炳麟和胡适那样的中国学者，有可能通过源自西方的思想脉络来重新构想和展示自己在文化和国族意义上的形象，并在这个过程中自始至终地认为自己重新提出的这种理解完全是中国式的。至于像利玛窦和罗明坚那样的耶稣会士，则有可能变成中国人，只是他们本来试图到中国传播自己的信仰，却从未意识到自己在放弃这种信仰方面到底已经走了多远。

举例来说,虽然中西两种文化的结合是以一场偶然的对话开始的,但以这种方式揭示出的二者在文化、宗教和思想上的一致之处,却从未被视为偶然。中国人和耶稣会士双方是以平等的身份相遇的,虽在思想观念上转变成了"他者",但也一直保持了自己的特质并且也许还将它放大得更为清晰。他们之间的互相影响自有其进行"陈述"的逻辑,在这套逻辑里,他们谁都没有忘记什么是本土的、什么才是外来的。在这种情况下,达成理解是有可能的。但当"儒"和"文士会"(la legge de' letterati)的概念变成了"儒教"(Confucianism),并且被吸收进了 17、18 世纪欧洲人有关"自我形塑"(self-fashioning)的现代讨论中时,刚才提到的达成理解也随之烟消云散。不过,丢失的这种理解因为胡适创造性地将"文明"重新界定为与宗教、宗派无关的一种精神力量而又重焕生机,其方式则近于图尔敏(Stephen Toulmin)和麦金泰尔等当代西方人批判现代性时所赞成的那种方式,他们强调现代性的认识论架构必须通过回到口头讲传、某地某国、具体个别和即时现场而被"人性化"①。

今天,我们已站在耶稣会士首踏之路的尽头,在这条将两种文化结合在一起的道路上,双方先前是在进行有来有往的"交流",现在似乎早已完全熔合在了一起。耶稣会士提倡那种"交流"的逻辑,在此之中,并没有以一种带着优越感的语气而是以充满赞赏的口吻肯定了中国人的尊贵高尚;但这套"交流"的逻辑现在已被将另一方涵括进同一种文化的逻辑给取代了,在后一种逻辑里,中西方文化各自特有的性征都被"商品化"了,成了像是可供人们购买的产品一样。中国现在已成了"世界工厂",而中国人则渴望在不干扰政治的前提下赢得西方式的繁荣。由于认识到自己在今天这个时代共同参与了继承下来的和正在进行的"文化建构",我们为自己"被赋予了权力"而感到欢欣鼓舞。但就是在这样一个时代,"东方主义"(Orientalism)和"西方主义"(Occi-

---

① Stephen Toulmin, *Cosmopolis: The Hidden Agenda of Modernity* (Chicago: University of Chicago Press, 1991), pp. 186-192; MacIntyre, *After Virtue*, pp. 190-209.

结　语　世纪回眸："'天下大同'的本土主义"与"求乐经济"

dentalism)同时出现在世人面前,这使我们想在中国取得耶稣会士曾经取得的成果显得更加困难。不过,对我们来说,也没有必要像耶稣会士那样深入中国和理解中国;我们只需要从它那里汲取在21世纪生活可资借鉴的宝贵财富。

在中国,"孔夫子"像商品一样无处不在、广受推崇,而西方则在经济上造就了不可思议的奇迹,这两方面正是中西方彼此崇拜之处,而我认为,这种相互崇拜正是西方在早些时候援借中国以用于神学和科学之间那场论争的结果。可以说,中西方的相互崇拜实则是对全球兴起的工业经济的崇拜,也是我们那场启蒙运动未竟的事业留下的痕迹。从根子上讲,启蒙运动认为,在理性的基础上可以量较"他者",如果以最宽泛的意义来解读这个观点就会承认,这个观点鼓励人们对世界进行客观的量较,但这与殖民开拓并无任何关系——相反,它来自于一种渴望,渴望在假定共有理性的基础上拓展"我们"(we)一词的适用范围。其间也有追求一致性的渴望,这与身在中国人之中的耶稣会团体以及20世纪中国知识分子群体表现出的特征并无二致。对我而言,这似乎就是本书结语部分开篇所引康德言辞里暗含的观点:启蒙是人所共有的"潜力"(potentia),那些已经被启蒙的人所担负的职责乃是推动"理性"的"临在"(praesentia)。然而,正如我们今天所知,在中西方之间的对话历经四百多年的风雨后,刚才提到的那个有关启蒙的人文主义假定并没有带来一种对"多样性"的宽容(即承认那些冠以"我们"之名的内容多种多样,它们只是在理性的"临在"方面有所不同,但在都具有启蒙的"潜力"方面却非常相像),相反却肯定了"单义性"(univocity)——在此之中,"我们"(we)一词的适用范围看似不断拓展,但实际上已经改头换面,变成了"我"(me)这个词的多种映射。这是前人留给我们的遗产,也是压在这个世界身上的重负,承载下了这个"被启蒙过"的时代已然破灭的希望。

胡适身当时代转折之机,尽管此时那种期待天下大同的世界主义理想正在为"科学-工业化"的生活方式高歌猛进而鼓掌欢呼,但胡适却清醒地认识到,支撑工业经济发展的乃是某地某国充满生机的社会生活,而非现代性极力赞成和鼓吹的"民族主义"与"帝国主义"。虽然胡适所处的时代风云突变,但他对在文化层面拓宽"我们"(we)一词意指的可能性仍抱有乐观;也许胡适还对耶稣会士怀有某种惺惺相惜的同道情谊,和他们一样,他也试图根据人类文明的一种普遍模式来拓宽自己关于文化的理解。不过,他对文明具有普遍模式的理解乃是世俗化的,并不具有什么宗教意义;而他将这种普遍模式神圣化所凭借的也同样是"儒",这一点又正与耶稣会士不谋而合。可以说,那时候的胡适已经成了一名世界主义者,但对当时的很多中国人来说,他的那种想法完全就是一个外国人的观感。事实上,就此而言,胡适对孔子的理解与我们在学术层面对"孔夫子"的普遍看法极为相似:"孔夫子"是一位在他自己的国家未曾获得尊荣的先知,而他留下的箴诫却将照亮整个大地。胡适将文明视为多元文化价值的集中表达,他的观点超越了国家和民族的藩篱,遗憾的是,这一思想之光至今仍未划破拂晓。

毫无疑问,胡适所理解到的正是耶稣会士们曾经理解到的,同样也是我们中间对现代性提出批判的那些人所理解到的(相比而言,章炳麟则稍欠几分),那就是,所谓"个别"(specific),乃是通往"普遍"(universal)的必由之路。要成为一名合格的世界主义者,必须先成为坚定捍卫本土本色的猛士。受惠于胡适在《说儒》一文里的学术研究成果,对于"中国当如何吸收现代文化,使之能与中国固有的文化相协调"的问题,已无必要再费思量;说到底,这就是《说儒》一文对我或许也是对这个世界的意义。至于胡适对那种"四海之内心同理同"的文明模式将为人类带来累累硕果抱有乐观,尽管我只是生活在 20 世纪末的一分子,但还是要对他是否太过乐观了一点提出疑议。不过,除此以外,对《说儒》一文我几无可以置喙之处,因为我们所处的世界乃是这样一个世界:我们有天马行空般进行发明创造的自由,也有以想象不到的方式进行摧毁的自由,20 世纪时,我们在这两个方面都已取得了"成功"。可以说,科学和技术为追求"量"的精确提供了保障,而当社会因我们过分相信进步遭受创伤时,重"质"的"求乐经济"则能维系和支撑我们的社会。不过,我们千万不能放弃对科学和技术的重视,眼中只盯着重

结　语　世纪回眸："'天下大同'的本土主义"与"求乐经济"

"质"的"求乐经济";相反,我们应当重新确立"乐趣"的地位,借此恢复人文与科学之间的平衡。

我们这个时代既拥有显著的优点也拥有极大的破坏力,在对这一境遇进行全面估量时,我加入了胡适、章炳麟和耶稣会士这方阵营,和他们一样,我也希望借由对意义的制造,发现自己在提出理解时究竟追逐着什么样的目标,驱散因含混不清带来的迷雾和精神上的困惑,进而有足够的底气坦言自己实现了目标并在此过程中发现了"自己"和"他者"。物换星移几度秋。这种以"制造"为业的人文"科学"其实隐含着某种价值判断,但在"科学-工业化"日益堆积起来的重压下,似乎渐已销声匿迹。

日常生活似乎充斥着大量"显然"的事实,它们构成了一种专制,使我们的现实生活了无生气;而身为诠释者或者学者,特别是作为生活在这个世界的普罗大众,我们也许应该在理解那些起初并无意义的事物中,准确地表达自己的需要和愿望,借此尽可能地比安于了无生气的现实生活更为深刻地触摸精神层面,并以这种方式坦诚地重新改造我们自己。这一点完全可以做到。如果说我们的这些努力像是毫无诗意的文章,那么中国"'天下大同'的本土主义"就是一种诗情,我们用这种诗情来统领前者就能写就崭新的诗章,开辟一条新的路径,避免对"科学"所具有的特征作出狭隘的判断,回避民族主义的破坏性倾向,进而收获一种更具包容性的有关中国与西方的定位——中国和西方是一个开放的空间,借助于中西方之间的差异,我们也许能在这个开放的空间里,将数个世纪前以理解之名开启的对话继续下去。在这个意义上,借用列文森的话来说,我们所处的这个世界终将"或经此途、或由彼道",在扑面而来的四海一家的世界主义大潮中与"中国"再度合潮,届时将留下"孔夫子"(Confucius)与"儒教"(Confucianism)在那潮起的滩头东西漂泊、随波逐流。

参考书目[①]

原始资料

Alexandre, Noel. *Conformité des cérémonies chinoises avec l'idolatrie grècque et romaine.* Cologne: Les hautiers de C. L'Egmondt, 1700.

Bartoli, Daniello. *Dell'Istoria della Compagnia di Gésù: La Cina: Terza Parte dell'Asia.* 4 vols. Rome, 1663. Ancona: Giuseppe Aureli, 1843.

Boxer, C. R., ed. *A Propósitio dum livrinho xilográfico dos Jesuitás de Pequisu (Sécuo XVIII).* Macau: Imprensa Nacional, 1942.

——. *South China in the Sixteenth Century: Being the Narratives of Galeote Pereira, Fr. Gaspar da Cruz, O.P, Fr. Martin de Rada, E. A. S. A. (1550-1575).* London: Haklyut Society, 1953.

陈独秀:《孔子之道与现代生活》,《新青年》第二卷第四号,1916 年 12 月 1 日,页 3—5。

——.《人生真义》,《新青年》第四卷第一号,1918 年 2 月 1 日,页 90—93。

钱穆:《驳胡适之"说儒"》,*Journal of Oriental Studies* 1, no. 1（January 1954）: 123-128.

《春秋左传注》四卷,杨伯峻编,北京:中华书局,1981 年。

Coleridge, H. J., ed. *The Life and Letters of St. Francis Xavier.* 2 vols. London: Burns and Oates, 1902.

Couplet, Philippe, et al. *Confucius Sinarum Philosophus, sive Scientia Sinensis.* Paris: Horthemels, 1687.

Cordier, Henri. *Bibliotheca Sinica.* Paris, 1904-1924. Reprint, Taibei: Chengwen, 1966.

崔述:《论语余说》,收于《崔东壁遗书》,顾颉刚编。

[①] 詹启华原书所引书目浩繁,当为继续研究之门径,故仍附译文后,以供参考。在将涉及到的中文书目译出并按詹启华原书顺序排列以便查找的同时,还将原书中的某些笔误或排印错误做了修改。学识有限,恐又滋有其他讹误,文责由译者承担。——译者注

参考书目

狄子奇:《孔子编年》,浙江书局,1887 年。
丁福保:《说文解字诂林》,八卷,上海:医学书局,1931—1932 年。
段玉裁:《说文解字注》,重印本,台北:汉京文化事业有限公司,1983 年。
董仲舒:《求雨》,收于《春秋繁露义证》,苏舆编,台北:河洛图书出版社,1975 年。
杜预:《春秋经传集解》,三卷,重印本,台北:中华书局,1965 年。
《尔雅注疏》,《十三经注疏》,第十二卷,重印本,上海:上海古籍出版社,1990 年。
《广雅疏证》,王念孙编,重印本,北京:中华书局,1983 年。
顾颉刚编:《崔东璧遗书》,台北:河洛图书出版社,1975 年。
Guzman, Luis de. *Historia de las Missiones que han hecho los religiosos de la Compañia de Iesvs: para predicar el sancto evangelio en la India oriental, y en les reynos de la China y Japon.* Alcalá de Henares: Buida de I. Gracian, 1601.
郭沫若:《驳"说儒"》,收于氏著:《青铜时代》,北京:中华书局,1954 年。
郭沫若编:《甲骨文合集》,十三卷,北京:中华书局,1978—1982 年。
《国语集解》,《四部备要》本。
《古史辨》,全七卷,香港:太平书局,1962 年。
《韩非子集解》,王先谦辑,《诸子集成》,卷五。
《汉书补注》,王先谦辑,重印本,台北:鼎文书局,1974 年。
韩婴:《韩诗外传》,《四部丛刊》本。
The Holy Bible. King James version. New York: Meridian Books, n.d.
Hu Shih(胡适), *The Chinese Renaissance.* Chicago: University of Chicago Press, 1934.
——. "The Chinese Renaissance." *Bulletin on Chinese Education* 2, no. 6 (1923): 1-36.
——.《答室伏高信先生》,《独立评论》一百八十号,1935 年 12 月 8 日,页 5—8。
——. *The Development of the Logical Method in Ancient China.* 2d ed. New York: Paragon, 1963.
——.《胡适留学日记》,四卷,台北:商务印书馆,1959 年。
——.《胡适文存》,四集,台北:远东图书公司,1953 年。
——. "Religion and Philosophy in Chinese History." In *Symposium on Chinese Culture*, edited by Sophia H. Chen Zen, pp. 31-58. Shanghai: China Institute of Pacific Relations, 1931.
——.《试评所谓"中国本位的文化建设"》,收于《胡适文存》,第四集,台北:远东图书公司,1953 年,页 535—540。
——.《四十自述》,台北:远东图书公司,1974 年。
——.《说儒》,收于《胡适文存》,第四集,台北:远东图书公司,1953 年,页 1—82。

——.《信心与反省》,《独立评论》一○三号,1934 年 6 月 3 日。
——.《易卜生主义》,《新青年》第四卷第六号,1918 年 6 月,页 531—549。
——.《诸子不出于王官论》,《中国哲学史大纲》,页 1—10。
——.《中国哲学史大纲》,上海:商务印书馆,1929 年。
《淮南子》,刘文典辑,收于《诸子集成》,卷七,重印本,北京:中华书局,1990 年。
桓宽辑:《盐铁论》,收于《诸子集成》,卷七,重印本,北京:中华书局,1990 年。
皇侃:《论语集解义疏》,两卷,重印本,台北:广文书局,1968 年。
黄宗羲:《明儒学案》,北京:中国书店,1990 年。
黄宗羲、全祖望编:《宋元学案》,两卷,北京:中国书店,1990 年。
Ikeda Suetoshi. *Inkyo shokei kohen shakubun ko*(Draft Annotations on "Inscriptions from the Wastes of Yinu: Latter Volume"). Hiroshima: Hiroshima Daigaku Bungakubu Chūgoku Tetsugaku Kenkyūshitsu, 1964.
Illyricus, Matthias Flacius. *Clavis Scripturae Sacrae*. New edition, Jena: Johannis Ludovici Neuenhans, 1674.
Intorcetta, Prosper. *Sinarum Scientia Politico-Moralis*. In *Relations de divers voyages curieux*, by Melchisédec Thévenot, vol. 4. Paris, 1696.
饶宗颐:《释儒:从文字训诂学上论儒的意义》,收于 *Journal of Oriental Studies* 1, no. 1(January 1954):111-122.
吉林大学历史系编:《一切反动派都是尊孔派》,北京:人民出版社,1974 年。
《孔丛子》,重印本,上海:上海古籍出版社,1990 年。
《孔子家语》,王肃注,重印本,上海:上海古籍出版社,1990 年。
Le Comte, P. Louis, S. J. *Nouveaux mémories sur l'état présent de la Chine*. Paris: Jean Anisson, 1696.
雷学淇辑:《竹书纪年义证》,台北:艺文出版社,n. d.。
利玛窦:《二十五言》,收于《天学初函》,李之藻编,卷一,页 331—349。
——.《交友论》,收于《天学初函》,卷一,页 299—320。
——.《几何原本》,收于《天学初函》,卷四,页 1921—2522。
——.《畸人十篇》,收于《天学初函》,卷一,页 117—281。
——.《述文赠幼博程子》,收于《涉园墨萃》,二卷,陶湘辑,石印本,北京,1929 年。
——.《天主实义》,收于《天学初函》,卷一,页 351—635。
李之藻编:《天学初函》,六卷,重印本,台北:学生书局,1965 年。
梁启超:《湖南时务学堂初集》,收于《戊戌变法》,册四,翦伯赞等编,上海:上海人民出版社,1957 年。
廖平:《皇帝疆域图》,收于《六译馆丛书》,成都:存古书局,1925 年。

参考书目

刘师培:《近代汉学变迁论》,《国粹学报》,第 31 期,1908 年 6 月 20 日。

——.《儒家出于司徒之官说》,《国粹学报》,第 33 期,1908 年 8 月 20 日,学篇:1a—2b。

刘歆:《艺文志》,见《汉书补注》,卷三,王先谦编,台北:鼎文书局,1974 年。

Longobardo, Niccolò. *Traité sur quelques points de la religion des chinois*. Paris: J. Josse, 1701.

《论语注疏》,何晏、邢昺编,收于《十三经注疏》,卷二,重印本,上海:上海古籍出版社,1990 年。

《吕氏春秋》,收于《诸子集成》,卷六,重印本,北京:中华书局,1990 年。

Magaillans, Gabriel [Gabriel de Magalhaes]. *Nouvelle relation de la Chine, contenant la description des particularits les plus considerables de ce grand empire*. Translated by Benou. Paris: C. Barbin, 1688.

Mailla, J. M. A. de Moyriac de. *Histoire général de la Chine, ou annales de cet empire*. 13 vols. Paris: L'Abbé Grosier, 1777-1785.

《毛诗正义》,《十三经注疏》,卷三,重印本,上海:上海古籍出版社,1990 年。

Mendoza, Juan González de. *Historia de las cosas mas notables, ritos y costumbres del gran reino de la China*. Valencia, 1596.

《孟子注疏》,《十三经注疏》,卷十三,重印本,上海:上海古籍出版社,1990 年。

The Morals of Confucius: A Chinese Philosopher. London: Randall, Taylor, 1691.

《墨子间诂》,孙诒让辑,《诸子集成》,卷四,重印本,北京:中华书局,1990 年。

Pantoja, Diego de. *Relacion de la entrada de algunos padres de la campagnia de Jesus en la China*. Valencia: Juan Chrysostomos Garris, 1606.

Pauthier, M. G. *Confucius et Mencius: Les Quatres Livres de philosophie morale et politique de la Chine*. Paris: Charpentier, 1841.

Pensées morales de Confucius. 2d ed. Paris: Victor Lecou, 1851.

Pfister, Louis. *Notices biographiques et bibliographiques sur les Jésuites de l'ancienne mission de Chine, 1552-1773*. 2 vols. Shanghai: Maison Catholique, 1932-1934.

Possevino, Antonio. *Bibliotecha selecta qua agitur de ratione studiorum in historia, in disciplinis, in salute omnium procuranda*. Rome, 1593.

Prémare, J. H. de. *Notitia Linguae Sinicae*. Malacca: Anglo-Chinese College, 1831.

Quintilian. *Institutio oratoria*. Vol. 3. Cambridge, Mass.: Loeb, 1959.

Ricci, Matteo. *Fonti Ricciane (Storia dell'Introduzione del Christianesimo in Cina)*. 3 vols. Edited by Pasquale M. d'Elia, S. J. Rome: Libreria dello Stato, 1942-1949.

——. *Le Opere storiche del P. Matteo Ricci, S. J.* 2 vols. Edited by Pietro Tacchi Venturi. Macerata: F. Giorgetti, 1911-1913.

Sanz, Carlos, ed. *B. Escalante: Primera historia de China* [1577]. Reprint, Madrid: Libreria General Victoriano Suarez, 1958.

Schütte, Josef F., S. J. *Monumenta Historica Japoniae*, vol. 1. Rome: 1975.

《山海经笺疏》,1809 年,郝懿行注,重印本,台北:广文书局,1965 年。

Shima Kunio. *Inkyo bokuji sorui* (Collected Inventory of the Oracle Texts from the Wastes of Yin). 2d rev. ed. Tokyo: Kyuko Shoin, 1971.

Shirakawa Shizuka. *Setsubun shingi* (New Meanings of Shuowen). 16 vols. Kyoto: Hakutsuru bijutsukan, 1970-1974.

司马迁:《史记》,十卷,重印本,北京:中华书局,1975 年。

Sommervogel, Carlos. *Bibliothèque de la Compagnie de Jèsus*. 12 vols. Brussels: O. Schepens, 1890-1932.

宋濂:《宋文宪公全集》,《四部备要》本,重印本,台北:中华书局,1970 年。

Tacchi Venturi, Pietro. *Opere storiche*. 2 vols. Macerata: Giorgetti, 1911-1913.

谭嗣同:《仁学》,收于《谭嗣同全集》,蔡尚思、方行编,重印本,北京:新华书店,1954 年。

Thévenot, Melchisédec. *Relations de divers voyages curieux*. 4 vols. Paris, 1696.

Trigault, Nicolá, and Matteo Ricci. *De Christiana expeditione apud Sinas ab Societate Iesu Suscepta, es Matthaei Ricci commentarus libri*. Augsburg, 1615.

——. *Histoire de l'expédition chrétienne au royaume de la Chine*. Lille: Pierre de Hache, 1617.

——. *Histoire de l'expédition chrétienne au royaume de la Chine*. Paris: Desclée de Brouwer, 1978.

Voltaire, François. *Dictionnaire philosophique portatif*. Amsterdam: M. M. Rey, 1765.

——. *Essai sur les moeurs et l'esprit des nations et sur les principaux faits de l'histoire depuis Charlemagne jusqu'a LouisXIII*. Lausanne: J. H. Pott, 1780.

王充:《论衡》,《诸子集成》,卷六,重印本,北京:中华书局,1990 年。

王祎:《四子论》,收于《王忠文集》①,《四库全书》,卷 1226,页 68.1—69.1。

——.《王忠文集》,《四库全书》,卷 1226,台北:商务印书馆,1983 年,页 1—514。

——.《原儒》,收于《王忠文集》,《四库全书》,卷 1226,页 84.1—85.2。

汪中:《述学内篇》,重印本,台北:广文书局,1970 年。

Wicki, Josef, S. J., ed. *Documenta Indica*. Rome: Institutum Historicum S. J., 1970.

---

① 当为《王忠文公集》,下同。——译者注

《性理大全书》,胡广撰,重印本,台北:商务印书馆,1974年。
徐昌治编:《圣朝破邪集》,重印本,香港:建道神学院,1996年。
徐光启:《徐光启集》,北京:中华书局,1963年。
许慎:《说文解字》,北京:中华书局,1963年。
徐宗泽:《明清间耶稣会士译著提要》,台北,1958年。
《荀子集解》,王先谦编,《诸子集成》,卷二,重印本,北京:中华书局,1990年。
杨振锷:《杨淇园先生年谱》,上海:商务印书馆,1946年。
《元史》,重印本,北京:中华书局,1976年。
章炳麟:《驳中国用万国新语说》,《民报》第21号,1908年6月10日:49—72。
——.《驳建立孔教议》,收于《章太炎全集》卷四,上海:上海人民出版社,1985年。
——.《国故论衡》,1910年;重印本,台北:广文书店,1967年。
——.《检论》,收于《章太炎全集》卷四,上海:上海人民出版社,1985年。
——.《訄书》,上海,1904年,重印后收于《"中华民国"史料丛编》,罗家伦编,台北:世界书局,1963年。
——.《訄书》,上海,1900年;重印本,上海:上海古籍出版社,1985年。
——.《斯宾塞尔文集》,《昌言报》第一册(1898年5月)、第二册(1898年6月)、第三册(1898年7月)、第四册(1898年8月)、第五册(1898年8月16日)、第六册(1898年8月26日)、第八册(1898年9月)。
——.《原儒》,《国故论衡》,页151—155。
——.《章氏丛书》,六册,杭州:浙江图书馆,1919年。
——.《章太炎全集》,全八卷,上海:上海人民出版社,1985年。
——.《章太炎自定年谱》,香港:龙门书店,1965年。
张居正:《四书直解》,《四部备要》本。
朱熹:《论语集注》,收于《四书集注》,重印本,台北:学海出版社,1984年,页55—193。
——.《论语叙说》,收于《四书集注》,重印本,台北:学海出版社,1984年,页53—54。
——.《孟子集注》,收于《四书集注》,页197—415。
——.《人说》,收于《朱子文集》,卷七,《四部丛刊初编·集部》,上海:商务出版社,n.d.。
——.《四书集注》,重印本,台北:学海出版社,1984年。
——.《朱子语类》,台北:商务印书馆,1936年;重印本,日本京都(Kyoto):中文出版社,1970年。
——.《朱子文集》,《四部丛刊初编·集部》,上海:商务出版社,n.d.。
《庄子集解》,王先谦辑,《诸子集成》,卷三,重印本,北京:中华书局,1990年。

《庄子引得》,齐思和编,哈佛燕京学社引得第 20 号,北京,1947 年。

二手资料及译著

Adams, Robert M. *The Evolution of Urban Society.* Chicago: University of Chicago Press, 1966.

Ahern, Emily M. *Chinese Ritual and Politics.* Cambridge: Cambridge University Press, 1981.

——. *The Cult of the Dead in a Chinese Village.* Stanford: Stanford University Press, 1973.

Akatsuka Kiyoshi. *Chūgoku kodai no shūkyō to bunka—In ōchō no saishi* (China's Ancient Religion and Culture: The Sacrifices of the Yin Dynasty). Tokyo: Kadokawa shoten, 1977.

Alexander, Jeffrey. *Theoretical Logic in Sociology.* Vol. 3, *The Classical Attempt at Theoretical Synthesis: Max Weber.* Berkeley: University of California Press, 1983.

Alitto, Guy S. *The Last Confucian: Liang Shu-ming and the Chinese Dilemma of Modernity.* Berkeley: University of California Press, 1979.

Allan, Sarah. "Drought, Human Sacrifice, and the Mandate of Heaven in a Lost Text of the *Shang shu.*" Bulletin of the School of African and Oriental Studies 47, pt. 3 (1984): 523-539.

——. *The Heir and the Sage: Dynastic Legend in Early China.* San Francisco: Chinese Materials Center, 1981.

——. "The Identities of Taigong Wang in Zhou and Han Literature." *Monumenta Serica* 30 (1972-1973): 57-99.

——. "Shang Foundations of Modern Chinese Folk Religion." In *Legend, Lore, and Religion in China*, edited by Allan and Cohen, pp. 1-21.

——. *The Shape of the Turtle: Myth, Art, and Cosmos in Early China.* Albany: State University of New York Press, 1991.

——. "Sons of Suns: Myth and Totemism in Early China." *Bulletin of the School of African and Oriental Studies* 44, pt. 2 (1981): 290-326.

Allan, Sarah, and Alvin P. Cohen, eds. *Legend, Lore, and Religion in China.* San Francisco: Chinese Materials Center, 1979.

Anderson, Benedict. *Imagined Communities: Reflections on the Origin and Spread of*

参考书目

Nationalism. Rev. ed. London: Verso Editions, 1990.

Appleton, William W. *A Cycle of Cathay: The Chinese Vogue in England during the Seventeenth and Eighteenth Centuries*. New York: Columbia University Press, 1951.

Ariel, Yoan. *K'ung-ts'ung-tzu* [*Kongcongzi*]: *The K'ung* [*Kong*] *Family Masters' Anthology, A Study and Translation of Chapters* 1-10, 12-14. Princeton: Princeton University Press, 1989.

Atwell, William. "Notes on Silver, Foreign Trade, and the Late Ming Economy." *Ch'ing-shih wen-t'i* (*Qingshi wenti*) (December 1977):1-33.

Auerbach, Erich. *Mimesis: The Representation of Reality in Western Literature*. Translated by Willard R. Trask. Princeton: Princeton University Press, 1953.

Ayers, William. *Chang Chih-tung* [*Zhang Zhidong*] *and Educational Reform in China*. Cambridge, Mass. : Harvard University Press, 1971.

Bakhtin, Mikhail. "Discourse in the Novel." In *The Dialogic Imagination*, edited by Michael Holquist, pp. 259-331.

——. [V. N. Volosinov]. *Marxism and the Philosophy of Language*. New York: Seminar Press, 1973.

——. *Problems of Dostoevsky's Poetics*. Ann Arbor, Mich. : Ardis, 1973.

——. *Rabelais and His World*. Translated by Hélène Iswolsky. Cambridge, Mass. : MIT Press, 1968.

Balazs, Étienne. *Chinese Civilization and Bureaucracy: Variations on a Theme*. Translated by H. M. Wright. New Haven: Yale University Press, 1964.

——. *Political Theory and Administrative Reality in Traditional China*. London: University of London, 1965.

Barnard, Noel. "The Nature of the Ch'in 'Reform of the Script' as Reflected in Archaeological Documents Excavated under Conditions of Control." In *Ancient China*, edited by Roy and Tsien, pp. 181-214.

Bate, W. Jackson. *The Burden of the Past and the English Poet*. Cambridge, Mass. : Harvard University Press, 1970.

Bates, Don, ed. *Knowledge and the Scholarly Medical Traditions*. Cambridge: Cambridge University Press, 1994.

Bateson, Gregory. *Mind and Nature: A Necessary Unity*. New York: Bantam Books, 1980.

Baudet, Henry. *Paradise on Earth: Some Thoughts on European Images of Non-Europe-*

an Man. New Haven: Yale University Press, 1965.

Bauer, Wolfgang. *China and the Search for Happiness: Recurring Themes in Four Thousand Years of Chinese Cultural History.* Translated by Michael Shaw. New York: Seabury Press, 1976.

Baxter, William. *Handbook of Old Chinese Phonology.* The Hague: Mouton, 1992.

——. "Middle Chinese: A Study in Historical Phonology, A Review." *Harvard Journal of Asiatic Studies* 47 (December 1987): 635-656.

——. "The *Shijing*: A Zhou Text in Han Clothing." Unpublished paper, University of Michigan, Ann Arbor, 1986.

Baynes, Kenneth, James Bohman, and Thomas McCarthy, eds. *After Philosophy: End or Transformation?* Cambridge, Mass.: MIT Press, 1987.

Beasley, W. G., and E. G. Pulleyblank, eds. *Historians of China and Japan.* London: Oxford University Press, 1961.

Beck, B. J. Mansvelt. "The True Emperor of China." in *Leyden Studies in Sinology*, edited by Idema, pp. 23-33.

Bellah, Robert N. *Beyond Belief: Essays on Religion in a Post-Traditional World.* New York: Harper and Row, 1976.

——. "Religious Evolution." in Bellah, *Beyond Belief*, pp. 29-36.

Benjamin, Walter. *Illuminations.* Translated by Hannah Arendt. New York: Schocken Books, 1969.

——. *Reflections.* Translated by Harry Zohn. New York: Harcourt Brace and Jovanovich, 1979.

Bennett, Adrian Arthur. *John Fryer: The Introduction of Western Science and Technology into Nineteenth-Century China.* Cambridge, Mass.: Harvard University Press, 1967.

Bennett, Tony. *Formalism and Marxism.* London: Methuen, 1979.

Benveniste, Émile. *Problems in General Linguistics.* Translated by Mary Elizabeth Meek. Coral Gables, Fl.: University of Miami Press, 1971.

Berling, Judith. *The Syncretic Religion of Lin Chao-en [Lin Zhao'en].* New York: Columbia University Press, 1980.

Bernal, Martin. *Chinese Socialism to 1907.* Ithaca: Cornell University Press, 1976.

——. "Liu Shih-p'ei [Liu Shipei] and National Essence." in *The Limits of Change*, edited by Furth, pp. 90-112.

——. "The Triumph of Anarchism over Marxism, 1906-1907." in *China in Revolu-*

tion, edited by Wright, pp. 96-142.

Bernard, Henri. *Le Père Mathieu Ricci et la société chinoise de son temps* (*1552-1610*). 2 vols. Reprint, Tianjin: Hautes Études, 1937.

Bernstein, Richard. *Beyond Objectivism and Relativism*. Philadelphia: University of Pennsylvania Press, 1983.

Bettray, Johannes, S. V. D. *Die Akkommodationsmethode des P. Matteo Ricci S. J. in China. Analecta Gregoriane*, vol. LXXVI. Rome: Aedes Universitatis Gregorianae, 1955.

Blakeley, Barry. "Notes on the Reliability and Objectivity of the Tu Yü [Du Yu] Commentary on the Tso Chuan [Zuo zhuan]." *Journal of the American Oriental Society* 101 (1981): 207-212.

Bloom, Harold. *The Anxiety of Influence: A Theory of Poetry*. New York: Oxford University Press, 1973.

——. "The Breaking of Form." in *Humanities in Review*, edited by Dworkin et al., vol. 1, pp. 127-156.

——. *Ruin the Sacred Truths: Poetry and Belief from the Bible to the Present*. Cambridge, Mass.: Harvard University Press, 1989.

Bloom, Harold, and David Rosenberg. *The Book of J*. New York: Vintage Books, 1991.

Blum, Susan D. "Han and the Chinese Other: The Language of Identity and Difference in Southwest China." Ph. D. diss., University of Michigan, 1994.

——. "Of Motion and Metaphor: The Theme of Kinesis in *Chuang Tzu* [*Zhuangzi*]." Master's thesis, University of Michigan, 1986.

Blumenberg, Hans. *The Legitimacy of the Modern Age*. Translated by Robert C. Wallace. Cambridge, Mass.: MIT Press, 1983.

——. *Work on Myth*. Translated by Robert C. Wallace. Cambridge, Mass.: MIT Press, 1985.

Bodde, Derk. *Chinese Thought, Society, and Science: The Intellectual and Social Background of Science and Technology in Pre-Modern China*. Honolulu: University of Hawai'i Press, 1991.

——. *Essays on Chinese Civilization*. Edited by Charles LeBlanc and Dorothy Borei. Princeton: Princeton University Press, 1981.

——. *Festivals in Classical China: New Year and Other Annual Observances during the Han Dynasty, 206 B. C. -A. D. 220*. Princeton: Princeton University Press, 1975.

Bol, Peter Kees. "Seeking Common Ground: Han Literati under Jurchen Rule." *Har-*

vard *Journal of Asiatic Studies* 47, no. 2 (December 1987): 461-538.

——. "*This Culture of Ours*": *Intellectual Transitions in Tang* [Tang] *and Sung* [Song] *China*. Stanford: Stanford University Press, 1992.

Boltz, William G. "Early Chinese Writing." *World Archaeology* 17, no. 3 (February 1986): 420-436.

——. "Kung Kung [Gong Gong] and the Flood: Reverse Euhemerism in the Yao Tien [YaoDian]." *T'oung Pao* 67 (1981): 141-153.

Boodberg, Peter A. "The Semasiology of Some Primary Confucian Concepts." in *Selected Works of Peter A. Boodberg*, edited by Cohen.

Boorman, Howard, and Richard C. Howard, eds. *Biographical Dictionary of Republican China*. 4 vols. New York: Columbia University Press, 1967-1971.

Borthwick, Sally. *Education and Social Change in China: The Beginnings of the Modern Era*. Stanford: Hoover Institution Press, 1983.

Bourdieu, Pierre. *The Logic of Practice*. Translated by Richard Nice. Stanford, Calif.: Stanford University Press, 1990.

——. *Outline of a Theory of Practice*. Translated by Richard Nice. Cambridge: Cambridge University Press, 1977.

Braga, J. M. "The Panegyric of Alexander Valignano, S. J." *Monumenta Nipponica* 5, no. 2 (1942): 523-535.

Braudel, Fernand. *The Mediterranean and the Mediterranean World in the Age of Phillip II*. Vol. 1. Translated by Sian Reynolds. New York: Harper and Row, 1972.

Brodsky, Joseph A. "The Misquoted Verse: A Baccalaureate Sermon." *Williams Alumni Review* (summer 1984): 12-14.

Brokaw, Cynthia. "Yüan Huang [Yuan Huang] (1533-1606) and the Ledgers of Merit and Demerit." *Harvard Journal of Asiatic Studies* 47, no. 1 (June 1987): 137-195.

Brooks, E. Bruce, and A. Taeko Brooks. *The Original Analects: Sayings of Confucius and His Successors, 0479-0249*. New York: Columbia University Press, 1997.

Brown, Peter. *The Cult of the Saints: Its Rise and Function in Latin Christianity*. Chicago: University of Chicago Press, 1981.

——. *The Making of Late Antiquity*. Cambridge, Mass.: Harvard University Press, 1978.

——. *Religion and Society in the Age of St. Augustine*. London: Faber and Faber, 1972.

——. "The Saint as Exemplar in Late Antiquity." *Representations* 2 (spring 1983): 1-25.

———. *Society and the Holy in Late Antiquity*. Berkeley: University of California Press, 1982.

Burger, Thomas. *Max Weber's Theory of Concept Formation: History, Laws, and Ideal Types*. Durham, N. C. : Duke University Press, 1976.

Burke, Kenneth. *A Grammar of Motives*. Berkeley: University of California Press, 1969.

———. *The Rhetoric of Religion: Studies in Logology*. Berkeley: University of California Press, 1960.

Busch, Heinrich. "The Tung-lin Shu-yüan [Donglin shuyuan] and Its Political and Social Significance." *Monumenta Serica* 14(1949-1955): 1-163.

Cahill, James. *The Compelling Image: Nature and Style in Seventeenth-Century Chinese Painting*. Cambridge, Mass. : Harvard University Press, 1982.

Calasso, Roberto. *The Marriage of Cadmus and Harmony*. Translated by Tim Parks. New York: Knopf, 1993.

Cameron, Meribeth E. *The Reform Movement in China, 1898-1912*. Stanford: Stanford University Press, 1931.

Cameron, Nigel. *Barbarians and Mandarins: Thirteen Centuries of Western Travelers in China*. New York: Weatherhill, 1970.

Certeau, Michel de. *The Writing of History*. Translated by Tom Conley. New York: Columbia University Press, 1988.

Cervantes, Fernando. *The Devil in the New World: The Impact of Diabolism in New Spain*. New Haven: Yale University Press, 1994.

Chan, Albert, S. J., "Michele Ruggieri, S. J. (1543-1607) and His Chinese Poems", *Monumenta Serica* 41 (1993): 129-176.

Chan, Hok-lam, and Wm. Theodore de Bary, eds. *Yüan [Yuan] Thought: Chinese Religion and Thought under the Mongols*. New York: Columbia University Press, 1982.

Chan, Wing-tsit. *Religious Trends in Modern China*. New York: Octagon Books, 1978.

———. *A Sourcebook in Chinese Philosophy*. Princeton: Princeton University Press, 1969.

———. ed. *Chu Hsi [Zhu Xi] and Neo-Confucianism*. Honolulu: University of Hawai'i Press, 1986.

Chang, Carsun [Zhang Junmai]. *The Development of Neo-Confucian Thought*. 2 vols. New York: Bookman Associates, 1957.

Chang Hao [Zhang Hao]. *Chinese Intellectuals in Crisis: Search for Order and Meaning (1890-1911)*. Berkeley: University of California Press, 1987.

——. *Liang Ch'i-Ch'ao [Liang Qichao] and Intellectual Transition in China, 1890-1907*. Cambridge, Mass.: Harvard University Press, 1971.

Chang, Kwang-Chih [Zhang Guangzhi]. *Art, Myth, and Ritual: The Path to Political Authority in Ancient China*. Cambridge, Mass.: Harvard University Press, 1983.

——. "On the Character *Shang* in the Shang Dynasty." *Early China* 20 (1995): 69-77.

——. *Shang Civilization*. New Haven: Yale University Press, 1980.

——. "Yin-hsü Tomb Number Five and the Question of the P'an Keng/Hsiao Hsin/Hsiao Yi Period in Yin-hsü Archaeology." in *Studies of Shang Archaeology*, edited by Chang, pp. 72-79.

——. ed. *Studies of Shang Archaeology: Selected Papers from the International Conference on Shang Civilization*. New Haven: Yale University Press, 1986.

Chang P'eng-yüan [Zhang Pengyuan]. "The Constitutionalists." in *China in Revolution*, edited by Wright, pp. 143-183.

Chaunu, Pierre. "Manille et Macao, face à la conjoncture des XVI et XVII siècles." *Annales: Économies, sociétés, civilisations* 17:555-580.

Chavannes, Édouard, trans. *Les Mémoires historiques de Se-ma Ts'ien*. 5 vols. Paris, 1895-1905. Reprinted in 6 vols., Paris: Librairie d'Amérique et d'Orient, 1967.

Chen, Edward K. Y. *Hypergrowth in Asian Economies: A Comparative Study of Hong Kong, Japan, Korea, Singapore, and Taiwan*. New York: Macmillan, 1979.

陈梦家:《商代的神话与巫术》,载《燕京学报》第 20 期(1936):485—576。

陈受颐:《三百年前的建立孔教论》,载《中央研究院历史语言研究所集刊》第六本第二卷(1936):136—162。

Chen Xiaolin and Su Xiaogang. *He shang* (Deathsong of a River). Reprint, Taibei: Jinfeng Chubanshe, 1990. ①

陈正炎:《评今人对儒之起源的推测》,《史学会刊》no. 6 (1975):111—117。

Ch'en, Kenneth. "A Possible Source for Ricci's Notices on Regions near China." *T'oung Pao* 34 (1938):179-190.

Cheng, Anne. *Étude sur le confucianisme Han: L'élaboration d'une tradition exégétique*

---

① 似即苏晓康等:《河殇》,重印本,台北:金枫出版社,原书拼写恐有讹误,因笔者未见所引书目,故予以保留。——译者注

sur les classiques. Paris: Institut des Hautes Études Chinoises, 1985.

Ch'ien, Edward. *Chiao Hung [Jiao Hong] and the Restructuring of Neo-Confucianism in the Late Ming.* New York: Columbia University Press, 1985.

Ch'ien Mu [Qian Mu]. "A Historical Perspective on Chu Hsi's [Zhu Xi's] Learning." in *Chu Hsi and Neo-Confucianism*, edited by Chan, pp. 32-42.

Chirgwin, A. M. "The Chinese Renaissance and Its Significance." *Contemporary Review* 125 (January 1924).

Chou Min-chih [Zhou Minzhi]. *Hu Shih [Hu Shi] and Intellectual Choice in Modern China.* Ann Arbor: University of Michigan Press, 1984.

Chow, Tse-tsung [Zhou Zezong]. "Ancient Chinese Views on Literature, the Tao [*Dao*], and Their Relationship." *Chinese Literature: Essays, Articles, Reviews* 1, no. 1 (January 1979): 3-29.

——. *The May 4th Movement: Intellectual Revolution in Modern China.* Stanford: Stanford University Press, 1960.

——. ed. *Wen-lin [Wenlin]: Studies in the Chinese Humanities.* Madison: University of Wisconsin Press, 1968.

Christian, William A., Jr. *Apparitions in Late Medieval and Renaissance Spain.* Princeton: Princeton University Press, 1981.

Clastres, Pierre. *Archeology of Violence.* Translated by Jeanine Herman. New York: Semiotext(e), 1994.

——. *Society against the State: Essays in Political Anthropology.* Translated by Robert Hurley. New York: Zone Books, 1987.

Clifford, James. "On Ethnographic Allegory." in *Writing Culture*, edited by Clifford and Marcus, pp. 98-121.

——. "On Ethnographic Authority." *Representations* 2 (spring 1983): 118-146.

——. "On Ethnographic Surrealism." *Comparative Studies in Society and History* 23 (1981): 539-564.

——. *The Predicament of Culture: Twentieth-Century Ethnography, Literature, and Art.* Cambridge, Mass.: Harvard University Press, 1988.

Clifford, James, and George E. Marcus, eds. *Writing Culture: The Poetics and Politics of Ethnography.* Berkeley: University of California Press, 1986.

Cohen, Alvin P., ed. *Selected Works of Peter A. Boodberg.* Berkeley: University of California Press, 1979.

Cohen, I. Bernard. *Revolution in Science.* Cambridge, Mass.: Belknap Press of Harvard University Press, 1985.

Cohen, Paul A. *Between Tradition and Modernity: Wang T'ao [Wang Tao] and Reform in Late Ch'ing [Qing] China.* Cambridge, Mass.: Harvard University Press, 1974.

———. *Discovering History in China: American Historical Writing on the Recent Chinese Past.* New York: Columbia University Press, 1984.

Cohen, Paul A., and John E. Schrecker, eds. *Reform in Nineteenth Century China.* Cambridge, Mass.: Harvard University Press, 1976.

Cooper, Arthur. "The Creation of the Chinese Script." *Occasional Papers of the China Society*, no. 20. London: China Society, 1978.

Coulanges, Fustel de. *The Ancient City: A Study on the Religion, Laws, and Institutions of Greece and Rome.* Translated by Willard Small. Boston: Lee and Shepard, 1901.

Couvreur, F. S. *Dictionnaire classique de la langue chinoise.* Paris, 1890. Reprint, Taibei: Book World, 1966.

Creel, Herrlee G. *Confucius and the Chinese Way.* New York: Harper and Row, 1960.

———. *Confucius, the Man and the Myth.* New York: John Day, 1949.

———. *Literary Chinese by the Inductive Method.* Vol. 2. Chicago: University of Chicago Press, 1939.

———. *The Origins of Statecraft in China.* Vol. 1. Chicago: University of Chicago Press, 1970.

———. *What Is Taoism? And Other Studies in Chinese Cultural History.* Chicago: University of Chicago Press, 1986.

Crump, James I. *Chan-kuo Ts'e [Zhan'guo ce].* London: Oxford University Press, 1970.

———. *Intrigues: Studies of the Chan-kuo Ts'e [Zhan'guo ce].* Ann Arbor: University of Michigan Press, 1964.

戴君仁:《儒的来源推测》,《大陆杂志》三十七卷十期,(1968):1—5。

戴震:《孟子字义疏证》,重印本,台北:世界书局,1974年。

———.《戴震文集》,香港:中华书局,1974年。

———.《原善》,台北:世界书局,1974年。

Dardess, John. *Confucianism and Autocracy: Professional Elites in the Founding of the Ming Dynasty.* Berkeley: University of California Press, 1983.

Davis, Edward L. "Arms and the Tao: Hero Cult and Empire in Traditional China." *Sodaishi kenkyūkai kenkyū hokoku* 2 (1985): 1-56.

———. "Society and the Supernatural in Sung [Song] China." Ph.D. diss., University of California, Berkeley, 1994.

Dawson, Raymond. *Confucius*. New York: Hill and Wang, 1982.

Dean, Kenneth. *Taoist Ritual and Popular Cults of Southeast China*. Princeton: Princeton University Press, 1993.

De Bary, Wm. Theodore. *East Asia: A Dialogue in Three Stages*. Cambridge, Mass.: Harvard University Press, 1986.

——. *Learning for One's Self: Essays on the Individual in Neo-Confucian Thought*. New York: Columbia University Press, 1991.

——. *The Liberal Tradition in China*. New York: Columbia University Press, 1983.

——. *The Message of the Mind in Neo-Confucianism*. New York: Columbia University Press, 1989.

——. *Neo-Confucian Orthodoxy and the Learning of the Mind-and-Heart*. New York: Columbia University Press, 1981.

——. "A Reappraisal of Neo-Confucianism." in *Studies in Chinese Thought*, edited by Wright, pp. 81-111.

——. *Self and Society in Ming Thought*. New York: Columbia University Press, 1970.

——. "Some Common Tendencies in Neo-Confucianism." in *Confucianism in Action*, edited by Nivison and Wright, pp. 25-49.

——. *The Trouble with Confucianism*. Cambridge, Mass.: Harvard University Press, 1991.

——. *The Unfolding of Neo-Confucianism*. New York: Columbia University Press, 1970.

De Bary, Wm. Theodore, and John W. Chaffee, eds. *Neo-Confucian Education: The Formative Stage*. Berkeley: University of California Press, 1989.

De Bary, Wm. Theodore, Chan Wing-tsit, and Chester Tan, eds. *Sources of Chinese Tradition*. 2 vols. New York: Columbia University Press, 1960.

Deeney, John J., ed. *Chinese-Western Comparative Literature: Theory and Strategy*. Hong Kong: Hong Kong University Press, 1980.

DeFrancis, John. *Visible Speech: The Diverse Oneness of Writing Systems*. Honolulu: University of Hawai'i Press, 1989.

D'Elia, Pasquale M., S. J. *Il Mappamondo Cinese del P. Matteo Ricci S. I. (Terza Edizione, Pechino, 1602) Conservato presso la Biblioteca Vaticana*. Rome: Vatican, 1938.

De Man, Paul. *Allegories of Reading: Figural Language in Rousseau, Nietzsche, Rilke, and Proust*. New Haven: Yale University Press, 1979.

Demiéville, Paul. "Chang Hsüeh-ch'eng [Zhang Xuecheng] and His Historiography." in *Historians of China and Japan*, edited by Beasley and Pulleyblank, pp. 167-185.

——. "La Pénétration du Bouddhisme dans la tradition philosophique chinoise." *Cahiers d'histoire mondiale* 3 (1956-1957).

Derrida, Jacques. *Of Grammatology*. Translated by Gayatri Chakravorty Spivak. Baltimore: Johns Hopkins University Press, 1976.

——. "Structure, Sign, and Play in the Discourse of the Human Sciences." in *Writing and Difference*, pp. 278-293.

——. *Writing and Difference*. Translated by Alan Bass. Chicago: University of Chicago Press, 1979.

DeWoskin, Kenneth J. *Doctors, Diviners, and Magicians of Ancient China: Biographies of Fang-shih [Fangshi]*. New York: Columbia University Press, 1983.

——. "Music in the Han Court: The Challenge of Entertainment to Ideology." Unpublished manuscript.

Dikötter, Frank. *The Discourse of Race in Modern China*. London: Hurst, 1992.

Dobson, W. A. C. H. *Early Archaic Chinese*. Toronto: University of Toronto Press, 1962.

——. *The Language of the Book of Songs*. Toronto: University of Toronto Press, 1968.

——. *Late Archaic Chinese*. Toronto: University of Toronto Press, 1959.

——. "Linguistic Evidence and the Dating of the *Book of Songs*." *T'oung Pao* 51 (1964):322-334.

——. "Some Legal Instruments of Ancient China: The *Ming* and the *Meng*." in *Wenlin*, ed. Chow, pp. 269-282.

——. trans. *Mencius*. Toronto: University of Toronto Press, 1963.

Doré, Henri. *Recherches surles superstitions en Chine*. 14 vols. Shanghai: Imprimerie de la Mission catholique, 1918.

Douglas, Mary. *Purity and Danger: An Analysis of the Concepts of Pollution and Taboo*. London: Routledge and Kegan Paul, 1966.

Duara, Prasenjit. *Rescuing History from the Nation: Questioning Narratives of Modern China* (Chicago: University of Chicago Press, 1995).

Dubs, Homer H. "An Ancient Chinese Mystery Cult." *Harvard Theological Review* 35 (October 1942):221-240.

——. *Hsüntze [Xunzi], Moulder of Ancient Confucianism*. London: Arthur Probstbain, 1927.

——. "The Political Career of Confucius." *Journal of the American Oriental Society* 66: 273-282.

——. "The Victory of Han Confucianism." in *History of the Former Han Dynasty*, trans. Dubs, pp. 341-353.

——. trans. *The History of the Former Han Dynasty*. 3 vols. Baltimore: Waverly Press, 1938-1955.

Ducrot, Oswald, and Tzvetan Todorov. *Encyclopedic Dictionary of the Sciences of Language*. Translated by Catherine Porter. Baltimore: Johns Hopkins University Press, 1979.

Dull, Jack L. "A Historical Introduction to the Apocryphal (*ch'an-wei* [*chanwei*]) Texts of the Han Dynasty." Ph. D. diss., University of Washington, 1966.

——. "The Legitimation of Ch'in [Qin]." Paper presented at the Conference on Legitimation of Chinese Regimes. Asilomar, Monterey, Calif., June 15-24, 1975.

Dumont, Jean-Paul. *The Headman and I: Ambiguity and Ambivalence in the Field-working Experience*. Austin: University of Texas Press, 1978.

Dunne, George H., S.J. *Generation of Giants: The Story of the Jesuits in China in the Last Decades of the Ming Dynasty*. Notre Dame, Ind.: University of Notre Dame Press, 1966.

Durkheim, Émile. *Elementary Forms of the Religious Life*. Translated by Joseph Ward Swain. New York: Free Press, 1965.

Duyvendak, J. J. L. "Review of Pasquale d'Elia, *Le Origini Dell'Arte Christiana Cinese* (1583-1640)." *T'oung Pao* 35 (1940): 394-398.

Dworkin, Ronald, Karl Miller, and Richard Sennett, eds. *Humanities in Review*. Vol. 1. New York: Cambridge University Press, 1982.

Eagleton, Terry. *Walter Benjamin; or, Towards a Revolutionary Criticism*. London: Verso Editions, 1981.

Eastman, Arthur M., Alexander W. Allison, Herbert Barrows, Caesar R. Blake, Arthur J. Carr, and Hubert M. English, eds. *The Norton Anthology of Poetry*. New York: Norton, 1970.

Eastman, Lloyd. "Political Reformism in China before the Sino-Japanese War." *Journal of Asian Studies* 27, no. 4 (August 1968): 695-710.

Eber, Irene. "Hu Shih [Hu Shi] and Chinese History: The Problem of *cheng-li kuo-ku* [*zhengli guogu*]." *Monumenta Serica* 27 (1968): 169-207.

——. "Thoughts on Renaissance in Modern China: Problems of Definition." in *Studia*

Asiatica, edited by Thompson, pp. 189-218.

———. ed. *Confucianism: The Dynamics of Tradition*. New York: Free Press, 1984.

Eberhard, Wolfram. *Conquerors and Rulers: Social Forces in Medieval China*, 2d rev. ed. Leiden: E. J. Brill, 1970.

———. *A Dictionary of Chinese Symbols*. London: Routledge and Kegan Paul, 1986.

———. *Local Cultures of South and East China*. Leiden: E. J. Brill, 1968.

———. "The Political Function of Astronomy and Astronomers in Han China." in *Chinese Thought and Institutions*, edited by Fairbank, pp. 33-70.

———. *Settlement and Social Change in Asia*. Hong Kong: Hong Kong University Press, 1967.

Ebrey, Patricia. "Women, Marriage, and the Family in Chinese History." in *Heritage of China*, edited by Ropp, pp. 197-223.

Ebrey, Patricia, and James L. Watson, eds. *Kinship Organization in Late Imperial China 1000-1940*. Berkeley: University of California Press, 1986.

Eco, Umberto. *The Search for the Perfect Language*. Translated by James Fentress. Oxford: Blackwell, 1995.

———. *A Theory of Semiotics*. Bloomington: University of Indiana Press, 1969.

Egan, Ronald C. "Narratives in *Tso Chuan* [*Zuo zhuan*]." *Harvard Journal of Asiatic Studies* 37 (1977): 323-352.

Eisenstadt, S. N, ed. *The Origins and Diversity of Axial Age Civilizations*. Albany: State University of New York Press, 1986.

Eisenstadt, S. N., and S. R. Graubard, eds. *Intellectuals and Tradition*. New York: Humanities Press, 1973.

Elman, Benjamin A. *Classicism, Politics, and Kinship: The Ch'ang-chou [Changzhou] School of New Text Confucianism in Late Imperial China*. Berkeley: University of California Press, 1990.

———. *From Philosophy to Philology: Intellectual and Social Aspects of Change in Late Imperial China*. Cambridge, Mass.: Council on East Asian Studies, Harvard University, 1984.

Elvin, Mark. "The Collapse of Scriptural Confucianism." *Papers on Far Eastern History* 41 (March 1990): 45-76.

———. *The Pattern of the Chinese Past*. Stanford: Stanford University Press, 1973.

Emmet, Dorothy, and Alasdair MacIntyre, eds. *Sociological Theory and Philosophical Analysis*. New York: Macmillan, 1970.

Eno, Robert. *The Confucian Creation of Heaven: Philosophy and the Defense of Ritual Mastery*. Albany: State University of New York Press, 1990.

Eoyang, Eugene. "The Maladjusted Messenger: *Rezeptionsästhetik* in Translation." *Chinese Literature: Essays, Articles, Reviews* 10 (1988): 61-75.

Etiemble. *Confucius (Maitre K'ong [Kong])*. Paris: Éditions Gallimard, 1986.

——. *Les Jesuites en Chine: La Querrelle des rites (1552-1773)*. Paris: René Julliard, 1966.

Ewell, John. "Reinventing the Way: Dai Zhen's Evidential Commentary on the *Mengzi Ziyi Shu Zheng*." Ph. D. diss., University of California, Berkeley, 1990.

Fabian, Johannes. *Time and the Other: How Anthropology Makes Its Object*. New York: Columbia University Press, 1983.

Fairbank, John King. *Chinabound: A Fifty-Year Memoir*. New York: Harper and Row, 1982.

——. ed. *Chinese Thought and Institutions*. Chicago: University of Chicago Press, 1957.

——. ed. *The Cambridge History of China*. Vols. 10, 12. Cambridge: Cambridge University Press, 1978, 1983.

Fairbank, John King, and Kwang-ching Liu, eds. *The Cambridge History of China*. Vol. 11. Cambridge: Cambridge University Press, 1980.

Falk, Marcia. *The Song of Songs: A New Translation and Interpretation*. San Francisco: Harper Collins, 1990.

方授楚:《墨学源流》,台北:中华书局,1957年。

Febvre, Lucien. *The Problem of Unbelief in the Sixteenth Century: The Religion of Rabelais*. Translated by Beatrice Gottlieb, Cambridge, Mass.: Belknap Press of Harvard University Press, 1982.

Febvre, Lucien, and Henri-Jean Martin. *The Coming of the Book: The Impact of Printing, 1450-1800*. London: New Left Books, 1976.

Fehl, Noah. *Rites and Propriety in Literature and Life: A Perspective for a Cultural History of Ancient China*. Hong Kong: Hong Kong University Press, 1971.

Feigon, Lee. *Chen Duxiu: Founder of the Chinese Communist Party*. Princeton: Princeton University Press, 1983.

冯友兰:《原儒墨》,收于《中国哲学史补》,上海:商务印书馆,1936年。

——.《中国哲学史》,北京:太平洋图书公司,1968年。

——.《中国哲学史补》,上海:商务印书馆,1936年。

Fenollosa, Ernest. *The Chinese Character as a Medium for Poetry.* 1938. Reprint, San Francisco: City Lights Books, n. d.

Fernandez, James. *Persuasions and Performances: The Play of Tropes in Culture.* Bloomington: Indiana University Press, 1986.

Fingarette, Herbert. *Confucius: The Secular as Sacred.* New York: Harper Torchbooks, 1972.

——. "The Problem of the Self in the Analects." *Philosophy East and West* 29 (April 1979): 129-140.

Fogel, Joshua. *Politics and Sinology: The Case of Naitō Konan.* Cambridge, Mass.: Council on East Asian Studies, Harvard University, 1984.

Fogel, Joshua, and William T. Rowe, eds. *Perspectives on a Changing China: Essays in Honor of Professor C. Martin Wilbur on the Occasion of His Retirement.* Boulder, Colo.: Westview Press, 1979.

Forke, Alfred H., trans. *Lun Heng [Lunheng]: Miscellaneous Essays of Wang Ch'ung [Wang Chong].* 2 vols. Berlin, 1907-1911. Reprint, 2 vols, in 1. New York: Paragon Book Gallery, 1962.

Foucault, Michel. *The Archaeology of Knowledge.* New York: Colophon Books, Harper and Row, 1972.

——. "The Discourse on Language." in Foucault, *The Archaeology of Knowledge*, pp. 215-237.

——. "Nietzsche, Genealogy, History." in *The Foucault Reader*, edited by Rabinow, pp. 78-100.

——. *The Order of Things: Introduction to the Archeology of the Human Sciences.* New York: Vintage Books, 1970.

Franke, Wolfgang. "Der Ursprung der Ju [Ru] and Ihre Beziehung zu Konfuzius und Lau-dsi." *Sinica* (special edition) 1 (1935): 141-171; 2 (1936): 1-42.

——. *An Introduction to the Sources of Ming History.* Kuala Lumpur: University of Malaya Press, 1968.

——. *Reform and Abolition of the Traditional Chinese Examination System.* Cambridge, Mass.: Harvard University Press, 1960.

Frei, Hans W. *The Eclipse of Biblical Narrative: A Study in Eighteenth and Nineteenth Century Hermeneutics.* New Haven: Yale University Press, 1974.

Freud, Sigmund. "The Family Romance." in *The Freud Reader*, edited by Gay, pp. 297-300.

Fried, Morton. "Clans and Lineages: How to Tell Them Apart and Why—With Special Reference to Chinese Society." *Bulletin of the Institute of Ethnology*, *Academia Sinica* 29: 11-36.

Frye, Northrop. *The Great Code: The Bible and Literature*. San Diego: Harcourt Brace Joyanovich, 1983.

——. *The Stubborn Structure: Essays on Criticism and Society*. Ithaca: Cornell University Press, 1970.

傅斯年:《战国子家叙论》,杜正胜编,收于《中国上古史论文选集》,卷二。

Fung Yu-lan [Feng Youlan]. *A History of Chinese Philosophy*. 2 vols. Translated by Derk Bodde. Princeton: Princeton University Press, 1952.

——. *The Spirit of Chinese Philosophy*. Translated by E. R. Hughes. London: Kegan Paul, French, Tubner, 1947.

Furth, Charlotte. "Intellectual Change from the Reform Movement to the May Fourth Movement, 1895-1920." in *The Cambridge History of China*, edited by Fairbank, vol. 12, pt. 1, pp. 354-364.

——. "The Sage as Rebel: The Inner World of Chang Ping-lin." in *The Limits of Change*, edited by Furth, pp. 113-150.

——. *Ting Wen-chiang* [*Ding Wenjiang*]: *Science and China's New Culture*. Cambridge, Mass.: Harvard University Press, 1970.

——. ed. *The Limits of Change: Essays on Conservative Alternatives in Republican China*. Cambridge, Mass.: Harvard University Press, 1976.

Gadamer, Hans-Georg. "Foreword to the Second German Edition of *Truth and Method*." in *After Philosophy*, edited by Baynes, pp. 339-350.

——. "Hermeneutics as Practical Philosophy." in *After Philosophy: End or Transformation?* edited by Baynes et al., pp. 324-338.

——. *Reason in the Age of Science*. Translated by Frederick G. Laurence. Cambridge, Mass.: MIT Press, 1981.

——. *Truth and Method*. Translated by Garret Barden and William G. Doerpel. New York: Seabury Press, 1975.

Gale, Esson M., trans. *Discourses on Salt and Iron: A Debate on State Control of Commerce and Industry in Ancient China*. Chaps. 1-19. Leiden: E. J. Brill, 1931.

Gale, Esson M., Peter A. Boodberg, and T. C. Lin, trans. *Discourses on Salt and Iron* (Yen T'ieh Lun: chaps. 20-28). *Journal of the North China Branch of the Royal Asiatic Society* 65 (1934): 73-110.

Gay, Peter, ed. *The Freud Reader.* New York: Norton, 1989.

Garrett, Mary. "Chinese Responses to the Jesuits' Argumentation during the late Ming-early Ch'ing [Qing]." Paper presented at the International Society for the History of Rhetoric, Göttingen, Germany, June 1989.

Gasster, Michael. *Chinese Intellectuals and the Revolution of 1911: The Birth of Modern Chinese Radicalism.* Seattle: University of Washington Press, 1969.

Geertz, Clifford. "Deep Play: Notes on the Balinese Cockfight." *Daedalus* 101 (1972): 1-37.

———. *The Interpretation of Cultures.* New York: Basic Books, 1973.

———. *Local Knowledge: Further Essays in Interpretive Anthropology.* New York: Basic Books, 1983.

———. *Negara: The Theatre State in Nineteenth-Century Bali.* Princeton: Princeton University Press, 1980.

———. "The Uses of Diversity." *Michigan Quarterly Review* (winter 1986): 105-123.

———. *Works and Lives: The Anthropologist as Author.* Stanford: Stanford University Press, 1988.

Gellner, Ernest. *Cause and Meaning in the Social Sciences.* London: Routledge and Kegan Paul, 1971.

———. *Plough, Sword, and Book: The Structure of Human History.* Chicago: University of Chicago Press, 1988.

Gernet, Jacques. *China and the Christian Impact.* Translated by Janet Lloyd. Cambridge: Cambridge University Press, 1985.

Giesey, Ralph E. *The Royal Funeral Ceremony in Renaissance France.* Geneva: E. Droz, 1960.

Gilbert, Rodney. *What's Wrong with China.* London: John Murray, 1926.

Giles, Herbert A. *Chinese Biographical Dictionary.* Shanghai: Kelly and Walsh, 1898.

———. *A Glossary of Reference on Subjects Connected with the Far East.* London: Curzon Books, 1878.

Goffman, Irving. *Frame Analysis.* New York: Harper and Row, 1974.

Goodrich, L. Carrington, and Chaoying Fang, eds. *Dictionary of Ming Biography, 1368-1644.* 2 vols. New York: Columbia University Press, 1976.

Graham, A. C. *Chuang-tzu* [*Zhuangzi*]: *The Inner Chapters.* London: George, Allen and Unwin, 1981.

———. *Disputers of the Tao* [*Dao*]: *Philosophical Argument in Ancient China.* LaSalle,

参考书目

Ill. : Open Court, 1989.

——. *Later Mohist Logic, Ethics, and Science*. Hong Kong: Chinese University Press, 1978.

——. "The *Nung-Chia* [*Nongjia*] 'School of the Tillers' and the Origins of Peasant Utopianism in China." *Bulletin of the School of Oriental and African Studies* 42, no. 1 (1979): 66-100.

Granet, Marcel. *Chinese Civilization*. Translated by Kathleen E. Innes and Mabel Brailsford. Cleveland, Ohio: Meridian Books, 1958.

——. *Danses et légendes de la Chine ancienne*. 2 vols. Paris: Presses Universitaires de France, 1959.

——. *Festivals and Songs of Ancient China*. Translated by E. D. Edwards. New York: E. P. Dutton, 1932.

——. *La Pensée chinoise*. Paris: Albin Michel, 1968.

——. *The Religion of the Chinese People*. Translated by Maurice Freedman. New York: Harper and Row, 1977.

——. "Right and Left in China." in *Right and Left*, edited by Needham, pp. 53-56.

Greenblatt, Stephen. *Marvelous Possessions: The Wonder of the New World*. Chicago: University of Chicago Press, 1991.

Grieder, Jerome. *Hu Shih* [*Hu Shi*] *and the Chinese Renaissance: Liberalism in the Chinese Revolution, 1917-1937*. Cambridge, Mass.: Harvard University Press, 1970.

——. *Intellectuals and the State in Modern China*. New York: Free Press, 1981.

Groot, J. J. M. de. *Sectarianism and Religious Persecution in China*. Reprint (2 vols, in 1), Taipei: Chengwen, 1970.

Guy, R. Kent. "The *National Essence Journal* and the Eighteenth Century." Paper presented at the Association of Asian Studies meeting, San Francisco, April 1983.

Hall, David L., and Roger T. Ames. *Thinking through Confucius*. Albany: State University of New York Press, 1987.

Hall, John W. *Japan: From Prehistory to Modern Times*. New York: Dell, 1970.

Hallyn, Fernand. *The Poetic Structure of the World: Copernicus and Kepler*. Translated by Donald M. Leslie. New York: Zone Books, 1990.

Hansen, Chad. *Language and Logic in Ancient China*. Ann Arbor: University of Michigan Press, 1983.

Hansen, Valerie. *Changing Gods in Medieval China, 1127-1276*. Princeton: Princeton University Press, 1990.

Harbsmeier, Christoph. "Confucius Ridens: Humor in the Analects." *Harvard Journal of Asiatic Studies* 50, no. 1 (June 1990): 131-162.

Harootunian, H. D. "The Consciousness of Archaic Form in the New Realism of Kokugaku." in *Japanese Thought in the Tokugawa Period*, edited by Najita and Scheiner, pp. 63-104.

——. *Things Seen and Unseen: Discourse and Ideology in Tokugawa Nativism*. Chicago: University of Chicago Press, 1988.

Harper, Donald. "A Chinese Demonography of the Third Century B. C." *Harvard Journal of Asiatic Studies* 45, no. 2 (Dec. 1985): 459-498.

——. "The *Wu Shih Erh Ping Fang* [*Wushi'er bingfang*]: Translation and Prolegomena." Ph. D. diss., University of California, Berkeley, 1982.

Harrell, Stevan. "Ethnicity, Local Interests and the State: Yi Communities in Southwest China." *Comparative Studies in Society and History* 32, no. 3 (July 1990): 515-548.

Hartley, L. P. *The Go-Between*. London: Hamish Hamilton, 1953.

Harvey, David. *The Condition of Postmodernism*. Oxford: Basil Blackwell, 1989.

Hatch, George C., Jr. "The Thought of Su Hsun (1009-1072): An Essay on the Social Meaning of Intellectual Pluralism in Northern Sung." Ph. D. diss., University of Washington, 1972.

——. "Virtue and Custom in Classical Antiquity." Paper presented at the Conference on Political Thought at the University of Toronto, Toronto, April 1-3, 1977.

Havelock, Eric A. *The Muse Learns to Write: Reflections on Orality and Literacy from Antiquity to the Present*. New Haven: Yale University Press, 1986.

Hawkes, David, trans. *The Songs of the South: An Anthology of Ancient Chinese Poems by Qu Yuan and Other Poets*. London: Penguin Books, 1985.

Haydon, A. Eustace. Foreword to *The Chinese Renaissance*, by Hu Shi.

Hegel, Robert E. *The Novel in Seventeenth-Century China*. New York: Columbia University Press, 1981.

Heller, Thomas C, Morton Sosna, and David Wellbrey, eds. *Reconstructing Individualism: Autonomy, Individuality, and the Self in Western Thought*. Stanford: Stanford University Press, 1986.

Henderson, John B. *The Development and Decline of Chinese Cosmology*. New York: Columbia University Press, 1984.

——. *Scripture, Canon, and Commentary: A Comparison of Confucian and Western Ex-

egesis. Princeton: Princeton University Press, 1991.

Henry, Eric. "The Motif of Recognition in Early China." *Harvard Journal of Asiatic Studies* 47, no. 1 (June 1987): 5-30.

Herbert, Edward. *A Confucian Notebook*. New York: Grove Press, 1960.

Herforth, Derek. "From Annals via Homiletics to Analysis: Toward a Discourse-Based Typology of Early Chinese Historiography." Paper presented at the Seventy-fifth Meeting of the Speech Communication Association, San Francisco, Calif., November 19, 1989.

Hevia, James L. *Cherishing Men from Afar: Qing Guest Ritual and the Macartney Embassy of 1793*. Durham, N.C.: Duke University Press, 1995.

——. "A Multitude of Lords: Qing Court Ritual and the Macartney Embassy of 1793." *Late Imperial China* 10, no. 2 (December 1989): 72-105.

Heyndrickx, Jerome, ed. *Philippe Couplet S. J. (1623-1693): The Man Who Brought China to Europe*. Monumenta Serica Monograph Series, vol. 22. Nettetal: Steyler, Verlag, 1990.

Hightower, James Robert, trans. *Han Shih Wai Chuan [Hanshi waizhuan]: Han Ying's Illustrations of the Didactic Application of the "Classic of Songs."* Cambridge, Mass.: Harvard University Press, 1952.

Hill, Christopher. *Some Intellectual Consequences of the English Revolution*. Madison: University of Wisconsin Press, 1980.

Hobsbawm, E. J. *Nations and Nationalism since 1780: Programme, Myth, Reality*. 2d ed. Cambridge: Cambridge University Press, 1992.

Hobsbawm, Eric, and Terrence Ranger, eds. *The Invention of Tradition*. Cambridge: Cambridge University Press, 1983.

Holquist, Michael, ed. *The Dialogic Imagination: Four Essays by M. M. Bakhtin*. Translated by Caryl Emerson and Michael Holquist. Austin: University of Texas Press, 1981.

Holzman, Donald. "Confucius and Ancient Chinese Literary Criticism." in *Chinese Approaches to Literature from Confucius to Liang Ch'i-ch'ao*, edited by Rickett, pp. 21-41.

——. "The Conversational Tradition in Chinese Philosophy." *Philosophy East and West* 6, no. 3 (1956-57): 223-230.

Homer and Jethro. *Homer and Jethro's "Cornfucius Say" Joke Book: A Collection of Corn-temporary Wit'n Wisdom*. Battle Creek, Mich.: Kellogg's Company, 1964.

侯外庐:《中国思想通史》,全五卷,北京:人民出版社,1957年。

Howard, Roy J. *Three Faces of Hermeneutics: An Introduction to Current Theories of Understanding.* Berkeley: University of California Press, 1982.

Hsiao Kung-ch'üan [Xiao Gongquan]. *A Modern China and a New World: Kang Yu-Wei [Kang Youwei], Reformer and Utopian 1858-1927.* Seattle: University of Washington Press, 1975.

萧公权:《中国政治思想史》,六册,台北:中华书局,1954年。

Hsü Cho-yun [Xu Zhuoyun]. *Ancient China in Transition: An Analysis of Social Mobility, 722-222 B. C.* Stanford: Stanford University Press, 1965.

Hsü Cho-yun [Xu Zhuoyun] and Katheryn M. Linduff. *Western Chou [Zhou] Civilization.* New Haven: Yale University Press, 1988.

Hsü Daulin [Xu Daolin]. "The Myth of the 'Five Human Relations' of Confucius." *Monumenta Serica* 29 (1970-71): 27-37.

Huang, Ray. *1587, A Year of No Significance: The Ming Dynasty in Decline.* New Haven: Yale University Press, 1981.

Hucker, Charles O. *A Dictionary of Official Titles in Imperial China.* Stanford: Stanford University Press, 1985.

Hughes, E. R. *The Invasion of China by the Western World.* London: Adam and Charles Black, 1937.

Hughes, Robert. *The Shock of the New.* New York: Knopf, 1981.

Hume, David. *The Natural History of Religion.* Stanford: Stanford University Press, 1957.

Hummel, Arthur W. *The Autobiography of a Chinese Historian.* Leiden: E. J. Brill, 1931.

——. ed. *Eminent Chinese of the Ch'ing [Qing] Period (1644-1912).* 2 vols. Washington, D. C.: U. S. Government Printing Office, 1943-1944.

Huters, Theodore. "From Writing to Literature: The Development of Late Qing Theories of Prose." *Harvard Journal of Asiatic Studies* 47, no. 1 (June 1987): 51-96.

Hymes, Robert. "Lu Chiu-yüan [Lu Jiuyuan], Academies, and the Problem of Local Community." in *Neo-Confucian Education*, edited by de Bary and Chaffee, pp. 439-446.

——. *Statesmen and Gentlemen: The Elite of Fu-chou, Chiang-hsi [Fuzhou, Jiangxi], in Northern and Southern Sung [Song].* Cambridge: Cambridge University Press, 1986.

Idema, W. L., ed. *Leyden Studies in Sinology*. Papers presented at the Conference held in Celebration of the Fiftieth Anniversary of the Sinological Institute of Leyden University, December 8-12, 1980. Leiden: E. J. Brill, 1981.

Idema, W. L., and E. Zürcher, eds. *Thought and Law in Qin and Han China: Studies Dedicated to Anthony Hulsewé on the Occasion of His Eightieth Birthday*. Leiden: E. J. Brill, 1990.

Jameson, Fredric. *Postmodernism, or, The Cultural Logic of Late Capitalism*. Durham, N. C.: Duke University Press, 1991.

——. *The Prison-House of Language: A Critical Account of Structuralism and Russian Formalism*. Princeton: Princeton University Press, 1972.

Jansen, Marius. "Japan and the Chinese Revolution of 1911." in *The Cambridge History of China*, edited by Fairbank, vol. 11, pp. 343-374.

Jaspers, Karl. *Vom Ursprung und Ziel der Geschichte*. Zurich: Artemis Verlag, *1949*. Translated by Michael Bullock as *The Origin and Goal of History*, New Haven: Yale University Press, 1953.

Jensen, Lionel M. "The Genesis of *ru*: Ambiguity, Tradition, and Fellowship in Ancient China." Unpublished manuscript, 1987.

——. "The Invention of 'Confucius' and His Chinese Other, 'Kong Fuzi.'" in *positions: east asia cultures critique* 1, no. 2 (fall 1993): 414-449.

——. "Manufacturing 'Confucianism': Chinese and Western Imaginings in the Making of a Tradition." Ph. D. diss., University of California, Berkeley, 1992.

——. "Popular Cults and Confucian Paideia in Medieval China." Paper presented at the Symposium on Chinese Religion and Society (750-1300), University of Illinois, Champaign-Urbana, November 19, 1988.

——. "Wise Man of the Wilds: Fatherlessness, Fertility, and the Mythic Exemplar, Kongzi." *Early China* 20 (1995): 407-437.

——. "Zhu Xi's *daoxue* and the Rhetoric of Redemption." Paper prepared for "Topics in Chinese Rhetoric", a panel sponsored by the International Society for the History of Rhetoric, American Chapter, at the Seventy-fifth Meeting of the Speech Communication Association, San Francisco, November 19, 1989.

江永:《乡党图考》,1756 年。

Johnson, Chalmers. *MITI and the Japanese Miracle: The Growth in Industrial Policy, 1925-1975*. Stanford: Stanford University Press, 1982.

Johnson, David. "The City-God Cults of T'ang and Sung China." *Harvard Journal of A-*

siatic Studies 45, no. 2 (Dec. 1985): 363-457.

Johnson, David, Andrew J. Nathan, and Evelyn Rawski, eds. *Popular Culture in Late Imperial China*. Berkeley: University of California Press, 1984.

Jordan, David, and Daniel L. Overmyer. *The Flying Phoenix: Aspects of Chinese Sectarianism in Taiwan*. Princeton: Princeton University Press, 1986.

康有为:《孔子改制考》,重印本,北京:中华书局,1958 年。

《康熙字典》,重印本,香港:华侨辞典出版社, n. d.

Kao, George. *The Translation of Things Past: Chinese History and Historiography*. Hong Kong: Chinese University Press, 1982.

Kapp, Robert A., ed. *Four Views of China*, Rice University Studies 59, no. 4 (1973).

Karlgren, Bernhard. *An Analytic Dictionary of Chinese and Sino-Japanese*. Paris: Paul Guenther, 1923.

——. "The Book of Documents." *Bulletin of the Museum of Far Eastern Antiquities* 22 (1950): 1-81.

——. *The Book of Odes*. Stockholm: Museum of Far Eastern Antiquities, 1950.

——. "The Early History of the *Chou Li* [*Zhou li*] and *Tso Chuan* [*Zuo zhuan*] Texts." *Bulletin of the Museum of Far Eastern Antiquities* 3 (1931): 1-60.

——. *Grammata Serica Recensa*. Stockholm: Museum of Far Eastern Antiquities, 1972.

——. "Legends and Cults in Ancient China." *Bulletin of the Museum of Far Eastern Antiquities* 18 (1946): 199-365.

——. *On the Authenticity and Nature of the Tso Chuan* [*Zuo zhuan*]. Göteborg: Elandres Boktryckeri Aktiebolag, 1926.

——. *Philology and Ancient China*. Oslo, 1926. Reprint, Philadelphia: Porcupine Press, 1980.

Keeler, Ward. *Javanese Shadow Plays, Javanese Selves*. Princeton: Princeton University Press, 1987.

Keightley, David N. "Archaeology and Mentality: The Making of China." *Representations* 18 (spring 1987): 91-128.

——. "Dead but Not Gone: Cultural Implications of Mortuary Practice in Neolithic and Bronze Age China, ca. 8000 to 1000 B. C." Paper presented at the Conference on Ritual and Social Significance of Death in Chinese Society, Oracle, Arizona, January 1974.

——. "Early Civilization in China: Reflections on How It Became Chinese." in *Heritage of China*, edited by Ropp, pp. 15-54.

——. "Kingship and Kinship: The Royal Lineages of the Late Shang." Paper presented at the International Conference on Shang Civilization, East-West Center, University of Hawai'i at Manoa, Honolulu, September 7-11, 1982.

——. "Legitimation in Shang China." Unpublished manuscript. 1975.

——. "The Religious Commitment: Shang Theology and the Genesis of Chinese Political Culture." *History of Religions* 17 (1978): 211-235.

——. *Sources of Shang History: The Oracle Bone Inscriptions of Bronze Age China*. Berkeley: University of California Press, 1978.

——. ed. *The Origins of Chinese Civilization*. Berkeley: University of California Press, 1983.

Kelley, Donald R. *Foundations of Modern Historical Scholarship: Language, Law, and History in the French Renaissance*. New York: Columbia University Press, 1970.

Kemp, Anthony. *The Estrangement of the Past: A Study in the Origin of Modern Historical Consciousness*. New York: Oxford University Press, 1991.

Kierman, Frank A., Jr. *Ssu-ma Ch'ien's [Sima Qian's] Historiographical Attitude as Reflected in Four Late Warring States Biographies*. Wiesbaden: Otto Harrassowitz, 1962.

Kimura Eiichi. *Kōshi to Rongo* (Kongzi and the Lunyu). Tokyo: Sobunsha, 1971.

Kitamura Sawakichi. *Jūgaku gairon* (A General Outline of Ru Learning). Tokyo: Kan shoin, 1928.

Knoblock, John. *Xunzi: A Translation and Study of the Complete Works*. Vols. 1-3. Stanford: Stanford University Press, 1988-1992.

Knoespel, Kenneth J. "Milton and the Hermeneutics of Time: Seventeenth-Century Chronologies and the Science of History." *Studies in the Literary Imagination*, no. 22 (1989): 17-35.

Knowlton, Edgar C. "Words of Chinese, Japanese, and Korean Origin in the Romance Languages." Ph. D. diss., Stanford University, 1959.

Kong Demao and Ke Lan. *In the Mansion of Confucius' Descendants*. Beijing: New World Press, 1984.

Kramers, Robert Paul. *K'ung Tzu Chia Yü [Kongzi jiayu]: The School Sayings of Confucius*. Leiden: E. J. Brill, 1949.

Kuhn, Philip. "Local Self-Government under the Republic: Problems of Control, Autonomy, and Mobilization." in *Conflict and Control in Late Imperial China*, edited by Wakeman and Grant, pp. 270-273.

Kuhn, Thomas S. *The Structure of Scientific Revolutions*. Chicago: University of Chicago

Press, 1962.

Kuper, Adam. *The Invention of Primitive Society: Transformations of an Illusion.* London: Routledge, 1988.

Kwok, Daniel. *Scientism in Chinese Thought, 1900-1950.* New Haven: Yale University Press, 1965.

Kwong, Luke S. K. *A Mosaic of the Hundred Days: Personalities, Politics, and Ideas of 1898.* Cambridge, Mass.: Harvard University Press, 1984.

Lach, Donald F. *Asia in the Making of Europe.* 2 vols. Chicago: University of Chicago Press, 1977.

Lach, Donald F., and Edwin J. Van Kley. *Asia in the Making of Europe.* Vol. 3, bks. 1-4. Chicago: University of Chicago Press, 1993.

Lancashire, Douglas, and Peter Hu Kuo-chen, trans. *The True Meaning of the Lord of Heaven.* St. Louis, Mo.: Institute of Jesuit Sources, 1985.

Lau, D. C, trans. *Confucius: The Analects.* Reprint, New York: Penguin Classics, 1982.

——. trans. *Mencius.* New York: Penguin Classics, 1970.

Le Blanc, Charles, and Susan Blader, eds. *Chinese Ideas about Nature and Society: Studies in Honor of Derk Bodde.* Hong Kong: Hong Kong University Press, 1987.

Lee, Thomas H. C, ed. *China and Europe: Images and Influences in the Sixteenth to Eighteenth Centuries.* Hong Kong: Chinese University Press, 1991.

Legge, James. *The Chinese Classics.* 5 vols. Reprint. Hong Kong: Hong Kong University Press, 1971.

——. trans. *Li Chi, Book of Rites.* 2 vols. New Hyde Park, N. Y.: University Press, 1967.

Leslie, Donald D. "Notes on the Analects." *T'oung Pao* 49 (1961-62): 1-27.

Leslie, Donald D., Colin Mackerras, and Wang Gungwu, eds. *Essays on the Sources for Chinese History.* Columbia: University of South Carolina Press, 1975.

Levenson, Joseph R. "The Abortiveness of Empiricism in Early Qing Thought." in *Confucian China and Its Modern Fate*, vol. 1, pp. 3-14.

——. *Confucian China and Its Modern Fate: A Trilogy.* 3 vols. Berkeley: University of California Press, 1968.

——. "The Genesis of *Confucian China and Its Modern Fate.*" in *The Historian's Workshop: Original Essays by Sixteen Historians*, edited by L. P. Curtis Jr., pp. 270-291. New York: Alfred A. Knopf, 1970.

——. "'History' and 'Value': Tensions of Intellectual Choice in Modern China." in

Studies in Chinese Thought, edited by Wright, pp. 146-194.

——. *Liang Ch'i-Ch'ao*〔Liang Qichao〕*and the Mind of Modern China*. Berkeley：University of California Press，1967.

——. *Revolution and Cosmopolitanism：The Western Stage and the Chinese Stages*. Berkeley：University of California Press，1971.

Lévi-Strauss, Claude. *The Savage Mind*. Chicago：University of Chicago Press，1963.

Lewis, I. M. *Ecstatic Religion: Anthropological Study of Spirit-Possession and Shamanism*. Harmondsworth, England：Penguin，1971.

Lewis, Mark Edward. *Sanctioned Violence in Early China*. Albany：State University of New York Press，1990.

Leys, Simon, trans. *The Analects of Confucius*. New York：Norton，1997.

Li Xueqin. *Eastern Zhou and Qin Civilizations*. New Haven：Yale University Press，1985.

李贽:《续焚书》,北京:中华书局,1975年。

Liang Ch'i-ch'ao〔Liang Qichao〕, *Intellectual Trends in the Ch'ing*〔Qing〕*Period*. Translated by Immanuel C. Y. Hsu. Cambridge, Mass.：Harvard University Press,1958.

梁家勉:《徐光启年谱》,上海:上海古籍出版社,1981年。

梁实秋:《最新实用汉英辞典》,台北:远东图书公司,1971年。

梁漱溟:《东西文化及其哲学》,重印本,台北:虹桥书店,1968年。

Lin Mousheng. *Men and Ideas: An Informal History of Chinese Political Thought*. New York：John Day，1942.

Lin Yü-Sheng〔Lin Yusheng〕. *The Crisis of Chinese Consciousness: Radical Antitraditionalism in the May Fourth Era*. Madison：University of Wisconsin Press，1979.

Lindblom, Charles. *Politics and Markets*. New York：Basic Books，1979.

Lindquist, Cecilia. *China：Empire of Living Symbols*. Translated by Joan Tate. Reading, Mass.：Addison Wesley，1991.

Liu James J. Y. *Language—Paradox—Poetics: A Chinese Perspective*. Princeton：Princeton University Press，1988.

Liu, Kwang-Ching, ed. *Orthodoxy in Late Imperial China*. Berkeley：University of California Press，1990.

——. "Socioethics as Orthodoxy：A Perspective." in *Orthodoxy in Late Imperial China*, edited by Liu, pp. 53-100.

刘述先:《朱子的理学》,台北:学生书局,1985年。

Liu Ts'un-yen〔Liu Cunyan〕. *Selected Papers from the Hall of Harmonious Wind*. Leiden: E. J. Brill, 1976.

罗光编:《纪念利玛窦来华四百周年中西文化交流国际学术会议论文集》,台北:辅仁大学出版社,1983年。

Loewe, Michael. *Divination, Mythology, and Monarchy in Han China.* Cambridge: Cambridge University Press, 1994.

——. *Ways to Paradise: The Chinese Quest for Immortality.* London: George Allen and Unwin, 1979.

Louie, Kam. *Critiques of Confucius in Contemporary China.* New York: St. Martin's Press, 1980.

Lubac, Henri de. *La Rencontre du bouddhisme et de l'Occident.* Paris: Aubier, 1952.

Lundbaek, Knud. "The First Translation from a Confucian Classic in Europe." *China Mission Studies Bulletin* 1 (1979): 2-11.

——. "The Image of Neo-Confucianism in *Confucius Sinarum Philosophus.*" *Journal of the History of Ideas* 44 (1983): 19-30.

——. "Imaginary Ancient Chinese Characters." *China Mission Studies Bulletin* 5 (1983): 5-23.

——. "Notes sur l'image du néo-confucianisme dans la littérature européenne du XIIIe siècle." *Actes du IIIe colloque international de Sinologie de Chantilly.* Paris, 1983.

Lyotard, Jean François. *The Postmodern Condition: A Report on Knowledge.* Translated by Geoff Bennington and Brian Massumi. Minneapolis: University of Minnesota Press, 1984.

MacCormack, Sabine. *Religion in the Andes: Vision and Imagination in Early Colonial Peru.* Princeton: Princeton University Press, 1991.

McGrane, Bernard. *Beyond Anthropology: Society and the Other.* New York: Columbia University Press, 1989.

Macherey, Pierre. *Pour une théorie de la production littéraire.* Paris: Maspero, 1966. Translated by Geoffrey Wall as *A Theory of Literary Production.* London: Routledge and Kegan Paul, 1978.

MacIntyre, Alasdair. *After Virtue: A Study in Moral Theory*, 2d ed. with postscript. Notre Dame, Ind.: University of Notre Dame Press, 1984.

Mackerras, Colin. *Western Images of China.* Oxford: Oxford University Press, 1989.

McMullen, David. *State and Scholars in Tang China.* Cambridge: Cambridge University Press, 1988.

Mair, Victor. "Old Sinitic **MyAG*, Old Persian *magus*, and English 'Magician.'"

Early China 15 (1990): 27-47.

——. *Tang Transmission Texts*. Philadelphia: University of Pennsylvania Press, 1989.

——. trans. *Tao Te Ching: The Classic Book of Integrity and the Way*. New York: Bantam Books, 1990.

Markley, Robert. *Fallen Languages: Crisis of Representation in Newtonian England, 1660-1740*. Ithaca: Cornell University Press, 1993.

Marty, Martin E., and R. Scott Appleby, eds. *Fundamentalisms Observed*. Chicago: University of Chicago Press, 1991.

Maruyama Masao. *Nihon seiji shisōshi kenkyū*. Tokyo: Tokyo Daigaku shuppan, 1952. Translated by Mikiso Hane as *Studies in the Intellectual History of Tokugawa Japan*, Princeton: Princeton University Press, 1974.

Maso, Mori. "The Gentry in the Ming—an Outline of the Relations between the *Shih-ta-fu* [*Shidafu*] and Local Society." *Acta Asiatica* 38:31-53.

Maspero, Henri. *China in Antiquity*. Translated by Frank A. Kierman Jr. Amherst: University of Massachusetts Press, 1978.

——. *La Chine antique*. Paris: Presses Universitaires de France, 1965.

——. "Légendes mythologiques dans le *Chou King* [Shu jing]." *Journal Asiatique* 204 (January 1924): 11-100.

——. *Taoism and Chinese Religion*. Translated by Frank A. Kierman Jr. Amherst: University of Massachusetts Press, 1981.

Mauss, Marcel. *A General Theory of Magic*. Translated by Robert Brain. New York: Norton, 1972.

——. *The Gift: Forms and Functions of Exchange in Archaic Societies*. Translated by Ian Cunnison. New York: Norton, 1967.

Mayer, Robert. *History and the Early English Novel: Matters of Fact from Bacon to Defoe*. Cambridge: Cambridge University Press, 1997.

Meissner, W. W. *Ignatius of Loyola: The Psychology of a Saint*. New Haven: Yale University Press, 1992.

Meskill, John. *Academies in Ming China: A Historical Essay*. Tucson: University of Arizona Press, 1982.

Metzger, Thomas A. *Escape from Predicament: Neo-Confucianism and China's Evolving Political Culture*. New York: Columbia University Press, 1977.

——. "Some Ancient Roots of Modern Chinese Thought: This-Worldliness, Epistemological Optimism, Doctrinality, and the Emergence of Reflexivity in the Eastern

Chou [Zhou]." *Early China* 11: 60-117.

Milton, John. "On the Morning of Christ's Nativity." in *The Norton Anthology of Poetry*, edited by Eastman et al., pp. 299-304. New York: Norton, 1970.

Miyakawa Hisayuki. "An Outline of the Naitō Hypothesis and Its Effects on the Studies of China." *Far Eastern Quarterly* 14 (1955): 533-552.

Miyazaki Ichisada. *China's Examination Hell: The Civil Service Examinations of Imperial China*. Translated by Conrad Shirokauer. New Haven: Yale University Press, 1981.

Morohashi Tetsuji. *Daikanwa jiten* (Great Sino-Japanese Encyclopedic Dictionary). 12 vols, with index. Tokyo: Dai-shukan shoten, 1977.

Mote, F. W. "The Arts and the 'Theorizing Mode' of the Civilization." in *Artists and Traditions: Uses of the Past in Chinese Culture*, edited by Murck, pp. 3-8.

——. *Intellectual Foundations of China*. 2d rev. ed: New York: Knopf, 1987.

——. "A Millennium of Chinese Urban History: Form, Time and Space Concepts in Soochow [Suzhou]." in *Four Views of China*, edited by Kapp, pp. 35-65.

——. trans. *History of Chinese Political Thought*. Vol. 1, *From the Beginnings to the First Century A. D.* Princeton: Princeton University Press, 1979.

Moore, Sally F., and Barbara G. Myerhoff, eds. *Secular Ritual*. Amsterdam: Van Gorcum, 1977.

牟宗三:《从陆象山到刘蕺山》,台北:学生书局,1979年。

——.《心体与性体》,全三卷,台北:学生书局,1981年。

Mueller-Vollmer, Kurt, ed. *The Hermeneutics Reader*. New York: Continuum Books, 1988.

Mungello, David E. "Confucianism in the Enlightenment: Antagonism and Collaboration between the Jesuits and the Philosophes." in *China and Europe*, edited by Lee, pp. 99-127.

——. *Curious Land: Jesuit Accommodationism and the Origins of Sinology*. Honolulu: University of Hawai'i Press, 1989.

——. *The Forgotten Christians of Hangzhou*. Honolulu: University of Hawai'i Press, 1994.

——. "The Jesuits' Use of Chang Chü-cheng's [Zhang Juzheng's] Commentary in Their Translation of the Confucian Four Books (1687)." *China Mission Studies Bulletin* 3 (1981): 12-22.

——. *Leibniz and Confucianism: The Search for Accord*. Honolulu: University of Hawai'i Press, 1977.

——. "The Seventeenth-Century Jesuit Translation Project of the Confucian Four Books." in *East Meets West*, edited by Ronan and Oh, pp. 252-281.

——. "A Study of the Prefaces to Ph. Couplet's Tabula Chronologica Monarchiae Sinicae (1686)." in *Philippe Couplet, S. J. (1623-1693): The Man Who Brought China to Europe*, edited by Heyndrickx, pp. 183-199.

——. ed. *The Chinese Rites Controversy: Its History and Meaning*. Nettetal: Steyler Verlag, 1994.

Munro, Donald J. *The Concept of Man in Early China*. Stanford: Stanford University Press, 1969.

——. *Images of Human Nature: A Sung [Song] Portrait*. Princeton: Princeton University Press, 1988.

——. ed. *Individualism and Holism: Studies in Confucian and Taoist [Daoist] Values*. Ann Arbor: Center for Chinese Studies, University of Michigan, 1985.

Murck, Christian, ed. *Artists and Traditions: Uses of the Past in Chinese Culture*. Princeton: Princeton University Press, 1976.

Naitō Kenkichi. *Naitō Konan zenshu* (Collected Works of Naitō Konan). 14 vols. Tokyo: Chikuma shobō, 1972.

Naitō Torajiro. *Shinaron* (On China). in *Naitō Konan zenshu*, edited by Naitō Kenkichi, vol. 5.

Najita, Tetsuo, and Irwin Scheiner, eds. *Japanese Thought in the Tokugawa Period, 1600-1868: Methods and Metaphors*. Chicago: University of Chicago Press, 1978.

Needham, Joseph. *Science and Civilization in China*. 6 vols, to date. Cambridge: Cambridge University Press, 1955-.

Needham, Rodney, ed. *Right and Left: Essays on Dual Symbolic Classification*. Chicago: University of Chicago Press, 1971.

Nef, John U. *Cultural Foundations of Industrial Civilization*. Chicago: Chicago University Press, 1958.

Newman, Charles. *The Post-modern Aura: The Act of Fiction in an Age of Inflation*. Evanston, Ill.: Northwestern University Press, 1985.

Newman, Cardinal John Henry. *The Arians of the Fourth Century*. Westminster, Md.: Christian Classics, 1968.

Newton, Isaac. *The Chronology of the Ancient Kingdoms Amended*. London, 1728.

Nietzsche, Friedrich. *On the Genealogy of Morals*. Translated by Walter Kaufmann and R. J. Hollingdale. New York: Vintage Books, 1967.

Niranjana, Tejaswini. *Siting Translation: History, Post-Structuralism, and the Colonial Context*. Berkeley: University of California Press, 1992.

Nivison, David S. *The Life and Thought of Chang Hsüeh-ch'eng* [Zhang Xuecheng] (*1738-1801*). Stanford: Stanford University Press, 1966.

Nivison, David S. and Arthur F. Wright, eds. *Confucianism in Action*. Stanford: Stanford University Press, 1959.

Norman, Jerry. *Chinese*. Cambridge: Cambridge University Press, 1988.

Nussbaum, Martha C. *The Fragility of Goodness: Luck and Ethics in Greek Tragedy and Philosophy*. Cambridge: Cambridge University Press, 1986.

Obenchain, Diane Burdette. "Ministers of the Moral Order: Innovations of the Early Chou [Zhou] Kings, the Duke of Chou [Zhou], Chung-ni [Zhongni], and Ju [Ru]." Ph. D. diss., Harvard University, 1984.

O'Keefe, Daniel. *Stolen Lightning: The Social Theory of Magic*. New York: Vintage Books, 1982.

Onogawa Hidemi. "Liu Shih-p'ei [Liu Shipei] and Anarchism." *Acta Asiatica* 12 (1967): 70-99.

Onogawa Hidemi and Shimada Kenji, eds. *Shingai Kakumei no kenkyū* [Studies on the 1911 Revolution]. Tokyo: Chikuma shobō, 1978.

Ortner, Sherry. "On Key Symbols." *American Anthropologist* 75 (1973): 1338-1346.

Osborn, Carol. *How Would Confucius Ask for a Raise? 100 Enlightened Solutions for Tough Business Problems*. New York: Morrow, 1994.

Overmyer, Daniel L. *Folk Buddhist Religion: Dissenting Sects in Late Traditional China*. Cambridge, Mass.: Harvard University Press, 1976.

Owen, Stephen. *Remembrances: The Experience of the Past in Classical Chinese Literature*. Cambridge, Mass.: Harvard University Press, 1986.

——. *Traditional Chinese Poetry and Poetics: Omen of the World*. Madison: University of Wisconsin Press, 1985.

Palmer, Bryan D. *Descent into Discourse: The Reification of Language and the Writing of Social History*. Philadelphia: Temple University Press, 1990.

Palmer, Richard E. *Hermeneutics: Interpretation Theory in Schleiermacher, Dilthey, Heidegger, and Gadamer*. Evanston, Ill.: Northwestern University Press, 1969.

Pankenier, David W. "The Cosmo-political Background of Heaven's Mandate." in *Early China* 20 (1995): 121-176.

Paper, Jordan D. *The Fu-tzu* [Fuzi]: *A Post-Han Confucian Text*. Leiden: E. J.

参考书目

Brill, 1987.

Pauthier, M. G. *Confucius et Mencius: Les Quatres Livres de philosophic morale et politique dela Chine.* Paris: Charpentier, 1841.

Pelikan, Jaroslav. *The Vindication of Tradition.* New Haven: Yale University Press, 1984.

Pelliot, Paul. "Le Chou King [Shu jing] en caractères anciens et le Chang Chou Che Wen [Shang Zhou She Wen]." in Academie des inscriptions et belles-lettres, *Mémoires concernant l'Asie Orientale, Inde, Asie Centrale, Extreme-Orient.* Vol. 2 (1916), 123-177.

Pepper, Stephen C. *World Hypotheses: A Study in Evidence.* Berkeley: University of California Press, 1942.

Percy, Walker. *The Message in the Bottle.* New York: Farrar, Straus and Giroux, 1975.

Peterson, William J. "Why Did They Become Christians? Hsü Kuang-ch'i [Xu Guangqi], Li Chih-tsao [Li Zhizao] and Yang T'ing-yun [Yang Tingyun]." in *East Meets West*, edited by Ronan and Oh, pp. 129-152.

皮锡瑞:《经学历史》,香港:中华书局,1961 年。

Plaskow, Judith. *Standing Again at Sinai: Judaism from a Feminist Perspective.* New York: Harper and Row, 1990.

Pocock, J. G. A. *Politics, Language, and Time: Essays on Political Thought and History.* New York: Atheneum, 1973.

Polachek, James. "Gentry Hegemony: Soochow [Suzhou] in the T'ung-chih [Tongzhi] Restoration." in *Conflict and Control in Late Imperial China*, edited by Wakeman and Grant, pp. 211-256.

Polo, Marco. *The Travels.* Translated by Ronald Latham. New York: Penguin Books, 1958.

Pound, Ezra, trans. *Confucius: The Unwobbling Pivot, The Great Digest, and The Analects.* New York: New Directions, 1969.

Pusey, James Reeve. *China and Charles Darwin.* Cambridge, Mass.: Harvard University Press, 1983.

Rabinow, Paul. *Reflections on Fieldwork in Morocco.* Berkeley: University of California Press, Quantum Editions, 1977.

——. ed. *The Foucault Reader.* New York: Pantheon, 1984.

Rabinow, Paul, and William M. Sullivan, eds. *Interpretive Social Science: A Reader.* Berkeley: University of California Press, 1978.

Rafael, Vicente L. *Contracting Colonialism: Translation and Christian Conversion in Tagalog Society under Early Spanish Rule.* Ithaca: Cornell University Press, 1988.

Rank, Otto. *The Myth of the Birth of the Hero and Other Writings.* Translated by F. Robbins and Smith Ely Jelliffe. New York: Vintage Books, 1964.

Rankin, Mary. *Early Chinese Revolutionaries: Radical Intellectuals in Shanghai and Chekiang, 1902-1911.* Cambridge, Mass.: Harvard University Press, 1971.

Rappaport, Roy A. "Sanctity and Lies in Evolution." in *Ecology, Meaning, and Religion*, pp. 223-246. Berkeley, Calif.: North Atlantic Books, 1979.

Rawlinson, John. *China's Struggle for Naval Development: 1839-1895.* Cambridge, Mass.: Harvard University Press, 1967.

Rawski, Evelyn Sakakida. *Education and Popular Literacy in Ch'ing [Qing] China.* Ann Arbor: University of Michigan Press, 1979.

Rawson, Jessica. *Ancient China: Art and Archaeology.* New York: Harper and Row, 1980.

Reischauer, Robert. *Early Japanese History.* Vol. 1. Princeton: Princeton University Press, 1937.

Rickett, Adele Austin, ed. *Chinese Approaches to Literature from Confucius to Liang Ch'i-Ch'ao [Liang Qichao].* Princeton: Princeton University Press, 1978.

Rickett, Allyn W. *Guanzi: Political, Economic, and Philosophical Essays from Early China.* Princeton: Princeton University Press, 1985.

Ricoeur, Paul. *Freud and Philosophy: An Essay on Interpretation.* New Haven: Yale University Press, 1971.

——. "The Model of the Text: Meaningful Action Considered as a Text." in *Interpretive Social Science: A Reader*, edited by Rabinow and Sullivan, pp. 73-101.

——. *Time and Narrative.* Vol. 1. Chicago: University of Chicago Press, 1984.

Riegel, Jeffrey. "The Four 'Tzu Ssu' [Zisi] Chapters of the *Li Chi* [*Li ji*]: An Analysis and Translation of the Fang Chi [Fang ji], Chung Yung [Zhong yong], Piao Chi [Biao ji], and Tzu I [Zi yi]." Ph. D. diss., Stanford University, 1978.

——. "Poetry and the Legend of Confucius's Exile." *Journal of the American Oriental Society* 106, no. 1 (1986): 13-22.

Rienstra, M. Howard, trans. *Jesuit Letters from China, 1583-1584.* Minneapolis: University of Minnesota Press, 1986.

Ronan, Charles E., S. J., and Bonnie B. C. Oh, eds. *East Meets West: The Jesuits in China, 1582-1773.* Chicago: Loyola University Press, 1988.

Ropp, Paul S., ed. *Heritage of China: Contemporary Perspectives on Chinese Civilization.* Berkeley: University of California Press, 1990.

Rorty, Richard. *Consequences of Pragmatism.* Minneapolis: University of Minnesota Press, 1983.

——. *Contingency, Irony, Solidarity.* Cambridge: Cambridge University Press, 1989.

——. *Philosophy and the Mirror of Nature.* Princeton: Princeton University Press, 1979.

Rouget, Gilbert. *Music and Trance: A Theory of the Relations between Music and Possession.* Chicago: University of Chicago Press, 1985.

Roy, David T., and Tsuen-hsuin Tsien, eds. *Ancient China: Studies in Early Civilization.* Hong Kong: Chinese University Press, 1978.

阮元:《畴人传》,上海:商务印书馆,1955 年。

Ruggieri, Michele. *Archivum Romanum Societatis Jesu.* Jap. Sin. 101, II.

Rule, Paul A. "The Confucian Interpretation of the Jesuits." *Papers on Far Eastern History* 6 (September 1972): 1-61.

——. *K'ung-tzu [Kongzi] or Confucius? The Jesuit Interpretation of Confucianism.* Sydney: Allen and Unwin Australia, 1986.

Ryckmans, Pierre, trans. *Les Entretiens de Confucius.* Paris: Gallimard, 1985.

Sahlins, Marshall. *Historical Metaphors and Mythical Realities: Structure in the Early History of the Sandwich Islands Kingdom.* Ann Arbor: University of Michigan Press, 1981.

——. *Islands of History.* Chicago: University of Chicago Press, 1985.

Said, Edward W. *Beginnings: Intention and Method.* Baltimore: Johns Hopkins University Press, 1975.

——. *Culture and Imperialism.* New York: Knopf, 1993.

——. *Orientalism.* New York: Pantheon Books, 1978.

Sardo, Eugenio Lo. "The Earliest European Atlas of Ming China: An Unpublished Work by Michele Ruggieri." *Actes du VIe colloque International de Sinologie.* Paris, 1994.

Sangren, P. Steven. *History and Magical Power in a Chinese Community.* Stanford: Stanford University Press, 1987.

Saussure, Ferdinand de. *Cours de linguistique générale.* Paris: Payot, 1972.

Savage, William. "In the Tradition of Kings: The Gentleman in the *Analects* of Confucius." Ph. D. diss., University of Michigan, 1984.

Schafer, Edward. *The Divine Woman: Dragon Ladies and Rain Maidens.* San Francisco: North Point Press, 1980.

——. "Ritual Exposure in Ancient China." *Harvard Journal of Asiatic Studies* 14 (1951): 130-184.

Schama, Simon. *Landscape and Memory.* New York: Knopf, 1995.

Schipper, Kristofer. "Vernacular and Classical Ritual in Taoism." *Journal of Asian Studies* 45, no. 1 (November 1985): 21-57.

Schluchter, Wolfgang. *The Rise of Western Rationalism: Max Weber's Developmental History.* Berkeley: University of California Press, 1981.

Schneider, Lawrence A. *Ku Chieh-kang [Gu Jiegang] and China's New History: Nationalism and the Quest for Alternative Traditions.* Berkeley: University of California Press, 1971.

——. *A Madman of Ch'u [Chu]: The Chinese Myth of Loyalty and Dissent.* Berkeley: University of California Press, 1980.

——. "National Essence and the New Intelligentsia." in *The Limits of Change*, edited by Furth, pp. 57-89.

Schopen, Gregory. "Filial Piety and the Monk in the Practice of Indian Buddhism: A Question of 'Sinicization' Viewed from the Other Side." *T'oung Pao* 70 (1984): 110-126.

Schuessler, Axel. *A Dictionary of Early Zhou Chinese.* Honolulu: University of Hawai'i Press, 1987.

Schwarcz, Vera. *The Chinese Enlightenment: Intellectuals and the Legacy of the May Fourth Movement of 1919.* Berkeley: University of California Press, 1986.

Schwartz, Benjamin I. *In Search of Wealth and Power: Yen Fu [Yan Fu] and the West.* Cambridge, Mass.: Harvard University Press, 1964.

——. "The Limits of 'Tradition Versus Modernity' as Categories of Explanation: The Case of Chinese Intellectuals." in *Intellectuals and Tradition*, edited by Eisenstadt and Graubard, pp. 71-88.

——. *Reflections on the May Fourth Movement: A Symposium.* Cambridge, Mass.: Harvard University Press, 1972.

——. *The World of Thought in Ancient China.* Cambridge, Mass.: Harvard University Press, Belknap Press, 1985.

Searle, John. *Speech Acts: An Essay in the Philosophy of Language.* Cambridge: Cambridge University Press, 1969.

山西省文物工作委员会编:《侯马盟书》,北京:文物出版社,1976年。

Shapin, Steven. *A Social History of Truth: Civility and Science in Seventeenth-Century England.* Chicago: University of Chicago Press, 1994.

Sharf, Robert. "The Treasure-Store Treatise (Pao-ts'ang lun [Baocang lun]) and the

Sinification of Buddhism in Eighth-Century China." Ph. D. diss., University of Michigan, 1991.

Shaughnessy, Edward L. "Recent Approaches to Oracle Bone Periodization: A Review." *Early China* 8 (1982-1983): 1-13.

———. *Sources of Western Zhou History: Inscribed Bronzes*. Berkeley: University of California Press, 1991.

———. trans. *I Ching: The Classic of Changes*. New York: Ballantine Books, 1997.

沈延国:《记章太炎先生》,上海:商务印书馆,1946 年。

Shigezawa Toshio. *Genshi jūka shisō to keigaku* (The Origins of *Ru* Thought and Classical Studies). Tokyo: Iwanami shoten, 1949.

Shimada Kenji. *Chūgoku kakumei no senkushatachi* (Forerunners of the Chinese Revolution). Tokyo: Chikuma shobō, 1970. Translated by Joshua A. Fogel as *Pioneer of the Chinese Revolution: Zhang Binglin and Confucianism*. Stanford: Stanford University Press, 1990.

———. "Shingai kakumei ki no Kōshi mondai" (The Kongzi Problem of the 1911 Revolution Era). in *Shingai kakumei no kenkyū*, edited by Onagawa Hidemi and Shimada Kenji, pp. 3-35. Tokyo: Chikuma shobō, 1978.

———. "Shō Heirin ni tsuite: Chūgoku dentō gakujutsu to kakumeie" (On Zhang Binglin: Traditional Chinese Scholar and Revolutionary). in *Chūgoku kakumei no senkushatachi*, pp. 167-271.

Shirakawa Shizuka. *Kōshi den* (Life of Kongzi). Tokyo: Chu yo koronsha, 1972.

Shryock, John R. *The Origin and Development of the State Cult of Confucius*. New York: Century, 1932.

Sivin, Nathan. "Copernicus in China." *Studia Copernicana* 6 (1973): 63-122.

———. "State, Cosmos, and Body in the Last Three Centuries B. C." *Harvard Journal of Asiatic Studies* (June 1995): 5-37.

———. "Text and Experience in Classical Chinese Medicine." in *Knowledge and the Scholarly Medical Traditions*, edited by Bates, pp. 177-204.

Smith, Arthur H., D.D. *Chinese Characteristics*. New York: Fleming H. Revell, 1894.

Smith, D. Howard. *Confucius and Confucianism*. London: Paladin Books, 1974.

Smith, Jonathan Z. *Imagining Religion: From Babylon to Jonestown*. Chicago: University of Chicago Press, 1982.

———. *Map Is Not Territory: Studies in the History of Religion*. Leiden: E. J. Brill, 1978.

Smith, Wilfred Cantwell. *The Meaning and End of Religion: A Revolutionary Approach to the Great Religious Traditions*. New York: Harper and Row, 1978.

Soothill, William Edward. *The Hall of Light: A Study of Early Chinese Kingship*. London: Lutterworth Press, 1951.

——. trans. *Analects of Confucius*. Yokohama, 1910. Reprint, London: Oxford University Press, 1951.

Spence, Jonathan D. "Claims and Counter-Claims: The Kangxi Emperor and the Europeans (1661-1722)." in *The Chinese Rites Controversy*, edited by Mungello, pp. 15-28.

——. *The Gate of Heavenly Peace: The Chinese and Their Revolution, 1895-1980*. New York: Viking Books, 1980.

——. *The Memory Palace of Matteo Ricci*. New York: Viking, 1984.

——. *The Question of Hu*. New York: Knopf, 1988.

——. *The Search for Modern China*. New York: Norton, 1990.

——. *To Change China: Western Advisers in China 1620-1960*. New York: Penguin Books, 1980.

Steiner, George. *After Babel: Aspects of Language and Translation*. New York: Oxford University Press, 1976.

Streuver, Nancy. "Fables of Power." *Representations* 4 (fall 1983): 108-127.

Stock, Brian. *The Implications of Literacy: Written Language and Models of Interpretation in the Eleventh and Twelfth Centuries*. Princeton: Princeton University Press, 1983.

——. *Listening for the Text: On the Uses of the Past*. Baltimore: Johns Hopkins University Press, 1990.

Strickmann, Michel. "The Mao Shan Revelations: Taoism and the Aristocracy." *T'oung Pao* 68 (1977): 1-64.

——. "On the Alchemy of T'ao Hung-ching [Tao Hongjing]." in *Facets of Taoism: Essays in Chinese Religion*, edited by Holmes Welch and Anna Seidel, pp. 123-192. New Haven: Yale University Press, 1979.

——. "History, Anthropology, and Chinese Religion." *Harvard Journal of Asiatic Studies* 40, no. 1 (June 1980): 201-248.

——. ed. *Tantric and Taoist Studies in Honour of R. A. Stein*. Vol. 2. Brussels: Institut Beige des Hautes Études Chinoises, 1983.

Stuart, John Leighton. *Fifty Years in China: The Memoirs of John Leighton Stuart, Mis-

sionary and Ambassador. New York: Random House, 1954.

Sun, E-tu Zen. "The Chinese Constitutional Missions of 1905-1906." *Journal of Modern History* 24, no. 3 (September 1952): 251-268.

Tai Hung-chao, ed. *Confucianism and Economic Development: An Oriental Alternative*. Washington, D. C. : Washington Institute Press, 1989.

Takeuchi Yoshio. *Rongo no kenkyū* (Studies on the Lunyu). Tokyo: Iwanami, 1939.

Tambiah, Stanley J. *Culture, Thought, and Social Action: An Anthropological Perspective*. Cambridge, Mass. : Harvard University Press, 1985.

唐振常:《论章太炎》,《历史研究》(1978 年 1 月): 67—85。

Taussig, Michael. *Shamanism, Colonialism, and the Wild Man: A Study in Terror and Healing*. Chicago: University of Chicago Press, 1987.

Tedlock, Dennis. *The Spoken Word and the Work of Interpretation*. Philadelphia: University of Pennsylvania Press, 1983.

Teiser, Stephen F. *The Ghost Festival in Medieval China*. Princeton: Princeton University Press, 1988.

Thompson, Lawrence G. *Studia Asiatica: Essays in Asian Studies in Felicitation of the Seventy-fifth Anniversary of Professor Ch'en Shou-yi* [Chen Shouyi]. San Francisco: Chinese Materials Center, 1975.

Tillman, Hoyt C. *Confucian Discourse and Chu Hsi's* [Zhu Xi's] *Ascendancy*. Honolulu: University of Hawai'i Press, 1992.

——. "A New Direction in Confucian Scholarship: Approaches to Examining the Differences between Neo-Confucianism and Tao-hsüeh [Daoxue]." *Philosophy East and West* 42, no. 3 (July 1992): 455-474.

——. "The Uses of Neo-Confucianism Revisited: A Reply to Professor de Bary." *Philosophy, East and West* 44, no. 1 (January 1994): 135-142.

《听李泽厚、刘述先谈〈河殇〉》,《九十年代》227 期(1988 年 12 月): 88—91。

Todorov, Tzvetan. *The Conquest of America*. Translated by Richard Howard. New York: Harper and Row, 1984.

Torgovnick, Marianna. *Gone Primitive: Savage Intellects, Modern Lives*. Chicago: University of Chicago Press, 1990.

Trautmann, Thomas R. *Lewis Henry Morgan and the Invention of Kinship*. Berkeley: University of California Press, 1987.

Toulmin, Stephen. *Cosmopolis: The Hidden Agenda of Modernity*. Chicago: University of Chicago Press, 1991.

Treadgold, Donald W. *The West in Russia and China: Religious and Secular Thought in Modern Times*. Vol. 2, *China* 1582-1949. Cambridge: Cambridge University Press, 1973.

Trigault, Nicolá, and Matteo Ricci. *China in the Sixteenth Century: The Journals of Matthew Ricci, 1583-1610*. Translated by Louis J. Gallagher S. J. New York: Random House, 1953.

Tsou, Jung [Zou Rong]. *The Revolutionary Army: A Chinese Nationalist Tract of 1903*. Translated by John Lust. The Hague: Mouton, 1968.

Tsuda Sōkichi. *Suden no shi oshitaki kenkyū* (Studies on the Ideology of the Zuo Zhuan). Tokyo: Iwanami shoten, 1958.

Tu Cheng-sheng [Du Zhengsheng]. "Some Problems Concerning the So-Called Survivors of the Yin Dynasty." Paper presented at the International Conference on Shang Civilization, East-West Center, University of Hawai'i at Manoa, Honolulu, September 7-11, 1982.

Tu Wei-ming [Du Weiming]. *Confucian Ethics Today: The Singapore Challenge*. Singapore: Federal Publications, 1984.

——. "A Confucian Perspective on the Rise of Industrial East Asia." *Bulletin of the American Academy of Arts and Sciences* 42, no. 1 (October 1988): 32-50.

——. *Confucian Thought: Selfhood as Creative Transformation*. Albany: State University of New York Press, 1985.

——. "The Confucian Tradition in Chinese History." in *Heritage of China*, edited by Ropp, pp. 112-137.

——. "Cultural China: The Center as Periphery." *Daedalus* 120, no. 2 (spring 1991): 1-32.

——. "Hsiung Shih-li's [Xiong Shili's] Quest for Authentic Existence." in *Limits of Change*, edited by Furth, pp. 242-275.

——. *Humanity and Self-Cultivation: Essays in Confucian Thought*. Berkeley: Asian Humanities Press, 1979.

——. "The Rise of Industrial East Asia: The Role of Confucian Values." *Copenhagen Papers in East and Southeast Asian Studies* (April 1989): 81-97.

——. "The Search for Roots in East Asia: The Case of the Confucian Revival." in *Fundamentalisms Observed*, edited by Marty and Appleby, pp. 740-781.

——. "Toward a Third Epoch of Confucian Humanism: A Background Understanding." in *Confucianism*, edited by Eber, pp. 3-21.

——. "The 'Thought of Huang-Lao': A Reflection on the *Lao Tzu* [Laozi] and *Huang Ti* [Huangdi] Texts in the Silk Manuscripts of Ma-wang-tui [Mawangdui]." *Journal of Asian Studies* 39, no. 1 (November 1979): 95-110.

——.《"文化中国"初探》,《九十年代》245 期(1990 年 6 月): 60—61.

——. ed. *The Living Tree: The Changing Meaning of Being Chinese Today.* Stanford: Stanford University Press, 1994.

Twitchett, Denis. *Printing and Publishing in Medieval China.* New York: Frederic C. Beil, 1983.

Twitchett, Denis, and Michael Loewe, eds. *The Cambridge History of China.* Vol. 1. Cambridge: Cambridge University Press, 1986.

Tyler, Stephen A. "Post-modern Ethnography: From Document of the Occult to Occult Document." in *Writing Culture*, edited by Clifford and Marcus, pp. 122-140.

Übelhör, Monika. "The Community Compact (*Hsiang-yüeh* [*Xiangyue*]) of the Sung and Its Educational Significance." in *Neo-Confucian Education*, edited by de Bary and Chaffee, pp. 371-388.

Unger, Roberto Mangabeira. *Plasticity into Power: Variations on Themes of Politics, A Work in Constructive Social Theory.* Cambridge: Cambridge University Press, 1987.

Van Xuyet, Ngo. *Divination, magie, et politique dans la Chine ancienne.* Paris: Presses Universitaires de France, 1976.

Van der Loon, P. "The Ancient Chinese Chronicles and the Growth of Historical Ideals." in *Historians of China and Japan*, edited by Beasley and Pulleyblank, pp. 24-30.

——. "On the Transmission of the Kuan-Tzu [Guanzi]." *T'oung Pao* 41 (1952): 357-393.

Van Kley, Edwin J. "Europe's 'Discovery' of China and the Writing of World History." *American Historical Review* 76, no. 2 (1971): 358-385.

Vandermeersch, Léon. "Aspects rituels de la popularisation du Confucianisme sous les Han." in *Thought and Law in Qin and Han China*, edited by Idema and Zürcher, pp. 89-107.

——. *Wangdao ou la voie royale: Recherches sur l'esprit des institutions de la Chine archaïque.* Vols. 1-2. Paris: École Française d'Extrême-Orient, 1977-1980.

Vermeer, E. B., ed. *Development and Decline of Fukien Province in the Seventeenth and Eighteenth Centuries.* Leiden: E. J. Brill, 1990.

Vico, Giambattista. *On the Most Ancient Wisdom of the Italians Unearthed from the Origins of the Latin Language.* Translated by L. M. Palmer. Ithaca: Cornell University Press, 1988.

Vogel, Ezra. *The Four Dragons: The Spread of Industrialization in East Asia.* Cambridge, Mass.: Harvard University Press, 1992.

Wagner, Roy. *The Invention of Culture.* Revised and expanded edition. Chicago: University of Chicago Press, 1981.

Wakeman, Frederic, Jr. *The Great Enterprise: The Manchu Reconstruction of Imperial Order in Seventeenth-Century China.* 2 vols. Berkeley: University of California Press, 1985.

——. *History and Will: Philosophical Perspectives of Mao Tse-tung's [Mao Zedong's] Thought.* Berkeley: University of California Press, 1973.

——. "The Price of Autonomy: Intellectuals in Ming and Ch'ing [Qing] Politics." *Daedalus* 101, no. 2 (spring 1972): 35-70.

Wakeman, Frederic, Jr., and Carolyn Grant, eds. *Conflict and Control in Late Imperial China.* Berkeley: University of California Press, 1978.

Waldron, Arthur. *The Great Wall of China: From History to Myth.* Cambridge: Cambridge University Press, 1990.

Waley, Arthur, *Ballads and Stories from Tun-Huang [Dunhuang].* London: George Allen and Unwin, 1960.

——. *Three Ways of Thought in Ancient China.* New York: Doubleday Anchor, 1956.

——. trans. *The Analects of Confucius.* New York: Vintage Books, 1938.

——. trans. *The Book of Songs: The Ancient Chinese Classic of Poetry.* Edited with additional translations by Joseph R. Allen. New York: Grove Press, 1996.

——. trans. *The Nine Songs: A Study of Shamanism in Ancient China.* San Francisco: City Lights Books, 1973.

——. trans. *The Way and Its Power: A Study of the Tao Te Ching [Dao-de jing] and Its Place in Chinese Thought.* New York: Grove Press, 1958.

Wallacker, Benjamin E. "Han Confucianism and Confucius in Han." in *Ancient China*, edited by Roy and Tsien, pp. 215-228.

Walshe, W. Gilbert. "Some Chinese Funeral Customs." *Journal of the North China Branch of the Royal Asiatic Society* 35 (1903-1904): 26-64.

王汎森:《章太炎的思想》,台北:时报文化出版事业有限公司,1985 年。

王韬:《弢园文录外篇》,重印本,沈阳:辽宁人民出版社,1994 年。

Wang, Jing. *High Culture Fever: Politics, Aesthetics, and Ideology in Deng's China.* Berkeley: University of California Press, 1996.

Wang, Y. C. *Chinese Intellectuals and the West, 1872-1949.* Chapel Hill: University of North Carolina Press, 1966.

Wang, Zhongshu. *Han Civilization.* Translated by K. C. Chang and collaborators. New Haven: Yale University Press, 1982.

Ware, James R., trans. *The Sayings of Confucius.* New York, 1955.

Waterson, Roxana. *The Living House: An Anthropology of Architecture in South-East Asia.* New York: Oxford University Press, 1990.

Watson, Burton. *Ssu-ma Ch'ien [Sima Qian], Grand Historian of China.* New York: Columbia University Press, 1958.

——. trans. *The Complete Works of Chuang Tzu [Zhuangzi].* New York: Columbia University Press, 1968.

——. trans. *Courtier and Commoner in China: Selections from the History of the Former Han by Pan Ku [Ban Gu].* New York: Columbia University Press, 1974.

——. trans. *Records of the Grand Historian of China.* 2 vols. New York: Columbia University Press, 1961.

——. trans. *The Tso Chuan [Zuo zhuan].* New York: Columbia University Press, 1989.

Watson, James L. "The Structure of Chinese Funerary Rites: Elementary Forms, Ritual Sequence and the Primacy of Performance." in *Death Ritual in Late Imperial and Modern China*, edited by Watson and Rawski, pp. 3-19.

Watson, James L., and Evelyn S. Rawski, eds. *Death Ritual in Late Imperial and Modern China.* Berkeley: University of California Press, 1988.

Watson, William. *Cultural Frontiers in Ancient East Asia.* Edinburgh: Edinburgh University Press, 1971.

Weber, Max. *The Methodology of the Social Sciences.* Edited and translated by Edward Shils and Henry A. Finch. New York: Free Press, 1949.

——. *The Religion of China.* Translated by Hans H. Gerth. New York: Macmillan, 1964.

——. *The Protestant Ethic and the Spirit of Capitalism.* Translated by Talcott Parsons. New York: Scribners, 1958.

——. *The Sociology of Religion.* Translated by Ephraim Fischoff. Boston: Beacon Press, 1963.

Wechsler, Howard J. *Offerings of Jade and Silk: Ritual and Symbol in the Legitimation of the Tang [Tang] Dynasty.* New Haven: Yale University Press, 1985.

Weld, Susan. "Covenant in Jin's Walled Cities: The Discoveries at Houma and Wenxian." Ph. D. diss., Harvard University, 1990.

Wesling, Donald. "Methodological Implications of the Philosophy of Jacques Derrida for Comparative Literature." in *Chinese-Western Comparative Literature: Theory and Strategy*, edited by Deeney, pp. 79-111.

White, Hayden. *Metahistory: The Historical Imagination in Nineteenth-Century Europe*, Baltimore: Johns Hopkins University Press, 1973.

——. "The Politics of Historical Interpretation: Discipline and De-Sublimation." *Critical Inquiry* 9 (September 1982): 113-137.

——. *Tropics of Discourse: Essays in Cultural Criticism*. Baltimore: Johns Hopkins University Press, 1978.

Wilhelm, Richard, trans. *The I Ching* [*Yijing*]; or, *Book of Changes*. 3d ed. Rendered into English by Cary F. Baynes. Princeton: Princeton University Press, 1967.

Williams, Raymond. *Culture and Society, 1780-1950*. New York: Harper Torchbooks, 1966.

——. *Keywords: A Vocabulary of Culture and Society*. Revised edition. New York: Oxford University Press, 1984.

——. *The Sociology of Culture*. New York: Schocken Books, 1982.

Wilson, Brian R., ed. *Rationality*. New York: Harper Torchbooks, 1970.

Wilson, Thomas A. *Genealogy of the Way: The Construction and Uses of the Confucian Tradition in Late Imperial China*. Stanford: Stanford University Press, 1995.

Winch, Peter. "Concepts and Actions." in *The Philosophy of History*, edited by Patrick Gardiner, pp. 41-50. Oxford: Oxford University Press, 1974.

Wolf, Arthur P., ed. *Studies in Chinese Society*. Stanford: Stanford University Press, 1978.

Wolf, Margery. *A Thrice-Told Tale: Feminism, Postmodernism, and Ethnographic Responsibility*. Stanford: Stanford University Press, 1992.

Wong Young-tsu. *Search for Modern Nationalism: Zhang Binglin and Revolutionary China*. New York: Oxford University Press, 1989.

Wright, Arthur. *Buddhism in Chinese History*. Stanford: Stanford University Press, 1958.

——. ed. *The Confucian Persuasion*. Stanford: Stanford University Press, 1960.

——. ed. *Studies in Chinese Thought*. Chicago: University of Chicago Press, 1953.

Wright, Arthur, and David S. Nivison, eds. *Confucianism in Action*. Stanford: Stanford University Press, 1959.

Wright, Arthur, and Denis Twitchett, eds. *Confucian Personalities*. Stanford: Stanford University Press, 1962.

Wright, Mary Claybaugh, ed. *China in Revolution: The First Phase, 1900-1913*. New Haven: Yale University Press, 1968.

Wu Hung. *The Wu Liang Shrine: The Ideology of Early Chinese Pictorial Art*. Stanford: Stanford University Press, 1989.

Wu Pei-yi. "Self-Examination and the Confession of Sins in Traditional China." *Harvard Journal of Asiatic Studies* 39, no. 1 (June 1979): 22-34.

徐文靖笺:《竹书纪年统笺》,台北:艺文书局,1966年。

徐远和:《儒学与东方文化》,北京:人民出版社,1994年。

杨伯峻:《春秋左传词典》,北京:中华书局,1985年。

Yang, C. K. "The Functional Relationship between Confucian Thought and Chinese Religion." in *Chinese Thought and Institutions*, edited by Fairbank, pp. 269-290.

——. *Religion in Chinese Society*. Berkeley: University of California Press, 1961.

Yang, Lien-sheng, ed. *Studies in Chinese Institutional History*. Cambridge, Mass.: Harvard University Press, 1961.

Yates, Robin D. S. "The City under Siege: Technology and Organization as Seen in the Reconstructed Text of the Military Chapters of *Mo Tzu* [*Mozi*]." Ph. D. diss., Harvard University, 1980.

——. "Social Status in the Ch'in [Qin]: Evidence from the Yün-men [Yunmen] Legal Documents. Part One: Commoners." *Harvard Journal of Asiatic Studies* 47, no. 1 (June 1987): 197-238.

Yeh, Wen-hsin [Ye Wenxin]. *The Alienated Academy: Culture and Politics in Republican China, 1919-1937*. Cambridge, Mass.: Harvard University Press, 1991.

Young, John D. *China and Christianity: The First Encounter*. Hong Kong: Chinese University Press, 1983.

Yü, Chün-fang [Yu Junfang]. *The Renewal of Buddhism in China: Chu-hung [Zhu Hong] and the Late Ming Synthesis*. New York: Columbia University Press, 1981.

Yu, Pauline. "Poems in Their Place: Collections and Canons in Early Chinese Literature." *Harvard Journal of Asiatic Studies* 50, no. 1 (June 1990): 163-196.

Yu Ronggen. "Studies on Confucius in Our Country in Recent Years." in *Confucius*, edited by Etiemble, pp. 285-291.

Yü Ying-shih [Yu Yingshi]. "O Soul, Come Back! —A Study of the Changing Conceptions of the Soul and Afterlife in Pre-Buddhist China." *Harvard Journal of Asiatic Studies* 47, no. 2 (December 1987): 363-397.

余英时:《中国近代思想史上的胡适》,台北:学生书局,1984 年。

俞樾:《诸子评议》,上海:商务印书馆,1935 年。

Zakaria, Fareed. "Culture Is Destiny: A Conversation with Lee Kuan Yew." *Foreign Affairs* 73, no. 2 (March/April 1994): 109-126.

Zen, Sophia H. Chen, ed. *Symposium on Chinese Culture*. Shanghai: China Institute of Pacific Relations, 1931.

Zhang Longxi. "The Myth of the Other: China in the Eyes of the West." *Critical Inquiry* 15 (autumn 1988): 108-131.

——. "The *Tao* and *Logos*: Notes on Derrida's Critique of Logocentrism." *Critical Inquiry* 3 (spring 1985): 385-398.

——. *The Tao and the Logos: Literary Hermeneutics*, *East and West*. Durham, N. C.: Duke University Press, 1992.

张心澂:《伪书通考》,卷一,台北:鼎文书局,1973 年。

章学诚:《章氏遗书》,全八册,上海:商务印书馆,1936 年。

张鉴:《诂经精舍志初稿》,《文澜学报》2(1936 年 3 月):1—47。

《中文大辞典》,全十卷,台北:"中国文化大学",1977 年。

周法高编:《金文诂林补》,台北(南港):"中研院"历史语言研究所,1983 年。

周法高等编:《金文诂林》,香港:香港中文大学出版社,1975 年。

周谷城:《中国通史》,全二册,上海:上海人民出版社,1983 年。

邹容:《革命军》,重印本,北京:中华书局,1958 年。

Zupanov, Ines. "Aristocratic Analogies and Demotic Descriptions in the Seventeenth-Century Madurai Mission." *Representations*, no. 41 (winter 1993): 123-148.

Zürcher, E. *The Buddhist Conquest of China: The Spread and Adaptation of Buddhism in Early Medieval China*. Leiden: E. J. Brill, 1959.

——. "Jesuit Accommodationism and the Chinese Cultural Imperative." in *The Chinese Rites Controversy: Its History and Meaning*, edited by Mungello, pp. 31-64.

——. "The Jesuit Mission in Fujian in Late Ming Times: Levels of Response." in *Development and Decline of Fukien Province in the Seventeenth and Eighteenth Centuries*, edited by Vermeer, pp. 417-457.

Zürcher, Erik, Nicolas Standaert, S. J., and Adrianus Dudink. *Bibliography of the Jesuit Mission in China (ca. 1580-ca. 1680)*. Leiden: Centre of Non-Western Studies, Leiden University, 1991.

索 引

accommodationism: accommodationist reduction of China to a conceptual nexus of "Confucius," 167; defined, 306n3; Jesuit/Christian accommodation of Buddhism/*fo* (*see* Jesuits as *fo*); Jesuit/Christian accommodation of Confucianism/*ru*, 7–14; Jesuit opponents to accommodationism, 111–13 (*see also* Sino-Jesuit community); style of Philippe Couplet and the second generation of Jesuit accommodationists, 124–26 (see also *Confucius Sinarum Philosophus, sive Scientia Sinensis*; Couplet, Philippe)
Acheson, Dean: letter of transmittal, 306n3, 369n71
Achsenzeit (Axial Age): upheld by twin pillars, Kongzi and Jesus Christ, 257
Acquaviva, Claudio, 49, 62, 89, 116
Adam: and "Hoam Ti" (*huangdi*) in the Jesuit chronology project, 126–27
Ai Gong (duke of Lu), 21, 229
Aleni, Giulio, 105, 332n82
ambiguity: dialectic of ambiguity and invention, 158; and Jesuit *zide*, 111; of "manufacture," 23; as spur to invention, 23, 156–57, 161
Ambrose (bishop of Milan): and cult of the saints, 56
Ames, Roger. See *Thinking through Confucius*
Analects. See *Lunyu*
ancestor worship: and *Decalogo*, 73; influx of Jesuit missionary proselytism and Christian iconography, 105, 332n82; scant evidence of ancestor worship in the *Lunyu*, 255; and *Tianzhu*, 73–74. See also ritual
anciens et modernes (ancients and moderns) debate, 8, 124
ancients (Chinese): as justification for invention, 278
Aquinas, Saint Thomas, 59
Aristotle, 71; his characterization of paronomasia as literary entertainment, 170; contraposed to Kongzi, 94, 123. See also ethnic philosophy
astrology: in the late-seventeenth-century European imagining of monarchy, 82 fig7, 130–31, 130 fig12
atheism: as a conceptually familiar category to which Jesuits assigned Chinese "neoterics," 122
Augustine, Saint: *City of God*, 59; as *santo*, 94
authorial intention, 273; lack of primacy in ancient China, 273–75

baijia (Hundred Families), 191, 287; emergence of *baijia* indexed to Judeo-Christian chronology in Hu Shi's "Shuo ru," 259; as one family, *ru*, 193; predated by *ru*, 208
Baohuang hui (Protect the Emperor Society): defined, 287; organized by Kang Youwei in Japan, 180, 347n77

Bartoli, Daniello: history of Jesuits in China, and identification of Chinese Christian converts with Donglin shuyuan, 52

Bauer, Wolfgang, 218, 221, 225

Beck, Cave: "universal character," 128. See also *characteristica universalis*; Chinese language: as ideographic or pictographic

Bellah, Robert: theory of religious evolution, 372n102

Benveniste, Émile: critical revision of Saussure, 337n14

Bernard, Henri: claims Ricci was first to use the term "Confucius," 88, 328n27; explains Jesuit antipathy for *fo* as a result of affiliation with Donglin shuyuan, 52

Bible, 59–60, 72; and Jesuits' chronology project, 126; limits of the Bible when considering natural theology, 94; use of the Bible to index ancient Chinese history, 242–44, 257

"Big Dipper of China": Zhang Binglin's complimentary reference to Kongzi, 186, 303

bonzes/bonsos [P] (Buddhist monks). See Jesuits as *fo*

boshi (gentlemen of broad learning), 204; a late-Han gloss of *ru*, 164–66, 204; normative interpretation of *ru* as, 159, 166–67. See also *ru* practitioners

Bouvet, Joachim: figurist belief that ancient Chinese texts prophesied revelation, 117

Boxer Indemnity Fund: scholarships for Chinese study abroad, 220

Boxers. See *Yihe quan*

Bo Yi, 19. See also culture heroes

Bronze Age (ca. 3000–1000 B.C.E.): rise of the general name (*daming*) *ru* during, 208. See also *ru* philology; Shang; Zhou

Brooks, E. Bruce, and A. Taeko Brooks: accretional theory of *Lunyu* composition and reconstruction of proper sequencing of *Lunyu* strata, 326n10

Burning of the Books (alleged), 164

canon: canonicity as a product of the interpretive closure of Han narrative, 189; disagreement among *jinwen* and *guwen* scholars regarding canon, 176; Jesuit/*ru* canon construction, 26, 59, 118. See also Sino-Jesuit textual community

cartography: function in Jesuit enculturation, 37–38. See also *mappamondo*

catechism, 36–39, 102, 312n13. See also *Tianzhu shiyi*; *Vera et brevis divinarum rerum expositio* (*Tianzhu shilu*)

Catholic Church: dupery of, 91–92; growing suspicion of Jesuit missionaries, 86; Inquisition, 65; and the *Padroado*, 41, 314n22; Reformation, 108, 332n90; Ricci's explicit frustration with ecclesiastical authorities, 322n94; Vatican authority, 46, 63, 67, 112, 119. See also Christianity; Jesuits

Chang, Kwang-Chih (K. C.), 145

changcheng (Great Wall): as idea rather than artifact, 287

Chao, Y. R., 220

characteristica universalis (universal system of characters), 123. See also Chinese language: as ideographic or pictographic

Chen Duxiu: advocacy of Chinese adoption of Christianity, 234

Cheng brothers (Chengzi): Cheng Mingdao, 86, 170; Cheng Yichuan, 86, 110, 170

Cheng/Zhu orthodoxy (*ru*), 101, 108

Chengzi. See Cheng brothers

Chen Houguang: opposition to *Tianzhu jiao*, 104–5, 332n81

Chen Jie: gloss on *ru*, 170. See also *ru* common glosses

Chen She: *ru*-supported leader of anti-Qin insurrection, 164; *Zhuangzi* commentary on *ru* alliance with him, 340n25

China: cultural traits of, equated to Confucian cultural traits, 142; equivalence of, to the West, 253; Jesuit elevation of, to world historical significance, 253;

索 引

reduced to the nexus of Confucius and Confucianism, 2, 5–11; reestablishing the ecumenical status of, 154; as a site of late-twentieth-century intellectual ecumenism, 222; and the West as "alleviative geometries," 262

China Mission, 7, 35, 119, 128. *See also* Jesuits; Sino-Jesuit textual company; Zhaoqing

Chinese Christian converts: assistance to Jesuit textual communities, 36–38, 72–73, 111–14; a mysterious man from Fujian, 72. *See also* Sino-Jesuit textual community

Chinese language: as "Confucian language," 129 (*see also* Confucian; Confucius); contemporary Chinese understandings of, 165, 341n39; contemporary revival of traditional characters, 11; elaboration of ancient Chinese through *jiajie* (phonetic borrowing), 195; first use of semantic classifiers (radicals), 195; hybrid constructions of graphs, 356n130; as ideographic or pictographic, 114, 168, 341n39, 355n129 (and hence "natural," 128–29); Jesuits' study of, 70 (*see also* Sino-Jesuit textual community; translation); and late-sixteenth-century European lexicon, 90–91; as the lost language of Adam, and indicative of God's presence, 115. *See also* literature; *ru* philology and links

Chineseness: as defined by seventeenth-century Chinese cultural elitists, 51; defined by the strict exclusion of *fo*, 51; Hu Shi's expansion of the referents of, 260–61; of Jesuit missionaries (*see* Jesuit nativeness; Jesuits as *fo*; Jesuits as *ru*); plural meanings of, 267; symbolized by *fo*, 44, 49; symbolized by *ru* and equated with Confucius, 49, 63–64, 79, 117, 130, 158, 163, 177 (see also *ru*); twentieth-century Chinese nationalists' culturalist definition of, 155

chinoiserie, 64, 129, 144, 248

Christiana expeditio (the Christian expedition), 7

Christianity: Chinese, obscured by time and heresy, 58; Chinese latent, 118–19; coherence of the world, when science and Christianity conjoin, 126–27; obscured by *fo*, 47, 316n40; proto-Christianity in the *Sishu* and *Liujing*, 56; *ru* and the fallacy of, 53, 124, 138, 147, 153–54 (*see also* figurism); and science, 126; similarity of Christian nonresistance with weak complacence of the Shang, 242; as a symbolic fund for historical reconstruction of Chinese antiquity, 244

chronology: biblical chronology, 126; Christian-Chinese chronological agreement contained in the *Confucius Sinarum Philosophus*, 121; chronology of the Septuagint, 126; and distinctions of true/false, 101; and "manufacture," 22; and *Tabula Chronologica Monarchiae Sinicae*, 126

chuanjiao (preaching the faith): of Jesuits (*see* Jesuit proselytism); Liang Qichao's *jinwen* guidelines for *chuanjiao*, 179

Chunqiu (Spring and Autumn Annals), 132, 177, 273

"Cin Nicò": neologizer of Tianzhu, 73–74, 324n109; dubious identity of, 324n108

City of God. *See* Augustine, Saint

Clavis Sinica, 51, 117, 318n58. *See also* real characters; universal language

Clavius (Christopher Clau), 60

colonialism, 80, 144–45, 280. *See also* hybrid community

commerce: of concepts and ideas, 9; of precious metals, 9. *See also* economy; global economy

Commonwealth: value of the symbol of Confucius for, 120

conceptual invention, 137–40, 157

Confucian: "Confucian language," 129; contemporary positivist reading, 140–41; as eponym, 129; as European reinvention, 34 (*see also* fetishization); first occurrence of the term, 121; gloss of China's antiquity influenced by Hu Shi and Zhang Binglin, 221; inadequacy and yet excessive application of

499

Confucian (cont.)
  the term, 139; as interpretive construct, 141; as Jesuit accommodationist transformation, 132; as Jesuit invention, 34; as neologism, 129; origin of, 81, 324n2. *See also* conceptual invention
Confucianism: after the Peace of Westphalia, 113; belief in the reality of, 141; as cumulative tradition, 336n133; Confucianism/*ru* plasticity, 19–22, 280; enduring yet troubled concept of, 137–42; failure of, 24–25; as foundation of Asian industrialism, 14–15, 308n18; mental economy of, 162; its metonymic status as a nonindigenous cultural symbol, 3–7, 26, 79–80, 132–33, 138–47, 167; reification of, 132–47, 336n133
Confucianos, 147, 167, 177
Confucian values, 139, 146; equated to Chinese values, 163; Jesuit take on, 94–95; and late-twentieth-century predicaments, 14, 146; and modernization, 14–15
Confucio, 133. *See also* Confucius; Kongzi
Confucius Sinarum Philosophus, sive Scientia Sinensis (Confucius, Philosopher of the Chinese; or, The Chinese Learning, 1687), 121–27; composite authorship of, 325n3 (*see also* Couplet, Philippe; Herdtrich, Christian; Intorcetta, Prosper; Rougemont, François de); content derived from Ricci's Latin translation of the *Sishu*, 85, 114; and the equivalence of Confucius and Kong Fuzi, 81; European reception of the text, 119–20; first known Western portrait of Confucius, 82 fig7, 130–32; theologically ecumenicist links between Xan ti, Deus, Elohim, and Jehovah, 123; its utility of the Oracle at Delphi, 124. *See also* canon construction; Sino-Jesuit textual community
Confucius: clusters of Latinized names ascribed to Confucius, 80, 133; comparison with ethnic philosophers, 123, 335n117; as conceptual nexus of Chinese culture, 167; as contemporary Western fetishized commercial icon, 6, 14; enduring concept of, 137–40, 270–74; Enlightenment era symbolic variability of, 9; assumed equivalence with Kong Fuzi, 80–85, 92, 324n2, 325nn5–7; first appearance in Ricci's writings, 89; first Western portrait of, 82 fig7; and global economy, 9, 14–15, 283–84; as Jesuit-imagined confrère, 70; as metonym of real Chineseness, 79; obscure transliteration, 81–86; as Oracle of Delphi, 123, 335n118; orthography of, 86–92, 95–96; questionable fidelity of the term, 83–86; attributed to Ricci, 86–90; sixteenth-century European popularity of, 8. *See also* Kongzi
Confusius: conceptual reappropriation of Confusius, 73–75; earliest spelling of "Confucius," 34–35; origins and first textual documentation of, 71–72. *See also* Confucius; Kongzi
Confutii Vita (Life of Confucius), 122; characterizes rites performed to Confucius as secular, 129. *See also* Intorcetta, Prosper
Confutio [It], 68, 80, 88, 90–91, 94–95, 107; animal sacrifice performed to, 65–66; Chinese prophet of monotheism for Ricci and other early Jesuit missionaries, 88, 94, 145; as *santo*, 94. *See also* Confucius; Kongzi
Confutius [L]: cult and rites honoring, 63–67; founder of "la legge de' letterati," 39; term as its genitive singular, Confutii, 89–91, 95. *See also* Confucius; Kongzi
Confuzo [It]: possible association with Confuso (confusion), 329n37. *See also* Confucius; Kongzi
conjectural histories: derived from *ru*, 161
conquest elites (Mongols and Manchus): native accommodation to, 170, 342n43
Consilium de Emendanda Ecclisia: and expansion of new orders of the Catholic Church, 332n90

索 引

Cook, James, 32–33
cosmopolitanism: as antidote to nationalism, 264
Costa, Inácio da, 84, 114, 116. See also *Confucius Sinarum Philosophus*; *Sapientia Sinica*
Couplet, Philippe, 85, 122–27, 145–46; *Confucius Sinarum Philosophus*, 116; *Tabula Chronologica Monarchiae Sinicae*, 126. See also *Confucius Sinarum Philosophus*
Creel, Herrlee G., 142–43
crisis of representation, 118, 145
Cruz, Gaspar da, 87
Cui Shu, 24, 172
cultural construction on a Chinese basis. See "Zhongguo benwei de wenhua jianshe"
culture: cultural encounter, 139; cultural hegemony, 168; cultural imperialism, 144–45; culturalism, and twentieth-century nationalists' Chineseness debate, 155; cultural preservation, as disputed by *guwen* and *jinwen* scholars, 180; culture shock and textual productivity, 44, 315n29
culture heroes, 19, 58, 126; role in the constructed ancestry of *ru*, 203. See also Bo Yi; Fu Xi; Shun; Wen; Yao; Yi Yin; Yu
Cumfuceio [P], 80. See also Confucius; Kongzi
cuonhua [It] (*guanhua*), 288
custom: as transmission achieved through imitation, 171

Dai Zhen, 93, 100; esteemed by Zhang Binglin and Hu Shi, 220
daming (generic name; genus): earliest classification for *ru*, 191–94, 288
dao: Daoism, 122; Daoist canon, 167; and genesis of *ru*, 363n22; seventeenth-century European banishment of, 4; subordinated to *ru*, 139; viewed as a product of Satan, 95
Daoism. See *dao*
daotong (legacy of the way), 85; scholarly deployment as a *ru* trope, 162
daoxue (learning of the way), 170
daoyi (cultivations of the way): *ru* as peregrinating rural *daoyi* instructors, 184
Daxue (The Great Learning), 59, 114–16, 120–22, 132. See also *Sishu*
De arte cabalistica. See Reuchlin
de Bary, Wm. Theodore, 15–17
Decalogo (Ten Commandments), 38, 73
De Christiana expeditione apud Sinas (On the Christian Expedition among the Chinese, 1615): Trigault's Latin version of Ricci's *Storia*, 63, 66 figs, 321n85
deconstruction, 275, 375n10; and Enlightenment fetishization of China, 274
De Dao Jing. See *Laozi*
d'Elia, Pasquale: annotated translation of Ricci's mission history, 114; claims Ricci was first to Italianize Confucius, 88, 328n27; and Italian variants for Kongzi, 95–96
Delphic Oracle, 123–24
Deng Shi, 175
Derrida, Jacques: *le jeu* (play), 223, 273
Dewey, John: instructor of Hu Shi at Columbia, 220
Donglin shuyuan (Eastern Forest Academy), 51; and Jesuit anti-*foism*, 51–52, 102 (*see also* Fushe)
Dong Zhongshu: *Chunqiu fanlu*, 198; criticized by Zhang Binglin for confounding the generic, proper, and class names of *ru*, 205–6; imperial prominence of *ru* under his mentorship traced in the *Shiji*, 163–64
Dong Zuobin, 142
Duan Yucai, 172; *Shuowen jiezi zhu*, 197
Duke Ai. See Ai Gong; *Liji*
Duke Li. See Ricci, Matteo
Duke of Zhou. See Zhou Gong
Dunhuang, 21
Du Yu: commentary on the *Chunqiu*, 103

economy of delight, 267–70, 279, 285
economy: Asian economic "miracle," 4; economic hypergrowth, 11, 14, 308n18; industrial economy complemented by "the economy of delight,"

501

economy (cont.)
   268; successes attributed to *ru*, 11. See also commerce; global economy
ecumenism, 219, 221. See China: as a site of ecumenism; *Confucius Sinarum Philosophus*
Elements. See Euclid
Epictetus: featured in the *Ershiwuyan*, 60
Ershiwuyan (Twenty-five sayings), 60
Er ya (early etymology), 159; nonappearance of *ru* therein, 339n11
Escalante, Bernardino de, 87
Esperanto, 186; both advocacy and refutation of, 345n64
ethnic philosophy: defined, 71; ethnic philosophers, 71, 73; Kongzi as ethnic philosopher, 123; the *Sishu* as ethnic philosophy, 59. See also Aristotle; Plato
ethnology: and the Jesuit textual community, 116, 125, 138
etymology: as ideology, 209; and Western reception of "Yuan ru," 209
Euclid, 59–60
Europe: and contradictions between theology and science in the crisis of representation, 118–19; eager bandying of "Confucius" and "Confucian" received from Philippe Couplet and the second generation of Jesuit missionaries, 138–39; and fetishization of Kongzi, 91; late-seventeenth-century philosophical debates between ancients and moderns, 124; reception of Jesuit-translated Chinese texts, 79, 86, 112–13, 118–21; Renaissance, 209
evolution: early influence on both European and native Chinese imaginings of China, 154; influence on twentieth-century Chinese scholars' attempts to trace the origins and development of *ru*, 174; informing Hu Shi's "Shuo ru," 222; informing Zhang Binglin's "Yuan ru," 207–8; as metaphor for the pluralities of *ru*, 214; as parallel to the dissimilarity of past and present meanings of *ru*, 160
expositio style. See *Tianzhu shilu*

fangshi (magician): early practitioners of *ru*, 160
Fan Kuan: *Travelers among Streams and Mountains* (painting), 157
feathers: in hats (see *yu*; *yuguan*); in ritual, 357n137
Feng Guifen: Tongzhi era reformer, 206–7
Feng Youlan, 176; inspired by Zhang Binglin's "Yuan ru," 210; with Hu Shi, attempts to make Chinese thought more accessible to Westerners, 223
Fernandez, James W.: and figurative predication, 161, 339n17
fetishization: of the concept "Confucius," 34, 91, 274; mutual, of China and the West, 283–84. See also Confucian; Confucius; Larson, Gary
figurism: and revelation in the *Yijing*, 117. See also Christianity: Chinese latent; Christianity: obscured by *fo*; Christianity: Chinese, obscured by time and heresy
Five Classics. See *Wujing*
Five Masters of Northern Song, 170. See also Cheng brothers; Shao Yong; Zhang Zai; Zhou Dunyi
fo, 139; as product of Satan, 95; second- and third-century translation teams and *fo* terms, 114, 334n101; seventeenth-century European banishment of, 4; sixteenth-century popularity in China influences Jesuits to undertake the guise of, 42–48; superficial similarities to Christianity, 46–47; and *yiduan*, 98. See also Jesuits as *fo*; *sanjiao*; *tre leggi diverse*
Fonti Ricciane, 68. See also Ricci, Matteo
Foucquet, Jean-François, 117
Four Books. See *Sishu*
Four Little Dragons (Hong Kong, Singapore, South Korea, Taiwan), 15. See also Confucianism: as foundation of Asian industrialism
Franke, Wolfgang: *Der Ursprung der Ju und ihre Beziehung zu Konfuzius und Lau-dsi* (translation of Hu Shi's "Shuo ru"), 3
Freud, Sigmund: concept of "family romance," 318n61

Furth, Charlotte: on Zhang Binglin's philological approach, 185, 351n98
Fushe: arousal of Jesuit anti-*foist* ru-reformationism, 102. *See also* Donglin Shuyuan
Fu Sheng, 344n59
Fu Sinian, 176; inspired by Hu Shi's "Yuan ru," 210
Fu Xi (culture hero), 126
fuzi (honorific; "gentleman," "sir"), 83, 289; in contrast to *zi*, 86; dissociation from "Kong," and overall frequency of occurrence in the *Lunyu*, 83, 325nn8–9; in pre-Han texts, 84, 325n7

Gan Yang, 375n17
Gao Panlong: calls for a return to *lixue* tradition, 102
Gasster, Michael, 205
Geertz, Clifford: on foreignness, cultural diversity, and tolerance, 339n9
Gellner, Ernest: on the endurance of concepts, 137
Gernet, Jacques, 60, 144
global economy: early-twentieth-century, 153–54; of late-sixteenth to early-seventeenth centuries, 9, 307n8; late-twentieth-century, 283. *See also* commerce; economy
Glorious Revolution, 120
Goa, 35–36, 40, 58, 70, 92. *See also* Mission of the Indies
God: among Chinese, 89–90; among *i veri letterati*, 55; and Confucius, 61, 153; etymology of, 112; and "real characters," 115; revealed in Kongzi's writings on Chinese natural theology, 94; in *Sishu*, 62, 70; as *Taiji*, 96; and *Tianzhu*, 57, 73–74; as the ultimate inventor, 108. *See also Shangdi*
Gomes, Pero, 36, 72
Gongsun Hong: early Han *ru* official, 166
gongyang faction, 213; rejected by Zhang Binglin, 346n68
gongzu (a clan of noble descent): as *ru*, 192, 354n123
Gouvea, Antonio de: *Confucius Sinarum Philosophus*, 116
Grand Historian. *See* Sima Qian

Greek philosophy. *See* ethnic philosophy
Grieder, Jerome, 222
Guang ya, 159, 197; in Hu Shi's philological reconstruction of *ru* as *rou*, 228
guanhua (native language of the country; official words; administrative vernacular), 51, 125, 182
Guanzi, 86
Gubu Ziqing (physiognomist), 239
gui (jade tablet): symbol of Lu, 131
Gu Jiegang, 24; difficulty comprehending Zhang Binglin's and Liu Shipei's writings, 211; *Gushi bian* (Critiques of Ancient History), 186, 351n101; theory on mythic figures and accepted chronologies, 182, 348n83
guocui (national essence), 175–77; and debates with the *jinwen* camp over national identity, 176, 351n102; and *minzu guangfu*, 366n43
guocui coterie: defense of Liu Xin, 183; definition of *ru*, 183; objectives, 206–7
Guocui xuebao (National Essence journal), 183, 186, 349n88
guogu (national heritage), 178. *See also zhengli guogu*
Guogu lunheng (Zhang Binglin), 182
guojiao (state-sponsored national religion), 158, 309n21
Guomindang (National People's Party). *See* Republican era
Guo Moruo, 176, 262
Guoxue baocun hui (Society for the Preservation of National Studies): founded by Zhang Binglin and Liu Shipei, 180, 290
Guoxue hui (National Studies Society), 186, 290
Guo Zizhang, 39
guru (ancient *ru*), 100, 156, 290; of Liu Shipei, 183–85; as peregrinating countryside pedagogues, 184–85. *See also ru*
guwen (ancient language; ancient prose), 290, 344n59; and early-twentieth-century *zhuzi xue*, 172; and *jinwen*, 185–215; as reservoir of *guocui*, 175; or *shiwen*, and the true/false debate, 101
Gu Xiancheng, 52, 102

Guy, Kent, 206
Gu Yanwu, 100
guzhiru (*ru* of antiquity), 100, 290; of Zhang Binglin, 191. See also *ru*
Guzman, Luis de, 87, 328n26

habitus: defined, and descriptive of Jesuit community in China, 370n56
Hall, David. See *Thinking through Confucius*
Han Feizi, 86, 203
Hanlin Academy, 85
Hansen, Chad, 191
Han shu (first official history of the Han), 168, 195
Han Wudi, 155, 164
Hanxue (Han learning), 143; as coerced misdirection of Chinese scholarship, 188, 353n111; and Jesuit denunciation of Neo-Confucianism, *dao*, and *fo*, 143. See also *zhuzi xue*
Hartley, L. P.: *The Go-Between*, 156–57
Heavenly Master. See Tianzhu
Herdtrich, Christian: *Confucius Sinarum Philosophus*, 116
hermeneutics, 60; of belief, 62, 109; figurism as, 117; of *jinwen/guwen*, 178
heshang (native title), 41; emblematic of Chineseness, 143, 315n28; and Jesuits as *fo* (bonzes), 44–48. See also Chineseness
Hetu shu (Pivot of the River Chart): and tautological definition of *ru* as public practice of *ru*, 171–72
hexagrams, 333n99: as distinguished from Chinese graphs, 356n129; European scholarly interest in, 333n99; as primitive language of Chinese or combinatorial calculus, 333n99; used to gloss graphs, 195–96, 356nn129–30 (see also *ru* philology). See also *Yijing*
He Xiu, 261
historicism: historicist style of Zhang Binglin and Hu Shi, 161; of Hu Shi's "Shuo ru," 223; and *ru*, 161
history: characterized as shards or traces (*guji*), 203, 277, 290; and national identity debates, 176–77 (see also *guwen*; *jinwen*)

holy water, 105, 332n82
homes letrados [P]: invented indigenous tradition of the Jesuits, 56, 80, 159. See also Jesuits as *ru*; Sino-Jesuit textual community
Hong Xiuquan: Taiping Tianguo use of *Shangdi* for God, 324n109
houru: later *ru* of Song and Ming dynasties, 108, 110. See also *jinru*
Hou Wailu, 222
huangdi, 4; and *guwen* scholar Zhang Binglin's nativist *ru* chronology endeavor, 182; inequivalence with emperor as supreme lord, 316n48
Huang Kan, 85, 172; *Lunyu jijie yisu*, 197
Huang Wendao: opposition to *tianzhu jiao*, 105–6
Huang Zhen, 105
Huaxia civilization, 195, 207; as scribal origins of *ru*, 209
Hu Chuan, 360n1
huiyi (joined meanings): as method of sinograph construction, 195, 291. See also Chinese language
Hu Juren, 103
Hu Shi, 26–27, 173–74, 181; account of Shang messianism and the misappropriation of Kongzi as "sage," 250–58; ambivalence toward Christian missionaries, 366n44; association of *xiangli* with *sannian zhi sang* (three-year rite of mourning), 240; belief that Laozi, Kongzi, and Mozi were *ru*, 370n83; belief that *sannian zhi sang* was an archaistic invention of the *ru*, 254–55; belief that *sannian zhi sang* was a Shang practice preserved by *ru* under the Zhou, 240–41, 248; "The Chinese Renaissance," 268–69; conception of *ru* as custodians of Shang memory, 231–34; conscious anachronism of, 365n40; conversion to Christianity, 369n75; criticism of Zhang Binglin's "Yuan ru," 226–30; definition of *ru* as *xiangli*, 235–39; educational background, 220; expansion of the referents of Chineseness, 260–61; inspired by Judeo-Christian nonviolent

resistance, 242–44; interpretation of Kongzi and Christ as twin pillars of modern world civilization, 253–58; opposition to *Zhongguo benwei de wenhua jianshe* (Cultural Construction on a Chinese Basis), 261–62; philological approach to defining *ru* and "Shuo ru," 159–60; philosophical opposition to Liang Shuming, 247; reliance on the Bible as an anecdotal source, 259, 369n71; on *rufu* (*ru* garments) as signifying *rou* (weakness), 230; scholarly influence of, 360n6; Shang survivor prophecy of redemption, 250–51; his "Shuo ru" compared to Zhang Binglin's "Yuan ru," 222–27; similarities to the *ru* of Shang/Yin, 233; use of cosmopolitanism as antidote to nationalism, 264; use of *Yijing* hexagrams to gloss *ru*, 229, 245–46; vision of universal civilization, 259–64, 268–69; voted "The Greatest Living Chinese," 220; on *xu, ruan, and rou,* 228–29

hybrid canon, 59–60, 125. See also *Sapientia Sinica*

hybridity: of early-twentieth-century discourse of *ru*, 173; *ru*/Christian, of Sino-Jesuit community, 80, 114–15

Ignatius of Loyola, Saint, 60; compared to Confucius, 93

i letterati (the literati), 95; as neoteric interpreters, 122

il lume naturale (the light of nature), 55, 63, 104, 124; possessed by Kongzi, 74, 131

Illyricus, Matthias Flacius, 101

Il Milione (The Million; *Travels*). See Polo, Marco

imperial examination system: abolition of, 174

imperialism, 153–54; cultural imperialism, 144; and early-twentieth-century national identity debates, 176, 346n88

Inquisition. See Catholic Church

interpretation: interpretive consensus, 67–69; interpretive difference, 63; neoteric interpreters, 122; translations as interpretive constructs, 141. See also *ru* interpretation; Sino-Jesuit textual community

In the Mansion of Confucius' Descendants. See *Kongfu neizhai yishi—Kongzi houyi de huiyi*

Intorcetta, Prosper, 84; *Confutii Vita,* 115; *Sapientia Sinica,* 114; *Sinarum Scientia Politico-Moralis,* 115

invention, 5, 118; "invent" as a working gloss for *zuo*, 23; invention of the indigenous tradition *homes letrados*, 80; joint invention, 73–75; mutually reinforcing Jesuit invention of Kong Fuzi and Confucius, 81–92; of *ru*/Jesuit conjoinment, 93; and *shuwen*, 110. See also manufacture; *zuo*

Isaacson: *Saturni Ephemerides: Tabula Historicochronologica,* 126

Italian language: and the orthography of Confucius, 88; renderings for *dao, fo,* and *ru,* 95–96 (see also *tre leggi diverse*)

i veri letterati (the true literati), 95, 122; compared to *i letterati,* 95

Jackson, Henry E.: correspondence with Hu Shi, 258

Jerome, Saint, 94

Jesuits: alignment with officials and elites, 105–6; appeasement of royal authority, 117–18; arrival in China, 3; as bearers and followers of *ru*, 34, 48–59, 70, 92–101, 316n47, 322n98; differing attitudes concerning native conversion, 320n73; early history of the Jesuit project, 311nn4–5; embedded in the conceptually familiar, Christianity, 139; European reception of Jesuit texts, 118–22; experience of daily life, 36–37 (see also letterbooks); favoring *ru* over *fo* and *dao,* 182; ideological character of Jesuit interpretation, 154; incognito as bonzes/*fo,* 39–48, 314n24; Jesuit nativeness and the invention of Kong Fuzi/Confucius, 86, 91, 96, 113, 223; Jesuit nativeness and *xianru,* 103; legacy for Western scholarship, 63; local reception of, 44–47; marginality of

Jesuits (cont.)
   Jesuit textual community, 314n22; as possessors of *dao*, 101–2; proselytizing strategies of, 44, 70, 322n98; putative Jesuit influence on *kaozheng*, 315n39; reactions of late-Ming *ru* scholars to Jesuit interpretations of *ru*, and contested Jesuit nativeness, 104–7; reductionism paralleled by early-twentieth-century native revisionist-reformers, 177; Whiggish history of the Jesuit textual community, 75; Zhaoqing mission, 9, 37, 40
Jesus Christ, 38; *xian-sheng*, 104; revelation of Christ prophecies in the *Yijing*, 117
Jesus Christ and Kongzi, 89, 123, 257–58, 262–63; as mavericks, 224; comparable philosophies of non-violent resistance, 241–43, 368n67
Ji: ruling clan of Zhou, 163, 200
jiaguwen. See oracle bones
jiajie (phonetic loaning/borrowing): elaboration of ancient Chinese through, 195. See also Chinese language; *ru* philology
Jiang Yong, 172
jiao (teaching; religion): Zhang Binglin's study of the term, 185–86
jiaoshi, 291, 368n66; term for *ru* and for-eign missionaries, 225, 362n14
Jiaoyou lun (Treatise on Friendship), 60, 97
Jihe yuanben (The Elements of Euclid). See Euclid
Jingtu (Pure Land), 43. See also *fo*
jinru, 78, 291; indistinguishable from *dao* and *fo*, 100; neoteric interpreters, 122; and *yiduan*, 98–99
jinwen (New Texts), 291; and early-twentieth-century *zhuzi xue*, 172; and *guojiao*, 159; *guwen* opposition, 185–215 (see also Zhang Binglin); origins of, 344n59; revival, 158, 174, 178–80, 344n59. See also Kang Youwei; Liang Qichao
Jiujing (Nine Classics): explained, 320n67; authorship attributed to Kongzi/Confucius, 321n80

jiuliu (nine streams; pre-Han scholarship), 185, 188, 193, 292
ju kiao [*rujiao*]: and Chinese ancient belief in "Xan Ti"/*Shangdi*, 123

Kangxi, 112, 117, 118 fig9
Kang Youwei, 174–77; criticized by Zhang Binglin, 186; and *guojiao*, 309n21; and *jinwen* revival, 174; *Kongzi gaizhi kao* (Researches on Kongzi as a Reformer), 179; and Liang Qichao's Kongjiao proselytizing mission, 178–79, 351n101; nativist appeals to reform, 178–80; and the question of Kongzi's descent, 198–99; *Xinxue weijing kao* (A Study of the Forged Classics of Xin Era), 179
kaozheng (evidential research) scholars, 117, 172, 292; exemplified by Hu Shi's presentation of "Shuo ru," 225; *kaozheng* slogan "Shi shi qiu shi," 199, 297; movement from *Sishu* to *Wujing*, 172
Ke Lan. See *Kongfu neizhai yishi—Kongzi houyi de huiyi*
kexue (science) vs. *Rensheng guan* (view of life) debates of 1923, 247
kingfisher. See *yu; yuguan*
King Min, 192
Kitamura Sawakichi: *Jūgaku gairon* (A General Outline of Ru Learning), 210
kokugaku [J] (national studies), 292, 349n87; influence on Zhang Binglin, 182
Kong Anguo, 344n59
Kong clan: disputed ancestral home of, 12, 308n15
Kong congzi (Kong Transmission Record), 21, 84
Kong Demao. See *Kongfu neizhai yishi—Kongzi houyi de*
Kongfu neizhai yishi—Kongzi houyi de huiyi (Anecdotes from the Women's Quarters of the Kong Residence—The Reminiscences of Kongzi's Descendant) (Ke Lan and Kong Demao), 12
Kong Fuzi, 7, 80; absence from *Lunyu* and other texts, 81–86; Jesuit invention and missing history of, 83–86. See also Confucius; Kongzi

索 引

Kongjiao ("Confucianity"; state religion of Kongzi), 175, 178, 292, 351n101; made official by the Manchus in 1907, 186, 351n102; Zhang Binglin's opposition to, 186
Kong Jie: elected *boshi* of Chen She, 164
Kongmiao (Kong temple): and *xianru* (first *ru*), *xianxian* (first worthies), and *xiansheng* (first sage) distinctions, 103
Kongmou (So-and-so Kong), 20–21
Kong Qiu, 33, 95, 155, 290. *See also* Confucius; Kongzi
Kong Yingda, 103
Kongzi, 5, 108, 139, 155; annual ceremonies honoring, 12, 64, 307n14; as author of *Xici juan*, 6; as bodhisattva, 22; characterized by Zhang Binglin as the "Big Dipper of China" (Zhina de daxiong xing) and outranker of culture heroes, 186–87; conceived as reformer by *jinwen* reformists, 178; contemporary symbolic capital of, 163; dubious historicity of, 156, 338n7; early-twentieth-century symbol of Chineseness, 177, 347n70; frequency of occurrence in *Lunyu*, 83, 325n9; Han mythology of him as *suwang*, 131, 373n107; and *jinwen* reformists, 175; modern Chinese restoration of, 11–14; orthographic variances of, 86–92; as patriarch of *guwen* and *jinwen* schools, 176, 199, 346n65; purported Shang descent of, 198–99, 252, 258, 372n100; as savior of Shang, 243–44; in *Shiji*, 64, 168; symbolic abduction of, 254; as symbol of Chinese civilization, 163; as symbol of Chineseness, 160; and twentieth-century nativism, 5; symbol of the rupture between ancient and modern meanings of *ru*, 202–3; as transmitter of an archaic *ru*, 156; underling of Zhou Gong, 179–80. *See also* Confucius
Kongzi and Jesus Christ: common humanitarianism, 221; as exemplars of historic religion, 253, 372n102; as mistaken messiahs, 220, 253, 373n107
Kongzi gaizhi kao (Researches on Kongzi as a Reformer; Kang Youwei, 1896), 179

Kongzi jiayu (Sayings of Kongzi), 21, 84
Kongzi's face: resembling that of a dog or the mask of an exorcist (*qi*), 239, 368n59; as dog in a house of mourning, 239, 368n61
Kong Shangtang (Confucius Restaurant), 13
Kongzi Yanjiusuo (Kongzi Research Institute), 12
Kuhn, Thomas, 181

Lach, Donald, 96
La Chaise, Père François de, 112
Lacouperie, Terrien de, 173
Laertius, Diogenes: *The Lives of the Philosophers*, 8
la legge de' letterati (the order of the literati; *ru*/Confucians), 39, 47, 62, 124, 138, 146, 253; as *Literatorum secta*, 69, 73, 313n15
Laozi, 170
Laozi, 86; as possible founder of *ru*, 226. *See also dao*
Larson, Gary: "Confucius at the Office," 6, 14, 18
Latin: and Chinese in the *Sapientia Sinica*, 114–15; declining linguistic hegemony and the orthography of Confucius, 90; magical efficacy of, 105
le Comte, Louis, 9, 117; *Nouveaux mémoires sur l'état présent de la Chine*, 117
legge (law; order), 50; compared to *secta*, 69. *See also* Jesuits; *ru*; Society of Jesus
Legge, James, 358nn142–43
legge degli Fatochei (fojiao), 95. *See also fo*
leggi di Sciechia (shijia [Shakyamuni]), 95
Leibniz, 112, 118 fig9, 123, 125; *characteristica universalis*, 123, 128; *Novissima Sinica*, 118. *See also* science and Christianity; theological ecumenism
leiming (class name; species): as second oldest category of *ru*'s meaning, 199–201, 292
letterati, 147
letterbooks, 46, 119

Levenson, Joseph, 177, 260; *tianxia/guo* characterization of twentieth-century China, 219
Leviticus, 72. *See also* Bible
li (rites), 121
Liang Qichao: and *chuanjiao* guidelines, 179; citation of Hu Shi as exemplar of Hanxue, 220; and *jinwen* revival, 175
Liang Shuming: *Dong-xi wenhua jiqi zhexue*, 247–48, 370n85
Liao Ping: *Huangdi jiangyu tu*, 177–78
liberalism: and *ru*, 16–17
libri classici (The Classics), 123
Li ji (Book of Rites), 132, 170; and Kongzi's descent from Yin, 198; and monotheism, 62; "Ruxing" (chapter 38), 167
Li Madou, 106. *See also* Ricci, Matteo
Lin Biao. *See* Pi-Lin pi-Kong
lishu (Han official script), 344n59
literati, 159. *See also la legge de' letterati*; *literatorum secta*
literatorum secta, 53, 69
literature, 40; ambiguities resolved by Ricci's *shuwen*, 109–11; heterogeneity of ancient Chinese texts, 169, 273, 275; Hu Shi's influence on the merit of literary novels written in the vernacular, 220
Liu Bang (Han Gaodi), 164–65
Liujing (Six Classics), 56, 293, 319n67; attributed to Kongzi, 184
Liu Shipei, 175, 180, 182–85; characterization of Kongzi as canon redactor, 184; and the *guocui* coterie, 182–84, 349nn88 and 90, 350n94; on *guru* (ancient *ru*), 183–84; as inaugurator of new textual tradition, 184; and Yuan Shikai, 206
Liu Xiang, 344n59
Liu Xin, 26, 163, 202–3; Liu Shipei's defense of, 183, 350n94; cited in Zhang Binglin's "Yuan ru," 189; "Yiwen zhi," 194; Zhang Binglin's borrowings from, 194
liuyi (Six cultivations), 293; defined, 200; numerological companion of *Liujing* (Six Classics), 200; relation to *shushi*, 201

Liu Zhe. *See* Han Wudi
lixue (Song/Ming metaphysical construction of *ru*; learning of principle), 16–17, 99, 110; and *ru* restorationism, 102; and *yiduan* of *dao* and *fo*, 99
Li Zhi, 93
Li Zhizao ("doctor Leo"), 52, 60, 85; *Tianxue chuhan*, 93
logocentrism: absent in China, 274
Longobardo, Niccolò, 112, 117; adversary of accommodationism, 94, 112, 330n49, 333n98; author of *De Confucio ejusque doctrina tractatus* (1623), 333n98; Ricci's successor, 94
Louis XIV, 112, 117, 121, 123; contraposed to Kongzi, as icons of the universe, 130–31
Lucretius, 59
Lu kingdom: depiction of Kongzi holding a *gui* (jade tablet) symbol of Lu feudal investiture, 82 fig7, 131; disputes with neighboring kingdom Qi, 237–38; one of four surviving kingdoms of Shang/Yin, 232; siege of, 164–65 (*see also* Liu Bang; Xiang Yu)
Lunheng (Critical Evaluation of Doctrine) of Wang Chong, 182, 191–92, 293
lunheng (critical evaluation of doctrine), 182, 293. *See also* Wang Chong; Zhang Binglin
Lunyu (Analects; Selected Sayings), 20, 56–57, 72–73, 83, 111, 114, 122, 131–32, 273, 277; elucidated by Zhang Binglin's *daming* (generic name) *ru*, 226–27; as Jesuit proof of an archaic *ru*, 156; and Mao Zedong's little red book, 13. *See also Sishu*
Lunyu jijie yisu (Huang Kan), 85, 197
Lunyu jizhu (Zhu Xi), 85
Lüshi chunqiu: as evidence of the connection between *liuyi* and *shushi*, 200–201
Lusitano, Amato, 90
Lu/Wang *ru*, 101
Lu Xun: admitted difficulty in comprehending Zhang Binglin's scholarly compositions, 211

Macao, 22, 35–37, 40, 46, 70, 313n17
MacIntyre, Alasdair, 139, 277, 283
magicians. See *fangshi*
Magistratum Confucium ([under] the magistracy of Confucius), 123
man (barbarian), 106. See also *Shengchao Poxie ji*
Manchu, 26; as contemporary imagining of *ru*, 163, 340n21; Zhang Binglin's indictment of the Manchus, 188. See also conquest elites; Qing
mandarino, 50, 138; *mandarinum*, 49
manufacture, 18, 22–25. See also conceptual invention; *zuo*
Mao Zedong, 13, 22
mappamondo (world map of Matteo Ricci), 36–38, 38 fig4, 153; first edition (1584) purloined by Chinese, 37, 312n12
map/territory: epistemology of, 376n27
Marian sodality (cult of the Virgin), 116
Markley, Robert, 118
mathematics. See Newton; science
"matters of fact," 145, 338n17
May Fourth Movement (*Wusi yundong*; May 4, 1919), 24; and early-twentieth-century intellectual ecumenism, 222; historical imagination of, 340n21; iconoclasm of, 345n60; interpretive hegemony of, 340n21
McMullen, David, 21–22
Mencius. See Mengzi
Mendoza, Juan González de, 87, 328n25
meng (blood oath): Kongzi's role in abrogation of, 238, 367–68n58; peculiar Warring States practice, 236–38, 367n52; relationship to *xiangli*, 237–39, 367n52
Meng Xizi: death wish, 252–53
Mengzi (Mencius), 19, 109–10, 253, 276
Mengzi, 132; cited in Hu Shi's philological derivation of *ru* from *xu* as a source for the gloss "weak," 229
metaphorizations, 138
metaphysics. See *jinru*; *lixue*
metonymy, 65; of "Confucius" for things Chinese, 8, 117; of *ru*, 53
Minbao (Tongmeng Hui journal), 174

mingxin qiongxing (illumination of the mind and exhaustion of the nature), 171. See also Wang Wei
minzu: as tribe, 362n15
missionary community, 7
Mission of the Indies, 36, 39, 67, 126
Modernii interpretes (modern interpreters): upholders of *ru*, 122
modernization theory, 376n26
moderns, 124
Mo Di. See Mozi
Mongol taxation registry. See *ru hu*
monotheism: archaic, 119; Chinese, 112; Christian, 26; preached by Confutio, then destroyed in the alleged Burning of the Books, 94; preached by Kongzi, then forgotten, 33, 55; primordial, in Kongzi's texts, 62, 107; in *Tianzhu shiyi*, 61
Montesquieu, Charles Louis de Secondar, Baron de, 9, 145, 306n7. See also Enlightenment
Mote, Frederick: influenced by Zhang Binglin and Hu Shi religious-to-secular evolutionary depiction of *ru*, 218, 223
Mozi, 100
Mozi, 20–21, 155; Zhang Binglin's reliance upon it, 187, 189–91
Müller, Andreas: and *Clavis Sinica*, 318n58
Mungello, David E., 40, 60, 116, 313n16, 314n21
mythic history. See culture heroes

national identity: concern with among Chinese intellectuals, 176–77
nationalism, 80, 147, 285; and cosmopolitanism, 257–64; and racial biology, 154; in *ru* debates, 155
nationhood, 121, 123, 124
native ground: the Jesuit/*ru* contest to claim, 102–7
naturae lumine, 74
natural language. See Chinese language; "real characters"
natural philosophers: and the semiotics of "real characters," 121
natural philosophy, 121; Confucius and

natural philosophy (cont.)
Confucianism as late-seventeenth-century European evidentiary objects of, 145; and *Proëmialis Declaratio*, 121
natural theology, 56–58; as God-ly revelation, 94; as seed of true religion, 64, 124
Nef, John U.: *Cultural Foundations of Industrial Civilization* and "the economy of delight," 267–68
Neo-Confucianism, 15–17; and Hanxue revival, 143; truth/authenticity of, 17
Neoterici Interpretes (neoteric interpreters), 122
neoterics, 122; versus modern interpreters, 122
New Age philosophy, 4
New Testament, 59
New Text. See *jinwen*; Kang Youwei
Newton, 112, 121, 124, 126; calculus, 128; *Principia*, 121
Norman, Jerry, 162; and reconstruction of ancient Chinese, 339–40
normative interpretation, 167–68
nostri leggi (our order). See Jesuits; Society of Jesus
Nouveaux mémoires sur l'état présent de la Chine (Recent Memoirs on the Present State of China), 117
Novissima Sinica (Latest News from China), 118
nuo (timid): as gloss of *ru*, 170

Old Text. See *guwen*; Zhang Binglin
Opere Storiche. See Tacchi Venturi, Pietro
oracle bone inscriptions (*jiaguwen*), 195–96, 291; suspect authenticity of, 228, 358n145; typical content of, 366n45
oratio brevis, 122. See also *Confucius Sinarum Philosophus*
originary fable of *ru* (Zhang Binglin and Hu Shi), 158–59
osciani (Buddhist monks), 43. See also *fo*
Owen, Stephen: and *guji*, 203, 359n154, 373n103; interpretation of Kongzi and antiquity, 359n154

Padroado (patronage of King Sebastian), 41
Pankenier, David: planetary alignment and the mandate of heaven, 371n90. See also Shang
Pantoja, Diego de, 87, 328n26
Papebroch, Daniel, 125
Paper, Jordan, 143
paronomasia: method of ancient Chinese linguistic elaboration, 195; as practicable definition of *ru*, 170–72; as rhetorical style, 172
parousia, 273
Pasio, Francesco, 45
Paul, 56; Epistle to the Romans, 74
Pauthier, M. G., 81, 325n5
Peace of Westphalia, 113
Pelliot, Paul: account of *jinwen/guwen* rivalry, 344n59
perfect language, 154, 338n1
Petris, Francesco de, 116, 125
Pharisees and scribes, 256; as *ru* of the Jews, 256
Philip II of Spain (king), 3
philology: according to Zhang Binglin, 185–86; as method of historical reconstruction, 157, 168; relation to historical phonology, 364n26; as rhetorical style in West and in China, 363n25. See also *xiaoxue*
physicotheology: and epistemological crisis, 336nn127–28
Pi-Lin pi-Kong (criticize Lin Biao and Kongzi/Confucius) campaign, 11–12, 307n11, 340n19
Pirez, Francisco, 73
Planudes, 60
Plato, 59, 71; compared with Kongzi, 123, 335n117. See also ethnic philosophy
Polanyi, Karl, 153
Polo, Marco, 47
portugalization, 41. See also Goa; Macao
Portuguese language: as Jesuit missionary lingua franca, 91; and orthological confusion of Confucius, 90
positivism, 140–41
postage stamp of Kongzi, 14, 163
postmodernism, 269–71; and distrust of

510

metanarratives, 374n5; and early Chinese literature, 270–79
Poxie ji (*Shengchao poxie ji*, 1639), 104–6, 294
preceptoral system: Jesuit dependence upon, 52–53
Principia. *See* Newton
Proëmialis Declaratio (Preliminary Discourse), 121–22; asserts Ricci's role in inventing Confucius, 328n27
Ptolemy, 59, 90
Pure Land. See *Jingtu*

Qiang xuehui (Strength Study Society), 178, 294
Qian Mu, 262; identification of Kongzi with Jesus Christ, 262; and opposition to "Shuo ru," 262
Qilue (Seven Outlines): identifies fifty-two *ru* fellowships, 203, 206; original draft of "Yiwen zhi" and proper name, *ru*, 202–3
Qin, 19, 164–65; crush of *ru*, 164
Qing: *guojiao* of, 158, 351n102; imperial commission for constitutional reforms, 174–75 (see also *wuxu bianfa*)
qinggui (pure rules governing monastic life), 46
Qiren shipian (Ten Discourses of a Strange Man), 60
Qiru jie (The Seven Types of *Ru* Explained). *See* Song Lian
Qiu shu. *See* Zhang Binglin
qixiong (seven truculents), 294, 318n61
Qufu: reputed birthplace of Kongzi, 12–13
Qu Rukui, 93
Qu Taisu: as Ricci's first convert, 93

real characters, 114, 121, 128. *See also* Chinese language
reality, 27; Confucianism, as believed to be, 141–43
reification: of the concept Confucianism, 146
Relations de divers voyages curieux (Accounts of Varied Curious Travels), 119. *See* Thévenot, Melchisedec
Religio Sinensium (the Chinese religion), 123. See *ju kiao*

ren (humaneness): foundational teaching of Kongzi, 255; radical departure from Shang tradition, 255; Ricci's Bible-gloss of, 60; in Zhang Binglin's *Qiu shu*, 185
rensheng guan (view of life): opposed by advocates of *kexue*, 363n16
Renxue (The Natural Science of Love). *See* Tan Sitong
representation, 27, 140–43. *See also* crisis of representation
Republican era (1911–1949): parallel with Zhou military conquest, 233; republicanism, and late-Qing national identity debates, 174–76, 346n66
Restoration. *See* Catholic Church
Reuchlin: *De arte cabalistica*, 126
rhetorical traditions, 83; official Chinese account of, 337n7
Ricci, Matteo, 33–39, 42–44, 48–51, 53–62, 65–73, 89–102, 138, 145–46 (*see also* Jesuit); authorship of "Della entrata della Compagnia di Giesù e Christianità nella Cina," 321n85; "bu ru yi fo," 102; "bu ru yi fo" adopted from Xu Guangqi, 287; conversion to *ru*, 93, 138; dissatisfaction with church authority, 67, 322n94, 328n31; and the distinction between Confucius/Confucian (Kongzi/*ru*), 132–33; instruction of new missionaries through *Sishu*, 85, 321n83, 327n19; interpretive difference with Trigault, 65–69; observation of sacrifice to Kongzi, 322n88; and original orthography of Confucius, 87–90; and *ru*/Jesuit similitude, 96; secular reading of Kongzi cult, 64–65; and *shuwen* (transmission by writing), 108–9; translation of *Sishu*, 61, 85; translation work on *Tianzhu shilu*, *Daxue*, and *Sishu*, 114; with Trigault, distinction of Confutio as *santo*, 94
Rickert, Heinrich, 377n28
Righteous and Harmonious Fists. *See* Yihe quan
rites: secular/religious nature of, 64–67, 129
rites and terms controversy, 67, 117

ritual: daily ritual, 65. *See also* sacrifice
Rome. *See* Catholic Church
Rorty, Richard, 18; on pragmatism and public practice, 275
rou (weak): as gloss of *ru*, 170; Zhang Binglin's deliberate dismissal of this gloss, 191
Rougemont, François de: *Confucius Sinarum Philosophus*, 116
Royal Society, 120. *See also* science
ru: assembled. See *zhuru*
ru: Chinese unconcern with origins of, 169–72; contemporary Chinese understanding of, 162, 340n19; as contested ground between Jesuits and Ming, 104–7; defined as outward and public expression, 170–72; developmental history of, 173–215; embedded in the conceptually familiar, Christianity, 138–39; episodic history of, 169–72; evolution and secularization of, 160; fallacious authentic reconstruction of, 162; fallacy of, and Christianity, 27, 50, 63; fundamentalism, 102; as *gongzu*, 192; historicist explanation of, 161; identification with ritual, 19–20; interpretive closure of Han narrative of, 166–67, 169–72; Jesuit belief in primordiality of, 156, 338n6; Jesuit-led *ru* revival, 100; Jesuit *ru* fundamentalism, 143; Jesuit transmission and *ru* restorationism, 116; as a metaphor for the evolution of Chinese culture from a religious past to a secular and scientific present, 161; and nationalism, 147; normative interpretation of, 163–68; originary fable of, 158–60; pre-Kongzi religiousness and post-Kongzi secularness of, 160; and the Protestant work ethic, 14–15; as putative indigenous other to Confucianism, 133, 138; *ru*/Christian syncretism, 34; seventeenth-century European embrace of, 4; sympathetic and ironic constructions of, 161; twentieth-century reconstruction and lack of representational uniformity, 158; as Whiggish history, 166
ru and the Chinese state: Chinese imperial bureaucracy and *ru*, 33; *ru* and *zhi* (government; rule), 162; Communist government revival of Kongzi, 12–13; imperial prominence of *ru*, 164; interdependence of *ru* and state, 162–63; Manchu connotations of *ru*, 162–63; plight of *ru* during Qin, 164–65; *ru* and *dao* as competitors for imperial legitimacy, 167–68; *ru* as a symbol of autocracy, 340n19; *ru* assistants to Zhou assimilation of Shang/Yin, 232–33
ru common glosses: *boshi* (gentlemen of broad/wide learning), 159; *nuo* (timidity), 170; *rou* (weak), 170, 354n118, 369n69; *shi* (scholar), 159. *See also ru* paronomastic glosses
Ruggieri, Michele, 33, 35, 54, 86, 138, 313n17; Chinese linguistic proficiency of, 70, 72, 323n99. *See also Tianzhu shilu*
ru hu (*ru* households), 170
rujia (*ru* family), 5
rujiao (*ru* teaching), 5
ru keyword: 154–59, 162–63; early geographic breadth of the term, 192; as a general term for varied traditions, 193; Han paramountcy of *ru*, 166; as metonymic emblem of imperial Chinese culture's central value system, 155; paradoxical cultural hegemony of *ru*, 168; as a symbol of Chineseness, 158, 160, 163
Rule, Paul, 9
Rulin liezhuan (Tales of the *ru* Forest): as official biography of *ru*, 166. *See also* Sima Qian
ru marginality: contemporary marginality of *ru*, 163; pre-Han marginality of *ru*, 163–65
ru missing history: eighteenth-century critical reconstruction and absence of comment on *ru*, 172; explanatory fiction and conjectural history of *ru*, 158, 161; manufactured ancient pedigree of *ru*, 160–61; missing history, 168–72; presumed primordiality of *ru*, 156–60; reflexive reiteration of religious-to-secular evolutionary model of *ru*, 222–23; *ru* and the siege of Lu, 165, 340n27;

Zhang Binglin's criticism of Dong Zhongshu for confounding the generic, proper, and class names of *ru*, 205
ru paronomastic glosses, 156; *ru rou ye* (*ru* means weak), 191, 228–29, 354n118, 356n135; *ru ru ye* (*ru* means wet), 172; *ruzhe ru ye* (the *ru* are wet), 172, 197
ru philology and links: another etymology of *ru*, 170; colloquial compounds of *rusheng*, *daru*, and *hongru*, 162–63; early referents, semantic ambiguity, and protean quality of *ru*, 155–56; etymological derivation from *xu*, fifth hexagram of the *Yijing*, 194–95; etymology of *ru* and its cognates, 161; graph, 160; linked with *wu*, 196; linked with *xu*, 194–96, 355n126; linked with *yu*, 195–96; links with *ruan*, 228–29; links with *xu*, 228–29; multiple referents of *ru*, 53; philological and phonological connections with *ru* (to sink), 196–98; possible origins, 168–69; semantic evolution of *ru*, 160–62; superseded by Confucianism, 162; in Zhang Binglin's etiology, "Yuan ru," 173, 181; Zhou bronze inscriptions consulted in the philological reconstruction of *ru*, 195
ru practitioners: as a clan of sorcerers, 195–96; displaced religious functionaries of Shang, 232; *fangshi* practitioners of *ru*, 160; as free-floating intelligentsia, clerks, etc., 159–60; Han definition of *ru* as *shi* (scholar), 159, 164; as members of *shi* (knight) class, 200, 232–33; as priests, 26, 160; as priests swathed in "weak" garments (*rufu*), 230–31; as purveyors of a philosophy of nonviolent resistance, 241–42; Qing definition of *ru* as *shi* (scholar; instructor), 203; as rainmakers, 197; as *shushi*, practitioners of magic and received scholarly techné, 174, 196, 226. See also Jesuits as *ru*; *zhuru*
ruxing (*ru* deportment), 198, 203
ruxue (*ru* learning), 5

Ruxue yu dongfang wenhua (Ruism and Eastern Culture). See Xu Yuanhe
ruzhe (the *ru*), 5

Sacerdos Christianus (Christian priest), 71, 74
Sacred Faith. See Santa Fede
sacrifice: animal sacrifice performed to Kongzi, 65–67, 68 fig6
Sahlins, Marshall, 32–33, 139
Sander, Reverend Nicholas: and manufacture as artifice, 310n39
sangli (Shang mortuary rites): preserved by Han, 235–36; decline of, 247
sanjiao (three teachings), 4, 49, 98; and interpretational difference, 63. See also *dao*; *fo*; *ru*
sannian zhi sang (three-year mourning rite): as mortuary rite of the Shang transmitted through *ru*, 240; as *ru* invention, 240, 368n63
Santa Fede (Sacred Faith), 40, 70. See also Jesuit proselytism
santo (saint), 94; Ricci's equation of santo with *shengren*, 330n49
Sapienta Sinica (Wisdom from China), 114–16, 115 fig8
sapientissimo (wise man), 94
Saturni Ephemerides: Tabula Historicochronologica. See Isaacson
Saussure, Ferdinand de, 144, 337n14
Scaliger, Joseph Justus, 126
scholae Confuciani (Confucian school), 159
scholar: popularity of and endurance as a gloss of *ru*, 159
scholasticism, 97; and Hanxue, 188
Sciechia, 47. See also *fo*; *leggi di Sciechia*; Ricci, Matteo
science: and Christianity, 57 (see also Christianity; evolution; figurism); epistemological observation as a source of narration, 338n17; and the Jesuit chronology project, 126–27; seventeenth-century science and the prize of local knowledge, 112–13. See also ethnology
Scientia Sinensis (Chinese Learning), 121, 146. See *Confucius Sinarum Philosophus*

513

scriptural texts: of *ru*, 159. See also *Lunyu; Mengzi*
Scripture, 59
secta, 69
sect of the literati, 64
secularization of *ru*, 160; Zhang Binglin and Hu Shi's consensus on, 222
Selected Sayings. See *Lunyu*
Septuagint: and Christian-Chinese chronology, 126
Sermon on the Mount: as inspiration for Hu Shi's depiction of *ru* weakness, 242
setta è di Laozu, 95
shamanic trance: associated with *Yubu*, 357n136
Shang, 27; blackbird and foundational myth, 251–52, 372n95; conquered by Zhou and thenceforth known as Yin, 231–32; and eschatological myth of sagely advent, 250, 371n90; and hybridization of Zhou culture, 230–33, 364n32, 365n42; identity with Jews, 221; identity with Yin, 198, 358n141, 362n15; and Yin as ethnonyms, 362n15
Shangdi ("One God"), 33, 121; and theological ecumenism, 123
Shang shu, 156, 177; figurist interpretation of, 117; and monotheism, 62; in the search for origins of *ru*, 168
Shao Yong, 170
Shaozhou mission, 48–49
Shengchao poxie ji (The Sacred Dynasty's Collection Exposing Heresy). See *Poxie ji*
Sheng Poxie ji. See *Poxie ji*
shengren ("man-god"), 33; Ricci's use of the term for both Kongzi and saints, 69, 94; and *santo/sapientissimo* glossing conflict, 94
shi (scholar), 159, 166
Shi Huangdi (Qin emperor), 164
Shiji, 20, 64, 195; and first narration of *ru*, 163–68. See also Sima Qian
Shi jing (Book of Odes), 23, 109, 132, 156, 161, 195, 273, 277–78; and monotheism, 62
shisan jing (Thirteen Classics): explained, 320n67

shiwen (contemporary prose), 101. See also *jinwen*
Shiwu xuehui, 179
shui (persuasion), 97; and disputation of *Tianzhu shiyi*, 97
Shun (culture hero), 106, 182, 297; subordinated to Kongzi, 187
"Shuo ru": early reception, 212–13; organization and argument of, 225–33; reasons for enduring significance of, 222–24. See also Hu Shi
Shuowen. See *Shuowen jiezi*
Shuowen jiezi (Explanation of Pattern, Elucidation of Graphs; Han etymology, ca. 110 C.E.), 159, 169–71; common source for definition of *ru*, 171; Hu Shi's reliance upon, 228–29; Zhang Binglin's reliance upon, 191, 195–96. See also Xu Shen
Shuowen jiezi gulin, 170
Shuowen jiezi zhu (by Duan Yucai), 197
shushi (practitioners/scholars of magical and scholarly received techné), 174; role in Zhang Binglin's reconstruction of *ru*, 191, 193; as Warring States experts and *ru*, 191–92. See also *ru* glosses
shushi guan. See *yu* (turquoise kingfisher)
Shusun Tong (early Han *ru* official), 165
shuwen (transmission by writing), 109; as source of authority for claiming a legitimate defense of archaic *ru*, 108–9
shuwen texts: and apostolic tradition, 110
shu yuan (private academies), 44, 64; as evidence of *ru*/Jesuit similitude, 93
signs: arbitrariness of, 337n14; and signifiers of, 144
silver: circulation of silver and other precious metals, 307n8
Sima Qian, 26, 64, 163–66: cited in Zhang Binglin's "Yuan ru," 189; depiction of *ru*, 165–66, 171; *Shiji*, 161
Sima Xiangru: on the immortals of *ru*, 191
similitude, 94, 96
siming (proper name; type): last and most recent category of *ru*'s meaning, 201–3, 297

Sinarum Scientia Politico-Moralis (The Politico-moral Learning of the Chinese), 115, 119; group authorship of, 116
Sinicas vero litteres (China's true literati), 122
sinification, 40
Sino-Jesuit textual community, 34, 107, 111–18, 133, 145; cross-cultural investigation and presumed complementarity, 93; Jesuit translation of Chinese, 114–15; transmission of, 113–16. *See also* Chinese Christian converts: assistance to Jesuit textual communities: Jesuits; textual community
sinology, 7, 141, 146, 168; and postmodernism, 271, 277; reflexive assent to Zhang Binglin and Hu Shi's evolutionary model of *ru*, 223
Sishu (Four Books), 59–61, 70, 112, 114, 146, 172; attributed to Confucius, 317n55; Jesuit missionary instruction in, 85; as Ricci's paraphrase, *Tetrabiblio*, 317n55, 320n67
Sishu daquan (Great Compendium of the Four Books), 84
Sishu zhijie, 84–85, 121; as foundation to Jesuit missionary study, 85. *See also* Zhang Juzheng
Six Classics. *See Liujing*
Sizi (four masters), 320n67. *See also Sishu*; Zhu Xi
Smith, Wilfred Cantwell, 136, 336n133
Society of Jesus: interpretive difference among, 65–67; passage to China, 3; product of the Catholic Reformation, 108, 332n90; with *ru*, as *legge*, 50. *See also* accommodationism; Christianity; Jesuit; Sino-Jesuit textual community
Society of Missions, 112
Song Lian, 170–72; *Hetu shu*, 171; *Qiru jie*, 171
Spence, Jonathan, 116
Spiritual Exercises. *See* Ignatius of Loyola
State Family Romance, 53, 318n61
Stock, Brian, 54, 141
Storia, 49–52, 63, 67, 91, 94–95, 122, 321n80. *See also* Ricci, Matteo
Strickmann, Michel, 167

Summa Theologica. *See* Aquinas, Thomas
Sun Yat-sen (Sun Zhongshan): as national father of China and Taiwan, 345n65
*super*stratification, 233; as explanatory model for ancient hierarchy, 365n38
Supreme Lord. *See huangdi*
suwang (uncrowned king), 131

Tabula Chronologica Monarchiae Sinicae (Table of Chinese Monarchs; appendix to *Confucius Sinarum Philosophus*), 126, 127 fig10
Tacchi Venturi, Pietro: *Opere Storiche*, 67
Taiji (Supernal Ridgepole), 89, 121; considered equivalent to Tianzhu, 104–5, 332n81; and monotheism, 96–97
Taiping Tianguo. *See* Hong Xiuquan
Tales of the ru Forest. *See Rulin liezhuan*
Tanakh (holy book of the Jews), 257, 373n108
Tan Sitong, 175; *Renxue*, 259–60
Tausu (Taoists; *daoshi*; *setta è di Laozu*), 95
taxonomy, 139, 143–47; and Chinese intellectuals, 154; versus translation, 146
Temür, 86; change of era name, 327n22
Ten Commandments. *See Decalogo*
Tetrabiblio. *See Sishu*
textual communities, 62, 70, 108; defined, 54; in Europe and China, 34; interpretive difference among, 63; amidst the late-Ming environment of intellectual pluralism, 108; and *ru*, 282. *See also* Chinese Christian converts: assistance to Jesuit textual communities; Jesuits; Sino-Jesuit textual community
theology, 40; Christian-Confucian, 54; natural/revealed, 56; *ru*/Christian theological complementarity, 56, 94, 97, 112, 124; theological compatibility, 56, 124; theological ecumenism, 123–24; theological ecumenism and *Confucius Sinarum Philosophus*, 123

Thévenot, Melchisedec: *Relations de divers voyages curieux*, 119, 334n111
Thinking through Confucius (Roger Ames and David Hall), 17–18, 25
tian ("heaven"), 121; as evidence of *ru*/Christian similitude, 93
tianshi dao (Way of the Celestial Master): as true official religion of China, 167
Tiantai sect: and God, 43
tianxia (the world; "below heaven"), 130
Tianzhu (Heavenly Master), 57, 60, 73, 105, 108, 324n108; conceptual reappropriation of Confucius and Tianshu, 73–75; as term of controversy, 117
tianzhu jiao, 105–6. See also Christianity
Tianzhu shilu (Veritable Record of the Heavenly Master, 1584): as doctrina, 38–39; Ricci and Ruggieri's catechism prepared for work among Chinese, 56, 70–74, 87, 92, 97, 114
Tianzhu shiyi (Real Significance of the Heavenly Master), 50, 73, 89, 108; Chinese reaction to, 104–6; formation of, 62; popularity of, 97; rhetorical strategy of, 97–102; Ricci's distinction between Kong Fuzi and Kongzi's indigenous names therein, 88; as textual portrait of accommodationism, 56–59
ti/yong (essence/function), 263, 298, 348n77
Tongcheng school, 208, 212, 298
Toulmin, Stephen, 283
tradition (*chuantong; dento*), 34, 281; defined, 270; as innovation, 277; as invention, 25, 276–78
"Transforming the Weak Ru into Tough and Aggressive Ru," 226. See also "Shuo ru"
translation, 7, 35, 72, 80, 125, 137, 139, 146; fidelity of, 80; of foreign concepts into the language of Chinese national identity, 154; and inchoate Christian monotheism, 7; waning fidelity of translation after the moment of cultural encounter, 139
transliteration: of *dao* and *fo* terms, 95
Travelers among Streams and Mountains. See Fan Kuan

Travels. See Polo, Marco
Treaty of Shimonoseki (1895), 174
tre leggi diverse (three different orders), 95, 122. See also *dao; fo; ru*
Trigault, Nicolá, 49, 63, 65 figs, 69, 91, 123; with M. Ricci, the distinction of Confutio as *santo*, 94
Tu Cheng-sheng, 374n119
tuogu gaizhi ("pleading antiquity for reform" of Kang Youwei), 180
Tu Wei-ming: and postmodern (third wave) Confucianism, 15

unicorn (*qilin*): mythical fifth-century appearance near the end of Kongzi's life, 198
universal character, 128
universal civilization: imagined in Hu Shi's "Shuo ru," 221
universal language, 124. See also *Clavis Sinica*
universalism, 14–15; of Confucius, 7; of *ru* and Kongzi, 113

Valignano, Visitor Alessandro, 40, 112
value, 281; as constitutive force in history, 282
varie setta (various sects). See *dao; fo; ru; tre leggi diverse*
Vera et brevis divinarum rerum expositio (A True and Brief Exposition of Divine Things), 38–39, 70–75, 323n100
Verbiest, Ferdinand, 112
vernacular languages, 90; late-sixteenth-century independence of Italian and Portuguese from Latin, 90
Vico, Giambattista, 137
vitae sanctimonia: of Santo Kongzi, 95
Voltaire, 9, 58, 306n7

Wagner, Roy, 74
Waley, Arthur, 21
Wang Chong: cited in Zhang Binglin's "Yuan ru," 189–90; *Lunheng*, 171, 192–93, 354n123
wangguo (nativist term of self-deprecation), 298, 363n17
Wang Jingwei, 175

Wang Kaiyun: criticized by Zhang Binglin, 186
Wang Pan: prefectural magistrate of Zhaoqing, 39, 42, 44–45
Wang Qiyuan, 104
Wang Tao, 350n97
wanguo xinyu. See Esperanto
Wang Wei: defines *ru* as "learning of sages and worthies," 170; "Yuan ru," 170–71
Wang Zang. See *Rulin liezhuan*
Wang Zhong, 188
Wanli era: intellectual pluralism of, 108
Warring States (Zhan'guo shidai), 19; development of semantic classifiers (radicals), 195; intellectual pluralism of, 172; and *shui*, 97
Weber, Max, 14–15; *die Entzauberung der Welt* and parallels with Hu Shi's secularization thesis, 249–50, 371n88; historical individualism, 281; ideal type, 377n28; theory of routinization of charisma, 249, 371n88; theory of the accidental relation between capitalism and Puritanism, 254. See also Heinrich Rickert
Weishu (Apocryphal Texts), 177
Wen (culture hero), 203
Westphalia. See Peace of Westphalia
Wheelwright Bian (parable), 204
Wilhelm, Friedrich (Elector of Prussia), 112
Wilkins, John, 128; "real characters," 128. See also Chinese language
William III of England, 123
Williams, Raymond, 155
woodblock technology, 70
world chronology, 124. See also Jesuit Christian/*ru* chronology project
wu (an unbalanced right-footed shuffle; dance): linked to *ru*, 197
wubai nian you shengren zhi xing: Shang survivor prophecy of redemption, 250–51, 299
Wujing (Five Classics), 59, 112, 172
Wujing daquan (Great Compendium of the Five Classics), 84
wulun, 318n61

Wuxu bianfa (Hundred Days Reforms), 179
wuyin (theory of five sounds): criticized by Wang Chong, 190
Wu Zhihui: and Esperanto, 345n64

Xan ti [*Shangdi*], 123; etymological linking with Deus, Elohim, and Jehovah, 123. See also *Shangdi*
Xavier, St. Francis, 40–41, 112, 313nn17–19, 314n24
xiangli (assistants at the rites): identical with *ru*, 235–37; responsibility for negotiation of *meng* (blood oaths), 236; as Shang religious functionaries, 235
xianru (first/former/archaic *ru*), 33, 100, 108, 154–58, 255; Jesuit use of the term, 102
Xiang Yu, 164
xiansheng (first sage), 84–85; in contrast to *primo santo*, 104
xianshi (first teacher), 84–85, 130
xianxian (former worthies), 103
Xiao Gongquan [Hsiao Kung-ch'uan], 222
xiaoxue (philology), 194, 300, 363n25
Xici zhuan: Kongzi's commentary of the *Yijing*, 61, 132; Yang Xiong's commentary on, 109–10
xie (false; heresy; heterodox): in contrast to *zheng*, 101
Xingli daquan (The Great Compendium on Nature and Principle), 84–85; significance to Jesuit translation project, 85
xin ruxue (new Confucian learning), 15, 300
xinxue (a Ming construction of *ru*; learning of the heart), 16, 300
Xinxue weijing kao (A Study of the Forged Classics of Xin Era, by Kang Youwei), 179
xishi (Western scholar), 57; and *zhongshi*, 61, 62, 98
xiucai (licentiate; cultivated talent), 46, 51, 106; disreputability of, 331n63; Jesuits as, 99, 331n63; late-Ming uprisings, 331n63

xu (fifth hexagram of *Yijing*), 194, 300; symbolic of Shang tribal redemption, 245–46; used to gloss the graph *xu*, 195–96; and Zhang Binglin's graphemic analysis of *ru*, 194–99

xu (graph: "waiting" or "tarry"), 300; as etymonic nucleus of *ru*, 194–95

Xuan niao (Black Bird, ode 14303 of Shi jing), 251, 300; ornithological totem of Shang, 251–52

xue (learning): in Zhang Binglin's *Qiu shu*, 185

xuemai: and the dramatized late-Ming distinctions between native and foreign, 107, 301

Xu Guangqi ("doctor Paul"), 52, 60, 85, 102, 123–24; neologizer of celebrated phrase, "bu ru yi fo," 331n74; reputed baptism of, 323n98

Xunzi, 171

Xunzi, 86, 170

Xu Shen, 123, 170–72; *Shuowen jiezi* as a source for the definition of *ru*, 171, 343n49

Xu Yuanhe: *Ruxue yu dongfang wenhua*, 11

Yan Fu, 343n57

Yang (Sui emperor), 21

Yang Tingyun ("doctor Michael"), 52; reputed baptism of, 322n98

Yang Xiong: commentary on the *Xici zhuan*, 109–10

Yan Hui (disciple of Kongzi), 22, 103, 341n31

Yantie lun (Discourses on Salt and Iron), 192

Yanzi chunqiu, 20, 155

Yao (culture hero), 106, 122, 182, 301; subordinated to Kongzi, 187

Yazhou bingren, 301, 346n67

Yellow Emperor. See *huangdi*

yeman. See *man*

yiduan (heterodoxy), 98

Yihe quan (Righteous and Harmonious Fists, "Boxers"), 153

Yijing, 61, 79, 110, 112, 160, 240–46, 333n99; figurist reading of, 117; and monotheism, 62; source of proof for Zhang Binglin and Hu Shi's etymological derivation of *ru* from *xu*, 229

Yin. See Shang

"Yiwen zhi" (Imperial Bibliographic Catalogue), 194, 301–2

Yi Yin (culture hero), 19

Yogacara Buddhism, 187

Yu (culture hero), 126, 182, 302

yu (rain): in Zhang Binglin's graphemic analysis of *ru*, 195–96

yu (turquoise kingfisher), 194–98; *yuguan* (turquoise kingfisher feather caps), 194, 198; *shushi guan* (turquoise kingfisher feather caps of *shushi*), 194, 197

yuan (etiology; primitive), 173

"Yuan ru" (authored by Wang Wei). See Wang Wei

"Yuan ru" (The Etiology of *Ru*; a chapter of Zhang Binglin's *Guogu lunheng*, 1910), 173–74, 188–94; as an alternative source of the meaning of *ru*, 182; and disavowal of legitimacy claims of Manchus and *jinwen* scholars, 207–8; and influence on American, European, Japanese, and Chinese scholarship, 182; scarcity of pre-Han textual citations, 189–90; scholarly reception and legacy of, 211–14; year of composition and publication, 182; Zhang Binglin's dependence on Han texts, 189; and *zhengli guogu*, 181. See also Zhang Binglin

yuanshi (primordial), 173, 343n55

Yuan Shikai, 206

Zeng Dian, 103

Zeng Shi, 104

Zengzi, 86

Zhang Binglin (Taiyan), 26; argument for ancient pluralism as a *guocui* defense against Manchu absolutism, 210; belief that different meanings reflect different conditions of the social aggregate, 209–10; characterizes Hanxue as coerced misdirection of Chinese scholarship, 188; and China as "double slave," 176, 346n68; denunciation of Esperanto, 186; disciple of Liu Shipei, 180,

350nn94–95; and early nationalists' *ru* debate, 155; founder of *Guocui xuebao*, 183; *Guogu lunheng* (1910), 182, 211–12; historical phonology and graphemic analysis of *ru* in "Yuan ru," 194–99; historical semantic critique of *jinwen*, 205–6; and Hu Shi, 174–75; on the incongruity of ancient and imperial meanings of *ru*, 201–8; influenced by *fo* and disinclined toward *ru*, 187; "Kedi kuangniu," 346n68, 349n87; and national identity debates, 176; on the nonequivalence of *shi* (scholar) and *ru*, 204; obscurantist tendencies, 187, 352n107; opposition to Kang Youwei, 178, 347n77; opposition to Kongjiao, 186–87; and originary fable, 159; philological approach to defining *ru*, 188, 201, 353n112; *Qiu shu* (Peremptory Book), 185, 188, 350n97; rejection of oracle bones as epigraphic sources, 358n145; scholarly and political opposition to *jinwen*, 186; scholarly influence of, 361n6; use of noncanonical texts and variant graphs, 187; vision of Kongzi as national treasure, 186–87; and Yogacara Buddhism, 187, 351n104; "Yuan ru," 160–61, 173–75, 180–82, 185–215; and *zhuzi xue* as a vehicle to repoliticize Hanxue, 188–89

Zhang Juzheng, 61, 84; *Sishu zhijie*, 121

Zhang Xuecheng, 179–80, 188; and *zhuzi xue* elevation of Zhou Gong over Kongzi, 179 (this lamented by Kang Youwei, 179)

Zhang Zai (Zhangzi), 86

Zhaoqing (mission), 9, 37, 40, 88

Zhao Wan. See *Rulin liezhuan*

zheng (true; heterodox): contrasted to *xie*, 101

zhengdao (the true way), 98

Zheng Guanying, 261

zhengli guogu (organize national heritage), 25, 180–81, 290, 303. See also Guoxue Baocun hui; Zhang Binglin

Zheng Sinong: commentary on *Zhou li*, 201

Zheng Xuan, 84, 165, 172; commentary on *Zhou li*, 183; *Li ji zhengzhu*, 197

zhengxue (true learning/teaching), 33, 107, 111, 146, 154, 278, 303

zhi (government; rule), 162. See also *ru* and the Chinese state

zhong (centrality), 37

"Zhongguo benwei de wenhua jianshe" (cultural construction on a Chinese basis), 261; Hu Shi's rejoinder to, 261–62, 362n16

zhongguo fuxing (rebirth of China) and *guocui*, 303, 366n43

Zhongni, 33, 130, 155; and *fuzi* in *Lunyu*, 83. See also Confucius; Kongzi

zhongshi (Chinese/ethnic scholar), 57; and *xishi*, 98

Zhongyong (Doctrine of the Mean), 59, 115–16, 120–22, 132; first Latin translation, 115. See also *Sishu*

Zhongyuan (central plain), 126, 160, 303–4; as cradle of Chinese civilization, 160; as cradle of *ru*, 197; role in Christian/*ru* chronological complementarity, 126

Zhou, 19, 22; ruling clan of Ji, 163

Zhou Dunyi (Zhouzi), 86, 170

Zhou Gong (Duke of Zhou), 58, 62, 106; elevated over Kongzi in the debate between *jinwen* and *guwen* scholars, 179, 347n75; and Kongzi, 170, 277

Zhou li (Rites of Zhou), 183–84, 202, 227; Zhang Binglin's use of to define *ru*, 200–201

Zhuang Zhou (Zhuangzi), 86, 194; and parable of Wheelwright Bian, 204

Zhuangzi, 19–20, 155, 195, 276; inclusion of *yuguan* in reference to *ru*, 198

Zhuangzi. See Zhuang Zhou

zhuru (assembled *ru*), 164

Zhu Xi (Zhuzi; compiler of *Sishu*), 16–17, 59–61, 98–99, 162; *Lunyu jizhu*, 85–86

zhuzi (noncanonical thinkers of Warring States), 172, 343n54, 188, 275, 304, 352n108; compared to classic Greek philosophers, 234, 365n43 (*see also* Aristotle; ethnic philosophy; Plato)

zhuzi xue (study of the noncanonical masters; a sub-genre of Hanxue), 304; influence on Zhang Binglin, 188, 353n109; taken up by twentieth-

zhuzi xue (cont.)
    century *kaozheng* scholars in an effort to discover the original meaning of *ru*, 172, 349n88
zi (eldest son), 83; courtesy name given to Kongzi, 95; versus *fuzi*, 86
zide (getting it oneself), 16, 111
ziqiang (Qing program of self-strengthening), 174, 180
zi yue ("he said"), 83
zongshi (ancestral teacher), 84
Zuchuan Tianzhu shijie (The Ancestrally Transmitted Heavenly Master's Ten Admonitions). See *Decalogo*
zuo (invention), 23; "shu er buzuo," 23–24. *See also* manufacture
Zuo Qiuming, 103, 274–75
Zuo zhuan, 155, 236–38, 274–75

著作权合同登记号　图字：01-2007-4071
图书在版编目(CIP)数据

制造儒家：中国传统与全球文明/（美）詹启华（Lionel M. Jensen）著；徐思源译. —北京：北京大学出版社，2019.4
（先声文丛）
ISBN 978-7-301-30229-3

Ⅰ.①制… Ⅱ.①詹…②徐… Ⅲ.①儒家—哲学思想—研究 Ⅳ.①B222.05

中国版本图书馆 CIP 数据核字（2019）第 001290 号

MANUFACTURING CONFUCIANISM, by Lionel Jensen
© 1997 by Duke University Press
Chinese simplified translation rights © 2019 by Peking University Press
All rights reserved

书　　　　名	制造儒家：中国传统与全球文明 ZHIZAO RUJIA：ZHONGGUO CHUANTONG YU QUANQIU WENMING
著作责任者	〔美〕詹启华（Lionel M. Jensen） 著　徐思源 译
责任编辑	田　炜
标准书号	ISBN 978-7-301-30229-3
出版发行	北京大学出版社
地　　址	北京市海淀区成府路205号　100871
网　　址	http://www.pup.cn　新浪微博：@北京大学出版社
电子信箱	pkuwsz@126.com
电　　话	邮购部 010-62752015　发行部 010-62750672　编辑部 010-62750577
印　刷　者	北京中科印刷有限公司
经　销　者	新华书店
	965 毫米×1300 毫米　16 开本　33.5 印张　466 千字 2019 年 4 月第 1 版　2019 年 4 月第 1 次印刷
定　　价	89.00 元

未经许可，不得以任何方式复制或抄袭本书之部分或全部内容。
版权所有，侵权必究
举报电话：010-62752024　电子信箱：fd@pup.pku.edu.cn
图书如有印装质量问题，请与出版部联系，电话：010-62756370